Uni-Taschenbücher 578

W0242570

UTB
FÜR WISSEN
SCHAFT

Eine Arbeitsgemeinschaft der Verlage

Wilhelm Fink Verlag München
Gustav Fischer Verlag Jena und Stuttgart
A. Francke Verlag Tübingen und Basel
Paul Haupt Verlag Bern · Stuttgart · Wien
Hüthig Fachverlage Heidelberg
Leske Verlag + Budrich GmbH Opladen
Lucius & Lucius Verlagsgesellschaft Stuttgart
J. C. B. Mohr (Paul Siebeck) Tübingen
Quelle & Meyer Verlag · Wiesbaden
Ernst Reinhardt Verlag München und Basel
Schäffer-Poeschel Verlag · Stuttgart
Ferdinand Schöningh Verlag Paderborn · München · Wien · Zürich
Eugen Ulmer Verlag Stuttgart
Vandenhoeck & Ruprecht in Göttingen und Zürich

Gerd Kleinheyer / Jan Schröder (Hrsg.)

Deutsche und Europäische Juristen aus neun Jahrhunderten

Eine biographische Einführung in die Geschichte der Rechtswissenschaft

4., neubearbeitete und erweiterte Auflage

C. F. Müller Verlag
Heidelberg

Dr. *Gerd Kleinheyer* ist ordentlicher Professor für Deutsche Rechtsgeschichte, Bürgerliches Recht und Handelsrecht an der Universität Bonn und Direktor des Instituts für Deutsche und Rheinische Rechtsgeschichte. Dr. *Jan Schröder* ist ordentlicher Professor für Deutsche Rechtsgeschichte und Bürgerliches Recht an der Universität Tübingen.

Einbandgestaltung: Alfred Krugmann, Stuttgart
Satz: Textservice Zink, Schwarzach
Druck und Verarbeitung: Druckerei Lokay, Reinheim

Printed in Germany

ISBN 3-8252-0578-9

Vorwort

Die vierte Auflage der „Deutschen Juristen aus fünf Jahrhunderten" erscheint unter einem neuen Titel und in einer stark erweiterten Form. In den letzten Jahrzehnten ist die Einsicht in den historischen Zusammenhang der europäischen Jurisprudenz mehr und mehr gewachsen, so daß nach unserer Ansicht die Geschichte der (deutschen) Rechtswissenschaft nicht mehr ohne die Verbindungslinien zur gesamteuropäischen Entwicklung dargestellt werden sollte. Wir haben deshalb die Neuauflage um 34 Biographien nicht deutschsprachiger europäischer Juristen vermehrt und in der neugefaßten Einleitung die Einbettung der deutschen in die gesamteuropäische Jurisprudenz deutlich zu machen versucht. Nur dies, daß das Buch nach wie vor als Einführungs- und Nachschlagewerk zur Geschichte der deutschen Rechtswissenschaft – nun aber im europäischen Kontext – konzipiert ist, soll der neue Titel „Deutsche und europäische Juristen aus neun Jahrhunderten" zum Ausdruck bringen.

Die Trennung von Hauptteil und (nunmehr gleichfalls erweitertem) Anhang haben wir beibehalten. Der Hauptteil enthält die wichtigsten Stationen der deutschen und europäischen Rechtswissenschaft, wie sie in der Einleitung, gewissermaßen als Wegbeschreibung, skizziert sind. Im Anhang stehen weitere bedeutende Juristen, die nach unserem Urteil aber für die Gesamtentwicklung weniger repräsentativ sind, so daß hier auch die Werk- und Literaturhinweise erheblich knapper gehalten werden konnten. Damit behält das Buch die doppelte Funktion, die es auch bisher schon gehabt hat, nämlich einerseits zusammenhängend und detaillierter über die Schwerpunkte der Rechtswissenschaftsgeschichte zu informieren, andererseits aber auch demjenigen nützlich zu sein, der nur einige Lebens- und Werkdaten nachschlagen will.

Frau Heidi Jung hat das Manuskript zum Zwecke der elektronischen Datenverarbeitung erfaßt und bis zur druckfertigen Fassung weiter betreut, Herr Dr. Bernd Mertens und Frau Assessorin Anne Katrin Körner haben die seit der dritten Auflage erschienene Literatur gesammelt, Herr Assessor Thomas Moosheimer hat die Register auf den neuesten Stand gebracht, Herr Kartograph Günter Koch die Druckvorlagen für die neu hinzugekommenen Abbildungen hergestellt. Ihnen allen danken wir herzlich. Dem C.F. Müller Verlag, namentlich Herrn Dr. Martin Cramer und Frau Regine Enzmann, sind wir für die verständnisvolle Kooperation dankbar.

Bonn, Tübingen, am 1. Mai 1996 *Die Herausgeber*

Vorwort zur 1. Auflage

Dieses Buch soll in einer auch für Nichtjuristen und juristische Studienanfänger verständlichen Weise in die *Geschichte der deutschen Rechtswissenschaft* einführen. Deshalb stellt es die Jurisprudenz der letzten fünfhundert Jahre in einer Folge von alphabetisch angeordneten Biographien bedeutender deutscher Juristen dar. Den sachlichen und zeitlichen Zusammenhang, in dem die einzelnen Biographien zu sehen sind, versucht eine kurze Einleitung klarzumachen. In dieser Form kann das Buch, wie wir hoffen, den oft schwierigen Einstieg in wissenschaftsgeschichtliche Probleme erleichtern.

Aufgenommen sind (mit Ausnahme *Eike von Repgows*) nur Juristen aus den letzten fünf Jahrhunderten; auf die Behandlung noch lebender Juristen haben wir ganz verzichtet. Im übrigen waren für die Auswahl vor allem zwei Absichten leitend: Einmal wollten wir möglichst viele Epochen der Rechtswissenschaft mit wenigstens je einem Repräsentanten vorstellen. Dann wollten wir aber auch das breite Spektrum juristischer Tätigkeiten sichtbar machen und nicht nur die Leistungen der „Wissenschaft" im engeren Sinn: daher sind nicht nur Hochschullehrer, sondern auch Richter, Verwaltungsbeamte, Rechtsanwälte und sogar einige Staatsmänner aufgenommen, wenn sie speziell die Rechtsentwicklung beeinflußt haben. Da im übrigen solche Zusammenstellungen immer subjektiv bleiben, rechnen wir für unsere Auswahl von 73 Juristen mit dem Verständnis der Leser; notwendigste Kurzinformationen über die etwa 130 weiteren im Text erwähnten deutschen Juristen vermittelt ein Anhang, auf den die Hochzahlen im Text verweisen.

Die einzelnen Biographien sind mit dem Anfangsbuchstaben ihres Autors signiert. Sämtliche Biographien sind von den Herausgebern überarbeitet worden.

Für die wegen der unterschiedlichen Vorlagen oft nicht ganz einfache Herstellung der Reinschrift danken wir Zenka Freiin von Fürstenberg herzlich.

Bonn, im August 1975 *Die Herausgeber*

Inhaltsverzeichnis

Abkürzungen

ABF	Archives biographiques francaises
ABGB	Allgemeines Bürgerliches Gesetzbuch für die deutschen Erbländer der österreichischen Monarchie von 1811
AcP	Archiv für die civilistische Praxis
ADB	Allgemeine Deutsche Biographie
ALR	Allgemeines Landrecht für die Preußischen Staaten von 1794
AÖR	Archiv für öffentliches Recht
ARSP	Archiv für Rechts- und Sozialphilosophie
BGB	Bürgerliches Gesetzbuch (Deutschland) von 1896
BIMAE	Bibliotheca iuridica medii aevi
Brauneder, JiÖ	W. Brauneder (Hrsg.): Juristen in Österreich 1200-1980, 1987
CCB	Constitutio Criminalis Bambergensis
CCC	Constitutio Criminalis Carolina
Coing: Hdb.	H. Coing (Hrsg.): Handbuch der Quellen und Literatur der neueren europäischen Privatrechtsgeschichte, I 1973, II/1 1977, II/2 1976, III/1 1982, III/2 1982, III/3 1986, III/4 1987, III/5 1988
Conrad: DRG	H. Conrad: Deutsche Rechtsgeschichte, I ²1962, II 1966
DBI	Dizionario biografico degli Italiani
DJJH	Deutsche Juristen jüdischer Herkunft, hrsg. v. H. Heinrichs u.a., 1993
DJZ	Deutsche Juristenzeitung
Döhring: GDtRPfl	E. Döhring: Geschichte der deutschen Rechtspflege seit 1500, 1953
DöV	Die öffentliche Verwaltung
DRiZ	Deutsche Richterzeitung
DVBl.	Deutsches Verwaltungsblatt

FamRZ	Zeitschrift für das gesamte Familienrecht
FBPG	Forschungen zur Brandenburgischen und Preußischen Geschichte, Neue Folge
GD	Die großen Deutschen. Deutsche Biographie, ²1956/57
HDStW	Handwörterbuch der Staatswissenschaften
HDSW	Handwörterbuch der Sozialwissenschaften
Hist. Wb. Philos.	Historisches Wörterbuch der Philosophie, hrsg. v. J. Ritter u. K Gründer, 1971ff.
HRG	Handwörterbuch zur deutschen Rechtsgeschichte
HZ	Historische Zeitschrift
IRMAE	Ius Romanum Medii Aevi
JhJb	(Jherings) Jahrbücher für die Dogmatik des heutigen römischen und deutschen Privatrechts
Jur.	Juristen. Ein biographisches Lexikon. Von der Antike bis zum 20. Jahrhundert, hrsg. von M. Stolleis, 1995
JuS	Juristische Schulung
JZ	Juristenzeitung
KZfSS	Kölner Zeitschrift für Soziologie und Sozialpsychologie
Larenz: ML	K. Larenz: Methodenlehre der Rechtswissenschaft, ⁵1983
LexMA	Lexikon des Mittelalters
LThK	Lexikon für Theologie und Kirche
MA	Mittelalter
MDV	Männer der deutschen Verwaltung, 1963
MGH	Monumenta Germaniae Historica
MIÖG	Mitteilungen des Instituts für österreichische Geschichtsforschung
NDB	Neue deutsche Biographie
Ndr.	Neudruck, Nachdruck

NJW	Neue juristische Wochenschrift
OLG	Oberlandesgericht
PdV	Persönlichkeiten der Verwaltung, hrsg. v. K.G.A. Jeserich u.a., 1991
Quad. Fior.	Quaderni Fiorentini per la storia del pensiero giuridico moderno
QNPG	Quellen zur neueren Privatrechtsgeschichte Deutschlands
RabelsZ	(Rabels) Zeitschrift für ausländisches und internationales Privatrecht
RGG	Religion in Geschichte und Gegenwart
RHDF	Revue historique du droit francais et étranger
Rössler-Franz: BWDG	H. Rössler und G. Franz: Biographisches Wörterbuch zur Deutschen Geschichte, ^{2}1973-1975, bearb. v. K. Bosl, G. Franz, H.H. Hofmann, 3 Bde.
Savigny: GRRM	F.C. v. Savigny: Geschichte des Römischen Rechts im Mittelalter, 7 Bde., ^{2}1834-1851
Schmidt: Einf.	Eberhard Schmidt: Einführung in die Geschichte der deutschen Strafrechtspflege, ^{3}1965
Schmollers Jahrb.	Schmollers Jahrbuch für Gesetzgebung, Verwaltung und Volkswirtschaft im Deutschen Reich
v. Schulte: Gesch.	J.F. v. Schulte: Geschichte der Quellen und Literatur des canonischen Rechts, 3 Bde., 1875-1880
Sinzheimer: JK	H. Sinzheimer: Jüdische Klassiker der deutschen Rechtswissenschaft, ^{2}1953
StGB	Strafgesetzbuch (Deutschland) von 1871
StGra	Studia Gratiana
Stintzing-Landsberg: GDtRW	R. v. Stintzing: Geschichte der deutschen Rechtswissenschaft, 1. Abt. 1880, 2. Abt. 1884, 3. Abt. von E. Landsberg: 1. Halbband 1898, 2. Halbband 1910
StL	Staatslexikon der Görres-Gesellschaft, ^{7}1985ff.
Stolleis: Gesch.	M. Stolleis: Geschichte des öffentlichen Rechts in Deutschland, I 1988, II 1992

TRE	Theologische Realenzyklopädie
TRG	Tijdschrift voor Rechtsgeschiedenis
unv.	unverändert(er)
Wesenberg: PRG	G. Wesenberg: Neuere deutsche Privatrechtsgeschichte im Rahmen der europäischen Rechtsentwicklung, [4]1985 bearbeitet von G. Wesener
WGGB	Bürgerliches Gesetzbuch für Westgalizien von 1797
Wieacker: PRG	F. Wieacker: Privatrechtsgeschichte der Neuzeit, [2]1967
Wolf: Rechtsdenker	Erik Wolf: Große Rechtsdenker der deutschen Geistesgeschichte, [4]1963
ZevKR	Zeitschrift für evangelisches Kirchenrecht
ZGB	Schweizerisches Zivilgesetzbuch von 1907
ZhF	Zeitschrift für historische Forschung
ZHR	Zeitschrift für das gesamte Handelsrecht
ZNR	Zeitschrift für neuere Rechtsgeschichte
ZRG	Zeitschrift der Savigny-Stiftung für Rechtsgeschichte, GA = Germanistische Abteilung KA = Kanonistische Abteilung RA = Romanistische Abteilung
ZStrW	Zeitschrift für die gesamte Strafrechtswissenschaft
ZStW	Zeitschrift für die gesamte Staatswissenschaft
ZZP	Zeitschrift für Zivilprozeß

Einleitung

I. Von der Rezeption bis zum Ausgang der Aufklärung

Das Recht ist so alt wie die menschlichen Gemeinschaften. Viel weniger weit zurück reichen unsere Möglichkeiten, das Wirken einzelner Persönlichkeiten im Dienste des Rechts, wie es dieses Buch für Deutschland im europäischen Kontext darstellen will, quellenmäßig einzufangen.

Das mittelalterliche Recht, seiner Natur nach ungeschriebenes, mündlich überliefertes Gewohnheitsrecht, allenfalls einmal in Statuten für einen örtlich und sachlich eng begrenzten Bereich festgelegt oder in Privilegien, d.h. subjektiven Vorrechten für Einzelpersonen oder Korporationen, sich niederschlagend, bot schon seiner Art nach kaum einen Ansatz zu schöpferischer Gestaltung. Erst als mit den Rechtsspiegeln die Brücke zum geschriebenen Recht geschlagen wird, vermag sich in diesen noch privaten Rechtsaufzeichnungen das Ingenium ihrer Autoren zu manifestieren und Einfluß auf die Rechtsentwicklung zu gewinnen. Solche Aufzeichnungen des jeweiligen Landesrechts entstehen im 12. und 13. Jahrhundert an vielen Stellen in Europa. In Deutschland fixiert → *Eike von Repgow* im „Sachsenspiegel" das Land- und Lehnrecht, in England stellen → *Glanville* und → *Bracton* das „common law" dar. Bahnbrechend für das kanonische Recht wird die Sammlung und Systematisierung der kirchlichen Rechtsquellen durch → *Gratian*.

Darüber hinaus schaffen die Wiederentdeckung der Digesten im 11. Jahrhundert und ein verändertes politisches und kulturelles Klima die Voraussetzungen für eine gemeineuropäische Rechtswissenschaft. Kurz nach 1100 beginnt in Bologna → *Irnerius* mit Vorlesungen über die Digesten, das Kernstück des justinianischen „corpus iuris". Einen Höhepunkt erreicht die von ihm begründete Schule der „Glossatoren", die ihre Aufgabe darin sah, das römische Recht durch Worterklärungen, Verweise, Auflösung von Widersprüchen usw. glossierend zu erschließen, in → *Azo*, ihren Abschluß findet sie in der „Glossa ordinaria" des → *Accursius*. Auf dieser Grundlage wirkten die italienischen und mehr und mehr auch die französischen Juristen des 14. und 15. Jahrhunderts – früher als „Postglossatoren", heute meistens (im Hinblick auf die von ihnen bevorzugte Literaturgattung) als „Kommentatoren" bezeichnet –

auch zunehmend auf die Praxis ein. Ihre bedeutendsten Vertreter sind → *Bartolus* und → *Baldus*.

Die Rezeption, die Aufnahme des römisch-kanonischen Rechts, die, im 12. Jahrhundert beginnend, im 15. Jahrhundert ihren Höhepunkt erreichte, ermöglichte und erzwang dann auch in Deutschland eine wissenschaftliche Auseinandersetzung mit dem Recht. An den seit dem 14. Jahrhundert (zuerst in Prag 1348) auch auf deutschem Reichsboden entstehenden Universitäten konnte zunächst kanonisches, seit dem 15. Jahrhundert auch römisches Recht studiert werden (in Köln seit 1388). Das einheimische Recht fand an diesen Universitäten noch keine Pflegestatt, und so ging die Bewältigung der Probleme, die sich aus dem oft unvereinbaren Nebeneinander der beiden Rechtsmassen des rezipierten und des einheimischen Rechts sowie aus der fehlenden juristischen Bildung des Rechtspflegepersonals für die Rechtspraxis ergaben, von anderer Seite aus.

Im 15. und 16. Jh. entsteht in Deutschland ein reiches populärwissenschaftliches Schrifttum. Es will die in der Rechtspflege tätigen Laien über das rezipierte Recht belehren und muß sich zu diesem Zweck der deutschen Sprache bedienen, → *Sebastian Brants* Ausgabe des „Klagspiegels" und → *Ulrich Tenglers* „Laienspiegel" gelten als bedeutendste dieser Laienunterweisungen, die übrigens auch den Beitrag der Erfindung des Buchdrucks zur Förderung der juristischen Bildung unterstreichen.

Noch intensiver sind die legislatorischen Bemühungen, rezipiertes und einheimisches deutsches Recht zu harmonisieren. Die zunächst in bedeutenderen Städten und mehreren Territorien entstehenden Stadt- und Landrechtsreformationen zeigen sich zwar dem hergebrachten, einheimischen oder rezipierten Recht noch durchaus verpflichtet, erweisen sich aber zugleich wegen der Notwendigkeit des Ausgleichs der heterogenen Rechtsmassen als Mittel rechtlicher Gestaltung. Sie geben so dem schöpferischen Wirken bedeutender Juristenpersönlichkeiten Raum, unter denen der Freiburger → *Ulrich Zasius*, der Frankfurter → *Johann Fichard*, der zu den Schöpfern des württembergischen Landrechts gehörende → *Johann Sichardt* und → *Melchior Kling*, der Bearbeiter des sächsischen Landrechts, hervorragen. Sie alle und daneben der Basler → *Bonifacius Amerbach* sind hier zugleich als typische Vertreter der humanistischen Jurisprudenz und als Zeugen der Reformation, die auf ihr Leben und Werk tiefgreifenden Einfluß ausgeübt hat, aufgenommen. Das Zentrum der humanistischen Rechtswissenschaft im 16. Jahrhundert war freilich Frankreich seit dem Wirken von → *Alciatus* in Avignon und Bourges und *Budaeus* in Paris, und die französische humanistische Rechtswissenschaft erreicht im späten 16. Jahrhundert mit → *Cujas* und → *Donellus* zwei Gipfel, denen in Deutschland nichts Vergleichbares zur Seite steht. In der Folgezeit wird dann die antiquarisch-elegante gemeinrechtliche Jurisprudenz mit besonderem Erfolg in den Niederlanden gepflegt (→ *Huber*, → *Noodt*, → *Bynkershoek*). In Frankreich entsteht aber auch durch → *Dionysius Gothofredus* die in Europa für lange Zeit maßgebliche Ausgabe der Digesten und des Corpus Iuris überhaupt.

Während das Reich keinen Anteil an der eigentlichen Rezeptionsgesetzgebung hatte, weil es kaum die notwendige politische Kraft, aber auch in Anbetracht der örtlich sehr unterschiedlichen Anpassungsprobleme die gesetzgeberischen Möglichkeiten hierzu nicht besaß, gelang ihm mit der Peinlichen Gerichtsordnung Kaiser Karls V. von 1532, dem Werk des fränkischen Edelmannes und Bambergischen Hofrichters → *Johann v. Schwarzenberg*, ein großer Wurf. Der Vorgang der mittelalterlichen Landfriedensgesetze, die Herleitung der Strafjustiz aus dem Blutbann des Kaisers und die von der Strafgerechtigkeit besonders dringlich geforderte Rechtseinheit waren wohl in gleicher Weise Veranlassung für die Strafrechtskodifikation von Reichs wegen, die durch feste Verfahrensformen, die Verankerung des Schuldprinzips und deutliche Anweisungen an die Laienrichter Rechtssicherheit zu schaffen suchte. Vorbild vieler territorialer Strafgesetzgebungen und später als ergänzender Bestandteil des Corpus Juris Civilis angesehen, wurde die Carolina als erstes deutsches Gesetz Gegenstand wissenschaftlicher Bearbeitung, noch über den bedeutendsten Repräsentanten der gemeinen Strafrechtswissenschaft, → *Benedikt Carpzov*, hinaus bis ins 18. Jahrhundert.

Das deutsche Staatsdenken der frühen Neuzeit erhielt theoretische Anregungen besonders von der Staats- und Völkerrechtslehre der spanischen Spätscholastiker (→ *Vitoria*, → *Suarez*) und von → *Jean Bodin*. In der Sache mußte vor allem die neue staatsrechtliche Situation bewältigt werden, die durch die Reformation entstanden war. Sie leitete die Entwicklung einer spezifisch protestantischen Staatslehre ein, als deren Vertreter → *Johann Oldendorp* und → *Johannes Althusius* hier vorgestellt werden. Darüber hinaus verlangten einerseits die politischen Auseinandersetzungen zwischen den Religionsparteien, die die Ablösung der bisher einheitlichen religiösen Grundlage der Reichsverfassung durch den religiösen Dualismus anzeigten, andererseits die Provokation des

*Bodin*schen Souveränitätsbegriffs und damit des neuen absolutistischen Staatsdenkens das Ringen um ein neues Verständnis der Reichsverfassung. Die Reichspublizistik, als deren Begründer → *Dominicus Arumaeus* gilt, erlebt während des 30jährigen Krieges, nicht zuletzt wegen ihrer Bedeutung für die politische Praxis, in → *Johannes Limnäus*, → *Jacob Lampadius*, → *Dietrich Reinkingk*, aber auch dem glänzenden Agitator in schwedischen Diensten → *Bogislaus von Chemnitz* eine Blüte. Später wird die Nähe von wissenschaftlicher Beschäftigung mit dem Staatsrecht und politischer Tätigkeit noch einmal besonders fruchtbar bei → *Johann Jacob Moser*, der zugleich die der Reichspublizistik allgemein zu dankende Modifikation des absolutistischen Souveränitätsdenkens personifiziert. Als zweite bedeutende Leistung ist der Reichspublizistik, hier vor allem durch → *Christoph Besold* und den bedeutenden Theoretiker und Universitätslehrer → *Johann Stephan Pütter* repräsentiert, die Entwicklung des Bundesstaatsbegriffs zuzuschreiben, in dem besonders die Struktur des Heiligen Römischen Reiches für moderne Staatenorganisation fruchtbar geworden ist, eines Reiches, das → *Pufendorfs* berühmter Kritik als einem Monstrum ähnlich erschien.

Bis ins 17. Jahrhundert hinein wurde die Geltung des rezipierten römischen Rechts in Deutschland aus der „translatio imperii", der Fortsetzung des römischen Kaisertums in der Kaiserwürde des Heiligen Römischen Reiches, hergeleitet. Mit dem Autoritätsverlust des Kaisertums infolge des Religionszwiespalts, der sich insbesondere aus der Zurechnung des habsburgischen Kaisers zur katholischen Religionspartei ergab, mußte auch die Geltungsbasis des rezipierten Rechts ins Schwanken geraten. So ging denn auch der Angriff gegen die bisherige Annahme einer legislativen Rezeption von dem reichsständisch gesinnten Protestanten → *Hermann Conring* aus, dem der Nachweis einer nur gewohnheitsrechtlichen Geltung des römischen Rechts in Deutschland gelang. Damit war einer freieren wissenschaftlichen Behandlung des der legislativen Autorität entkleideten rezipierten Rechts und einer stärkeren Berücksichtigung einheimischen Rechts gemäß den Bedürfnissen der Praxis im „usus modernus pandectarum" der Weg geebnet.

Zu einem bedeutenden Einflußfaktor wurde dabei das neue, säkularisierte Naturrecht des 17. und 18. Jahrhunderts. Nachdem → *Hugo Grotius* im „Ius belli ac pacis" den Entwurf eines weltlichen Universalrechts vorgelegt und ausgesprochen hatte, daß sich das Naturrecht auch ohne Gott denken lasse, entwickelten in England → *Hobbes* ein radikal absolutistisches und → *Locke* bereits ein bürgerlich-liberales Naturrecht. Liberale und altständische Züge zugleich trägt in Frankreich → *Montesquieus* „Esprit des lois". In Deutschland halten sich die Naturrechtslehren → *Pufendorfs*, → *Thomasius'*, → *Wolffs* und *Achenwalls* politisch noch im Rahmen des Ständestaates oder bestenfalls eines aufgeklärten Absolutismus. Sie legen aber den Grund für ein liberales Privatrecht, das z.B. durch → *Samuel Stryk*, → *Justus Henning Böhmer* und → *Thomasius* auch Eingang in die Rechtspraxis findet. Versuche mit naturrechtlich inspirierten Systemen des positiven Rechts findet man nun vielerorts in Europa, etwa in Frankreich bei → *Domat* (noch auf der Basis eines christlichen Naturrechts), in England bei → *Blackstone*.

Freilich mußte die Ungewißheit über das im einzelnen geltende Recht letztlich den Gesetzgeber auf den Plan rufen. Seitdem in Deutschland der Westfälische Frieden die weitgehende Unabhängigkeit der Territorien vom Reich bestätigt hatte, wurde allenthalben der schon nach dem Augsburger Religionsfrieden auf der Grundlage des Religionsbestimmungsrechtes und des landesherrlichen Kirchenregiments einsetzende Ausbau des Absolutismus in den Territorien verstärkt fortgesetzt. Wollte sich die landesherrliche Macht unter Ausschaltung der ständischen und patrimonialen Zwischengewalten voll zur Geltung bringen, so verlangte dies in erster Linie eine Vereinheitlichung der Rechtsordnung und die strikte Bindung der Gerichte und sonstiger Behörden an die Gesetze. Die daher nun verstärkt einsetzende territoriale Gesetzgebung zeigt seit dem 18. Jahrhundert, daß die bisherige sakrale Basis der Rechtsordnung unter dem Einfluß des Religionszwiespalts, insbesondere aber der Entwicklung der Naturwissenschaften brüchig geworden ist. Die Säkularisierung der Rechtsordnung unter dem Einfluß der profan-naturrechtlichen Systeme schreitet zunächst auf dem Wege der Einzelgesetzgebung voran, während die großen Justizreformer der Jahrhundertmitte, → *Samuel Cocceji* in Preußen und → *Wiguläus Xaverius Aloysius v. Kreittmayr* in Bayern, ihre Kodifikationen noch überwiegend am gemeinen Recht orientieren. Die großen Kodifikationen am Ende des 18. und zu Beginn des 19. Jahrhunderts jedoch zeigen sich, unter dem Einfluß von → *Martini*, → *Sonnenfels* und → *Zeiller* in Österreich, von → *Svarez* in Preußen, → *Feuerbach* in Bayern und → *Pothier* und → *Portalis* in Frankreich, deutlich naturrechtlich und aufklärerisch-liberal geprägt. Wie stark sich dieses Denken auch ohne gesetzgeberische Vermittlung durchzusetzen vermochte, zeigte das Wirken → *Hommels* in Sachsen.

Nach dem Zusammenbruch des ancien régime und des Heiligen Römischen Reiches unter den Schlägen der französischen Revolutionsheere verbindet sich der Neuaufbau in Preußen mit dem Namen des Freiherrn → *Karl vom Stein*, in Bayern dem des Grafen → *von Montgelas*. Diese beiden Reformer, deren Wirken teilweise noch heute spürbar ist und damit jenseits der politischen auch ihre juristische Bedeutung bestätigt, werden hier als Repräsentanten unterschiedlicher Prinzipien staatlichen Neuaufbaus vorgestellt, wie sie den Frühkonstitutionalismus in Deutschland geprägt haben.

II. 19. und beginnendes 20. Jahrhundert

Zu Anfang des 19. Jahrhunderts wandelte sich auch, mindestens im „Selbstverständnis" der Juristen, die Rolle der Rechtswissenschaft. In deutlicher Reaktion gegen den etatistischen Rechtsbegriff der französischen Revolution, der der Jurisprudenz nur eine bescheidene Aufgabe zuwies, entwickelte sich nun die Vorstellung von der schöpferischen Funktion der Rechtswissenschaft. Eindringlichster Theoretiker dieser Richtung war → *Savigny*. Seine Gedanken von der gegenüber staatlicher Rechtssetzung selbständigen Bedeutung der Rechtswissenschaft sind über die sie begünstigende politische Zeitströmung (Restauration) und die mit ihr verbundene Rechtsquellenlehre hinaus bis in die Gegenwart wirksam geblieben, wie überhaupt die Wissenschafts- und Bildungsgläubigkeit des frühen 19. Jahrhunderts *(Humboldt, Fichte, Schleiermacher)*. So erscheinen von nun an Wissenschafts-, Rechts- und politische Geschichte stärker als vorher gegeneinander verselbständigt; die Geschichte der Rechtswissenschaft seit Beginn des 19. Jahrhunderts läßt sich daher weitgehend in den auch für die anderen „Geisteswissenschaften" geltenden Kategorien beschreiben. Sie bilden auch den gemeinsamen Bezugspunkt für die Rechtswissenschaft in den verschiedenen europäischen Ländern, deren gemeinsame Quellenbasis mit der Zurückdrängung des Naturrechts und der Ersetzung des römischen „ius commune" durch die einzelstaatlichen Kodifikationen nun verloren gegangen war.

1. Historische Schule und Rechtspositivismus

Für die deutsche Privatrechtswissenschaft im 19. Jahrhundert wurden die von → *Savigny* aufgestellten Grundsätze der „historischen Schule" maßgebend, nach denen das Recht historisch-systematisch, ohne Beimischung philosophischer, „naturrechtlicher" Prinzipien bearbeitet werden sollte. Bei → *Savignys* Nachfolgern verdrängte dann allmählich das systematische Element ganz das historische, so schon bei → *Puchta*, noch entschiedener bei → *Jhering* (in seiner ersten Periode) und bei → *Windscheid*, der diese Epoche abschließt und dessen Pandektenlehrbuch von großem Einfluß auf das deutsche BGB von 1896 war. Die historische Schule endete also schließlich in einem ganz unhistorischen Rechtspositivismus. – Wie die Bearbeiter des römischen Rechts standen auch die meisten Germanisten – entsprechend den verschiedenen Quellen des Zivilrechts blieb diese Unterscheidung bis zum BGB, das beide Rechtskreise verschmolz, bestehen – unter dem Einfluß → *Savignys*. Das gilt vor allem für dessen Zeitgenossen → *Eichhorn*, aber auch für jüngere Deutschrechtler wie *Albrecht* und *Homeyer*. Etwa von der Mitte der dreißiger Jahre an setzte sich aber eine starke Gruppe gemäßigt (→ *Beseler*) bis radikal *(Reyscher)* liberaler Germanisten von den Romanisten, die theoretisch und praktisch das nationalpolitische Anliegen nicht genügend zu vertreten schienen, ab. Ihre Bewegung mündete nach den Germanistenversammlungen von 1846 (Frankfurt) und 1847 (Lübeck) ziemlich gradlinig in der Paulskirchenversammlung, der u.a. → *Beseler* (sehr einflußreich), → *Jacob Grimm* und → *Mittermaier* angehörten. Zu einer wirklich neuen Rechtstheorie führten die Arbeiten dieser jüngeren Germanisten aber nicht, so daß sich auch noch ihr letzter bedeutender Vertreter, der 1841 geborene → *Otto v. Gierke*, der Rechtslehre → *Savignys* verbunden fühlen konnte.

Weitgehend unter dem Einfluß der historischen Schule standen auch die nun verstärkt einsetzenden Bemühungen um die partikularen Privatrechte. Am meisten gilt das für *Wächters* Bearbeitung des württembergischen Privatrechts (anders die Arbeit *Reyschers*), mit gewissen Einschränkungen auch für *Falcks* Darstellung des schleswig-holsteinischen und die des preußischen Privatrechts durch *Bornemann*, *Koch* und *Dernburg*. Am wenigsten von der historischen Schule beeinflußt blieb verständlicherweise das rheinische Recht (code civil, *K.S. Zachariä*, → *Daniels*).

Auch in Österreich und der Schweiz wurde die historische Schule bedeutsam. → *Bluntschli*, der Schöpfer des Zürcher Privatrechtsgesetzbuches von 1853-55, auf das noch → *Eugen Hubers* schweizerisches Zivilgesetzbuch von 1907 zum Teil zurückgriff, war ein Schüler → *Savignys*. Für Österreich hat man geradezu eine „Rezeption" der deutschen

Pandektenwissenschaft durch → *Unger* gesehen, der das ABGB (→ *Zeiller*) von 1811 „romanisierte". Einflüsse der historischen Rechtsschule zeigen sich aber auch etwa in Dänemark (→ *Ørsted*) und Schweden (→ *Schlyter*). Generell stellte in der europäischen Rechtswissenschaft des frühen 19. Jahrhunderts die historisch-systematische Richtung das „wissenschaftliche" Gegengewicht zu den „exegetischen" Schulen dar, die sich nach den Kodifikationen vor allem in Österreich und Frankreich gebildet hatten.

Schließlich waren auch den großen Darstellungen des *Handelsrechts (Thöl, Levin Goldschmidt)*, durch die dieses Fachgebiet neben dem allgemeinen Zivilrecht selbständigen wissenschaftlichen Rang erhielt, die Prinzipien der historischen Schule zugrunde gelegt.

Gleichwohl läßt sich von einer völligen Herrschaft der historischen Schule im deutschen Sprachraum keineswegs sprechen. Auch abgesehen von den abtrünnigen Germanisten der vierziger Jahre gab es von Anfang an unterschiedliche, z.T. mehr praktisch (→ *Thibaut*), z.T. mehr philosophisch (die Hegelschule, vor allem *Gans*) akzentuierte Gegenströmungen.

Im Strafrecht ließ das an der Wende zum 19. Jahrhundert besonders heftig diskutierte Problem der philosophischen Grundlagen die Wendung zu einer historisch-empirischen Betrachtungsweise nicht ohne weiteres zu. Immerhin hatte → *Feuerbach*, der Schöpfer der aufklärerisch-liberalen „psychologischen Zwangstheorie", in seiner zweiten Periode (etwa ab 1810) sehr starke empirische Interessen. Ganz in den Vordergrund traten diese bei seinem Schüler → *Mittermaier*. Gleichzeitig entwickelten sich jedoch, sehr viel stärker als im weniger ideologieanfälligen Zivilrecht, hegelianische Vorstellungen (*Köstlin*, *Berner*). Durch sie wurde gegenüber der → *Feuerbach*schen Generalpräventionstheorie die Vergeltungstheorie wieder herrschend; das Interesse an Aufklärung der tatsächlichen Voraussetzungen des Verbrechens und des Strafvollzugs trat zurück. Die Vergeltungstheorie wurde schließlich auch noch festgehalten, als ihre philosophische Begründung verblaßt und die Strafrechtslehre in eine rein positivistische Behandlung des StGB von 1871 eingeschwenkt war (→ *Binding*).

Die Staatsrechtswissenschaft stand nach dem Ende des alten Reichs und der Durchsetzung konstitutioneller Ordnungen in den Einzelstaaten vor einer völlig veränderten Aufgabe. Unter den Bearbeitungen der Partikularstaatsrechte ragt → *Mohls* gemäßigt liberales württembergisches

Staatsrecht hervor. Es war noch unbeeinflußt vom Positivismus und Formalismus der späten historischen Schule, der, wesentlich später als im Zivilrecht, (vermittelt durch *Gerber*) auch für die Darstellung des Reichsstaatsrechts durch → *Laband* maßgeblich wurde. Mit dessen scharfer Trennung von Politik und Staatsrecht mündete auch die Staatsrechtswissenschaft im (hier konservativ wirkenden) Rechtspositivismus.

Ähnlich ist die Entwicklung in der erst im 19. Jahrhundert ausgebildeten *Verwaltungsrechts*wissenschaft. Auch hier stellte → *Mohl* mit seiner „Polizeiwissenschaft" (die ältere, von einem umfassenderen Polizeibegriff als die Gegenwart ausgehende, Bezeichnung) einen Anfang dar, der auch rechtspolitisch, durch seine Ansätze zu der dann von → *Gneist* durchgesetzten Forderung nach einer selbständigen Verwaltungsgerichtsbarkeit, von Bedeutung war. In der zweiten Hälfte des 19. Jahrhunderts setzte sich dann auch hier endgültig die rechtspositivistische Betrachtungsweise mit dem „Klassiker" → *Otto Mayer* durch, der gegenüber die mehr soziologische Erfassung der Verwaltung (im 19.Jahrhundert repräsentativ vor allem → *L. v. Stein*) zurücktrat. Erst die moderne „Verwaltungslehre", deren Wurzeln bis zu → *Seckendorff* zurückreichen, hat diese wieder belebt.

Auch das *Kirchenrecht* verdankt der historischen Schule eine wissenschaftliche Neubelebung. Zwei der bedeutendsten Anhänger der Schule (→ *Eichhorn*, → *Puchta*) verfaßten umfangreiche Darstellungen, und auch das erfolgreiche Werk *Richters* ist nach den Schulengrundsätzen gearbeitet. Das unvollendete „System" → *Hinschius*' gehört gleichfalls noch in diesen Zusammenhang. Schwerer einzuordnen ist der grundlegende Neuansatz → *Sohms* am Jahrhundertende.

2. Soziologischer Positivismus

Schon in der ersten Jahrhunderthälfte hatte die Übernahme naturwissenschaftlicher Vorstellungen, vor allem des Kausalitätsprinzips, zu den Anfängen einer selbständigen Gesellschaftswissenschaft *(Comte, John Stuart Mill, Spencer)* geführt. Deren Denkvorstellungen waren dann etwa von der Jahrhundertmitte an auch in andere „Geisteswissenschaften", etwa in die Literaturwissenschaft *(Scherer)*, eingedrungen. In der Jurisprudenz wurden sie in sehr unterschiedlicher Weise und Intensität aufgenommen. Allgemein läßt sich etwa sagen, daß an die Stelle des

Rechtspositivismus, als der Erklärung der Rechtssätze aus sich selbst heraus, ein soziologischer Positivismus treten sollte, eine kausale Erklärung der Rechtssätze aus ihren gesellschaftlichen Grundlagen (bzw. ein unmittelbarer Rückgriff auf diese als Rechtsquelle) und eine Erforschung der rechtlich bedeutsamen sozialen Tatsachen. Daß diese Forderungen nicht die Rechtsdogmatik beseitigen konnten, ist allerdings klar, sie haben jedoch auf deren Verfahrensweisen erheblichen Einfluß gehabt und neue Wissenschaftszweige, wie Rechtssoziologie und Kriminologie, hervorgebracht.

Im *Privatrecht* hat man schon immer in der Wendung → *Jherings* von der „Begriffs-" zur Zweckjurisprudenz den Beginn der neuen Richtung gesehen. Weitgehend unabhängig hiervon entwickelte sich zu Beginn des 20. Jahrhunderts in vielen europäischen Ländern eine soziologische Bewegung, deren bedeutendster Vertreter wohl der Franzose → *Gény* war. In Deutschland blieb unter dem unglücklich gewählten Namen „Freirechtsschule" das wirkliche Anliegen eher verborgen (→ *Kantorowicz*, → *Ehrlich*, → *Fuchs*). Es bestand darin, Lücken des gesetzten Rechts (die als sehr häufig dargestellt wurden) durch Rückgriff auf die gesellschaftlichen Rechtsvorstellungen zu schließen. Die in dieser Forderung vorausgesetzte Identität von Recht und gesellschaftlicher Ordnung war auch die Grundlage für → *Ehrlichs* Rechtssoziologie; sie trieb neue Wissenschaften wie die privatrechtliche Rechtstatsachenforschung *(Nußbaum)* hervor. Im Zivilrecht drangen diese Ansätze jedoch zunächst nur in der gemäßigten Form durch, die ihr die „Interessenjurisprudenz" → *Hecks* gab, der unmittelbar an → *Jhering* anknüpfte. Die gegenwärtige Diskussion greift wieder stärker auf Vorstellungen der Freirechtler zurück, z.T. allerdings unbewußt, vielleicht trübt die dazwischenliegende Periode des soziologiefeindlichen Nationalsozialismus ein wenig den Blick für die Kontinuität.

In den beiden ersten Jahrzehnten des 20. Jahrhunderts entstanden auch die großen Darstellungen des *Arbeitsrechts (Lotmar, Sinzheimer)* und des *Wirtschaftsrechts* (für das Patent-, Urheber- und Wettbewerbsrecht: *Kohler*), überwiegend von Juristen geschrieben, die der soziologischen Richtung zumindest nahestanden. Durch sie wurden weitere privatrechtliche „Nebengebiete" gegenüber dem allgemeinen Zivilrecht verselbständigt.

Der *strafrechtliche* „Schulenstreit" bezeichnet die parallele, allerdings auf andere Sachprobleme gerichtete Diskussion. Ganz im Sinne des soziologischen Positivismus sah die „moderne“ Schule → *Liszts* in der kausalen Erklärung von Verbrechen (Kriminologie) und Strafe („Pönologie“) die eigentlichen Aufgaben der Strafrechtswissenschaft. Damit rückte auch der spezialpräventive Strafzweck, den zu Beginn des 19. Jahrhunderts → *Grolman* gegen die liberalen Ansichten → *Feuerbachs* nicht durchsetzen konnte, wieder in den Vordergrund. → *Liszts* einflußreichster Schüler → *Radbruch* hat ihn auf der Grundlage seiner neukantianisch inspirierten Rechtstheorie weiter begründet. Das dogmatische Strafrecht blieb allerdings bei → *Liszt* erstaunlich formal und wenig beeinflußt von den soziologischen Tendenzen; zu „teleologischen“, „materialisierenden“ Betrachtungsweisen versuchte man erst in den nachfolgenden Jahrzehnten zu kommen.

Nicht so leicht ist der Einfluß des soziologischen Positivismus im *öffentlichen* Recht nachzuweisen. → *Gierkes* Kritik an → *Labands* staatsrechtlichem Formalismus verband noch idealistische mit empirisch-historischen Vorstellungen, → *Preuß*, der Schöpfer der Weimarer Verfassung, knüpfte weitgehend an → *Gierke* an. Am ehesten paßt noch der wie auch → *Kantorowicz* und → *Radbruch* dem Heidelberger Neukantianismus nahestehende → *Georg Jellinek* in diesen Zusammenhang.

3. Rechtsphilosophie, Rechtstheorie und Rechtsgeschichte

Die deutsche *Rechtsphilosophie* entwickelte sich im frühen 19. Jahrhundert: an die Stelle des mehr und mehr zurückgedrängten alten, als praktische Rechtsquelle angesehenen, Naturrechts trat eine nur noch theoretische Betrachtung der inhaltlichen Anforderungen an das Recht und seiner Struktur. Begründet wurde diese neue Disziplin der Rechtswissenschaft durch → *Hugo*, bei dem, in Anknüpfung an den *Kant*schen Skeptizismus, Rechtsphilosophie erstmals als eine Art theoretischer Rechtspolitik erscheint. Unterschiedlichste Systeme entstanden sodann im Anschluß an die nachkantische idealistische Philosophie. Die selbständigste Stellung haben hier → *Stahl* (von *Schellings* später Philosophie beeinflußt) und der Gesellschaftstheoretiker → *Lorenz v. Stein* (von *Hegel* beeinflußt). Demgegenüber entwickelte sich in England schon früh im 19. Jahrhundert eine positivistische „analytische“ Rechtstheorie (→ *Bentham*, → *Austin*, im 20. Jahrhundert vor allem *Hart*), während der deutsche Rechtspositivismus erst im 20. Jahrhundert eine repräsentative Darstellung in *Kelsens* „Reiner Rechtslehre" fand. Eine teilweise Wiederbelebung der idealistischen Rechtsphilosophie versuchte der Neukantianismus der Marburger (→ *Stammler*) und Heidelberger (→ *Radbruch*) Richtung. An → *Radbruch* orientierte sich dann auch die Naturrechtsrenaissance nach dem 2. Weltkrieg.

Auch die *Rechtsgeschichte* im modernen Sinn beginnt eigentlich erst mit den Gründern und Anhängern der historischen Schule. Für die römische Rechtsgeschichte wurden → *Hugos* (vorjustinianische Zeit) und → *Savignys* (Mittelalter) Arbeiten grundlegend; für die deutsche Rechtsgeschichte → *Eichhorns* (Staats- und Rechtsgeschichte) und → *Jacob Grimms* (Rechtsaltertümer) Werke. Jedoch war das Verhältnis der historischen Schule zur Rechtsgeschichte etwas ambivalent, da sie zwar Rechtsgeschichte als unerläßlich zum Verständnis des gegenwärtigen Rechts ansah, andererseits aber gerade dieses praktische Interesse der reinen historischen Erkenntnis gefährlich werden konnte. So liegt der Höhepunkt der rechtshistorischen Forschung des 19. Jahrhunderts erst in der zweiten Jahrhunderthälfte, als für die Erkenntnis des geltenden Rechts der historische Gesichtspunkt ganz zurückgetreten war. Für die römische Rechtsgeschichte stehen hier die Arbeiten → *Mommsens* und seiner Schüler im Zentrum; ein bedeutender Nachfolger auf mediävistischem Gebiet war → *Kantorowicz*. Im deutschen Recht hatten *Heinrich Brunners* „Deutsche Rechtsgeschichte" und → *Gierkes* „Genossenschaftsrecht" besondere Bedeutung. Als auch äußerlich selbständige Wissenschaft etablierte sich etwas später die Kirchenrechtsgeschichte *(Stutz)*. Im europäischen Kontext ragen wohl vor allem die englischen Rechtshistoriker → *Maine*, der „Altmeister der vergleichenden Rechtswissenschaft" (Ehrlich), und → *Maitland* heraus.

In der Behandlung ihres Stoffes sind z.B. *Brunner*, aber auch → *Mommsen* durchaus mit den zeitgenössischen Bearbeitern des geltenden Rechts zu vergleichen: Das Bestreben geht auf eine „juristische" Rechtsgeschichte, in der vor allem die Formen des positiven Rechts sorgfältig herausgearbeitet werden. Die soziologische Welle hat aber auch, wenngleich ziemlich verspätet, die Rechtsgeschichte erreicht, wie z.B. moderne Bemühungen um eine sozialgeschichtliche Betrachtungsweise *(Otto Brunner)* zeigen.

Accursius

(1181/85-1259/63)

Der Verfasser der Glossa ordinaria, des mittelalterlichen Standardkommentars zum Corpus iuris civilis schlechthin, wurde zwischen 1181 und 1185 in Bagnolo bei Florenz geboren und stammte wahrscheinlich aus einer Bauernfamilie. Neben der heute gebräuchlichen Namensform finden sich die Schreibweisen Acurius und Accursus; die in jüngeren Quellen angeführten Vor- bzw. Beinamen Franciscus, Bonus, Azo und Azoninus sind ohne historische Grundlage. Von *A.s* Selbstbewußtsein zeugt die von ihm selbst stammende Erklärung, sein Name bringe zum Ausdruck, daß er der Dunkelheit des Rechts entgegengetreten sei und ihr abgeholfen habe (nomen meum, scilicet Accursii: quod est honestum nomen, dictum quia accurrit et succurrit contra tenebras juris civilis). Er studierte in Bologna u.a. bei *Jacobus Balduini*, vor allem aber bei →*Azo* Zivilrecht und nahm dort einige Jahre vor 1220 – seine Promotion zum doctor legum wird frühestens auf das Jahr 1213 angesetzt – seine Lehrtätigkeit auf. Daneben war er, wie seine Kollegen, auch in der Praxis tätig. Ob er allerdings – wie jüngere Quellen berichten – 1252 Assessor des Bologneser Podestá war, ist umstritten. *A.* stand schon bald nach Aufnahme seiner Lehrtätigkeit in hohem Ansehen und kam zu beträchtlichem Vermögen. Sein ehemaliges Stadthaus ist heute Teil des Bologneser Palazzo Communale. Des weiteren gehörte ihm die Villa Ricardina in der Umgebung Bolognas mit ausgedehnten Ländereien. Seinen Reichtum soll er u.a. durch Wuchergeschäfte mit Studenten und durch Annahme von Geschenken in Prüfungsverfahren erworben haben. Ob dies zutrifft und inwieweit ein solches Verhalten lediglich dem damals Üblichen entsprach, bedarf noch näherer Prüfung. *A.* war zweimal verheiratet und hatte vier Söhne, von denen drei, der aus erster Ehe stammende *Franciscus* (1225-1293) sowie *Cervottus* (um 1240 – vor 1287) und *Guilelmus* (1246 – vor 1314), gleichfalls doctores legum wurden. Insbesondere *Franciscus* gelangte als Bologneser Rechtslehrer und zeitweiliger (1273-1281) Berater Eduards I. von England zu ähnlicher Berühmtheit wie sein Vater. Neben ihm gehörten *Vincentus Hispanus* sowie zeitweise vielleicht auch *Odofredus* und *Sinibaldus Fiesco*, der spätere Innozenz IV., zu *A.s* Schülern. In seinen letzten Lebensjahren zog *A.* sich vom Lehrbetrieb und öffentlichen Leben zurück – wahrscheinlich in seine Villa Ricardina –, um sich ungestört seinem Lebenswerk widmen zu können. Das genaue Datum seines Todes ist unbekannt. Zwei Bologneser Chroniken aus der zweiten Hälfte des 14. Jh. geben 1260 als Todesjahr an, andere Quellen nennen teils frühere, teils spätere Jahre. Für das Jahr 1260 spricht, daß *A.* letztmals im Jahr 1259 in der Matrikel der societas Tuscorum erscheint und in einer Urkunde vom 3. Mai 1263 als verstorben angeführt wird. Die These → *Kantorowicz'*, *A.* habe seine letzten Jahre in Bagnolo verbracht und sei 1253 in Florenz gestorben, beruht auf einer Verwechslung mit *Accursius Reginus*. *A.s* Grabmal befindet sich in Bologna (heute vor der Basilica S. Francesco); nach übereinstimmender Aussage der Quellen ist er 78, nach einer vereinzelten Überlieferung 75 Jahre alt geworden.

Die Glossa ordinaria ist mit ihren 96 940 Glossen der umfangreichste Glossenapparat (→ *Azo*, → *Irnerius*) zu allen Teilen des Corpus iuris civilis, einschließlich der Libri feudorum, den die Glossatorenschule hervorgebracht hat. Mit ihm findet sie ihren Abschluß. Neue Apparate sind nicht mehr geschrieben und die vorangegangenen von der Glossa ordinaria derart in den Hintergrund gedrängt worden, daß mit dem Begriff „Glosse" schon bald *A.s* Kommentierung identifiziert wurde. Seit der zweiten Hälfte des 13. Jh. wurde sie zusehends zum Lehr- und Forschungsgegenstand (Kommentatoren → *Bartolus*, → *Baldus*) und schließlich an Universitäten und in der Praxis zum Ausgangspunkt jeder Auslegung des Corpus iuris. Nach den Statuten einiger Städte kam ihr sogar Gesetzesrang zu. Für die Rezeption des römischen Rechts in Europa hatte sie insofern entscheidende Bedeutung, als sie entsprechend der Regel „Quicquid non agnoscit glossa, non agnoscit curia" (Was die Glosse nicht anerkennt, erkennt das Gericht nicht an) vielerorts und z.T. bis in das 17. Jh. den Umfang des geltenden gemeinen Rechts bestimmte. Erst mit dem Aufkommen des Humanismus zu Beginn der Neuzeit und der von ihm propagierten Rückbesinnung auf das Corpus iuris civilis selbst (→ *Alciatus*, → *Zasius*, → *Cujas*) trat der Einfluß der Glossa ordinaria allmählich zurück.

Der einzigartige Erfolg der accursischen Glosse wird heute im wesentlichen darauf zurückgeführt, daß sie eine, wenngleich nicht in sich völlig widerspruchsfreie, insgesamt jedoch einheitliche Kommentierung des Corpus iuris liefert, die mehr als die früheren – eher für den akademischen Unterricht konzipierten – Apparate auf die Bedürfnisse der Praxis zugeschnitten ist, insbesondere wohl auch, weil sie in stärkerem Maße als ihre Vorläufer Probleme nicht nur aufwirft, sondern auch Lösungen anbietet. Unübertroffen sind zudem bis heute die Nachweise von Parallel- und Konträrstellen zu jedem Rechtssatz des Corpus iuris, die die Glossa ordinaria nach wie vor zu einem der wichtigsten Hilfsmittel zur Erforschung des römischen Rechts machen. Die Entstehungsgeschichte des Werkes ist weitgehend unbekannt. Als sicher gilt, daß *A.* den Institutionenapparat in erster Fassung sowie den Apparat zum Digestum vetus vor 1234 fertiggestellt und daß er im Anschluß an die Kommentierungen der übrigen Teile den Institutionenapparat noch einmal überarbeitet hat. Zu einer Überarbeitung der übrigen Teile soll es – abgesehen von Quellenallegationen, Querverweisungen sowie sachlichen Änderungen und Ergänzungen, die *A.* und andere hinzugefügt haben – nicht mehr gekommen sein. Seine Söhne *Franciscus* und *Guilelmus* sowie andere unmittelbare Nachfolger des *A.* fügten dem Werk später kurze Inhaltsangaben der kommentierten Texte, sogen. Casus, bei. Spätere Druckausgaben (erster Druck: Mainz 1468) kennen weitere Zusätze nachfolgender Juristen und überliefern zudem viele voraccursische Glossen als Bestandteile des accursischen Apparates. Bei der Abfassung seines Werks konnte *A.* sich auf die reiche literarische Hinterlassenschaft seiner Vorgänger und insbesondere seines Lehrers → *Azo* stützen. In welchem Umfang dies im einzelnen geschehen ist, kann, da die voraccursischen Glossen noch weitestgehend unediert sind, noch nicht gesagt werden. Nach heutigem Wissensstand ist es jedoch wahrscheinlich, daß *A.*, wie schon sein Lehrer, über weite Strecken Vorgefundenes teils übernommen, teils nur umgeformt hat, ohne dies besonders kenntlich zu machen. Ihm deswegen den Vorwurf des Plagiats zu machen, wäre jedoch nach heutigem Kenntnisstand, ebenso wie im Fall seines Lehrers anachronistisch (→ *Azo*). Ebenfalls noch nicht hinreichend erforscht ist, wie verläßlich *A.s* Ausführungen zu ausdrücklich von ihm angeführten Meinungen anderer Autoren sind und inwieweit sowohl die von ihm hier getroffene Auswahl als auch die Darstellung – insbesondere der Meinung von Außenseitern – tendenziös sind.

Neben der Glossa ordinaria ist von *A.* nur wenig anderes bekannt (u.a. die Überarbeitung einer Summensammlung des *Johannes Bassianus* zum Authenticum) und fällt neben seinem opus magnum nicht ins Gewicht.

Hauptwerke: Corpus iuris civilis. I Digestum vetus, II Infortiatum, III Digestum novum, IV Codex, V Volumen, Venetiis, 1487-1489 (Ndr.: Accursii Glossa in Digestum vetus, ... Digestum infortiatum, ... Digestum novum, ... Codicem, ... Volumen, 1968-1969 [Corpus Glossatorum iuris civilis 7-11]); weitere Ausgaben bei: *E. Spangenberg:* Einleitung in das Römisch-Justinianeische Rechtsbuch, 1817, 645-929. –

Summa authenticorum, Summa Azonis, Papie 1506 (Ndr., 1966 [Corpus Glossatorum iuris civilis 1]). – Hugolini Summa super usibus feudorum, ed. *G.B. Palmieri*, in BIMAE 2, 181-194.

Literatur: G. Astuti: L'edizione critica della Glossa Accursiana, in: Atti del congresso internaz. di diritto romano e di storia del diritto, Verona 1948, I, 1953, 323-336. – Atti del Convegno internaz. di Studi accursiani, ed. G. Rossi, 3 Bde., 1968. – *F. Calasso:* Medio evo del diritto, I, 1954. – *R. Davidsohn:* Firenze ai tempi di Dante, 1929. – *R. Feenstra:* Quelques remarques sur le texte de la Glose d'Accurse sur le Digeste vieux, in: Critica de testo, 1971, 205-225. – *J. Fried:* Die Entstehung des Juristenstandes im 12. Jh., 1974. – *F. Genzmer:* Zur Lebensgeschichte des Accursius, in: Festschrift L. Wenger, II, 1945, 223-241. – *Ders.:* Die Justinianische Kodifikation und die Glossatoren, in: Atti del congresso internaz. di diritto romano, I, 1934, 345-430. – *V. Hartwig:* Zur Abfassungszeit der Glosse des Accursius, ZRG 12 (1876), 316. – *H. Kantorowicz:* Accursio e la sua bibliotheca, in: Riv. di storia del diritto ital., II (1929), 35-62, 193-212. – *Ders.:* Studies in the glossators of the roman law, 1938. – *E. Landsberg:* Über die Entstehung der Regel „Quicquid non agnoscit glossa, nec agnoscit forum", 1879. – *Ders.:* Die Glosse des Accursius und ihre Lehre vom Eigenthum. Rechts- und Dogmengeschichtliche Untersuchung, 1883. – *P.S. Leicht:* Per la nuova edizione critica della glossa Accursiana, in: Scritti vari di storia del diritto italiano, II, 1, 1948, 192-197. – *K. Neumeyer:* Die gemeinrechtliche Entwicklung des internationalen Privat- und Strafrechts bei Bartolus, 1916. – *G. Otte:* Beziehungen zwischen den ältesten Summen und der Glosse, ZRG (RA) 83 (1966), 374-382. – *G. Post:* Studies in Medieval Legal Thought. Public Law and State, 1100-1322, 1964. – *L. Sanguinetti:* Accursio, 1879. – *P. Torelli:* Per l'edizione critica della glossa accursiana alle Istituzioni, in Riv. di storia del diritto ital., 7 (1934), 429-586 (separate Ausg. 1935). – *Ders.:* La codificazione e la glossa: questioni e propositi (1934), in: *ders.:* Scritti di storia del diritto italiano, 1959, 263-278. – *Ders.:* La nuova edizione della glossa accursiana alle Istitutioni. Risultati e speranze (1940), in: *ders.:* Scritti, 279-292. – *P. Weigand:* Die Naturrechtslehre der Legisten und Dekretisten von Irnerius bis Accursius und von Gratian bis Johannes Teutonicus, 1967. – *P. Weimar:* Die legistische Literatur und die Methode des Rechtsunterrichts der Glossatorenzeit, in: Ius Commune II, 43-83. – *Ders.:* Die legistische Literatur der Glossatorenzeit, in Coing: Hdb. I, 129-260. – DBI I (1960), 116-121 *(P. Fiorelli).* – HRG I, 24 f. *(H. Dilcher).* – Jur., 18 f. *(P. Weimar)* – LexMA I, 75 *(P. Weimar).* – *Savigny*: GRRM V, 262-305.

F. Dorn

Andreas Alciatus

(1492-1550)

Geb. am 8.5.1492 in Mailand, als Sohn einer einflußreichen Kaufmannsfamilie; ab 1504 Einführung in die antike Kultur durch *Janus Parrhasius*; *A.* erlernt die lateinische und griechische Sprache; um 1507 Beginn des

Rechtsstudiums in Pavia bei *Jason de Mayno* und *Philippus Decius*; 1511 Wechsel nach Bologna, dort Schüler von *Carolus Ruinus*; 1516 Promotion in beiden Rechten in Ferrara; anschließend Tätigkeit als Anwalt in Mailand; seinen ersten Publikationserfolgen verdankt er 1518 eine Professur in Avignon; 1522 Rückkehr nach Italien und erneute Tätigkeit als Anwalt; 1527 nimmt *A.* die Lehrtätigkeit in Avignon wieder auf; ab 1529 ist er Professor in Bourges; 1533 erneute Rückkehr nach Italien; bis 1537 lehrt er in Pavia; von 1537 bis 1541 ist *A.* Professor in Bologna, in diese Zeit fällt seine Freundschaft mit dem Maler und Architekten *Giorgio Vasari*; 1541 Rückkehr auf den Lehrstuhl nach Pavia; 1542 wird er Professor in Ferrara; ab 1546 lehrt er wieder in Pavia; dort stirbt *A.* in der Nacht vom 11. auf den 12.1.1550.

Der italienische Renaissancejurist *A.* gilt als Begründer der humanistischen Jurisprudenz in ihrer philologisch-historischen Ausrichtung und damit der Methodik, die später als *mos Gallicus* bezeichnet worden ist. Bis zu *A.s* Zeitgenossen die Glossatoren und vor allem die Kommentatoren das höchste Ansehen in der Rechtswissenschaft; die Werke etwa eines → *Bartolus* oder eines → *Baldus* waren wichtiger geworden als die eigentliche Rechtsquelle, das Corpus iuris civilis, selbst. Wie auch *Budaeus* und → *Zasius*, setzte sich *A.* kritisch mit dieser traditionellen Methode, dem später sogenannten *mos Italicus*, auseinander und versuchte, sein reiches Wissen in der lateinischen und griechischen Sprache und auf dem Gebiet der antiken Kultur für eine humanistische Erneuerung der Jurisprudenz nutzbar zu machen. Im Mittelpunkt stand für ihn die textkritische Bearbeitung und, wo es nötig war, die genaue Rekonstruktion der Rechtsquellen des römischen Rechts; so unternahm *A.* beispielsweise in seinen „Dispunctiones" den Versuch, die ursprünglich griechischen Einschübe in den Digesten wieder vom Lateinischen ins Griechische zurückzuübersetzen.

Ein weiteres Verdienst *A.s* ist es, daß er Literaturtypen, die bis dahin vor allem außerhalb der Rechtswissenschaft zu finden waren, auch für die

Jurisprudenz fruchtbar gemacht hat. In der juristischen Literatur herrschte zu jener Zeit der Kommentar vor. Mit seinen Werken „Annotationes", „Paradoxa", „Dispunctiones" und „Praetermissa" führte *A.* demgegenüber „offene Formen" (*Troje*) in die juristische Literatur ein.

Die Bedeutung von *A.s* philologisch-historischer Arbeitsweise lag vor allem in der Entwicklung einer neuen Methodik zur Bearbeitung der Rechtsquellen, während die Ergebnisse dieser textkritischen Forschungen selbst schnell überholt waren. Auf welche Quellen *A.* seine Forschungsergebnisse stützte, ist bis heute nicht völlig geklärt. Als sicher gilt, daß er zu der wichtigsten Digestenhandschrift, der in Florenz aufbewahrten „Florentina", keinen Zugang hatte. Er selbst beruft sich in seinen „Dispunctiones" auf einen „vetus codex digestorum", dessen Existenz aber immer wieder in Frage gestellt wurde, so z.B. von → *Savigny* und in neuerer Zeit von *Osler*. Dieser hat sich auch mit der Arbeitsweise *A.s* kritisch auseinandergesetzt.

Welche Wertschätzung *A.* bereits zu seinen Lebzeiten genoß, läßt sich z.B. daraus ablesen, daß er gemeinsam mit *Budaeus* und → *Zasius* zum „Triumvirat" (*Cantiuncula*) der führenden europäischen Juristen gezählt wurde. Sein Ruhm gründete sich aber zu einem großen Teil auch auf seine Lehrtätigkeit. Der Höhepunkt der Universitätslehrerlaufbahn war während der Jahre in Bourges erreicht. Dorthin kamen auch *Johann Calvin* und Franz I., um den berühmten Italiener zu hören. Nach seiner Rückkehr an verschiedene italienische Universitäten stieß *A.* mit seiner neuen Methodik im noch ganz der Tradition verhafteten Italien auf weniger Verständnis als in Frankreich.

A. hat über 700 Rechtsgutachten verfaßt, die allerdings erst nach seinem Tode veröffentlicht worden sind. Besonders erwähnenswert ist ein Gutachten, das *A.* im Zusammenhang mit seiner Mailänder Anwaltstätigkeit in einem Hexenprozeß erstattet hat. Darin kritisierte er die „Hexenschnüffelei" eines „Ketzermeisters" *(v. Moeller)*, ohne aber dadurch zu einem Gegner jeglicher Hexenverfolgung zu werden. – Im übrigen beschäftigte sich der Humanist *A.* nicht nur mit der Jurisprudenz, sondern ist auch in anderen Gebieten durch Veröffentlichungen hervorgetreten, etwa durch seine „Emblemata" und das Lustspiel „Philargyrus". In seiner „Epistola contra vitam monasticam" übte er Kirchenkritik. Obwohl seine Kritik in die gleiche Richtung ging wie die *Martin Luthers*, schloß sich *A.* nicht dessen Lehren an; in dieser Hinsicht war er noch zu sehr dem traditionellen System verpflichtet (*Barni*).

Hauptwerke: Annotationes in tres posteriores Codicis Iustiniani libros, 1515. – Paradoxa iuris civilis, 1518. – Dispunctiones, 1518. – Praetermissa, 1518. – De verborum significatione, 1530. – Emblemata, 1531. – Parerga, 1538. – Contra vitam monasticam ad Bernardum Mattium epistola, 1695 (Erstveröffentlichung). – Opera omnia, 1547-1551 (weitere Ausgaben: 1557/58, 1571, 1582, 1616/17).

Literatur: G. Barni: Andrea Alciato, giureconsulto milanese e le idee della Riforma protestante, in: Rivista di storia del diritto italiano 21 (1948), 169-209. – *H. de Giacomi:* Andreas Alciatus, 1934. – *M. Gilmore:* Humanists and Jurists, 1963. – *A. Grimaldi:* Oratio funebris (hrsg. v. *Green*), 1871. – *J.F. Jugler:* Andreas Alciat, in: J.F. Juglers Beyträge zur juristischen Biographie, Teil 3, 1777, 14-43. – *G. Kisch:* Erasmus und die Jurisprudenz seiner Zeit, 1960, 304-316. – *J. Köhler:* Der „Emblematum liber" von Andreas Alciatus (1492-1550), 1986. – *D. Maffei:* Gli inizi dell'umanesimo giuridico, 1956. – *G. Mazzuchelli:* Alciati, in: *ders.*: Gli scrittori d'Italia I.1, 1749, 354-371. – *J.G. Meusel* (Hrsg.): Anekdoten von dem Rechtsgelehrten Andreas Alciat, von der Verfassung der italiänischen Universitäten und von der Ungezogenheit der italiänischen Studenten im XVI. Jahrhundert, in: Johann Georg Meusels historisch-litterarisch-biographisches Magazin, Stück 2, 1790, 104-112. – *E. v. Moeller:* Andreas Alciat, 1907. – *D. Osler:* Graecum legitur: A star is born, in: Rechtshistorisches Journal 2 (1983), 194-203. – *D. Osler:* Developments in the text of Alciatus Dispunctiones, in: Ius Commune 19 (1992), 219-235. – *J. Otto:* Zwang zur Ehe, Andreas Alciat (1492-1550) und die klandestine Ehe, Diss. jur. Frankfurt a.M., 1987. – *V. Piano Mortari:* Pensieri di Alciato sulla giurisprudenza, in: Studia et documenta historiae et iuris 33 (1967), 210-220. – *B. Podestà:* Andrea Alciati lettore nello studio di Bologna anni 1537-41, in: Archivio giuridico 3 (1869), 347-355; 4 (1869), 199-208; 11 (1873), 84-92. – *F. Schaffstein:* Zum rechtswissenschaftlichen Methodenstreit im 16. Jahrhundert, in: Festschr. f. H. Niedermeyer, 1953, 195-214. – *H.E. Troje:* Graeca leguntur (= Forsch. z. neueren Privatrechtsgesch. 18), 1971, 217-232. – *H.E. Troje:* Zur humanistischen Jurisprudenz, in: Festschr. f. H. Heimpel Bd. 2, 1972, 110-139. – *H.E. Troje:* Alciats Methode der Kommentierung des „Corpus iuris civilis", in: Der Kommentar in der Renaissance, hrsg. v. *A. Beck* und *O. Herding* (= Deutsche Forschungsgemeinschaft Kommission für Humanismusforschung, Mitteilung I), 1975, 47-61. – *P. Vaccari:* Andrea Alciato, in: Scritti in memoria di A. Giuffrè Bd. 1, 1967, 829-857. – *P. Viard:* André Alciat, 1926. – Allgemeine Encyclopädie der Wissenschaften und Künste (hrsg. v. *J.G. Ersch* und *J.G. Gruber*) I. 2 (1818), 418 f. *(Spangenberg)*. – DBI II (1960), 69-77 *(R. Abbondanza)*. – HRG I (1971), 88-90 *(H. Dilcher)*. – Jur., 27-29 *(J. Otto)* Bibliographie in: DBI II, 76 f.

A. Krauß

Johannes Althusius

(1557-1638)

A. ist 1557 geboren in Diedenhausen (Grafschaft Wittgenstein). Im Jahre 1586 wird er, nach Studien in Basel (Dissertation bei *Basilius Amerbach*) und Genf (bei → *Dionysius Gothofredus*), erster Rechtslehrer am akademischen Gymnasium Herborn. 1604 folgt er einem Ruf als Syndikus der Stadt Emden und bleibt in dieser Stellung bis zu seinem Tode am 12.8.1638.

A.s erste bedeutende Schrift, die „Jurisprudentiae romanae libri duo", gehört zu den frühesten Versuchen, ein nicht der „Legalordnung" der Digesten verhaftetes Rechtssystem aufzustellen. Die ramistische Methode (so benannt nach ihrem Begründer *Pierre de la Ramée*, lat. *Ramus*), d.h. Ableitung aller Einteilungen aus fortschreitender Spaltung der Begriffe, ist hier erstmals Grundlage eines Rechtssystems. Der Stoff ist in einen allgemeinen und einen besonderen Teil gegliedert: das erste Buch behandelt das ius primum (materielles Recht), das zweite das ius ortum de primo (Verfahrensrecht). *A.* hat diese Ansätze weiter ausgebaut in der „Dicaeologica", die ein vollständiges System des gesamten geltenden Rechts enthält. Der allgemeine Teil behandelt die Begründung des Rechts: Das natürliche Recht wird von der recta ratio communis nach den allgemeinen Bedürfnissen der menschlichen Gesellschaft aufgestellt. Das positive Recht wird von der recta ratio specialis nach den besonderen Bedürfnissen einer örtlich begrenzten Gemeinschaft erzeugt. Grundsätzlich muß das positive Recht mit den obersten Prinzipien des Naturrechts in Einklang stehen, jedoch sind Abweichungen zur Regelung der konkreten Verhältnisse möglich. Der besondere Teil gliedert sich in die Dicaeodotica, die Lehre von der Zuteilung der Rechte an den Menschen, und die Dicaeocritica, die Lehre vom streitig gewordenen Recht, enthält also das Prozeßrecht. – *A.s* Systematisierungsbemühungen führen auch zu einer Reihe neuartiger, die Kasuistik der römischen Quellen überwindender, Lösungen einzelner zivilrechtlicher Probleme: So versteht er etwa die Haftung für Mängel der verkauften Sache als Ausdruck der allgemeinen kaufvertraglichen Pflichten des Verkäufers (und nicht mehr als eine dem Käufer erst durch besonderen Rechtsbehelf gewährte Ver-

günstigung), gibt Ansätze zu einer selbständigen Erfassung der verschuldensunabhängigen Haftungstatbestände und fundiert den Persönlichkeitsschutz in einem subjektiven Persönlichkeitsrecht. Häufig berühren sich die Lösungen *A.s* mit Gedanken des 30 Jahre älteren französischen Juristen → *Hugo Donellus.*

Das Schwergewicht liegt in der „Dicaeologica" beim Privatrecht, unter dessen Kategorien auch öffentliches und Strafrecht eingeordnet werden. Die tiefere Begründung für dieses Verfahren findet sich in der Gesellschaftslehre, die *A.* in den „Politica", seinem wohl bedeutendsten Werk, vierzehn Jahre vorher dargelegt hatte.

A. will mit diesem Werk die Politik als eine selbständige Gesellschaftswissenschaft neben Rechtslehre, Ethik, Theologie, Physik und Logik aufbauen. Seine Darstellung ruht auf der calvinistischen Lehre von der göttlichen Prädestination alles gesellschaftlichen und staatlichen Lebens; in Konsequenz dieser Auffassung hat der Staat für *A.* weltliche und geistliche Aufgaben zu erfüllen, eine Trennung von Staat und Kirche (wie in *Luthers* „Zwei-Reiche-Lehre") kennt *A.* nicht. Dieser religiöse Hintergrund darf bei Würdigung der Einzelheiten in den „Politica" nicht außer acht gelassen werden.

Ausgangspunkt ist eine von *A.* durchaus als Beschreibung der Wirklichkeit verstandene „Vertragslehre", die z.T. wohl an die spanische Schule von Salamanca (*Covarruvias*, *Vasquez*) anknüpft: Die menschliche Gesellschaft beruht auf einem Vertrag, der entweder stillschweigend oder ausdrücklich geschlossen ist. Den Zusammenschluß bewirkt ein natürliches Bedürfnis der Menschen, das zu seiner Erfüllung den Gesetzen des Verkehrs, der Leitung und der Verwaltung untersteht und zu den Formen der Familie, der Genossenschaft, der Gemeinde, der Provinz und des Staates führt. Alles Recht der Gemeinschaft wird aus dem angeborenen Recht des Individuums hergeleitet. Dieses individualistische Grundprinzip wird von der naturrechtlichen Schule in ihre Staatslehre aufgenommen (*Grotius*) und taucht von da an in zahlreichen Variationen bei allen einflußreichen naturrechtlichen Theoretikern wieder auf.

Neben dem Gesellschaftsvertrag besteht ein Herrschaftsvertrag. Er hat jedoch nur den Wert eines Anstellungsvertrages, Geschäftsherr ist das Volk, der Herrscher ist nur Beamter. Hier ist die Brücke zu *A.s* Lehre von der Volkssouveränität.

In der Auseinandersetzung mit dem Souveränitätsbegriff *Bodins* findet *A.* zu einer eigenen Definition und baut dabei wiederum auf den Lehren von *Covarruvias* und *Vasquez* auf. Er übernimmt den Souveränitätsbegriff der Absolutisten – die absolute Unteilbarkeit, Unveräußerlichkeit und Unverjährbarkeit der Majestätsrechte – und überträgt ihn auf die Volkssouveränität. Alle Souveränität bleibt beim Volk, eine Souveränität des Herrschers, wie *Bodin* behauptet hatte, kann es nicht geben, da nur eine Souveränität im Staate möglich ist. Zur Wahrung der Volksrechte räumt *A.* den gewählten Repräsentanten (eine antike Bezeichnung wiederaufnehmend, nennt er sie „Ephoren") bzw. der Volksversammlung nicht nur eine ständige Mitregierung und Kontrolle, sondern in den wichtigsten Dingen die alleinige Beschlußfassung und die Verpflichtung des Regenten zur Ausführung der ihm übermittelten Beschlüsse ein. Nur in einem wichtigen Punkt korrigiert *A.* den Souveränitätsbegriff des *Bodin*: Es gibt für ihn keine potestas absoluta, und folglich ist die souveräne Gewalt nicht nur durch göttliches und natürliches Recht, sondern ebenso durch die positiven Gesetze und vor allem durch die Verfassungsgesetze gebunden. Damit wird ein Rechtsbereich für die legitim konstituierte Gewalt geschaffen.

Charakteristisch für *A.s* System ist die allseitige Durchführung des Repräsentationsprinzips. Das Prinzip der Volkssouveränität wird dadurch nicht beeinträchtigt, da die Repräsentanten, die Ephoren, nur gewählte Verwalter sind. Die herrschende ständische Gliederung ist als Grundlage der Repräsentantenversammlung anzusehen, doch ist für *A.* weniger die ständische Gliederung als das Prinzip der korporativen Delegation bestimmendes Element der Konstitution politischer Vertretungskörper.

Während im Mittelalter und bei *Bodin* gerade der Begriff der Souveränität der Stärkung aller zentralistischen Bestrebungen diente, baut *A.s* System auf einem verschärften Souveränitätsbegriff in Verbindung mit einer föderativen Struktur auf. Das ist nur möglich durch das Zusammenspiel des Gedankens der Volkssouveränität mit einem rein naturrechtlichen Gesellschaftsaufbau, der vom Individuum ausgehend erst über Familie – Genossenschaft – Gemeinde – Provinz zum Staat führt. Die Staatsgewalt wird durch das Recht der engeren Verbände beschränkt, aus denen sie sich aufbaut. Das ist eine Umkehrung der bisher herrschenden romanistisch-kanonistischen Korporationslehre, *A.* wird so auch zum Schöpfer eines neuen Korporationsbegriffes. Mit der Durchführung seines Systems des Gesellschaftsvertrages wird alles öffentliche Recht in Privatrecht aufgelöst und damit eine Grundlage für die weitere Entwicklung föderalistischer Ideen geschaffen, etwa den Begriff vom zusammengesetzten Staat oder die Entstehung der Idee der Gemeinde- und Genossenschaftsfreiheit aus der naturrechtlichen Gesellschaftslehre (→ *Gierke*).

Die Idee des Rechtsstaates durchzieht das ganze Werk. Es gibt keine potestas legibus soluta, auch das Volk als Souverän ist an die positiven Gesetze gebunden. Widerstand ist nicht möglich gegen einen legitimen Herrscher und gegen das souveräne Volk. Dem einzelnen steht nur ein Notwehrrecht gegen die Staatsgewalt zu. Ein Widerstandsrecht steht jedoch dem Volk in seiner Gesamtheit und in dessen Stellvertretung den Ephoren zu. Die Ephoren haben sogar die Pflicht, dem vertragsbrüchigen Herrscher Widerstand zu leisten, notfalls auch durch Abtrennung von Staatsteilen. Damit gibt *A.* kein Revolutionsrecht, sondern ein streng formelles und allseitig bindendes Verfassungsrecht.

Von *A.s* Werken haben wohl die „Politica" die größte Wirkung ausgestrahlt. Sie gewannen über → *Arumaeus* und → *Limnaeus* Einfluß auf die juristische Konstruktion der deutschen Reichsstaatsgewalt. Einfluß auf *Rousseau*s „contrat social" ist aus der gleichartigen Behandlung der Souveränitätslehre zu schließen. Um die Mitte des 17. Jahrhunderts verdammt neben vielen anderen vor allem → *Conring* das Werk des *A.* als Aufruhrdoktrin und zählt ihn zu den gefährlichsten Monarchomachen. Unter dem Eindruck der englischen und französischen Parolen von der Volkssouveränität (→ *Locke*, → *Hobbes*, *Rousseau*) gerieten das Werk und sein Autor bald in Vergessenheit. Erst → *Otto von Gierke* machte 1880 wieder auf *A.* aufmerksam.

Hauptwerke: Juris Romani (ab 2. Aufl. 1589: Jurisprudentiae Romanae) libri duo, ad leges methodi Rameae conformati, 1586, ^{2}1588 (1589, 1592), ^{5}1623. – Politica, methodice digesta et exemplis sacris et profanis illustrata, 1603, ^{2}1610, ^{3}1614 (Ndr. 1961, 1980), ^{5}1654. – Dicaeologicae libri tres, totum et universum ius, quo utimur, methodice complectentes, 1617, ^{2}1649 (Ndr. 1967). Bibliographie: *U. Scheuner* / *H.U. Scupin* (Hrsg.): Althusius-Bibliographie, bearb. v. *D. Wyduckel*, 2 Bde., 1973, 1-9; *Wolf*: Rechtsdenker, 216.

Literatur: H. Antholz: Die politische Wirksamkeit des Johannes Althusius in Emden, 1955. – *W. Buchholz*: Rousseau und Althusius. Eine staatsrechtliche Untersuchung, Diss. jur. Breslau 1922. – *K.-W. Dahm* / *W. Krawietz* / *D. Wyduckel* (Hrsg.): Politische Theorie des Johannes Althusius (= Rechtstheorie, Beiheft 7), 1988. – *H. Dreitzel:* Neues über Althusius,in: Ius Commune 16 (1989), 275-302. – *H.J. van Eikema*

Hobbes: Die Bedeutung der Staats- und Gesellschaftslehre des Johannes Althusius für unsere Zeit, in: Recht und Staat im sozialen Wandel. Festschr. f. H.U. Scupin, 1983, 211-232. – *C.J. Friedrich:* Johannes Althusius und sein Werk im Rahmen der Entwicklung der Theorie von der Politik, 1975. – *O. v. Gierke:* Johannes Althusius und die Entwicklung der naturrechtlichen Staatstheorien, 1880, ^{3}1913, ^{7}1981 (unv.). – *M. Herrmann:* Der Schutz der Persönlichkeit in der Rechtslehre des 16. bis 18. Jahrhunderts (= Beitr. z. neueren Privatrechtsgesch., 2), 1968, 29-33. – *H. Hofmann:* Repräsentation. Studien zur Wort und Begriffsgeschichte von der Antike bis ins 19. Jh. (= Schr. z. Verfassungsgesch., 22), 1974, 358-374. – *T.O. Hüglin:* Sozietaler Föderalismus. Die politische Theorie des Johannes Althusius, 1991. – *Ders.:* Althusius – Vordenker des Subsidiaritätsprinzips, in A. Riklin / G. Batliner (Hrsg.): Subsidiarität, 1994, 97-117. – *H. Janssen:* Die Bibel als Grundlage der politischen Theorie des Johannes Althusius, 1992. – *W.J. Klempt:* Die Grundlagen der Sachmängelhaftung des Verkäufers im Vernunftrecht und im Usus modernus (= Beitr. z. neueren Privatrechtsgesch. 1), 1967, 27-32. – *E. Moroni:* Althusius tra modello aristotelico e modello giusnaturalistico, in: Rivista internazionale di filosofia del diritto 1981, 284-309. – *E. Reibstein:* Johannes Althusius als Fortsetzer der Schule von Salamanca, 1955. – *Stintzing-Landsberg:* GDtRW 1, 468-477. – *Stolleis:* Gesch., I, 106-109; – *Wieacker*: PRG, 286 f. – *P.J. Winters:* Die „Politik" des Johannes Althusius und ihre zeitgenössischen Quellen, 1963. – *P.J. Winters:* Johannes Althusius, in: Staatsdenker im 17. und 18. Jahrhundert, hrsg. v. *M. Stolleis*, ^{2}1987, 29-51. – *Wolf*: Rechtsdenker, 177-219. ADB 1 (1875), 367 *(R. v. Stintzing)*. – HRG I (1971), 142-144 *(G. Schubart-Fikentscher)*. – Jur., 31-33 *(U. Speck)*. – NDB 1 (1953), 224 f. *(H. Mitteis)*. – StL 1 (1957), 284-286 *(E. Reibstein)*. Bibliographie: Althusius-Bibliographie (s.o.), 19-26; *Wolf*: Rechtsdenker, 216-219. H.

Bonifacius Amerbach

(1495-1562)

Geb. 11.10.1495 in Basel, reformiert seit 1534, Vater: gelehrter Drucker, aus Amorbach nach Basel eingewandert; 1507-1513 humanistischer Bildungsgang in Schlettstadt und Basel; 1513 als Magister Artium nach Freiburg, wo er bis 1519 als Schüler und Hausgenosse des → *Zasius* Jurisprudenz studiert; 1520-1524 Studium in Avignon (bei → *Alciat* und *Franz v. Ripa*); 1525 Promotion in Avignon zum juris utriusque doctor; ab 1.5.1525 Professor des römischen Rechts in Basel, zeitweise einziger Lehrer der jur. Fakultät; Mitwirkung bei Wiedererrichtung der Universität nach der Reformation in Basel (1529); 1535 Stadtsyndikus in Basel; 1536 übernimmt *A.* nach *Erasmus'* Tod die Verwaltung des Nachlasses (Erasmus-Stiftung); 1548 legt *A.* die Professur aus gesundheitlichen

Gründen nieder. Fünfmal war er Rektor der Universität Basel (1526, 1535, 1540, 1551, 1556), zweimal also noch, nachdem er die Professur niedergelegt hatte; gestorben ist er am 24. oder 25.4.1562 in Basel.

A. wird in der Literatur ein hervorragender Platz eingeräumt bei der Auseinandersetzung zwischen mos italicus und mos gallicus. Wenn seine Wirkungen auch auf Basel beschränkt blieben – er zog keine Schule nach sich –, so kann er doch als Beispiel eines Juristen zur Zeit des Humanismus angeführt werden.

Während seiner langen Studienzeit lernte *A.* bei → *Zasius* und → *Alciat* einerseits die neue Betrachtungsweise für das römische Recht kennen: Gegenüber der Anpassung dieses Rechts an die Gegenwart, wie sie die italienischen Kommentatoren betrieben hatten (mos italicus), trat die Arbeit an der Quelle, dem corpus iuris civilis, in den Vordergrund (mos gallicus). Andererseits wurde *A.* durch *Franz v. Ripa* die Bedeutung der mittelalterlichen Interpreten des römischen Rechts (Glossatoren und Kommentatoren) klar. In seiner Antrittsrede von 1525 (später gedruckt als „Defensio Interpretum iuris civilis") hat er sein juristisches Konzept dargelegt. Keineswegs handelt es sich dabei um eine bloße Zurückwendung auf die italienische Dogmatik, sondern *A.* ist bemüht, eine Synthese zu finden, in der das Zurückgehen auf die Quellen die Beachtung der Meinungen ihrer Interpreten nicht ausschließt. *A.* will die Tradition der italienischen Rechtslehrer nicht abreißen lassen, er sieht aber deutlich deren Grenzen. Er hält ihnen zugute, daß sie in ihrer Zeit noch nicht zu besseren Ergebnissen kommen konnten. Wenn man aber berücksichtige, daß etwa → *Accursius* in einem weniger glücklichen und gelehrten Jahrhundert geschrieben habe, so müsse man zugeben, daß er Großes geleistet habe. Diese abwägende Haltung nimmt A. auch in seinen Vorlesungen und Rechtsgutachten ein: er verwendet die Glosse und die Kommentatoren, folgt ihnen aber nicht kritiklos und macht sich auch die quellenkritischen Arbeiten der zeitgenössischen Juristen zunutze.

Auch in der aequitas-Lehre, die oft als Prüfstein humanistischer Tendenzen in den Ansichten verschiedener Juristen herangezogen wird, weil dieser Problemkreis in der Rückbesinnung auf die Antike eine besondere Rolle spielt, bewahrt *A.* seine Selbständigkeit gegenüber den italienischen Juristen. In einer erhaltenen Vorlesung über Billigkeit übernimmt er eine Definition von → *Oldendorp*. Auf Grund seiner eingehenden Beschäftigung mit griechischer Philosophie (bes. *Aristoteles*) wird aber diese aequitas im Ergebnis nicht wieder zu einem neuen starren Prinzip; Billigkeit ist für ihn nicht eine zweite Gruppe von Vorschriften neben Gewohnheits- und Gesetzesrecht, sondern sie bleibt eine Art von Recht, die nicht in Regeln oder Schemata zu fassen ist. Eine Bindung an das Recht (vornehmlich das corpus iuris civilis, aber auch das Lokalrecht) besteht insofern, als der Richter aufgefordert wird, immer zu fragen, wie wohl der Gesetzgeber entschieden hätte, wenn er das anstehende Problem ausdrücklich geregelt hätte. Neben seiner Beschäftigung als Rechtslehrer und Rechtsberater – u.a. erstellte er ein Gutachten zur Ehescheidung Heinrichs VIII. von England (1530) – hatte *A.* nach dem Tod seines Freundes *Erasmus* dessen Nachlaß zu verwalten und damit Arme und Bedürftige zu unterstützen. Er führte diese zeitraubende Arbeit mit großer Genauigkeit aus.

Wie in diesem Amt, so folgte ihm sein Sohn *Basilius A.* (1533-91) auch in den anderen Positionen nach. Beide *A.* haben keine Werke veröffentlicht. Sie sahen eine größere Notwendigkeit in der praktischen Arbeit, Lehre und Rechtsberatung. In ihren zahlreichen Briefen und Rechtsgutachten gewähren sie jedoch genügend Einblick in die Auffassungen und das Leben zweier humanistischer Juristen.

Literatur: Die Amerbachkorrespondenz, hrsg. und bearb. v. *Alfred Hartmann* und *B.R. Jenny*, 10 Bde., 1942-1995. – *T. Burckardt-Biedermann*: Bonifacius Amerbach und die Reformation, 1894. – *F. Elsener*: Die Schweizer Rechtsschulen vom 16. bis zum 19. Jahrhundert, 1975, bes. 104-109. – *M.P. Gilmore*: Boniface Amerbach, in *ders.*: Humanists and Jurists. Six studies in the Renaissance, 1963, 146-177. – *A. Hartmann*: Bonifacius Amerbach als Verwalter der Erasmusstiftung, in: Baseler Jahrbuch 1957, 7-28. – *E. His*: Anfänge und Entwicklung der Rechtswissenschaft in der Schweiz bis zum Ende des 18. Jahrhunderts, in: Schweizer Juristen der letzten hundert Jahre, hrsg. v. *H. Schultheß*, 1945, 1-58 (15-18). – *G. Kisch*: Bonifacius Amerbach, 1962 (wieder in *ders.*: Studien zur humanist. Jurispr., 1972, 127-150). – *G. Kisch*: Bonifacius Amerbach als Rechtsgutachter, in: Festg. f. M. Gerwig, 1960, 85-120 (wieder in *ders.*: Studien, s.o., 151-194). – *G. Kisch*: Amerbach und Vadian als Verteidiger des Bartolus, in *ders.*: Gestalten und Probleme aus Humanismus und Jurisprudenz, 1969, 99-183. – *G. Kisch*: Erasmus und die Jurisprudenz seiner Zeit, 1960, 344-379. – *G. Kisch*:

Humanismus und Jurisprudenz, 1955, bes. 37-76. – *Elisabeth Koch*: Die causa matrimonialis im Hause Amerbach/Fuchs, 1981. – *Stintzing-Landsberg*: GDtRW I, 209-212. – *H. Thieme*: Die beiden Amerbach, in: Studi in memoria di Paolo Koschaker, I, 1954, 137-177. – *R. Thommen*: Geschichte der Universität Basel 1532-1632, 1888. – *H.E. Troje*: Graeca leguntur (= Forsch. z. neueren Privatrechtsgesch., 18), 210-216. – *H.E. Troje*: Ein Gutachten von Charles Dumoulin zur causa matrimonialis im Hause Fuchs/Amerbach, in: Festschr. f. H. Coing, hrsg. v N. Horn, I, 1982, 421-434. – *Wieacker*: PRG, 158. – ADB 1 (1875), 397 f. *(R. v. Stintzing)*. – HRG I (1971), 145f *(H. Winterberg)*. – NDB 1 (1953), 246 f. *(A. Hartmann)*. Bibliographie bis 1962 in: *G. Kisch*: Die Anfänge der Juristischen Fakultät der Universität Basel 1459-1529, 1962, 352-354.

P.

Dominicus Arumaeus

(1579-1637)

Geboren 1579 in Leeuwarden, Westfriesland; calvinistische Familie; Studium ab 1593 in Franeker, Oxford, Rostock; in Jena ab 1599; 31. März 1600 Promotion und Hochzeit (seine Frau eine Tochter des Jenaer Professors *Virgilius Pingitzer*), 1602 außerordentlicher Professor; 1605 ordentlicher Professor zunächst für römisches Privatrecht, später deutsches Reichsstaatsrecht; gleichzeitig als Beisitzer am Jenaer Schöffenstuhl, später am Hofgericht; 1608, 1628, 1636 Rektor, 1618 Prorektor der Universität Jena; 1619 Senior (zweiter Rang), 1634 Ordinarius (erster Rang) der jur. Fakultät und damit Vorsitzender des Schöffenstuhles; Rat des Weimarischen Hofes; gestorben 24.2.1637 bei einer Fakultätssitzung.

Gegen Ende des 16. Jhs. begann das Reichsstaatsrecht, an den Universitäten als besondere Disziplin der Jurisprudenz gelehrt zu werden. *A.* setzte sich als „erster Lehrer des ius publicum in Jena" *(Conring)* aus zwei Gründen für diese Entwicklung ein: Juristen, die in ihrem Beruf oft wichtige Stellungen in den fürstlichen Geheimen Räten und damit bei der Leitung des Staates innehatten, müßten schon auf der Universität im Staatsrecht ausgebildet werden. Entscheidend war für ihn aber seine Forderung an die Staatsrechtswissenschaft: Die Axiome des römischen Staatsrechts, die der deutschen Verfassungswirklichkeit nicht mehr gerecht wurden, sollten einer realistischen Behandlung des tatsächlichen Verfassungsrechts im deutschen Reich weichen. Quellen des deutschen Staatsrechts konnten nicht mehr das Corpus Iuris Civilis oder die Lex Regia sein, sondern man mußte das positive Recht etwa der Goldenen Bulle oder der Wahlkapitulationen heranziehen. *A.* gab ab 1615 eine Sammlung von Abhandlungen (Diskursen) seiner Schüler heraus, die die Rechtsverhältnisse im Reich des beginnenden 17. Jhs. vor allem nach diesen „Reichsgrundgesetzen" beurteilten.

Ganz aus seiner Feder stammt der „Commentarius iuridico-historico-politicus de Comitiis RomanoGermanici Imperii" von 1630. Aus dieser historisch fundierten Beschreibung der Institution Reichstag kann man *A.s* Verfassungslehre herauskristallisieren. Der „Stammvater der deutschen Publizisten" erscheint hier als ein Wegbereiter der Lehre von der doppelten Majestät. Es ist vor allem ein terminologischer Unterschied zu dieser erst später ausgebauten Lehre, wenn er nur die Gewalt des Kaisers als „maiestas" bezeichnet. Sie ist entgegen dem absoluten Majestätsbegriff *Bodins* definiert als „summa unius in regenda Republica potestas" und entsteht dem gewählten Kaiser (Imperator designatus) durch Errichtung der Wahlkapitulation. *A.* weist zwar die zu seiner Zeit noch verfochtene unveränderte Fortgeltung der Lex Regia, in der das römische Volk alle Gewalt dem Kaiser übertragen hatte, zurück. Er sieht aber in der jeweiligen kaiserlichen Wahlkapitulation nichts anderes als die „Lex Regia Germanorum". Hierin zeigt sich, wie er trotz seiner Ausrichtung auf die Gegenwart doch am Weiterleben des Imperium Romanum im römisch-deutschen Reich festhält. Die maiestas ist für ihn eingeteilt in Teil-Rechte, die ursprünglich in der Hand der respublica oder des regnum liegen. Auch die beschränkte Übertragung dieser Majestätsrechte durch die Kapitulation gibt dem Kaiser die höchste Gewalt eines einzelnen, begründet also (nicht: begrenzt!) seine volle maiestas. Der Reichstag hat nach *A.s* Ansicht an der maiestas des Kaisers keinen Anteil. Er repräsentiert das Reich (durch das Kurfürstenkollegium) bei der Wahl des Kaisers und dessen Ausstattung mit Majestätsrechten. *A.* sucht hier nicht nach einer Lösung der Probleme, die sich für den Reichstag aus dem Erstarken der einzelnen Reichsstände ergaben. Ihm kam es auf die Betonung der kaiserlichen Machtstellung als Garantie für die Reichseinheit an. Deshalb qualifizierte er auch das Reich als eine Monarchie (hierin mit → *Althusius* übereinstimmend). Festhaltend am Altüberkommenen sah er als Hauptaufgabe des Reichstages nur die Koordination der Einzelinteressen seiner Mitglieder.

A.s Werk über die Goldene Bulle von 1617 steht am Übergang zu moderner Kommentierungsweise: Es umfaßt den gesamten Text dieser Urkunde, geht jedoch nicht abschnittsweise vor, sondern setzt sich aus verschiedenen Monographien zusammen.

Im ganzen muß man *A.* einordnen zwischen den meist katholischen oder lutherischen strengen Monarchisten (→ *Reinkingk*) und den Monarchomachen, die den Herrscher in völliger Abhängigkeit vom Volk sehen. Seine Ansicht von der Reichsverfassung kann daher nicht als rein konservativ bezeichnet werden. Wenn er auch die Volkssouveränitätslehre des → *Althusius* nicht übernimmt, wenn er auch darauf verzichtet, die Machtverhältnisse von Kaiser und Reichstag in einem Zahlenproporz anzugeben, wie es Zeitgenossen versuchten, wenn er auch die Abhängigkeit des Kaisers vom Reichstag nicht ausspricht, so läßt sich doch nicht leugnen, daß er durch die realistische Behandlung seines Stoffes Ansätze schuf, die dann von seiner „Pflanzschule der deutschen Publizistik" (vor allem → *Limnaeus*) zu einer durchaus nicht konservativen Lehre weiterentwickelt werden konnten. Es ist sogar denkbar, daß → *Pufendorfs* Ansicht, das Reich sei überhaupt nicht in eine der klassischen Verfassungsformen einzuordnen, auf *A.* zurückgeht. Sieht man die Befruchtung der neuen Reichsstaatsrechtswissenschaft als *A.s* Verdienst an, so wird dieses Verdienst noch vergrößert, wenn man bedenkt, daß er noch unter dem Einfluß des Humanismus stand (häufig finden sich Zitate römischer Schriftsteller in seinen Werken) und daß er – ein Kind seiner Zeit – mit theologisch-biblischen Argumenten arbeitete.

Hauptwerke: Exercitationes Iustiniani ad Institutiones, 1607. – Tractatus methodicus de mora 1608. – Decisionum et Sententiarum libri II, 1612. – Disputationes ad praecipuas Pandectarum et Codicis leges, consuetudines feudales, quatuor Institutionum libros, 1613, [2]1620, [3]1628, [4]1665 und [5]1672 bearb. v. *E.F. Schröter.* – Discursus academici de iure publico, Bd. 1: 1615 (1621), Bd. II-V: 1620-1623. – Discursus academici ad Auream Bullam, 1617, [2]1619, [3]1663 mit Zusätzen v. *E.F. Schröter.* – Commentarius iuridico-historico-politicus de comitiis Romano-Germanici Imperii, 1630, [2]1635, [3]1660.

Literatur: Geschichte der Universität Jena. 1548/58-1958. Festgabe zum 400jährigen Universitätsjubiläum, hrsg. v. einem Kollektiv d. Hist. Inst. d. Friedrich-Schiller-Universität Jena unter Leitung v. *M. Steinmetz*, 1. Bd., 1958, 89 f. – *J. Günther:* Lebensskizzen der Professoren der Universität Jena seit 1558 bis 1858, 1858. – *R. Hoke:* Die Emanzipation der deutschen Staatsrechtswissenschaft von der Zivilistik im 17. Jh., in: Der Staat 15 (1976), 211-230 (219-224). – *R. Hoke:* Die Reichsstaatsrechtslehre des Johannes Limnäus, 1968, 27-38, 80-83. – *J.S. Pütter:* Litteratur des teutschen Staatsrechts, I, 1776 (Ndr. 1965), 165-170. – *Friedrich Herrmann Schubert:* Die deutschen Reichstage in der Staatslehre der frühen Neuzeit, 1966, bes. 451-466, 482-494. – *Stintzing-Landsberg:* GDtRW I, bes. 719- 721. – *Stolleis:* Gesch., I, 214 f. – ADB I (1875), 614 f. *(T. Muther)*. – HRG I (1971), 237-239 *(R. Hoke)*. – Jur., 41 f. *(M. Stolleis)*.

P.

John Austin

(1790-1859)

Geboren am 3.3.1790 in Creeting Mill bei Ipswich, Suffolk. 1814 beginnt *A.* mit dem Studium der Rechtswissenschaft und wird 1818 als plädierender Anwalt (barrister) zugelassen. 1819 heiratet er Sarah Taylor und läßt sich mit ihr in Westminster nieder, wo sie Nachbarn und Freunde von → *Jeremy Bentham*, *James Mill* und *John Stuart Mill* werden. *A.* sucht den Kontakt zu → *Bentham*, dessen Theorie des Utilitarismus und Kritik am überlieferten englischen Recht die Basis für *A.s* spätere Rechtstheorie bilden; eine enge Freundschaft entwickelt sich zwischen *A.* und seinem Schüler *John Stuart Mill.*

A.s schwache Gesundheit und sein fehlendes couragiertes Auftreten bewirken, daß ihm beruflicher Erfolg als Anwalt versagt bleibt. 1825 gibt er seinen Anwaltsberuf auf. Sein Interesse gilt ohnehin weniger der Praxis der Rechtsanwendung als vielmehr der politischen Philosophie und Rechtstheorie. Er rezipiert die Schriften von → *Hobbes*, → *Locke*, *Paley*, *Hume* und vor allem die Theorie → *Benthams*. Sein Interesse an einer wissenschaftlichen und analytischen Behandlung der juristischen Materie scheint *A.* für den neu eingerichteten Lehrstuhl für „Jurisprudence“ an der Londoner Universität zu prädestinieren, auf den er dann auch 1826 berufen wird. Da der Bau der Universität noch andauert, bereitet sich *A.* in Bonn auf seine Lehrtätigkeit vor und widmet sich dort u.a. dem Studium der Institutionen des Gaius und der Lektüre von → *Savigny*, → *Hugo*, *Falck*, → *Thibaut*, *Mühlenbruch* und *Kant*. Da der geringe Grad wissenschaftlicher Rationalisierung der englischen Rechtsmaterie von ihm stets scharf kritisiert wird, inspirieren ihn Systematik und analytische Schärfe der rezipierten Werke um so mehr. Beeindruckt von Aufbau und Methodik des Studiums der Jurisprudenz an deutschen Universitäten, das sich grundlegend von der rechtlichen Ausbildung in England unterscheidet, wird das Leben eines Gelehrten für *A.* zur Chiffre für ein gelungenes und gutes Leben: „I was born out of time and place. I should have been a schoolman of the twelfth century or a German professor“.

A.s 1829 an der Londoner Universität aufgenommene Lehrtätigkeit wird zum Mißerfolg, und bereits 1832 ist er gezwungen, seinen Lehrstuhl wieder aufzugeben, da die Studenten ausbleiben. Sein trockener, rhetorisch ungelenker Stil und die analytisch genauen Begriffsdefinitionen werden seinen Zuhörern zur Qual. „Jurisprudence“ als rechtstheoretische und rechtsphilosophische Grundlegung des Rechts hatte keinen Platz in der rein auf die Praxis ausgerichteten Ausbildung englischer Studenten. 1832 veröffentlicht *A.* seine einleitenden Vorlesungen unter dem Titel „The Province of Jurisprudence Determined“, doch die erhoffte Resonanz stellt sich nicht ein. Sein akademischer Mißerfolg wird zum persönlichen Desaster, von dem er sich nicht mehr erholt. Es folgen Jahre der Krankheit und Depression; Melancholie und ein Gefühl des Scheiterns beherrschen fortan *A.s* Grundstimmung. Als Mitglied einer königlichen Untersuchungskommision zur Modernisierung des Strafrechts findet *A.* keine Unterstützung für seine weitgehenden Reformvorschläge und kehrt auch dieser Tätigkeit wieder den Rücken. 1836 wird *A.* zum Beauftragten für rechtliche Reformen auf der als Kronkolonie verwalteten Insel Malta. Obwohl seine Reformvorschläge zum Teil umgesetzt werden, stößt seine Tätigkeit auf Malta auch auf massive Kritik, und als *A.* Malta verläßt, ist er einmal mehr gesundheitlich und psychisch angeschlagen. Da es *A.* in England, dem Ort seiner Mißerfolge, nicht aushält, leben die Austins in den folgenden Jahren im Ausland, davon einige Jahre in Dresden und mehrere Sommer in Karlsbad, ab 1843 in Paris. In diesen Jahren gelingt es *A.* nicht, seine begonnene Rechtstheorie weiterzuführen. Eine Wiederauflage von „The Province ..." lehnt er mit der Begründung ab, weitreichende Revisionen seien erforderlich. Die revolutionären Unruhen in Paris im Jahre 1848 lassen die Austins nach England, Weybridge zurückkehren. In völliger Abkehr von den früheren radikaldemokratischen Ideen der „Benthamite Radicals" ändert A. seine politische und rechtstheoretische Einstellung im Laufe der Jahre so fundamental, daß er in den letzten Jahren seines Lebens in Opposition zu seinem eigenen positivistischen Ansatz der zwanziger und dreißiger Jahre steht und sich der Position der Historischen Schule (→ *Maine*) annähert. Seine Wende zum Konservatismus dokumentiert der 1859 erschienene Aufsatz „A Plea for the Constitution". A. stirbt am 17.12.1859 in Weybridge. Die ihr verbleibenden Jahre nutzt Sarah, um mit großem Einsatz eine erweiterte Neuauflage des Vorlesungsmaterials ihres Mannes zu bewirken und sichert ihm damit posthum den Ruf als einer der großen Rechtsphilosophen, der ihm sein ganzes Leben lang verwehrt geblieben war.

A.s theoretische Arbeit ist von der Idee angeleitet, die Jurisprudenz als Wissenschaft zu etablieren. Er unterteilt die Regeln menschlichen Verhaltens in die Gesetze Gottes, sittliche Regeln des Zusammenlebens und positives Recht. Die Frage, wie die Regeln menschlichen Verhaltens sein *sollen*, beantwortet Austin mit einem von → *Bentham* übernommenen Utilitarismus: eine Handlung ist dann sittlich geboten, wenn sie sich zur Optimierung des Glücks einer größtmöglichen Zahl von Menschen als *nützlich* erweist. In seiner *rechts*theoretischen Analyse konzentriert sich *A.* jedoch allein auf das vorgefundene positive Recht. Gegenüber metaphysischen und vernunftrechtlichen Konzeptionen des Naturrechts, die seiner Ansicht nach mit der Annahme überpositiven Rechts die Unterschiede zwischen Recht, Moral und Religion verwischen, versucht *A.* den Gegenstand seiner Untersuchung, das positive Recht, scharf abzugrenzen und einer eigenen systematischen Behandlung zu unterziehen. In seiner Befehlstheorie des Rechts („command theory") stellt sich das positive Recht als faktisch wirkendes System von Imperativen dar. Rechtsnormen und -regeln sind Befehle, bei deren Mißachtung ein angedrohtes Übel wirksam wird, was dazu führt, daß Befehlen gewohnheitsmäßig gehorcht wird, um Sanktionen zu vermeiden. Die spezifische Differenz des positiven Rechts gegenüber anderen Regeln liegt in seinem Ursprung: Die Rechtsbefehle werden von dem Souverän erteilt, der allein durch seine gesetzgebende Kraft die Befehle mit Rechtsgültigkeit ausstattet. Existenz und Gültigkeit des Rechts wurzeln also nicht mehr im

Naturrecht, da *A.* die Autorität des Souveräns und seiner Befehle nicht im Rückgriff auf eine übergeordnete Instanz als legitimiert begreift. Die Macht des Souveräns und der ihm untergeordneten politischen Institutionen basieren lediglich auf sozialen Gepflogenheiten, Brauch und Gewohnheit; Hierarchien bilden sich aus, indem Menschen anderen Menschen aus Gewohnheit Gehorsam leisten. An der Spitze der Hierarchie steht der Souverän, derjenige, der selbst niemandem gegenüber Gehorsam übt. Die rechtsetzende Macht des Souveräns ist nach *A.s* Theorie nicht wiederum rechtlich zu beschränken und bedarf keiner rechtlichen Form. Der Souverän kann folglich auch kein illegitimes Rechts kreieren, d.h. jeder Akt der Rechtsetzung durch den Souverän führt notwendig zu einem legalen Rechtsbefehl.

Nicht die Auffassung, Gesetze seien Befehle eines Souveräns, ist neu an *A.s* Ansatz; seine rechtsgeschichtliche Bedeutung gründet vielmehr in der Abkehr von dem Gedanken, der Souverän verdanke seine Autorität wiederum einer übergeordneten Instanz. Damit ist die Grundidee einer positivistischen Rechtsauffassung formuliert: die Geltung des Rechts ist seine Faktizität. Recht wurzelt nicht in moralischen Vorbedingungen, sondern wird von Menschen durch Entscheidungen festgesetzt und dadurch gesellschaftliche Wirklichkeit.

Im deutschsprachigen Raum stehen den Vorstellungen der frühen englischen Positivisten *Bierlings* Juristische Prinzipienlehre, der Ansatz von *Bergbohm* und später *Kelsens* Reine Rechtslehre nahe. Entscheidenden Einfluß hatte der rechtspositivistische Ansatz vor allem auf das angloamerikanische Recht. In den USA nahmen *John Chipman Gray* und *Oliver Wendell Holmes* die Ansätze *A.s* auf. Kritisiert wurde er hingegen von der Historischen Schule von → *Henry Maine*. Im weitesten Sinne in der Tradition *A.s* stehen Theoretiker wie *H.L.A. Hart*, die sich mit sprachanalytischen Mitteln um eine Reformulierung des Rechtspositivismus bemühen.

Da *A.* das Recht allein durch die Sozialtatsachen der Über- und Unterordnung definiert, wird seine Theorie als reduktionistisch und als „naiver Positivismus" kritisiert. Als reine Machttheorie des Rechts weist sie keinen systematischen Ort für Legitimitätserwägungen auf. Ein präziser Rechtsbegriff kann über die Analyse des Rechts als Befehl nicht erreicht werden, so daß das Recht normativ unterbestimmt bleibt. Da rechtliche Beschränkung und Aufteilung gesetzgebender Gewalt nach *A.s* Theorie nicht möglich sind, finden die im Laufe des 19. Jahrhunderts fortentwickelten Ideen der Volkssouveränität und Rechtsstaatlichkeit keine theoretische Unterstützung in *A.s* Rechtslehre. Die Defizite der *A.*schen Theorie sind bereits daran zu erkennen, daß sie nicht in der Lage ist, der damaligen politischen Verfassung der Vereinigten Staaten durch eine adäquate theoretische Beschreibung gerecht zu werden.

Hauptwerke: The Province of Jurisprudence Determined, 1832, ^{2}1861. – Lectures on Jurisprudence, ed. by *Sarah Austin,* 2 vols., 1863. – Lectures on Jurisprudence or the Philosophy of Positive Law, 3rd edition, revised and edited by *R. Campbell*, 2 vols., ^{3}1869, ^{4}1873, ^{5}1885, Nachdrucke 1895, 1911. – A Plea for the Constitution. London 1859.

Literatur: A. Agnelli: John Austin, alle origini del positivismo giuridico, 1959. – *J.W. Brown:* The Austinian Theory of Law, 1906. – *G.B. Campbell:* Analysis of Austin's Lectures on Jurisprudence, 1905 – *R.A. Eastwood / G.W. Keeton:* The Austinian Theories of Law and Sovereignty, 1929. – *L. Hamburger / J. Hamburger:* Troubled Lives. John and Sarah Austin, 1985. – *H.L.A. Hart:* Der Begriff des Rechts, 1973. – *O. Höffe:* Politische Gerechtigkeit, 1989, 110-153. – *P.J. King:* Utilitarian Jurisprudence in America. The Influence of Bentham and Austin on American Legal Thought in the Nineteenth Century, 1986. – *W. Löwenhaupt:* Politischer Utilitarismus und bürgerliches Rechtsdenken, 1972. – *J.U. Lewis:* John Austin's Concept of „Having a Legal Obligation", in: Western Ontario Law Review 14 (1975), 51. – *C.A.W. Manning:* Austin To-day, in: Modern Theories of Law, hrsg. von I. Jennings, 1933. – *J.S. Mill:* Austin on Jurisprudence, in: Dissertations and Discussions, 1875. – *W.L. Morison:* John Austin, 1982. – *Ders.:* Some Myth About Positivism, in: Yale Law Journal 68 (1958), 212. – *H. Morris:* Verbal Disputes and the Legal Philosophy of John Austin, in: University of California Law Review 7 (1959/60), 27 – *E. Ruben:* John Austin's Political Pamphlets 1824-1859, in: Perspectives in Jurisprudence, hrsg. von E. Attwool, 1977. – *W.E. Rumble:* Divine Law, Utilitarian Ethics and Positivist Jurisprudence: A Study of the Legal Philosophy of John Austin, in: American Journal of Jurisprudence 24 (1979), 139. – *A.B. Schwarz:* John Austin und die deutsche Rechtswissenschaft seiner Zeit; *ders:* Einflüsse deutscher Zivilistik im Ausland, beides in: Rechtsgeschichte und Gegenwart, hrsg. von H. Thieme / F. Wieacker, 1960. – *A.W.B. Simpson:* Biographical Dictionary of the Common Law, 1984. – *R.S. Summers:* The New Analytical Jurists, in: New York University Law Review 41 (1966), 861. – *C. Trapper:* Austin on Sanctions, in: Cambridge Law Journal, 1963, 270. – (ohne Verfasserangabe): Hart, Austin, and the Concept of a Legal System: The Primacy of Sanctions, in: Yale Law Journal 84 (1975), 584. – Jur., 48 f. *(K. Lerch).*

N. Dearth

Azo

(vor 1190-1220)

A. entstammt einer Bologneser Familie niederen Standes. Sein Vater *Soldanus* ist nur als Vater seines berühmten Sohnes bekannt. Angaben jüngerer Quellen, wonach *A.* in Montpellier bzw. Casalmaggiore bei Cremona geboren worden sein soll, haben sich als Irrtümer erwiesen. Urkundlich ist *A.* vom 23. Nov. 1190 bis zum 15. Juli 1220 bezeugt. Neben „*A.*" finden sich in diesen Urkunden die Namensformen Azzo und Azzolinus, gelegentlich wird der Vatername hinzugefügt (Azzo Soldani). Andere zuweilen angeführte Bei- bzw. Vornamen entbehren der historischen Grundlage (Dominicus), beruhen auf Verwechslung (de Ramenghis) oder sind, wenngleich früh bezeugt, fraglich (Porcus, Porchus, Portius). *A.* studierte in Bologna unter *Johannes Bassianus* Zivilrecht und lehrte dort spätestens seit 1190. 1191 trafen er und *Lotharius Cremonensis* mit Kaiser Heinrich VI. bei dessen Aufenthalt in Bologna zusammen. Mit diesem Treffen verbindet sich die berühmte Anekdote vom geschenkten Pferd (in einigen Quellen fälschlich auf Barbarossa sowie *Bulgarus* und *Martinus Gosia* bezogen): Während *Lothar* die Frage Heinrichs, wem das imperium merum gebühre, ausschließlich zugunsten des Kaisers beantwortete und dafür ein Pferd erhielt, ging *A.*, nach dessen Ansicht das imperium merum auch anderen höheren Obrigkeiten zukam, leer aus („licet ob hoc amiserim equum, quod non fuit aequum", Summa codicis, ad. Cod. 3,13, n. 17). Als Rechtsgelehrter und Lehrer errang *A.* schon bald legendären Ruf und hatte großen Zulauf. Zu seinen Schülern zählen die Legisten → *Accursius*, *Bernardus Dorna*, *Jacobus Balduini*, *Martinus de Fano* und *Roffredus de Epiphanis*, die Kanonisten *Goffredus de Trano* und *Johannes Teutonicus* sowie der Feudist *Jacobus de Adrizone*. Die Berichte jüngerer Quellen, *A.* habe zuweilen an die 10 000 Hörer gehabt und auf offener Straße lesen müssen, beruhen jedoch auf Mißverständnissen der Autoren.

Neben der Glossatoren- und Lehrtätigkeit wirkte *A.* als Rechtsberater in privaten und öffentlichen Angelegenheiten. Zwischen 1198 und 1220 war er ausweislich der überlieferten Urkunden mehrfach an Vertragsschlüssen Bolognas mit anderen italienischen Städten beteiligt bzw. Mitglied Bologneser Gesandtschaften. Nach der Chronik *Alberichs von Troisfontaines* ist er im Jahr 1220 gestorben, wofür spricht, daß er seit dem 15. Juli d.J. nicht mehr in Erscheinung tritt. Die These → *Savignys*, *A.* sei frühestens im Jahr 1230 gestorben, ist inzwischen widerlegt (der von *A.* erwähnte Genueser Podestá Jacobus ist nicht, wie *Savigny* annahm, der dort für das Jahr 1229 als Podestá bezeugte *Jacobus Balduini*, sondern der Mailänder *Jacobus Manieri*, der 1195 das Amt innehatte). Zu den vielen Legenden, die sich um *A.* ranken, gehört die bis in das 14. Jh. zurückreichende Behauptung, *A.* sei wegen der Ermordung seines Kollegen *Hugolinus* hingerichtet worden. Sie findet in zeitgenössischen Quellen keine Stütze und beruht wahrscheinlich auf einer Verwechslung mit seinem Sohn *Ameus*, der 1243 hingerichtet wurde. Neben *Ameus* sind vier weitere Söhne *A.s* bezeugt. Seine Nachkommenschaft läßt sich bis zum Ende des 14. Jh. verfolgen. Bedeutung und Einfluß hatte die Familie nach *A.* nicht mehr.

Als Hauptwerke *A.s* sind seine in über dreißig Handschriften überlieferten, größtenteils noch unedierten Glossenapparate (durchlaufende Kommentierungen) zu allen Teilen des Corpus iuris civilis zu betrachten. Entgegen früherer Ansicht war *A.* nicht der erste, der solche Apparate zusammengestellt hat, vielmehr wurden in den letzten Jahrzehnten mehrere sehr alte identifiziert, und es ist wahrscheinlich, daß bereits → *Irnerius* sich nicht auf Einzelglossen beschränkte. Unter *A.* setzt sich allerdings mit den sogen. Apparatus maiores ein neuer Apparatetyp durch. Während die älteren (Apparatus minores) durch kurze, nach einzelnen Glossentypen klar voneinander abgegrenzte Kommentierungen gekennzeichnet sind, die sich ohne weiteres in den Satzbau und Gedankengang des glossierten Quellentextes einbauen lassen, wachsen die Glossen in den Apparatus maiores *A.s* nach Zahl und Umfang durch die Berücksichtigung älterer und zeitgleicher Literatur und die Aufnahme von Argumenten und Gegenargumenten, Allegationen und Lösungen beträchtlich an, wobei sich die Unterschiede der einzelnen Glossentypen nivellieren und an ihre Stelle ein einheitlicher Typ langer „diskursiver" Glossen tritt. Zum Digestum vetus und zum Codex soll *A.* neben Apparaten des neuen auch solche des älteren Typs verfaßt haben. Zum Digestum novum ist lediglich ein Apparatus minor überliefert. Der wissenschaftliche Rang der großen Apparate ist umstritten. Während sie einerseits als Werke gefeiert werden, in denen die wissenschaftliche Methode des Glossierens ihren Höhepunkt erreicht, werden sie andererseits als Plagiate großen Stils abgetan. In der Tat hat *A.* in seinen Glossen über weite Strecken fremdes Gedankengut, insbesondere seines Lehrers *Johannes Bassianus* verarbeitet, ohne dies sonderlich kenntlich zu machen, wie überhaupt die Arbeit *A.s* und seines Schülers →*Accursius* im wesentlichen darin bestand, Vorgefundenes in neue Formen zu gießen. Gleichwohl geht der Vorwurf des Plagiats zu weit, weil er moderne Maßstäbe in die Vergangenheit projiziert. Ist es schon an sich eine bedeutende Leistung, den innerhalb des 12. Jh. immens angewachsenen Stoff zu sichten und für den Unterricht bzw. die Praxis (→*Accursius*) verfügbar zu machen, so wird außerdem zu recht darauf verwiesen, daß Kompilation als solche noch keinen Plagiator macht und daß es den Zeitgenossen selbstverständlich war, im Werk eines Autors das Werk seiner Vorgänger und Lehrer rezipiert und tradiert zu sehen. *A.s* Apparatus maiores bildeten denn auch die wichtigste Quelle für die berühmte Glossa ordinaria seines Schülers →*Accursius* und wurden schließlich wie die übrigen voraccursischen Glossen völlig von ihr verdrängt.

Von bleibendem, über Jahrhunderte unangefochtenem Einfluß waren demgegenüber die zw. 1208 und 1210 entstandenen Summen *A.s* zum Codex und zu den Institutionen, die sich ausweislich des Vor- und Nachworts als ein Werk verstehen und denen später häufig eine nicht allein von ihm stammende Digestensumme angefügt wurde. Auch Summen – es handelt sich dabei um lehrbuchartige Gesamtdarstellungen eines Titels des Corpus iuris bzw. aller Titel eines Rechtsbuchs – sind bereits vor und gleichzeitig zu *A.* geschrieben worden. *A.* erfüllte den Zweck dieser Literaturgattung jedoch so glänzend, daß nach ihm keine Codexsumme mehr verfaßt und die seine lediglich noch mit Additiones versehen wurde. In der Folge wurden die Summen *A.s* zum Lehr- und Handbuch des römischen Rechts schlechthin: →*Bracton* benutzte sie ausgiebig bei der Abfassung seines berühmten Tractats „De legibus et consuetudinibus Angliae". Aus der Zeit von 1482 bis 1610 sind bislang 35 Druckausgaben bekannt (die erste stammt aus Speyer), und wie Autoren des 15. und 16. Jh. berichten, war der Besitz der Summen *A.s* in mehreren italienischen Städten Voraussetzung für die Aufnahme in das Richterkollegium, was seinen Niederschlag in dem Sprichwort „Chi non ha Azzo non vada a Palazzo" gefunden hat.

A. verfaßte ferner ein Commentum (d.h. an der Textfolge orientierte Erklärungen zusammengehöriger Stellen) zum Digestentitel „De diversis regulis iuris antiqui" (D. 50,17) und Distinctiones (→*Irnerius*) – beide Werke bislang unediert – ferner Brocardia (Sammlung verallgemeinerungsfähiger Rechtsgedanken) und Quaestiones (Fallsammlung nebst Lösungen). In letzteren findet sich erstmals der Satz: „Quilibet rex hodie videtur eandem potestatem habere in terra sua, quam imperator“, der in anderen Worten *A.s* bereits vor Heinrich VI. vertretene Auffassung zum Ausdruck bringt, daß das imperium merum auch anderen Obrigkeiten als dem Kaiser zukommt, und später in modifizierter Form immer wieder zur Umschreibung der Landeshoheit angeführt wird (Dominus imperator in territorio).

Wahrscheinlich aus den letzten Lebensjahren *A.s* stammt die recht genaue Mitschrift seiner Vorlesung zum Codex aus der Hand seines Schülers *Alexander de Sancto Egidio* (sog. Codex-Kommentar des *A.*). Das Werk ist zum einen durch seine zahlreichen Hinweise auf die Meinungen anderer Autoren dogmen- und literaturgeschichtlich und zum anderen als Quelle für die Erforschung der Unterrichtsmethode *A.s* und seiner Kollegen von großer Bedeutung. Es relativiert zudem durch seine nicht seltenen Hinweise auf das Decretum Gratiani, einzelne Dekretalen und die Meinungen von Decretisten sowie auf den Gerichtsgebrauch der römischen Kurie die Aussage des *Odofredus*, *A.* sei im kanonischen Recht nicht sonderlich bewandert gewesen. Berichte jüngerer Quellen, er sei gegen Ende seines Lebens vollends zum Kanonisten und sogar Priester geworden, entbehren jedoch jeder Grundlage und beruhen auf Verwechslung.

Die schon zitierte Auffassung *A.s* zum imperium merum findet ihre Entsprechung in seiner Position zur Frage nach dem Verhältnis zwischen der Gesetzgebungsgewalt des Kaisers und der consuetudo populi. Im Gegensatz zu → *Irnerius* und den älteren Glossatoren gestehen die jüngeren, darunter *A.*, den consuetudines die Fähigkeit zu, kaiserliche Gesetze außer Kraft zu setzen, weil das Volk seine Gesetzgebungsgewalt nicht völlig auf den Kaiser übertragen habe. Lediglich ein ausdrückliches Gesetz könne gewohnheitsrechtliche Regeln derogieren. Damit ist Raum für die Geltung des Statutarrechts der Städte (es zählt nach damaligem Begriff zu den consuetudines) neben dem kaiserlichen Recht geschaffen und die Grundlage für das Nebeneinander von Partikularrecht und ius commune gefunden.

Hauptwerke: Summa Azonis cum emendatione … Papie 1506 (Ndr.: Azonis Summa super Codicem, Instituta, Extraordinaria, 1966 [Corpus glossatorum iuris civilis, 2]). – Azonis Summa aurea, Lugduni 1557 (Nachdruck: 1968), weitere Summenausgaben bei *Savigny:* GRRM V, 33-38 und *Weimar*, in: Coing, Hdb. I, 203, N. 5. – Azonis ad singulas leges XII librorum Codicis Justinianei commentarius et magnus apparatus,

Parisiis 1577 (Ndr.: Azonis lectura super codicem ... 1966 [Corpus glossatorum juris civilis 3]), weitere Ausgaben, *Savigny:* GRRM V, 19. – Brocardia aurea D. Azonis Boniensis ..., Neapoli 1568 (Nachdruck: Azonis Brocarda, 1967 [Corpus glossatorum juris civilis 4,3]), weitere Ausgaben, *Savigny:* GRRM V, 39 f. – Die Quaestiones des Azo, hg.v. *E. Landsberg*, 1888. – *S. Carpioli* u.a. (Hg.): Reliquie preaccursiane, I: Duecentotre glosse dello strato azzoniano alle Istituzioni, 1978.

Literatur: *W.M. d'Ablaing:* Zur „Bibliothek der Glossatoren", in: ZRG (RA) 9 (1888), 13-42. – *A. Alberti:* Scuole italiane e giuristi italiani nello sviluppo storico del diritto inglese, 1937. – *G. Chevier:* Sur l'art de l'argumentation chez quelques romanistes médiévaux au XIIe et au XIIIe siècle, in: Archives de philosophie du droit. XI La logique du droit, 1966. – *L. Chiapelli / L. Zdekauer:* Un consulto d'Azone dell'anno 1205, 1888. – *G. Dolezalek:* Azos Glossenapparat zum Infortiatum, in: Ius Commune 3 (1970), 186-208. – *Ders.:* Azos verschollener Glossenapparat zu den Tres Partes, in: ZRG (RA) 84 (1967), 403-413. – *Ders.:* Neue Handschriftenfunde aus Modena, in: TRG 34 (1966), 407-409. – *J. Fried:* Die Entstehung des Juristenstandes im 12. Jh., 1974. – *E. Genzmer:* Die justianische Kodifikation und die Glossatoren, in: Atti del congresso internaz. di diritto romano, I, 1934, 345-430. – *Ders.:* Gli Apparati di Azzone al Digestum Novum 50, 17, 1, in: Annali di storia del diritto 1 (1957), 7-11. – *H. Kantorowicz:* Studies in the glossators of the roman law, 1938. – *Ders.:* The Quaestiones disputatae of the glossators, in: TRG 16 (1939). – *E. Landsberg:* Das Madrider Manuscript von Azos Quaestiones, in: ZRG (RA) 10 (1889), 145. – *E. Lauglois:* La Somme Acé, in: Mélanges d'archéologie et d'histoire V (1885), 110-114. – *F.W. Maitland:* Select passages from the workes of Bracton and Azo, 1895. – *E.M. Meijers:* Sommes, lectures et commentaires (1100 à 1250), in: *ders.:* Etudes d'histoire du droit, III, 1, 1959, 211-260. – *G. Post:* Studies in Medieval Legal Thougt. Public Law and the State, 1100-1322, 1964. – *E. Seckel:* Azos Bearbeitung der Codexsumme des Johannes Bassianus, in: Sitzungsberichte der Kgl. Preuß. Akad. d. Wiss. 1918. – *Ders.:* Distinctiones Glossatorum. Studien zur Distinktionen-Literatur der romanist. Glossatorenschule, verbunden mit Mitteil. unedierter Texte, Festschr. Martitz, 1911, 277-436, rez. v. G. Pescatore, in: ZRG (RA) 33 (1912), 519-546. – *R. Weigand:* Die Naturrechtslehre der Legisten und Dekretisten von Irnerius bis Accursius und von Gratian bis Johannes Teutonicus, 1967. – *P. Weimar:* Die legistische Literatur und die Methode des Rechtsunterrichts der Glossatorenzeit, in: Ius Commune 2, 43-83. – *Ders.:* Die legistische Literatur der Glossatorenzeit, in: Coing, Hdb. I, 129-260. – *Ders.:* Quelques remarques sur les Summae Digestorum d'Azon, in: RHDF 51 (1973), 720 f. – *F. de Zulueta:* Footnotes to Savigny on Azo's „Lectura in Codicem", in: Studi in onore di P. Bonfante, III, 1930, 261-270. – DBI IV, 774-781 *(P. Fiorelli).* – Jur., 53 f. *(P. Weimar).* – LexMA I, 1317 *(P. Weimar).* – *Savigny:* GRRM V, 1-44.

F. Dorn

Baldus de Ubaldis

(1319/1327-1400)

Geb. zwischen 1319 und 1327 in Perugia als Abkömmling des Peruginer Adelsgeschlechts der de Ubaldis; seine Brüder *Angelus* und *Petrus* werden später ebenfalls berühmte Rechtsgelehrte; in Perugia und Pisa studiert er römisches Recht bei *Johannes Pagliarensis*, *Franciscus de Tigrinis* und → *Bartolus de Saxoferrato* und kanonisches Recht bei *Federicus Petrucius*; er soll sehr früh mit dem Studium begonnen und bereits mit 15 Jahren eine Repetitio abgehalten haben, auch hat er angeblich in einer Vorlesung des → *Bartolus* diesen durch eine Zwischenfrage in schwere Bedrängnis gebracht; 1344 erhält er den Doktortitel und nimmt gleich im Anschluß daran seine Tätigkeit als Rechtslehrer auf; bis etwa 1347 ist er Professor in Bologna; anschließend wirkt er bis 1357 als Rechtslehrer in Perugia; 1357 geht er für ein Jahr nach Pisa und übt dann von 1358 bis 1364 sein Lehramt in Florenz aus; dann erneut in Perugia (1364-1376); zwischen 1376 und 1379 lehrt er in Padua und zwischen 1379 und 1390 wieder in Perugia; 1390 tritt er schließlich eine Professur in Pavia an; die berühmtesten Schüler seiner langen Rechtslehrerlaufbahn sind: *Petrus Belforte* (später *Papst Gregor XI.*), *Petrus Ancharanus* und *Paulus de Castro*. Am 28.4.1400 stirbt *B.* an den Folgen des Bisses seines Schoßhundes.

B. ist nach seinem Lehrer → *Bartolus*, dem er an Vielseitigkeit um nichts nachsteht, der zweite herausragende Vertreter der Schule der Kommentatoren. Seinen Lehrer schätzte er sehr, scheute aber auch vor Kritik nicht zurück. In späterer Zeit standen sich die beiden Rechtsgelehrten des öfteren als Anwälte gegenüber.

Eine zentrale Stellung nehmen im Werk des *B.* seine Kommentare ein, die alle aus seinen Vorlesungen hervorgegangen sind. Sie betreffen alle

Teile des Corpus iuris civilis, sind allerdings teilweise recht lückenhaft. Darüber hinaus kommentierte *B.* auch die vom langobardischen Recht geprägten „Libri feudorum“, den Konstanzer Frieden von 1183 und die ersten 3 Bücher der Dekretalen Papst Gregors IX. Auch unter seinen weit über 2000 Consilien sind bedeutende Werke zu finden, wie etwa die 1378 und 1380 entstandenen Gutachten zum Schisma, in denen *B.* für die Gültigkeit der Wahl Urbans VI. zum Papst eintritt. Aber nicht nur als Rechtslehrer und Autor erwarb sich *B.* Ruhm und ein großes Vermögen, sondern auch durch sein Auftreten als Gesandter verschiedener Städte und als Rechtsberater einiger Zünfte.

Wie für → *Bartolus*, so spielten auch für *B.* die handels- und kollisionsrechtlichen Probleme der oberitalienischen Handelsstädte eine große Rolle. In zwei Gutachten von 1381 und 1395 widmete er sich dem Wechselrecht und betrat damit juristisches Neuland. Das Problem des kanonischen Zinsverbots behandelte er in etwa 70 Gutachten, dabei akzeptierte er es zwar grundsätzlich, stellte sich aber den zahlreichen – von den praktischen Bedürfnissen des Handelsverkehrs hervorgerufenen – Umgehungsversuchen nicht in den Weg. Nicht zu unterschätzen ist die Bedeutung des *B.* auch für die Entwicklung des internationalen Privatrechts und des Rechts der Handelsgesellschaften.

Auch auf dem Gebiet des Strafrechts und des Strafprozeßrechts sind zahlreiche Consilien des *B.* überliefert. Sie zeichnen sich durch eine Tendenz zur Milderung und Humanisierung aus; so stellt *B.* z.B. hohe Anforderungen an den Einsatz der Folter. → *Hermann Kantorowicz* hat *B.* als „den größten Strafrechtler des alten Italien“ bezeichnet, der für die Entwicklung der „subjektiven Schuldtheorie“ von großer Bedeutung gewesen sei und darüber hinaus die „subjektiven Tatbestandsmerkmale“ entdeckt habe.

Darüber hinaus hatte *B.* aber auch, was in der Kommentatorenschule eher ungewöhnlich ist, historische und philosophische Interessen. In der verschollenen Schrift „De commemoratione famosissimorum doctorum in utroque iure“ behandelt er die Geschichte der Rechtsschulen und der Rechtslehrer und gehörte damit zu den ersten, die sich mit der Rechtsgeschichte wissenschaftlich auseinandersetzten. Eine große Rolle spielt in seinem Werk die Philosophie. So lassen sich in seinen Schriften Gedanken von Autoren wie *Aristoteles*, *Seneca*, *Albertus Magnus* und *Thomas von Aquin* nachweisen; des öfteren entscheidet er Rechtsprobleme an Hand von philosophischen Erwägungen, anstatt durch Anwendung des Gesetzes. Nicht zu Unrecht wird er daher der „philosophische Kopf der mittelalterlichen Juristen“ *(Lange)* genannt. *Horn* hat auf die große Bedeutung der „aequitas“ bei *B.* hingewiesen.

An *B.* wurde immer wieder scharfe Kritik geübt. Bemängelt wurden seine zahlreichen Fehlzitate, seine unhistorische Arbeitsweise, seine spekulative Veranlagung und sein schlechtes Latein. Des weiteren wurde ihm vorgeworfen, er neige zu Abschweifungen und sei an den entscheidenden Stellen zu knapp *(Mazzuchelli)*. Zum Teil sind das Vorwürfe, die man später allen Kommentatoren gemacht hat, zum Teil erklären sie aber wohl auch, warum *B.* den Ruhm seines Lehrers → *Bartolus* nicht ganz erreichen konnte. Ein weiterer Grund hierfür dürfte in den Widersprüchen zu suchen sein, die zwischen seinen Consilien, in denen er praktischen Erfordernissen folgte, und seinen theoretischen Werken bestehen.

Trotzdem genoß auch *B.* in der Rechtswissenschaft eine außerordentliche Wertschätzung. Seine Rechtsansichten hatten großes Gewicht in der Rechtspraxis und der Rechtswissenschaft und ab 1449 galten seine Lehrmeinungen in Spanien, gemeinsam mit denen des → *Bartolus*, bei Schweigen des Gesetzes als verbindlich. Das größte Verdienst von *B.*, → *Bartolus* und den übrigen Kommentatoren ist aber darin zu sehen, daß es durch sie zu einer Synthese von langobardischem Recht, den Statuten der oberitalienischen Städte, dem kanonischen Recht und dem justinianischen Recht kam. Durch ihre (zum Teil auch rechtsschöpferische) Arbeit mit den verschiedenen Rechtsquellen konnte das römische Recht das Recht der Praxis werden. Sie haben damit die „Schätze“ des römischen Rechts zu einem Bestandteil des Rechts ihrer Zeit gemacht, die Rechtseinheit Italiens im Privatrecht vorangetrieben und das von ihnen bearbeitete Recht zu einem „ius commune“ werden lassen, das seine Wirkungen weit über Italien hinaus entfaltete *(Koschaker)*.

Hauptwerke: Gesamtausgaben: Lyon 1585; Venedig 1615-1616. Angaben zu Einzelausgaben finden sich in: Novissimo Digesto Italiano II, 205 und in: LexMA I, 1376.

Literatur: Associazione Universitaria di Perugia (Hrsg.): Quinto centenario di Baldo, 1900. – *W. Engelmann:* Die Schuldlehre der Postglossatoren und ihre Fortentwicklung, [2]1965. – *M. Gutzwiller:* Aus den Anfängen des zwischenstaatlichen Erbrechts: ein Gutachten des Petrus Baldus de Ubaldis um 1375, in: Zum schweiz. Erbrecht, Festschr. f. P. Tuor, 1946, 145-178. – *N. Horn:* Philosophie in der Jurisprudenz der Kommentatoren: Baldus philosophus, in: Ius Commune 1 (1967), 104-149. – *N. Horn:* Aequitas in den Lehren des Baldus, 1968. – *H. Kantorowicz:* Baldus de Ubaldis and the Subjective Theory of Guilt, in: *ders.:* Rechtshistorische Schriften, 1970, 299-309. – *P. Koschaker:* Europa und das Römische Recht, 1947, 87-105. – *H. Lange:* Die

Consilien des Baldus de Ubaldis († 1400), 1974. – *A. Laufs:* Rechtsentwicklungen in Deutschland, [4]1991, 55 f. – *D. Maffei:* Giuristi medievali e falsificazioni editoriali del primo Cinquecento, 1979, 19-34 u. 71-74. – *G. Mazzuchelli:* Baldo, in: *ders.:* Gli scrittori d'Italia II.1, 1758, 146-155. – *V. Piano Mortari:* I commentatori e la scienza giuridica medievale, 1964/65, 262-264. – *H. Schlosser:* Grundzüge der neueren Privatrechtsgeschichte, [7]1993, 37 f. – *W. Ullmann:* Baldus's conception of law, in: The Law Quarterly Review 58 (1942), 386-399. – *Wesenberg:* PRG, 28-39. – *Wieacker:* PRG, 80-96. – Allgemeine Encyclopädie der Wissenschaften und Künste (hrsg. v. *J.G. Ersch* und *J.G. Gruber*) I.7 (1821), 231 *(Spangenberg)*. – Enciclopedia Italiana V (1930), 944 f. *(G. Ermini)*. – HRG I (1971), 285 f. *(H. Peter)*. – Jur., 58 f. *(P. Weimar)*. – LexMA I (1980), 1375 f. *(P. Weimar)*. – Novissimo Digesto Italiano II (1957), 204 f. *(M.A. Benedetto)*. – *Savigny:* GRRM VI, 208-248 u. 512 f. A. Krauß

Bartolus de Saxoferrato

(1313/14-1357)

Geb. 1313 oder 1314 in Ventura bei Sassoferrato; seine erste Ausbildung erhält er bei dem Franziskaner *Petrus de Assisi*; ab 1327 Studium des Zivilrechts in Perugia bei *Cinus de Pistoia*; 1333 Wechsel nach Bologna, wo *Jacobus Buttrigarius*, *Rainerius de Forli* und *Oldradus de Ponte* seine Lehrer sind; in Bologna folgt 1334 die Promotion zum „doctor iuris civilis"; in der Zeit zwischen seiner Promotion und dem Beginn seiner Zivilrechtslehrertätigkeit in Pisa 1339 widmet er sich vermutlich schwerpunktmäßig der praktischen Jurisprudenz; nachweisen läßt sich seine Arbeit als Assessor in Todi, Cagli und Pisa; 1343 (oder bereits im Herbst 1342) beginnt seine Lehrtätigkeit in Perugia; hier gehören zu seinen Schülern → *Baldus*, *Angelus* und *Petrus de Ubaldis*; 1348 wird *B.* gemeinsam mit seinem Bruder *Bonaccursius* das Ehrenbürgerrecht der Stadt Perugia verliehen; Kaiser *Karl IV.* macht ihn 1355 in Pisa, wo er als Gesandter Perugias auftritt, zum „consiliarius e familiaris domesticus

commensalis", verleiht ihm ein Familienwappen und gesteht ihm und seinen Nachfahren das Privileg zu, Schüler zu legitimieren und für volljährig zu erklären. *B.* stirbt im Juli 1357 in Perugia.

B. ist der berühmteste und wohl auch bedeutendste Vertreter der Schule der Kommentatoren (früher eher abwertend als „Postglossatoren" bezeichnet), die vom späten 13. bis zum Ende des 15. Jh.s auf die Glossatorenschule folgte. Den Namen erhielt diese Schule von der in ihr vorherrschenden Literaturgattung, dem Kommentar, der breit angelegten Erläuterung des Rechtssatzes als Ganzes. Die Wurzeln dieser Schule sind bei Rechtsgelehrten wie *Jacobus de Ravanis*, *Petrus de Bellapertica* und *Johannes Faber*, den sogenannten „doctores ultramontani", in Orléans und Toulouse zu suchen; ihre Lehren wurden den italienischen Juristen vor allem durch *Cinus de Pistoia*, den Lehrer des *B.*, vermittelt. Oft bezeichnet man die Kommentatoren auch als Konsiliatoren, um ihre Praxisnähe im Gegensatz zu den Glossatoren hervorzuheben; indessen ist zweifelhaft, ob darin wirklich das unterscheidende Merkmal liegt.

Ein Grund für den großen Ruhm, der *B.* aus der Menge der Rechtsgelehrten seiner Zeit hervorhebt, liegt in seiner Vielseitigkeit. Seine Werke behandeln Themen aus dem Zivilrecht, dem Strafrecht und dem öffentlichen Recht, aber auch das internationale Privatrecht, das internationale Strafrecht und völkerrechtliche Probleme. In Anbetracht seines kurzen, nur etwa 43 Jahre dauernden Lebens, hat *B.* ein sehr umfangreiches literarisches Werk hinterlassen. Hierzu gehören Kommentare zu allen Teilen des Corpus iuris civilis (die Institutionen ausgenommen), zahlreiche Traktate zu juristischen Einzelfragen, des weiteren Repetitiones und Quaestiones und schließlich beinahe 400 Rechtsgutachten. Viele dieser Werke gehen auf die Unterrichtstätigkeit des *B.* zurück. Die außerordentliche Popularität des *B.* war aber auch der Grund dafür, daß ihm viele Werke zugeschrieben wurden, die gar nicht aus seiner Feder stammten; bis heute ist bei zahlreichen Werken, wie z.B. bei dem Traktat „Quaestio inter virginem Mariam et diabolum", die Frage der Urheberschaft des *B.* nicht restlos geklärt. Auch inhaltlich kommt *B.s* Schriften große Bedeutung zu. Häufig wird die gedankliche Schärfe und die Kürze seiner Werke gelobt; demgegenüber hat die Kritik am schlechten lateinischen Stil des *B.* seinem Ruhm kaum geschadet.

Große Bedeutung hatten *B.* und die anderen Kommentatoren für die Herausarbeitung einer Theorie des internationalen Privatrechts und des internationalen Strafrechts, einer Theorie, die wegen der Rechtszersplitterung in Italien aufgrund der unterschiedlichen Statuten der einzelnen Städte erforderlich war. Nach Auffassung der Kommentatoren hatte das jeweilige Recht der Städte zwar den Vorrang vor dem römischen Recht, gleichwohl wurden die Statuten durch *B.* und die anderen Kommentatoren romanisiert, zumal sie eng ausgelegt und die so entstandenen Lücken dann mit Hilfe des römischen Rechts geschlossen werden sollten. Die Fragen, die durch das Aufeinandertreffen der verschiedenen örtlichen Statuten entstanden, wurden ebenfalls diskutiert und durch Einzelfallösungen beantwortet. *B.* hat es sogar zu einem „kleinen System des internationalen Strafrechts" *(Meili)* gebracht; auf Widerspruch stieß in diesem Zusammenhang jedoch seine These, daß ein Dieb, der eine auswärts gestohlene Sache in ein Staatsgebiet hineinbringt, dem internen Strafrechtsstatut unterworfen sei. Nach verschiedenen Überlieferungen soll diese Ansicht Tausende von Dieben das Leben gekostet haben.

Besonders wichtig war *B.* für das Zivilrecht, das er über die Rechtsquellen und die Glosse hinaus weiter entwickelte. Bemerkenswert ist schon die Interpretationsmethode, derer sich *B.* bei seiner Arbeit an den Quellentexten bediente: er ging, ebenso wie → *Baldus*, bei seinen Analogiebildungen bisweilen so weit, daß er eine Vorschrift aus ihrem Zusammenhang nahm und zu einem allgemein geltenden Rechtsgedanken entwickelte. *B.s* rechtsschöpferische Fähigkeiten zeigen sich in vielen seiner Lehren. So hat er z.B. die Theorie von der rückwirkenden Kraft der Bedingung entwickelt, die sich bis in das 19. Jahrhundert hinein behauptet hat. Zum kanonischen Zinsverbot fand *B.* eine praktikable Zwischenlösung *(Lange)*: Er erkannte es zwar grundsätzlich an, sah aber auch, daß seine strikte Durchführung nicht mit der damaligen Wirtschaftspraxis vereinbar war, und erklärte deshalb, daß gesetzliche Ansprüche durch das Zinsverbot nicht ausgeschlossen und Verzugszinsen daher zulässig seien. Von einiger Bedeutung ist auch die Schrift „De fluminibus seu Tyberiadis", worin *B.* die mit den Flüssen in Zusammenhang stehenden Eigentumsfragen untersuchte; dieses Werk weist ihn als einen profunden Kenner der Geometrie aus. Schließlich muß auf die schadensersatzrechtliche Interessenlehre des *B.* hingewiesen werden, die dem Geschädigten unter gewissen Umständen auch den Ersatz des Affektionsinteresses gewährte.

Wichtige Anstöße hat *B.*, wie überhaupt die Schule der Kommentatoren, für die Entwicklung des Handelsrechts und der damit zusammenhängenden Materien gegeben, die für die aufstrebenden oberitalienischen Handelsstädte, in denen die Kommentatoren zunächst hauptsächlich wirkten, von großer Bedeutung waren. Zum Beispiel setzt sich *B.* in dem Traktat „De insigniis et armis" (ca. 1355) unter anderem mit dem Problem der Schutzmarken auseinander, wobei für ihn der Verbraucherschutz ganz im Mittelpunkt steht.

Schließlich war *B.* auch einer der Ersten, die sich mit Fragen des öffentlichen Rechts und des Völkerrechts systematisch beschäftigten. So interessierte ihn z.B. das Problem, wie weit die Jurisdiktionsgewalt eines Staates auf das offene Meer hinausreiche. In seinem Traktat „De Tyrannia" befaßt er sich ausführlich mit der Frage der Legitimität von Herrschaftsmacht. Allerdings besteht über die staatsrechtliche und politische Grundeinstellung *B.s* keine Einigkeit. Zum Teil sieht man ihn, der in seiner Geisteshaltung den Franziskanern nahestand, noch ganz dem mittelalterlichen Denken verpflichtet *(Chiappelli)*; gestützt wird diese Ansicht auf die theokratischen Aspekte des Staates und der Gesellschaft im Werk des *B.* und auf einen gewissen Mystizismus, der sich bei ihm finden läßt. Andere Autoren (z.B. *Woolf)* finden bei *B.* aber auch modernere Züge.

Die Vielseitigkeit des *B.* und die inhaltliche Bedeutung vieler seiner Schriften machen seinen enormen Ruhm verständlich. Schon bald wurde der Name des „Principe de' giureconsulti" in einem Atemzug mit *Homer*, *Cicero* und *Vergil* genannt. Der Satz „nemo bonus iurista nisi bartolista" zeigt die Wertschätzung, die man *B.* in der Folge entgegenbrachte. Seine Lehrmeinungen wurden in vielen Fällen zur alleinentscheidenden Ansicht; in Spanien und Portugal hatten sie sogar Gesetzeskraft. Das größte Verdienst des *B.* und der anderen Kommentatoren ist darin zu sehen, daß durch ihre Arbeit dem römischen Recht der Siegeszug durch die gesamte europäische Rechtswissenschaft ermöglicht wurde. Eine kritische Sicht der Kommentatorenschule, ihrer Werke und ihrer Arbeitsweise setzte erst mit der humanistischen Rechtswissenschaft ein (→ *Alciatus*, → *Zasius*).

Hauptwerke: Gesamtausgaben: Basel 1588-1589, 10 Bde.; Venedig 1590; Venedig 1603; Venedig 1615; München 1845-1846, 8 Bde. Eine ausführliche kritische Aufstellung der Werke findet sich in: DBI VI, 644-663, ein Verzeichnis zahlreicher Gesamtausgaben bei *van de Kamp* (s.u.), 109-119.

Literatur: G. Barni: Bartolo da Sassoferrato ed il problema della giurisdizione sul mare, in: Rivista di storia del diritto italiano 24 (1951), 185-195. – *L. Chiappelli:* Le idee politiche del Bartolo, in: Archivio Giuridico 27 (1881), 387-439. – *H. Dilcher:* Zur Einführung – Romanistische Mediävistik, in: JuS 1966, 387-392. – *W. Engelmann:*

Die Schuldlehre der Postglossatoren und ihre Fortentwicklung, [2]1965. – *J.L.J. van de Kamp:* Bartolus de Saxoferrato 1313-1357, 1936. – *P. Koschaker:* Europa und das Römische Recht, 1947, 87-105. – *A. Laufs:* Rechtsentwicklungen in Deutschland, [4]1991, 55 f. – *G. Mazzuchelli:* Bartolo, in: *ders.:* Gli scrittori d'Italia II.1, 1758, 460-468. – *F. Meili:* Bartolus als Haupt der ersten Schule des internationalen Strafrechts, 1908. – *V. Piano Mortari:* I commentatori e la scienza giuridica medievale, 1964/65, 259-262. – *G. Schiemann:* Pendenz und Rückwirkung der Bedingung, 1973, 29-35 u. 146 f. – *H. Schlosser:* Grundzüge der neueren Privatrechtsgeschichte, [7]1993, 37 f. – *Università degli Studi di Perugia* (Hrsg.): Bartolo da Sassoferrato, studi e documenti per il VI centenario, 2 Bde., 1962. – *Wesenberg:* PRG, 28-39. – *Wieacker:* PRG, 80-96. – *C. N. S. Woolf:* Bartolus of Sassoferrato – his position in the history of medieval political thought, 1913. – Allgemeine Encyclopädie der Wissenschaften und Künste (hrsg. v. *J.G. Ersch* und *J.G. Gruber*) I.7 (1821), 457 *(Spangenberg)*. – DBI VI (1964), 640-669 *(F. Calasso)*, mit weiteren Literaturangaben. – Enciclopedia Italiana VI (1930), 251 f. *(F. Ercole)*. – HRG I (1971), 319 f. *(H. Peter)*. – Jur., 67 f. *(P. Weimar)*. – LexMA I (1980), 1500 f. *(P. Weimar)*. – Novissimo Digesto Italiano II (1957), 279 f. *(M.A. Benedetto)*. – *Savigny:* GRRM VI, 137-184 u. 510 f. A. Krauß

Jeremy Bentham

(1748-1832)

Geb. in London am 15.2.1748, gest. daselbst am 6.6.1832. Ältestes von sieben Kindern eines wohlhabenden Londoner Attorneys, der ehrgeizige Pläne mit ihm hat. 1760 beginnt er am Queen's College in Oxford, Philosophie und Rechtswissenschaft zu studieren. 1763 hört er → *Blackstones* Vorlesungen über englisches Recht. Ab November 1763 studiert er in Lincoln's Inn, London, Rechtswissenschaft und ist Zuhörer in der King's Bench division des High Court, wo er den Verhandlungen von Chief Justice *Lord Mansfield* folgt. 1767 wird er als Barrister (Lincoln's Inn) zugelassen. Er nimmt aber keine praktische Tätigkeit auf, sondern wendet sich der Untersuchung der theoretischen Grundlagen von Philosophie, Recht und Gesetzgebung zu und wird zum „great questioner of all things established" (*John Stuart Mill*).

Seine erste größere Arbeit, „A Comment on the Commentaries" (1775), wagt er nicht zu veröffentlichen, da er in ihr → *Blackstone* wegen dessen Reformfeindlichkeit und Selbstgefälligkeit scharf angreift. Die Vorwürfe kehren in abgemilderter Form wieder in „A Fragment on Government" (1776), das zunächst anonym erscheint und großes Aufsehen erregt. In der Folgezeit führen ihn verschiedene Reisen insbesondere nach Frankreich, wo er mit Ideen der französischen Aufklärung in Berührung kommt. Von großer Bedeutung wird die Freundschaft mit *Étienne Dumont*, der seine Werke in Frankreich verlegt und in Europa bekannt macht. 1787 veröffentlicht *B.* „Defence of Usury", das ihn als Anhänger der Lehren *Adam Smiths* ausweist, eine Position, die er in späteren Jahren aufgibt.

1789 erscheint sein Hauptwerk „An Introduction to the Principles of Morals and Legislation". Ursprünglich gedacht als Einführung in das Projekt eines neuen Strafgesetzbuches, breitet *B.* in diesem Werk auch die Grundlagen des Utilitarismus aus. Er untersucht, welche Handlungen nach utilitaristischen Grundsätzen als Straftaten aufzufassen seien und wie sie bestraft werden sollen. Strafe ist für ihn ein Übel und daher grundsätzlich abzulehnen. Strafe ist nur gerechtfertigt, wenn sie größeres Übel in Form anderer Straftaten verhindert. Das Werk macht *B.* berühmt und begründet sein Ansehen als einer der großen Denker der neuen Zeit. 1792 verleiht ihm die französische assemblée nationale die Ehrenbürgerwürde.

Im Anschluß an die Introduction entsteht „Of Laws in General" (1970 veröffentlicht), ein „Meisterwerk analytischer Jurisprudenz" (*H.L.A. Hart*), das erst 1945 im Nachlaß entdeckt wird. *B.* entwickelt darin eine neue Form von Logik im Rahmen einer allgemeinen Rechtslehre („the logic of the will"). Recht ist danach der direkte oder indirekte Ausdruck des Willens eines souveränen Gesetzgebers. Wie für → *Hobbes* ist auch für *B.* Gesetzgeber nicht derjenige, durch dessen Autorität Gesetze ursprünglich entstanden sind, sondern derjenige, durch dessen Autorität sie fortbestehen. Die Dauer des Rechts beruht auf der Tatsache des Gehorsams, der gewohnheitsmäßig einem Souverän entgegengebracht wird.

In den folgenden Jahren befaßt sich *B.* hauptsächlich mit dem Problem einer Kodifikation des Rechts. 1802 erscheint „A General View of a

Complete Code of Law", in dem der Begriff der Kodifikation als einer abschließenden und erschöpfenden Gesetzgebung entwickelt wird. Trotz vielfältiger Bemühungen gelingt es ihm in den folgenden Jahren nicht, mit der Ausarbeitung einer Kodifikation beauftragt zu werden. Enttäuscht von der Aufnahme seiner Arbeiten und von der Reformunwilligkeit des englischen Parlaments, beschäftigt sich *B.* nach Bekanntschaft mit dem radikalen Demokraten *James Mill* mit Fragen der Politik und der Parlamentsreform in England. 1817, im selben Jahr, in dem er zum bencher (governor) in Lincoln's Inn ernannt wird, veröffentlicht er „A Catechism of Parliamentary Reform" (bereits 1809 verfaßt). Er schlägt jährliche Wahlen in etwa gleich großen Stimmbezirken, ein weitgehend gleiches Wahlrecht und geheime Stimmabgabe vor.

In den zwanziger Jahren des 19. Jahrhunderts bildet sich in London ein Kreis von Anhängern und Schülern *B.s*, dem u.a. *James* und *John Stuart Mill*, sowie *Charles*, *Sarah* und → *John Austin* angehören. Von 1823-26 gibt dieser Kreis die Westminster Review heraus, um die Grundsätze des „philosophical radicalism" zu verbreiten. Der Einfluß dieser Gruppe führt zur Gründung des ersten säkularen Zweigs der University of London, dem University College.

Nach *B.s* Tod werden seine sterblichen Überreste seinen Anordnungen gemäß im Beisein seiner Freunde seziert, das Skelett wieder zusammengesetzt und mit seinen Kleidern und einem Wachskopf versehen in einer Glasvitrine im University College aufgestellt. Der mumifizierte Kopf wird dem University College zu Forschungszwecken überlassen.

B. ist der bedeutendste Vertreter des englischen Utilitarismus des 18./19. Jahrhunderts, einer Morallehre, die alles Handeln unabhängig vom Motiv daran mißt, inwieweit es geeignet ist, das Glück des Individuums im Rahmen des Wohlergehens aller zu fördern und in diesem Sinne nützlich zu sein („principle of utility"). Der Mensch ist nach *B.* durch die beiden Triebkräfte geprägt, Glück zu erlangen und Schmerz zu vermeiden. „His only object is to seek pleasure and to shun pain ... These eternal and irresistible sentiments ought to be the great study of the moralist and the legislator. The principle of utility subjects everything to these two motives."

„The greatest happiness of the greatest number" nennt *B.* selbst das Ziel (wohingegen das englische Parlament „the greatest happiness of the ruling few" verfolge). Mit Hilfe der Gesetzgebung soll dieses Ziel erreicht werden. Das historisch gewachsene Common Law mit seinen unübersehbaren Präzedenzfällen ist für *B.* der Grund allen Übels. Der Bürger sei der Willkür von Richtern und Advokaten schutzlos preisgegeben. Diesen Zuständen soll mit einer Kodifikation des gesamten Common Law abgeholfen werden. Da nicht alle Einzelfälle erfaßt werden können, soll sich die Kodifikation auf Generalklauseln stützen. „Whatever is not in the code of laws, ought not to be law … it is not possible to foresee every case which can happen … but they may be foreseen in their species." *B.s* Ideal ist die Lückenlosigkeit des Codex und damit die Gleichstellung von Gesetz und Recht. Für Gewohnheits- und Richterrecht ist dann kein Platz mehr. Die Kodifikation muß „complete" und „cognoscible" sein. Dazu ist eine klare und präzise Formulierung und die Anordnung des Stoffes auf eine natürliche Art („natural order") erforderlich, so sollen etwa die leichteren Materien vor den schwierigeren stehen. Darüber hinaus müssen die Motive des Gesetzgebers veröffentlicht werden. Durch die Schaffung einer solchen Kodifikation werde jeder Staatsbürger in die Lage versetzt, sein Gesetzbuch in der Tasche zu tragen und bei Bedarf zu benutzen. Der Richter werde auf die ihm zustehende Rolle bloßer Gesetzesanwendung beschränkt. Im Gegensatz zu → *Montesquieu* geht *B.* davon aus, daß es das Utility-principle ermögliche, ein Gesetzbuch unabhängig von nationalen und kulturellen Besonderheiten und von Zeit und Ort zu schaffen. Der Inhalt dessen, was Glück und Wohlergehen seien, ist für *B.* einem Naturgesetz ähnlich für alle Menschen zu allen Zeiten gleich. „Das Recht auf Glück wird zur teleologischen Zwecksetzung der Gesellschaft" (*W. Teubner*), die Gesetzgebung ist das Instrument, die Kodifikation das Mittel zur Verwirklichung des gesellschaftspolitischen Zieles. Der modernen Naturrechtslehre steht *B.* äußerst kritisch gegenüber. Er will das Natur- und Vernunftrecht verabschieden, um sicheren Rechtsboden zu betreten. Im Vordergrund steht der Gesellschaftszweck. Dem Recht kommt innerhalb der Gesellschaft nur eine Ordnungsfunktion zu. Wenn es eine bestimmte Gesellschaftsordnung sichert, ist das Recht selbst legitimiert. Eines darüber hinausgehenden Naturrechts als Gegenpol zum positiven Recht oder zu dessen Legitimation bedarf es nicht.

B. hinterließ ein umfangreiches Werk mit vielen unvollendeten und teilweise bis heute unveröffentlichten Schriften. Neben dem bisher angeführten, enthalten seine Arbeiten umfangreiche Abhandlungen zum Beweis- und Strafprozeßrecht, vielfältige Reformvorschläge, wie etwa der vieldiskutierte Entwurf für ein Modellgefängnis („Panopticon"), bis hin zu Themen wie Homosexualität, Geburtenkontrolle und Tierschutz. Einfluß auf das Zeitgeschehen hatte *B.* über seine Schriften und über seine Schüler. Wenn es ihm auch nicht gelang, selbst mit der Ausarbeitung einer Kodifikation beauftragt zu werden, konnte er doch ein allgemeines Bewußtsein für die Notwendigkeit von Reformen wecken. „The age of law reform and the age of *Jeremy Bentham* are one and the same. He is the father of the most important branches of reform, the leading and ruling department of human improvement." (*Brougham* vor dem House of Commons, 1828). Seine Reformvorschläge führten etwa zur Reform des Straf- und Beweisrechts ab 1827. *B.s* allgemeine Rechtslehre und seine Abneigung gegen die neuzeitliche Naturrechtsidee beherrschten lange die Rechtswissenschaft in England und im Commonwealth.

Hauptwerke: A Fragment on Government, 1776. – Defence of Usury, 1787. – An Introduction to the Principles of Morals and Legislation, 1789. – Of Laws in General (ed. *H.L.A. Hart*, 1970), erstmals 1945 unter dem Titel „The Limits of Jurisprudence Defined" veröffentlicht. – *J. Bowring* (ed.): The Works of Jeremy Bentham, 11 vols., 1838-1843 (Ndr. 1962). – *J.H. Burns, J.R. Dinwiddy, F. Rosen* (eds.): The Collected Works of Jeremy Bentham, 1968 ff. Bibliographie bei *David Lyons*: In the Interest of the Governed. A Study in Bentham's Philosophy of Utility and Law, ^{2}1991, 138 ff.

Literatur: L. Campos Boralevi: Bentham and the Oppressed, 1984. – *H. Coing*: Rudolf v. Ihering und Bentham: in: G. Weick (Hrsg.): 375 Jahre Rechtswiss. in Gießen, 1982, 1 ff. – *Ders.:* Benthams Bedeutung für die Entwicklung der Interessenjurisprudenz und der allgemeinen Rechtslehre, in: Gesammelte Aufsätze II, 1986, 177 ff. – *P.P. Craig*: Bentham, public law and democracy, in: Public Law 1989, 407 ff. – *J.E. Crimmins*: Secular Utilitarianism: Social Science and the Critique of Religion in the Thought of Jeremy Bentham, 1990. – *J.R. Dinwiddy*: Bentham, 1989. – *C.W. Everett*: The education of Jeremy Bentham, 1913. – *H.L.A. Hart*: Essays on Bentham. Studies in Jurisprudence and Political Theory, 1982. – *J. Hatschek*: Bentham und die Geschlossenheit des Rechtssystems, in: AöR 24 (1909), 442 ff.; 26 (1910), 458 ff. (dagegen: *J. Lukas*: Benthams Einfluß auf die Geschlossenheit der Kodifikation, in: AöR 26 [1910], 67 ff.; 465 ff.). – *H. Jung:* Ein Blick in Benthams „Panopticon", in: Gefängnis u. Gesellsch. Gedächtnisschr. f. A. Krebs, hrsg. v. M. Busch u.a., 1994. – *G.W. Keeton / G. Schwarzenberger* (ed.): Jeremy Bentham and the Law. A symposium, 1948 (Ndr. 1970). – *P.J. Kelly*: Utilitarianism and Distributive Justice. Jeremy Bentham and the Civil Law, 1990. – *Ders.:* Constitutional reform versus political revolution: Jeremy Bentham's critique of natural rights, in: K.G. Ballestrem (Hrsg.): Naturrecht und Politik, 1993, 49 ff. – *W. Koch*: Jeremy Bentham als Steuer-Philosoph, in: Festschrift Franz Böhm, 1975, 285 ff. – *D. Liebermann*: From Bentham to Benthamism, in: Historic Journal 28 (1985), 199 ff. – *Ders.*: The province of legislation determined. Legal theory in eighteenth-century Britain, 1989, 217 ff. – *J. de Lucas*: Die Institutionalisierung des Öffentlichkeitsprinzips bei Bentham und in der französischen Kodifizierung, in: Rechtstheorie 21 (1990), 283 ff. – *D. Lyons*: s.o. – *Ders.*: Logic and Coercion in Bentham's Theory of Law, in: Cornell Law Review 57 (1972), 335 ff. – *M.P. Mack*: Jeremy Bentham. An Odyssee of Ideas, 1962. – *J. Oldham*: From Blackstone to Bentham: common law versus legislation in eighteenth-century Britain, in: Michigan Law Review 89 (1990/91), 1637 ff. – *F. Rosen*: Jeremy Bentham and Representative Democracy: A Study of the Constitutional Code, 1983. – *G.J. Postema*: Bentham and the Common Law Tradition (Clarendon Law Series), 1986. – *N.L. Rosenblum*: Bentham's Theory of the Modern State, 1978. – *P. Schofield*: Jeremy Bentham and Nineteenth-Century English Jurisprudence, in: Journal of Legal History 12 (1991), 58 ff. – *J. Semple*: Bentham's Prison. A Study of the Panopticon Penitentiary, 1993. – *W. Teubner*: Kodifikation und Rechtsreform in England, 1972, 132 ff. – Jur., 79-81 *(K. Lerch).*

S. Luik

Georg Beseler

(1809-1888)

Geb. am 2.11.1809 in Rödemis bei Husum. 1827-1831 Studium der Rechte in Kiel und München (1829/30, dort Einflüsse von *G.L. Maurer*, → *F.J. Stahl* und *Schelling*). Staatsexamen 1831 in Kiel. Den Plan, in Kiel Advokat zu werden, kann *B.* nicht verwirklichen, da er wegen Verweigerung des Homagialeides für den dänischen König nicht zur Anwaltschaft zugelassen wird. Eröffnung von Repetitorien und Promotion 1833 mit einer Arbeit „De iuramento partium cum consacramentalibus in Slesvico-Holsatia abrogato", im selben Jahr Habilitation; jedoch erfolgt die für die Habilitation erforderliche Bestätigung des Doktordiploms durch den dänischen König nicht, und *B.s* im Sommersemester 1833 bereits eröffnete Vorlesung über schleswig-holsteinisches Privatrecht wird amtlich geschlossen. *B.* siedelt daher nach Göttingen über, wo er 1833/34 germanistische Studien treibt (Bekanntschaft mit den Brüdern → *Grimm*, *Dahlmann* und *Albrecht*). 1834 Promotion in Göttingen und Habilitation in Heidelberg. Sommer 1835 Beginn der Vorlesungen in Heidelberg, dann außerordentlicher, später ordentlicher Professor in Basel. 1837 Übernahme einer Professur in Rostock. Eintreten für die sieben amtsenthobenen Göttinger Professoren („Zur Verteidigung der Göttinger Sieben", 1838), das ihn beinahe seine Stellung gekostet hätte. 1842 Annahme eines Rufs nach Greifswald. 1846/47 maßgebliche Teilnahme an den Germanistenversammlungen in Frankfurt a.M. und Lübeck. 1848/49 Abgeordneter in der Frankfurter Nationalversammlung

(Mitglied der rechtsliberalen „Casino"-Partei, Angehöriger der Kaiserdeputation). 1849-1852 (dann wieder 1860) auch Mitglied des Preußischen Abgeordnetenhauses sowie 1850 des Erfurter Parlaments. 1859 Berufung *B.s* nach Berlin, wo er bis zu seinem Tode gelehrt hat. 1874-1881 Mitglied des Reichstags als nationalliberaler Abgeordneter, ab 1875 auch des Preußischen Herrenhauses, dessen Vizepräsident er von 1882 bis 1887 war. *B.* ist am 28.8.1888 in Bad Harzburg gestorben.

In *B.s* „Volksrecht und Juristenrecht" gipfelte der Rezeptionsstreit des 19. Jahrhunderts zwischen Romanisten und Germanisten; das Buch hat daher für die äußere Wissenschaftsgeschichte fast die gleiche Bedeutung wie → *Savignys* Schrift „Vom Beruf unserer Zeit". Sachlich ist es ein Versuch, die Rechtslehre → *Savignys*, als deren Anhänger *B.* sich an sich immer bekannte, auf nationaler Grundlage neu aufzubauen. Daher greift *B.* vor allem diejenigen Lehren → *Savignys* an, welche die Bedeutung des Volksrechts einschränken: Die Theorie von der allmählich nachlassenden rechtsschöpferischen Kraft des Volkes und von der „Repräsentierung" des Volkes durch die Juristen bei der Rechtsschöpfung. Nach *B.* ist das Volk auch in späteren Zeiten noch rechtsschöpferisch tätig (für die Gegenwart verweist er u.a. auf die Beispiele des Genossenschafts- und Familienrechts); gleichzeitig entstehendes Juristenrecht kann dem Volksrecht dann unter Umständen feindlich gegenübertreten. Die dadurch aufgeworfene Frage nach dem Geltungsgrund dieses nicht durch den „Volksgeist" legitimierten Juristenrechts beantwortet *B.* mit dem Hinweis auf die Macht des Juristenstandes, die das von ihm als Recht Erkannte allmählich zur Gewohnheit werden läßt. Gegenüber diesem Juristenrecht, das „nur äußeren, zufälligen Umständen seine Existenz verdankt", möchte *B.* nun wieder das Volksrecht zur Geltung bringen, das ihm „viel bedeutender und achtungswerter" erscheint, da es „von Haus aus auf der breiten, natürlichen Basis des Volkslebens erwachsen ist". Die Rezeption des römischen Rechts hält er für ein „Nationalun-

glück", das zur Herrschaft eines unvolkstümlichen Juristenrechts geführt habe. Er sieht das Hilfsmittel in einer verstärkten wissenschaftlichen Beschäftigung mit dem deutschen Recht, das, soweit möglich, „nach Art eines Naturforschers" im Volk beobachtet werden soll, in volkstümlicher Gesetzgebung (deren politische Schwierigkeiten er nicht verkennt), in Prozeßreformen (Mündlichkeit, Öffentlichkeit, Anklageprinzip im Strafprozeß) und in einer Laienbeteiligung an der Rechtspflege, wobei er das Schöffensystem auch im Strafverfahren dem Geschworenensystem vorzieht.

Als Rechtspolitiker, der *B.* immer auch war, hat er sich tatkräftig um die Verwirklichung dieser Vorstellungen bemüht: der Grundrechtsabschnitt der Frankfurter Verfassung von 1849, an dem *B.* maßgeblich mitgearbeitet hat, enthält eine Reihe seiner Forderungen – die freilich zum Teil schon seit fast einem halben Jahrhundert erhoben worden waren – nämlich in den §§ 178 (Mündlichkeit und Öffentlichkeit des Prozesses), 179 (Anklageprinzip, Schwurgerichte) und 180 (Beteiligung sachkundiger Laien in der Zivilgerichtsbarkeit). Auch *B.s* Gesetzgebungsprogramm findet sich in der Verfassung (§ 64: Auftrag an die Reichsgewalt, durch Erlassung allgemeiner Gesetze im Bürgerlichen, Straf-, Handels- und Prozeßrecht „die Rechtseinheit im deutschen Volke zu begründen"). Ein Schritt auf diesem Weg zur Rechtseinheit war das – später zur Grundlage für das Reichsstrafgesetzbuch von 1871 gewordene – preußische Strafgesetzbuch von 1851, an dessen Ausarbeitung *B.* selbst (er war Vorsitzender der von der zweiten Kammer zur Beratung des Ministerialentwurfs eingesetzten Kommission) mitgewirkt hat.

B.s politische Aktivität hat dazu geführt, daß man die Bedeutung von „Volksrecht und Juristenrecht" vor allem in seiner rechtspolitischen Wirkung gesehen hat. Dazu mag die vernichtende Kritik des Buches durch die Romanisten (vor allem → *Puchta*, auch → *Mommsen* und *Wächter*), die *B.* allenthalben theoretische Widersprüche vorwarfen, beigetragen haben. Tatsächlich hatte aber auch *B.s*, gegenüber seinen rechtspolitischen Vorschlägen relativ unterentwickeltes, Wissenschaftsprogramm erheblichen Einfluß u.a. auf die spätere Begründung einer soziologischen Rechtswissenschaft, von deren Theoretikern → *Eugen Ehrlich* an *B.s* „gewaltige Anregung" erinnert hat, das Recht im Volksleben selbst zu erforschen.

Unter *B.s* Arbeiten zum deutschen Recht haben „Die Lehre von den Erbverträgen" und das „System des gemeinen deutschen Privatrechts" besondere Bedeutung. Die „Lehre von den Erbverträgen" hat → *Otto v.*

Gierke als „epochemachende Leistung“ bezeichnet und als die neben *Wilhelm Eduard Albrechts* Buch über die „Gewere“ bedeutendste unter den älteren germanistischen Monographien. *B.* weist hier – wobei er erstmalig auch Urkunden heranzieht – nach, daß im deutschen Recht immer an dem Satz, der menschliche Wille könne keinen Erben schaffen, festgehalten worden ist, die Ausbildung des „mißlungenen Instituts“ der Erbverträge also ganz als das Ergebnis eines romanistisch orientierten Juristenrechts angesehen werden muß. – Das „System des gemeinen deutschen Privatrechts“ war das führende deutschrechtliche Lehrbuch seiner Zeit. In seiner Methodik bleibt es allerdings weitgehend von der pandektistischen Begriffsjurisprudenz (→ *Puchta*) abhängig, es hat sich wie diese auch von den ursprünglichen Vorstellungen der historischen Rechtsschule – hier: von → *Eichhorns* Theorie des deutschen Privatrechts – fast ganz gelöst. Immerhin gelingt es *B.*, „ganze Provinzen, die bisher vorbehaltlos den Romanisten überlassen worden waren ... der germanistischen Betrachtungsweise zurück“ zu erobern *(O. v. Gierke)*, ein Erfolg, der freilich nur aus der etwas begrenzten Sicht zeitgenössischer germanistischer Habgier, weniger aus der eines Gesamtfortschritts der Privatrechtswissenschaft bemerkenswert erscheint. Sachlich hat vor allem der von *B.* (auch bereits in „Volksrecht und Juristenrecht“) erstmals fixierte Begriff der „Genossenschaft“ großen Einfluß gehabt. „Genossenschaften“ sind für *B.* z.B. die Deich- und Sielverbände, die kirchlichen Sekten, die Bergbaugesellschaften, die religiösen, wissenschaftlichen und künstlerischen Vereinigungen, die Reedereien, Aktien- und Versicherungsgesellschaften, in gewissem Sinne sogar die Gemeinden und der Deutsche Bund. Soziologisch erklärt er das Institut aus dem „Assoziationsgeist“ der Deutschen, dogmatisch weist er ihm eine Mittelstellung zwischen den römischen Formen der „universitas“ (reine juristische Person) und der „societas“ bzw. „communio“ (reine Personenvereinigung ohne eigene Rechtsfähigkeit) zu. → *O. v. Gierke* hat diese Genossenschaftstheorie weiter ausgebaut und historisch begründet.

Hauptwerke: Über die Stellung des römischen Rechts zu dem nationalen Recht der germanischen Völker (Rede), 1836 (auch in: Erlebtes, s.u. und in: *K.H. Scheidler* [Hrsg.]: Deutscher Juristenspiegel, 1842, 142 ff.) – Die Lehre von den Erbverträgen, 3 Bde. 1835-1840. – Volksrecht und Juristenrecht, 1843. – Commentar über das Strafgesetzbuch für die Preußischen Staaten, 1851. – System des gemeinen deutschen Privatrechts, 3 Bde., 1847-1855, ^{4}1885. – Zur Geschichte der deutschen Ständerechte, 1860. – Erlebtes und Erstrebtes, 1884 (Selbstbiographie). Bibliographie bei *B.-R. Kern:* Georg Beseler. Leben und Werk, 1982, 558-562.

Literatur: *G. Dilcher* u. *B.-R. Kern:* Die juristische Germanistik des 19. Jh.s und die Fachtradition der Deutschen Rechtsgeschichte, in: ZRG (GA) 101 (1984), 1-46. – *S. Gagnér:* Die Wissenschaft des gemeinen Rechts und der Codex Maximilianeus Bavaricus Civilis, in: Wissenschaft und Kodifikation des Privatrechts im 19. Jh., hrsg. von *H. Coing* und *W. Wilhelm*, I, 1974, 1-118 (82-85). – *O. v. Gierke:* Georg Beseler, in: ZRG (GA) 10 (1889), 1-24. – *E. Heymann:* Hundert Jahre Berliner Juristenfakultät, in: DJZ 1910, 1103 ff. (1141-1143). – *T. Holm:* Georg Beseler als Politiker 1848-1850, Diss. Tübingen, 1935. – *H.H. Jakobs:* Wissenschaft und Gesetzgebung im bürgerlichen Recht, 1983, 79 ff. – *B.-R. Kern:* Georg Beseler (s.o.). – *B.-R. Kern:* Georg Beseler – ein Leben für das deutsche Recht, in: JuS 1988, 598-601. – *J.-D. Kühne:* Die Reichsverfassung der Paulskirche, 1985. – *O. Pöppelmann:* Georg Beseler und seine Tätigkeit für die Grundrechte des deutschen Volkes im Jahre 1848, 1907. – *Jan Schröder:* Zur älteren Genossenschaftstheorie, in: Quad. Fior. 11/12 (1982-1983), 399-459. – *Jan Schröder:* Savignys Spezialistendogma und die „soziologische" Jurisprudenz, in: Rechtstheorie 7 (1976), 23-52 (28 ff.). – *Stintzing-Landsberg:* GDtRW III 2, 507-519. – *Wieacker:* PRG, 408-410. – ADB 46 (1902), 445-472 *(R. Hübner)*. – HRG I (1971) 388 f. *(G. Schubart-Fikentscher)*. – Jur., 82 f. *(M. Stolleis)*. – NDB 2 (1955), 174 f. *(D. Lang-Hinrichsen)*. Bibliographie bei *B.-R. Kern:* Georg Beseler (s.o.), 567-570.

S.

Christoph Besold

(1577-1638)

Geb. 22.9.1577 in Tübingen, aus lutherischer Familie; Vater: Hofgerichtsadvokat in Tübingen; ab 1591 Studium in Tübingen, zunächst in der philosophischen Fakultät, 1593 Magister; dann Studium der Rechte; aus der Studienzeit rührt seine Freundschaft mit *Johannes Kepler* (dessen Mutter durch ein wahrscheinlich auf *B.* zurückgehendes Gutachten der Tübinger Juristenfakultät vor dem Feuertod wegen „Zauberei" gerettet wurde); 23.8.1598 Promotion, Betätigung als Advokat am Hofgericht; 1600 Vermählung mit *Barbara Breitschwert*, der Tochter eines vermögenden badischen Beamten; 1610 Professor Pandectarum in Tübingen; 1614 bis 1635 siebenmal Rektor der Universität; 1622 und 1626 Inquisitionsverfahren gegen *B.*, Vorwürfe: Fanatismus, Neigung zum Katholizismus. 1628 und 1629 verfaßt *B.* zwei im Ergebnis gegensätzliche Gutachten zur Frage, ob die württembergischen Klöster der katholischen Kirche zurückerstattet werden müssen oder ob sie beim Herzogtum Württemberg bleiben sollen, *B.s* Meinungsänderung ist zu erklären durch das dazwischen ergangene Restitutionsedikt von 1629; 1630 wird *B.*, nach bis dahin kinderloser Ehe, eine Tochter geboren; er tritt daraufhin, einem Gelöbnis entsprechend, zum Katholizismus über. Öffentlich bekannt macht er diesen Schritt aber erst 1635 nach Eintritt in die österreichisch-württembergische Regierung (Württemberg war nach der Schlacht v. Nördlingen 1634 an Österreich gefallen); *B.s* Festhalten an der Forderung nach Rückgabe der Klöster an die Kirche macht ihn nun bei Österreich unbeliebt, da das klösterliche Gebiet ein Drittel des Herzogtums Württemberg ausmacht und Österreich einen solchen Verlust nicht will; 1636 nimmt *B.* einen Ruf an die Universität in Ingolstadt als Professor des Codex und des Jus publicum an; zu seinem Titel eines kurbayerischen Rats kommt 1638 noch der eines kaiserlichen Rats hinzu; Angebote des Kaisers und des Papstes (Ruf an die Universität Bologna) kann *B.* wegen Krankheit nicht mehr annehmen; er ist am 15.9.1638 in Ingolstadt gestorben.

B.s Übertritt zum Katholizismus ist weit über seinen Tod hinaus zu einem Streitpunkt geworden: Handelte er als Opportunist oder als tiefgläubiger Mystiker, dem die lutherische Orthodoxie nicht genügend Möglichkeit zur Versenkung in den Glauben bot? Die Uneinigkeit hierüber geht so weit, daß man seinen offiziellen Übertritt zu verschiedenen Zeitpunkten ansetzt. Immerhin kann man *B.s* Verhalten während seiner Tätigkeit für die österreichisch-württembergische Regierung zu seiner Verteidigung anführen. Die durch das Restitutionsedikt geänderte Rechtslage brachte ihn 1629 dazu, die Rückgabe der Klöster an die Kirche zu fordern. Und an dieser für das württembergische Gebiet ungünstigen Ansicht hielt *B.* fest, auch als sie den Interessen Österreichs zuwiderlief und ihn in Mißkredit brachte.

B., der zu den angesehensten Gelehrten seiner Zeit gehörte, hat in weniger als drei Jahrzehnten über 90 Werke veröffentlicht. Neben juristischen finden sich auch bedeutende volkswirtschaftliche – *Roscher* nennt *B.* „den wohl größten Staatsgelehrten, den Deutschland in der ersten Hälfte des 17. Jahrhunderts besessen" habe – und historische sowie theologische Arbeiten. Unter dieser großen Materialfülle mußte die wissenschaftliche Durchdringung im einzelnen leiden. Dieser Vorwurf ist oft erhoben worden, meistens verbunden mit dem Hinweis darauf, daß *B.* seine Werke teilweise von Studenten ausarbeiten ließ, die er in seinem Haus aufgenommen hatte.

Größte Berühmtheit hat sein „Thesaurus practicus" erlangt, der übrigens auch von einem seiner Schüler zusammengestellt wurde. Es handelt sich dabei um ein Reallexikon für die juristische Praxis, das neben Begriffserklärungen auch eine Reihe staatsrechtlicher, geschichtlicher und sprachwissenschaftlicher Abhandlungen enthält.

In seinen staatsrechtlichen Werken vertritt *B.* die Lehre von der doppelten Souveränität. Aus der Gesellschaft (societas), die auf naturgegebenem Zusammenschluß einzelner Individuen beruht, entsteht durch die Bildung eines Gemeinwillens (maiestas realis) der Staat. Er hat die Aufgabe, das Gemeinwohl der Bürger zu sichern. Diese so weit an die Volkssouveränitätslehre (→ *Althusius*) angelehnte Auffassung steht jedoch im Widerspruch zu der nun folgenden Theorie von der maiestas personalis. Sie wird bei *B.* nämlich aufgefaßt als endgültig dem Herrscher übertragen, und zwar nicht durch einen Wahlakt, sondern direkt von Gott (hier klingt die Herrschersouveränitätslehre → *Bodins* an). Eine Monarchie liegt nach *B.* vor, wenn die maiestas personalis nur einer Person, eine Polyarchie (Aristo- oder Demokratie), wenn sie mehreren Personen zusteht. Das deutsche Reich kann – wie *B.* als einer der ersten erkennt – keinem dieser Begriffe ausschließlich zugeordnet werden, es hat vielmehr einen aus monarchischen (Kaiser) und aristokratischen Elementen (Reichsstände) bestehenden „status mixtus".

Auch das bis dahin in der staatsrechtlichen Literatur kaum beachtete Problem der „vertikalen" Machtverteilung im Reich wird von *B.* sehr deutlich gesehen. Er versucht es durch Einführung des neuen Begriffs „subalterner Staat" zu lösen: Es könne Staaten geben, die nach unten absolute Gewalt haben, nach oben in ihrer maiestas personalis durch ein übergeordnetes Staatswesen beschränkt sind. Solche subalternen Imperien seien z.B. die Herrschaften der deutschen Reichsstände (Fürsten, Herzöge, Grafen, Freie und Reichsstädte) im Hinblick auf die übergeordnete Reichsgewalt; das Reich sei eine „respublica composita" aus Subalternstaaten. So deutet B. die Territorialgewalt (sachlich angemessen) als eine eigenartige Form der Staatlichkeit und gibt einen wesentlichen Anstoß für die Ausformung der Lehre von den Staatenverbindungen, wie sie sich z.B. bei *Ludolf Hugo* und → *Pütter*, der den Bundesstaatsbegriff vorweggenommen hat, findet.

Hauptwerke: Synopsis politicae doctrinae, 1623, [5]1643 (= Extrakt aus einer Reihe politischstaatsrechtlicher Arbeiten *B.s*, meist Sammlungen von Disputationen und Dissertationen, seit 1614; unter ihnen besonders: Politicorum libri II, 1618, 1620). – Delibata juris, 2 Bde. 1627/29, 3 Bde. 1632 (Pandektenkommentar). – Thesaurus practicus, continens explicationem terminorum atque clausularum in aulis et dicasteriis Romano-Germanici Imperii usitatorum, 1629, 1643 bearb. v. *J.J. Speidel*, weit. Ausg. 1659, 1666, 1679, 1697 hrsg. v. *C.L. Dietherr*, letzte Aufl. 1740. – Consiliorum Tubingensium sive illustrium juris responsorum et consultationum Pars I-IV, 1628, [2]1634, [3]1659-1661 (P. I-VI). Bibliographie: *K. Neumaier:* Ius publicum. Studien zur barocken Rechtsgelehrsamkeit an der Universität Ingolstadt, 1974, 261-268 (Versuch einer Sachbibliographie); *Jugler:* Beiträge zur juristischen Biographie I, 1773, 85-124; *Friedel Walter Meyer:* Christoph Besold als Staatsrechtler, Diss. jur. Erlangen, 1957 (masch.).

Literatur: Conrad: DRG II, 116, 118. – *Döhring:* GDtRPfl. 376. – *Herm. Lange:* Ius commune und Statutarrecht in Christoph Besolds Consilia Tubingensia, in: Festschr. f. M. Kaser, 1976, 637-655. – *F.W. Meyer* (s.o.). – *K. Neumaier* (s.o.), bes. 63-68, 209-215. – *E. Niethammer:* Christoph Besold, in: Schwäbische Lebensbilder 11, 1941, 11-34. – *W. Roscher:* Geschichte der deutschen Nationalökonomie, [2]1924, 195-205. – *R. Frhr. v. Schönberg:* Das Recht der Reichslehen im 18. Jh., 1977, 48 ff. – *L.T. Spittler:* Über Christoph Besolds Religionsveränderung, in: Patriot. Arch. f. Deutschland (hrsg. v. *F.C. v. Moser*) 8, 1788, 433-472 (auch in *ders.:* Sämtl. Werke 12, 283 ff.). – *Stintzing-Landsberg:* GDtRW 1, 692-696. – *B. Zeller-Lorenz / W. Zeller:* Christoph Besold, 1577-1638. Polyhistor, gefragter Consiliator und umstrittener Konvertit, in: Lebensbilder zur Geschichte der Tübinger Juristenfakultät, hrsg. v. *F. Elsener*, 1977, 9-18. – ADB 2 (1875), 556-558 *(T. Muther)*. – Jur., 83 f. *(M. Stolleis)*. – NDB 2 (1955), 178 f. *(E. Niethammer)* P.

Karl Binding

(1841-1920)

Geb. am 4.6.1841 in Frankfurt a.M. 1860-1863. Studium der Geschichte (bei *Waitz*, *Lotze*, *Ernst Curtius*) und der Rechtswissenschaften (u.a. bei *H.A. Zachariä* und *Emil Herrmann*) in Göttingen. 1863 Promotion. 1864 Habilitation in Heidelberg (bei → *Mittermaier*) für Strafrecht und Strafprozeßrecht. Aufnahme der Lehrtätigkeit im Wintersemester 1864/65. Herbst 1866 Annahme des Rufs nach Basel auf einen Lehrstuhl für Öffentliches Recht (Strafrecht, Rechtsphilosophie und Kirchenrecht).

1870 Übernahme einer Professur in Freiburg i.Br., 1872 Annahme eines Rufes nach Straßburg. Ab 1873 Professor in Leipzig, dort auch Tätigkeit im Spruchkollegium der Fakultät; 1879 bis 1900 außerdem Hilfsrichter am Landgericht Leipzig. 1892 und 1909 (bei der Fünfhundertjahrfeier der Universität) Rektor der Universität Leipzig. 1913 Emeritierung und Übersiedlung nach Freiburg i.Br. Dort am 7.4.1920 gestorben.

Als *B.s* bedeutendstes Werk auf dem Gebiet der Strafrechtsdogmatik gilt seine Normentheorie, die ihn fast fünfzig Jahre beschäftigt hat. Sie geht von der Feststellung aus, daß der Verbrecher, z.B. der Dieb, das Strafgesetz nicht übertritt, sondern erfüllt („Wer eine fremde bewegliche Sache einem anderen … wegnimmt"). Wenn man gleichwohl den Diebstahl als „Übertretung" bezeichnet, so deswegen, weil dem Strafgesetz Ge- und Verbote, „Normen", vorgelagert sind (z.B. „Du sollst nicht fremde bewegliche Sachen wegnehmen!"), gegen die der Verbrecher verstößt. Diese Normen lassen sich aus dem Strafgesetz erschließen, sie haben wie dieses die Qualität von Rechtssätzen. Aus den Normen wiederum lassen sich Werturteile entnehmen. Nach der Richtigkeit dieser Werturteile hat der Jurist nicht zu fragen. *B.* sieht das Verhältnis der Normen zum Strafgesetz als vergleichbar dem zivilrechtlichen von Recht auf Sachleistung zum Recht auf Schadensersatz: Das aus der Norm resultierende Recht des Staates „auf Botmäßigkeit" verwandelt sich im Fall der Normverletzung in ein „Recht auf Zwang wegen Ungehorsams", in das (subjektive) staatliche Strafrecht. – Auf die Normen gründet *B.* nun sein Strafrechtssystem. „Delikt" ist für ihn die schuldhaft normwidrige Handlung, „Verbrechen" das Delikt, „soweit es strafbar ist". Diese Unterscheidung ist charakteristisch für *B.s* Normenlehre, sie beruht auf seiner Ansicht, daß das Gesetz nicht jeden Normverstoß unter Strafe stelle. Die Norm (z.B. „Du sollst nicht fremde Sachen beschädigen") verbiete nämlich nicht nur die vorsätzliche, sondern auch die fahrlässige Begehung des jeweiligen Delikts, das Strafgesetzbuch bestrafe aber nur in Ausnahmefällen auch die fahrlässige Begehung (z.B. ist fahrlässige Sachbeschädigung nach dem StGB nicht strafbar).

In der von *B.* vertretenen Form hat sich die Normentheorie im Strafrecht nicht durchsetzen können. Immerhin sind mindestens zwei wichtige Dogmen der gegenwärtigen Strafrechtslehre auf sie zurückzuführen. Das eine ist die Figur der „objektiven Strafbarkeitsbedingungen", die ohne die Unterscheidung von Verbotsnorm und gesetzlicher Strafbarkeit nicht möglich wäre, das andere die von *B.* gegen die ältere Theorie „error iuris nocet" energisch verfochtene Lehre von der Beachtlichkeit des Verbotsirrtums. Sie ergibt sich zwangsläufig aus der Normentheorie: gegen den Normbefehl kann nur der verstoßen, der konkret um ihn weiß. Im Ergebnis nähert sich *B.s* Lehre vom Verbotsirrtum sehr stark der jetzt in § 17 StGB verankerten sog. „Schuldtheorie". – Darüber hinaus muß die Bedeutung der Normentheorie für die allgemeine Rechtslehre hervorgehoben werden: sie hat den Blick für „imperative" Strukturen des Rechts geschärft, deren Ausschließlichkeit *B.* allerdings selbst – mit Recht – nicht anerkannte.

Durch sein Lehrbuch des Besonderen Teils des Strafrechts hat *B.* auch die Dogmatik der Einzeldelikte stark beeinflußt. Als für die Gegenwart vorbildlich hat sich seine Gliederung der Verbrechen nach der Art des verletzten „Rechtsguts" erwiesen, die aus der Normentheorie, nach der die Normen dem Rechtsgüterschutz dienen, folgerichtig hervorging. *B.* wich damit von der, z.B. in *A.F. Berners* einflußreichem Lehrbuch zugrunde gelegten, Legalordnung des StGB ab, wie auch von der Systematik → *Feuerbachs*, die im wesentlichen auf der Begehungsweise der Delikte aufgebaut war. Im einzelnen bringt das Lehrbuch, das als erste wissenschaftliche Bearbeitung der Einzeldelikte des StGB angesehen werden muß, eine Fülle von Erkenntnissen; auch heute noch ist es für die Beschäftigung mit vielen Problemen des Besonderen Teils unentbehrlich. Als besonders wichtig seien hervorgehoben: Die „Substanztheorie" des Diebstahls, die in der Gegenwart mit guten Gründen wieder belebt wird, der lange Zeit einflußreiche „juristische" Vermögensbegriff beim Betrug und die „normative" Ehrauffassung bei den Beleidigungsdelikten.

Ein weniger geschlossenes Bild als seine Strafrechtsdogmatik bietet *B.s* Straftheorie. Im Vordergrund steht für ihn der schon von *Kant* mit besonderer Schärfe betonte Vergeltungscharakter der Strafe. Hierbei weist *B.* die wohl auf *Hegel* zurückgehenden „Heilungstheorien" – auf

Grund eines naturalistischen Mißverständnisses der *Hegel*schen „Aufhebung der Verletzung" durch Strafe – zurück; er sieht in der Strafe nur die „Bewährung der Rechtsherrlichkeit durch Beugung des Verbrechers unter den Rechtszwang". Als Nebenzweck erkennt er aber bei dazu geeigneten Strafarten die Spezialprävention an. Auch die → *Feuerbach*sche Lehre von der generalpräventiven Wirkung der gesetzlichen Strafdrohung lehnt er nicht gänzlich ab, wenn er auch eine Abschreckungswirkung nur in begrenztem Umfang für möglich und eine Rechtfertigung der Strafe selbst unter dem Gesichtspunkt der Generalprävention für ausgeschlossen hält. Der ganz auf die Spezialprävention abgestellten „soziologischen Schule" → *Franz v. Liszts* stand *B.* mit seiner „klassischen" Haltung scharf ablehnend gegenüber; zu dem aus dieser Gegnerschaft resultierenden „Schulenstreit" trug er in scharfen Polemiken bei: Er konnte in jener Lehre, die nach seiner Deutung alle Menschen zu Wahnsinnigen degradierte, nur „rechtlichen Nihilismus" sehen und meinte, sie liefe auf die „einzige Maßnahme, die radikal helfen würde: die Abschaffung des Menschen überhaupt" hinaus.

Die übliche Einordnung von *B.s* strafrechtlichem Werk unter das Schlagwort „Gesetzespositivismus" trifft nur zum Teil das Richtige. Gesetzespositivist ist *B.* zwar in der Tat insofern, als er jede außerhalb des Gesetzes liegende Rechtfertigung des Strafrechts für überflüssig und wohl auch unmöglich hält („Hinter Verbot und Gebot beginnt aber für den, der nach der Rechtswidrigkeit sucht, tiefster undurchdringlicher Nebel"). Gleichwohl drängt bereits die Normentheorie mit ihrer Trennung von schuldhaft normwidrigem und strafbarem Verhalten über das positive Recht hinaus: In der von *B.* vertretenen Form, nach der die Verbote für fahrlässige und vorsätzliche Rechtsgüterverletzung identisch sind, kommt sie zu für die staatliche Rechtsordnung unbekannten Verboten, z.B. dem der fahrlässigen Ehrverletzung. Überhaupt betont *B.* wiederholt, daß auch der Gesetzgeber an die Eigengesetzlichkeit des Rechtsstoffs (z.B. an den Unterschied zwischen Tat- und Verbotsirrtum, zwischen Täterschaft und Teilnahme) gebunden sei, wenn es ihm auch freistehe, wie er die strafrechtlichen Folgen z.B. dieser Irrtums- oder Teilnahmefälle regelt. Unpositivistisch ist ferner *B.s* Einstellung zu dem Problem der richterlichen Gesetzesanwendung, wie sich an seiner im Zusammenhang mit der Vorschrift des StGB über die Rechtsbeugung (§ 336) stehenden, fast freirechtlich klingenden Äußerung zeigt: „Für jeden Richter ist nur seine Auslegung des Gesetzes Gesetz." Schließlich paßt auch sein Kampf gegen den Grundsatz „nulla poena sine lege" (→ *Feuerbach*) in diesen Zusammenhang.

Neben *B.s* strafrechtlichen Werken und seiner nach den Grundsätzen der *Ranke-Waitz*schen Schule geschriebenen „Geschichte des burgundisch-romanischen Königreichs" steht eine Reihe von staatsrechtlichen Schriften. Von ihnen ist die Arbeit über „Die Gründung des Norddeutschen Bundes" hervorzuheben. In ihr führt *B.* den Begriff der „Vereinbarung", als der gemeinsamen Verpflichtung zu gleichartigem zukünftigem Verhalten, ein, den er im Gegensatz zum Begriff des Vertrages (Leistungsaustausch auf Grund gegensätzlicher Interessen) stellt. Der Begriff der „Vereinbarung" ist durch *Heinrich Triepel* zum festen Bestandteil des völkerrechtlichen Begriffskanons geworden und hat sich auch im Staats- und Verwaltungsrecht als fruchtbar erwiesen.

Hauptwerke: Die Geschichte des burgundisch-romanischen Königreichs 1868. – Die Normen und ihre Übertretung, 4 Bde. Bd. I: 1872, [3]1916, Bd. II: 1877. Teil 1: 1914, Teil 2: [2]1916, Bd. III: 1918, Bd. IV: 1919. – Grundriß des gemeinen deutschen Strafrechts, Allgemeiner Teil, 1879, [5]1913. – Grundriß des deutschen Strafprozeßrechts, 1881, [5]1904. – Handbuch des Strafrechts, Bd. I (einziger), 1885. – Die Gründung des norddeutschen Bundes, 1889. – Lehrbuch des gemeinen deutschen Strafrechts, Besonderer Teil, 2 Bde. Bd. I: 1896, [2]1902, Bd. II,1: 1901 [2]1904 Bd.II,2: 1905. – Die Entstehung der öffentlichen Strafe im germanisch-deutschen Recht, 1909. – Strafrechtliche und strafprozessuale Abhandlungen, 2 Bde., 1915. – Die staatsrechtliche Verwandlung des deutschen Reiches, 1919. – Zum Werden und Leben der Staaten, 1920. – Die Freigabe der Vernichtung lebensunwerten Lebens. Ihr Maß und ihre Form (zusammen mit *A. Hoche*), 1920, [2]1922.

Literatur: H. Achenbach: Historische und dogmatische Grundlagen der strafrechtssystematischen Schuldlehre, 1974, 27-36. – *E. v. Bubnoff:* Die Entwicklung des strafrechtlichen Handlungsbegriffs von Feuerbach bis Liszt unter besonderer Berücksichtigung der Hegelschule, 1966, 110-127. – *Döhring:* GDtRPfl., 377. – *H.J. Kaganiecz:* Karl Bindings Wirken für den Rechtsstaat, Diss. jur. Münster, 1950. – *Armin Kaufmann:* Lebendiges und Totes in Bindings Normentheorie, 1954. – *R. Müller:* Die Normentheorie von Karl Binding, Diss. jur. Tübingen, 1955. – *J. Nagler:* Karl Binding zum Gedächtnis, in: Der Gerichtssaal 91 (1925), 1-66. – *H. Rauch:* Die klassische Strafrechtslehre in ihrer politischen Bedeutung, 1936, Ndr. 1970. – *Schmidt:* Einführung, 304-310, 386-388. – *H.-L. Schreiber:* Gesetz und Richter, 1976, 169 ff. – *H. Suhr:* Karl Binding und das liberale Strafrecht des 19. Jahrhunderts, Diss. jur. Göttingen, 1945. – *D. Westphalen:* Karl Binding (1841-1920). Materialien zur Biographie eines Strafrechtsgelehrten, Diss. jur. Frankfurt am Main, 1989. – Jur., 86 f. *(D. Westphalen).* – NDB 2 (1955), 244 f. *(H. Triepel).* – StL 2 (1958), 33-35 *(Arthur Kaufmann).*

S.

Sir William Blackstone

(1723-1780)

Geb. am 10.7.1723 in London, 1730-1738 Schulausbildung an der Charterhouse Schule, ab 1738 am Pembroke College an der Universität Oxford. Ab 1741 absolviert *B.* auf der Rechtsschule Middle Temple die Ausbildung zum Anwalt (barrister) und erhält 1746 die Zulassung. Seine

juristische Ausbildung ergänzt er als Mitglied des All Souls College in Oxford 1745 durch den Abschluß eines Bachelors und 1750 durch den Doktortitel. Als Anwalt ist *B.* wenig erfolgreich; zwar wird er 1749 nebenamtlicher Richter (recorder) im Stadtbezirk Wallingford, Berkshire und ab 1751 sachverständiger Beisitzer des Chancellor's Court in Westminster, aber der große Erfolg „at the bar" bleibt ihm versagt. 1753 wendet sich *B.* der Lehrtätigkeit und dem akademischen Leben in Oxford zu. Seine Vorlesungen über das englische Recht, die ersten, die überhaupt an einer englischen Universität gehalten werden, finden großen Anklang. Eine Stiftung von *Charles Viner* ermöglicht es, einen Lehrstuhl für englisches Recht in Oxford einzurichten, den *B.* ab Oktober 1758 bekleidet. Nicht zufrieden allein mit seinem akademischen Wirkungskreis, wendet sich *B.* weiteren Aufgaben in London zu. 1761 wird er sowohl Vorstandsmitglied (bencher) von Inner Temple als auch Abgeordneter im Unterhaus und Anwalt der Krone (King's Counsel). Im gleichen Jahr heiratet er *Sarah Clitherow*. *B.s* insgesamt neunjährige parlamentarische Tätigkeit ist nicht herausragend, denn es fehlt ihm ein wirkliches Interesse an Politik, und so beschränken sich seine Beiträge auf juristische und verfassungsrechtliche Fragen. 1763 erhält *B.* das zweithöchste der juristischen Ämter und wird Vertreter des Kronanwalts (Queen's Solicitor General). Aufgrund seiner vielfältigen Ämter verbleibt *B.* immer weniger Zeit für die Lehre, und 1766 gibt er alle Verpflichtungen in Oxford auf. Ab 1770 bekleidet *B.* ein Richteramt am höchsten Gericht für Zivilstreitigkeiten, dem Court of Common Pleas. *B.* stirbt am 14.2.1780 im Alter von 57 Jahren in Wallingford, Oxfordshire.

B.s wichtigstes und berühmtestes Werk „Commentaries on the Laws of England" geht aus seinen Oxforder Vorlesungen hervor. 1765 erscheint der erste von vier Bänden, die restlichen folgen in den nächsten vier Jahren. Auf 2000 Seiten breitet *B.* darin die Struktur des englischen Rechts aus und faßt die wichtigsten Prinzipien des Common Law zusammen. Die „Commentaries" beginnen mit der berühmten Einleitung über „The Study, Nature, and Extent of the Law". Das erste Buch behandelt „Rights of Persons" sowie die Rolle des Parlaments, die Krone, Judikative und Rechte der Staatsbürger. Im zweiten Buch („The Rights of Things") folgen Eigentums- und Grundstücksrecht, Buch drei („Private Wrongs") thematisiert die Verletzung von Bürgerrechten und die Rechtsmittel der Betroffenen, und im vierten und letzten Buch („Public Wrongs") befaßt sich *B.* mit dem Strafrecht. *B.* legt damit die – leicht modifizierte – römischrechtliche Institutionenordnung (personae, res, actiones) zu Grunde, die auch im zeitgenössischen kontinentalen Recht häufig zur Grundlage „wissenschaftlicher" Gesamtdarstellungen des Rechtssystems gemacht wurde.

Mit den „Commentaries" hat sich *B.* das Ziel gesetzt, ein Werk über das englische Recht als Ganzes zu verfassen, das zudem noch durch seine allgemeinverständliche und unkomplizierte Darstellungsweise eine breite Leserschaft anspricht. Daß *B.* dieses Ziel erreicht hat, zeigt sich an dem großen Einfluß der „Commentaries" sowohl in England als auch in Nordamerika, wo *B.s* Werk bis zum Anfang des 20. Jahrhunderts als Grundlage der juristischen Universitätsausbildung dient; es ist damals das wichtigste einführende Lehrbuch in die Materie des englischen Rechts. Nach Übersetzungen ins Französische und Deutsche wird *B.s* Werk auch in Kontinentaleuropa als Überblick über das englische Recht berühmt. Die „Commentaries" erscheinen allein bis 1800 in zwölf Neuauflagen, bis heute sind es über vierzig.

B. unternimmt in seinen „Commentaries" den Versuch, eine genaue Beschreibung der undurchsichtigen Praxis englischer Rechtsanwendung zu geben. Das von *B.* vorgefundene englische Recht entstammt vielen verschiedenen Rechtsquellen: zum einen dem umfangreichen „Common Law", einem ursprünglich auf Gewohnheitsrecht beruhenden, durch richterliche Entscheidungen weiterentwickelten, lange Zeit auch ungeschriebenen Recht; zum anderen dem eigenständigen Normenbereich der

„Equity" und daneben noch dem vom Parlament erlassenen Recht („statute law"). *B.* muß für seine Aufgabe, eine umfassende Darstellung zu schaffen, den undurchsichtigen Rechtsstoff zusammenstellen, neu gliedern und derart in einen kohärenten Zusammenhang bringen, daß ein vernünftig aufgebautes und zusammenhängendes System entsteht. Der leitende Gedanke, den Rechtsstoff zu systematisieren, stammt zwar aus der Aufklärung, *B.s* Umsetzung dieses Gedankens ist jedoch nicht zu vergleichen mit der streng deduktiven Methodik vernunftrechtlicher Systematiker wie → *Wolff*, → *Pufendorf*, → *Domat* oder → *Thomasius*. Diese beginnen mit einer naturrechtlichen Grundlegung abstrakter Prinzipien und entwickeln daraus deduktiv ein Rechtssytem; *B.s* methodisches Vorgehen ist dagegen stets historisch-empirisch. Ausgangspunkt ist das vorhandene englische Recht, an dessen Vernünftigkeit *B.* mit einer konservativen, dem Historismus entstammenden Haltung festhält. Die aufklärerischen und naturrechtlichen Ideen seiner Zeit fließen zwar ebenfalls ein, werden jedoch nicht zu methodisch anleitenden Prinzipien. Es soll kein neues besseres Recht geschaffen werden, um das alte zu ersetzen oder zu kritisieren. Das englische Recht in seinen historisch gewachsenen Formen ist Gegenstand der Bewunderung und Verehrung; zu leisten ist lediglich eine logisch schlüssige und widerspruchsfreie Darstellung. Die Institutionen des Common Law erscheinen *B.* als einzigartig und in ihrer Perfektion dem „statute law" überlegen. Das gewachsene englische Recht ist für *B.* Garant der Stabilität und Kontinuität einer Gesellschaftsordnung, die er als gerecht und anderen Sozialordnungen überlegen bewertet. *B.s* Verklärung des traditionellen Rechts und der bestehenden gesellschaftlichen Verhältnisse fordert 1776 seinen schärfsten Kritiker, → *Jeremy Bentham*, zu einer vernichtenden Analyse heraus. Am Anfang des 19. Jahrhunderts ist *B.s* Reputation als großer englischer Rechtsgelehrter überschattet von den Einwänden der Reformbewegung um → *Bentham*, die ihn als verknöcherten, reformfeindlichen Konservativen darstellt. Erst in der Mitte des 19. Jahrhunderts erlebt *B.s* Werk eine Rehabilitierung durch die Historische Schule um → *Sir Henry Maine*.

Hauptwerke: An Analysis of the Laws of England, 1756. – Law Tracts in Two Volumes, 1762. – Commentaries on the Laws of England, 4 Vol., 1765-69, [18]1829, dt. Übers.: Handbuch des englischen Rechts im Auszuge ..., übers. v. *H.F.C. v. Colditz*, Vorrede v. *N. Falck*, 2 Bde., 1822/23.

Literatur: J. Bentham: A Comment on the Commentaries, hrsg. von J.H. Burns, H.L.A. Hart, 1977. – *D.J. Boorstin:* The Mysterious Science of Law. An Essay on

Blackstone's Commentaries, 1941. – *J.W. Cairns:* Blackstone, An English Institutist: Legal Literature and the Rise of the Nation State, in: Oxford Journal of Legal Studies 4 (1984), 318-360. – *Ders.:* Blackstone, the Ancient Constitution and the Feudal Law, in: Historical Journal 28 (1985), 711-717. – *A.V. Dicey:* Blackstone's *Commentaries*, in: Cambridge Law Journal 4 (1932), 286-307. – *I.G. Doolittle:* Sir William Blackstone and his *Commentaries on the Laws of England* (1765-69): A Biographical Approach, in: Oxford Journal of Legal Studies 3 (1983), 99-112. – *D. Douglas:* The Biographical History of Sir William Blackstone, 1782, reprinted 1971. – *H.G. Hanbury:* The Vinerian Chair and Legal Education, 1958. – *W. Holdsworth:* A History of English Law, vol. 12, 1938. – *Ders.:* Blackstone's Treatment of Equity, in: Harvard Law Review 43 (1929), 1-32. – *Ders.:* Gibbon, Blackstone and Bentham, in: Law Quarterly Review 52 (1936), 46-59. – *D. Liebermann:* The Province of Legislation Determined: Legal Theory in Eighteenth-Century Britain, 1989. – *M. Lobban:* Blackstone and the Science of Law, in: Historical Journal 30 (1987), 311-335. – *P. Lucas:* Blackstone and the Reform of the Legal Profession, in: English Historical Review 77 (1962), 456-489. – *Ders.:* Ex parte Sir William Blackstone, „Plagiarist": A Note on Blackstone and Natural Law, in: American Journal of Legal History 7 (1963), 142-158. – *S.F.C. Milsom:* The Nature of Blackstone's Achievement, in: Oxford Journal of Legal Studies 1 (1981), 1-12. – *R.A. Posner:* Blackstone and Bentham, in: Journal of Law and Economics 19 (1976), 569-606. – *R. Willman:* Blackstone and the „Theoretical Perfection" of English Law in the Reign of Charles II, in: Historical Journal 26 (1983), 39-70. – Jur., 87-89 *(K. Lerch).* N. Dearth

Johann Caspar Bluntschli

(1808-1881)

Geb. am 7.3.1808, stammt aus einer alteingesessenen Zürcher Familie. Sein Vater war Kerzen- und Seifenfabrikant und Schreiber der Metzgerzunft „Zum Widder". *B.* studierte in Zürich Rechtswissenschaft am Politischen Institut. Zur Vertiefung seiner juristischen, philosophischen und historischen Bildung hielt er sich von 1827 bis 1829 in Berlin (Einflüsse → *Savignys*, mit dem *B.* bis zum Ende seiner Zürcher Zeit in regem Briefwechsel stand, und *Schleiermachers*) und in Bonn (*Hasse* und *Niebuhr*) auf. 1829 wurde er in Bonn zum Doctor iuris promoviert (Dissertation über das römische Noterbrecht nach der Novelle 115). Nach einem kurzen Aufenthalt in Paris kehrte *B.* 1830 nach Zürich zurück. Dort wurde er zunächst Auditor beim Amtsgericht und Sekretär der Regierungskommission des Inneren, insbesondere der Kommission für administrative Streitigkeiten, 1831 Bezirksgerichtsschreiber und zugleich Notar der Stadt Zürich, deren Rechtskonsulent er auch noch in späteren Jahren war. Daneben hielt *B.* Vorträge am Politischen Institut.

Von 1833 an war er außerordentlicher, von 1836 an bis 1848 ordentlicher Professor für römisches Recht, für deutsches Zivilrecht und für Rechtsgeschichte an der neugegründeten Universität Zürich. In dieser Zeit schrieb *B.* u.a. die „Staats- und Rechtsgeschichte der Stadt und Landschaft Zürich", die er → *Savigny* und → *Eichhorn* widmete und die als die bedeutendste wissenschaftliche Arbeit *B.s* überhaupt gilt. In diesem Werk versucht er die Darstellung eines alemannischen Partikularrechts, das vom römischen Recht wenig beeinflußt ist, von den Anfängen bis zur Gegenwart nach den Grundsätzen der historischen Rechtsschule. Diese Staats- und Rechtsgeschichte, die tiefe allgemeinhistorische Einsichten enthält, gewann für die nun in der Schweiz einsetzende rechtshistorische Forschung große Bedeutung. 1840 wurde *B.* beauftragt, die von *Friedrich Ludwig Keller* begonnenen Arbeiten an einem Privatrechtlichen Gesetzbuch für den Kanton Zürich fortzusetzen. Es wurde 1854-56 in Kraft gesetzt und von *B.* in vier Bänden mit Erläuterungen herausgegeben. Man rechnet es oft zu den besten gesetzgeberischen Leistungen des 19. Jhs. Es stellt eine gelungene Verbindung schweizerischer Überlieferung mit dem modernen (gemeinen) Zivilrecht dar und hat auf die Fassung des Schweizerischen Zivilgesetzbuches von 1907 (→ *Huber*) großen Einfluß gehabt. Wie dieses zeichnet es sich durch Verzicht auf einen allgemeinen Teil und durch schlichte Sprache (beides im Gegensatz zum deutschen Bürgerlichen Gesetzbuch) aus. Das Gesetzbuch wurde von mehreren Nachbarkantonen übernommen und blieb dort und in Zürich zu einem großen Teil bis Ende 1911 – also bis zur Ablösung durch das neue, bundeseinheitliche Zivilgesetzbuch – in Kraft.

B. hatte zeitlebens einen großen Hang zur Politik. Er selbst stimmt in seinen „Denkwürdigkeiten" der Bemerkung eines Münchener Kollegen zu, er, *B.*, sei zu vier Siebteln Politiker und zu drei Siebteln Professor.

So war *B.* von 1838 bis 1848 Mitglied des Großen Rates des Kantons Zürich, ab 1845 dessen Präsident und wurde 1839 in die Oberste Behörde berufen. Als er 1844 bei der Bürgermeisterwahl knapp unterlag, zog er sich im darauf folgenden Jahr enttäuscht aus der Politik zurück. Die Ursache seiner Niederlage lag zum größten Teil in seiner engen Bindung an den Philosophen *Friedrich Rohmer*, dessen Psychologie er auf die Staatslehre anwenden wollte. U.a. übertrug er die von Rohmer entdeckten sechzehn Grundkräfte der menschlichen Seele auf den Staatskörper und schrieb auch ihm sechzehn Grundorgane zu. Weiter teilte er die Geschichte von 1740 bis 1840 in sechzehn gleiche psychologisch gegliederte Perioden ein. Mit all dem setzte sich *B.* der Lächerlichkeit aus, was ihm und seiner Partei im Zürcherischen Großen Rat schweren politischen Schaden zufügte. Damit konnten sich *B.s* politische Absichten in Zürich nicht erfüllen, er ging deshalb 1848 nach München, wo er ordentlicher Professor für deutsches Privatrecht und für Staatsrecht wurde. Aber auch hier gelangte *B.* nicht zu der von ihm erhofften politischen Bedeutung. Dafür war seine schriftstellerische Produktivität um so größer.

Die Arbeiten *B.s* am „Privatrechtlichen Gesetzbuch für den Kanton Zürich" fallen schon in die Münchener Periode. 1851/52 erschien dann sein „Allgemeines Staatsrecht", das in mehrere Sprachen übersetzt wurde und durch das *B.* europäischen Ruhm gewann. Die Zeitgenossen lobten außer der klaren und eleganten Darstellung vor allem die vergleichende Heranziehung amerikanischen und schweizerischen Verfassungsrechts, die zum wissenschaftlichen Verständnis des modernen deutschen Bundesstaats mehr beigetragen habe als etwa die Arbeiten → *Stahls* und → *Mohls*. „Seit Montesquieu war auf dem Boden des allgemeinen Staatsrechts kein Werk erschienen, das an Lesbarkeit, anregender Kraft, idealem Gehalt, praktisch-politischem Blick und historischer Übersichtlichkeit mit Bluntschlis Arbeit verglichen werden könnte" *(Holtzendorff)*.

Ergänzt wurden die staatsrechtlichen Arbeiten *B.s* durch das zwischen 1857 und 1870 von ihm und *Karl Brater* herausgebrachte „Deutsche Staatswörterbuch" (11 Bde.), das jahrzehntelang eines der meistbenutzten politisch-juristischen Nachschlagewerke blieb. Es löste das → *v. Rotteck- Welckersche* „Staatslexikon", die einstige Bibel des deutschen Liberalismus, ab, übertraf dieses aber an wissenschaftlicher Solidität. In der liberalen Grundhaltung ist es ihm allerdings verwandt.

Als *B.* 1860 einen Ruf der badischen Regierung auf den Lehrstuhl für Staatsrecht und Staatswissenschaft in Heidelberg – als Nachfolger von → *Robert v. Mohl* – erhielt, entschloß er sich ohne Zögern, ihn anzunehmen, zumal ihm gleichzeitig ein Sitz in der Ersten Kammer (eine Art Oberhaus) angeboten wurde, von dem sich *B.* ein politisches Betätigungsfeld erhoffte.

Das bedeutendste Werk *B.s* während seiner Heidelberger Zeit ist „Das moderne Völkerrecht der zivilisierten Staaten als Rechtsbuch dargestellt", das nicht nur in europäischen, sondern auch in ostasiatischen Übersetzungen erschien. Es war gedacht als Entwurf für eine zukünftige Kodifikation des Völkerrechts, insbesondere des Kriegsrechts, und erlangte internationale Geltung. *B.* hat übrigens als Mitbegründer des „Institut de droit international", einer freien völkerrechtlichen Akademie (1873), auch praktisch für die Fortschritte des Völkerrechts gewirkt (er war auch zeitweilig Vizepräsident dieses Instituts).

Die beiden letzten Lebensjahrzehnte *B.s* waren außerdem mit intensiver politischer Tätigkeit ausgefüllt: Von 1861 bis 1871 und von 1879 bis zu seinem Tode war er Mitglied der Ersten Kammer, ab 1873 Abgeordneter und zuletzt Präsident der Zweiten Kammer, wo er für ein Kleindeutschland unter Preußens Führung eintrat. Am 21.10.1881 ist *B.* in Karlsruhe gestorben.

Hauptwerke: Staats- und Rechtsgeschichte der Stadt und Landschaft Zürich, 2 Bde., 1838/39, [2]1856. – Allgemeines Staatsrecht, 1851/52, weitere Aufl. in 2 Bden. [2]1857, [4]1868 u. ab [5]1875/76 u.d.T. „Lehre vom modernen Staat" (dazu ein 3. Bd. Politik als Wissenschaft, 1876, Ndr. 1965), [6]1885/86 hrsg. v. *E. Loening* (Ndr. 1965). – Deutsches Privatrecht, 1853, [3]1864 (hrsg. v. *E. Dahn*). – Geschichte des allgemeinen Staatsrechts und der Politik (später Geschichte der neueren Staatswissenschaften) 1864, [3]1881 (Ndr. 1964). – Das moderne Völkerrecht der zivilisierten Staaten als Rechtsbuch dargestellt, 1868. – Denkwürdiges aus meinem Leben (Selbstbiographie), 3 Bde., 1884 (hrsg. v. *R. Seyerlen*). Dort auch Bibliographie (III 514-524).

Literatur: M. Affentranger: Besitzbegriff und Besitzesschutz im Zürcher Privatrechtlichen Gesetzbuch Johann Caspar Bluntschlis, 1987. – *H. Bluntschli:* Johann Caspar Bluntschli in seiner Stellung zu geistigen Strömungen seiner Zeit, 1908. – *M. Bullinger:* Johann Kaspar Bluntschli, in: JZ 1958, 560 ff. – *E. Eichholzer:* Johann Caspar Bluntschli als Sozialpolitiker, in: Zürcher Taschenbuch auf das Jahr 1950 (1949), 132 ff. – *F. Elsener:* Die deutschen Professorenjahre Friedrich Ludwig v. Kellers (1799-1860) und Johann Caspar Bluntschlis (1808-1881), in: Zürcher Taschenbuch auf das Jahr 1975 (1974), 154-175. – *F. Elsener:* Die Schweizer Rechtsschulen vom 16. bis zum 19. Jahrhundert, 1975, 381-405. – *H. Fritzsche:* Johann Caspar Bluntschli, in: Schweizer Juristen der letzten hundert Jahre (hrsg. v. *H. Schultheß*), 1945, 135 ff. – *W. Hochuli:* Johann Caspar Bluntschli (1808-1881), in: Zeitschr. f. schweiz. Recht N.F. 101 (1982), 87-104. – *F. v. Holtzendorff:* J.C. Bluntschli und seine Verdienste um die

Staatswissenschaften, in: Deutsche Zeit- und Streitfragen 11 (1882), 4 ff. – *F. Meili:* Johann Caspar Bluntschli und seine Bedeutung für die moderne Rechtswissenschaft, 1908. – *M. Rehbinder:* J.C. Bluntschlis Beitrag zur Theorie des Urheberrechts, in: C. Schott u.a. (Hrsg.): Festschr. f. C. Soliva, 1994, 183-194. – *D. Schindler:* Jean-Gaspard Bluntschli (1808-1881), in: Institut de droit international, Livre du centenaire 1873-1973 (1973), 45-60. – *Stefan Dieter Schmidt:* Die allgemeine Staatslehre Johann Caspar Bluntschlis, Diss. München, 1966. – *A.K. Schnyder:* Heimatrecht und internationales Privatrecht in der Schweiz – Bluntschli, in: *E. Jayme* u.a (Hrsg.): Nation und Staat im internationalen Privatrecht, 1990, 135-144. – *M. Senn:* Rassist. u. antisem. Elemente im Rechtsdenken von J.C. Bluntschli, in: ZRG (GA) 110 (1993), 372-405. – *Stintzing-Landsberg:* GDtRW III 2, 552-558. – *Stolleis:* Gesch., II, 430-433. – *E. Strobel:* Johann Caspar Bluntschli, in: Badische Heimat 49 (1969), 147 ff. – *J. Vontobel:* Johann Caspar Bluntschlis Lehre von Recht und Staat, Diss. Zürich, 1956. – ADB 47 (1903), 29-39 *(Meyer v. Knonau)*. – HRG I (1971), 456-458 *(H. Peter)*. – Jur., 89 f. *(J.P. Arquint)*. – NDB 2 (1955), 337 f. *(H. Mitteis)*. – StL 1 (^{7}1985), 839-841 (*D. Schindler*).

F.

Jean Bodin

(1529/30-1596)

B. ist 1529 oder 1530 in Angers geboren. Mit sechzehn Jahren tritt er in den Karmeliterorden ein, den er drei Jahre später wieder verläßt; wohl, um einem Häresieprozeß zu entgehen. Sein Jurastudium absolviert er ab 1550 in Toulouse, wo er dann auch selbst unterrichtet. Später, wohl 1561, geht er nach Paris, um den Anwaltsberuf am „Parlament" auszuüben. Dort beginnt er auch, wissenschaftliche Arbeiten zu publizieren. Er gewinnt großen Einfluß als Berater des Königs Henri III; in den siebziger Jahren ist er dann im Dienste von dessen Bruder, des Herzogs François von Alençon, tätig. Durch seine Vermählung mit Françoise Trouillart (1576) erlangt er 1577 die Stelle eines Staatsanwalts in Laon. Wie bei vielen bedeutenden Juristen seiner Zeit, war auch *B.s* Leben durch die Religionskämpfe geprägt. In der Bartholomäusnacht 1572 entkam er nur knapp einem Mordanschlag. Sein Wunsch, den Bürgerkrieg in Frankreich zu beenden und ein friedliches Zusammenleben der Konfessionen zu erreichen, erwies sich jahrzehntelang als unrealisierbar. Nach der Gründung der „Liga" (1576) geriet *B.* sogar in Opposition zum König und zur katholischen Partei, als er die Ständeversammlung von Blois dazu brachte, die Steuerforderungen des Königs zugunsten der Liga zu verweigern; 1588 mußte er aber nach dem Übergang Laons zur Liga selbst Ligist werden. Bis zur Einnahme der Stadt durch den neuen König

Henri IV (1594) zunehmend isoliert, blieb *B.* zwar in seinem Amt, zog sich aber aus der öffentlichen politischen Diskussion zurück. 1596 starb er in Laon an der Pest.

B.s Hauptwerk sind die „Six livres de la République", eine Staatslehre auf rechtsvergleichender Grundlage. *B.* hat in diesem Werk wesentliche Elemente des modernen Staatsdenkens, vor allem die Lehre von der Souveränität und von der zentralen Bedeutung des Gesetzgebungsrechts entwickelt. Ein Staat ist „die am Recht orientierte, souveräne Regierungsgewalt über eine Vielzahl von Haushaltungen und das, was ihnen gemeinsam ist". Souveränität wiederum bedeutet nach *B.* „die dem Staat eignende absolute und zeitlich unbegrenzte Gewalt", souverän ist, „wer außer Gott keinen Höheren über sich anerkennt". Damit findet *B.* ein Charakteristikum, durch das sich der moderne Staat von den nur relativ unabhängigen (gleichwohl im älteren Sinne „souveränen") Gemeinwesen oder Herrschaften des Mittelalters unterscheidet, die keine Staatsgewalt im modernen Sinne besaßen. Vor allem macht er deutlich, daß der neuzeitliche Staat keine Herrschaft der Kirche über sich dulden kann, ein Anliegen, das ersichtlich vom Erlebnis der Religionskämpfe und von *B.s* Toleranzvorstellungen geprägt ist. Neuartig sind auch die Aufgaben, die *B.* dem Souverän zuweist: „Wer ... souverän sein soll ... muß in der Lage sein, den Untertanen das Gesetz vorzuschreiben, unzweckmäßige Gesetze aufzuheben oder für ungültig zu erklären und durch neue zu ersetzen". *B.* bricht hier mit der mittelalterlichen Vorstellung, daß das Recht dem Herrscher im wesentlichen vorgegeben ist und seine Aufgabe nur in der Rechtsprechung besteht.

Trotz dieser bahnbrechenden Lehren ist *B.* allerdings in anderen Punkten noch weit von den modernen Vorstellungen entfernt. Obwohl „legibus solutus", ist der Herrscher für ihn doch – entsprechend der überkommenen Auffassung – an die göttlichen und natürlichen Gesetze gebunden, und selbstverständlich auch an die von ihm eingegangenen Verträge und die Fundamentalgesetze. Vor allem hat die Gesetzgebung für *B.* nicht annähernd die Bedeutung wie im modernen Gesetzgebungsstaat: Gesetze sollen möglichst nicht geändert, neue nur bei evidenter Notwendigkeit eingeführt werden. Das alte Recht ist nach Möglichkeit zu bewahren. Gegen eine stark vereinheitlichende Gesetzgebung spricht auch, daß nach *B.* das Recht dem Volkscharakter angepaßt sein soll, der sich besonders aus den jeweiligen klimatischen Verhältnissen ergibt. Anknüpfend an antike Vorstellungen entwirft *B.* auf der Basis seines unglaublich umfassenden historisch-ethnologischen Wissens Grundlinien einer Theorie über den Zusammenhang zwischen Klima, Volkscharakter und Recht – einer Lehre, die dann von → *Montesquieu* aufgegriffen und zu einem späten Höhepunkt geführt wird und die seitdem in konservativen Rechtstheorien fortlebt. Vormodern ist auch *B.s* Stellungnahme zur Entstehung des Staates, denn anders als später etwa bei → *Althusius* und den Naturrechtlern (→ *Locke*, → *Pufendorf*) hat bei ihm die Theorie von der vertraglichen Entstehung des Staates und damit der Volkssouveränität keinen Platz. Die absolute Monarchie ist für ihn die vorzugswürdige Regierungsform.

B.s Werk hatte schon im 16. Jahrhundert ungeheuren Erfolg. Bis 1600 erschienen 18 Ausgaben der französischen Urfassung und vier der lateinischen Version von 1586, hinzu kamen – gleichfalls noch im 16. Jahrhundert – Übersetzungen ins Italienische, Spanische und Deutsche. In Deutschland wurde die Souveränitätslehre sofort rezipiert. Ihre Übertragung auf die deutschen Verhältnisse stieß allerdings auf Schwierigkeiten, da hier die Frage nach dem Träger der (Organ-) Souveränität angesichts der verzwickten Kompetenzverteilung auf Kaiser und Reichsstände und des bundesstaatlichen Charakters des Reichs nicht leicht zu beantworten war (→ *Arumäus*, → *Limnäus*, → *Reinkingk*). Hier zeigen sich wohl zum ersten Mal die Probleme, die sich aus der bei *B.* noch fehlenden Unterscheidung zwischen Organ- und Staatssouveränität ergeben.

Weitere bedeutende Werke *B.s* sind die „Methodus ad facilem historiarum cognitionem" von 1566 und die „Juris universi distributio" von 1578. Die „Methodus" ist eine eigenartige Mischung aus vergleichender Staatengeschichte und Geschichtstheorie, wobei *B.* in einigen Punkten zum Vorläufer der modernen Geschichtsmethodik wird. In der Vorrede zur „Methodus" entwirft *B.* den Plan einer systematischen Gesamtdarstellung des Rechts. Er greift damit die in seiner Zeit verbreitete und für das 16. Jahrhundert charakteristische Tendenz zu einer – von der quellenmäßigen Ordnung unabhängigen – Systematisierung des Rechts (→ *Donellus*) auf. Über die meisten seiner Zeitgenossen hinausgehend will sich *B.* dabei aber nicht auf das römische Recht beschränken, sondern alle bekannten Rechte aller Völker einbeziehen. Die „Six livres de la République" führen diesen Plan in gewisser Weise für das Staatsrecht aus, das Gesamtsystem skizziert *B.* dann in der „Juris universi distributio". Mit seiner im 16. Jahrhundert neuartigen universalrechtlichen Methode ist *B.* auch zu einem Vorläufer des weltlichen Naturrechts (→ *Grotius*), vor allem aber zu einem wichtigen Anreger der Rechtsvergleichung geworden.

Hauptwerke: Methodus ad facilem historiarum cognitionem, 1566. – Les six livres de la République, 1576, zahlr. weit. Aufl.; lateinisch: De republica libri sex, 1586, zahlr. weit. Aufl.; moderne dt. Übers.: Sechs Bücher über den Staat, 2 Bde., 1981/86, von *B. Wimmer*, eingel. und hrsg. v. *P.C. Mayer-Tasch*. – Iuris universi distributio, 1578.

Literatur: H. Baudrillart: Jean Bodin et son temps, 1853 (Ndr. 1964). – *F. Berber:* Das Staatsideal im Wandel der Weltgeschichte, [2]1978, 203 ff. – *R. Chauviré:* Jean Bodin auteur de la République, 1914 (Ndr. 1969). – *J. Dennert:* Ursprung und Begriff der Souveränität, 1964. – *B. Dennewitz:* Machiavelli, Bodin, Hobbes, 1948. – *E.-M. Fournol:* Bodin procédesseur de Montesquieu, 1896 (Ndr. 1970). – *J.H. Franklin:* Jean Bodin and the sixteenth-century revolution in the methodology of law and history, 1963. – *Ders.:* Jean Bodin and the Rise of Absolutist Theory, 1973. – *S. Goyard-Fabre:* Jean Bodin et le droit de la république, 1989. – *G.-E. Guhrauer:* Das Heptaplomeron des J. Bodin, 1941 (Ndr. 1971). – *M. Imboden:* Johannes Bodinus und die Souveränitätslehre, 1963. – *D.R. Kelley:* History, law and the human sciences, 1984, VIII. – *D. Klippel:* Staat und Souveränität VI.-VIII., in: O. Brunner / W. Conze / R. Koselleck: Geschichtl. Grundbegriffe 6 (1990), 98 ff. – *H. Quaritsch:* Staat und Souveränität, 1970. – *R. Schnur:* Die französischen Juristen im konfessionellen Bürgerkrieg des 16. Jahrhunderts, 1962. – *J. Schröder:* Zur Vorgeschichte der Volksgeistlehre, in ZRG (GA) 109 (1992), 1 ff. – *G. Treffer:* Jean Bodin, 1977. – HRG I (1971), 464-466 *(P. Selmer)*. – StL 1 ([7]1985), 861-863 *(R. Schnur)*. Bibliographie von *H. Denzer* in: Jean Bodin. Verh. der int. Bodin-Tagung in München, 1973 und in *P.C. Mayer-Tasch / B. Wimmer (Hrsg)*: J.B. Sechs Bücher ... (s.o.), 18 ff. – Jur., 90-92 *(U. Speck)*.

K. Stapelfeldt / S.

Justus Henning Böhmer

(1674-1749)

Geb. am 29.1.1674 in Hannover, gest. am 23.8.1749 in Halle. Vater Advokat. 1693-1695 Jurastudium in Jena, dann Advokat in Hannover.

Von dieser Tätigkeit unbefriedigt, nimmt er 1697 eine Hofmeisterstelle in Rinteln an, gelangt von dort nach Halle, wo er → *Samuel Stryk* und → *Thomasius* kennenlernt. Schließt sich eng an → *Stryk* an, wird unter dessen Vorsitz Lizentiat beider Rechte und hält 1699 erste Vorlesungen; Anstellung als außerordentlicher Professor 1701, Doktorwürde 1702, wird dann durch königlichen Spezialbefehl → *Stryk* in der juristischen Fakultät adjungiert. Ordentlicher Professor 1711. Nach dem Tod von *Johann Samuel Stryk* erhält er 1715 dessen Professur der Institutionen und des Lehnrechts, wird kaiserlicher Pfalzgraf und Hofrat, 1719 Geheimer Rat, 1729 zweiter Professor hinter dem Kanzler *v. Ludewig*. In der Folgezeit ist er vor allem in der Universitätsverwaltung tätig, auf ein vom König angefordertes Gutachten über Möglichkeiten zur Hebung der Universität wird er 1731 Direktor der Universität und Vize-Ordinarius der juristischen Fakultät. Nach dem Tode *v. Ludewigs* wird er 1743 zum Regierungskanzler des Herzogtums Magdeburg und Ordinarius der juristischen Fakultät ernannt.

B. ist hinsichtlich der kasuistisch-gründlichen Arbeitsmethode und der Tätigkeit in der Universitätsverwaltung als Schüler → *Stryks* anzusehen, seine kirchenrechtlichen und geschichtlichen Leitgedanken hat er jedoch von → *Thomasius* entlehnt. Wie → *Stryk* hat er sich auf juristische Arbeiten beschränkt, daneben hat seine tief religiöse Gesinnung in Kirchenliedern Ausdruck gefunden. Von seinen vier Söhnen sind insbesondere *Georg Ludwig* (Zivil-, Lehn- und Kirchenrecht) und *Johann Samuel Friedrich* (Strafrecht) hervorzuheben.

Größte Bedeutung haben *B.s* kirchenrechtliche und privatrechtliche Schriften. Als wichtigstes Werk ist das „Ius ecclesiasticum Protestantium ..." (1714-1737) anzusehen. Hier erläutert er die Lehren des katholischen und protestantischen Kirchenrechts aus der Kirchengeschichte und weist die modifizierte Geltung des kanonischen Rechtes in der evangelischen Kirche in den Grundsätzen der Reformation und der späteren kirchlichen und weltlichen Gesetzgebung nach. Damit gibt er der Lehre von den Quellen des protestantischen Kirchenrechts (Anregungen des → *Thomasius* folgend) erstmals eine feste historische Grundlage und stellt – in der Sache vermittelnd – einerseits die Eigenständigkeit des evangelischen Kirchenrechts, andererseits die doch wenigstens subsidiäre Geltung des kanonischen Rechts sicher. Obwohl er von der Kirche spricht als einem Kollegium mit der Fähigkeit, sich selbst eine Ordnung ohne Zwangsgewalt zu geben (wie → *Thomasius*), betont er wie sein Lehrer immer die Obergewalt des Staates, der allein zwingende Regeln erlassen kann. Zwingende Rechtskraft kann die Kirchenordnung nur durch die Staatsgewalt erhalten. Damit ist im Kern das Kollegialsystem abgelehnt, das Territorialsystem betont. Der Staat kann zwingende Regeln für die kirchliche Ordnung erlassen, nicht aber über Glaubenssätze bestimmen (so auch → *Thomasius*). Dies bedeutet z.B. für das Eherecht, daß der Staat der kirchlichen Eheschließung jede Rechtswirkung nehmen, also die obligatorische Zivilehe einführen kann (so erstmals Frankreich 1792, das Deutsche Reich 1875). *B.s* Darstellung des protestantischen Kirchenrechts zählt mit seiner gründlichen historischen Methode wohl zu den größten Leistungen der Rechtswissenschaft des 18. Jahrhunderts (und *B.* ist einer der ganz wenigen Juristen dieser Zeit, die sogar vor der Kritik → *Savignys* bestanden haben!).

In der Pandektenwissenschaft führt *B.* das Werk → *Samuel Stryks* weiter, ausdrücklich im „Usus modernus Strykianus“ (1733). Sein Ruf als Pandektist beruht aber vor allem auf dem Erfolg der „Introductio in ius digestorum“, die bis 1791 vierzehn Auflagen erfuhr und sich in Klarheit, Systematik und praktischer Brauchbarkeit als bestes Lehrbuch des usus modernus erwies. Bei der Anpassung des römischen Rechts an die praktischen Bedürfnisse der Gegenwart zieht *B.* noch mehr als einige seiner bedeutendsten Vorgänger (→ *Stryk*, *Lauterbach*, *Struve*, *Schilter*) deutsches und Naturrecht heran; so will er etwa dem Mieter, abweichend vom römischen Recht, einen umfassenden Besitzschutz gegenüber dem Vermieter und Dritten gewähren.

Im peinlichen Recht lehnt er wie → *Thomasius* die Strafbarkeit von Hexerei und Ketzerei ab (1745) und sucht die Anwendung der Folter durch die Feststellung einzuschränken, daß Verurteilung auch ohne erzwungenes Geständnis möglich sei, wo voller Beweis vorliege.

Mit der Veröffentlichung von praktischen Anleitungen (zu Disputationen, 1703, zum Referieren und Dekretieren, 1732) folgt er der Tendenz der Frühaufklärung, wie auch in seiner bedeutenden „Introductio in ius publicum universale", einer naturrechtlichen Darstellung des Staatsrechts in der Nachfolge von → *Ulrich Huber*.

Hauptwerke: Introductio in ius digestorum, 1704, [14]1791. – Introductio in ius publicum universale, 1710, [4]1773. – Kurzer Entwurf des Kirchenstaats der ersten drey Jahrhunderte, 1713. – Ius ecclesiasticum protestantium usum hodiernum juris canonici juxta seriem decretalium ostendens et ipsis rerum argumentis illustrans, 5 Bde., 1714-1737, [5]1756 ff. – (Hrsg. mit *J.F. Ludovici* und *J.S. Stryk*) Usus moderni Strykiani continuatio III/IV, 1712. – Exercitationes ad Pandectas, hrsg. v. *G.L. Böhmer*, 6 Bde., 1745-1764. – (Hrsg.) Corpus iuris canonici, 1747. Bibliographie bei *D. Nettelbladt:* Hallische Beiträge zu der Juristischen Gelehrten Historie III (1755), 425-482.

Literatur: S. Buchholz: Justus Henning Böhmer (1674-1749) und das Kirchenrecht, in: Ius Commune 18 (1991), 37-49. – *Conrad:* DRG II, 296, 311. – *Döhring:* GDtRPfl, 378. – *R. Kirstein:* Die Entwicklung der Sponsalienlehre und der Lehre vom Eheschluß in der deutschen protestantischen Eherechtslehre bis zu J.H. Böhmer, 1966 (dazu *D. Schwab* in: FamRZ 1968, 637-640). – *P. Landau:* Kanonistischer Pietismus bei Justus Henning Böhmer, in: *N. Brieskorn* u.a. (Hrsg.): Vom mittelalterlichen Recht zur neuzeitlichen Rechtswissenschaft, 1994, 317-333. – *H. Liermann:* Justus Henning Böhmer, in: ZRG (KA) 35 (1948), 390-399. – *W. Rütten:* Das zivilrechtliche Werk Justus Henning Böhmers. Ein Beitrag zur Methode des usus modernus pandectarum. 1981. – *H. Schnizer:* Justus Henning Böhmer und seine Lehre von der media via zur Interpretation der kanonischen Quellen des gemeinen Rechts, in: ZRG (KA) 93 (1976), 383-393. – *W. Schrader:* Geschichte der Friedrichs-Universität Halle, I, 1894, 147 f. – *G. Schubart-Fikentscher:* Hallesche Spruchpraxis, 1960. – *v. Schulte:* Gesch., III 2, 1880 (Ndr. 1956), 92-95. – *Stintzing-Landsberg:* GDtRW III 1, 145-149. – *Stolleis:* Gesch., I, 293 f. – *Wieacker:* PRG 220 f. – ADB 3 (1876), 79-81 *(R.W. Dove)*. – HRG I (1971), 484 f. *(C. Schubart-Fikentscher)*. – Jur., 93 *(P. Landau)*. – NDB 2 (1955), 392 f. *(H. Liermann)*. H.

Henry de Bracton

(1200/1210-1268)

Geboren im Dorf Bratton Fleming in Devon, studiert *B.* (auch Bratton geschrieben) wahrscheinlich an der Domschule von Exeter u.a. bei *William de Raleigh* Theologie, römisches und kanonisches Recht und tritt in den geistlichen Stand ein. Um 1230 beginnt er seine Laufbahn als Schreiber (clericus) des königlichen Richters *William de Raleigh*, der während der Krisenjahre 1234-1239 Chief Justiciar ist, und bringt es bis zum Senior Clerk beim königlichen Gerichtshof King's Bench. Als

Raleigh 1239 Bischof wird, bleibt er zunächst in dessen Dienst. 1245 ernennt ihn König Heinrich III. (König 1216-1272) zum Justice in Eyre (Reiserichter). 1247/48 wird er Nachfolger *Williams von York* als Richter am königlichen Gerichtshof King's Bench und hat dieses Amt bis 1251 und wieder von 1253 bis 1257/59 inne. Er gehört zum Kreis der königlichen Rechtsberater und taucht als Zeuge in Königsurkunden auf. Von 1264 an ist er Domkanzler von Exeter. Nach seinem Tode 1268 wird er dort in der Kathedrale beigesetzt.

Über Jahrhunderte hinweg galt *B.* als der alleinige Autor des berühmtesten juristischen Traktats des englischen Mittelalters „De legibus et consuetudinibus Angliae" und des „Note-book", das ca. 2000 Fälle aus der Rechtsprechung der königlichen Gerichte referiert und kommentiert. Neuerdings wird auch die Ansicht vertreten, daß beide Werke auf Anregung des königlichen Richters *William de Raleigh* von dessen Schreibern verfaßt worden seien, zu denen *B.* gehörte, oder daß *Raleigh* selbst bereits Ende der zwanziger Jahre des 13. Jahrhunderts mit der Abfassung begonnen habe, als er Senior Clerk unter *Martin de Pattishall* war, und daß *B.* in den vierziger und fünfziger Jahren an Ergänzungen und Überarbeitungen mitwirkte. Die Ermittlung des ursprünglichen Textes des Werks und dessen Datierung ist aufgrund der zahllosen Revisionen wohl unmöglich.

Das Werk gliedert sich nach dem römischen Institutionensystem in drei Teile (personae, res, actiones), wobei mehr als drei Viertel auf den (unvollendeten) Abschnitt über das Aktionenrecht entfallen. In diesem stellt der Verfasser anhand der verschiedenen Klagetypen und -formeln (lat. brevia, engl. writ), die sich seit dem 12. Jahrhundert entwickelt hatten, das gesamte Common Law (Privat-, Lehn-, Strafrecht) dar. Neben dem System hat der Verfasser auch Begriffe, Definitionen und Begründungen der Kanonisten und Glossatoren herangezogen. Namentlich die Summa Institutionum des → *Azo v. Bologna* diente ihm als Vorlage. Die Formulierung → *Maitlands*, wonach das Werk „romanesque in form, english in substance" sei, ist durch neuere Forschungen als ungenau erkannt. Wenngleich eine echte Rezeption nicht stattgefunden hat, lassen sich doch im „Tractatus" rund 500 Stellen aus den Digesten und dem Codex nachweisen, bei denen der Verfasser materielle Anleihen beim römischen Recht gemacht hat.

Bei der Abfassung des „Tractatus" verwertete der Verfasser eine Sammlung von ca. 2000 Fällen aus der Rechtsprechung der königlichen Gerichte (überwiegend solche der beiden Richter und Geistlichen *Pattishall* und *Raleigh*) und war damit der erste, der Präjudizien benutzte. Diese Fallsammlung konnte erst Ende des 19. Jahrhunderts von *Vinogradoff* dem „Tractatus" zugeordnet werden und wurde darauf von → *Maitland* als „Bracton's Note-book" herausgegeben. Die methodische Einführung der Präzedenzfälle mit Autoritätscharakter muß vor dem Hintergrund der Rechtsentwicklung zwischen → Glanville und *B.* gesehen werden, die durch eine zunehmende Verselbständigung des Richterstandes und durch das Gewicht bedeutender Richterpersönlichkeiten in den höchsten Staatsämtern gekennzeichnet ist. Das große Verdienst des Verfassers war, daß er durchweg die besten und bewährtesten Verfahrensweisen der königlichen Gerichtshöfe zum Gegenstand seiner Darstellung machte, entsprechend seiner in der Einleitung angeführten Intention, den Richtern eine Anleitung an die Hand zu geben. Die englischen Juristen wurden durch den „Tractatus" mit den Methoden, Regeln und Begriffen ausgerüstet, die sie für die rationale Durcharbeitung und Anwendung ihres heimischen Rechts brauchten. Das lernten sie in den bald entstehenden Inns of Court nicht, weil dort kein römisches Recht gelehrt wurde, während die Universitäten kein Common Law betrieben. Das Werk leistete damit auch einen wichtigen Beitrag zur Herausbildung eines englischen Juristenstandes.

Der „Tractatus", „the flower and crown of english jurisprudence" (→ *Maitland*), übertrifft an Gehalt und Bedeutung sowohl die ähnlich betitelte Schrift → *Glanvills*, als auch die im 15. Jahrhundert entstandenen Werke von *Fortescue* („De laudibus legum Angliae") und *Littleton* („On Tenures"). Er wurde zum Vorbild der gesamten Rechtsliteratur unter Eduard I. („Fleta", „Britton", „Hengham Magna" und die „Summa de legibus" *Gilbert de Thorntons*). Nachdem er 1596 erstmals im Druck erschien, erlebte er eine Renaissance als book of authority des Common Law und gewann Einfluß auf die staatsrechtlichen Auseinandersetzungen des 17. Jahrhunderts. „Bracton enjoyed a second life as a suitably venerable source of texts supporting a constitutional monarchy" (*J.H. Baker*). Als maßgebliche Aufzeichnung des älteren englischen Rechts wurde er erst im 18. Jahrhundert durch die „Commentaries" → *Blackstones* ersetzt.

Nicht unterschätzt werden darf die Rolle, die der „Tractatus" bei der Bildung des englischen Staates spielte. Für die verschiedenen lokalen Herrschaftsbereiche im England des 13. Jahrhunderts waren die Königlichen Gerichtshöfe, die unter Heinrich III. mit dem Sitz in London vereinigt wurden, die einzige Rechtsquelle für ein gemeinsames Recht. „From this viewpoint the most important events in the thirteenth-century making of an English state were ‚Bracton's' compilation of ‚The Laws and Customs of England' and the continuation of the work of the law-book writers in semi-official registers of writs and collections of statutes" (*Alan Harding*).

Hauptwerke: Bracton, On the laws and customs of England (De legibus et consuetudinibus Angliae), ed. by *G.E. Woodbine*, translated with revisions and notes by *S.E. Thorne*, Vols. 1 and 2 1968, Vols. 3 and 4 1977. – Bracton's Note Book. A collection of cases decided in the king's courts during the reign of Henry III., ed. by *F.W. Maitland*, 3 Vols., 1887

Literatur: J.L. Barton: Roman Law in England (IRMAE V,13a), 1971, 13 ff. – *Ders.:* Bracton as a civilian, in: Tulane Law Review 42 (1968), 555 ff. – *Ders.:* The mystery of Bracton, in: Journal of Legal History 14,3 (1993), 1 ff. – *H. Brunner:* Abhandlungen zur Rechtsgeschichte II, 1931, 585 ff. – *R. v. Caenegem:* The birth of the english Common Law, [4]1988. – *H.M. Cam:* Law-Finders and Law-Makers in Medieval England, 1962. – *W. Fesefeldt:* Englische Staatstheorie des 13. Jh., Henry de Bracton und sein Werk, Diss. Göttingen, 1962. – *C. Güterbock:* Henricus de Bracton und sein Verhältnis zum Römischen Rechte, 1862. – *W.C. Jordan:* On Bracton and Deus Ultor, in: Law Quarterly Review 88 (1972), 25 ff. – *H. Kantorowicz:* Bractonian Problems, 1941 (Hrsg. *D.M. Stenton*). – *G. Lapsley:* Bracton and the Authorship of the „addicio de certis", in: English Historical Review 52 (1947), 1 ff. – *E. Lewis:* King above Law. Quod principi placuit in Bracton, in: Speculum 39 (1964), 240 ff. – *B. Lyon:* A constitutional and legal history of medieval England, [2]1980, 431 ff. – *C.A.F. Meekings:* Studies in 13th Century Justice and Administration, 1981, VII 141 ff. – *S.J.T. Miller:* The Position of the King in Bracton and Beaumanoir, in: Speculum 31 (1956), 263 ff. – *S.F.C. Milsom:* Historical Foundations of the Common Law, [2]1981. – *T.F.T. Plucknett:* A concise history of the Common Law, [5]1956, 258 ff., 342 ff. – *Ders.:* Early English Legal Literature, 1958, 42 ff., 61 ff. – *G. Post:* A Romano-canonical maxim „quod omnes tangit" in Bracton, in: Traditio 4 (1946), 197 ff. – *Ders.:* Bracton on Kingship, in: Tulane Law Review 42 (1968), 519 ff. – *H.G. Richardson:* Bracton: The problem of his text, 1965. – *Ders.:* Azo, Drogheda and Bracton; Tancred, Raymond and Bracton, in: English Historical Review 59 (1944), 22 ff., 376 ff. – *Ders.:* Studies in Bracton, in: Traditio 6 (1948), 61 ff. – *F. Schulz:* Critical Studies on Bracton's Treatise, in: Law Quarterly Review 59 (1943), 172 ff. – *Ders.:* Bracton and Raymond de Penaforte, in: Law Quarterly Review 61 (1945), 286 ff. – *Ders.:* Bracton as a Computist, in: Traditio 3 (1945), 265 ff. – *Ders.:* Bracton on Kingship in: L'Europa e il diritto romano: Studi in memoria di Paolo Koschaker I, 1954, 21 ff. – *D.J. Seipp:* Bracton, the Year Books and the „transformation of elementary legal ideas" in the early Common Law, in: Law & History Review 1989, 175 ff. – *S.E. Thorne:* Essays in English legal history, 1985, 75 ff., 93 ff. – *B. Tierney:* Bracton on Government, in: Speculum 38 (1963), 295 ff. – *R.V. Turner:* The English judiciary in the age of Glanvill und Bracton, c. 1176-1239, 1985, 234 ff. – *P. Vinogradoff:* The roman element in Bracton's treatise, in: Yale Law

Journal 23 (1923), 751 ff. – HRG I, 495 f. *(H. Peter)*. – Jur., 96 f. *(R.-P. Sossna)*. – A.W.B. Simpson (Hrsg.): Biographical Dictionary of the Common Law, 69 ff. (*J.H. Baker*). S. Luik

Sebastian Brant

(1457-1521)

Geb. laut Grabinschrift 1457 in Straßburg; Vater: Gastwirt (gestorben 1468); 1475 Baccalaureus Artium; anschließend Studium der Jurisprudenz; 1483 Lizentiat und Dozent; 1489 Doctor utriusque iuris; 1492 Dekan der juristischen Fakultät der Universität Basel; 1499 Aufgabe der Baseler Stelle; 1500 in Straßburg als Rechtskonsulent, 1503 Stadtschreiber in Straßburg; Ernennung zum kaiserlichen Rat (1502), Comes Palatinus und Beisitzer am Reichskammergericht durch Kaiser Maximilian I., 1520 Teilnahme an einer Gratulationsdelegation der Stadt Straßburg zum neugewählten Kaiser nach Gent, Bestätigung der auf *B.s* Veranlassung erweiterten Privilegien der Reichsstadt durch Karl V.; am 10.5.1521 ist der „Archigrammateus" (Aufschrift seines Grabsteines) in Straßburg gestorben.

Von seinen Schriften ist die satirisch-moralische Sammlung „Das Narrenschiff" am bekanntesten geworden. *B.* geißelt in über 100 Kapiteln Mißstände nicht nur seiner Zeit. So wird in Kap. 71 die Prozessiersucht als Versuch dargestellt, der Justitia eine Augenbinde umzubinden. Möglicherweise handelt es sich bei dem zugehörigen Holzschnitt um die erste Darstellung des – also ursprünglich negativ gemeinten – Bindensymbols *(Wiethölter)*. *B.* geht davon aus, daß es genüge, die aufgezeigten Mißstände als Narrheiten bewußt zu machen, um seine Zeitgenossen zu einer Änderung der Verhältnisse zu bewegen.

In zahlreichen Flugblättern nahm *B.* am politischen Leben teil. Als großer Verehrer Kaiser Maximilians zielte er auf eine Stärkung der Stellung des Kaisers ab. Tagesereignisse wie den Niedergang eines „Donnersteins" (Meteorit) bei Ensisheim 1492 oder die „wunderbare geburd des kinds bey Wurmsz des jars 1495" (siamesischer Zwilling) deutet er als gute Vorzeichen für die Politik Maximilians; z.B. wird die Zwillingsgeburt als Symbol für das Reich genommen, wo auch ein Kopf über mehrere Körper herrschen soll.

Für die Jurisprudenz als Fachstudium nach Erlangung des Baccalaureus Artium entschied *B.* sich wahrscheinlich mit halbem Herzen unter dem Zwang einer finanziellen Notlage in seiner Familie. Als Jurist der Rezeptionszeit befaßte er sich besonders mit dem römisch-kanonischen Recht, das er in seinen juristischen Werken erläutert. Oft tritt er nur als Herausgeber fremder Arbeiten auf; aber auch im Hinblick auf den Inhalt seiner eigenen Schriften ist es berechtigt, ihn nicht als Neuerer, sondern als „Popularisator" des römischen Rechts zu bezeichnen *(Rosenfeld)*.

Deutlich wird dies an seinen „Expositiones sive declarationes ... omnium titulorum legalium" von 1490. Es handelt sich dabei um einen Versuch, das gesamte römische Recht im Überblick darzustellen. *B.* schloß so eine damals vorhandene Lücke, die daher rührte, daß die üblichen breiten Exegesen einzelner Teile des Rechts dem Studenten eine Gesamtschau erschwerten. Man kann die „Expositiones", die aus *B.s* Vorlesungen hervorgingen, mit unseren heutigen Lehrbüchern vergleichen. Wegen der geringen Durchdringung des Stoffes – B. hielt sich bei der Gliederung genau an die überlieferte Anordnung der oberitalienischen Glossatoren – ist dieses Werk zur populären Rechtsliteratur des 15./16. Jhs. zu zählen. *B.s* Name trug zur überaus großen Verbreitung dieses Buches bei.

1509 lieh er diesen Namen der Herausgabe von → *Ulrich Tenglers* Laienspiegel, für den er ein empfehlendes Vorwort schrieb. Den Klagspiegel, der allgemein mit *B.* in Verbindung gebracht wird, gab er 1516 nach einer älteren Vorlage heraus. Zusammengestellt worden war dieses Werk, das Formulare für zivil- und strafrechtliche Klagen aufführt und erläutert, wohl schon in der ersten Hälfte des 15. Jahrhunderts von einem gelehrten Juristen. Der von *B.* hinzugefügte Vorspruch zum ersten Teil wirft ein Licht auf die Zielsetzung des Buches und der ganzen populären Literatur der Rezeptionszeit:

„... Teutsch red ich mit lateinischer zungen
Darumb hab man der wort wol acht
Die ausz lateyn seind teütsch gemacht
Die seind (so vil möglich gewesen)
Verteütscht das jeder die mag lesen
Daraus nemen guten verstandt
Mich hat gemustert Doctor Brant
Und den Clagspiegel recht genannt."

B.s kritische Haltung ging über die vorgefundene Ordnung nicht hinaus: „So wenig Brant als bahnbrechend wirkt, steht er doch als ein Abschluß, eine letzte große Zusammenfassung am Ende des Mittelalters, allen moralischen und politischen Ideen der vergangenen Jahrhunderte noch einmal Gestalt gebend. Er neben Kaiser Maximilian: Mittelalterliches Rittertum neben mittelalterlichem Bürgertum" *(R. Westermann).*

Hauptwerke: Expositio omnium titulorum iuris civilis et canonici, 1488(?), 1490, weitere Aufl. im 16. Jh. – Das Narrenschiff (1494), moderne Ausgaben: *F. Zarncke*, 1854 (Ndr. 1961); *H.-J. Mähl* (übers. v. *H.A. Jungmann*) [3]1964; *M. Lemmer*, [2]1968. – Varia Sebastiani Brant Carmina, 1498. – (Hrsg.) Der richterlich Clagspiegel. Ein nutzbarlicher begriff, wie man setzen unnd formieren sol nach ordnung der Rechte ein yede Clag, Antwurt, und außsprechene Urteilen, 1516 (zahlreiche weitere Aufl. im 16. Jh.). – Flugblätter (hrsg. v. *P. Heitz*), 1915. Bibliographie der juristischen Schriften und Editionen bei *R. v. Stintzing:* Geschichte d. pop. Lit. (s.u.) 455- 462.

Literatur: H. Coing: Römisches Recht in Deutschland (= IRMAE V 6), 1964, 206 f. – *Conrad:* DRG II, 350 f. – *Döhring*: GDtRPfl., 379. – *W. Gilbert:* Sebastian Brant, Conservative Humanist, in: Arch. f. Reformationsgeschichte 46 (1955), 145-167. – *G. Kisch:* Die Anfänge der Juristischen Fakultät der Universität Basel 1459-1529, 1962, bes. 77-81, 284, 355. – *J. Knape:* Dichtung, Recht und Freiheit: Studien zu Leben und Werk Sebastian Brants 1457-1521, 1992. – *J. Knepper:* Nationaler Gedanke und Kaiseridee bei den elsässischen Humanisten, 1898, 79-106. – *B. Koehler:* Klagspiegel, in: HRG II (1978), 855-857. – *H.-J. Mähl:* Sebastian Brants Leben und Werk, in: *Brant:* Das Narrenschiff (hrsg. v. *H.-J. Mähl*, s.o.), 461-521. – *R. Newald:* Elsässische Charakterköpfe aus dem Zeitalter des Humanismus, 1944, 85-110. – *Friedrich Schultz:* Nachwort zu: Brant: Flugblätter (hrsg. v. *P. Heitz*) s.o. – *Stintzing-Landsberg:* GDtRW I, 93-95. – *R. v. Stintzing:* Geschichte der populären Literatur des römisch-kanonischen Rechts in Deutschland, 1867 (Ndr. 1959), 45-47, 337-408 (Klagspiegel), 451-462. – *O. Stobbe:* Geschichte der deutschen Rechtsquellen II, 1864, 167-170. – *R. Westermann:* Sebstian Brant, in: Verfasserlex. d. dt. MA (hrsg. v. *W. Stammler*) I (1933), 276-289. – *R. Wiethölter:* Rechtswissenschaft, 1968, 32. – *D. Wuttke:* Sebastian Brant und Maximilian I. Eine Studie zu Brants Donnerstein-Flugblatt des Jahres 1492, in: Die Humanisten in ihrer pol. und sozialen Umwelt (= DFG. Kommission f. Humanismusforschung, Mitteilung III, hrsg. v. *O. Herding* u. *R. Stupperich*), 1976, 141-176. – *E.H. Zeydel:* Sebastian Brant, 1967. – *E.H. Zeydel:* Wann wurde Sebastian Brant geboren? in: Zeitschr. f. dt. Altertum u. Lit. 95 (1966), 319. – ADB 3 (1876), 256-259 *(Steinmeyer)*. – HRG I (1971), 505 f. *(G. Schubart-Fikentscher)*. – Jur., 98 f. *(J. Otto)*. – NDB 2 (1955), 534-536. *(H. Rosenfeld)*. Bibliograpie: *J. Knape / D. Wuttke:* Sebastian-Brant-Bibliographie, 1990. P.

Cornelis van Bynkershoek

(1673-1743)

Am 29.5.1673 in Middelburg als Sohn eines Segelmachers geboren. Nach Besuch der städtischen Lateinschule 1689, wohl auf Wunsch seiner Eltern, Beginn des Theologiestudiums in Franeker. Nach einem Brief des Professors *Cornelis van Eck* an die Eltern von *B.* stimmen diese zu, daß er 1691 zum Studium der Rechtswissenschaft vor allem bei *Cornelis van Eck* und → *U. Huber* wechselt. 16.5.1694 promoviert *B.* mit der Schrift „Disputatio de pactis juris stricti contractibus in continenti adjectis". Danach Niederlassung als Rechtsanwalt in Den Haag, wo er zehn Jahre tätig ist. 1704 wird *B.* Ratsherr beim Großen Rat von Holland, Seeland und Westfriesland. 1724 wird er dessen Präsident. *B.s* Temperament führt auch zu persönlich gefärbten Kontroversen mit anderen Juristen. So bezeichnet *B.* den Groninger Professor *Alexander Arnold Pagenstecher* als „schwächlichen Denker, Dieb, Schwindler, Vertreter unsinniger juristischer Wahrheiten, übellaunigen Menschen" und wünscht ihm „Lebe wohl, aber nicht um deinet- oder der Jurisprudenz willen, sondern Deiner Frau und Deiner Kinder wegen". Auch führt *B.* mit → *Noodt* einen Streit über die Frage, ab wann es in Rom verboten war, Kinder auszusetzen. *B.* stirbt am 16.4.1743 in Den Haag.

B. ist einer der letzten Vertreter der eleganten niederländischen Schule (die deutsche Terminologie ist uneinheitlich und folgt hier Reinhard Zimmermann), einer Strömung in der niederländischen Rechtswissenschaft vom Ende des 16. bis zur Mitte des 18. Jahrhunderts, zu der man außer *B.* auch *Brenkman*, → *Noodt*, *Schultingh*, *Vinnius* und wohl auch → *U. Huber* rechnet. Diese Schule stellt eine Weiterentwicklung des „mos Gallicus" (→ *Alciat*, *Budaeus*) dar, während der gleichzeitige Usus modernus den „mos Italicus" fortentwickelt. Ziel der eleganten niederländischen Juristen war es, das klassische römische Recht von den Verfälschungen des Mittelalters zu reinigen; sie bedienten sich dabei humanistischer, historischer und philologischer Methoden, wie etwa Textkritik, Interpolationenforschung, Palingenesie und Altertumsforschung. Allerdings geschah dies selbst bei den Anhängern der antiquarischen Richtung (→ *Noodt*) im Blick auf das geltende gemeine Recht, das zudem mit örtlichem aktuellem Recht und naturrechtlichen Erwägungen verbunden wurde. Die Bedeutung der niederländischen eleganten Schule wurde von der historischen Rechtsschule in den Schatten gestellt. Der junge → *Savigny* steht ihr noch eher positiv gegenüber, während → *Jhering* behauptet, das wahrhafte, nämlich juristische und nicht rechtshistorische, Verständnis des römischen Rechts sei durch die elegante niederländische Schule um nichts gefördert, der juristische Sinn durch sie mehr auf Abwege geführt worden. Heute werden die Leistungen der niederländischen eleganten Schule wieder positiv beurteilt. Sie hat durch die Weiterentwicklung der Rechtswissenschaft nach dem mos Gallicus dem römischen Recht den Weg zu weiterer Bedeutung gewiesen und dessen Erforschung durch ihre Methodik in wissenschaftlichere Bahnen gelenkt. Außerdem haben ihre Vertreter das Verdienst, das gemeine Recht mit dem zeitgenössischen Recht in Verbindung gesetzt zu haben.

B. hat das römisch-holländische Recht durch seine Rechtsprechung auf dem Hintergrund der eleganten niederländischen Schule und seine ebenfalls in dieser Tradition stehenden Observationes juris romani (1733) mit geprägt. Darüber hinaus ist *B.* heute vor allem aus zwei Gründen bekannt:

Zum einen war er für die Entwicklung des Völkerrechts wichtig. In seiner Schrift „De dominio maris dissertatio" (1702) untersucht *B.*, wie schon vor ihm → *Grotius*, die Frage, ob am Meer Eigentum bestehen könne. Anders als → *Grotius* nimmt *B.* dies im Grundsatz an. Die Grenze des Eigentums zieht er da, wo die Macht des Staates aufhört, die See beherrschen zu können, also zu seiner Zeit die Reichweite der Geschütze. Dies entspricht der lange anerkannten 3-Meilen-Zone. Anders als → *Grotius* vermeidet *B.* durch die grundsätzliche Eigentumsfähigkeit systemwidrige Ausnahmen für bestimmte Küstenbereiche. Weitere völkerrechtlich relevante Aussagen *B.s* finden sich in dem Buch „De foro legatorum“ (1721), in dem sich *B.* mit der Jurisdiktion über Gesandte sowohl in zivilrechtlicher, als auch in strafrechtlicher Sicht äußert und in den „Quaestionum juris publici libri duo“ (1737), in denen sich u.a. Aussagen *B.s* zum Neutralitätsbegriff finden.

Zum anderen gewährt *B.* auch einen hervorragenden Einblick in die Gerichtstätigkeit des Großen Rates. *B.* hat nämlich zu den von ihm entschiedenen Fällen neben seiner Entscheidung auch Gedanken darüber, Einzelheiten aus der Beratung und abweichende Meinungen aufgeschrieben. Nach seinem Willen sollten diese Aufzeichnungen nie veröffentlicht werden und waren auch lange Zeit verschollen. Doch wurden sie 1914 wieder aufgefunden und sind 1926 unter dem Titel „Observationes tumultuariae“ erschienen.

Hauptwerke: Disputatio de cumulatione et concursu actionum, 1692. – Disputatio universi juris feudalis delineationem exhibens, 1693. – Disputatio pro eunomia Romana, 1693. – Disputatio de pactis, juris stricti contractibus in continenti adjectis, 1694 (1697, 1699). – De auctore auctoribusve authenticarum diatriba, 1697 (1699). – Ad legem „Lecta“ XL Dig. De rebus creditis si certum petatur, liber singularis, 1699. – De dominio maris dissertatio, 1702 (1703). – Ad legem „Αξίωσις“ De lege Rhodia de jactu, liber singularis, 1703. – Observationum juris romani libri IV, 1710 (1735). – Opuscula varii argumenti ..., 1719 (1729, 1743, 1749, 1752). – De foro legatorum, tam in causa civili quam criminali, liber singularis, 1721. – De jure occidendi et exponendi liberos apud veteres Romanos, ad virum clarissimum Gerardum Noodt, amica responsio, 1723. – Curae secundae de jure occidendi et exponendi liberos apud veteres Romanos. Ad virum clarissimum G. Noodt, 1723 (1743). – Lectionum juris civilis libri II, 1727. – Opera minora, olim separatim, conjunctim edita, 1730. – Observationum juris romani libri IV, quatuor prioribus additi, 1733 (1739), libri VIII, 1749. – Quaestionum juris publici libri duo. Quorum primus est de rebus bellicis, secundus de rebus varii argumenti, 1737. – Quaestionum juris privati libri IV. Quorum plerisque insertae sunt utriusque in Hollandia curiae res de his ipsis quaestionibus judicatae, 1744. – Opera omnia, 1744 (1752, 1761, 1767). – Observationes tumultuariae I 1926, II 1934, III 1946. Bibliographie: *R. Dekkers:* Bibliotheca Belgica Juridica (1951), 15 ff.

Literatur: J.A. Ankum: De Geschiedenis der „actio Pauliana“, 1962. – *G.C.J.J. van den Bergh:* Die Holländische Schule und die Historische Schule: Weiteres zur Geschichte eines Mißverständnisses, in: *R. Feenstra / C. Coppens* (Hrsg.): Die rechtswissenschaftlichen Beziehungen zwischen Deutschland und den Niederlanden in Historischer Sicht, 1991, 59 ff. – *G.C.J.J. van den Bergh:* Geschichtsbewußtsein im 17. Jahrhundert. Die Verdunkelung der rechtshistorischen Leistungen der Eleganten Schule durch die Historische Schule, in: *D. Simon* (Hrsg.): Akten des 26. Deutschen Rechtshistorikertages, 1987, 527 ff. – *R. Feenstra / R. Zimmermann:* Das römisch-holländische Recht, 1992, 32 ff. – *Cornelis J.H. Jansen:* Natuurrecht of Romeins Recht,

1987. – *R.D. Kollewijn:* Geschiedenis der Nederlandsche Rechtswetenschap, 1937. – *J. MacDonell / E. Manson:* Great Jurists of the world, 1914, 390 ff. – *Oncko Wicher Star Numan:* Cornelis van Bynkershoek. Zijn leven en zijne geschriften, 1869. – *B.H. Stolte jr:* Henrik Brenkman (1681-1736), Jurist and Classicist. A Chapter from History of Roman Law as Part of the Classical Tradition, 1981. – *T.J. Veen / P.C. Kop:* Zestig Juristen, 1987, 141 ff. m.w.N. *(A. Krikke / S. Faber).* – *R. Zimmermann:* Das römisch-holländische Recht für Europa, in: JZ 1990, 825 ff. – *A.J. van der Aa:* Biographisch Woordenboek der Nederlanden Bd. 2 (1854), 1713. – Jur., 107 f. *(R. Feenstra).*

T. Moosheimer

Benedikt Carpzov

(1595-1666)

Der eigentliche Begründer einer deutschen gemeinrechtlichen Strafrechtswissenschaft und praktisch wie wissenschaftlich vielleicht einflußreichste deutsche Jurist überhaupt wurde am 27. Mai 1595 als zweiter Sohn des gleichnamigen Juristen und Professors in Wittenberg geboren. Nach philosophischen, sehr bald aber ausschließlich juristischen Studien in Wittenberg, Leipzig und Jena 1619 Promotion in Wittenberg. Die anschließende Bildungsreise nach Süddeutschland, Italien, Savoyen, Frankreich, England und den Niederlanden muß er hier abbrechen, als er im April 1620 zum außerordentlichen Beisitzer des Leipziger Schöppenstuhles berufen wird. 1623 ordentlicher Assessor, 1633 Senior dieses Spruchkollegiums; 1636 zugleich Assessor beim Leipziger Oberhofgericht, 1639 Rat im Appellationsgericht. 1640 Ausschlagung einer Berufung an den Weimarer Hof. 1644 Berufung als kursächsischer Hofrat nach Dresden, doch schon nach vier Monaten Rückkehr nach Leipzig, wo er Ordinariat und Dekretalenprofessur an der Universität übernimmt, daneben die erste Assessur beim Hofgericht, die er nun mit dem Seniorat des Schöppenstuhles in seiner Person vereinigt. 1653 in den Geheimen Rat

des Kurfürsten nach Dresden berufen, gibt *C.* seine anderen Ämter bis auf die Assessur beim Appellationsgericht auf. 1661 zieht er sich für das Alter nach Leipzig zurück, wo er noch fünf Jahre als Beisitzer am Schöppenstuhl wirkt. Am 30.8.1666 ist *C.* in Leipzig gestorben.

C.s wissenschaftliche Bedeutung ist aufs engste mit seiner Tätigkeit an den sächsischen Gerichten, insbesondere am Leipziger Schöppenstuhl verbunden. Dieses 1574 vom sächsischen Kurfürsten neu ins Leben gerufene Dikasterium, dessen Vorgänger, der Leipziger Oberhof, das angesehenste Spruchkollegium in den Gebieten des sächsischen Rechts gewesen war, verkörperte in seiner Rechtsprechung die Verschmelzung des einheimischen sächsischen, auf dem Sachsenspiegel (→ *Eike*) beruhenden, mit dem rezipierten römischen Recht zum „gemeinen Sachsenrecht".

Nach einem frühen staatsrechtlichen Versuch, dem wohl unter dem Einfluß der Jenaer Schule des → *D. Arumaeus* entstandenen, zwar von Unrichtigkeiten wimmelnden, doch schon das deutsche vom römischen Staatsrecht trennenden und von der großen systematisierenden Kraft seines Autors zeugenden „Commentarius in legem regiam Germanorum" (1623), wandte sich *C.* einer damals neuartigen Aufgabe zu, die ihn zum Begründer einer eigenständigen deutschen Strafrechtswissenschaft werden ließ: der Erschließung der Rechtsprechung des Leipziger Schöppenstuhles und des Dresdener Appellationsgerichts durch systematische, an klare Definitionen anknüpfende, die theoretischen Zusammenhänge dieser Judikatur hervorhebende Darstellung. Auf 400 Foliobände waren die Entscheidungen des Schöppenstuhles angewachsen – eine gewaltige Menge, deren theoretische Durchdringung angesichts der präjudiziellen Bedeutung, die jeder dieser Entscheidungen zukam, an die wissenschaftlich-systematisierende Kraft *C.s* höchste Anforderungen stellen mußte.

1635 erschien erstmals *C.s* Hauptwerk, die „Practica nova Imperialis Saxonica rerum criminalium", 1638 der „Peinliche Inquisitions- und Achtprozeß", durch die er die Entwicklung der Strafrechtspflege noch 120 Jahre nach seinem Tode, bis über die Mitte des 18. Jahrhunderts hinaus, nachhaltig prägen sollte. Mehrere Gründe erklären wohl die Wirkung dieser fast gesetzliche Autorität genießenden Werke: die geschlossene Darstellung der angesehenen Leipziger Spruchpraxis besaß wegen ihrer Wirklichkeitsnähe besondere Überzeugungskraft, diese beruhte daneben auf der Berücksichtigung des einheimischen Rechts, das seit *C.* neben der bis dahin auch in Deutschland fast ausschließlich herrschenden italienischen Doktrin zunehmend wissenschaftliche Bearbeitung fand; da *C.* andererseits auf den italienisch-gemeinrechtlichen Lehren aufbaute und allenthalben auf das Reichsrecht der Carolina (→ *Schwarzenberg*) zurückgriff, sicherte er der „Practica" ihren Einfluß weit über den sächsischen Rechtsbereich, und schließlich mußte die differenzierte Strafzumessungslehre das Werk gerade für die Praxis unentbehrlich machen.

Diese Strafzumessungslehre resultierte aus einem Hauptanliegen *C.s*: die Anwendungsbereiche von poena ordinaria und extraordinaria oder arbitraria (ordentliche u. außerordentliche Strafe) voneinander abzugrenzen. Schon die Carolina hatte dem Richter unter bestimmten Voraussetzungen die Ermäßigung – wohl auch Schärfung – der ordentlichen Strafe anheimgestellt. Hierfür entwickelte *C.* aus der Leipziger Praxis entnommene Regeln, die neben anderen Tatumständen insbesondere das Maß des Täterverschuldens berücksichtigten. Dadurch wurde die „Practica" zum Meilenstein in der Entwicklung der Schuldlehre.

C. ist von späteren wegen der Härte des in der „Practica" entwickelten Strafensystems als unmenschlich, bigott, ja, als „juristisches Ungeheuer" angegriffen worden. In der Tat erschloß *C.*, selbst frommer Lutheraner, der 53mal die Bibel gelesen haben soll und jeden Monat das Abendmahl empfing, von seiner Auffassung her, daß die Strafe den Respekt vor der Obrigkeit herstellen, spezial- und generalpräventiv wirken, insbesondere aber die Versöhnung Gottes durch Tatvergeltung am Verbrecher, ja durch dessen Ausstoßung aus der menschlichen Gemeinschaft bewirken müsse, der Todesstrafe einen weiten Anwendungsbereich, nicht nur bei Delikten gegen das Leben, sondern auch bei den Sittlichkeits- und Religionsdelikten, wo sie teilweise schon außer Übung, teilweise jedenfalls zweifelhaft war (→ *Grotius* hatte 10 Jahre zuvor das Recht zu strafen auf Delikte gegen die menschliche Gemeinschaft und einzelne Menschen beschränkt). Doch wäre die Wirkung *C.s* nicht erklärlich, hätte seine harte, theokratische Strafauffassung, die auf die Bibel, insbesondere auch das Alte Testament als geltendes Recht zurückgriff – nicht nur in ihrer Gliederung lehnt sich die „Practica" an den Dekalog an –, nicht dem Geist einer Zeit entsprochen, die der Verwilderung im Gefolge des 30jährigen Krieges eine abschreckende Strafrechtspflege glaubte entgegensetzen zu müssen. Immerhin folgte aus dieser theokratischen Sicht auch die durchgehend festzustellende Weigerung *C.s*, die Angehörigen der höheren Stände bei der Strafverhängung zu privilegieren, und von

Gerechtigkeitssinn wie Lebenserfahrung zeugt sein Beharren auf einem rationalen Beweisverfahren (Ablehnung der noch gebräuchlichen Bahrprobe) und den prozeßrechtlichen Garantien für den Angeklagten („in dubio autem mitior poena eligenda est"). Im Prozeß gegen Hexen, an deren Existenz *C.* keineswegs zweifelte, treten diese Garantien zurück, obwohl *C.* ansonsten bei den delicta excepta nur die Überschreitung des Strafmaßes, nicht ein Abgehen von den Verfahrensregeln zulassen will.

Allgemein ist *C.s* Dogmatik erkennbar von dem Bemühen bestimmt, die Verurteilung eines Angeklagten nicht an Beweisschwierigkeiten scheitern zu lassen. So insbesondere bei der von *C.* im Anschluß an die Doktrin des „versari in re illicita" entwickelten dolus-indirectus-Lehre (Zurechnung aller, auch unbeabsichtigten, wenn nur voraussehbaren Folgen eines verbotenen Handelns), die auch in heute vertretenen Lehren zu aberratio ictus, Notwehrprovokation, actio libera in causa und Rauschtat nachklingt.

Seine strafrechtlichen Werke lassen *C.* als den deutschen Hauptvertreter einer theokratisch-absolutistischen Staats- und Rechtsauffassung erscheinen, gegen die die Aufklärung Stellung bezog (→ *Hommel*, → *Thomasius*, → *Wolff*). Man griff daher im 18. Jahrhundert zu unkritisch Legenden auf, die *C.* für 20 000 Todesurteile, die meisten davon zudem gegen Hexen, verantwortlich machten. Das Thema der Hexenverfolgungen und der Tortur war ja ausnehmend gut geeignet, die eigene Fortschrittlichkeit ins rechte Licht zu rücken, und was lag näher als die Personalisierung dieser Kritik in dem bedeutendsten Vertreter jener Epoche des gemeinen Strafrechts. Nachweisbar ist keine einzige Beteiligung *C.s* an einem Todesurteil gegen Hexen, im übrigen die Mitwirkung an allenfalls ca. 300 Todesurteilen – eine zwar hohe, aber für die Dauer von *C.s* Richtertätigkeit und die Härte der damaligen Strafdrohungen nicht eben extreme Zahl.

Ziel der aufklärerischen Kritik ist *C.* gerade wegen seiner strafrechtlichen Werke geworden. Das hat etwas aus dem Blickfeld geraten lassen, daß er durch die der „Practica" folgenden, ebenfalls die Spruchtätigkeit des Leipziger Schöppenstuhles und des Dresdener Appellationsgerichts erschließenden Werke in gleichem Maße Einfluß auf die Rechtspraxis seiner Zeit ausgeübt hat – wie sich schon an den bis weit in das 18. Jh. hinein wiederholten Neuauflagen ablesen läßt sowie an den Bearbeitungen, die seine Werke noch später durch andere Autoren erfahren haben. Hervorzuheben sind insbesondere die dem Prozeß-, Privat- und Lehnrecht, daneben dem Strafrecht gewidmete Jurisprudentia forensis Romano-Saxonica (1638), die aus der Lehrtätigkeit an der Leipziger Juristenfakultät erwachsene Jurisprudentia ecclesiastica seu consistorialis (1649), die als das erste vollständige System des protestantischen Kirchenrechts gilt und erst durch das Werk → *Justus Henning Böhmers* abgelöst wurde, und schließlich der Processus iuris in foro Saxonico (1657). Mit Ausnahme des letzteren, das seine Autorität auch der Übernahme einiger Prinzipien des sächsischen Prozesses in das Verfahren der höchsten Reichsgerichte (Reichskammergerichtsordnung v. 1654) verdanken dürfte, beruhte der Einfluß dieser Werke im ganzen Reiche darauf, daß auch hier *C.* allenthalben vom gemeinen Recht ausging und die sächsische Praxis eben als – beispielhafte – Anwendung dieses Rechts darstellte.

Hauptwerke: Commentarius in legem regiam Germanorum sive Capitulationem Imperatoriam iuridico-historico-politicus, 1623, ^{2}1640 (weitere Ausg. bis 1697). – Practica nova Imperialis saxonica rerum criminalium, 1635, (letzte Ausg. 1752). – Peinlicher sächsischer Inquisitions- und Achtprozeß, 1638, ^{6}1733. – Iurisprudentia forensis Romano-Saxonica secundum ordinem constitutionum D. Augusti Electoris Saxoniae, 1638 (auch u.d.T. Opus Definitionum forensium; weitere Ausg. bis 1721). – Responsa iuris electoralia, 1642 (weitere Ausg. bis 1709). – Decisiones illustres saxonicae rerum et quaestionum forensium, I 1646, II 1652, III 1654 (weitere Ausg. bis 1729). – Jurisprudentia ecclesiastica seu consistorialis, 1649 (auch u.d.T. Opus definitionum ecclesiasticarum seu consistorialium; weitere Ausg. bis 1721). – Volumen disputationum historico-politico-iuridicarum, 1651 (weitere Ausg. bis 1710). – Processus iuris in foro saxonico, 1657 (weitere Ausg. bis 1708).

Literatur: E. Boehm: Der Schöppenstuhl zu Leipzig und der sächsische Inquisitionsprozeß im Barockzeitalter. ZStrW 59 ff., (1940 ff.) insbes. 61(1942) 300-403. – *J. Fr. Heine:* Zur Methode in Benedikt Carpzovs zivilrechtlichen Werken, Diss. jur. Frb., 1964, Teilabdr. ZRG (RA) 82 (1965) 227 ff. – *P. Jessen:* Benedikt Carpzov. Ein sächs. Jurist und Leipziger Schöffe, in: Leipzig. Stadt der Rechtsprechung, 1994, 30-52. – *S. v. Köckritz:* Die Bedeutung des Willens für den Verbrechensbegriff Carpzovs, Diss. jur. Bonn, 1955. – *K. Kuhne:* Der Einfluß des Leipziger Schöppen Benedict Carpzov auf die Prozesse gegen die Hexen um Delitzsch, 1967. – *A.R. v. d. Linden:* Die Strafrechtsanalogie in Carpzovs Practica criminalis. 1947. – *M. Lipp:* Recht u. Rechtswiss. im frühen neuzeitl. Kursachsen. Zur 400-jähr. Wiederkehr des Geb. v. Benedikt Carpzov, in: JuS 1995, 387-393. – *R. Polley:* Die Lehre vom gerechten Strafmaß bei Karl Ferdinand Hommel (AD 1722-1781) und Benedikt Carpzov (AD 1595-1666), Diss. jur. Kiel, 1972. – *F. Schaffstein:* Raub und Erpressung in der deutschen gemeinrechtlichen Strafrechtsdoktrin, insbesondere bei Carpzov, in: Festschr. f. K. Michaelis, 1972, 281-293. – *F. Schaffstein:* Die allgemeinen Lehren vom Verbrechen in ihrer Entwicklung durch die Wissenschaft des gemeinen Strafrechts, 1930 (Ndr. 1973). – *H. Schieckel:* Benedict I. Carpzov (1565-1624) und die Juristen unter seinen Nachkommen, in: ZRG (GA) 83 (1966) 310-322. – *Schmidt:* Einführung, bes. 153-157. – *P. Schneider:* Die Rechtsquellen in Carpzovs Practica, 1940. – *W. Sellert / H. Rüping:* Studien- und Quellenbuch zur Geschichte der deutschen Strafrechtspflege, I, 1989, 242-340. – *Stintzing-Landsberg:* GDtRW I, 723; II, 55-100. – *H. Thieme:* Benedict Carpzov zum Gedächtnis, Bad. Ztg. v. 30.8.1966. – *H. v. Weber:* Benedict Carpzov. Ein Bild der deutschen Rechtspflege im Barockzeitalter, Festschr. Rosenfeld, 1950, 29-50. – *H. v. Weber:* Benedict Carpzov, in: JuristenJb. 7 (1966/67), 1-14. – *Th. Würtenberger:* Benedikt Carpzov (1595-1666). Zu seinem 300. Todestag, in: JuS 1966, 345-347. – ADB 4 (1876), 11-20 *(T. Muther)*. – HRG I (1971), 395-397 *(G. Schubart-Fikentscher)*. – Jur., 115 f. *(J. Otto)*. – NDB 3 (1957), 156-157 *(E. Döhring)*. Weitere Angaben bei *H. v. Weber* in: Jur.-Jb. a.a.O. 13 f. K.

Bogislaus Philipp von Chemnitz

(1605-1678)

Geb. 9.5.1605 in Stettin, Lutheraner. Vater: Professor der Rechte in Rostock, Kanzler bei Herzögen v. Pommern u. Holstein-Gottorp. Großvater: Berühmter prot. Theologe, *Martin Ch.* Studium Jura und Geschichte in Rostock und Jena (bei → *Dom. Arumaeus*); 1627 Eintritt in niederländische Kriegsdienste; 1629 Teilnahme an der Belagerung von s'Hertogenbosch; 1630 Überwechseln zum schwedischen Heer nach dessen Landung in Deutschland; 1637 Ausscheiden aus dem aktiven Dienst als Capitän, weiter in der Militär-Verwaltung; 1644 Bestallung als deutscher Historiograph der königlich schwedischen Majestät; 1648 Erhebung in den schwed. Adelsstand; 1675 Ernennung zum schwedischen Hofrat; 17.5.1678 gestorben auf seinem Gut Halstaed in der Provinz Westmanland.

Ch.s Hauptwerk auf dem Gebiet des Staatsrechts ist die *„Dissertatio de Ratione Status in Imperio nostro Romano-Germanico"*, die er unter dem Pseudonym Hippolithus a Lapide 1640 (so die Jahresangabe des Erstdruckes) veröffentlichte. Die Verfasserfrage ist endgültig geklärt, Zweifel an der Richtigkeit der Jahreszahl in der Erstausgabe *(v. Stintzing)* als zu wenig begründet zurückgewiesen worden.

Die Dissertatio muß im Zusammenhang mit der umfangreichen Flugschriftenliteratur des Dreißigjährigen Krieges gesehen werden. Sie überragt jedoch die anderen Schriften bei weitem an Ausmaß und Gehalt. Schon die Abfassung in Latein erhebt einen Anspruch auf Überdurchschnittlichkeit. Antihabsburgisch von Geburt (Protestant) und Studium her (Jena galt als ein Zentrum des pro-fürstlichen Geistes), verfaßte *Ch.* dieses Pamphlet, wenn auch noch nicht in schwedischem Auftrag, sondern aus selbständiger Beschäftigung mit der Materie, so doch ganz im Sinne der schwedischen Partei.

Im ersten Teil legt er seine Verfassungsdoktrin dar: Das Reich, verstanden als die Gesamtheit der Reichsstände, ist eine Aristokratie. Souverän in diesem Staat ist der Reichstag, dessen Leiter und bloßes Ausführungsorgan der Kaiser. Monarchische Elemente sind nur in der „administratio accidentalis", der vom Kaiser im Auftrag der Reichsstände (bei denen die originäre „administratio essentialis" liegt) ausgeübten Reichsverwaltung, vorhanden. Zeremonielle Tradition und „tönende Titel" sagen nichts mehr über das Wesen der Verfassung aus. Der Reichstag wird als unvergleichbar mit Versammlungsgremien anderer Staaten besonders hervorgehoben. Jeden Vergleich mit dem römischen Staat weist *Ch.* unter Hinweis auf die deutsche Geschichte zurück.

Neben diese Doktrin hält *Ch.* im 2. Teil die Verfassungswirklichkeit und kommt zu einer flammenden Anklage gegen das Haus Habsburg, die „familia Germaniae nostrae fatalis", schwächer auch gegen die Kurfürsten, die unberechtigt Privilegien an sich gerissen haben, und schließlich gegen alle Territorialherren, die sich im Wunsch nach Beendigung des Krieges seit 1635 (Prager Friede) wieder stärker dem Kaiser zugewendet hatten.

In seinem Begriff der Staatsräson folgt *Ch. Arnold Clapmar*, der gezeigt hatte, daß jede Staatsform ihre eigene Staatsräson habe. So konnte er jetzt genau sagen, was diese aristokratische Staatsräson denn nun zu tun gebiete. *Ch.* benutzte also die – nur durch ius divinum, religio, pietas, fides, iustitia und naturalis honestas eingeschränkte – Staatsräson zu einem antiabsolutistischen Zweck; er wurde damit ungewollt zum Vorkämpfer des fürstlichen (territorialen) Absolutismus. Aus den Maximen dieser Staatsräson leitet er im 3. Teil die Mittel ab, mit deren Hilfe die Aristokratie im Reich verwirklicht werden soll:

Amtskaisertum mit nur „simulacra maiestatis" (nicht „iura maiestatis"). – Um die durchaus mögliche Abspaltung Österreichs vom deutschen Reich nach der geforderten Neuwahl eines Kaisers aus anderem Hause zu verhindern, empfiehlt er die „exstirpatio Domus Austriacae", die Ausschaltung der Habsburger als Kaiserfamilie und als Reichsstand. Die Erblande sollten dann als Reichsdomäne eingezogen werden. → *Pu-*

fendorf vermerkte in seinem „Monzambano“ zu dieser Forderung, *Ch.* spiele hier mehr den Henker als den Arzt.

Einigkeit der Reichsstände – durch Beendigung der religiösen Streitigkeiten und eine vom Reichstag zu erlassende Amnestie.

Alles staatliche Handeln soll nur mit Zustimmung der Stände geschehen. – Dazu fordert *Ch.* die Wiederbelebung des Reichstags, der zwischen 1613 und 1640 nicht zusammengetreten war, und zu dessen Entlastung die Wiederherstellung des (1530 aufgelösten) Reichsregiments als zentralen Regierungsorgans. – Schließlich soll ein stehendes Reichsheer eingerichtet werden.

Das Widerstandsrecht begründet *Ch.* aus dem Homagium, das dem Reich und dem Kaiser als bloßem Amtsträger geleistet wird. Bei Gesetzesuntreue verliert der Kaiser automatisch sein Amt, d.h. er muß auf Grund des Reichseides als Reichsfeind auch mit Waffen bekämpft werden.

Die teilweise sehr einseitige Quellenausschöpfung (die Goldene Bulle wird beispielsweise nur anerkannt, soweit sie den Fürsten Rechte gewährt, während sie etwa in bezug auf die alleinige Bündniskompetenz des Reichs als unverbindlich zurückgewiesen wird) war bei den damaligen Publizisten keine Seltenheit. Man wird sie *Ch.* nicht vorwerfen dürfen.

Bezeichnend für die Dissertatio ist die Radikalität, mit der *Ch.* seine Forderung vortrug. Hierin übertraf er seine Zeitgenossen. Sein Ziel war es, die Stände und das Reich in die von ihm als Recht erkannte Verfassung zu bringen und dem Kaiser „die Larve der Majestät abzureißen“. Eine rein zerstörerische Absicht, das Reich für den Zugriff Schwedens zu schwächen, ist ihm jedoch nicht nachzuweisen, da er durchaus Vorschläge für eine starke Zentralgewalt machte, die allerdings nach seinen Vorstellungen ständisch sein sollte.

Eine direkte Wirkung auf seine Zeit, etwa auf die Propositionen Schwedens und Frankreichs im Westfälischen Friedenskongreß, ist nicht zu erkennen, obwohl eine Reihe seiner Forderungen 1648 realisiert wurde. Bis ins 19. Jh. hinein griff man auf den Hippolith zurück, wenn es darum ging, die öffentliche Meinung gegen Österreich zu erregen.

Bedeutender noch als die „Dissertatio“ ist *Ch.s* „Königlich schwedischer in Teutschland geführter Krieg“, eine sehr genaue Aktenkompilation der schwedischen Kriegshandlungen von 1630 bis 1646. Die vier Teile erschienen 1648 (1. Teil), 1653 (2. Teil); 1855 (1. Buch des 3. Teiles und

4. Teil nach einem aufgefundenen Manuskript). Der Wert des Werkes besteht darin, daß ein großer Teil der wiedergegebenen Akten im Original bei einem Brand verlorengegangen ist. *L. v. Ranke* gibt *Ch.* durchaus den Vorrang vor → *Pufendorf,* der in seinem Geschichtswerk auf den „Königlich schwedischen Krieg“ aufgebaut, aber in späterer Zeit aus anderer Perspektive manche Hintergründe falsch dargestellt hat.

Hauptwerke: (Hippolithus a Lapide): Dissertatio de Ratione Status in Imperio nostro Romano-Germanico, o.O. 1640, Freystadii 1647. – Königlich schwedischer in Teutschland geführter Krieg, 1648 (1. Tl), 1653 (2. Tl.), 1855 (1. Buch d. 3. Tls. und 4. Tl.).

Literatur: H. Breßlau: Einleitung zur Übersetzung von Pufendorfs „De statu imperii Germani liber“, in: Klassiker der Politik, Bd. 3, 1922, 19-25. – *F. Dickmann:* Der Westfälische Frieden, ²1965, 137-142. – *R. Hoke:* Hippolithus a Lapide, in: Staatsdenker im 17. und 18 Jahrhundert, hrsg. v. *M. Stolleis*, ²1987, 118-128. – *R. Hoke:* Staatsräson und Reichsverfassung bei Hippolithus a Lapide, in: Staatsräson, hrsg. v. *R. Schnur*, 1975, 407-425. – *J.J. Moser:* Bibliotheca iuris publici, Bd. 3, 1734, 898-923. – *L. v. Ranke:* Über Chemnitz und Pufendorf in: Zwölf Bücher Preußischer Geschichte, Bd. 3, Analekten 4, 1874 (Ausg. München 1930, 401-411). – *F.H. Schubert:* Die deutschen Reichstage in der Staatslehre der frühen Neuzeit, 1966, 554-578. – *Stintzing-Landsberg:* GDtRW II, 45-54. – *E. Weber:* Hippolithus a Lapide, in: HZ 29 (1873), 254-306. – *F.X. v. Wegele:* Geschichte der deutschen Historiographie seit dem Auftreten des Humanismus, 1885 (Ndr. 1965), 358-361. – *E. Wolf:* Idee und Wirklichkeit des Reiches im deutschen Rechtsleben des 16. und 17. Jh., in: Reich und Recht in der deutschen Philosophie, hrsg. v. *K. Larenz*, Bd. 1, 1943, 117-120. – ADB 4 (1876), 114-116 *(E. Weber)*. – HRG 11 (1978), 163 f. *(H.-J. Becker)*. – NDB 3 (1957), 198-200 *(F.H. Schubert)*. P.

Samuel von Cocceji

(1679-1755)

Den Beginn der Justizreformen des Aufklärungszeitalters bezeichnet in Preußen das Wirken *Samuel von Coccejis*, des im Oktober 1679 in Heidelberg geborenen dritten Sohnes des Professors des Natur- und Völker-, Lehns- und Pandektenrechts *Heinrich v. C.* (Mutter: *Marie Salome Howard*, Tochter des württbg. Kanzlers *H.*). Nach Studium in Frankfurt/Oder dort 1699 unter dem Präsidium seines Vaters Doktor-Disputation über ein naturrechtliches Thema (De principio juris naturalis unico vero et adaequato). Die anschließende Bildungsreise führt ihn drei Jahre lang durch Italien, Frankreich, England und die Niederlande. 1702

Professor iuris ordinarius in Frankfurt und 1703 Doktorpromotion. 1704 bricht *C.* die akademische Laufbahn ab und tritt in den preußischen Justiz- und Verwaltungsdienst ein, zunächst als Rat, seit 1710 als Regierungsdirektor in Halberstadt, 1711-13 für Preußen Teilnahme an der Visitation des Reichskammergerichts. Sein in dieser Zeit entstehendes

„Jus civile controversum" (Teil I 1713, Teil II 1718) empfiehlt ihn für die mit dem Regierungsantritt Friedrich Wilhelms I. in Preußen einsetzenden Justizreformen. 1714 zum Geh. Justiz- und Ob.-Appellations-Gerichts-Rat ernannt, wurde er 1718 nach Königsberg entsandt, um im Königreich Preußen für die Aufarbeitung der verschleppten Prozesse zu sorgen und ein beschleunigtes Verfahren einzuführen, in dem alle Prozesse innerhalb eines Jahres durch die Instanzen gebracht werden könnten. Der Verkürzung der Prozesse, die man damals als erste Voraussetzung für die Hebung der finanziellen Leistungskraft der Bevölkerung ansah, sollte auch die Revision des Preußischen Landrechts dienen, die *C.* bereits 1721 zum Abschluß brachte (Verbessertes Landrecht des Königreichs Preußen). 1722 wird *C.* Präsident des Kammergerichts, 1727 Etats- und Kriegsminister, 1731 Präsident des Ober-Appellationsgerichts. Als der König 1738 den Plan der Abfassung eines allgemeinen Landrechts wieder aufgreift – die Order vom 18. Juni 1714 an die Hallenser Juristenfakultät, unter → *Thomasius'* Leitung „einige Konstitutionen" zum märkischen Landrecht auszuarbeiten, war ohne Resultat geblieben –, wird *C.* als „ministre chef de justice" erstmals in Brandenburg-Preußen die gesamte Justiz unterstellt. Schon ein Jahr später sieht er sich zwischen allen Stühlen: Richterschaft wie Advokaten fühlen sich durch *C.s* Reformbestrebungen in ihrer Existenz gefährdet, der König vermutet nun in *C.* den Verantwortlichen für das zu langsame Fortschreiten der Reform. *C.*, dem Geheimratskollegium unterstellt und der Zuständigkeit für die Reformgesetzgebung enthoben, wendet sich wieder literarischer Tätigkeit zu: Im „Novum systema jurisprudentiae naturalis et Romanae" (1740) sucht er die weitgehende Übereinstimmung von römischem und Naturrecht zu beweisen; die romanisierende Tendenz der späteren materiellrechtlichen Reformgesetze – und damit ihr schließliches Scheitern angesichts entgegengesetzter Zeitströmungen – ist hier grundgelegt.

Einen Auftrag zur Wiederaufnahme der Reformen erhielt *C.* erst nach dem Regierungsantritt Friedrichs II. Zunächst allerdings wurde er 1741 nach Schlesien entsandt, um die Reorganisation dieser im ersten Schlesischen Kriege neu erworbenen Provinz durchzuführen. In den Verhandlungen mit dem Breslauer Bischof *Sinzendorf*; in denen er das Territorialprinzip (→ *J.H. Böhmer*) durchzusetzen suchte, zeigte er sich als konsequenter Gegner der katholischen Kirche, was ihm noch im 19. Jahrhundert die Wertschätzung kulturkämpferischer preußischer Juristen eintrug. 1744 wurde *C.* die Organisation des an Preußen gefallenen Ostfriesland übertragen. Mit dem Jahr 1746 beginnen die eigentlichen *Cocceji*schen Justizreformen. Das Institut der Aktenversendung wurde zunächst auf preußische Rechtsfakultäten beschränkt und dann ganz aufgehoben (20.6.1746), die Rechtsprechung damit den Rechtsfakultäten entzogen und allein den Justizbehörden vorbehalten, so daß nun sämtliche Rechtspflegeorgane unter staatlicher Aufsicht standen und innerhalb dieser Organe ein geordneter Instanzenzug notwendig wurde. Die Ernennung *C.s* zum „Großkanzler" 1747 (etwa dem Justizminister entsprechend) war Ausdruck der neuen Justizorganisation. Es folgte die Justizreform in Pommern, die dort zur Erledigung fast aller alten Prozesse bis Anfang 1748 führte. Sodann kamen die Mark Brandenburg und die übrigen Provinzen an die Reihe. Überall zeitigte die von dem schon im 7. Lebensjahrzehnt stehenden *C.* mit Energie, aber auch Rücksichtslosigkeit durchgeführte Reform der Rechtspflege, wie sie auf Grund des Codex Fridericiani Pomeranici v. 6. Juli 1747, des Codex Fridericiani Marchici v. 3. April 1748 sowie der Tribunals-Ordnung v. 1748 durchgeführt wurde, die Erledigung der alten Prozesse – über 10 000 davon wurden in den Jahren bis 1755 zu Ende geführt.

C. hat stets daran festgehalten, daß die Justizreform ohne Kodifikation auch des materiellen Rechts, ohne ein „jus certum", nicht zu vollenden sei. Mit dem „Projekt des Corporis Juris Fridericiani" wollte er den Schlußstein setzen. Schon Anfang 1749 konnte er dessen ersten Teil, das Personenrecht, vorlegen, 1751 erschien das Sachenrecht, doch das Obligationenrecht, 1753 fertiggestellt, ging bei einer Versendung des Manuskripts verloren. Das Alter hinderte *C.* daran, diesen Verlust noch einmal wettzumachen – das Werk blieb unvollendet und trat, da nur als Entwurf zur Begutachtung gedacht, auch in den erhalten gebliebenen Teilen nicht in Kraft. Am 4.10.1755 ist *C.* gestorben.

Das Wirken *C.s* bedeutet einen entscheidenden Schritt auf dem Wege zum Ausbau der Justiz als „Dritter Gewalt" in Preußen. Nicht als ob *C.* jemals an Unabhängigkeit der Rechtspflege durch Gewaltentrennung im Sinne → *Montesquieus* gedacht hätte; er hat nie das oberstrichterliche Amt des absoluten Herrschers an sich in Frage gestellt. Aber die Tendenz zur Verselbständigung des Juristenstandes war in seinen Reformen angelegt. Das eigentlich Neue an diesen Reformen war, daß sie nicht mehr nach den Vorbildern der vorangegangenen zwei Jahrhunderte bei der Revision und Ergänzung des materiellen Rechts ansetzten, auch nicht einer unzulänglich gebildeten Richterschaft den Gesetzesinhalt stärker zu verdeutlichen suchten, sondern die Qualität der Rechtspflegeorgane zu heben unternahmen. Nur von einer besser ausgebildeten, qualifizierten Richterschaft erwartete *C.*, daß sie die Gesetzesbefehle des Herrschers in eine schleunige und zweifelsfreie Rechtsprechung werde umsetzen können. So geht die Einführung des juristischen Vorbereitungsdienstes und der juristischen Staatsexamina auf *C.* zurück. Die zuverlässige Bindung des Richters an das Gesetz, in den Reformgesetzen wiederholt eingeschärft, war also das Motiv auch für die Reform der Juristenausbildung. Auch die auskömmliche Besoldung der Justizbedienten, damals keineswegs selbstverständlich und von *C.* stets als Kernpunkt der Reformen betrachtet, diente diesem Ziel: Der Richter sollte nicht mehr aufs „Sportulieren", also Gebührenschinden, angewiesen sein und so von sachfremden Erwägungen frei bleiben; zugleich sollte dadurch der Anreiz zur Prozeßverschleppung beseitigt und das Prozessieren auch für den Ärmeren wirtschaftlich tragbar werden.

In welchem Maße die *Cocceji*sche Justizreform einem gewandelten Staatsverständnis entsprochen hat, zeigt der Verzicht Friedrichs d. Gr. auf „Machtsprüche" (1748), also auf Eingriffe in schwebende Gerichtsverfahren oder auf die Abänderung gerichtlicher Entscheidungen. Als der König dieser Selbstbeschränkung untreu wurde und 1779 im Müller-Arnold-Prozeß einen Machtspruch fällte, zeigte die einhellige Ablehnung, auf die dieser Schritt des Königs bei der Richterschaft stieß, die Wirkung der Reformen *C.s*: Eine neue Schicht von Richterbeamten mit Korpsgeist war entstanden, dem Recht und dem Staat – notfalls auch gegenüber der Person des Herrschers – verpflichtet. Aus ihr stammten auch die aufgeklärten Reformer (→ *Svarez*), die 1794 mit dem ALR das Werk *C.s* zu seinem eigentlichen Abschluß bringen sollten.

Hauptwerke: Jus controversum civile, 2 Tle., 1713-18; spätere Auflagen, 1727-29, 1740, 1779, u.d.T.: Jus civile controversum. – Novum systema jurisprudentiae naturalis et Romanae, 1740. – Grotius illustratus, 4 Bde., 1744-1752. – Project des Codicis Fridericiani Pomeranici, 1747. – Project des Codicis Fridericiani Marchici, 1748. – Project einer Tribunals-Ordnung, 1748. – Project des Corporis Juris Fridericiani, 2 Tle., 1749/51.

Literatur: K. Darkow: Samuel Freiherr von Cocceji. Zum 300. Geburtstag des Kammergerichtspräsidenten und preußischen Großkanzlers am 20.10.1979, in: DRiZ 1980, 65-69. – *H. Klemm:* Samuel von Cocceji, in: 200 Jahre Dienst am Recht, hrsg. v. *Fr. Gürtner*, 1938, 305-330. – *H. Neufeld:* Die friedericianische Justizreform bis zum Jahre 1780, Diss. jur. Göttingen, 1910. – *H.P. Schneider:* Die wissenschaftlichen Beziehungen zwischen Leibniz und den beiden Cocceji (Heinrich und Samuel), in: Humanismus und Naturrecht in Berlin-Brandenburg-Preußen, hrsg v. *H. Thieme*, 1979, 90-102. – *W. Sellert:* Samuel von Cocceji, ein Rechtserneuerer Preußens, in: JuS 1979, 770-773. – *M. Springer:* Die Coccejische Justizreform 1914. – *Stintzing-Landsberg:* GDtRW III, I (Text) 215-221, (Noten) 138-141. – *A. Stölzel:* Brandenburg-Preußens Rechtsverwaltung und Rechtsverfassung dargestellt im Wirken seiner Landesfürsten und obersten Justizbeamten, Bd. 2, 1888, 50-235. – *Trendelenburg:* Friedrich der Große und sein Großkanzler Samuel von Cocceji, 1864. – *H. Weill:* Judicial reform in 18th-century Prussia. S. v. Cocceji and the unification of the courts, in: The American journal of legal history 4 (1960), 226-240. – ADB 4 (1876), 373-376 *(R. v. Stintzing)*. – HRG I (1971), 616-619 *(A. Erler)*. – Jur., 131 f. *(I.K. Ahl)*. – NDB 3 (1957), 301 f. *(E. Döhring)*. K.

Hermann Conring

(1606-1681)

Geb. 9.11.1606 in Norden, Ostfriesland; Vater: prot. Prediger (Lutheraner), in *C.s* Familie eine Reihe von Juristen, ein Nachkomme *C.s* war → *Rudolf von Jhering*; 1613-1620 nach überstandener Pest-Erkrankung Besuch der Lateinschule in Norden; 1620 erregt *C.* die Aufmerksamkeit eines Helmstedter Professors, der ihn an die dortige Universität holt; 1625 Fortsetzung des inzwischen aufgenommenen Medizinstudiums in Leiden, hier lernt *C.* → *Hugo Grotius* kennen; 1631 als Erzieher im Hause des braunschweigisch-wolfenbüttelschen Kanzlers; 1632 Lehrstuhl für Naturphilosophie in Helmstedt; 1636 Promotion zum Dr. phil. und Dr. med., Verheiratung; kurz darauf auch Professor der Medizin;

1650 Professor für Politik, nachdem er schon vorher, angeregt durch → *Lampadius*, staatsrechtliche, historische und politische Studien betrieben hatte; gestorben am 12.12.1681 in Helmstedt.

C. wurde nach einer durch Krankheit und Wissensdrang verkürzten Jugend ein vielseitig gebildeter Gelehrter; er verdient es, daß man ihn als Polyhistor bezeichnet. Auf dem Gebiet der Medizin war er eine geachtete Größe. Er vertrat die damals aufkommende Lehre Harveys vom Blutkreislauf. Verschiedene Titel als Leibarzt deutscher und ausländischer Fürsten (u.a. der Königin v. Schweden) werden allerdings nicht nur aus seinem medizinischen Ruhm zu erklären sein, sondern hier haben sicher auch politische Interessen eine Rolle gespielt. Als Protestant war er ein Gegner des habsburgischen Kaisertums. Während seines Studiums in Leiden schloß er sich den Arminianern an, einer von den Calvinisten abgespaltenen reformierten Gruppe. Es war ihm ein leichtes, die Herrschersouveränität, so wie sie sich im 17. Jh. immer mehr ausbildete, als ideale Herrschaftsform zu preisen. Dagegen bekämpfte er die Volkssouveränitätslehre des → *Althusius* als eine den Staat gefährdende Aufruhrdoktrin. Herrschersouveränität bedeutete für ihn aber nicht Zentralgewalt des Kaisers, sondern Absolutismus der Territorialherren. Daher sieht er das Reich auch nicht als Monarchie an, sondern folgt der Lehre vom „status mixtus" (→ *Besold*).

In seinen politischen Schriften wird die Staatsräson als oberste Richtschnur für den starken Fürsten dargestellt. Er betont jedoch in Auseinandersetzung mit *Machiavelli*, daß die Staatsräson keine bindungslose Machtpolitik rechtfertigt, sondern dem Glück der Staatsbürger dienen soll und durch sittliche und rechtliche Werte begrenzt ist (vgl. auch → *Chemnitz*). Als Hilfsmittel der Politik entwickelt *C.* auch eine neue Wissenschaftsdisziplin: die empirische (nicht wie bisher theologisch-philosophische) „Staatenkunde", die als Anfang der wissenschaftlichen Statistik betrachtet werden kann.

C.s besonderes Verdienst für die Rechtswissenschaft liegt darin, daß er als erster in seiner Zeit die Wurzeln des älteren – vor der Rezeption geltenden – deutschen Rechts freigelegt und umfassend dargestellt hat. Im Zusammenhang damit konnte er die damals vorherrschende Auffassung von der Übernahme des römischen Rechts, wonach Kaiser Lothar (III.) von Supplinburg das Justinianische Gesetzeswerk als Ganzes für das Reich verbindlich gemacht haben soll, in das Reich der Fabel verweisen. Das römische Recht sei nicht schon im 12. Jahrhundert und nicht in complexu, sondern erst seit dem 15. Jahrhundert – durch den zunehmenden Einfluß der gelehrten Juristen – gewohnheitsrechtlich in unterschiedlichem Umfang rezipiert und das deutsche (partikulare) Recht dadurch keineswegs völlig verdrängt worden. Daß diese Lehre gut mit *C.s* kaiserfeindlicher Grundhaltung zusammenpaßte, ändert nichts an ihrer überzeugenden historischen Fundierung, durch die sie sich schnell allgemein durchgesetzt hat. *C.s* „De origine iuris Germanici", von 1643 bis 1730 sechsmal aufgelegt, war Anfang und erster Höhepunkt der wissenschaftlichen Beschäftigung mit deutscher Rechtsgeschichte. Noch heute wird immer wieder darauf hingewiesen, mit welch gutem Gespür *C.* zu Ergebnissen gekommen ist, die von späteren Forschungen weitgehend bestätigt wurden. Von *C.*, dem Historiker und Mediziner ohne juristische Ausbildung, ging die deutsche Rechtsgeschichte als wissenschaftliche Disziplin aus.

Über seinen Charakter ist viel gestritten worden: Besonders *Erik Wolf* sieht in ihm einen unruhigen, vom Drang zu bloßer Wissensanhäufung getriebenen Geist. Es wird auch oft hervorgehoben, daß *C.* seine Meinungen von den jeweils dafür versprochenen Vorteilen abhängig machte. Man muß jedoch bedenken, daß das 17. Jahrhundert andere Maßstäbe für die Beurteilung politischer Gesinnungstreue hatte als die Gegenwart. Andererseits wird man allerdings auch kein besonderes Nationalgefühl in *C.* hineinsehen dürfen. Er war Pragmatiker und spürte nicht etwa einem germanischen Kulturideal nach, wenn er sich um die deutsche Rechtsvergangenheit bemühte. Seine Abneigung gegen das Haus Habsburg und seine Eingenommenheit für den souveränen Fürstenstaat reichen als Motive für die Beschäftigung mit den germanischen Stammesrechten aus.

Seine nicht mehr bloß feststellende, sondern bereits kritische Methode brachte ihn zur Ablehnung des römischen Rechts als der „ratio scripta", für die es die Humanisten gehalten hatten. Dadurch wurden aber wiederum die Naturrechtler des 17. Jhs. angeregt zu fragen, welches denn nun das vernünftige Recht sei.

Hauptwerke: De origine iuris Germanici, 1643, ^{3}1665, ^{6}1730 (auch in: Opera, VI, 77). Dt. Übers.: Der Ursprung des deutschen Rechts, hrsg. v. *M. Stolleis*, 1994.- De Germanorum Imperio Romano, 1643 (Opera, I,26). – De finibus Imperii Germanici, 1654 (Opera, I, 114). – De civili prudentia, 1662 (Opera III, 280). – Exercitatio historico-politica de notitia singularis alicuius reipublicae, in: Opera, IV, 1. – Examen rerumpublicarum potiorum totius orbis, in: Opera, IV, 47. – Opera, 7 Bde., hrsg. v. *I.W. Goebel*, 1730, Ndr. 1970-73. Bibliographie v. *W.A. Kelly* u. *M. Stolleis*, in *M. Stolleis* (Hrsg.): Hermann Conring (1606-1681). Beiträge zu Leben und Werk, 1983, 535-572.

Literatur: G. Cohn: Ludwig XIV. als Beschützer der Gelehrten, in: HZ 23 (1870), 1-16. – *F. Dahl:* Conrings Beziehungen zu Dänemark, in: ZRG (GA) 37 (1916), 507-511. – *N. Goldschlag:* Beiträge zur politischen und publizistischen Tätigkeit Hermann Conrings, Diss. Göttingen, 1884. – *H. Hattenhauer:* Hermann Conring und die Deutsche Rechtsgeschichte, in: Schlesw.-Holst.-Anzeigen 1969, 69-76. – *J. Helle:* Große friesische Rechtsdenker: Hermann Conring, in: Justiz an der Jade, hrsg. v. *W. Reinhart* u.a., 1985, 489-513. – *R. Knoll:* Conring als Historiker, Diss. Rostock, 1889. – *K. Kossert:* Hermann Conrings rechtsgeschichtliches Verdienst, Diss. Köln, 1939. – *W. Lang:* Staat und Souveränität bei Hermann Conring, Diss. jur. München, 1970. – *G. Lenz:* Hermann Conring und die deutsche Staatslehre des 17. Jhs., in: ZStW 81 (1926), 128-153. – *K. Luig:* Conring, das deutsche Recht und die Rechtsgeschichte, in *M. Stolleis* (s.o.), 355-395. – *E. v. Moeller:* Hermann Conring, der Vorkämpfer des deutschen Rechts, 1606-1681, 1915. – *Stintzing-Landsberg:* GDtRW II, bes. 165-188. – *O. Stobbe:* Hermann Conring, der Begründer der deutschen Rechtsgeschichte (Breslauer Rektoratsrede), 1870. – *M. Stolleis* (s.o.), bes. 321-355. – *Stolleis:* Gesch., I, bes. 207 f., 231-233 – *D. Willoweit:* Hermann Conring, in: Staatsdenker im 17. und 18. Jahrhundert, hrsg. v. *M. Stolleis*, ^{2}1987, 129-147. – *Wolf:* Rechtsdenker, 220-252. – *R. Zehrfeld:* Hermann Conrings (1606-1681) Staatenkunde, 1926. – ADB 4 (1876), 446-451 *(H. Breßlau)*. – HRG I (1971), 633 f. *(H.J. Becker)*. – Jur., 135 f. *(M. Stolleis)*. – NDB 3 (1957), 342 f. *(E. Döhring)*. – Bibliographie bei *Wolf:* Rechtsdenker, 250-252 und *M. Stolleis* (s.o.), 573-575. P.

Jacques Cujas

(1520-1590)

C., lat. *Cuiacius*, ursprünglich *Cujaus*, ist 1520 (so sein Testament) oder 1522 in Toulouse als Sohn armer Eltern geboren. Er studierte zunächst an der Universität in Toulouse bei *Arnaud du Ferrier*, der die Traditionen des → *Bartolus* zugunsten des neuen Weges von → *Alciat* aufgegeben hatte, und *C.* stark beeinflußte. 1553/54 bewarb sich *C.* erfolglos um einen Lehrstuhl in Toulouse und ging an die Universität von Cahors. Nach Toulouse ist er niemals wieder zurückgekehrt; auf spätere Angebote antwortete er: „Frustra absentem requiritis, quem praesentem neglexistis. Valete". In der folgenden Zeit war er Professor an den Universitäten Bourges (1555), Valence (1557), dann wieder Bourges, Grenoble, Turin (1566) und schließlich erneut Bourges (1575). Zeitweise unterrichtete *C.* auch in Paris; eine Berufung durch Papst Gregor XIII. nach Bologna lehnte er ab. Die zahlreichen Berufungen beruhten auf *C.s* ständig wachsendem Ruhm als Gelehrter, während seine Vortragsart selbst nach dem Urteil seiner ergebensten Schüler zu wünschen übrig ließ. In Glaubensdingen bewahrte der Katholik *C.* vorsichtige Zurückhaltung. Er scheint zwar zeitweise Sympathien für den Calvinismus gehabt zu haben, wohnte aber, als der Katholizismus in Frankreich die Oberhand behielt, calvinistischen Predigten nicht mehr bei. Auf religiöse Fragen pflegte er zu antworten: „Nihil hoc ad edictum Praetoris".

C. war zweimal verheiratet, in der 1557 geschlossenen ersten Ehe mit *Madelaine Raure*, einer Arzttochter aus Avignon, in zweiter Ehe seit 1586 mit *Gabrielle Hervé*; aus der ersten Ehe ging ein Sohn (Jaques), aus der zweiten eine Tochter (Susanne) hervor. *C.* starb am 25.9., 3.10. oder 4.10.1590 in Bourges.

C. war unbestritten das Oberhaupt der von → *Alciat* begründeten französischen historischen Schule, die sich von der praxisorientierten Methode der italienischen Kommentatoren (*mos italicus*, → *Bartolus*, → *Baldus*) abwandte und die römischen Rechtsquellen philologisch-historisch bearbeitete (*mos gallicus*). Er gilt als der größte Exeget seiner Zeit, vielleicht sogar aller Zeiten, eine „Arbeitsmaschine" (*Jhering*) von fast unglaublicher Schaffenskraft. Fast alle großen französischen Juristen der folgenden Generation gehörten zu seinen Schülern. Sein Ziel war es, die Veränderungen aufzudecken, welche die justinianischen Kompilatoren an den Schriften der klassischen römischen Juristen vorgenommen hatten, und so das reine Recht der klassischen Zeit wieder zugänglich zu machen. *C.* wurde damit zum eigentlichen Begründer der Interpolationenforschung, die erst im 19. und frühen 20. Jahrhundert ihre Blütezeit erlebte. Allerdings verfolgte *C.* nicht die rein historische Richtung moderner Interpolationenforschung. Die Aufdeckung der Veränderung durch die Kompilatoren sollte nicht zu einer klassischen statt der justinianischen Lesart führen, sondern nur zum besseren Verständnis des Kontextes einer lex, eines Titels, einer dogmatischen Einheit im Sinne der Kompilatoren beitragen.

Die Methoden seiner Vorgänger wurden von *C.* perfektioniert. Er versuchte, die Rechtstexte „historisch" zu verstehen, das zu untersuchende Fragment der justinianischen Kodifikation wieder in das Werk des klassischen Rechtsgelehrten einzufügen, aus dem es entnommen worden war, und es im Lichte von Texten desselben Autors oder derselben Schule zu interpretieren. Dabei stützte er sich auf sein tiefgreifendes Wissen über die Geschichte und die römische Literatur. In seinen „Observationes et emendationes" erläutert und rekonstruiert er zahlreiche Passagen lateinischer Autoren und Gesetze. In seinen Kommentaren über die Digestenfragmente aus den wichtigsten Werken der großen Juristen vergleicht er Buch für Buch die Bruchstücke, um sie so weit wie möglich in ihre frühere Form zu bringen. So rekonstruierte er Teile von *Papinian*, *Paulus*, *Julian* und *Modestin*. *C.* bevorzugte nicht irgendeine bestimmte Methode der Textkritik. Die letzte Entscheidung sollte jeweils dem Urteil des Gelehrten überlassen bleiben; *C.* gilt als ein Meister der „offenen Rezension", die „von Fall zu Fall nach problemimmanenten Kriterien neu entscheidet" (Troje). *C.* hielt deshalb auch keine Digestenhandschrift primär für unterlegen und die beste Handschrift, die „Florentina" (→ *Mommsen*), durchaus nicht immer für vorzugswürdig.

Obwohl *C.* keineswegs nur historische Absichten verfolgte, stand er doch der Praxis nicht so nah wie die Kommentatorenschule des *mos italicus* oder die systematisierende Richtung seiner Zeitgenossen (→ *Bodin*, → *Donellus*). Er wollte Neues schaffen durch die Wiederentdeckung der Antike, mit der Tradition der Glossen und der Kommentare brechen, um zum wahren römischen Recht zurückzugelangen und dessen Geist zu erfassen. Deshalb überrascht es nicht, daß schon *C.s* Zeitgenossen seine Praxisferne kritisiert haben, während er als Meister der Exegese und der historisch-philologischen Analyse noch heute größtes Ansehen genießt.

Hauptwerke: Observationum et Emendationum libri XXVIII, 1556-1585 (Buch 25-28 posthum hrsg. v. *F. Pithou*, 1595). – Paratitla ad Digesta, 1570. – Opera, 5 Bde., 1577 und 1583; 4 Bde., 1595. Opera omnia, hrsg. v. *C.A. Fabrotus*, 10 Bde., 1658, weitere Ausg. in 11 Bden. 1722 ff., 1758 ff. Bibliographie bei *E. Spangenberg:* Jacob Cujas und seine Zeitgenossen, 1822 (Ndr. 1967), 231-307.

Literatur: A. Bazennerye: Cujas et l'école de Bourges, 1876. – *J. Berriat-Saint-Prix:* Histoire du droit romain suivie de l'histoire de Cujas, 1821. – *A. Esmein:* Cours élémentaire d'histoire du droit francais, 1912, 844. – *P.F. Girard:* La jeunesse de Cujas. Notes sur la famille, ses études et ses premier enseignement, in: RHDF 40 (1916) 429-504, 590-627. – *P. Ourliac / J.-L. Gazzaniga:* Histoire du droit privé francais, 1985, 154 f.- *E. Holthöfer:* Die Literatur zum gemeinen und partikularen Recht in Italien, Frankreich, Spanien und Portugal, in *Coing:* Hdb., II 1, 103 ff. (149 f., 470). – *A. Rodière:* Les grands jurisconsultes, 1874, 285 ff. – *H. Schlosser:* Grundzüge der Neueren Privatrechtsgeschichte, [7]1993, 45. – *E. Spangenberg:* (s.o.). – *Stintzing-Landsberg:* GDtRW, I, 375-377. – *A. Tardif:* Histoire des sources du droit francais, 1890 (Ndr.1974), 480 f. – *H.E. Troje:* Graeca leguntur, 1971, 109 ff. – *Ders.:* Die Literatur des gemeinen Rechts unter dem Einfluß des Humanismus, in *Coing:* Hdb., II 1, 615 ff. (627, 786 f.). – ABF Fiche-Nr. 269, 118 ff. – Jur., 146 f. *(J. Otto).*

K. Stapelfeldt

Heinrich Gottfried Wilhelm Daniels

(1754-1827)

D. ist am 25. Dezember 1754 in Köln als Sohn eines Schneidermeisters geboren. Nach dem Besuch des Gymnasiums studierte er an der Kölner Universität Philosophie (wobei er sich besonders der Mathematik widmete) und daneben Rechtswissenschaft. 1769 Lizentiat, 1770 Doktor der Philosophie und 1775 Doktor beider Rechte.

1776 wurde *D.* beim kurkölnischen Hofrat (kurfürstliche Landesregierung und zugleich Gericht) in Bonn als Advokat angestellt, 1780 zum Kommissar am weltlichen Hofgericht in Köln ernannt. 1783 wurde er an die Akademie (seit 1786: Universität) in Bonn als ordentlicher Professor der Rechte berufen. Er hielt Vorlesungen über Pandekten und juristische Praxis, Wechsel-, Privatfürsten- und kurkölnisches Recht. „Daniels ist wohl derjenige Professor der ersten Bonner Hochschule gewesen, der das höchste und unbestrittenste Ansehen genossen hat und noch genießt, ein Ansehen, das er wahrhaftig verdient." *(Braubach)*. Er war ein hervorragender Kenner des Rechts seiner Heimat, des kurkölnischen Landrechts, dem er bedeutende Untersuchungen und Darstellungen widmete. Bei dem Rufe, in dem *D.* auch außerhalb der Grenzen Kurkölns stand, und bei dem Ansehen, das er beim Kurfürsten hatte, verwundert es nicht, daß er 1786 zum Wirklichen Hof- und Regierungsrat, 1789 zum Referendar in Hoheitssachen, 1792 zum Wirklichen Geheimrat und zum Richter am kurkölnischen Oberappellationsgericht in Bonn, der landeseigenen, letzten Instanz, ernannt wurde. Neben all diesen einflußreichen Ämtern behielt *D.* seine Professur bei, was sich sowohl für seine richterliche als auch für seine Lehrtätigkeit als besonders vorteilhaft erwies; denn er konnte für die Theorie die Erfahrungen der Praxis verwerten und die Praxis mit seinen theoretischen Kenntnissen befruchten.

In die Bonner Periode *D.s* fallen die meisten seiner Veröffentlichungen. Zu den bedeutendsten zählen eine Sammlung gerichtlicher Akten und andere Aufsätze über juristische Schreibart und Praxis (1790), eine Abhandlung über Testamente nach kurkölnischem Landrecht (1791) und eine umfangreiche Arbeit über Testamente, Kodizille und Schenkungen auf den Todesfall, die ebenfalls in dieser Zeit entstand, aber erst 1798 gedruckt werden konnte.

1794 besetzten die französischen Revolutionsheere die Rheinlande. In der Folgezeit verlor *D.* alle seine Ämter; die Universität wurde am 28. April 1798 aufgehoben. *D.* übersiedelte nach Köln und wurde an der dort von den Franzosen neu errichteten Zentralschule zum Professor für Gesetzgebung ernannt. Er wirkte hier von 1798 bis 1804; Berufungen nach Ingolstadt und Düsseldorf lehnte er ab, ebenso das Amt eines Appellationsgerichtsrats in Trier und Düsseldorf. *D.* nützte diese Zurückgezogenheit, in die bedeutenden Gesetzeswerke, die unter Napoleon in Angriff genommen wurden, einzudringen, vor allem in den Code Civil, den er 1805 in deutscher Übersetzung herausbrachte. *D.* brachte es in der Erklärung und Anwendung des neuen Rechts zu einer Meisterschaft, der selbst die Franzosen die größte Hochachtung erweisen mußten.

1804 wurde *D.* in das öffentliche Ministerium am Kassationshof in Paris berufen, dem höchsten Gericht Frankreichs, das damals von Holland bis

Italien reichte. (Es war ein persönliches Gespräch mit Napoleon anläßlich dessen Anwesenheit in Köln im September 1804 vorausgegangen.) Er war zunächst Substitut du Procureur Général, später Avocat Général. Die Eingaben, die *D.* dem Gericht vorlegte, galten „als Muster der Klarheit und tiefen Erudition“ *(Bianco)*. „Seine Vorträge wurden als meisterhaft anerkannt und sind eine Zierde des Merlin'schen Repertoriums, des Journal des Audiences de la cour de Cassation von Denevers und des Recueil général des lois et des arrets von Sirey“ *(Ullmann)*. Von 1813 bis 1817 war *D.* am Appellationshof in Brüssel als dessen Generalprokurator.

1817 folgte er dem Rufe des Staatskanzlers Fürst *Hardenberg*, in preußische Dienste zu treten: *D.* kam 1818 als Geheimer Staatsrat nach Berlin. Seinen Gutachten ist es zu verdanken, daß in den linksrheinischen Gebieten Preußens das französische Recht in Kraft blieb. Die Franzosen hatten nämlich in den von ihnen innegehabten Landesteilen das französische Recht eingeführt, das der Bevölkerung fortschrittlicher schien als das im übrigen Preußen geltende Allgemeine Landrecht. Die Frage war nun, welches Recht künftig in den an Preußen gefallenen Landesteilen gelten sollte. Mit dieser Frage beschäftigten sich die Immediat-Justiz-Kommission und das dieser vorgesetzte Ministerium für die Revision der Gesetzgebung (Minister *v. Beyme*). *D.*, der in die Justizabteilung des Staatsrates berufen worden war, sollte Berater der Kommission sein. Als solchem gelang es ihm, die Kommission und *v. Beyme* von seinen Gründen für die Beibehaltung des französischen Rechts zu überzeugen, so daß es schließlich zu einem entsprechenden Beschluß des Gesamtministeriums und, am 19. November 1818, zu einer Kabinettsorder des Königs kam. So behielten die Rheinlande u.a. ihren öffentlich-mündlichen Straf- und Zivilprozeß sowie die Schwurgerichte in Strafsachen – Rechtseinrichtungen, die später (wenn auch zum Teil modifiziert) auch in Gesamtpreußen und im Kaiserreich eingeführt wurden. *D.* wurde der erste Präsident des 1819 neu eingerichteten Rheinischen Appellationsgerichtshofs in Köln. Daneben war *D.* Mitglied der 1820 eingesetzten Rheinischen Immediat-Justiz-Organisations-Kommission. In dieser Funktion ordnete er das rheinische Gerichtswesen.

D. starb am 28. März 1827 in seiner Vaterstadt Köln, einige Monate, nachdem er, vom König und der Bevölkerung hochgeehrt, sein 50jähriges Dienstjubiläum gefeiert hatte.

Hauptwerke: Sammlung gerichtlicher Acten und anderer Aufsätze, 1790. – Von Testamenten, Codicillen und Schenkungen auf den Todesfall, 1798. – Über das Stapelrecht zu Koelln und Mainz, 1804. – Grundsätze des Wechselrechts, 1827. – Bibliographien bei *Bianco* (s.u.) 678 f. und *Weisweiler* (s.u.) 178 f.

Literatur: M. Bär: Die Behördenverfassung der Rheinprovinz seit 1815, Bonn 1919. – *F.J. v. Bianco:* Die alte Universität Köln und die späteren Gelehrtenschulen dieser Stadt, 1. Tl., 1855, 674 ff. – *M. Braubach:* Die erste Bonner Hochschule, Maxische Akademie und kurfürstliche Universität 1774/77 bis 1798 (= Academica Bonnensia, Bd. 1), 1966, 143 ff. – *H. Conrad:* Heinrich Gottfried Wilhelm Daniels (1754-1827), in: 150 Jahre Landgericht Koblenz, 1970, 255-274. – *J. Hansen* (Hrsg.): Quellen zur Geschichte des Rheinlandes im Zeitalter der Französischen Revolution 1780-1801, 4 Bde., 1931-1938, bes. Bd. 3, 1021. – *S. Liermann:* Heinrich Gottfried Wilhelm Daniels, der erste Präsident des Rheinischen Appellationsgerichtshofes in Köln, in: Recht und Rechtspflege in den Rheinlanden (Festschr. z. 150jähr. Bestehen des OLG Köln), hrsg. v. *J. Wolffram* u.a. *Klein*, 1969, 57-77. – *Stintzing-Landsberg:* GDtRW III, 2, Noten, 48-50. – *W. Weisweiler:* Geschichte des Rheinpreußischen Notariats, Bd. 2, 1925, 177 ff. – ADB 4 (1876), 735 f. *(E. Ullmann)*. – NDB 3 (1975), 508 *(H. Dahm)*.

F.

Jean Domat

(1625-1696)

Geb. am 30.11.1625, gest. am 14.3.1696. Studium der alten und neuen Sprachen, der Theologie und der Mathematik im Jesuitenkolleg in Paris. Studium der Rechtswissenschaften in Bourges. 1645 Anwalt in seiner Geburtsstadt Clermont in der Auvergne. Ab 1655 Avocat du Roi am Präsidialgericht in Clermont. Amtserfüllung mit großem Erfolg und zum Schutz der vom Landadel unterdrückten Bevölkerung. Initiator der Grands Jours d'Auvergne von 1665, die der Willkürherrschaft ein Ende bereiten. Freundschaft mit *Blaise Pascal*, mit dem er sich 1654 der antijesuitischen Strömung des Jansenismus anschließt. Mitarbeit am Versuch der Vereinheitlichung des französischen Rechts im Code Louis ab 1680, der jedoch bald eingestellt wird. Ab 1681 Arbeit am Hauptwerk „Les lois civiles“, dem er sich nach Aufgabe seines Amtes und Gewährung einer Pension durch *Louis XIV.* ab 1683 ausschließlich widmet.

Erst spät hat *D.* mit seinem Hauptwerk begonnen, den „Lois civiles“, die er seinem Sohn als Anleitung für dessen Jurastudium zugedenkt. Dabei geht er für das römische Recht in Frankreich von folgender Bestandsaufnahme aus: In der Praxis ist nach *D.s* Erfahrung der Einfluß des römischen Rechts zumindest im Privatrecht trotz einer Vielzahl sich gegenseitig beeinflussender Quellen ungebrochen. Während in den Provinzen des droit écrit im Süden viele Vorschriften noch unmittelbar auf das römische Recht zurückzuführen sind, dient auch in den nördlichen Teilen des Landes, in denen zahlreiche lokale Bräuche (coutumes) stärker als im Süden Bedeutung gewonnen haben, letztlich das römische Recht zur Klärung von Streitigkeiten. Daneben ist es seit jeher Grundlage der Rechtslehre, die den Gewohnheitsrechten kaum Beachtung schenkt. Dies führt *D.* auf die räumlich-zeitliche Universalität des römischen Rechts zurück, das für ihn wegen seiner Einfachheit als die „raison écrite" das Idealbild des Rechts darstellt. Gleichwohl muß *D.* erkennen, daß trotz dieser großen Bedeutung kaum Kenntnisse des römischen Rechts bei seinen Anwendern vorhanden sind, was er zum einen auf die Sprachschwierigkeiten im Umgang mit den lateinischen Texten, zum anderen auf die Unordnung innerhalb des corpus iuris civilis zurückführt. Sein Ziel ist es daher, ein Werk in französischer Sprache zu schaffen, das der Systematisierung und der Generalisierung des römischen Rechts dient. Damit eröffnet er im Geiste des Zeitalters der Vernunft eine neue Richtung in der Rechtslehre.

Im „Traité des lois", den *D.* als Einleitung den „Lois civiles" voranstellt, legt er die Methode dar, nach der er die natürliche Ordnung zu gewinnen gedenkt; der Hauptteil ist dann nur noch die praktische Anwendung der zuvor aufgestellten Prinzipien. Als Grundlage dient das „corpus iuris" *Justinians* als das von der Logik geprägte römische Recht. Dieses ist aber auf der Suche nach den Prinzipien der Gesetze durch die christlichen Ideale zu ergänzen, deren Fehlen *D.* als Grund der Unordnung betrachtet. Er sieht das Gebot der Nächstenliebe als Grundlage der menschlichen Beziehungen im christlichen Glauben an und macht es zu dem ordnenden Prinzip, das auch das Recht beherrschen muß, denn dieses ist ja nur ein Teil des Ganzen. Auf der Grundlage dieser religiösen Gesellschaftstheorie versucht *D.* also, Philosophie und Recht zu vereinigen.

Bei der Ausarbeitung des „ordre naturel“ wählt *D.* eine Methode, die sich von den bisher bekannten grundsätzlich unterscheidet. Für ihn kommt es bei der Auslegung einer Gesetzesvorschrift weder, wie für die französische historische Schule (→ *Cujas*), auf die Entstehungszeit, noch, wie bei den Glossatoren (→ *Irnerius*, → *Accursius*), auf den Wortsinn an. Er hält sich vielmehr an den natürlichen Sinngehalt und die offensichtliche Logik der Texte, da er die Vernunft als Grundlage der Gerechtigkeit sieht. Sodann nimmt er einen Vergleich mit den christlichen und philosophischen Wertvorstellungen vor und schließt die diesen Grundgedanken widersprechenden Sätze aus. Die Ordnung der so gewonnenen Gesetze bemißt sich schließlich danach, ob ihnen eine unverzichtbare und absolute Gerechtigkeit zugrundeliegt, die einen eigenen unumstößlichen Wert darstellt, oder ob in ihnen lediglich eine von den Menschen selbst gegebene Ordnung zu Tage tritt. Dabei bedient *D.* sich fast mathematischer Methoden. Er legt eine Zweiteilung des Rechts in die Gebiete Vertragsrecht und Erbrecht zu Grunde und schließt nach seinem strengen Schema von den generellen Regeln als den Axiomen auf die speziellen Rechtssätze und schließlich auf deren Ausnahmen. Auf diese Weise erlangt er eine Ordnung, die universellen Bestand beanspruchen kann, da sie die „raison“ des römischen Rechts mit den ordnenden Prinzipien der christlichen Philosophie verbindet und die elementaren Grundsätze des Rechts offenlegt.

Nach Abschluß dieses umfangreichen Werkes, das er in seiner großen Bescheidenheit nur mit Zögern und nach ständigen Aufforderungen publiziert, begibt sich *D.* daran, eine ebensolche Ordnung auch im öffentlichen Recht herzustellen. Dieser Versuch, der auch wegen seiner Gebundenheit an die jeweiligen staatlichen Gegebenheiten nicht die Bedeutung des privatrechtlichen Werkes erlangt hat, bleibt jedoch unvollendet. Gleichwohl macht er eine grundlegende Trennung dieser Rechtsgebiete deutlich.

Mit den „Lois civiles“ erzielte *D.* einen beachtlichen Erfolg und fand in seiner Zeit allgemeine Anerkennung, die sich in hohen Auflagen und einigen Übersetzungen im benachbarten Ausland niederschlug. Prägend wurde das Werk besonders für das gesetzgeberische Wirken des Chancelier *d'Aguesseau*, der die Endphase der Entstehung miterlebt hat. Doch angesichts der sinkenden Bedeutung des christlichen Denkens gerieten *D.* und seine Lehre bald weitgehend in Vergessenheit. Die Kritik, die „Lois civiles“ seien ein Rückschritt hinter die Arbeiten der französischen historischen Schule, da *D.* dem römischen Recht eine Systematik unterstelle, die tatsächlich nicht gegeben sei, wird der Originalität des Werkes, das mit seinen klaren Strukturen, der Ergründung des Geistes des Rechts und der Entwicklung von Interpretationsregeln gerade mehr ist als eine bloße Sammlung von Gesetzestexten, aber nicht gerecht. Gleichwohl ist zweifelhaft, wie der Anteil *D.s* an den späteren großen Kodifikationen und insbesondere am Code Civil einzustufen ist. Der Code Civil basiert in erster Linie auf den Kodifikationen des 18. Jahrhunderts und den Werken → *Pothiers*, doch ist ein mittelbarer Einfluß *D.s* nicht zu verkennen, zumal er mit der Systematik der „Lois civiles" die späteren Kodifikationen inspiriert hat, und auch → *Pothier* in dieser Nachfolge schreibt. Daher ist der „Traité des lois" oft als Vorwort des Code Civil bezeichnet worden, und das Fortwirken des römischen Rechts im Code Civil wird mit Recht ebenso *D.* zugeschrieben, wie die Formulierung vieler grundlegender Artikel und die Lehren zur Causa, zur Haftung und zur Privatautonomie.

Wie die von ihm sorgsam herausgearbeiteten Prinzipien des Rechts bezeichnet *D.* bereits das römische Recht wegen seiner Orientierung an der Vernunft als „droit naturel". Im Gegensatz zu anderen bedeutenden Naturrechtlern des 17. Jh.s wie → *Grotius* gründet *D.* sein Naturrecht vor allem auf die christliche Offenbarung. So widerspricht seine Auffassung vom Naturrecht auch nicht dem Absolutismus; vielmehr führt sie zu dessen Verteidigung und zu der uneingeschränkten Akzeptanz der Monarchie. Das Naturrecht erlangt seine Gültigkeit auch ohne Publizität. Die königlichen Gesetze hingegen können als „volonté de Dieu" nicht gegen das Naturrecht verstoßen und bestehen somit unabhängig neben diesem. *D.* beweist sich insoweit als loyaler Untertan im Zeitalter *Louis XIV.* und als Vertreter der Werte seiner Zeit. Der Primat der Vernunft und die strenge Logik *Descartes'* ziehen sich durch das Werk des „Restaurateurs der Vernunft in der Jurisprudenz".

Hauptwerke: Traité des loix. Les loix civiles dans leur ordre naturel, 3 Bde., 1689/1694. Neuaufl. 1702 (1 Bd.), Ndr. 1777. – Le droit public, 1697 als 4. und 5. Band der „Loix civiles". – Legum delectus, 1700, als 6. Band der „Loix civiles". – Les harangues, 1657-1683, ab 1735 in Gesamtausgaben.

Literatur: *B. Baudelot:* Un grand jurisconsulte du XVII. siècle: Jean Domat, 1938. – *V. Cousin* (Hrsg.): Documents inédits sur Domat, in: Journal des savants, 1843, 5-18 und 76-93. – *B. Edelmann:* Domat et la naissance du sujet de droit, in: Archives de philosophie du droit 39 (1995), 389-419. – *J.L. Gazzaniga:* Domat et Pothier. Le contrat à la fin de l'Ancien Régime, in: Droits. Revue française de théorie juridique,

12 (1990), 37. – *H. Loubers:* Domat – Philosophe et magistrat, 1873. – *Y. Noda:* Jean Domat et le Code Civil français. Essai sur l'influence de Domat sur le Code Civil français, in: Comparative Law Review 3.2, Japan Institute of Comparative Law, 1956. – *P. Nourrisson:* Domat collaborateur de Pascal, 1903. – *Ders.:* Un ami de Pascal: Jean Domat, 1939. – *Y. Ranjard:* La responsabilité civile dans Domat, 1943. – *M.F. Renoux-Zagame:* Domat, le salut et le droit, in: Revue d'histoire des facultés de droit et de la science juridique 8 (1989), 69. – *A. Rodière:* Les grands jurisconsultes, 1874, 362. – *H. Schlosser:* Grundzüge der neueren Privatrechtsgeschichte, [7]1993, 84 f. – *A. Taisand:* Les vies des plus célèbres jurisconsultes, 1737, 634. – *A. Tardif:* Histoire des sources du droit français, 1890, 494. – *G. Tarello:* Sistemazione e ideologica nelle „loix civiles" di Jean Domat, in: Materiali per una storia della cultura giuridica Band II, 1972, 125, m.w.N. – *A. Terrasson:* Histoire de la jurisprudence romaine, 1750, 483. – *R. Voeltzel:* Jean Domat (1625 -1696), 1936. – *G.J. Wiarda:* Pascal en Domat over de grensvragen van het recht, Speculum Langenmeijer, 1973, 517. – *P.G. Aigueperse* in: Biographie des personnages d'Auvergne, 1836, in: ABF Blatt 323, 146. – *F.X. Feller* in: Biographie universelle, 1851, in: ABF Blatt 323, 149. – *J.C.F. Hoefer* in: Nouvelle biographie générale, 1852-66, ABF Blatt 323, 151. – Jur., 173-175 *(E. Holthöfer)*. – *A. Tardieu* in: Grand dictionnaire biographique du Puy-de-Dôme, 1878, ABF Blatt 323, 158.

H. Nitschke

Hugo Donellus

(1527-1591)

D., frz. *Hugues Doneau*, wurde am 23.12.1527 in Chalons sur Saone geboren. Er entstammte einer angesehenen Familie. Sein Jurastudium begann er in Toulouse bei *Jean Coras* und *Arnaud du Ferrier* und setzte es 1551 in Bourges bei *Eguinarius Baro* und *Franciscus Duarenus* fort. Noch in demselben Jahr erhielt er die Doktorwürde und eine Professur. In der Bartholomäusnacht 1572 floh der Calvinist *D.* unter Lebensgefahr mit Hilfe seiner Schüler aus der Stadt und rettete sich in die Schweiz. In Genf wurde er von dem pfälzischen Kurfürsten Friedrich III. an die Universität Heidelberg berufen, an der er seit 1573 tätig und deren Rektor er auch zeitweise war. Als nach dem Tod Friedrichs III. dessen Sohn und Nachfolger die Pfalz im Sinne der lutherischen Konfession reformierte, nahm *D.* einen Ruf aus Holland an und ging mit seiner Frau *Suzanne Mondekens*, die er 1573 in Heidelberg geheiratet hatte, 1579 nach Leiden. 1587 ergriff er Partei für den Grafen von Leicester, der Holland England unterwerfen wollte, und geriet dadurch in Konflikt mit den Generalstaaten. Er mußte im folgenden Jahr das Land verlassen und kehrte nach

Deutschland zurück, diesmal auf einen Lehrstuhl an der reichsstädtischen Nürnberger Universität in Altdorf. Dort starb er 3 Jahre später am 4. Mai 1591.

„Es giebt in der juristischen Gelehrtengeschichte wenig Persönlichkeiten, bei deren Betrachtung man mit gleicher Verehrung verweilt wie bei der des Donellus" (*Stintzing*). Mit *D.* erreicht der juristische Humanismus (mos gallicus, → *Alciat*) in Frankreich einen Höhepunkt. Dabei vertritt *D.*, anders als sein großer Zeitgenosse → *Cujas*, dem er auch wenig persönliche Sympathie entgegenbrachte, nicht die antiquarische historisch-philologische, sondern die systematische Richtung, als deren bedeutendster Repräsentant in Frankreich er angesehen werden kann. Sein Hauptwerk sind die seit 1589 (z.T. posthum) erschienenen „Commentarii de iure civili". *D.* legt in diesen „Commentarii" eine Gesamtdarstellung des Zivilrechts auf der Grundlage des römischen Corpus iuris civilis, vor allem der Digesten, vor. Dabei löst er sich völlig von der Bücher- und Titelfolge der Digesten und stellt den Rechtsstoff in einer frei gewählten Ordnung dar, was vor ihm in Frankreich wohl nur *Franciscus Connanus* (in einem allerdings Fragment gebliebenen Werk) gewagt hatte und was in Deutschland gleichzeitig – nach einigen Vorläufern – → *Johannes Althusius* unternahm. Diese systematische Ordnung diente für *D.* allerdings nur zu Darstellungszwecken; der erst im späten 18. und 19. Jahrhundert (→ *Savigny*) aufkommende Gedanke eines „inneren Systems", das auch Erkenntniszwecken, nämlich einer deduktiven Beweisführung aus Axiomen dient, liegt *D.* wie allen seinen Zeitgenossen noch fern. Gleichwohl nimmt *D.s* Werk durch seine Vollständigkeit und durch die bis dahin unerreichte gedankliche Durchdringung des Stoffes wohl unbestritten eine Sonderstellung unter allen vergleichbaren Versuchen des 16./17. Jh.s ein.

D. gliedert die „Commentarii" in zwei Teile, von denen der erste das Recht selbst („ius nostrum") und der zweite die Art und Weise behandelt, es zu behaupten („ratio iuris nostri obtinendi"). Es wird also, modern gesprochen, zunächst das materielle Privatrecht und dann das Prozeßrecht dargestellt. Bei jenem unterscheidet *D.* zwischen dem, was uns gehört und dem, was uns geschuldet wird („quod proprie nostrum est et quod nobis debetur"); so ergibt sich die Reihenfolge Personen-, Sachen-, Obligationenrecht und, nimmt man den zweiten Teil dazu, im ganzen das Institutionensystem personae – res – actiones, das mehr oder weniger modifiziert fast allen systematischen Versuchen dieser Zeit zu Grunde liegt.

Noch wichtiger als dieses äußere System sind einzelne Lehren des *D.*, mit denen er die Entwicklung des Privatrechts vorangetrieben hat und von denen hier nur einige genannt werden sollen. Seine Theorie des Besitzes ist von → *Savigny* als „vortrefflich" bezeichnet worden, ja als „die einzige, in welcher der eigentliche Zusammenhang desselben mit dem ganzen System des Zivilrechts erkannt und entwickelt ist". *D.* betonte, was in der frühen Neuzeit umstritten war, daß der Besitz kein Recht ist, er sah für ihn als entscheidend den Willen zum Eigenbesitz an und betrachtete deshalb die „Detention" etwa des Mieters nicht als Besitz. Damit nahm er wesentliche Punkte der Lehre → *Savignys* vorweg. Ähnliches gilt für die Doktrin vom abstrakten dinglichen Vertrag. *D.* knüpfte den Eigentumserwerb nicht mehr, wie es das römische Recht tut, an das Vorliegen eines Titels (etwa einen Kaufvertrag), sondern ließ die Übergabe und die bloße Vorstellung der Parteien genügen, es liege ein Titel vor. → *Savigny* ging dann noch einen Schritt darüber hinaus, indem er das Übereignungsgeschäft in jeder Hinsicht von dem schuldrechtlichen Titel unabhängig machte – eine Lehre, die sich freilich nicht überall in Europa und auch in Frankreich gerade nicht durchgesetzt hat. Besonders bemerkenswert und in die Zukunft weisend sind Überlegungen, die *D.* zum Mitbegründer der Rechtsfigur des „Persönlichkeitsrechts" machen: er stellte wohl erstmals dem Recht an äußeren Sachen das Recht jedes einzelnen an seiner Person gegenüber, das er in die Einzelrechte auf Leben, körperliche Unversehrtheit, Freiheit und Ansehen untergliederte.

D. hat die Rechtswissenschaft der Folgezeit zunächst wohl weniger beeinflußt, als seinem Rang entsprochen hätte; das gilt vor allem für die verflachende Rechtsliteratur des deutschen „Usus modernus" (→ *Stryk*). Im 19. Jahrhundert hat → *Savigny D.s* System, das nach seinem Urteil „beste und fast einzig brauchbare", geradezu wiederentdeckt und *D.s* Ruhm neu begründet.

Hauptwerke: Commentarii de iure civili, 28 Bücher, 1589 ff., neu hrsg. u.a. v. *J.C. König / K. Bucher*, 16 Bde., 1801-1834. – Opera omnia, hrsg. u. kommentiert v. *O. Hilliger*, 12 Bde., 1762-1770.

Literatur: C. Bergfeld: Savigny und Donellus, in: Ius commune 8 (1979), 24 ff. – *H. Buhl:* Hugo Donellus in Heidelberg, in: Neue Heidelb. Jahrb. 2 (1892), 280-313. – *C.A. Cannata:* Systematique et dogmatique dans les „commentarii iuris civilis" de Hugo Donellus, in: B. Schmidlin / A. Dufour (Hrsg.): Jacques Godefroy, 1991. – *A.P. Th. Eyssell:* Doneau, sa vie et ses ouvrages, 1860. – *R. Feenstra:* Hugues Doneau et les juristes néerlandais du XVIIe siècle, in: B. Schmidlin ... (s.o.). – *R. Stintzing:* Hugo Donellus in Altdorf, 1869. – *Stintzing-Landsberg:* GDtRW I, 377-381. – ABF Blatt 324, 98-121. – ADB 5 (1877), 331 f. *(R. Stintzing)*. – Jur., 175-177 *(E. Holthöfer)*. – NDB 4 (1959), 70 f. *(H. Liermann)*. K. Stapelfeldt / S.

Eugen Ehrlich

(1862-1922)

Geb. am 14.9.1862 in Czernowitz (Bukowina). Rechtsstudium in Wien, 1886 Promotion zum Doktor der Rechte. Advokaturskandidat in Wien später Advokat in Schwechat. 1894 Privatdozent in Wien, 1896 außerordentlicher, 1900 ordentlicher Professor für römisches Recht in Czernowitz, dort 1906/07 Rektor. 1909 Einrichtung eines „Seminars für lebendes Recht" mit kärglicher Unterstützung des österreichischen Unterrichtsministers (1911 wird ein einmaliger Zuschuß von 400 Kronen bewilligt). Während des ersten Weltkrieges Aufenthalt in Wien, dann Rückkehr nach Czernowitz. Nach dem Anschluß der Bukowina an Rumänien wurde *E.* wegen seiner politischen Einstellung – er hatte sich für eine Erhaltung der Donaumonarchie eingesetzt – in Czernowitz stark angefeindet; er zog sich deshalb 1921 nach Bukarest zurück (ein Versuch, sich in Bern für Rechtssoziologie zu habilitieren, war 1919 gescheitert). *E.* ist am 2.5.1922 in Wien gestorben.

Am bekanntesten ist *E.* durch seine „Grundlegung der Soziologie des Rechts" geworden, die neben den Arbeiten von *Emile Durkheim* und *Max Weber* die Rechtssoziologie als Wissenschaft begründet hat. Für *E.* ist die empirische Rechtssoziologie „die wissenschaftliche Lehre vom Rechte" überhaupt; er folgt damit dem Wissenschaftsbegriff des naturwissenschaftlichen Positivismus. Der Rechtswissenschaft stellt er die „Jurisprudenz" gegenüber, die Kunstlehren für die verschiedenen praktischen Juristentätigkeiten (Richter, Anwalt usw.) gibt, in ihr findet auch die herkömmlich allein als Rechtswissenschaft angesehene Rechtsdogmatik (Kunstlehre für den Richter) ihren Platz.

Den Inhalt seiner Grundlegung der *Rechtssoziologie* faßt *E.* in den Satz zusammen, „der Schwerpunkt der Rechtsentwicklung liege auch in unserer Zeit, wie zu allen Zeiten, weder in der Gesetzgebung, noch in der Jurisprudenz oder in der Rechtsprechung, sondern in der Gesellschaft selbst".Die grundlegende Form des Rechts sei bis in die Gegenwart „die innre Ordnung der Verbände", die ihrerseits auf den „Tatsachen des Rechts" (*E.* nennt: Übung, Herrschaft, Besitz und Vertrag) beruht. „Recht" ist also für *E.* nicht erst der allgemeinverbindlich formulierte Rechtssatz, sondern schon die aus der Verbandsorganisation folgende „Regel des Handelns". Das wirft die Frage auf, wie sich die Rechtsregel von den sonstigen gesellschaftlichen Regeln des Handelns (Sittlichkeit, Anstand usw.) unterscheidet. *E.* lehnt hier das Merkmal der Erzwingbarkeit des Rechts (im Gegensatz etwa zu *Max Weber* und der modernen Rechtssoziologie) ab und sieht den entscheidenden Aspekt in der allgemeinen Anerkennung der rechtlichen als besonders wichtiger Norm, die „wenigstens nach der Empfindung der Gruppe, von der sie ausgeht, eine Sache von großer Wichtigkeit, von grundlegender Bedeutung" regelt.

Neben diesen Organisationsnormen des „gesellschaftlichen Rechts" steht als zweiter Normenbereich das Juristenrecht. Dieses bildet sich zunächst in der Form von „Entscheidungsnormen", d.h. Regeln über die Entscheidung von Rechtsstreitigkeiten. Diese Regeln findet der Richter zwar insofern schöpferisch, als er sich nicht an bestehende Rechtssätze halten kann, aber er legt dabei die Rechtstatsachen der inneren Verbandsordnung zugrunde. Später werden aus den gleichmäßig angewendeten Entscheidungsnormen allgemeine „Rechtssätze" formuliert: zunächst durch Richter, juristische Schriftsteller oder Kautelarjuristen, dann durch den Gesetzgeber.

Originär staatliches Recht (das *E.* von der gesetzgeberischen Fixierung des Juristenrechts durch den Staat unterscheidet) endlich „ist ein Recht das nur durch den Staat entstanden ist und ohne Staat nicht entstehen könnte". *E.* rechnet hierzu die staatlichen Organisationsnormen und die „Normen zweiter Ordnung", welche „gesellschaftliches oder staatliches Recht ... schützen und schirmen" (also z.B. Straf-, Prozeß-, Verwaltungsrecht). Die Entstehung solcher Rechtsnormen setzt also ein bereits relativ stark entwickeltes Staatswesen voraus, jedoch nicht notwendig eine Gesetzgebung, da sich materiell staatliches Recht z.B. auch in der Rechtsprechung ausbilden kann.

In einer vollentwickelten Rechtsordnung stehen nach *E.* alle drei Normenbereiche in einem Verhältnis gegenseitiger Ergänzung und Durchdringung. Meist werden die starren Normen des staatlichen und des Juristenrechts durch neu sich entwickelnde gesellschaftliche Rechtseinrichtungen überspielt und zu „totem" Recht. Zuweilen wirkt aber auch zur Beeinflussung des gesellschaftlichen Lebens geschaffenes staatliches Recht in die Gesellschaft hinein und wird dort zur Regel des Handelns. Alle Regeln, nach denen „sich das Volk tatsächlich in Handel und Wandel richtet", sind „lebendes Recht", das *soziologisch* allein als Recht angesehen werden kann.

Als Aufgabe einer Rechtssoziologie bezeichnet *E.* vor allem die Erforschung des lebenden Rechts, im einzelnen die Erforschung der Rechtstatsachen, der Rechtssätze „als Tatsache" (Ursprung und Wirkung) und der „gesellschaftlichen Kräfte, die zur Rechtsbildung führen". Seine ganze „Grundlegung" ist also, was man nicht vergessen darf, nicht selbst eine empirische Rechtssoziologie, sondern zum Teil Metatheorie empirisch rechtssoziologischer Forschung, zum Teil Bildung von Hypothesen über Entwicklungsgesetze des Rechts (auf Grund geschichtlichen Materials: diesen Wesenszug teilt sie mit der Rechtssoziologie *Max Webers*). Empirische Untersuchungen hat *E.* zwar auch angestellt, jedoch nur mit sehr bescheidenem Erfolg; sein Versuch, das lebende Recht der neun bukowinischen Volksstämme zu erheben, scheiterte an mangelnden Geldmitteln und wohl auch an der ganz unzulänglichen Erhebungstechnik. Weitergewirkt hat daher vor allem die soziologische Theorie *E.s* (in Amerika vor allem durch *Roscoe Pound*), deren Gleichsetzung von Recht und gesellschaftlicher Wirklichkeit allerdings von der gegenwärtigen Rechtssoziologie als zu weitgehend empfunden wird.

E. hat mit seinem Vortrag über „Freie Rechtsfindung und freie Rechtswissenschaft" auch die *Freirechtsbewegung* eingeleitet. Er bekämpft hier die Meinung, daß alles Recht in den staatlichen Gesetzen enthalten sei, wobei er Ansichten vorwegnimmt, die er später in der „Grundlegung" ausführlicher dargelegt hat: Dem Inhalt nach gehe das staatliche Recht ganz überwiegend auf von Juristen in Rechtssätze gebrachtes gesellschaftliches Recht zurück, der Form nach sei das Gesetzesrecht wie „jedes System festgelegter Rechtsregeln seiner Natur nach lückenhaft". Daher müsse in Fällen, wo „eine klare Regel im geltenden Rechte nicht enthalten ist", an Stelle der „technischen" eine „freie Rechtsfindung" treten. Als Grundlage dieser freien Rechtsfindung empfiehlt *E.* eine an juristische Überlieferung anknüpfende „Gerechtigkeit"; im übrigen sieht er die beste Gewähr für eine gute Rechtsfindung in der Person der Richter, die ein „scharfes Auge für das Wesen der gesellschaftlichen Vorgänge" und ein „starkes Empfinden für die Bedürfnisse der Gegenwart" haben müssen. In seinem Buch über „Die juristische Logik" hat *E.* dann eingehend dargelegt, daß es eine juristische Logik im Sinne einer Rechtsfindung durch bloßes logisches Schließen aus gesetzlichen Prämissen gar nicht gibt, sondern jede Rechtsfindung eine mehr oder weniger schöpferische Gesellschaftsgestaltung ist. *E.s* Beitrag zur Freirechtsbewegung trägt also deren typische Merkmale: den Hinweis auf die Lückenhaftigkeit des staatlichen Rechts und die Forderung, daß der Richter seine Entscheidungen statt auf scheinlogische Ableitungen aus dem Gesetz offen auf soziologische Überlegungen stützen solle.

Hauptwerke: Die stillschweigende Willenserklärung, 1893. – Das zwingende und nichtzwingende Recht im Bürgerlichen Gesetzbuch für das Deutsche Reich, 1899. – Beiträge zur Theorie der Rechtsquellen, Tl. 1 (alles), 1902. – Freie Rechtsfindung und freie Rechtswissenschaft, 1903 (wieder in: Recht und Leben, 170 ff.). – Grundlegung der Soziologie des Rechts, 1913 (^{2}1929, Ndr. 1967). – Die juristische Logik, in: AcP 115 (1917), 125-439, Buchausg. 1918 (^{2}1925, Ndr. 1966). – Recht und Leben (hrsg. v. *M. Rehbinder*), 1967 (Sammlung kürzerer Arbeiten). Bibliographie bei *M. Rehbinder:* Die Begründung der Rechtssoziologie durch Eugen Ehrlich, ^{2}1986, 143-147.

Literatur: *W. Behlert:* An den Gründen der Rechtssoziologie. Zu Semen V. Pachmann und Eugen Ehrlich, in: ARSP 76 (1990), 400-406. – *W. Friedmann:* Legal Theory, ^{5}1967, 247-252. – *G. Gurvitch:* Grundzüge der Soziologie des Rechts, 1960 (franz. Orig. 1940), 115-122. – *A. Heldrich:* Eugen Ehrlich (1862-1922). Begründer der Rechtssoziologie, in: DJJH, 469-483. – *T. Isomura:* Die systematische Struktur von Ehrlichs Rechtssoziologie, Tokio 1953. – *R. Kawakami:* Eugen Ehrlich, in *Brauneder:* JiÖ, 253-257, 316 f. – *Larenz:* ML, 63-67. – *T. Raiser:* Rechtssoziologie. Ein Lehrbuch, 1987, 58-72. – *M. Rehbinder:* Die Begründung … (s.o.). – *M. Rehbinder:* Neues über Leben und Werk von Eugen Ehrlich, in: Recht und Gesellschaft. Festschrift für H. Schelsky, 1978, 403-418. – *U. Rein:* Rechtssoziologie gegen Rechtspositivismus, in *S.L. Paulson/R. Walter* (Hrsg.): Unters. zur Reinen Rechtslehre, 1986, 210-231. – *K.F. Röhl:* Rechtssoziologie, 1987, 27-33. – *H. Rottleuthner:* Drei Rechtssoziologien: Eugen Ehrlich, Hugo Sinzheimer, Max Weber, in: *E.V. Heyen* (Hrsg.): Historische Soziologie der Rechtswissenschaft, 1986, 227 ff. – *H. Ryffel:* Rechtssoziologie. Eine systematische Orientierung, 1974, 51-61. – *Jan Schröder:* Gesetzesauslegung und Gesetzesumgehung, 1985, 93-102. – *Sinzheimer:* JK, 187-206. – *M. Villey:* Études Récentes sur Ehrlich et le Sociologisme Juridique, in: Archives de Philosophie du Droit, 1968, 347-356. – *K.A. Ziegert:* The Sociology behind Eugen Ehrlich's Sociology of Law, in: Int. Journal of the Soc. of Law 7 (1979), 225-273. – NDB 4 (1959), 362 *(E. Döhring).* – Jur., 187 f. *(G. Bender).* Weitere Literatur zur Freirechtsbewegung bei → *Fuchs* und → *Kantorowicz.* S.

Karl Friedrich Eichhorn

(1781-1854)

Geb. am 20. November 1781 in Jena. Nach vierjähriger Gymnasialzeit in Göttingen 1797 dort Beginn des Rechtsstudiums (in G. lehrten damals u.a. → *Pütter, G.J.F. Meister, Runde,* → *Hugo*). 1801 Entschluß zur „Publizisten"-Laufbahn, also einer gelehrten Tätigkeit auf dem Gebiet des öffentlichen Rechts, Promotion in Göttingen, Studienreise an die zentralen Orte des Reichs: Wetzlar (Reichskammergericht), Regensburg (Reichstag) und Wien (Reichshofrat). Im Herbst 1803 Beginn der Tätigkeit als Privatdozent in Göttingen mit einer Vorlesung über Reichsprozeßrecht. („Es war ein jämmerliches Collegium ... Ich war aber mit einer gewissen Dosis von Zuversicht in meine Kenntniss und Gewandtheit ausgestattet, welche mich nicht stecken ließ und trat mit ... einer Art von Unverschämtheit auf, welche bei einem Menschen von 20 Jahren ins

Unglaubliche ging.") 1804 Beisitzer des Spruchkollegiums der Fakultät, 1805 ordentlicher Professor in Frankfurt an der Oder (Nachfolger von *Reitemeier*). Vorlesungen über sämtliche Rechtsgebiete mit Ausnahme

des Strafrechts (in Frankfurt a.d.O. lehrten damals nur drei Juristen). 1811 Berufung an die neue Berliner Universität als Professor für deutsches Recht; dort gemeinsam mit → *Savigny* Gründung der Zeitschrift für geschichtliche Rechtswissenschaft (1815). 1817 Annahme eines Rufs nach Göttingen, wo *E.* seinen größten Lehrerfolg hat (oft über 300 Hörer, er muß eine Scheune als Hörsaal mieten), die Göttinger Fakultät wird durch ihn eine der größten Deutschlands (1824 im Sommer 873 Studenten). 1829 wird *E.* auf eigenen Wunsch, wegen einer langwierigen Krankheit, der Abschied gewährt, er zieht sich auf sein Gut Ammern bei Tübingen zurück. 1832, auf Zureden → *Savignys*, wieder Übernahme einer Professur in Berlin, 1834 erneut Einstellung der Lehrtätigkeit. In den folgenden Jahren noch praktische Tätigkeit als Mitglied des preußischen Obertribunals (seit 1834), des Staatsrats (ab 1838) und der Gesetzgebungskommission (ab 1842, in der Ministerzeit → *Savignys*). 1847 wird *E.* auf eigenen Wunsch endgültig der Abschied gewährt, mit dem Recht, die Pension außerhalb Preußens zu verzehren. Übersiedlung nach Ammern, 1853 nach Köln, wo *E.* am 4. Juli 1854 gestorben ist.

E. wird oft der „Vater der deutschen Rechtsgeschichte" genannt, da seine „Deutsche Staats- und Rechtsgeschichte" die erste im modernen Sinn wissenschaftliche, d.h. aus den Quellen geschriebene Darstellung des Stoffs und auch die erste Gesamtdarstellung der deutschen Rechtsgeschichte überhaupt ist; vor *E.* gab es zwar eine Wissenschaft von der deutschen Staatsgeschichte (also der politischen Geschichte), rechtshistorische Forschung beschränkte sich aber fast ganz auf die Verfassungsgeschichte. In diesem Gebiet können → *Justus Mösers* „Osnabrückische Geschichte" und in geringem Maß auch die mehr vom Gegenwartsinteresse beeinflußte „Historische Entwicklung der heutigen Staats-Verfassung des Teutschen Reichs" → *Pütters* als Vorläufer *E.s* angesehen werden. Starke Einflüsse der „Göttinger Schule" sind auch sonst erkennbar: der Pragmatismus – *E.* bezeichnet es als das Ziel seiner Arbeit, „eine sichere geschichtliche Grundlage für das jetzt bestehende practische Recht zu gewinnen" –, die synchronistische Methode (→ *Hugo*, *Reitemeier*) und die auf *Leibniz* zurückgehende Unterscheidung zwischen innerer und äußerer Rechtsgeschichte (→ *Hugo*).

Sachlich bildet die Verfassungsgeschichte den Schwerpunkt des Werks. Sie steht insofern in der Tradition der älteren deutschen Verfassungsgeschichtsschreibung, als für *E.* immer das Modell des späten Ständestaates leitend bleibt und zur Interpretation früherer Verfassungszustände dient.

Dabei werden die Stände nicht als Träger öffentlicher Herrschaft, sondern als von der einheitsstaatlichen Gewalt mit bestimmten Rechten versehene soziale Schichten verstanden. Dies führt zu einer, von der jüngeren Geschichtswissenschaft revidierten, einseitigen Deutung der relativen Herrschaftsverhältnisse der Frühzeit und des Mittelalters, die in dem Satz gipfelt, daß es bis zum späten Mittelalter „keine andere öffentliche Gewalt in Deutschland gegeben … (habe) als die königliche selbst". Andererseits befähigt es *E.* auch zu einer genauen Beschreibung des Entstehens der ständischen Verfassung selbst, die für die spätere Forschung maßgebend geblieben ist. Neben dem verfassungsgeschichtlichen hat vor allem auch der privatrechtsgeschichtliche Teil des Werks – „die erste innere Geschichte des deutschen Privatrechts … allein für sich schon eine Großtat" (*Landsberg*) – Bedeutung, weniger die Strafrechtsgeschichte, für die erst *Wilhelm Eduard Wildas* „Strafrecht der Germanen" in einem Teilbereich eine maßgebliche Darstellung brachte.

E.s zweites bedeutendes Werk, die „Einleitung in das deutsche Privatrecht", behandelt das geltende Recht. Die ihm zugrunde liegenden rechtstheoretischen Vorstellungen decken sich zwar zum Teil mit → *Savignys* „geschichtlicher Rechtswissenschaft" – *E.* firmierte ja auch immer als „Mitbegründer" der historischen Rechtsschule –, gleichwohl sind die Unterschiede zwischen den Lehren → *Savignys* und *E.s* nicht zu verkennen. Fremd steht *E.* vor allem dem romantischen „Volks"-Gedanken → *Savignys* gegenüber. Dabei hätte die Volksgeistlehre an sich eine bequeme Lösung für das Grundproblem des deutschen Privatrechts abgegeben: zu begründen, weshalb es trotz des Mangels an geschriebenen gemeinprivatrechtlichen Quellen ein gemeines deutsches und nicht nur viele partikulare Privatrechte gebe. *E.* entnimmt die Begründung aber nicht der abstrakten Lehre von der Rechtsentstehung aus dem Volksbewußtsein, sondern der konkreten geschichtlichen Situation in *Deutschland:* „Da das ältere deutsche Recht eine ursprüngliche Einheit … in den Instituten des Rechts hatte, indem diese nie so weit voneinander abweichen, daß sie sich nicht als Modificationen eines und desselben deutschen Instituts betrachten ließen (…); da ferner eben daher auch im Mittelalter ein gemeines Recht, welches allen Localrechten zum Grunde lag, unter dem Namen des Landrechts in ganz Deutschland angewendet wurde (…), so läßt sich bei allen Rechtsinstituten, die schon dem Mittelalter angehören und in unserem heutigen Recht noch vorkommen, ihre ursprüngliche Natur *allgemein* bestimmen, und dabei leicht das *Besondere*, welches schon in jener Zeit hie und da bemerkt wird, von dem trennen, was den Character des Instituts überhaupt ausmacht." Die partikularen Bestimmungen beruhen also auf „denselben leitenden Principien", und die Aufgabe der wissenschaftlichen Bearbeitung des deutschen Privatrechts ist es, „nach den Principien, von welchen die vorkommenden Rechtsbestimmungen abhängen, die Institute des deutschen Rechts zu sondern, und aus jenen die Natur eines jeden derselben zu bestimmen". Diese Prinzipien sind in ihrer geschichtlichen Entwicklung zu verfolgen, besonders sind die durch das römische Recht nicht verdrängten Institute deutschen Ursprungs zu untersuchen, die den Hauptstoff der deutschprivatrechtlichen Wissenschaft bilden.

Neben diesen Arbeiten sind vor allem *E.s* „Grundsätze des Kirchenrechts" zu erwähnen, die wie die anderen Werke naturrechtliche durch historische Betrachtungsweise ablösen und neben dem zunächst einflußreicheren Lehrbuch *Emil Ludwig Richters* den Neubeginn der Kirchenrechtswissenschaft im 19. Jahrhundert darstellen.

Hauptwerke: Deutsche Staats- und Rechtsgeschichte, 4 Bde., 1808, 1812, 1819 und 1823 (^{5}1843/44). – Einleitung in das deutsche Privatrecht mit Einschluß des Lehnrechts, 1823 (^{5}1845). – Grundsätze des Kirchenrechts der Katholischen und der Evangelischen Religionspartei in Deutschland, 2 Bde., 1831 und 1833.

Literatur: E.-W. Böckenförde: Die deutsche verfassungsgeschichtliche Forschung im 19. Jahrhundert, 1961, 42-73. – *R. Conradi:* Karl Friedrich Eichhorn als Staatsrechtslehrer, 1987. – *F. Dopke:* Eichhorn als Rechtsgutachter.Seine Gutachten für Spruchkollegien, das Obertribunal und Private, Jur. Diss. Kiel, 1991. – *A. Erler:* Eine unbekannte Niederschrift nach Eichhorns Vorlesung „Deutsche Geschichte und Rechtsaltertümer", in ZRG (GA) 66 (1948), 537-540. – *F. Frensdorff:* Das Wiedererstehen des deutschen Rechts, in ZRG (GA) 29 (1908), 1-78. – *S. Gagnér:* Die Wissenschaft des gemeinen Rechts und der Codex Maximilianeus Bavaricus Civilis, in: Wissenschaft und Kodifikation des Privatrechts im 19. Jh., hrsg. von *H. Coing* und *W. Wilhelm*, I, 1974, 1-118 (54 ff.). – *U.-J. Heuer:* Karl Friedrich Eichhorn und die historische Rechtsschule, in: Stud. über d. dt. Geschichtswiss. 1 (^{2}1969), hrsg. v. *J. Streisand*, 121-135. – *R. Hübner:* Karl Friedrich Eichhorn und seine Nachfolger, in: Festschr. f. H. Brunner, 1910, 808-838. – *K. Jelusic:* Die historische Methode Karl Friedrich Eichhorns, 1936. – *K. Michaelis:* Carl Friedrich Eichhorn (1781-1854). Ein Rechtshistoriker zwischen Revolution und Restauration, in *F. Loos* (Hrsg.): Rechtswissenschaft in Göttingen. Göttinger Juristen aus 250 Jahren, 1987, 166-189. – *Stintzing-Landsberg:* GDtRW III 2, 253-277. – *J.F. v. Schulte:* Karl Friedrich Eichhorn, 1884. – *J.F. v. Schulte:* Karl Friedrich Eichhorn, Rede 1881. – *W. Sellert:* Karl Friedrich Eichhorn – „Vater der deutschen Rechtsgeschichte", in: JuS 1981, 799-801. – *Wieakker:* PRG, 403 f. – ADB 6 (1877), 469-481 *(F. Frensdorff).* – HRG I (1971), 858-860 *(B. Koehler).* – Jur., 188 f. *(G. Dilcher).* – NDB 4 (1959), 378 f. *(K.S. Bader).* Weitere Literatur in HRG I, 860.

S.

Eike von Repgow

(um 1180/1190 – nach 1232)

Der Verfasser des Sachsenspiegels, historisch bezeugt in sechs Gerichtsurkunden von 1209 bis 1233, entstammt einer schöffenbarfreien Familie, deren Sitz Reppichau (zwischen Dessau und Köthen) war.

Eike wird als der erste deutsche Rechtsdenker bezeichnet. Darin spiegelt sich seine überragende Leistung wider: Im Land- und Lehnrecht des Sachsenspiegels hat er (seine Verfasserschaft ergibt sich aus Vers 266 der gereimten Vorrede: „Ecke von Rypchow ez tete") das Recht seines Stammes aufzuzeichnen versucht in einer Zeit, in der die Kenntnis des Rechts nicht mehr tief im Volk verwurzelt war. Nach der Reimvorrede wurde der Sachsenspiegel zunächst lateinisch verfaßt (die Urform des Lehnrechts ist möglicherweise ein als „Auctor vetus de beneficiis" bezeichnetes Rechtsbuch in lateinischer Reimprosa), von *E.* aber später auf Bitten des Grafen Hoyer von Falkenstein (Stiftsvogt von Quedlinburg, wohl ein Lehnsherr *E.s*) in den niederdeutschen Dialekt übersetzt. In dieser Fassung ist er, zunächst ohne die heute übliche Zählung nach Büchern und Artikeln, überliefert. Die Entstehungszeit ist unsicher, zumal *E.* das Werk vielleicht nicht in einem Zuge niedergeschrieben und später auch immer wieder durch Zusätze vermehrt hat; Anhaltspunkte geben aber der Umstand, daß *E.* den Landfrieden König Heinrichs (VII.) von 1221 verwendet, aber den Mainzer Reichslandfrieden von 1235 nicht berücksichtigt: der Sachsenspiegel dürfte demnach zwischen 1220 und 1235 entstanden sein. Er ist damit nicht nur eines der ältesten – und das bedeutendste – deutsche Rechtsbuch, sondern auch das erste größere deutsche Prosawerk überhaupt. Inhaltlich erstreckt er sich nur auf Land- und Lehnrecht, nicht berücksichtigt hat *E.* das Recht der Städte, der unfreien Bauern (Hofrecht) und der Ministerialen („ez ist so mangvalt, daz ez nimant zu ende komen kan").

Der Sachsenspiegel stellt mehr eine rechtsbewahrende als eine rechtsneuschöpfende Leistung dar, wenn er auch viele eigenständige Gedanken, etwa die Verknüpfung der Kurfürstenstellung mit den Erzämtern, enthält. Man kann *E.* aber nicht – wie es geschehen ist – einseitig heroisierend als einen der letzten unverbildeten deutschrechtlichen Kämpfer gegen das aufkommende oberitalienisch-römische Recht bezeichnen. Vielmehr lassen sich schon vereinzelte römisch-rechtliche

Einflüsse im Sachsenspiegel nachweisen, und *E.* scheint auch mit dem kanonischen Recht einigermaßen vertraut gewesen zu sein. So hat etwa die Systematik des Sachsenspiegels, die freilich zum Teil von assoziativem Denken geprägt und nicht mit modernen Maßstäben zu messen ist, durchaus innere Konsequenz und könnte unter dem Einfluß der bis 1226 entstandenen Dekretalensammlungen stehen.

E. sieht in Gott den Ursprung allen Rechts. Er vertritt die Zweischwerterlehre in ihrer ursprünglichen Form: König (Kaiser) und Papst haben beide von Gott ein symbolisches Schwert erhalten zum Schutze der Christenheit. Damit wird die „kuriale" Variante der Zweischwerterlehre (der König erhält das weltliche Schwert vom Papst) zurückgewiesen. Hierin und in der betonten Zurückdrängung kirchlichen Rechts im weltlichen Bereich („der pabist en mag keine recht setzen, da her unsere lantrecht adir lenrecht mete nideren moge") zeigt sich eine der Kirche gegenüber durchaus selbständige Haltung des an sich tiefgläubigen *E.*, die u.a. eine (jedoch fast völlig wirkungslos gebliebene) Verwerfung von 14 Artikeln des Sachsenspiegels durch Papst Gregor XI. (1374) nach sich gezogen hat. – Auch im Hinblick auf die Reichsfürsten hebt *E.* die königlichen Rechte, wie etwa die oberste Gerichtsgewalt, die Innehabung nutzbarer Hoheitsrechte (z.B. Bergregal, Münze, Zoll) und die Heeresgewalt, stark hervor. Andererseits fixiert der Sachsenspiegel aber auch ein Widerstandsrecht (z.T. umstritten), sogar eine Pflicht zum Widerstand gegen unrechtmäßiges Verhalten des Königs („Der man muz ouch wol sime koninge unde sime richter unrechtes wedersten").

Aus der Gottesebenbildlichkeit des Menschen leitet *E.* die Lehre von der Freiheit aller Menschen ab. Dies hindert ihn jedoch nicht, im Einklang mit der Auffassung seiner Zeit Rechte nur insoweit zu gewähren, als sie dem jeweiligen Rechtsgenossen nach seinem Geburtsstand zustehen: so lebt der Edelmann nach Lehnrecht und Landrecht, der Stadtbürger nach Stadtrecht, der Bauer nach Landrecht und Hofrecht usw. Die sorgfältige Abstufung der lehnsmäßigen Rangfolge in sieben Heerschilden ist sogar eine eigene Schöpfung *E.s.*

Die Wirkung des Sachsenspiegels, der zunächst nur für den begrenzten Bereich Sachsens mit Schwergewicht auf dem ritterlich-ländlichen Gebiet geschrieben war, ist in zwei Richtungen erkennbar: Einmal strahlten die hier niedergeschriebenen Gedanken über Sachsen hinaus auf ganz Norddeutschland aus; der Sachsenspiegel wurde teilweise als Vorlage auch für Stadtrechte verwendet, bisweilen auch als Reichsgesetz Karls

d. Gr. oder Friedrich Barbarossas angesehen. Als „gemeines Sachsenrecht“ war er nach der Rezeption eines der bedeutendsten Gegengewichte zum römisch-kanonischen Recht. Gerichtliche Anwendung fand er vereinzelt noch bis ins 20. Jh. Zum anderen zog er eine Reihe ähnlicher Rechtsaufzeichnungen in Süddeutschland nach sich (Schwaben-, Deutschen-, Frankenspiegel), die allerdings sein Niveau und seine Bedeutung nicht erreichten.

Lange Zeit hat *E.* auch als Verfasser der „Sächsischen Weltchronik“ gegolten, einer Darstellung der Weltgeschichte bis zum Jahr 1230, die in Sprache und politischer Einstellung Ähnlichkeit mit dem Sachsenspiegel aufweist. Neuerdings werden aber wieder Zweifel an der Autorschaft *E.s* geäußert *(Herkommer)*, die sich vor allem darauf stützen, daß die Urfassung der Chronik möglicherweise erst um 1260 entstanden ist.

Hauptwerke: Sachsenspiegel. Ausgaben von: *C.G. Homeyer:* 2 Tle. 1827 (Landrecht, [3]1861) und 1842-1844 (Lehnrecht); *K.A. Eckhardt:* 2 Bde. [2]1955 f. (= Germanenrechte Neue Folge, Land- und Lehnrechtsbücher, zugleich MGH, Fontes iuris germ. antiqui, N.S. I, 1/2), Ndr. 1973; *C. Frhr. v. Schwerin:* Sachsenspiegel, Landrecht, m. Einl. v. *H. Thieme* (= Reclams Univ. Bibl. 3355/56, 1974). – *C. Schott:* Eike von Repgow, Der Sachsenspiegel, 1984 (hochdt. Übers. des Land- und Lehnrechts). – Sächsische Weltchronik. Moderne Ausgabe v. *L. Weiland* in: MGH, Deutsche Chroniken 11, 1876. Weitere Angaben bei *Wolf:* Rechtsdenker, 26 f.

Literatur: *E. Boshof:* Erstkurrecht und Erzämtertheorie im Sachsenspiegel, in: Beitr. z. Gesch. des ma. dt. Königtums (= Beiheft zur HZ, N.F. 2), 1973, 84-121. – *H. Coing:* Römisches Recht in Deutschland (= IRMAE V 6), 1964, 108-111. – *Conrad:* DRG I, 351 f. – *W. Ebel:* Über das „ungezweite Gut“ in Ssp. Ldr. I, 31, in: ZRG (GA) 92 (1975), 184-189. – *K.A. Eckhardt:* Eike von Repgow und Hoyer von Falkenstein, 1966. – *E. Eichmann:* Die Stellung Eikes von Repgow zu Kurie und Kirche, in: Histor. Jahrbücher 38 (1917), 718 ff. – *H. Fehr:* Die Staatsauffassung Eikes von Repgau, in: ZRG (GA) 37 (1916), 131-260. – *F.W. Fricke:* Das Eherecht des Sachsenspiegels. Systematische Darstellung, 1978. – *V. Friese:* Das Strafrecht des Sachsenspiegels, 1898 (Ndr. 1970). – *H. Herkommer:* Überlieferungsgeschichte der Sächsischen Weltchronik, 1972 (dazu *G. Köbler* in: ZRG (GA) 91(1974), 214). – *A. Ignor:* Über das allgemeine Rechtsdenken Eikes von Repgow, 1984. – *P. Johanek:* Eike von Repgow, Hoyer von Falkenstein und die Entstehung des Sachsenspiegels, in: Festschr. H. Stoob, II, 1984, S. 716 ff. – *H.G. Krause:* Der Sachsenspiegel und das Problem des sogenannten Leihezwangs, in: ZRG (GA) 93 (1976), 21-99. – *R. Lieberwirth:* Eike von Repchow und sein Sachsenspiegel, 1980. – *R. Lieberwirth:* Eike von Repchow und die Stadt Halle, in: Wege europ. Rechtsgeschichte. Festschr. K. Kroeschell, hrsg. v. G. Köbler, 1987, 272-280. – *R. Schmidt-Wiegand* (Hrsg.): Text-Bild-Interpretation. Unters. zu den Bilderhandschriften des Sachsenspiegels, 2 Bde., 1986. – *R. Schmidt-Wiegand / D. Hüpper* (Hrsg.): Der Sachsenspiegel als Buch, 1991. – *G. Theuerkauf:* Lex, speculum, compendium iuris, 1968. – *Wolf:* Rechtsdenker, 1-29. – *J. Wiesner:* Über die Rechtsstellung des ehelichen Kindes im Landrecht des Sachsenspiegels mit vergleichender Darstellung des geltenden Rechts, Diss. jur. Kiel 1972. – *K. Zeumer:* Die Sächsische Weltchronik, ein Werk Eike von Repgows, in: Festschr. f. H. Brunner 1910, 135-174. ADB 5 (1877), 751-755 *(S. Brie)*. – GD 1(1956), 187-200 *(H. Thieme)*. – HRG I (1971), 896-899 *(H. Schlosser)*. – Jur., 190 *(J. Otto)*. Bibliographie bei *Wolf:* Rechtsdenker, 27-29, *Conrad:* DRG I, 360 f. und *G. Kisch:* Sachsenspiegel-Bibliographie, in: ZRG (GA) 90 (1973), 73-100. P./S.

Paul Johann Anselm von Feuerbach

(1775-1833)

Geb. am 14.11.1775 in Hainichen bei Jena, bald darauf Übersiedlung der Eltern nach Frankfurt am Main. 1792 Flucht vor dem pedantischen Vater nach Jena zu mütterlichen Verwandten. Beginn des Philosophiestudiums, besonders bei dem Kantianer *Reinhold*. 12.9.1795 Promotion zum Doktor der Philosophie. 1796 uneheliche Geburt seines ältesten Sohnes und

Entschluß, zur „Zwangs-, Not- und Brotwissenschaft" der Jurisprudenz überzugehen. 1797 Studienbeginn, 1799 Promotion in Jena (15.1.: „De causis mitigandi ex capite impeditae libertatis"). Abhaltung von Vorlesungen in Jena vom Sommersemester 1799 an. 1800 Ernennung zum außerordentlichen Professor; 1801 auch zum außerordentlichen Beisitzer des Schöffenstuhls; Annahme einer Berufung nach Kiel als ordentlicher Professor und Nachfolger → *Thibauts*. 1802 Übersiedlung nach Kiel. 1804 Veröffentlichung der „Kritik des Kleinschrodischen Entwurfs zu einem peinlichen Gesetzbuche für die Chur-Pfalz-Bayerischen Staaten" und Berufung nach Landshut mit dem Auftrag, ein bayerisches Strafgesetzbuch zu entwerfen. Nach Zerwürfnissen mit seinem Fakultätskollegen *Nikolaus Thaddäus Gönner* Aufgabe der Landshuter Lehrtätigkeit und Eintritt in das Ministerial-, Justiz- und Polizeidepartement in München. 1806 Ernennung zum ordentlichen Geheimen

Referendar und Redaktion der noch 1806 in Kraft tretenden Verordnung über die Abschaffung der Folter. 1807 Beendigung des materiellrechtlichen Teils des Strafgesetz-Entwurfs. 1808 Beauftragung, ein bayerisches Zivilgesetzbuch auf der Grundlage des code civil auszuarbeiten; das Vorhaben scheitert schließlich am Widerstand der konservativen Altbayern. Von September 1810 an Beratung von *F.s* Strafgesetz-Entwurf, Publikation des im wesentlichen auf *F.* zurückgehenden Gesetzes am 16.5.1813, Inkrafttreten am 1. 10. 1813. Im selben Jahr auch Verleihung des persönlichen Adels an *F.* durch König Max Joseph I. 1814 Versetzung *F.s* vom Ministerium nach Bamberg als zweiter Präsident des Appellationsgerichts wegen seiner im Widerspruch zu der offiziellen Politik stehenden zunehmend frankreichfeindlichen Haltung. 1817 Ernennung zum Präsidenten des Appellationsgerichts für den Rezat-Kreis in Ansbach. Dort Tätigkeit bis zu seinem Tod am 29.3.1833 in Frankfurt am Main.

F.s Rechtstheorie baut auf dem kritischen Idealismus *Kants* auf. Wie dieser trennt er positives Recht und Naturrecht voneinander – das eine darf nicht aus dem anderen abgeleitet, von „Philosophie" im positiven Recht also nur ein formaler, kein materialer Gebrauch gemacht werden –, sowie Recht und Sittlichkeit. Diese unterscheiden sich für *F.* aber nicht nur in den abweichenden Anforderungen an die Gesinnung des Handelnden (nach *Kant* setzt rechtliches Handeln nur äußere „Legalität", sittliches Handeln aber außerdem „Moralität", d.h. Handeln aus Pflicht, um des sittlichen Gesetzes willen, voraus). Vielmehr sieht *F.* im Recht nur Befugnisse, in den sittlichen Normen nur Pflichten, unterscheidet also auch äußerlich die Bereiche Recht und Sittlichkeit. Eine Deduktion der Rechte aus den sittlichen Pflichten lehnt er ab. Er begründet dies u.a. aus dem *Kant*schen Moralitätsbegriff: freies sittliches, d.h. nur um des Sittengebotes willen erfolgendes Handeln könne es nicht geben, wenn dieses Handeln auch rechtlich geboten und also erzwingbar wäre (in der Zwangsmöglichkeit sieht *F.* ein Wesensmerkmal des Rechts). Es müsse also ein „äußeres Recht" geben, sich unmoralisch zu verhalten, z.B. sich nicht seinen Fähigkeiten entsprechend auszubilden. Der Grund des (subjektiven) Rechts ist für *F.* die reine praktische Vernunft. Diese bringe kraft ihrer systematischen Einheit nicht nur die sittlichen Pflichten, sondern auch die Rechte hervor, deren Aufgabe es sei, die Freiheit zu sittlichem Handeln, notfalls durch Zwang, zu ermöglichen. Die Grenze dieser subjektiven Rechte seien die Rechte anderer: „Ich (habe) … ein Recht zu alledem, wodurch die Rechte anderer nicht gekränkt werden."

Die *Straftheorie F.s* knüpft an diese Naturrechtslehre an. Zweck des Staates sei die wechselseitige Freiheit aller Bürger, d.h. die Unverletztheit ihrer Rechte. Rechtsverletzungen könne der Staat aber nicht durch physischen Zwang verhindern, weil dies eine Einwirkung „auf jeden Einzelnen besonders" erfordern würde. Der Staat müsse also psychologischen Zwang ausüben und mit rechtswidrigen Handlungen ein Übel verknüpfen. „Die Übertretungen werden … verhindert, wenn jeder Bürger gewiß weiß, daß auf die Übertretungen ein größeres Übel folgen werde, als dasjenige ist, welches aus der Nichtbefriedigung des Bedürfnisses nach der Handlung (als einem Object der Lust) entspringt." Dieses Wissen müsse durch die Bedrohung rechtswidriger Handlungen mit Strafe bewirkt werden. Es reiche nicht aus, daß der Staat den Verbrechern regelmäßig Übel zufüge, einmal, weil hierdurch kein ausreichender psychologischer Zwang erzeugt werde, ferner, weil so die einen Verbrecher als Mittel zur Abschreckung der anderen benutzt würden, was den *Kant*schen Grundsätzen von der Würde der menschlichen Person widerspräche. Die Strafe müsse also für jedermann erkennbar und für alle Fälle durch Gesetz angedroht werden. Der Strafvollzug habe keinen weiteren Zweck, als die Ernsthaftigkeit der gesetzlichen Strafdrohung darzutun. („Damit nun also die Drohung des Gesetzes eine wirkliche Drohung sey; so muß sie, wenn der bedingte Fall eintritt, wirklich ausgeführt, das Übel wirklich vollzogen werden"). Das Recht des Staates zur Strafvollstreckung ergebe sich aus seinem Recht, rechtswidrige Handlungen durch Strafen zu bedingen: wer die Handlung begeht, unterwirft sich damit auch der gesetzten Bedingung, er willigt gewissermaßen in die Bestrafung ein.

Aus diesen beiden Grundgedanken (Trennung Recht – Sittlichkeit und abschreckende Wirkung der gesetzlichen Strafdrohung) leitet sich eine Reihe sachlicher Konsequenzen ab, die *F.* z.T. in seinem Strafgesetzbuch für das Königreich Bayern von 1813 verwirklicht hat. Unmoralische Handlungen können nur insoweit mit Strafe belegt werden, als sie in Rechte anderer oder des Staates eingreifen. Daraus folgt eine starke Reduzierung des herkömmlichen Katalogs der Sittlichkeitsdelikte (die allerdings z.T. als Eingriff in die Rechte des Staates gedeutet werden können: z.B. die Sodomie als Mißachtung des Instituts der Ehe) und der Religionsdelikte, die nur insoweit zu bestrafen sind, als sie in Rechte der Kirche eingreifen, da es unmöglich ist, „daß die Gottheit injuriiert werde". Womöglich noch wichtiger sind die Konsequenzen, die aus dem Zentralbegriff des Gesetzes gezogen werden: „Jede Zufügung einer

Strafe setzt ein Strafgesetz voraus (nulla poena sine lege)", „die Zufügung einer Strafe ist bedingt durch die Existenz der bedrohten Handlung (nulla poena sine crimine)" und „das gesetzlich bedrohte Factum (...) ist bedingt durch die gesetzliche Strafe (nullum crimen sine poena legali)". *F.* gab damit einem schon in den späten Aufklärungskodifikationen (Österreich, Preußen) durchgedrungenen Prinzip eine zum Teil neue Begründung und einprägsame Formulierung. Weiter ergibt sich, daß feste Strafdrohungen und enge Strafrahmen anzustreben sind: die Strafe ist automatische Folge des Verbrechens, sie darf nicht nach der konkreten Täterpersönlichkeit differenziert werden (schon in seiner Dissertation hatte sich *F.* gegen ein richterliches Strafmilderungsrecht ausgesprochen: allenfalls könne der Regent im Gnadenwege eine an sich verwirkte Strafe mildern). Damit tritt *F.* in scharfen Gegensatz zu der anderen großen Straftheorie seiner Zeit, der Lehre → *Grolmans* von der spezialpräventiven (sichernden und bessernden) Wirkung des Strafvollzugs. Die angedrohten Strafen müssen hart sein, um abzuschrecken (das bayerische Strafgesetzbuch droht elfmal die Todesstrafe an). Schließlich müssen die Straftatbestände exakt definiert sein, damit jedermann erkennbar ist, was unter Strafe gestellt wird. An Auswirkungen dieser Anschauungen auf die Strafrechtsdogmatik seien *F.s* Schuld- und Versuchslehre hervorgehoben. Die seit → *Pufendorf* durchgedrungene Erkenntnis, daß die Imputation (Zurechnung) strafbarer Handlungen außer der Verwirklichung des Straftatbestandes auch innere Imputabilität, „Freiheit" des Handelnden voraussetze, wird in das Gebiet der Moral verwiesen. Moralisch handle der Mensch aus Freiheit, legal jedoch aus Notwendigkeit (psychologischer Zwang der Strafandrohung). In dieses deterministische Bild menschlichen Verhaltens paßt der Freiheitsbegriff nicht hinein; Schuld kann daher nur „Abschreckbarkeit" sein („Zur Bestrafung ... wird also ein Gemüthszustand vorausgesetzt, in welchem es möglich war, daß der Übertreter von seiner That abgeschreckt werden konnte"), eine Theorie, die bei fahrlässigen Delikten und bei abgebrühten Gewohnheitsverbrechern in große Schwierigkeiten gerät. Auf der Trennung von Recht und Moral beruht auch die Ausbildung des Gefahrbegriffs, der für das Strafrecht an die Stelle des moralischen Begriffs der Pflichtwidrigkeit tritt. Er hat vor allem in der Versuchslehre Konsequenzen: der absolut untaugliche Versuch ist ungefährlich und daher straflos.

F.s „psychologische Zwangstheorie" war dem Grundgedanken nach nicht neu: bereits → *Pufendorf* hatte den Zweck des Strafrechts in der durch die Strafdrohung bewirkten Abschreckung gesehen. Daß *F.s* Theorie den Sieg über die auf den Strafvollzug abstellende Präventionslehre → *Grolmans* davontrug, verdankt sie wohl auch ihrer Übereinstimmung mit der aufklärerisch-liberalen Zeitstimmung, der ein auf die Verbrecherpersönlichkeit einwirkendes Strafrecht illiberal und mit der Personwürde unvereinbar erscheinen mußte. Sie hat dann das 19. Jahrhundert zunächst beherrscht und auf die später vordringende Vergeltungslehre (→ *Binding*) mindestens insofern Einfluß geübt, als nach beiden Theorien die Strafe repressiv und nicht präventiv wirkt. Gegenüber der seit Begründung der soziologischen Schule → *Liszts* beliebten Kritik an der psychologischen Zwangstheorie bleibt aber die evidente Richtigkeit des Abschreckungsgedankens hervorzuheben, so überspitzt dessen rationalistische Ausprägung bei *F.* heute erscheinen mag. Von bleibender Bedeutung ist auch *F.s* Verknüpfung von Strafdrohung und Gesetz geblieben, die die rechtsstaatlich-liberale Epoche des Strafrechts eingeleitet hat. *F.s* bayerisches Strafgesetzbuch von 1813 schließlich ist nicht nur zum Vorbild für eine Reihe von Strafgesetzbüchern deutscher Länder und schweizerischer Kantone geworden, sondern durch seine formalen Qualitäten (Tatbestandsdefinitionen, Strafrahmenbegrenzung) zum Vorbild der modernen Strafgesetzgebung überhaupt. Seine doktrinäre Durchführung der *F.*schen Straftheorie hat ihm allerdings auch Kritik eingetragen, der *F.* durch einen pragmatischeren, aber nicht Gesetz gewordenen Neuentwurf von 1824 gerecht zu werden versuchte.

F.s zweite Lebenshälfte zeigt eine deutliche Hinwendung von philosophischen zu empirischen Fragestellungen. Schon 1810 entwickelte er den Plan zu einer „Weltgeschichte der Gesetzgebung" („Warum hat der Anatom seine vergleichende Anatomie und warum hat der Rechtsgelehrte noch keine vergleichende Rechtswissenschaft?") und wurde damit – unter Berufung auf → *Montesquieus* Forderungen – neben (u.a.) *Bachofen* und → *Mittermaier* zu einem der Hauptanreger der modernen Rechtsvergleichung. Das geplante Werk blieb aber, nach Sammlung umfangreichen Materials, ein Fragment.

Die wichtigsten Schriften aus dieser zweiten Schaffensperiode *F.s* sind seine Beiträge zur *Prozeßreform.* Mit einer Ausnahme sind in ihnen alle Forderungen, die zu den – Ende der dreißiger Jahre des 19. Jahrhunderts einsetzenden – Strafprozeßreformen führten, vorweggenommen. Schon 1811 hatte sich *F.* für die Einführung einer Staatsanwaltschaft (eines „Kriminalfiskals") und damit des Anklageprinzips im Strafprozeß eingesetzt. Zentrale Bedeutung haben seine „Betrachtungen über die Öffentlichkeit und Mündlichkeit der Gerechtigkeitspflege", die wegen ihrer ausgewogenen Verbindung von Theorie und Erfahrung vielfach als sein gelungenstes Werk angesehen werden. Öffentlich sollen nach *F.* nicht nur die Verhandlung, sondern auch die Abstimmung (wenn auch nicht die Beratung) der Richter sein („Scheut sich kein wahrhaft ehrlicher Mann öffentlich Recht zu thun; wie sollte ein ehrlicher Richtersmann sich scheuen öffentlich Recht – zu *sprechen*?"), ein Gedanke, der sich in Deutschland nicht durchgesetzt hat. Weniger grundsätzlicher Art sind *F.s* Argumente für die Mündlichkeit des Verfahrens: wesentliche Vorzüge für die Wahrheitsfindung und die Beschleunigung des Prozesses (*F.* verweist auf den umständlichen englischen Prozeß) bringe sie nicht mit sich; entscheidend für sie spreche jedoch das Recht auf rechtliches Gehör. – Zwiespältig blieb *F.s* Einstellung zu der in der 1. Hälfte des 19. Jh.s heftig diskutierten Frage der Schwurgerichte, gegen deren Verknüpfung mit den Fragen der Mündlichkeit und Öffentlichkeit er sich immer einsetzte. Obwohl *F.* den politischen Wert der Schwurgerichte, als einer dem Volk eingeräumten Kontrolle über die staatliche Justiz, nicht verkannte (freilich sie im napoleonischen Frankreich lediglich als eine pseudorepublikanische Bemäntelung der Herrscherwillkür ansah), wies er doch auf ihre Nachteile für die Rechtsfindung hin: die Unmöglichkeit der Trennung zwischen Tat- und Rechtsfrage und die leichtere Beeinflußbarkeit der Geschworenen durch Nebensächlichkeiten.

Als eine Art Begründung der Kriminalpsychologie gilt *F.s* „Aktenmäßige Darstellung merkwürdiger Verbrechen", die Umarbeitung und Erweiterung einer Sammlung von Kriminalfällen, die er – aus seiner Erfahrung als Referent für Gnadensachen im bayerischen Justizdepartement – 1808 und 1811 unter dem Titel „Merkwürdige Criminalrechtsfälle" veröffentlicht hatte. Der heutige Leser wird den oft gerühmten literarischen Wert des Werkes, das nicht selten durch unangebrachte Ironie und moralisch eifernden Tonfall befremdet, vielleicht skeptischer beurteilen. Interessant, wenn auch überholt, ist seine aufklärerisch „intellektualistische Psychologie" *(Radbruch)* mit der Tendenz, die Motive jedes Verbrechens auf ein Grundmotiv zurückzuführen („der Raubmörder aus Liederlichkeit", „der Brandstifter aus Neid und Haß"). Überall bemüht sich *F.* darum, die Grenzen der Unzurechnungsfähigkeit möglichst eng zu ziehen, wobei er sich von seinem strafrechtlichen Schuldbegriff zum Teil entfernt. – Seinen kriminalpsychologischen Schriften ist auch *F.s* letztes

Buch, das über den Findling Kaspar Hauser, zuzurechnen, in dem er einen ausgesetzten Sohn und Thronerben des badischen Großherzogs Karl sehen wollte, eine bis heute nicht bestätigte Hypothese. *F.* hatte später wohl selbst Zweifel an dieser Theorie und äußerte: „So hat denn der alte Feuerbach vor seinem Ende auch noch einen Roman geschrieben."

Hauptwerke: Kritik des natürlichen Rechts als Propädeutik zu einer Wissenschaft des natürlichen Rechts, 1746, Ndr. 1963. – Anti-Hobbes oder über die Grenzen der höchsten Gewalt und das Zwangsrecht der Bürger gegen den Oberherrn, 1798, Ndr. 1967. – Philosophisch-juridische Untersuchungen über das Verbrechen des Hochverrats, 1798, Ndr. 1970. – Revision der Grundsätze und Grundbegriffe des positiven peinlichen Rechts, 1. Teil 1799, 2. Teil 1800, Ndr. 1966. – Über die Strafe als Sicherungsmittel vor künftigen Beleidigungen des Verbrechers, 1800, Ndr. 1970. – Lehrbuch des gemeinen in Deutschland geltenden peinlichen Rechts, 1801 ([11]1831, weitere Aufl. besorgt von *C.J.A. Mittermaier:* [12]1836, [14]1847). – Kritik des Kleinschrodischen Entwurfs zu einem peinlichen Gesetzbuche für die Chur-Pfalz-Bayerischen Staaten, 1804. – Über Philosophie und Empirie in ihrem Verhältnisse zur positiven Rechtswissenschaft, 1804, Ndr. 1969 und in: *P.J.A. Feuerbach / C.J.A. Mittermaier:* Theorie der Erfahrung in der Rechtswissenschaft des 19. Jahrhunderts. Zwei methodische Schriften, 1968, 61 ff. – Betrachtungen über das Geschworenen-Gericht, 1813, Ndr. 1970. – Betrachtungen über Öffentlichkeit und Mündlichkeit der Gerechtigkeitspflege, 1821, Ndr. 1969. – Aktenmäßige Darstellung merkwürdiger Verbrechen, 1. Bd. 1828, 2. Bd. 1829. – Kaspar Hauser, Beispiel eines Verbrechens am Seelenleben des Menschen, 1832. Bibliographie bei Wolf: Rechtsdenker, 586 f.

Literatur: A. Baumgarten: Paul Johann Anselm Feuerbach, in: Marxistische Beiträge zur Rechtsgeschichte, 1968, 12-25. – *G. Blau:* Paul Johann Anselm Feuerbach, 1948. – *J. Bohnert:* Paul Johann Anselm Feuerbach und der Bestimmtheitsgrundsatz im Strafrecht, 1982. – *E. v. Bubnoff:* Die Entwicklung des strafrechtlichen Handlungsbegriffes von Feuerbach bis Liszt unter besonderer Berücksichtigung der Hegelschule 1966, 17-27. – Conrad: DRG II, 449-455. – *J. Cornelissen:* Tätigkeit und Theorien Feuerbachs im Strafprozeßrecht, Diss. jur. Bonn, 1963. – *M. Grünhut:* Anselm von Feuerbach und das Problem der strafrechtlichen Zurechnung, 1922 Ndr. 1978. – *G. Haney:* Naturrecht bei P.J.A. Feuerbach in seinen Jenenser Schriften, in: Arth. Kaufmann u.a.(Hrsg.): Rechtsstaat und Menschenwürde. Festschr. f. W. Maihofer z. 70. Geb., 1988, 159-181. – *Ders.:* Von einer negativen zur positiven Vernunft. Feuerbach im Jahre 1795, in: F. Haft u.a. (Hrsg.): Strafgerechtigkeit. Festschr. f. Arth. Kaufmann z. 70. Geb., 1993, 111 ff. – *Ders.:* P.J.A. Feuerbach als Richter, in: J. Bauer / O. Werner (Hrsg.): Festschr. z. Wiedererrichtung d. OLG in Jena, 1994, 59-88. – *R. Hartmann:* P.J.A. Feuerbach. Seine politischen und strafrechtlichen Grundanschauungen in ihrem Verhältnis und ihrer Bedeutung für die bürgerliche Strafgesetzlichkeit, Diss. jur. Berlin (Humboldt-Univ.), 1957 (Buchausgabe: P.J.A. Feuerbachs politische und strafrechtliche Grundanschauungen, 1961). – *J. Hruschka:* Strafe und Strafrecht bei Achenwall. Zu einer Wurzel von Feuerbachs psychologischer Zwangstheorie, in: JZ 1987, 161-169. – *H.H. Jakobs:* P.J.A. Feuerbachs Ansichten über Gesetzgebung und Deutschland überhaupt in sieben Briefen Feuerbachs an Savigny, in: ZRG (RA) 108 (1991),

351-366. – *Arth. Kaufmann:* Paul Johann Anselm v. Feuerbach – Jurist des Kritizismus, in: Land und Reich, Stamm und Nation. Festg. f. M. Spindler, 1984, 181-196. – *F. Kaulbach:* Naturrecht und Erfahrungsbegriff im Zeichen der Anwendung der Kantischen Rechtsphilosophie, dargestellt an den Thesen von P.J.A. Feuerbach, in: Materialien zu Kants Rechtsphilosophie (hrsg. von *Zwi Batscha*) 1976, 193-205. – *E. Kipper:* J.P.A. Feuerbach. Sein Leben als Denker, Gesetzgeber und Richter, 1969. – *A. Knauth:* Die Kritik des jungen Paul Johann Anselm Feuerbach an der gemeinnützigen Rechtsprechung zum Strafrecht seiner Zeit, in: Goltd Arch. 1985, 176-188. – *W. Küper:* Das Verbrechen am Seelenleben. Feuerbach und der Fall Kaspar Hauser in strafrechtsgeschichtlicher Betrachtung, 1990. – *Ders.:* Autobiographie oder Schattenbild? Zur „Selbstbetrachtung" P.J.A. Feuerbachs, in: M. Seebode (Hrsg.): Festschr. f. G. Spendel z. 70. Geb., 1992, 153-172. – *H. Mohnhaupt:* Universalgeschichte, Universal-Jurisprudenz und rechtsvergleichende Methode im Werk P.J.A. Feuerbachs, in: ders. (Hrsg.): Rechtsgeschichte in den beiden deutschen Staaten (1988-1990), 1991, 97-128. – *Helga Müller:* Der Begriff der Generalprävention im 19. Jh. von P.J.A. Feuerbach bis Franz v. Liszt, 1984. – *W. Naucke:* Kant und die psychologische Zwangstheorie Feuerbachs (= Kieler Rechtswiss. Abhl., 3), 1962. – *W. Naucke:* Paul Johann Anselm von Feuerbach. Zur 200. Wiederkehr seines Geburtstages am 14. November 1975, in ZStrW 87 (1975), 861-887. – *G. Radbruch:* P.J.A. Feuerbach. Ein Juristenleben, [3]1969 (hrsg. v. *Erik Wolf*). – *O. Ranft:* Der Individualschutz in den Strafrechtssystemen des neuzeitlichen Vernunftrechts bis zu P.J.A. Feuerbach, Diss. Marburg, 1970. – *K.-H. Röhner:* Konferenz anläßlich des 150. Todestages von P.J.A. Feuerbach, in: Staat und Recht 1983, 840-842. – *Werner Schmid:* Über Feuerbachs Lehre vom „Mangel am Tatbestand", in: Gedächtnisschr. f. Horst Schröder, 1978, 19-36. – *Schmidt:* Einf., 232-236. – *H.-L. Schreiber:* Gesetz und Richter, 1976, 102 ff. – *Gernot Schubert:* Feuerbachs Entwurf zu einem Strafgesetzbuch für das Königreich Bayern aus dem Jahre 1824 (= Schriften zur Rechtsgeschichte, 16), 1978. – *Fedor Seifert:* Feuerbach als Kriminalpsychologe, Diss. jur. Freiburg i.Br., 1976. – *W. Sellert:* Ein unbekannter Brief des Paul Johann Anselm von Feuerbach, in: ZRG (GA) 95 (1978), 170-185. – *Stintzing-Landsberg:* GDtRW III, 2, 112-139. – *H.U. Stühler:* Die Diskussion um die Erneuerung der Rechtswissenschaft von 1780-1815 (= Schriften zur Rechtsgeschichte, 15), 1978, 196-221. – *C.H. Ule:* Anselm Feuerbach heute. Die Bedeutung seiner Lehren für Gerichtsverfassung und gerichtliches Verfahren, in: DVBl. 1979, 797-807. – *Wolf:* Rechtsdenker, 543-590. – *T. Würtenberger:* Über Wahrheit und Gerechtigkeit in Anselm Feuerbachs Lehre von der Gerichtsöffentlichkeit, in: Festschr. G. Blau, 1985, 665-683. – *O. Zwengel:* P.J.A. v. Feuerbachs Leben und Wirken, 1966. – ADB 6 (1877), 731-745 *(H. Marquardsen)*. – HRG I (1971), 1118-1124 *(K. Lüderssen)*. – Jur., 201-204 *(H. Mohnhaupt)*. – NDR 5 (1961), 110 f. *(F. Merzbacher)*. – StL 2 ([7]1986), 565-567 *(Arth. Kaufmann)*. Bibliographien bei Wolf: Rechtsdenker, 588-590 und in HRG I (1971), 1123 f. S.

Johann Fichard

(1512-1581)

Am 23.6.1512 in Frankfurt a.M. geboren, wo der Vater als Protonotar wirkte. 1528 beginnt *F.* in Heidelberg das Studium der Jurisprudenz; außerdem betreibt er bei *Grynäus* und dessen Nachfolger *Sinapius* humanistische Studien. 1530 geht er zu → *Zasius* nach Freiburg, flieht aber bald vor der Pest nach Basel, wo er seine humanistischen Studien bei *Grynäus* und die juristischen bei → *Bonifacius Amerbach* fortsetzt. 1531 Rückkehr zu → *Zasius*, unter dessen Schülern ihm seine späteren Leistungen den ersten Rang anweisen. Zusammen mit seinem Freund → *Sichardt* promoviert *F.* am 28.11.1531 mit neunzehneinhalb Jahren. 1532 wird er Advokat am Reichskammergericht in Speyer, 1533 Prokurator. Ab September 1533 Stadtadvokat (Syndikus) in Frankfurt. 1536 zieht *F.* zum kaiserlichen Heer und dem Prokanzler *Mathias Held* nach Italien, um durch Reisen den Mangel an praktischen Erfahrungen und Weltkenntnis zu beheben. Nach juristischen und humanistischen Studien in Padua bis September 1537 kehrt *F.* wieder nach Frankfurt zurück und nimmt Ende Juni 1538 trotz zahlreicher anderer Angebote, so vom kaiserlichen Hof und den Universitäten Wien und Padua, seine Stellung als Syndikus der Stadt wieder an. Im Jahre 1539 heiratet *F.* (von Hause aus katholisch, doch dem Protestantismus zuneigend) eine protestantische Patriziertochter und findet dadurch Aufnahme in Bürgerrecht und Patrizierstand.

Die nächsten Jahre sind gekennzeichnet durch eine rege politische Tätigkeit im Dienst der Stadt, *F.* nimmt die führende Stellung in der Stadtpolitik ein. Dabei wird er von dem Grundsatz geleitet, daß Ziel und Zweck der städtischen Politik das gute Einvernehmen mit dem Kaiser sei zur Erhaltung des Wohlstandes der Stadt. Daher ist er stets für eine

Trennung vom Schmalkaldischen Bund, dem die Stadt 1536 beigetreten war, eingetreten, da sich darin alle protestantischen Pläne zum Bruch mit dem Kaiser manifestierten. Obwohl aus seinen „Annales" seine Verehrung Luthers und protestantische Parteinahme hervorgeht, nimmt er in den religiösen Kämpfen, die schließlich im Schmalkaldischen Krieg ihren Höhepunkt finden, zum Wohl der Stadt eine vermittelnde Stellung ein. 1541 wird er als städtischer Gesandter am kaiserlichen Hof in Speyer in den erblichen Adel und zur Würde eines Pfalzgrafen erhoben. Er ist Sprecher der städtischen Gesandtschaft, die sich 1547 in Heilbronn nach der Niederlage des Schmalkaldischen Bundes vor dem Kaiser demütigt und die Stadt unterwirft. 1548 bis 1551 vertritt er die Stadt als Gesandter und Unterhändler.

Nach dieser Periode praktischer politischer Tätigkeit, die ihn, wie er in der „vita Sichardi" selbst beklagt, an größeren wissenschaftlichen Arbeiten hindert, treten seine juristischen Arbeiten wieder mehr in den Vordergrund, zunächst auf schriftstellerischem Gebiet, später als legislatorische Arbeit. Am 7.6.1581 stirbt *F.* als vermögender Mann und angesehener Frankfurter Bürger.

Das früheste von *F.s* juristischen Werken ist die Fortsetzung der „vitae veterum jurisconsultorum" des *Bernhard Rutilius.* Dessen Lebensbeschreibungen alter Juristen von *Papirius* bis *Tribonian* fügte *F.* in einem zweiten Teil Biographien der neueren Juristen von → *Irnerius* bis → *Zasius* an, wobei er sich zum Teil auf die Angaben der Grabinschriften stützte, die er während seiner Italienreise gesammelt hatte. Den dritten Abschnitt und Schluß bilden die „Indices duo locupletissimi omnium scriptorum in jure", die zunächst die in den Pandekten exzerpierten Juristen nach den Titeln ihrer Schriften geordnet und zusammengestellt verzeichnen; die neueren Juristen sind im zweiten Teil aufgeführt. Die Schrift erhält dadurch besondere Bedeutung, daß sie die erste von einem Deutschen verfaßte juristische Literaturgeschichte darstellt und außerdem eine ziemlich vollständige und zuverlässige Übersicht des damaligen Bestandes der juristischen Literatur gibt. – Von weiteren Werken *F.s* sind besonders die Biographie seines Jugendfreundes → *Sichardt* (vor dem zweiten Band von dessen Codexvorlesung) und eine offenbar verlorengegangene theoretisch-juristische Schrift, die „Exegeses summariae titulorum institutionum" zu erwähnen.

Die bedeutenderen Arbeiten *F.s* als Schriftsteller liegen jedoch auf juristisch-praktischem Gebiet. In seinen Briefen wird im Jahre 1567 ein von ihm anonym publiziertes lateinisches Notariatsbuch erwähnt. Im Jahre 1568 erfolgte die Herausgabe einer Sammlung von opiniones communes, die nach seinem Tode von seinem Sohn *Raymund Pius F.* fortgesetzt wurde. *F.* selbst hat noch die Sammlung „Tractatus cautelarum" seines Sohnes (Frankfurt 1575) mit einer Vorrede versehen. Neun Jahre nach seinem Tod ließ sein Freund Heinrich *Petrejus* eine Consiliensammlung *F.s*, über der *Raymund Pius F.* noch bis zu seinem Tode 1584 gearbeitet hatte, in zwei Folio-Bänden herausgeben.

In der legislatorischen Arbeit liegt *F.s* eigentliche Bedeutung. Im Jahre 1567 beginnt er mit der Arbeit an Gerichtsordnung und Landrecht für die Grafschaft Solms und die Herrschaft Mintzenberg, die 1571 publiziert werden.F. hat dabei aufgebaut auf der Arbeit des Sekretarius *Gerhard Terhell*, die ihm zur Revision vorgelegt worden war. Auf Grund seiner Kritik wurde *F.* selbst mit der weiteren Ausarbeitung beauftragt.

Insgesamt ist es keine originale Arbeit, sondern eine freie Kompilation aus gedruckten Rechten der einzelnen Reichsstände mit Berücksichtigung des Solmser Landbrauchs. Die Vielzahl von partikularen Lokalrechten und die dadurch bewirkte Rechtsunsicherheit sollte durch eine gemeinverständliche Vereinheitlichung beseitigt werden. Daraus ergaben sich für *F.* zwei Schwierigkeiten: Zunächst mußte das Gesetz einfach und verständlich für den gemeinen Mann sein; der Gesetzestext umfaßt daher zahlreiche Erläuterungen, womit das Werk den Charakter eines Lehrbuches erhält. Außerdem mußte den herrschenden Landbräuchen Rechnung getragen werden; das stellte den am System des römischen Rechts geschulten *F.* vor die Aufgabe, Begriffe zu finden für Institute, die dem römischen Recht selbst unbekannt waren. In der Begrenzung des Stoffes ist *F.* im wesentlichen dem revidierten Württembergischen Landrecht von 1567 gefolgt. Der erste Teil behandelt Gericht und Prozeß, der zweite die Landrechte. Im ersten Teil gehen auf die Arbeit *F.s* vor allem Ausdrucksform, Anordnung des Stoffes und die Einfügung partikularer Elemente zurück, materiell wohl besonders die Regelungen im Bereich der Taxordnung, der Arretierung und des Strafrechts. Im zweiten Teil erforderte vor allem die Einfügung der Landesbräuche eine selbständigere Arbeit *F.s*. Das gemeine Recht erfährt hierbei vielfach eine Bevorzugung gegenüber dem Landbrauch, die sich wohl aus der stärkeren Geschlossenheit des römischen Systems ergibt. Partikulare Abweichungen vom gemeinen Recht hat *F.* ausgeschieden oder durch das gemeine Recht ersetzt. Bei Bestimmungen, die für das bäuerliche Leben von besonderer

Bedeutung waren (z.B. Erbleihe, Retrakt, Liegenschaftsrecht, Landsiedelrecht) knüpft *F.* jedoch nicht an das gemeine Recht, das hier vielfach auch nicht die nötigen Regelungen trifft, sondern an den Landesbrauch an. Aus der Benutzung der Arbeit *Terhells* läßt sich schließen, daß *F.* aus dieser Quelle alles übernommen hat, was ausschließlich auf solmsischen Rechtsgewohnheiten beruht und sich sonst in anderen Landesordnungen nicht findet. So sind z.B. nach einem Schreiben *F.s* Landsiedelleihe und Landsiedelrecht vorher noch von niemandem behandelt worden. Die Landsiedelleihe stand dann als bedeutsamste gesetzliche Regelung dieser im Hessischen und der Wetterau verbreiteten Art der Leihe im 16. und 17. Jahrhundert im Vordergrund der wissenschaftlichen Diskussion.

Insgesamt stellt das Landrecht ein Musterbeispiel der damaligen Gesetzgebung dar. Denkweise und Hauptinhalt sind romanistisch, Lücken im Landesbrauch, soweit er Berücksichtigung findet, werden nach römischrechtlichen Prinzipien ausgefüllt. Durch seine Klarheit und Gemeinverständlichkeit hat es in der weiteren Umgebung über die Solmser Landesgrenzen hinaus Einfluß genommen. Noch im 19. Jh. galt es in einigen Teilen Preußens, Hessens (Hessen-Homburg, z.T. Hessen-Darmstadt und Nassau) und Bayerns (Unterfranken).

F.s zweites legislatorisches Werk ist die Frankfurter Reformation von 1578. Auf Grund der Arbeit am Solmser Landrecht wurde *F.* vom Rat der Stadt mit der Reformation des Stadtrechts beauftragt. Im Gegensatz zum Solmser Gesetzbuch, das neben den dabei verwendeten Quellen und der Frankfurter Reformation von 1509 die wichtigste Quelle für *F.* darstellt, ist die Reformation des Frankfurter Stadtrechts jedoch eine selbständige Arbeit *F.s*. Die Verarbeitung der übrigen Quellen erfolgt manchmal anders als in der früheren Solmser Arbeit, Kontroversen finden abweichende Entscheidung. Nur Einzelheiten des heimischen Rechts finden noch Eingang in das am römischen Recht orientierte Gesetz.

Der erste Teil ist schon 1572 vollendet, im Jahre 1578 wird das gesamte Stadtrecht gedruckt und publiziert. Es wird als die überhaupt umfassendste von allen städtischen Reformationen angesehen, wegen dieser Leistung wurde *F.* von Zeitgenossen überschwenglich als Solon und Lykurg Frankfurts gepriesen.

Hauptwerke: Jurisconsultorum vitae veterum quidem per B. Rutilium una cum ejusdem Decuria, recentiorum vero ad nostra usque tempora, 1539. – Consilia, 2 Bde., 1590. – Ausgaben der von F. verfaßten Gesetze: Deren Graveschafften Solms und Herrschafft Mintzenberg GerichtsOrdenung und Land-Recht, 1571 (z.T. abgedr. in

W. Kunkel: QNPG, I 2, 1938, 173 ff.); Der Statt Franckenfurt am Mayn erneuwerte Reformation, 1578.

Literatur: H. Coing: Die Frankfurter Reformation von 1578 und das gemeine Recht ihrer Zeit, 1935. – *H. Coing:* Die Rezeption des Römischen Rechts in Frankfurt am Main, 1939 (unv. Ndr. 1962). – *Conrad:* DRG II, 352, 366, 369 f. – *C. Fuchs:* Zur Geschichte der Abfassung der Solmser Gerichts- und Landordnung, in: Zeitschr. f. Rechtsgesch. 8 (1869), 270-277. – *C. Fuchs:* Über die Quellen des Solmser Landrechts, in: Zeitschr. f. dt. Recht u. dt. Rechtswiss. 17 (1857), 292-320. – *H. Gehrke:* Bibliographie der Gesetzgebung des Privatrechts und Prozeßrechts. 5. Deutsches Reich, in: *Coing:* Hdb., II 2, 310 ff. (387-390, 413 f.) – *R. Jung:* Dr. Johann Fichard, in: Archiv f. Frankf. Gesch. u. Kunst, 3. Folge, Bd. 2, 209 ff. – *W. Kunkel:* Quellen (s.o.) I 2, XXVIII-XXXV. – *H. Petraeus:* Einleitung zu: *J. Fichard:* Consilia (s.o.), Bd 1. – *Savigny:* GRRM, III, 48-50. – *Schmidt:* Einf., 152. – *Stintzing-Landsberg:* GDtRW I, 586-599. – *O. Stobbe:* Geschichte der deutschen Rechtsquellen II, 1864, bes. 41 f., 318-326, 379-384. – *G. Welkoborsky:* Das Solmser Landrecht, in: Arch. f. hess. Gesch., N.F. 30 (1967/70), 1 ff. – ADB 6 (1877), 757-759 *(v. Stintzing)*. – HRG I (1971), 1128 f. *(H. Winterberg)*. – NDB 5 (1961), 120 f. *(H.F. Friederichs)*. H.

Ernst Fuchs

(1859-1929)

Geb. am 15.10.1859 in Weingarten bei Karlsruhe. 1876 Abitur in Heilbronn und Beginn des Rechtsstudiums in Heidelberg. 1880 erstes juristisches Staatsexamen, anschließend juristischer Vorbereitungsdienst in Baden. 1884 zweites Staatsexamen, Niederlassung als Rechtsanwalt beim Landgericht Karlsruhe, 1894 Zulassung beim OLG Karlsruhe. 1929 Verleihung des Dr.h.c. durch die juristische Fakultät der Universität Heidelberg. Gestorben am 10.4.1929 in Karlsruhe.

Ernst Fuchs' Bücher und Aufsätze beschäftigen sich fast ausschließlich mit den Fragen der Rechts- und Wahrheitsfindung, vor allem im Zivilrecht. Von den „freirechtlichen“ Schriften haben sie wahrscheinlich am stärksten, besonders auf die Praktiker, gewirkt, weil sie nicht nur anschaulich und unverhüllt polemisch geschrieben sind, sondern auch immer wieder spüren lassen, daß die Rechtsreform ihrem Autor ein fast existentielles Anliegen war.

F.s Grundansichten kehren, beginnend mit „Schreibjustiz und Richterkönigtum“, in allen seinen Arbeiten wieder; man kann sie deshalb zusammenfassend darstellen. Wie für die anderen Freirechtler (→ *Ehr-*

lich, → *Kantorowicz*) ist für *F.* die Erkenntnis der Lückenhaftigkeit der staatlichen (gesetzlichen) Rechtsordnung Grundlage seiner *Rechtsfindungslehre*. Er sieht sogar die Lückenausfüllung durch Analogie oder Umkehrschluß als begriffsjuristisch und daher unbrauchbar an. In Lükkenfällen sei eine „soziologische" Methode anzuwenden: der Richter müsse die jeweilige Verkehrssitte seiner Entscheidung zugrunde legen; gebe es keine, so solle er entscheiden, wie ein mit den jeweiligen Verhältnissen vertrauter „gerechter und gescheiter Mann" entscheiden würde. Dafür sei Kenntnis der Lebensbereiche, dem die zu entscheidenden Fälle entstammen, also „Soziologie", erforderlich. *F.* erkennt allerdings durchaus den Unterschied zwischen sozialem Faktum und rechtlicher Norm (der Vorwurf, er verwechsle beides, ist falsch), meint jedoch, bei Kenntnis der Lebensverhältnisse ergebe sich die Norm ohne weiteres aus dem Rechtsgefühl. Da praktisch in allen streitigen Fällen das Gesetz keine logisch ableitbare Entscheidung gebe („das Leben ist nicht logisch"), sei diejenige Rechtsprechung am besten, die offen nach soziologischen Erwägungen entscheide und diese in den Urteilsgründen auch darlege. Allerdings sei eine „kryptosoziologische" Rechtsprechung, die ihre soziologischen Überlegungen verheimliche, immer noch besser als eine, die sich überhaupt nicht um die soziale Gerechtigkeit der Entscheidung bekümmere. *F.* weist den Vorwurf, seine Methode führe zu großer Rechtsunsicherheit, immer wieder zurück: sie sei im Gegenteil viel sicherer als die herkömmliche, weil man zwar so gut wie alles „konstruieren" könne, in „soziologischen" Fragen aber meist leicht zu einer Übereinstimmung komme. Diese Ansichten, die freilich auch bei anderen Freirechtlern zu finden sind, dürften einen stärkeren Einfluß ausgeübt haben, als die gegenwärtige Methodenlehre – die sich ihnen allerdings mit Begriffen wie „Vorverständnis" und „Konsensfähigkeit" *(Esser)* zum Teil annähert – noch zugibt. Von der Interessenjurisprudenz → *Hecks* unterscheiden sie sich dadurch, daß sie nicht vorgeben, Vollzug des Gesetzes (bzw. seiner „Interessenbewertungen") zu sein.

Erstaunlich wenig Resonanz haben bisher *F.s* Gedanken zur *Wahrheitsfindung* im Prozeß gehabt, die nicht unmittelbar mit den Themen der Freirechtsbewegung zusammenhängen. Dabei hat so eindringlich wie *F.* wahrscheinlich kaum jemand geschildert, wie dilettantisch das wichtigste Beweismittel, der Zeugenbeweis, erhoben und verwertet wird. Die von *F.* unermüdlich geforderte wissenschaftlich-psychologisch begründete Lehre von der Zeugenaussage gibt es auch heute kaum in Ansätzen; schon gar nicht wird vom Juristen ihre Kenntnis verlangt. Was *F.* schreibt, dürfte auch heute noch gelten: „Tatsächlich ist in unserem heutigen Zivilprozeß die Beweiswürdigung unter der Maske der Freiheit viel mechanischer und wirklichkeitswidriger als unter den Kautelen der die gröbsten Irrungen verhütenden alten Beweisregeln." Eine andere Forderung von *F.*, die nach einer zusammenfassenden mündlichen Verhandlung im Zivilprozeß, ist seit 1976 durch eine „Vereinfachungsnovelle" (§ 272 n.F. ZPO: „Der Rechtsstreit ist in der Regel in einem umfassend vorbereiteten Termin zur mündlichen Verhandlung [Haupttermin] zu erledigen") verwirklicht.

Im ganzen stellte sich *F.* die neue „Gerechtigkeitswissenschaft" als eine empirisch (durch Soziologie und Psychologie) fundierte theoretisch-praktische Einheit vor. Die Juristenausbildung habe mit einem praktischen Jahr in der Justiz zu beginnen, und auch an den Universitäten müsse die Wahrheitsfindung praktisch geübt werden (Universitäten als „Rechtskliniken", die Streitigkeiten mit geringfügigen Streitwerten zur Entscheidung zugewiesen bekommen.) Überhaupt sollen die Berufsgerichte durch Laienschiedsgerichte entlastet werden und wenige gutbezahlte „Richterkönige" an die Stelle der bisherigen „Schreibjuristen" treten (ein Lieblingsgedanke von *F.*, nach dem Vorbild der auch von anderen Freirechtlern – u.a. → *Ehrlich* – gerühmten englischen Justiz). Selbst wenn diese Vorstellungen, wie immer wieder behauptet wird, utopisch wären, sollte man nicht vergessen, wieviel berechtigte Kritik an den herkömmlichen Rechtszuständen ihnen zugrunde liegt.

Hauptwerke: Schreibjustiz und Richterkönigtum, 1907 (Ndr. in: Gesammelte Schriften, I). – Recht und Wahrheit in unserer heutigen Justiz, 1908 (teilweiser Ndr. in: Gerechtigkeitswissenschaft). – Die Gemeinschädlichkeit der konstruktiven Jurisprudenz, 1909 (Ndr. in: Ges. Schriften, I). – Juristischer Kulturkampf, 1912 (Ndr. in: Ges. Schriften, II). – Was will die Freirechtsschule?, 1929 (Ndr. in: Gerechtigkeitswissenschaft). – Gerechtigkeitswissenschaft, hrsg. v. *A.S. Foulkes* u. *Arthur Kaufmann*, 1965 (Sammlung verschiedener Schriften). – Gesammelte Schriften über Freirecht und

Rechtsreform, hrsg. v. *A.S. Foulkes*, I 1970, II 1973, III 1975. Bibliographie in: Gerechtigkeitswissenschaft, 261-267.

Literatur: (einschließlich der allgemeinen Literatur zur Freirechtsbewegung): *O. Behrends:* Von der Freirechtsbewegung zum konkreten Ordnungs- und Gestaltungsdenken, in: R. Dreier / W. Sellert (Hrsg.): Recht und Justiz im „Dritten Reich“, 1989, 34-79. – *A.S. Foulkes:* Ernst Fuchs und die Freirechtsschule, in: Gerechtigkeitswissenschaft, 225-259. – *A.S. Foulkes:* On the German Free Law School (Freirechtsschule), in: ARSP 55 (1969), 367-417. – *A.S. Foulkes:* Vorwort zu: *E. Fuchs:* Gesammelte Schriften ..., Bd. 1. – *H.E. Henke:* Wie tot ist die Begriffsjurisprudenz?, in: ZZP 80 (1967), 1-20. – *Arthur Kaufmann:* Freirechtsbewegung – lebendig oder tot? in: JuS 5 (1965), 1-9 (auch als Einleitung zu: Gerechtigkeitswissenschaft). – *W. Krawietz:* Freirechtslehre, in: Hist.Wb.Philos. 2 (1972), 1098-1102. – *R. Lautmann:* Freie Rechtsfindung und Methodik der Rechtsanwendung, Diss. Würzburg, 1967. – *Larenz:* ML, 59-62. – *W. Leiser:* Fuchs, Ernst, in: Badische Biographien, N.F. I, 1982, 125-127. – *L. Lombardi Vallauri:* Geschichte des Freirechts (= Kap. III von: Saggio sul Diritto Giurisprudenziale, 1967), 1971 (über Fuchs besonders 121-131). – *A. Merkl:* Freirecht und Richterfreiheit, in: Die Wiener rechtstheoretische Schule, 1968, 1573-1580. – *D. Moench:* Die methodologischen Bestrebungen der Freirechtsbewegung auf dem Weg zur Methodenlehre der Gegenwart, 1971. – *K. Riebschläger:* Die Freirechtsbewegung, 1968. – *J. Rückert:* Richtertum als Organ des Rechtsgeistes, in: K.W. Nörr u.a. (Hrsg.): Geisteswiss. zwischen Kaiserreich und Republik, 1994, 267 ff.(297 ff.). – *Joachim Schmidt:* Das „Prinzipielle“ in der Freirechtsbewegung, 1968. – *Jan Schröder:* Savignys Spezialistendogma und die „soziologische“ Jurisprudenz, in: Rechtstheorie 7 (1976), 23-52. – *Rainer Schröder:* Die deutsche Methodendiskussion um die Jahrhundertwende, in: Rechtstheorie 19 (1988), 323-367. – *H. Thieme:* Was bleibt von der Freirechtsschule?, in: Die Entwicklung des Zivilrechts in Mitteleuropa (hrsg. von *A. Csizmadia* u. *K. Kovács*), 1970, 71-76. – *Wieacker:* PRG, 579-581. S.

François Gény

(1861-1959)

Geb. am 17.12.1861 in Baccarat (Meurthe-et-Moselle) als viertes von zwölf Kindern eines lothringischen Forstaufsehers. 1878 Abitur. Anschließend Studium der Rechtswissenschaften in Nancy. Erwerb des Doktortitels am 16.3.1885. Ab 17.11.1887 Dozent des Privatrechts (attaché en qualité d'agrégé) in Algier, wo er am 12.4.1889 zum Professor für römisches Recht ernannt wird. Er wechselt am 1.11.1890 als außerordentlicher Professor (agregé) nach Dijon, am 1.12.1892 wird er dort Professor für Zivilrecht. In Dijon verbringt er neun Jahre, die zu den wichtigsten seines Lebens und seines Schaffens zählen. Am 1.11.1901 Professor für Zivilrecht in Nancy, von 1919 bis 1925 Dekan der dortigen juristischen Fakultät. Der internationale Ruhm *G.s* zeigt sich u.a. in der Vielzahl von Ehrendoktorwürden, die er verliehen bekommt; 1933 wird er auch als ausländisches Mitglied in die Bostoner Akademie der Künste und der Wissenschaften gewählt. *G.* war auch beteiligt an den Arbeiten zur Schaffung eines Bürgerlichen Gesetzbuches für Polen und hat maßgebend die Reform des schweizerischen Obligationenrechts beeinflußt. Er ist am 16.12.1959 in Nancy gestorben.

G. gilt als einer der bedeutendsten Rechtstheoretiker an der Wende vom 19. zum 20. Jahrhundert. Ebenso wie seine Zeitgenossen → *Duguit*, → *Hauriou*, *Saleilles* hat er Aufmerksamkeit erregt durch Arbeiten, die eine Rechtserkenntnistheorie jenseits des Rechtspositivismus zu begründen versuchen. Das zentrale Problem ist dabei die Theorie der Rechtsquellen, insbesondere die Rechtsfindung bei Gesetzeslücken. Ausgehend von der zunehmenden Verkomplizierung des sozio-ökonomischen Universums entdeckt *G.* die Komplexität des Juristischen wieder und die Unfähigkeit des Gesetzgebers, eine derart komplexe Gesellschaft wiederzuspiegeln und zu ordnen. Er sieht insbesondere die Richter als dazu berufen an, Gesetzeslücken methodisch und im Rahmen strenger wissenschaftlicher Rechtsfindung auszufüllen. Mit diesen Vorstellungen, die er in seinem wohl wichtigsten Werk, der „Méthode d'interprétation et sources en droit privé positif", und anderen Veröffentlichungen dargelegt hat, trug er in Frankreich maßgeblich zur Fortentwicklung und Anpassung des Code Civil an die geänderten Bedürfnisse des Rechtsverkehrs bei. Sein Wirken ist mit dafür verantwortlich, daß der in Frankreich bis dahin herrschende Rechtspositivismus (Ecole de l'exégèse) und die streng positivistische Auslegung des Gesetzestextes anhand historischer Auslegung und des Willens des Gesetzgebers durch die Schule der freien wissenschaftlichen Rechtsfindung (Ecole de la libre recherche scientifique) zurückgedrängt werden: mittels des

Code civil soll man zugleich über ihn hinauskommen („Par le Code civil, au delà du Code civil").

Die Grundgedanken *G.s* zur Frage der *Rechtsquellen* lassen sich wie folgt beschreiben: Die traditionelle, aus der Zeit des Code civil herrührende Vorstellung, daß der Gesetzgeber alle rechtlichen Probleme bereits gelöst habe, auch die, die bei seiner Schaffung noch gar nicht vorhersehbar waren, ist unrichtig. Das Gesetz ist nicht das ganze Recht; vielmehr beruht die Rechtsordnung für *G.* auf einer Reihe von änderbaren und sich ändernden moralischen, ökonomischen, physischen, psychologischen und politischen Bedingungen. Diese werden von der Rechtswissenschaft empirisch erkannt und entsprechend den idealen und rationalen Anforderungen in formelles Recht übertragen. Das Recht resultiert folglich aus einer Anwendung juristischer Techniken oder Konstruktionen auf Daten, die von den Sozialwissenschaften vorgegeben sind. Damit ergibt sich ein scharfer Gegensatz zu der bislang herrschenden *Methodenlehre* des Rechtspositivismus, der zufolge das Gesetz die einzige Quelle der juristischen Entscheidung darstellt, und eine Gesetzeslücke bzw. Unklarheit aus dem Gesetz selbst heraus, d.h. aus seinen Worten, seinem Zweck, seiner Entstehungsgeschichte und dem Willen des Gesetzgebers ausgefüllt werden muß. Dieser deduktiven Konstruktionsjurisprudenz stehen zur Überwindung einer Lücke im Gesetz nur die Analogie und der Umkehrschluß zur Verfügung. Sie berücksichtigt nicht die Billigkeit, das gemeine Wohl, das Gesamtinteresse der Beteiligten, die soziale Gerechtigkeit sowie das allgemeine Rechtsbewußtsein. Der Richter hat nach ihr lediglich die Aufgabe der Subsumtion, wodurch der Anschein von Rechtssicherheit erweckt wird. Die Hilfsmittel der klassischen Methode sind allein die Dogmatik, die Systematik sowie die Rechtsgeschichte.

G. will nun mit seiner Forderung nach einer „freien wissenschaftlichen Rechtsfindung" über diese klassische Auslegungsmethode hinausgehen und sie tiefgreifend erneuern. Denn für ihn ist diese klassische Methode unfähig, bestehende Gesetzeslücken auszufüllen. Er hält es zur Gewinnung des Rechts für erforderlich, daß der Richter sich freier fühlt und ihm eine umfangreichere Anzahl von Hilfsmitteln für die Rechtsfindung zur Verfügung stehen. Nach *G.* sollen unter der Führung des allgemeinen Gerechtigkeitsprinzips verschiedene Mittel der objektiven Auslegung zusammenarbeiten und es ermöglichen, die durch lückenhafte bzw. unklare Gesetze geschaffenen Sackgassen zu verlassen. Die verschiedenen Hilfsmittel der Rechtsfindung sind eine flexible Kraft und Autorität.

Zuerst die Analogie, die *G.* weder zur Tätigkeit des „libre recherche" noch zur Interpretation zählt, sondern als eine Übergangsform zwischen beiden betrachtet. Dann die eigentliche Tätigkeit der freien wissenschaftlichen Rechtsfindung: die Untersuchung des gesamten Rechtssystems und derjenigen Elemente der Zivilisation, die zur Stützung einer sozialen Gleichheit beitragen. Das Recht wird durch diese Rechtsfindungsmethode flexibel und kann sich den Veränderungen des Rechtsverkehrs anpassen. Denn die zu einem sozialen, d.h. politischen, ökonomischen, religiösen und moralischen Gleichgewicht beitragenden Elemente der Zivilisation sind veränderliche Gegebenheiten des sozialen Lebens: ein Bestand, der sich aus einer Analyse des Umfeldes der Zivilisation ergibt. *G.* sieht den Sinn der Rechtsauslegung allein darin, dem Zweck des Rechts zu dienen. Der Zweck des Rechts ist es, die bestehenden gegensätzlichen Interessen zu erkennen und gerecht gegeneinander abzuwägen. Nach dieser von *G.* begründeten Methode der freien wissenschaftlichen Rechtsfindung („libre recherche scientifique") ist das Gesetz, häufig ergänzt durch Gewohnheitsrecht und Verkehrssitte, im wesentlichen auf die Entscheidungen zu beschränken, die es tatsächlich trifft. Die Gesetze sieht er lediglich als unvollkommene Enthüllungen des verdeckt existierenden Rechts. Die Gesetze und das Gewohnheitsrecht sind somit nur die formellen Informationen über das Recht. Wo diese Informationen nicht ausreichen, um das Recht zu erkennen, hat der Richter selbst die sozialen Elemente zu erforschen, aus denen er eine Regel ableiten will. *G.* fordert daher die Einführung der nationalökonomischen und soziologischen Wissenschaften in die Jurisprudenz, da die Erkenntnisquellen der klassischen Methode: Rechtsgeschichte, Dogmatik und Systematik für seine Methode der Rechtsgewinnung nicht mehr genügen.

Gegen die Kritik, es werde eine Regierung der Richter (gouvernement des juges) geschaffen, wendet *G.* ein, die Macht der Richter sei durch die ihnen zugewiesenen Aufgaben begrenzt. So bleibe die freie Rechtsfindung des Richters einzig und allein eine Ergänzung des Werkes der Legislative selbst. Außerdem werde ein aus den besten und erfahrensten Richtern bestehender oberster Gerichtshof zu ihrer Überprüfung eingesetzt. Schließlich konzentriere sich die Anstrengung des Richters bei der Suche nach dem Recht einerseits auf die objektiven Maßstäbe der Gerechtigkeit, welche durch die Natur der Sache inspiriert werde, andererseits auf die soziale Nützlichkeit. Dieser Ansatz, der nicht einzig und allein die juristischen Elemente des Rechts berücksichtigt, verjüngt die juristische Wissenschaft und gibt ihren Analysen größeres Gewicht.

G.s Lehre war auch in Deutschland bahnbrechend und hatte großen Einfluß auf die Begründung der Freirechtsbewegung (→ *Ehrlich*, → *Fuchs*) und der älteren Interessenjurisprudenz (→ *Heck*), die ähnlich befreiend und anregend auf den bis dahin herrschenden Rechtspositivismus wirkte. Von der soziologischen Rechtslehre (→ *Jhering*) und der älteren Interessenjurisprudenz unterscheidet sich die Methode der freien wissenschaftlichen Recherche dadurch, daß sich *G.* nicht darauf beschränkt, den Blick des Juristen auf die sozialen Tatsachen zu lenken (er bezeichnet eine Methode, die das Recht allein von Tatsachen abhängig macht, als „nihilisme doctrinaire"). *G.* nimmt vielmehr an, daß es Prinzipien des Rechts gibt, welche den tatsächlichen Gegebenheiten übergeordnet sind. Diese moralischen Prinzipien, die nur durch eine gemeinsame Betrachtung der Tatsachen und der Natur der Dinge inhaltlich erfüllt werden können, weisen der juristischen Interpretation die Richtung. Indem *G.* die absolute Gerechtigkeit als von der Wissenschaft erreichbar ansieht, gelingt es ihm auch, den Wissenschaftsbegriff des soziologischen Positivismus zu überwinden.

Hauptwerke: Méthode d'interprétation et sources en droit privé positif (1899), ^{2}1919 in 2 Bden. – Des droits sur les lettres missives, 1911. – Science et technique en droit privé positif, I 1914, II 1915, III 1921, IV 1924.

Literatur: *C. Atias*: L'essai d'épistemologie juridique de François Gény: un chapitre oublié de „science et technique" in: Quad. Fior. 20 (1991), 77 ff. – *J. Bonnecase*: Supplément au Traité théorique et praticque de Droit civil, I, 1924, 364 ff. – *Ders.*: La pensée juridique française de 1804 a l'heure présente, I, 1933, 299 ff., 425 ff., 561 ff., 588 ff. – *J. Dabin*: La philosophie de l'ordre juridique positif, 1929, 300 ff. – *Ders.*: in: Université de Nancy, Faculté de droit et des sciences économiques de Nancy, le centenaire du doyen François Gény, 1963, 13 ff. – *W. Fikentscher:* Methoden des Rechts in vergleichender Darstellung, III, 403 u. 639 f. – *W. Friedmann*, Legal Theory, ^{2}1949, 220 ff. – *E. Fuchs*: Gerechtigkeitswissenschaft, 1965, 70 ff. – *E. Gaudemet*: L'oeuvre de Saleilles et l'oeuvre de Gény in: Récueil d'études sur les sources du droit en honneur de François Gény, 1935, Bd. 2, 5-15. – *O. Gauye*: François Gény est-il père de l'article 1er, 2e alinéa, du code civil suisse? in: Zeitschrift für schweizerisches Recht, N.F., 92 (1973), I. Halbbd., 271 ff. – *W. Gitter*: Die Methode der richterlichen Gesetzesauslegung als staatsrechtliches Problem, Diss. jur. Tübingen, 1960, 72-77. – *P. Grossi*: Juristischer Absolutismus und Privatrecht im 19. Jahrhundert (= Tübinger Universitätsreden, N.F. 5, Reihe der Jur. Fak. 3), 1992, 16 ff. Auch in C. Peterson (Hrsg.): Juristische Theoriebildung und rechtliche Einheit, 1993, 37 ff. – *H. Isay*: Rechtsnorm und Entscheidung, 1929, 41 ff. – *P. Kayser:* La vie et l'oeuvre de F. Gény in: Quad. Fior. (a.a.O.), 53 ff. – *Larenz*: ML (^{6}1991), 53 ff. – *J. Mayda:* François Gény and modern jurisprudence, 1978. – *D. Moench:* Die methodologischen Bestrebungen der Freirechtsbewegung auf dem Wege zur Methodenlehre der Gegenwart, 1971, 18 ff. – *J.L. De Los Mozos*: Algunas reflexiones a proposito de la teoria de la interpretación en la obra de François Gény in: Quad. Fior. (a.a.O.), 119 ff. – *A. Ross:* Theorie der Rechtsquellen, 1929, 3 ff. – *M. Rumpf:*, Gesetz und Richter, 1906, 18-28. – *A.B. Schwarz:* Rechtsgeschichte und Gegenwart, 1960, 45 f. – *D. Tallon:* Actualité de l'oeuvre de Gény in: Revue international de droit comparé 1965, 785 ff. – *F. Terré:* En relisant Gény in: Archives de philosophie du droit 6 (1961), 125-140. – *B.A. Wortley:* François Gény, in: Modern Theories of Law, 138 ff. – *Ders.* in: Le centenaire du doyen François Gény (a.a.O.), 57 ff. – *W.F. Yung:* Gény et la jurisprudence en Suisse, in: Le centenaire du doyen François Gény, 1963, 85 ff. – Weitere, hier nicht im einzelnen aufgeführte Schriften über *G.* in: Quad. Fior., Band 20 (1991); Université de Nancy, Faculté de droit et des sciences économiques de Nancy: Le centenaire du doyen François Gény, 1963. – Jur., 228 *(O. Motte)*. – Récueil d'études sur les sources du droit en honneur de François Gény, ed. Lambert, 3 Bde., 1935. R. Ludwig

Otto von Gierke

(1841-1921)

Geb. am 11.1.1841 in Stettin. 1857 Beginn des Rechtsstudiums (Berlin, 2. bis 4. Semester in Heidelberg). 1860 Promotion in Berlin bei *Homeyer* („De debitis feudalibus"). 1865 Gerichtsassessor. 1867 Habilitation in Berlin mit einem Teilstück (1100 handgeschriebene Folioseiten) seines Werks über das Genossenschaftsrecht, das von → *Beseler* angeregt worden war. Vorlesungen über Deutsche Rechts- und Reichsgeschichte, Deutsches Privatrecht und Staatsrecht (über die Vorlesungen des großgewachsenen, blond-bärtigen *G.* sagt *Stutz*: „Begann er in schwerem Ringen mit sich selbst mit ungelenken Gebärden zu reden, so mutete er fast an wie der Donnergott"). 1871, nach Ablehnung einer Züricher Berufung, außerordentlicher Professor in Berlin, im selben Jahr Ernennung zum ordentlichen Professor in Breslau. Ab 1872 Mitglied des Vereins für Socialpolitik; später auch Mitgründer des evangelisch-sozialen Kongresses, 1882/83 in Breslau Rektor, 1884 Professor in Heidelberg, 1887 in Berlin. 1888/89 Erscheinen von *G.s* aufsehenerregender Kritik am ersten Entwurf des BGB. 1902/03 Rektor der Berliner Universität, 1909 Ehrendoktor der Harvard-Universität, 1911 Erhebung in den erblichen Adelsstand. Gestorben am 10. 10. 1921.

G. sah sich selbst als Sproß der historischen Rechtsschule (→ *Savigny*), an deren Grundthese von der Entstehung des Rechts aus dem Volksgeist er festhielt. Abweichend von → *Savigny* und → *Puchta* betonte er aber, wie auch → *Beseler*, die nationalen und volksmäßigen Elemente der Rechtsentstehung, die er in der Gegenwart durch ein unvolkstümliches

romanistisches Juristenrecht bedroht sah. Nach *G.* kann das römische Recht nur die Form für den deutschen Rechtsstoff abgeben: „Der Geist, der die Form beseelt, sei der Geist des Rechtes unserer Väter!" *G.* verlangte nun einerseits eine auf historischer Erforschung des deutschen Rechts beruhende Rechtswissenschaft, daneben aber auch eine „philosophische Betrachtungsweise". Diese Forderung unterscheidet sich von → *Savignys* und → *Puchtas* Vorstellungen dadurch, daß sie auch materiale Maßstäbe für das Recht finden will, insofern hebt sie sich auch vom Rechtspositivismus (→ *Windscheid*, → *Binding*) und vom soziologischen Positivismus → *Jherings* ab. Den materialen Maßstab sah *G.* in der „Rechtsidee", die sich „in den konkreten Rechtsbildungen der im Strom der Geschichte auf- und untertauchenden menschlichen Genossenschaften" verwirkliche. Worin diese Rechtsidee eigentlich besteht, hat *G.* selbst nicht angeben können („Das Urbild der Gerechtigkeit entschleiert sich uns nicht"), man wird aber sagen dürfen, daß er sie sachlich in gewissen Grundsätzen des germanischen Rechts verwirklicht sah, dem er den Hauptteil seiner riesenhaften dogmatisch-historischen Werke widmete.

Kernstück dieser Werke ist die *Genossenschaftstheorie*. Wie schon → *Beseler* verstand auch *G.* den Begriff der Genossenschaft sehr viel weiter, als er heute (§ 1 des Genossenschaftsgesetzes von 1889) verstanden wird. Er faßte darunter „jede auf freier Vereinigung beruhende deutschrechtliche Körperschaft". In den so begriffenen Genossenschaften sah *G.* eine zentrale Erscheinung des deutschen Rechtslebens, die alle körperschaftlich strukturierten Verbände, von der Familie bis zum Staat der Gegenwart, umfasse. Mit den Kategorien des individualistischen römischen Privatrechts, d.h. mit der herrschenden „Fiktionstheorie“, die sie nur als fingierte, handlungsunfähige Personen ansieht, könnten die Genossenschaften nicht erfaßt werden. Sie seien Organismen, „reale Verbandspersönlichkeiten“, also mehr als nur fingierte Menschen und als nur die Summe der in ihnen zusammengeschlossenen Individuen. Daraus folgt, daß sie mit privatrechtlichen Kategorien überhaupt nicht konstruierbar sind, vielmehr besondere „sozialrechtliche“ Strukturprinzipien haben. Für *G.* wird damit das „Sozialrecht“, dem auch Teile des herkömmlichen Privatrechts und das ganze öffentliche Recht angehören, der große Gegensatz zum „Individualrecht“. Die Genossenschaftstheorie gipfelt also in einer Staatstheorie, auf deren Grundlage *G.* z.B. → *Labands* positivistisches und mit privatrechtlichen Begriffen operierendes Staatsrecht kritisierte. Die geplante vollausgeführte Dogmatik des gesamten Genossenschaftsrechts hat *G.* allerdings nicht geben können, einen teilweisen Ersatz bieten die Darstellung des Rechts der Verbandspersönlichkeit im ersten Band des „Deutschen Privatrechts“ und das Buch über „Die Genossenschaftstheorie und die deutsche Rechtsprechung“, in dem *G.* nachwies, daß die Rechtsprechungspraxis seiner Zeit zum Genossenschaftsrecht trotz äußerlich romanistischer Schablonen sachlich weitgehend deutsche Rechtsgrundsätze anwendet.

Die dreieinhalbtausend Seiten von „Das deutsche Genossenschaftsrecht“ enthalten also nur die Geschichte der deutschen Genossenschaften (erster Band) und der Genossenschaftstheorie (zweiter bis vierter Band, unvollendet). *G.* hat in diesen „großartigen Arbeiten“ die „germanischen Genossenschaftsformen … in ihrem Reichtum und ihrer Entwicklung … historisch neu endeckt“ *(Max Weber)* und zugleich eine als Ganzes wohl unüberbietbare Dogmengeschichte der Körperschaft geschrieben, die in einigen die gesamteuropäische Entwicklung betreffenden Teilen – trotz ihres abschreckenden Umfangs – in mehrere Sprachen übersetzt worden ist. Grundzüge der von *G.* gezeichneten Entwicklung sind die folgenden: Das ursprüngliche deutsche Verbandswesen prägt sich im Gegensatz von herrschaftlicher (Lehensverbände) und genossenschaftlicher (Sippen) Struktur aus. Im Mittelalter sind diese Prinzipien durch „Verdichtung“ der Genossenschaften zu Körperschaften und der Herrschaftsverbände zu Anstalten (die beide nun als selbständige Verbandspersonen von ihrem sinnlichen Träger unterschieden wurden) fortgebildet worden. Die Rezeption des römisch-kanonischen Rechts – und damit der „Fiktionstheorie" – hemmte diese Entwicklung zunächst nicht merklich, weil sie durch die italienische Doktrin in eine auch für die deutschen Verbandsbildungen passende Form gebracht worden war. Entscheidend für die Unterdrückung des deutschen Verbandsrechts wurde jedoch die Verwendung der römisch-kanonischen Theorie durch den verbandsfeindlichen Absolutismus. Eine Gegenbewegung leiteten dann jene naturrechtlichen Lehren ein, die auf der Grundlage gesellschaftsvertraglicher Vorstellungen auch Verbandsbildungen unterhalb des Staates respektierten, vor allem die Lehre des → *Althusius* (die *G.* für das 19. Jahrhundert neu entdeckt und monographisch behandelt hat). Diese Auffassung führte in der naturrechtlich beeinflußten Gesetzgebung, vor allem im Preußischen Allgemeinen Landrecht (→ *Svarez*), zu einer Neubelebung des Verbandswesens, die sich in der Gegenwart noch verstärkt habe: Die Genossenschaftsidee sei Schöpferin eines alle Gebiete des Soziallebens erfassenden Vereinswesens, das „so Großes es schon hervorgebracht hat, Größeres noch in näherer und fernerer Zukunft wirken wird".

G.s eigentümliche Identifizierung deutschrechtlichen Gedankenguts mit idealen Anforderungen an das Recht gab ihm auch eine sichere Grundlage für seine *Kritik an dem Entwurf eines Bürgerlichen Gesetzbuchs*. Er sah in dem ersten BGB-Entwurf die äußerste Steigerung der romanistisch-individualistischen Privatrechtstheorie und setzte ihm seine aus dem älteren deutschen Recht abgeleiteten Vorstellungen von der „sozialen Aufgabe des Privatrechts" entgegen, die er auch in einem berühmt gewordenen Vortrag entwickelt hat („in unserem öffentlichen Recht muß ein Hauch des naturrechtlichen Freiheitsraumes wehen und unser Privatrecht muß ein Tropfen sozialistischen Öles durchsickern!"). Vor allem tadelte er, daß der Entwurf die Privatrechte als schrankenlose Befugnisse des Rechtsinhabers begriff, ohne ihre soziale Pflichtbindung zu erwähnen, das eigentliche Verbandsrecht nur in kümmerlichen Ansätzen, auf der Grundlage des von *G.* bekämpften Konzessionssystems, regelte und sich überall – besonders im Familien- und Erbrecht – der Anerkennung besonderer verbandsrechtlicher Prinzipien entzog. *G.* hat tatsächlich in den meisten Punkten seiner Kritik die Richtung, in der sich das Privatrecht weiterentwickeln würde, vorausgesehen: im Allgemeinen Teil mit seinem Vorwurf einer Überspitzung des Willensdogmas in der Irrtumslehre, im Schuldrecht mit der Forderung, dem Mieter und Pächter eine stärkere Stellung gegenüber dem Eigentümer zu geben, den Immaterialschadensersatz auszuweiten und im Deliktsrecht das Verursachungsprinzip stärker zu berücksichtigen, im Sachenrecht mit einer Kritik an dem naturalistischen „Spezialitätsprinzip“, das er zugunsten einer sachgerechten Regelung der Rechte an Vermögensinbegriffen aufzugeben verlangte, im Familienrecht mit der Forderung, die Scheidung zerrütteter Ehen zu erleichtern und den in der Ehe gemachten Güterzugewinn den Ehegatten gemeinsam zufließen zu lassen. Aber auch in den knapperen Ausführungen zu den gesetzespositivistischen Grundanschauungen des Entwurfs zeigt sich die – auf dem richtigen Verständnis der historischen Rechtstheorie beruhende – relative „Modernität“ von *G.s* Gedanken, wenn er das Verbot der Berücksichtigung gewohnheitsrechtlicher Sätze als wirkungslos und schädlich bezeichnet („Wozu … dieses gesetzgeberische Verbot, welches täglich umgangen wird und umgangen werden muß, wenn das Rechtsleben gesund bleiben soll?“) und zugleich betont, daß Gesetzgebung selbst schöpferisch sein soll und nicht nur die Wiedergabe eines bestehenden Lehrsystems.

Das *„Deutsche Privatrecht“*, dessen erster Band sechs Jahre nach der Kritik am BGB-Entwurf erschien, zieht die Summe der „deutschen“ Privatrechtsdogmatik des 19. Jahrhunderts. Wie das Genossenschaftsrecht blieb es unvollendet: Es behandelt in seinen drei Bänden den Allgemeinen Teil nebst Personenrecht, Sachenrecht und Recht der Schuldverhältnisse; Teile des Familienrechts hat *G.* im Manuskript hinterlassen. Außer der Darstellung des Verbandsrechts sind zwei Abschnitte des Handbuchs als für die Gegenwart besonders einflußreich hervorzuheben: die Darstellung des Persönlichkeitsrechts im ersten und die des (Arbeits-)Dienstvertrags im dritten Band. *G.* war entschiedener Vorkämpfer eines umfassenden Persönlichkeitsschutzes, der in der Gegenwart vor allem durch den richterlich ausgeweiteten Immaterialschadensersatz gewährt wird. Er ging in der Ausweitung der Persönlichkeitsrechte der heutigen Dogmatik sogar etwas zu weit, da er u.a. sogar Gewerbefreiheit, Monopolrechte und ausschließliche Aneignungsrechte unter diesen Begriff nahm. Grundlegend bleibt jedoch seine Vorstellung, daß Quelle aller speziellen Persönlichkeitsrechte ein „allgemeines“ Recht der Persönlichkeit ist, auf das, „wo das Rechtsbewußtsein der Gegenwart dies heischt“, zurückgegriffen werden muß, wenn ein schutzgewährendes „besonderes“ Persönlichkeitsrecht noch nicht ausgebildet ist. Noch höher wird *G.s* Einfluß auf die moderne Arbeitsrechtsdogmatik veranschlagt. *G.* erfaßte erstmalig die personenrechtliche Seite des Arbeitsvertrages (gegenüber der herkömmlichen rein schuldrechtlichen Deutung) und die Funktion des Arbeitsverhältnisses als Eingliederung des Arbeitnehmers in einen Verband: darin lagen Ansätze zum Arbeitsschutzrecht und zum Betriebsverfassungsrecht. Darüber hinaus ist hervorgehoben worden, daß *G.s* Theorie der genossenschaftlichen Autonomie zu einer sachgerechten Erfassung des Tarifvertrages als Rechtsquelle imstande ist. – Es überrascht auf den ersten Blick vielleicht, daß sich bei *G.* in dieser Weise „liberale" (Persönlichkeitsschutz) mit „sozialen" (Arbeitsrecht) Forderungen verbinden, tatsächlich ist diese Verbindung für ihn ganz charakteristisch und wurzelt in seiner Auffassung, das „germanische" Volk sei in besonderer Weise berufen, den Gedanken der „Einheit" mit dem der „Freiheit" zu versöhnen (Einleitung zum ersten Band des Genossenschaftsrechts).

Hauptwerke: Das deutsche Genossenschaftsrecht, 4 Bde., 1868, 1873, 1881 (Ndr. jeweils 1913), 1913. Nachdruck aller Bde. 1954. – Der Humor im deutschen Recht, 1871, [2]1886. – Die Grundbegriffe des Staatsrechts und die neueren Staatsrechtstheorien, in: ZStW 30 (1874), Buchausg. 1915. – Johannes Althusius und die Entwicklung der naturrechtlichen Staatstheorien, 1880, [3]1913, [6]1968 unv., 1980. – Labands Staatsrecht und die deutsche Rechtswissenschaft, in: Schmollers Jahrb. 7 (1883), Buchausg. 1961. – Die Genossenschaftstheorie und die deutsche Rechtsprechung, 1887, Ndr. 1963. – Der Entwurf eines bürgerlichen Gesetzbuchs und das deutsche Recht, in: Schmollers Jahrb. 12 (1888) und 13 (1889), erweiterte Buchausg. 1889. – Die soziale Aufgabe des Privatrechts, 1889, Ndr. 1948, in: Quellenbuch zur Gesch. der dt. Rechtswiss., hrsg. von *Erik Wolf*, 1949, 478 ff. – Deutsches Privatrecht, 3 Bde., 1895 (Ndr. 1936), 1905, 1917. – Das Wesen der menschlichen Verbände, 1902, Ndr. 1965. – Die historische Rechtsschule und die Germanisten, 1903. – Schuld und Haftung im älteren deutschen Recht, 1910, Ndr. 1969. – Recht und Sittlichkeit, in: Logos 6 (1916/17), Buchausg. 1963. Bibliographie in: ZRG (GA) 43 (1922), XLV-LXIII und bei *Wolf:* Rechtsdenker, 709-711.

Literatur: E.-W. Böckenförde: Die deutsche verfassungsgeschichtliche Forschung im 19. Jh., 1961, 147-176. – *G. Dilcher:* Genossenschaftstheorie und Sozialrecht: Ein „Juristensozialismus" Otto v. Gierkes?, in: Quad. Fior. 3/4 (1974/75), 319-365. – *W. Ebel:* Deutsches Recht und deutscher Staat. Otto v. Gierke (1841-1921) – Paul Laband (1838-1918), in: Leben und Leistung (Zur 150-Jahr-Feier d. Dt. Burschenschaft), 1965, 78-94. – *W. Friedmann:* Legal Theory, [5]1967. – *G. Gurwitsch:* Otto v. Gierke als Rechtsphilosoph, in: Logos 11 (1922/23), 86-131. – *H.G. Isele:* Otto von Gierkes Bedeutung für das moderne Arbeitsrecht, in: Festschr. Maridakis II, 1963, 285 ff. – *A. Janssen:* Otto von Gierkes Methode der geschichtlichen Rechtswissenschaft 1974. – *F. Jobs:* Otto v. Gierke und das moderne Arbeitsrecht, Diss. jur. Frankfurt am Main, 1968. – *H. Krupa:* Otto v. Gierke und die Probleme der Rechtsphilosophie, 1940, Ndr. 1969. – *H. Kuntschke:* Zur Kritik Otto v. Gierkes am Bürgerlichen Gesetzbuch, in: Die Entwicklung des Zivilrechts in Mitteleuropa, 1970, 153-164. – *A. Laufs:* Genossenschaftsdoktrin und Genossenschaftsgesetzgebung vor hundert Jahren, in: JuS 1968, 311-315. – *F.W. Maitland:* Einleitung (VII-XLV) zu: *O. Gierke:* Political Theories of the middle age (teilw. Übers. v. Bd. 3 des Genossenschaftsrechts), 1900, [8]1968. – *H.-G. Mertens:* Otto von Gierke (11.1.1841 – 10. 10. 1921). Zum 50. Todestage des großen Germanisten, in: JuS 1971, 508-511. – *S. Mogi:* Otto von Gierke. His political teaching and jurisprudence, London 1932. – *H.W. Mundt:* Sozialpolitische Wertungen als methodischer Ansatz in Gierkes privatrechtlichen Schriften, Diss. jur. Frankfurt am Main, 1976. – *K.W. Nörr:* Eher Hegel als Kant. Zum Privatrechtsverständnis im 19. Jahrhundert, 1991, 44-49. – *S. Pfeiffer-Munz:* Soziales Recht ist deutsches Recht. Otto von Gierkes Theorie des sozialen Rechts untersucht anhand seiner Stellungnahmen zur deutschen und schweizerischen Privatrechtskodifikation (= Zürcher Studien zur Rechtsgesch., 2), 1979. – *H. Spindler:* Von der Genossenschaft zur Betriebsgemeinschaft. Kritische Darstellung der Sozialrechtslehre Otto v. Gierkes, 1982. – *Stintzing-Landsberg:* GDtRW 1112, 912-916. – *U. Stutz:* Otto von Gierke, in: ZRG (GA), 43 (1922), VII-XLV (wieder in: *U. Stutz:* Nachrufe, 1966, 165-220). – *H. Thieme:* Was bedeutet uns Otto von Gierke?, in: De iustitia et iure (Festschr. f. U. v. Lübtow), 1980, 407-424. – *Wieacker:* PRG, 453-456. – *Wolf:* Rechtsdenker, 669-712. – GD 4 (1957), 205-213 *(E. Wolf).* – HDSW 4 (1965), 590 f. *(T. Würtenberger).* – HRG I (1971), 1684-1687 *(H.G. Isele).* – Jur., 232-234 *(G. Dilcher).* – NDB 6 (1964), 374 f. *(K.S. Bader).* – StL 2 (71986), 1063 f. *(H. Thieme).* Bibliographie bei *Wolf,* Rechtsdenker, 711 f.

S.

Ranulf de Glanville

(1120/30-1190)

Geboren in Stratford St. Andrew, Suffolk, als zweiter Sohn eines Ritters. 1163/64 bis zur „great inquiry". 1170 ist er Sheriff von Yorkshire. 1173 wird er Sheriff von Lancashire. In dieser Eigenschaft ist er einer der chief commanders der englischen Streitkräfte in der Schlacht bei Alnwick am 13.7.1174, bei der ihm die Gefangennahme des schottischen Königs Wilhelm der Löwe gelingt. Nach diesem Sieg bekleidet er hohe Ämter, u.a. Sheriff von Yorkshire ab 1174, Justice in Eyre (Reiserichter) 1176 und 1179, Mitglied des ersten dauernden königlichen Gerichtshofes ab 1179. 1180 wird er Nachfolger *Richard de Lucys* als Chief Justiciar (capitalis iusticiarius, iusticiarius totius Angliae) und damit einer der mächtigsten Männer des Reiches. Heinrich II. (König 1154-1189) dient er bis zu dessen Tod als Berater und in verschiedenen militärischen und diplomatischen Missionen. *G.* gehört zu den begabten, gebildeten und tatkräftigen Juristen, die die Reformtätigkeit Heinrichs II. mittragen. Nicht frei von Spannungen ist dagegen sein Verhältnis zu Richard I. (Löwenherz, König 1189-1199). 1189 gibt er sein Amt als Chief Justiciar auf, die Gründe hierfür liegen im Dunkeln. Ebenso unklar ist, ob er freiwillig ab Juli 1190 am 3. Kreuzzug teilnimmt oder ob er von Richard dazu gezwungen wird, weil dieser ihn während seiner Abwesenheit nicht in England wissen will. Während der Belagerung der Stadt Akkon stirbt *G.* am 21.10.1190.

Mit *G.s* Namen verbunden ist die älteste Gesamtdarstellung des englischen Common Law. Der „Tractatus de legibus et consuetudinibus regni Angliae“ (auch als „Glanville“ bezeichnet) entstand während *G.s* Zeit als Chief Justiciar zwischen 1187 und 1189. *G.s* Autorschaft ist nicht unumstritten, als Autoren kommen auch *Godfrey de Lucy*, *Hubert Walter* und *Geoffrey fitz Peter* in Frage. *G.s* Tätigkeit in Schlüsselpositionen des Gerichts- und Reiserichterwesens und sein enges Verhältnis zu dem stark juristisch orientierten König Heinrich II. boten aber gute Voraussetzungen für die Abfassung eines Rechtstraktats.

Heinrich II. hatte das königliche Recht in einer Weise gefestigt und ausgebaut, die ihm den Vorrang vor den verschiedenen lokalen Rechten sicherte. Für alle, die am königlichen Gericht Recht suchten, war dieses Recht gleich, „common to all free men in a sense that it is available to them in civil causes if they will have it, and applicable against them in serious criminal causes wether they like it or not ... It is a product of the 12th century“ (*G.D.G. Hall*). Jedem von den Gerichten geschützten subjektiven Recht des Einzelnen entsprach eine besondere Klageformel (lat. breve, engl. writ). Zu unterscheiden war zwischen original writs (brevia originalia), die als prozeßbegründende Schriftstücke erforderlich waren, und judicial writs (brevia iudicialia), die von den Gerichten im Lauf des Verfahrens erlassen wurden. Mit dem größeren Wirkungsbereich, den die königlichen brevia insbesondere dadurch erhielten, daß immer mehr Verfahren vor der curia regis anhängig gemacht wurden, entstand ein Bedürfnis nach ausdifferenzierten Tatbeständen und Klageformeln. Neue Klageformeln wurden von der königlichen Kanzlei erarbeitet, häufiger in Gebrauch befindliche erstarrten nach und nach zu festen Formularen. Gegen Ende der Regierungszeit Heinrichs II. wurden etwa 70 bis 80 writs regelmäßig verwendet, und es erschien als notwendig, ihre wachsende Zahl zu ordnen.

Der „Tractatus“ enthält in seinen vierzehn Büchern denn auch eine mehr praxisorientierte als theoretische Darlegung des englischen Rechts. Der Verfasser stellt die Rechtsprechung der königlichen Gerichte dar und erläutert in geringerem Umfang die königliche Gesetzgebung (Assisen) und das materielle Recht. Im Prolog bekennt der Verfasser, er und seine

Zeit seien außerstande, das gesamte Recht aufzuzeichnen und zu systematisieren, und erklärt, sich deshalb auf einige wichtige, häufig im königlichen Gericht vorkommende Materien („in curia generalia et frequentius usitata") zu beschränken. Im Vordergrund stehen die Zivilklagen (Buch I-XIII), bei welchen der Verfasser den Wortlaut von 76 verschiedenen Klageformeln, verbunden mit Ausführungen über die Voraussetzungen ihrer Verwendung, und das Verfahren bis hin zum Abschluß des Prozesses mitteilt. Die aufgeführten original und judicial writs erscheinen als Befehle in Blankettform, in deren Text nur die Personen- und Ortsnamen sowie das Datum eingesetzt werden mußten.

Der Verfasser ist von der scholastisch geprägten Jurisprudenz des 12. Jahrhunderts beeinflußt, obgleich er selbst wohl nur über geringe Kenntnisse des römischen und kanonischen Rechts verfügte. Er war auf eine logische und systematische Darstellungsweise bedacht und unterscheidet klar zwischen Zivil- und Strafklagen (placita civilia et criminalia, letztere im Buch XIV), sowie zwischen Besitz- und Eigentumsklagen. Die hohe juristische Qualifikation und Originalität des Verfassers zeigen sich etwa im Buch VII, als ihm bei der Darstellung eines Erbschaftsproblems keine Klageformeln zur Verfügung stehen. Er versucht, mittels einer Erörterung allgemeiner Grundsätze dieses Rechtsgebiets zu einer Lösung zu kommen, eine in der bisherigen englischen juristischen Literatur beispiellose Vorgehensweise.

Der „Tractatus" ist in einfachem Latein abgefaßt und erlangte wegen seiner Klarheit große Beliebtheit, war in zahlreichen Handschriften verbreitet und wurde noch um die Mitte des 13. Jahrhunderts von Juristen benutzt und jeweils dem neuesten Stand angepaßt. Zusammen mit dem ähnlich betitelten Werk → *Bractons* hatte er entscheidenden Anteil daran, daß sich das Common Law gegen das römische und kanonische Recht behaupten konnte. Der Glanville ist das älteste book of authority des Common Law, das schottische „Regiam Maiestatem" und der normannische „Très Ancien Coutumier" wurden deutlich von ihm beeinflußt.

Hauptwerke: Tractatus de legibus et consuetudinibus regni Angliae. Ausgaben von: *G.E. Woodbine*, 1932; *G.D.G. Hall:* The Treatise on the Laws and Customs of the Realm of England, commonly called Glanville, 1965. – Übersicht über die mitgeteilten writs bei *H. Peter:* Actio und Writ. Eine vergleichende Darstellung römischer und englischer Rechtsbehelfe, 1957, 105 ff.

Literatur: S.J. Bailey: Glanvill and his children; Glanvill in Yorkshire, in: Cambridge Law Journal 15 (1957), 163 ff.; 16 (1958), 178 ff. – *J.L. Barton:* Roman Law in

England (IRMAE V, 13a), 1971, 8 ff. – *J. Biancalana:* For want of justice: legal reforms of Henry II., in: Columbia Law Review 88 (1988), 433 ff. – *P. Brand:* „Multis Vigiliis Excogitatam et Inventam": Henry II. and the creation of the English Common Law, in: ders., The making of the Common Law, 1992. – *R. v. Caenegem:* Royal writs in England from the conquest to Glanvill, 1959. – *Ders.:* The birth of the English Common Law, [4]1988. – *J.S. Falls:* The justiciarship of Ranulf de Glanville: A.D. 1180-1189, Diss. Mississippi State University 1967 (unveröffentlicht). – *Ders.:* Ranulf de Glanville's Formative Years, c.1120-1179, in: Mediaeval Studies 40 (1978), 312 ff. – *M. Hale:* The History of the Common Law of England, 1971 (Hrsg. *C.M. Gray*). – *H. Kaufmann:* „Causa Debendi" und „Causa Petendi" bei Glanvill sowie im römischen und kanonischen Recht seiner Zeit, in: Traditio 17 (1961), 107 ff. – *S.F.C. Milsom*: The Legal Framework of English Feudalism, 1976. – *Ders.:* Historical Foundations of the Common Law, [2]1981. – *J.C. Russell*: Ranulf de Glanville, in: Speculum 45 (1970), 69 ff. – *D.M. Stenton:* English Justice between the Norman Conquest and the Great Charter, 1066-1215, 1964. – *R.V. Turner:* The English judiciary in the age of Glanvill and Bracton, c. 1176-1239, 1985, 23 ff. – *Ders.:* Who was the author of Glanvill? Reflections on the education of Henry II's common lawyers, in: Law and History Review 8 (1990), 97 ff. – *F.J. West:* The justiciarship in England 1066-1232, 1966, 54 ff. – HRG I, 1692 f. *(H. Peter)*. – Jur., 237 f. *(R.-P. Sossna)*. – A.W.B. Simpson (Hrsg.): Biographical Dictionary of the Common Law, 208 ff. *(T.G. Watkins)*.

S. Luik

Rudolf von Gneist

(1816-1895)

Geb. 13.8.1816 in Berlin, gestorben 22.7.1895 ebd. Vater: Justizkommissar beim Berliner Kammergericht, später Landgerichtsrat in Eisleben und Aschersleben. 1833-36 Studium der Rechtswissenschaft in Berlin (→ *Savigny*); 1836 Auskultator, 1838 Referendar, Dr. jur. utr.; 1839 Habilitation, Privatdozent der Rechte in Berlin; 1841 Assessor am Kammergericht; 1845 ao. Professor, Stadtverordneter von Berlin (bis 1849, dann wieder 1858-75); 1847 Hilfsarbeiter beim Obertribunal (1849 ausgeschieden); 1858 o. Professor für Zivilrecht und Pandekten; 1859 Abgeordneter im Preuß. Landtag; 1867 Reichstagsabgeordneter (dann bis 1884); ab 1868 zwölfmal Präsident der deutschen Juristentage; 1872/73 Mitbegründer und erster Präsident des Vereins für Socialpolitik; 1875 Richter am Preuß. Oberverwaltungsgericht; 1884 Mitglied des Staatsrats, 1886 Wirkl. Geh. Oberjustizrat; 1888 Erhebung in den erblichen Adelsstand, Orden pour le mérite; 1895 Wirkl. Geh. Rat („Exzellenz").

G. gehört zu den zahlreichen (rechts-) liberalen Professoren im 19. Jh., die sich auch als Politiker und juristische Praktiker hervorgetan haben. Als Hochschullehrer hielt er vom Beginn seiner akademischen Laufbahn bis an sein Lebensende an der Berliner Universität Vorlesungen über Preuß. Privatrecht, Zivilprozeß, Strafrecht und Strafprozeßrecht ab. Ab 1842 führte er → *Savignys* Pandektenvorlesung fort. In der Mitte der 70er Jahre las er überwiegend Staats- und Verwaltungsrecht, auch (seit 1853) Englisches Verfassungs- und Verwaltungsrecht. Die Vorlesungstätigkeit behielt *G.* trotz seiner Beanspruchung durch Politik und richterliche Tätigkeit bis kurz vor seinem Tode bei, obwohl er erst 13 Jahre nach seiner Ernennung zum außerordentlichen Professor zum ordentlichen Professor ernannt wurde. Durch die Verbindung von Theorie und Praxis verstand *G.* es meisterhaft, seine Zuhörer zu fesseln. Seine Vorlesungen zählten zu den bestbesuchten, und er war der beliebteste Professor der Universität. Fünfmal war er Dekan, 1872/73 Rektor. Noch größeres Ansehen errang er aber als Rechtspolitiker. „Der Erfolg der rechtspolitischen Arbeit *G.s* war unermeßlich. Vielleicht hat niemals zuvor ein Gelehrter, ohne selbst in leitender Stellung das Staatsleben zu beherrschen, in gleichem Maße der Gesetzgebung seines Landes den Stempel seines Geistes aufgedrückt. In vielen Dingen erlebte er den Sieg der Gedanken, für die er gekämpft hatte. Was aber von seinen Triumphen ohne Beispiel dasteht, das läßt sich unter zwei Stichworten zusammenfassen: Selbstverwaltung und Rechtsstaat“ *(Gierke)*. Aus moderner Sicht ist allerdings einschränkend hinzuzufügen, daß das Selbstverwaltungsprinzip im demokratischen Staat in anderer Weise verwirklicht ist, als es den Vorstellungen *G.s* entsprochen haben würde.

G. hatte als junger Gelehrter acht Jahre lang seine Sommerferien zu Studienreisen nach Belgien und Frankreich, insbesondere aber nach England benutzt, um das französische und das englische Recht kennenzulernen. Angeregt durch die strafprozessuale Frage der zweckmäßigen

Bildung der Geschworenengerichte in Deutschland, beschäftigte er sich mit den politischen Verhältnissen Englands. Da er in der englischen Literatur auf keine ins Gewicht fallenden Vorarbeiten zurückgreifen konnte, schuf er aus den Quellen selbständig eine vollständige Geschichte und ein vollständiges System des englischen Verwaltungsrechts. Es entstand „Das heutige englische Verfassungs- und Verwaltungsrecht". Der erste Band erschien 1857 unter dem Titel „Geschichte und heutige Gestalt der Ämter in England mit Einschluß des Heeres, der Gerichte, der Kirche, des Hofstaates", der zweite Band 1860 unter dem Titel „Das heutige englische Verfassungs- und Verwaltungsrecht, die heutige Kommunalverfassung oder das System des Selfgovernment in seiner heutigen Gestalt". Durch dieses Werk, das *G.* später umgestaltete, erweiterte, vertiefte und in zwei zweibändige Werke aufspaltete, die er unter sich ändernden Titeln herausbrachte, sowie durch Einzelschriften erwarb er sich selbst in England höchstes Ansehen. Er galt „als gründlichster Erforscher der dortigen öffentlichen Rechtsgeschichte in ihren mannigfachen sozialen Zusammenhängen wie als systematisch tiefster Kenner der daraus erwachsenen Gegenwartsgestaltung" *(Landsberg)*. „Er wies nach, wie die englische Freiheit zwar durch den Oberbau der Parlamentsverfassung gekrönt werde, ihr tragfähiges Fundament aber lediglich in einem verwickelten Unterbau besitze, der vor allem die beiden Gedanken der Selbstverwaltung und der Verwaltung nach Gesetzen verwirklichte. In der Herübernahme des Oberbaues ohne den Unterbau sah er die Ursache des Scheiterns der konstitutionellen Monarchie in Frankreich und der Unsicherheit der Verfassungszustände in Deutschland" *(Gierke)*. Durch seine Studien entdeckte *G.*, daß in England die Geschworenenpflicht als Kommunaldienstpflicht ehrenamtlich versehen wurde. Diese Ausübung hoheitlicher Befugnisse durch ehrenamtlich Tätige, also die Beteiligung der Bürger (Laien) an den Staatsaufgaben und an der Verwaltung, erschien ihm als die einzige Möglichkeit, den Gegensatz Staat – Untertan sowie die Parteimißwirtschaft abzubauen und die Auswüchse des hochmütigen Beamtentums zu bekämpfen. *G.* argumentierte, der Bürger würde, wenn er sich von seinesgleichen regiert fühlte, in der praktischen Anschauung des Staates leben und somit sein Vaterlandsgefühl steigern. Dieses „selfgovernment", wie *G.* es nannte, sollte in den Händen des höheren Bürgertums und des Adels liegen, die die Ehrenämter auf Grund – notfalls zwangsweiser – Ernennung erlangen und sie nach den Gesetzen ausüben sollten („Honoratiorenselbstverwaltung"). *G.s* Auffassung der Selbstverwaltung entsprang einer geschichtsphilosophischen Grundvorstellung, die er unter dem Einfluß der Philosophie *Hegels* in sich ausgebildet hatte und für die er die endgültige Formel aus der von → *Lorenz v. Stein* entwickelten Gesellschaftslehre schöpfte. Diese im Grunde noch an ständestaatlichen Vorstellungen orientierte Form der „obrigkeitlichen" Selbstverwaltung durch staatlich *ernannte* Honoratioren (Laien) ist nicht zu verwechseln mit der moderneren (schon in der → *Stein*schen Städteordnung vorgeprägten) „demokratischen" (korporativen) Selbstverwaltung durch von der Selbstverwaltungskörperschaft *gewählte* Amtsträger (meist Berufsbeamte, nicht Laien), wie sie sich in der Gegenwart durchgesetzt hat.

Obgleich *G.* die englischen Verhältnisse gründlich untersucht und sich bemüht hatte, englische Begriffe nicht einfach auf deutsche Verhältnisse zu übertragen, verkannte er doch manche Institution und ließ, da dies seiner Zielsetzung zuwidergelaufen wäre, außer acht, daß man in England an den eigenen Institutionen kritisch arbeitete und sie in Anlehnung an kontinentale Verhältnisse zu ändern trachtete. Er machte die (obrigkeitliche) Selbstverwaltung zu einer seiner Hauptaufgaben und versuchte, ihre Verwirklichung durch Publikationen (namentlich: „Verwaltung, Justiz, Rechtsweg, Staatsverwaltung und Selbstverwaltung nach englischen und deutschen Verhältnissen mit besonderer Rücksicht auf Verwaltungsreformen und Kreisordnungen in Preußen" und „Der Rechtsstaat und die Verwaltungsgerichte in Deutschland") und durch sein Wirken im Preußischen Abgeordnetenhaus durchzusetzen.

In dieses war er 1858 gewählt worden und gehörte ihm bis 1893 an (1862 kurze Unterbrechung). Zunächst hatte er sich der liberalen Fraktion *(Georg von Vincke)* angeschlossen, wechselte dann (1862) aber zum linken Zentrum *(Bockum-Dolffs)*, das sich von der liberalen Partei abgetrennt hatte. Im Verfassungskonflikt (1862-66) bekämpfte *G. Bismarcks* Lückentheorie aufs schärfste, wurde aber nach den ersten großen Erfolgen der *Bismarck*schen Außenpolitik, die auch zur nachträglichen Bewilligung der inzwischen geleisteten Ausgaben geführt hatten, ein überzeugter Anhänger des Ministerpräsidenten. Nach der Landtagswahl 1866 trat *G.* zur Nationalliberalen Partei und damit von der Oppositions- zur Regierungspartei über.

Mit dem Jahre 1872 begann in Preußen die dritte Verwaltungsreform (die erste unter Friedrich Wilhelm I., 1713-1740, die zweite, sog. *Stein-Hardenberg*sche, 1807/08), die meist als die *Bismarck-Gneist*sche bezeichnet wird. *G.* hatte zu ihr den Anstoß gegeben, und es kamen in ihr wesentliche Züge seiner Lehre zum Durchbruch. Die Reform begann mit der (östl.) Kreisordnung vom 13. 12. 1872. Ihr folgten die (östl.) Provinzialordnung vom 29.6.1875 und die (östl.) Landgemeindeordnung vom 3.7.1891. Allerdings verwirklichen diese Gesetze, insofern von *G.s* Vorstellungen abweichend, zum Teil auch schon Elemente der „demokratischen" Selbstverwaltung.

Die Selbstverwaltung war das eine Hauptziel *G.s*, das Prinzip des Rechtsstaates das andere. *G.s* Forderung ging dahin, wichtige Bereiche der Verwaltung in Normen zu kleiden, an die sich die Behörden zu halten hatten. Anders als im Polizeistaat, in dem es keine Rechtsmittel gegen Verwaltungsmaßnahmen gab, sollten die Anordnungen des Staates und seiner Behörden der Überprüfung durch unabhängige Richter unterworfen sein. Dadurch sollten die Mißbräuche der Parteiverwaltung und die Willkür des Beamtentums zurückgedrängt und schließlich ausgemerzt werden. Die Richter sollten das Recht haben, Gesetze auch auf ihre Verfassungsmäßigkeit hin zu überprüfen. *Otto Bähr* hatte schon vor *G.* gefordert, eine von der aktiven Verwaltung losgelöste Verwaltungsgerichtsbarkeit einzurichten, aber unentschieden gelassen, ob die Kontrolle der Verwaltung von den ordentlichen Gerichten oder von neu zu schaffenden Verwaltungsgerichten ausgeübt werden sollte. Auch *G.* ließ zunächst diese Frage offen, forderte aber seit 1869, eine selbständige Verwaltungsgerichtsbarkeit einzurichten, an der er, aus dem Gedanken der Selbstverwaltung heraus, Laienrichter beteiligen wollte. *G.* konnte, wie schon erwähnt, auch hier seine Vorstellungen nahezu uneingeschränkt durchsetzen, teilweise ging ihre Verwirklichung über seine Forderungen hinaus. Als oberste Instanz der preußischen Verwaltungsgerichtsbarkeit wurde 1875 das Oberverwaltungsgericht eingerichtet, das mit hauptamtlichen, rechtskundigen Richtern besetzt wurde, die volle Unabhängigkeit besaßen. In den unteren Instanzen wurden auch ehrenamtliche Beisitzer herangezogen.

G. war von 1875 an Richter am Oberverwaltungsgericht und hatte gleichzeitig die Stellung des stellvertretenden Vorsitzenden inne. Dadurch nahm er, insbesondere in den ersten Jahren, unmittelbar Einfluß auf die Entwicklung des Gerichts und damit auf die Entwicklung des preußischen Verwaltungsrechts.

Hauptwerke: Die formellen Verträge des neueren römischen Obligationenrechts in Vergleichung mit den Geschäftsformen des griechischen Rechts, 1845. – Die Bildung der Geschworenengerichte in Deutschland, 1849, Ndr. 1967. – Das heutige englische

Verfassungs- und Verwaltungsrecht, 1. Bd. 1857 (^{2}1866/67, ^{3}1883/84), 2. Bd. 1860 (^{2}1863, ^{3}1871). – Verwaltung, Justiz, Rechtsweg, Staatsverwaltung und Selbstverwaltung nach englischen und deutschen Verhältnissen mit besonderer Rücksicht auf Verwaltungsreformen und Kreisordnungen in Preußen, 1869, Ndr. 1970. – Der Rechtsstaat und die Verwaltungsgerichte in Deutschland, 1872, ^{2}1879, ^{3}1958. Kurze Bibliographie in: HRG I (1971), 1721 f., umfassende von *V. Böhmert* in: Der Arbeiterfreund 33 (1895), 145-148.

Literatur: V. Böhmert: Rudolf von Gneist, in: Der Arbeiterfreund 33 (1895), 133-148. – *O. v. Gierke:* Rudolf von Gneist; Gedächtnisrede vor der Berliner jur. Gesellsch., 1896. – *J. Gliss:* Die Entwicklung der deutschen Verwaltungsgerichtsbarkeit bis zur Bundesverwaltungsgerichtsordnung, unter besonderer Berücksichtigung der Grundpositionen von Bähr und Gneist, Diss. jur. Frankfurt am Main, 1962. – *E.J. Hahn:* Rudolf von Gneist 1816-1895. Ein politischer Jurist in der Bismarckzeit, 1995. – *K. Luig:* Soziale Monarchie oder soziale Demokratie – Beobachtungen zur Staatslehre von Rudolf von Gneist, in: ZRG (GA) 111 (1994), 464 ff. – *J. Redlich:* Rudolf von Gneist, in: Biographische Blätter 1 (1895), 364-375. – *W. Scheerbarth:* Rudolf von Gneist, 1816-1895, in: MDV 135-150. – *E. Schiffer:* Rudolf von Gneist (= Meister des Rechts, Bd. 2), 1929. – *G. Schmidt-Eichstaedt:* Staatsverwaltung und Selbstverwaltung bei Rudolf von Gneist, in: Die Verwaltung 8 (1975), 345-362. – *Stintzing-Landsberg:* GDtRW III 2, 963-975, Notenbd. 402-405. – *Stolleis:* Gesch., II, 385-388. – *G.-C. v. Unruh:* Heinrich Rudolf von Gneist (1816-1895), in: PdV, 197-200. – *D. Weber:* Die Lehre vom Rechtsstaat bei Otto Bähr und Rudolf von Gneist, Diss. jur. Köln, 1968. – ADB 49 (1904), 403-413 *(J. Hatschek)*. – HRG I (1971), 1719-1722 *(H. Ridder)*. – Jur., 238 f. *(D. Eßer)*. – NDB 6 (1964), 487-489 *(E. Angermann)*. – StL 3 (1959), 994 f. *(W. Henrichs)*.

F.

Dionysius Gothofredus

(1549-1622)

G. (*Denis Godefroy* der Ältere) ist geb. am 17.10.1549, gest. am 7.9.1622. Er absolviert allgemeine Studien sowie ein Studium der Rechtswissenschaft in Paris mit Aufenthalten in Löwen, Köln und Heidelberg. Wohl in Heidelberg knüpft er Kontakte zum Calvinismus und bekennt sich zur Reform. Abschluß des Studiums in Paris 1573 und Heirat in eine adlige Familie. Nach kurzzeitiger Tätigkeit als Anwalt sieht er sich unter dem Druck der in Paris herrschenden religiösen Auseinandersetzungen gezwungen, die Stadt bald wieder zu verlassen. Mit der Abwendung von der katholischen Kirche setzt *G.* eine bedeutende juristische Karriere aufs Spiel, die angesichts des Einflusses seiner eigenen und angeheirateten Familie vorgezeichnet scheint. Gleichwohl unterhält er mit seinen katholisch gebliebenen Verwandten ebenso gute Beziehungen, wie er auch nach der Auswanderung seinem Vaterland verbunden bleibt.

Erlangung der Doktorwürde an der Universität von Orléans am 28.12.1579. Niederlassung in Genf, wo er bald die Erlaubnis erhält, Rechtskurse zu halten, 1580 die Bürgerrechte verliehen bekommt, 1585 eine Professur erhält und 1587 in den Großen Rat berufen wird. Nach der Thronbesteigung des Hugenotten Heinrich IV. wird *G.* 1589 angesichts seiner Verdienste zum Vogt der von Frankreich neuerworbenen Ländereien von Gex im Jura und gleichzeitig zum außerordentlichen Parlamentsrat in Paris ernannt. Nach Verlust seiner Güter und der Zerstörung seiner kostbaren Bibliothek durch die plündernden Soldaten des Herzogs von Savoyen, die 1590 in die Länder *G.s* einfallen, bleibt nur die Flucht nach Deutschland, wo er sich von nun an unter dem Schutz protestantischer Landesfürsten aufhält. Nachdem er zunächst in Basel Bleibe findet und römisches Recht lehrt, bietet ihm die Universität Straßburg zum 1.5.1591 einen Lehrstuhl für Pandektenlehre und Rechtsgeschichte an. Das Angebot des Königs, ihn zu einem der sechs protestantischen Parlamentsräte in Paris zu ernennen, schlägt er 1600 aus und nimmt stattdessen den Ruf des Kurfürsten Friedrich IV. von der Pfalz nach Heidelberg an. Von dort kehrt er jedoch angesichts der Anfeindungen der alteingesessenen Professoren nach nur kurzer Zeit nach Straßburg zurück. 1604 unternimmt *G.* einen erfolgreichen Neubeginn in Heidelberg, wo er 1607 zum Rektor der Universität ernannt und später zum kurfürstlichen Rat erhoben wird. Während dieser bewegten Zeit erteilt er den Bemühungen des französischen Königs, ihn mit Angeboten von Lehrstühlen in Bourges, Angers und Valence zur Rückkehr nach Frankreich zu bewegen, unter dem Vorwand seines Alters Absagen. 1618 verhandelt *G.* als Gesandter des Kurfürsten in Paris und erhält hohe Auszeichnungen von Ludwig XIII. Während des dreißigjährigen Krieges wird *G.* infolge der Bedrohung Heidelbergs durch Tilly

1621 zur Flucht nach Straßburg gezwungen. Dort findet er bis zu seinem Tod im folgenden Jahr Unterkunft bei einem Freund.

Trotz seines bewegten Lebens hat *G.* ein umfangreiches Schrifttum hinterlassen. Als bedeutsamstes Werk ist seine Ausgabe und Bearbeitung des justinianischen Kodifikationswerks (Institutionen, Digesten, Codex, Novellen) zu betrachten, die er bei der Vorbereitung seiner ersten Vorlesungen in Genf beginnt. *G.s* Edition steht am Ende einer Reihe von gedruckten Ausgaben der einzelnen Teile der justinianischen Kodifikation, die – wohl 1468 – kurz nach Erfindung der Buchdruckerkunst einsetzen. Sie faßt erstmals die einzelnen Teile der Kodifikation unter dem Titel „Corpus iuris civilis" zusammen und wird alsbald – für rund zweihundert Jahre – zur maßgeblichen Ausgabe der für das „Ius commune" im kontinentaleuropäischen Raum zentralen Rechtsquelle. *G.s* Corpus iuris existiert in drei gänzlich unterschiedlichen Ausgaben, die sich auch in den verschiedenen Auflagen nicht gleichen, da sie ständig neu bearbeitet wurden. Zunächst erschien 1583 eine Ausgabe mit Kurzkommentar. Dieser Kommentar deckt sich nicht mehr, wie vorher üblich, mit der mittelalterlichen Glosse, die den Anforderungen der Humanisten, zu denen auch *G.* zu rechnen ist, nicht mehr genügte. Er enthält vielmehr neben dem traditionellen Erläuterungsapparat auch Parallel- und Konträrverweise, Angaben zu Textvarianten und Zitate antiker und zeitgenössischer Autoren. Dazu versah *G.* die zusammengestellten Texte mit eigenen Anmerkungen, wobei er darauf achtete, sich selbst nur das zuzuschreiben, was er neu hinzugefügt hatte, ordnete das justinianische Gesetzeswerk chronologisch und fügte Übersetzungen weiterer griechischer und römischer Texte an, die er für das Verständnis als sinnvoll erachtete. *G.* führte damit eine neue Literaturgattung ein, die sich später allgemein durchsetzt. Aufgrund der Verbindung von Theorie und Praxis, der leichten Handhabbarkeit des Werks durch ein Register, der Durchzählung aller Titel, Gesetze und Paragraphen und anderer Vorzüge erfreute sich sein Werk rasch großer Beliebtheit und wurde bald einhellig als das brauchbarste angesehen. Neben der kommentierten Edition erschien weiterhin eine reine Textausgabe, die nach *G.s* Vorstellungen jeder Jurist stets mit sich führen konnte. Schließlich verfaßte *G.* auch noch eine traditionell glossierte Ausgabe, die sich, wie üblich, an der Glosse des → *Accursius* orientiert.

Bemerkenswert in *G.s* Werken ist der Umgang mit den Widersprüchen, die er in den Texten der berücksichtigten Autoren aufdeckt. *G.* unternimmt nur wenige Versuche, diese Unstimmigkeiten aufzulösen. Gelegentlich notiert er eigene Anmerkungen. Stattdessen kennzeichnet er solche Stellen durch die Anmerkung „immo“ (nein). Erst später bemüht sich der deutsche Rechtsgelehrte *G.A. Struve* in seinen „Immo Gothofredi“, diese Stellen miteinander in Einklang zu bringen.

Die Arbeiten *G.s* haben sicherlich nicht den weitreichenden Einfluß und die Originalität der Werke von → *Cujas*, → *Domat* oder → *Donellus*. Sie waren jedoch vor allem dadurch, daß sie die bisher kaum überschaubaren römischen Rechtstexte für Lehre und Praxis leicht zugänglich machten, in ihrer Zeit von großer Bedeutung. So wird *G.* als dem Meister der Vulgarisation des Rechts im Dienst der Praxis „der erste Rang unter den weniger bedeutenden Juristen“ zuerkannt.

Hauptwerke: De ratione ordinis a jurisconsulto in pandectis, codice et institutionibus servati, 1580. – Corpus juris civilis, in IIII partes distinctum. Mit *G.s* eigenen Anm.: 1583, 1590, 1602, 1607, 1624, später vor allem 1663 (bearb. von *Simon van Leuwen*). Mit Glosse: 1589, 1604 und 1612. Ohne Anmerkungen: 1589, 1598, 1606, 1625. – Praxis juris civilis ex antiquis et recentioribus auctoribus, Germanis, Italis, Gallis, Hispanis, Belgis et aliis, qui de practica ex professo scripserunt, collecta, 1591. – Maintenue et défense des empereurs, roys, princes, états et républiques contre les censures monitoires et excommunications des papes, 1592. – Consuetudines civitatum et provinciarum Galliae, 1598. – De tutelis electoralibus testamentariis legitimas excludentibus, 1611.

Literatur: M. Bernegger: Elegium funebre Gothofredi in A. Loisel: Divers opuscules, 1662. – *F.X. Feller* in: Biographie universelle, 1851, in: ABF Blatt 461, 412. – *D.-C. Godefroy-Ménilglaise:* Les savants Godefroy, 1873. – *E. Haag:* La France protestante, V, 1855, 285. – *J.C.F. Hoefer* in: Nouvelle biographie générale, 1852, in: ABF Blatt 561, 414. – *J.F. Jugler:* Beiträge zur juristischen Biographie, VI (1780), 240. – *A. de Montet* in: Dictionnaire biographique des Genevois et des Vaudois, 1877/78, in: ABF Blatt 561, 422. – *J.P. Niceron:* Mémoires pour servir à l'histoire des hommes illustres, 1729-45, in: ABF Blatt 561, 366. – *E. Sitzmann* in: Dictionnaire de biographie des hommes célèbres de l'Alsace, I, 1909, 616. – *E. Spangenberg:* Einleitung in das römisch-justinianische Rechtsbuch, 1817, passim, bes. 469 ff., 839 ff. (Zusammenstellung der corpus-iuris-Ausgaben *G.s*). – *Stintzing-Landsberg:* GDtRW I, 208, 386-389. – *M. Thomann:* Humanisme et droit en Alsace, 1978, 259. – *H.E. Troje:* Graeca leguntur, 1971, bes. 151 ff. – *Ders.:* Die Literatur des gemeinen Rechts unter dem Einfluß des Humanismus, in Coing: Hdb., II 1, 615 ff. (647 ff.). – Dictionnaire de biographie francaise, XVI, 1985, 437. – Jur., 240 *(E. Holthöfer).*

H. Nitschke

Gratian

(Ende 11. Jh. – um 1150)

Leben und Person des „Vaters der Kanonistik" und Kompilators wesentlicher Teile des sog. Decretum Gratiani liegen im dunkeln. Das einzige zeitgenössische Zeugnis, das sich vermutlich auf ihn bezieht, ist eine Urkunde aus dem Jahr 1143, in der ein Gratinus als Rechtsberater in einem kirchlichen Rechtsstreit aufgeführt ist. Die übrigen – teils einander widersprechenden – Nachrichten stammen zum größten Teil aus dem 13. Jh. oder aus noch späterer Zeit und entbehren nach neuesten Forschungen jeder näher verifizierbaren Grundlage. Dies gilt insbesondere auch für die bis vor einigen Jahren im Schrifttum noch durchweg akzeptierten Berichte, nach denen *G.* in dem umbrischen Dörfchen Carraria zwischen Chiusi und Orvieto geboren wurde und später als Kamaldulensermönch und Magister der Theologie im Bologneser Kloster St. Felix und Nabor lebte. Selbst die Frage, ob er überhaupt Mönch und Lehrer gewesen ist, läßt sich nicht mit Sicherheit beantworten. Zwar gehen diesbezügliche Angaben bis in die zweite Hälfte des 12. Jh. zurück, ihr Aussagewert ist jedoch umstritten. So wird im Hinblick auf die Summa Parisiensis (spätestens 1170), die *G.* zweimal als monachus bezeichnet, geltend gemacht, daß der anonyme Verfasser möglicherweise nur aus der starken Berücksichtigung des Mönchtums im Decretum Gratiani auf *G.s* Mönchtum geschlossen habe, und in bezug auf die Quellen, die *G.* als magister bzw. deren Autoren sich als seine Schüler bezeichnen (*Simon von Bisignano*, *Sicardus von Cremona*, † 1215), wird vorgebracht, derartige Titulierungen sollten möglicherweise nur zum Ausdruck bringen, daß *G.* durch sein Werk zum Lehrmeister der Kanonisten schlechthin geworden sei, was nichts über eine etwaige Lehrtätigkeit aussage. Ebenfalls bis in die zweite Hälfte des 12. Jh. reicht die Nachricht zurück, *G.* sei Bischof von Chiusi gewesen. Sie findet sich in der Chronik *Roberts von Torigny* (Abt von Mont-Saint-Michel, † 1186) und deckt sich mit der mehrfach überlieferten frühen Glosse zum Decretum, die *G.* gleichfalls – allerdings ohne Ortsangabe – als episcopus bezeichnet. Weiter verifiziert sind diese Angaben bisher nicht. Als einigermaßen sicher gilt demgegenüber, daß das Decretum Gratiani in Bologna, dem Zentrum der damaligen Rechtswissenschaft, entstanden ist und daß *G.* folglich dort zumindest einige Zeit seines Lebens verbracht hat. Einen – wenngleich nur vagen – Anhaltspunkt für seine Lebensdaten enthält die Summe des *Rufinus*. Wahrscheinlich vor 1160 entstanden, erwähnt sie *G.* als verstorben, so daß er nur etwa bis zur Jahrhundertmitte gelebt haben dürfte. In welchem Alter *G.* starb, ist unbekannt; es steht aber zu vermuten, daß er gegen Ende des 11. Jh. geboren wurde.

Das Decretum Gratiani ist die wichtigste Sammlung des mittelalterlichen Kirchenrechts und zählt als Ausgangspunkt des europäischen kanonischen Rechts zu den bahnbrechenden Pionierarbeiten der Rechtswissenschaft. Quellensammlung und Lehrbuch in einem, zielt das Werk ausweislich seines ursprünglichen Titels „Concordia discordantium canonum" darauf ab, die im gesammelten Quellenmaterial auftretenden Widersprüche dialektisch argumentativ aufzulösen, um so zu einer in sich geschlossenen Darstellung des Kirchenrechts zu gelangen. Die Entstehungszeit des Dekrets ist umstritten. Während es nach *Vetulani* zur Zeit des Investiturstreits in den ersten Jahrzehnten des 12. Jh. zusammengestellt worden sein soll, geht die herrschende Meinung weiterhin mit *Fournier* davon aus, daß es etwa um 1125 begonnen und erst um 1140 abgeschlossen worden ist, wofür spricht, daß eine Dekretale Innocenz' II. aus der Zeit nach 1138 und die Kanones des zweiten Lateranskonzils von 1139 noch Berücksichtigung gefunden haben. In der Folge ist das Werk mehrfach ergänzt worden. Als spätere, allerdings bereits vor 1150 in das Werk integrierte Zusätze gelten nach neueren Forschungen der dritte Teil des Dekrets (De consecrationc) und dcr in den zweiten Teil eingeschobene Abschnitt „De penitentia", so daß heute angenommen wird, *G.s* Anteil am Gesamtwerk erstrecke sich nur auf die Teile I und II. Ebenfalls als spätere Interpolationen haben sich die Zitate aus den Digesten und dem Codex Justinians herausgestellt, woraus teilweise geschlossen wird, daß *G.* ursprünglich ein vom Einfluß des säkularen Rechts isoliertes Kirchenrecht darstellen wollte. In einer weiteren Phase wurde das Decretum schließlich bis etwa 1170 – wahrscheinlich durch *G.s* Schüler *Paucapalea* – noch um 166 sog. Paleae ergänzt, die ursprünglich übergangenes vorgratianisches Quellenmaterial in die Sammlung einbeziehen. Von *Paucapalea* stammt vielleicht auch die heutige Einteilung des ersten und dritten Teils des Decrets in Distinktionen.

Das Dekret setzt sich – im Endzustand – aus 3800 mit Sachrubriken versehenen Capitula zusammen, wobei die einzelnen Quellenstellen durch Dicta erläutert werden. Ob die Sachrubriken von *G.* herrühren, ist umstritten. Das in drei Teile gegliederte Werk behandelt zunächst die Ordination einschließlich der Bischofswahl. Im zweiten Teil befassen sich 36 fiktive Rechtsfälle mit der Simonie, dem Prozeßrecht, dem kirchlichen Vermögens- und Verwaltungsrecht, der Rechtsstellung von Klöstern und Mönchen, den Rechten und Pflichten der Kleriker, dem Eidesrecht, der Frage des gerechten Krieges, der Privilegienerteilung, der päpstlichen Rechtsetzungsgewalt und dem Recht der Laien mit besonderer Berücksichtigung der Ehe und der Buße (im Einschub „De penitentia"). Der relativ kurze dritte Teil (De consecratione) geht auf die Kirchen- und Altarweihe, die Eucharistie, das Fasten, die Taufe und die Firmung ein. Das zusammengestellte Material besteht im wesentlichen aus Konzilskanones (wobei neben den Konzilien der alten Reichskirche bis zum zweiten Laterankonzil auch Regionalkonzilien berücksichtigt werden), päpstlichen Dekretalen, darunter zahlreiche pseudo-isidorischer Provenienz, und nicht zuletzt patristischen Texten, die hier – allerdings mit deutlicher Bevorzugung lateinischer Kirchenväter – erstmals in einer mittelalterlichen Kanonessammlung besondere Beachtung finden. Bibelzitate werden dagegen nur im Rahmen der erläuternden Dicta angeführt. Wie neueste Untersuchungen ergeben haben, stützte *G.* sich bei der Komposition seines Werkes weitgehend auf ihm zeitlich nahestehende und nicht auf frühmittelalterliche kanonistische Sammlungen. Die patristischen Texte bezog er zum großen Teil aus der sog. 3-Bücher-Sammlung. Auf theologische scholastische Literatur scheint er demgegenüber nur in geringem Maß zurückgegriffen zu haben.

Die wissenschaftliche Auseinandersetzung mit dem Decretum setzt bereits vor 1150 ein. Etwa zur gleichen Zeit scheint es auch schon in der päpstlichen Kanzlei benutzt worden zu sein. Die ersten Anzeichen für seine Verwendung in Deutschland reichen bis in die Zeit vor 1160 zurück. Obwohl nie förmlich approbiert oder zum Gesetz erhoben, kam dem Werk *G.s* schon bald die Qualität einer Rechtsquelle zu, ein Vorgang, den wir im Mittelalter häufiger antreffen (→ *Eike von Repgow*, → *Azo*, → *Accursius*). Als erster Teil des Corpus iuris canonici war das Dekret – soweit nicht später aufgehoben – unmittelbar geltendes katholisches Kirchenrecht, bis es 1918 durch den Codex iuris canonici (promulgiert 1917) abgelöst wurde, wobei weder hier noch im Codex von 1983 mit der kanonistischen Rechtstradition gebrochen wurde. Von seiten der evangelischen Kirche ist das Decretum Gratiani nie völlig außer Kraft gesetzt worden, sondern wie das Corpus iuris canonici überhaupt als subsidiäre Quelle des evangelischen Kirchenrechts anerkannt.

Hauptwerke: Decretum Gratiani emendatum et notationibus illustratum una cum glossis, Gregorii XIII P.M. iussu editum, Rom 1582 (Editio Romana); Corpus Iuris Canonici. Editio Lipsiensis secunda, instruxit A. Friedberg, Pars Prior: Decretum Magistri Gratiani, 1879 (Ndr. 1959).

Literatur: P. Classen: Das Decretum Gratiani wurde nicht in Ferentino approbiert, in: Bulletin of medieval canon law (BMCL) 8 (1978), 38-40. – *J.H. Erickson:* The Collection in Three Books and Gratian's Decretum, in: BMCL 2 (1972), 67-75. – *P. Fournier:* Deux controverses sur les origines du Decret de Gratian, in: Revue d'histoire et de la littérature religieuses 3 (1898), 97-116, 253-280. – *H. Fuhrmann:* Einfluß u. Verbreitung der pseudoisidorischen Fälschungen, II, 1973. – *J. Gaudemet:* Das römische Recht in Gratians Dekret, in: Österr. Archiv f. Kirchenr. 12 (1961), 177-191 = ders. La formation du droit canonique médiéval, 1980 (o.S.). – *Ders.:* Patristique et Pastorale. La Contribution de Gregoire le Grand au Miroir dé l'Evêque dans le Décret de Gratian, in: Etudes d'histoire canonique dédiées a Gabriel Le Bras 1965, I, 129-140. – *J. de Ghellinck:* Gratien. La Theologie dans ses sources et chez les glossateurs de son „Decret", in: Dictionnaire de théologie catholique 6 (1920), 1731-1751. – *J. Heckel:* Das Decretum Gratiani und das deutsche evangelische Kirchenrecht, in: StGra 3 (1955). – *W. Holtzmann:* Die Benutzung Gratians in der päpstlichen Kanzlei im 12. Jh., in: StGra 1 (1953), 323-350. – *Jiri Kejr:* Das Hussitentum und das kanonische Recht, in Monumenta iuris canonici (MIC), S. 4, 191-204. – *S. Kuttner:* Zur Frage der theologischen Vorlagen Gratians, in: ZRG (KA) 23 (1934), 243-268. – *Ders.:* The Father of the Science of Canon Law, in: Jurist 1 (1941), 1-19. – *Ders.:* Additional Notes on the Roman Law in Gratian, in: Seminar 12 (1954). – *Ders.:* Gratian and the Schools of Law 1, 1140-1234, 1983 (o. Seitenzählung). – *Ders.:* New Studies on the Roman Law in Gratian's Decretum, in: Seminar 11 (1953), 12-50, jetzt in: *ders.:* Gratian ..., 1983 (o. Seitenzählung). – *Ders.:* Graziano. L'uomo e l'opera, StGra 1 (1953), 15-19 = ders.: Gratian ..., 1983 (o. Seitenzählung). – *Ders.:* Research on Gratian: Acta and agenda, in: MIC, C. 8 (1988), 3-26. – *P. Landau:* Neue Forschungen zu vorgratianischen Kanonessammlungen und den Quellen des gratianischen Dekrets, in: Ius Commune 11 (1984), 1-29. – *Ders.:* Gratians Arbeitsplan, in: Iuri canonico promovenda. Festschr. f. Herib. Schmitz, hrsg. v. W. Aymans u.a., 1994. – *A. Lazzarini:* Gratianus de Urbeveteri, in: StGra 4 (1957), 1-15. – *G. Le Bras:* Lex Ecritures dans le Decret de Gratien, in: ZRG (KA) 27 (1938), 47-80. – *Ders.:* Inventaire Theologique de Décret et de la Glose ordinaire. Etres et mondes invisibles, in: Melanges J. de Ghellinck, 1951, II, 603-616. – *J.F. McCharthy:* The Genius of Concord in Gratian's Decree, in: Ephemerides Juris Canonici 19 (1963), 105-151, 259-295. – *T. Mayer-Maly:* Isidor – Gratian – Thomas: Stationen einer allgemeinen Rechtslehre, in: ZRG (KA) 111 (1994), 490-500. – *C. Mesini:* Postille sulla biografia del' Magister Gratianus, in: Apollinaris 54 (1981), 509-537. – *R. Metz:* Regard critique sur la personne de Gratien, auteur de Décret (1130-1140), d'apres le resultat des dernières recherches, in: Recherches de science religieuse 58 (1984), 64-76. – *S. Mühlmann:* Luther und das Corpus Juris Canonici bis zum Jahre 1530, in: ZRG (KA) 58 (1972), 235-305. – *Ch. Munier:* Les sources patristiques du droit de l'église du VIIIe au XIIIe siecle, 1957. – *Ders.:* A propos des textes patristique du Décret de Gratien, in: MIC, S. 4, 43-50. – *Ders.:* A propos des citations scripturaires du De penitentia, in: Revue de droit canonique 25 (1975), 74-83. – *Ders.:* La contribution d'Origine au Décret de

Gratien, in: StGra 20 = Melanges G. Fransen, 1976, II, 241-252. – *J.T. Noonan:* Was Gratian approved at Ferentino?, in: BMCL 6 (1976), 15-27. – *Ders.:* Gratian Slept Here: The Changing Identity of the Father of the Systematic Study of Canon Law, in: Traditio 35 (1979), 145-179. – *J. Pelikan:* Verius servamus canones. Church Law und Divine Law in the Apology of the Augsburg Confession, in: StGra 3 (1955), 451-482. – *J. Ramboud-Buhot:* Gratien et le Droit romain. Influence d'Yves de Chartres, in: RHDF 35 (1957), 290-300. – *Ders.:* L'Etude des Manuscripts du Décret de Gratien, in: Congrès de Droit Canonique Médieval Louvain et Bruxelles ... 1958, 1959 (Bibliothèque de la Revue d'histoire ecclésiastique 33), 25-48. – *Ders.:* Les paleae dans le Décret de Gratien, in: MIC, S. 1, 23-44. – *M. Reulos:* Le Décret de Gratien chez les humanistes, le gallicans et lex réformés francais du XVI siècle, in: StGra 2 (1954), 677-696. – *Guido Rossi:* Per la storia della divisione del Decretum Gratiani e delle sue parti, in: Diritto ecclesiastico 67 (1956), 201-311. – *A. Vetulani:* Über die Distinktioneneinteilung und die Paleae im Dekret Gratians, in: ZRG (KA) 32 (1933), 346-370. – *Ders.:* Gratien et le droit romain, in: RHDF 24 (1946/47), 11-48. – *Ders.:* Les sommaires – rubriques dans le Décret de Gratien, in: MIC, S. 4, 51-58. – *Ders.:* Nouvelles vues sur le Décret de Gratien, in: La Pologne au X' Congrès International des Sciences historique à Rome, 1955, 83-105. – *Ders.:* Le Décret de Gratien et les premiers Décretistes à la lumière d'une source nouvelle, in: StGra 7 (1959), 273-356. – *Ders.:* Auteur du Décret de Gratien, in: Appolinaris 41 (1968), 43-58. – *R. Weigand:* Die Naturrechtslehre der Legisten und Dekretisten von Irnerius bis Accursius und von Gratian bis Johannes Teutonicus, 1967. – *K. Woytyla:* Le traité de Penitentia de Gratien dans l'abrégé de gdansk Mar.F. 275, in: StGra 7 (1959), 355-390. – Dictionnaire d'histoire et de géographie ecclésiastiques XXI, 1235-1239 *(S. Kuttner).* – HRG 1, 1798-1799 *(F. Merzbacher).* – Jur., 249-252 *(P. Landau).* – LexMA IV, 1658 *(H. Zapp).* – New catholic encyclopedia VI, 706-709 *(J. Rambaud-Buhot).* – TRE XIV, 124-130 *(P. Landau).*

F. Dorn

Jacob Grimm

(1785-1863)

Geb. am 4.1.1785 in Hanau. 1798 bis 1802 Schulzeit in Kassel, 1802 Beginn des Rechtsstudiums in Marburg, Schüler → *Savignys*, den er 1805 in Paris bei Quellenforschungen zum römischen Recht unterstützt. In Paris auch erste eigene Studien zur altdeutschen Sprache und Dichtung. 1805 Rückkehr nach Kassel, dort 1806 Anstellung als Akzessist beim Kriegskollegium. 1807 Abkehr von der Jurisprudenz. 1808 (nach der französischen Besetzung) Privatbibliothekar des Königs Jerôme auf Schloß Wilhelmshöhe. 1816 zweiter Bibliothekar an der Kasseler Bibliothek und Ablehnung einer Bonner Professur, um sich ganz seinen wissenschaftlichen Arbeiten (Deutsche Grammatik) widmen zu können. Da *G.* 1829 in Kassel nicht erster Bibliothekar wird, nimmt er einen Ruf nach Göttingen als Professor und Bibliothekar an. 1837 der bekannte Protest der „Göttinger Sieben" gegen die einseitige Verfassungsaufhebung durch den neuen König Ernst August von Hannover, *G.* wird des Landes verwiesen und zieht nach Kassel. Ab 1838 Arbeit am Deutschen Wörterbuch, gemeinsam mit seinem Bruder Wilhelm. 1840 Berufung der Brüder an die Berliner Akademie der Wissenschaften mit dem Recht, Vorlesungen zu halten und den Professorentitel zu führen. 1841 Übersiedlung *G.s* nach Berlin. 1846 und 1847 Präsident der Germanistenversammlung in Frankfurt und Lübeck, 1848 Mitglied des Frankfurter Parlaments. Am 20.9.1863 ist *G.* gestorben.

Durch seine „Deutsche Grammatik" hat *Jacob Grimm* die germanische Philologie als Wissenschaft begründet; noch die gegenwärtige Sprachforschung bewahrt viele von seinen Ergebnissen, z.B. die Aufstellung der Lautverschiebungsgesetze, als bleibende Erkenntnis. Allerdings hat ihn das nicht annähernd so berühmt gemacht wie die gemeinsam mit seinem Bruder Wilhelm veranstalteten Sagen- und Märchensammlungen, die dazu geführt haben, daß hinter dem „eigentümlichen Kollektivbegriff" *(Wieacker)* der „Brüder Grimm" die wissenschaftliche Einzelleistung beider fast verschwindet.

Als Jurist ist *Jacob G.* entschiedenster Anhänger der romantischen Elemente in der „historischen Rechtsschule". Die Lehre von der Entstehung des Rechts aus dem Volksgeist und der ursprünglichen Einheit von Recht, Sprache und Dichtung ist für ihn – anders als für → *Savigny*, der sie in mehreren Punkten relativiert (allmähliche Verlagerung des Rechtsbewußtseins in den Juristenstand, Unmöglichkeit einer abgeschlossenen nationalen Rechtsentwicklung) – der zentrale Gedanke, der allen seinen Arbeiten zugrunde liegt: Recht und Poesie seien „miteinander aus einem bette aufgestanden", „in keinem ist blosze satzung noch eitle erfindung zu haus". Germanischer Frühzeit und germanischem Mittelalter steht er mit andächtiger, fast liebender Verehrung gegenüber: das alte Recht ist ehrlich, fromm, rein, treu, humorvoll: „eine lange thörichte zeit hatte uns geübt und beinahe gewöhnt, dasjenige zu verwahrlosen, was mitten bei und neben uns geblieben war, woraus die treuen augen unserer guten ehrlichen vorfahren hervorzublicken und die frage an uns zu thun scheinen: ob wir sie endlich auch wieder grüszen wollen?" Der Eifer, mit dem Altdeutsches verteidigt wird, macht auch vor den barbarischsten Rechtseinrichtungen (z.B. den mittelalterlichen Leibes- und Lebensstrafen) nicht halt und führt auch wohl zu Verzeichnungen. Dementsprechend steht *G.* der Rezeption des römischen Rechts in Deutschland kritisch gegenüber („Der practische gebrauch des römischen hat unleugbar unserer verfaßung und freiheit keinen vortheil gebracht"), wenn er auch zuviel Achtung für das geschichtlich Gewordene mitbrachte, um diese Entwicklung etwa rückgängig machen zu wollen; er setzte sich damit in einen Gegensatz zu der romanistenfeindlichen jüngeren Germanistengeneration (→ *Beseler, August Ludwig Reyscher*).

Die juristischen Arbeiten *G.s* sind historisch-philologischer und editorischer Art, systematische Darstellungen des geltenden Rechts hat er, im Gegensatz zu den anderen Anhängern der historischen Rechtslehre, nicht verfaßt. Sein Hauptwerk, die „Deutschen Rechtsaltertümer", als deren Vorläufer man den Aufsatz „Von der Poesie im Recht" ansehen kann, hat er aus der Haltung eines „Altertumsforschers" geschrieben. Er versucht hier nicht, aus der Vergangenheit Material zur Erläuterung der Gegenwart zu ziehen, vielmehr setzt er sich ausdrücklich von der Sichtweise eines „historischen Rechtsgelehrten" ab: Dieser müsse „das alte dem system des neuen rechts anfügen", der Altertumsforscher aber „die vielgestaltige erscheinung des alten auf ihrer breiteren, freieren grundlage ruhen … lassen" (Vorrede). So bemüht sich *G.* auch nicht etwa um eine Systematisierung des Stoffs unter Gegenwartsbegriffen, sondern versteht sein Buch als Materialsammlung zu den Rechtseinrichtungen der germanischen (nordische und angelsächsische Quellen sind einbezogen) Frühzeit und des germanischen Mittelalters. Daneben ist es natürlich auch ein umfassender Beitrag zur Rechtssprachgeschichte des behandelten Zeitraums. Es gliedert sich in eine Einleitung (Formen, Formeln, Maße, Symbole, Zahlen) und sechs Bücher über Stand, Haushalt, Eigentum, Gedinge, Verbrechen und Gericht.

Unter den benutzten Quellen haben die bäuerlichen Weistümer („Rechtsweisungen", also schriftliche – ursprünglich wohl auch mündliche – Darlegungen des geltenden Rechts, wohl aus Anlaß konkreter Rechtsstreitigkeiten oder -anfragen) besondere Bedeutung. *G.*, der sie „ihrem wesen und gehalt nach (für) völlig vergleichbar der gemeinen volkssprache und den volksliedern" hielt, schätzte sie besonders hoch: sie „sind ein herrliches zeugnis der freien und edlen art unseres eingebornen rechts. Neu, beweglich und sich stets verjüngend in ihrer äußeren gestalt enthalten sie lauter hergekommene alte rechtsbräuche und darunter solche, die längst keine anwendung mehr litten, die aber vom gemeinen mann gläubig und in ehrfurcht voller scheu vernommen wurden … zu den stadtrechten verhalten sie sich wie kräftige frische volkslieder zu dem zünftigen meistergesang". Den Plan einer Herausgabe aller auffindbaren Weistümer hatte er wohl schon damals (1828), konnte ihn aber erst von 1840 an und nicht mehr vollständig verwirklichen.

Die Rechtsaltertümer fanden unter den Rechtshistorikern nur gedämpfte Resonanz. Das ist bei dem Vorgehen *G.s*, der die Quellenzeugnisse aus verschiedenen Jahrhunderten unbekümmert nebeneinander stellte, auch nicht verwunderlich, es ging ihm ja auch mehr um „sammlung und einfache erzählung" als um „erwägung, begründung und darstellung". Die Bedeutung des Werks liegt aber – ganz abgesehen von dem Eigenwert der riesigen Materialsammlung – nicht nur auf philologischem Gebiet, sondern auch in der Aufweisung des Zusammenhangs aller germanischen Rechte. Es leistet damit für das Recht, was die „Deutsche Grammatik" für die Sprache leistet: Beide lassen sich als „große Kapitel einer ungeheuren, umfassenden deutschen Altertumskunde" (*R. Hübner*) ansehen. Nach *Jacob Grimm* sind die Rechtsaltertümer nicht mehr in dieser Weise bearbeitet worden, *G.s* Buch hätte wohl auch nur in einzelnen Punkten korrigiert, nicht als Ganzes übertroffen werden können.

Hauptwerke: (soweit juristischer Art): Von der Poesie im Recht, in: Z. f. gesch. Rechtswiss. 2 (1816), 25-99 (Separatausg. 1957, Ndr. 1972). – Deutsche Rechtsalterthümer 1828 (^{2}1854 unv., ^{3}1881 unv. hrsg. v. *H. Grimm*, ^{4}1899, 2 Bde., hrsg. v. *A. Heusler* u. *R. Hübner*, Ndr. dieser Ausg. 1922 u. 1965). – Weisthümer, 4 Bde., 1840-63, weitere 3 Bde. hrsg. v. *R. Schröder* 1868, 1869 u. 1878 (Register), Ndr. aller Bde. 1957. – Deutsche Altertumskunde (Vorlesung), bearb. und hrsg. von *E. Ebel*, 1974. – Vorlesung über deutsche Rechtsaltertümer, bearb. und hrsg. von *E. Ebel*, 1974.

Literatur: (vor allem über G. als Juristen): *G. Dilcher:* Jacob Grimm als Jurist, in: JuS 1985, 931-936 (vgl. auch ders., in: *D. Hennig / B. Lauer*[Hrsg.]: Die Brüder Grimm. Dokumente ihres Lebens und Wirkens, 1985, 25-41). – *W. Ebel:* Jacob Grimm und die deutsche Rechtswissenschaft, 1963. – *W. Ebel:* „Tausch ist edler als Kauf". Jacob Grimms Vorlesung über Deutsche Rechtsaltertümer, in: Festschr. f. Hermann Krause, hrsg. v. *S. Gagnér, H. Schlosser* und *W. Wiegand*, 1975, 210-224. – *H.-B. Harder / Ekkeh. Kaufmann* (Hrsg.): Die Brüder Grimm in ihrer amtlichen und politischen Tätigkeit, Teil 1, 1985. – *K. Hermsdorf:* Über die Beziehungen zwischen Rechtswissenschaft und Germanistik, Recht und Sprache. Anm. zu Jakob Grimm, in: K.A. Mollnau (Hrsg.): Einheit von Geschichte, System und Kritik in der Staats- u. Rechtsheorie, I, 1989, 101-106. – *R. Hübner:* Jacob Grimm und das deutsche Recht, 1895. – *M. Jacoby:* Germanisches Recht und Rechtssprache zwischen Mittelalter und Neuzeit, 1986. – *J.C. Jessen:* Das Recht in den Kinder- und Hausmärchen der Brüder Grimm, Jur. Diss. Kiel, 1979. – *K. Luig:* Die sozialethischen Werte des römischen und germanischen Rechts in der Privatrechtswissenschaft des 19. Jh.s bei Grimm, Stahl, Kuntze und Gierke, in: Wege europ. Rechtsgeschichte. Festschr. K. Kroeschell, hrsg. v. G. Köbler, 1987, 281-307. – *G. Marini:* Diritto romano e diritto germanico, teoria e pratica, e il destino personale di Jacob Grimm, in: Rivista intern. di filosofia del diritto, 1972, 528-539. – *G. Marini:* Jacob Grimm (= Gli storici, 1), 1972. – *W. Scherer:* Jacob Grimm, in: Preuß. Jahrbücher 14-16 (1864/65), erweiterte Buchausg. 1885, Ndr. 1921. – *R. Schmidt-Wiegand:* Jacob Grimm und das genetische Prinzip in Rechtswissenschaft und Philologie, 1987. – *W. Schoof:* Jacob Grimm. Aus seinem Leben, 1961. – *T. Schuler:* Jacob Grimm und Savigny, in: ZRG (GA) 80 (1963), 197-305. – *Stintzing-Landsberg:* GDtRW III 2, 277-286. – *D. Werkmüller:* Über Aufkommen und Verbreitung der Weistümer. Nach der Sammlung von Jacob Grimm, 1972. – *Wieacker:* PRG, 405 f. – *F. Wieacker:* Savigny und die Gebrüder Grimm, in ders.: Gründer und Bewahrer, 1959, 144-161. – ADB 9 (1879), 678-688 *(W. Scherer)*. – GD 3 (1956), 117-133 *(W.-E. Peuckert)*. – HRG I (1971), 1806-1808 *(A. Erler)*. – Jur., 254 f. *(G. Dilcher)*. – NDB 7 (1966), 76-79 *(F. Neumann)*. Weitere Angaben im Artikel → *Savigny*.

S.

Karl Ludwig von Grolman

(1775-1829)

Geb. am 23.6.1775 in Gießen. Studium in Gießen (1791 bis 1794) und Erlangen (1794/95). Promotion („De donatione propter nuptias") und Habilitation 1795 in Gießen. 1798 außerordentlicher Professor in Gießen; Beginn der lebenslangen Freundschaft mit → *Feuerbach*. 1800 ordentlicher Professor in Gießen. Ab 1803 Mitglied der hessischen Kommission zur Reform der Strafgesetzgebung, ab 1804 Oberappellationsgerichtsrat, ab 1808 Mitglied der Kommission für die Vorbereitung der Einführung des Code Napoleon. 1810-1812 Rektor, 1815 Kanzler der Universität Gießen. 1816 Mitglied der Kommission für die Ausarbeitung eines neuen Zivil- und Zivilprozeßgesetzbuches, Übersiedlung nach Darmstadt. 1819 alleiniger hessischer Staatsminister. 1820 (März), nach Oktroyierung einer Verfassung durch den Großherzog und Aufteilung der Regierung in mehrere Ressorts, Präsident der vereinigten Ministerien unter gleichzeitiger Übernahme des Innen- und Justizministeriums. *G.* ist am 14.2.1829 in Darmstadt gestorben.

Nicht zuletzt den Polemiken → *Feuerbachs*, seines bedeutendsten und schließlich erfolgreicheren strafrechtstheoretischen Gegenspielers, verdankt *G.* seine Bekanntheit als eifrigster Verfechter der Spezial-Präventionsstrafe in der Strafrechtstheorie der späten Aufklärung; er ist damit Vorläufer der einflußreicheren soziologischen Schule → *Franz v. Liszts* einerseits, andererseits Erneuerer des bereits in der antiken Philosophie (*Platons* Gorgias, *Senecas* berühmter Satz, es dürfte nicht gestraft werden, „quia peccatum est, sed ne peccetur") vorgetragenen Gedankens der abschreckenden, sichernden und bessernden Wirkung der Strafe. Allerdings hat er hierin auch für seine Epoche keine Priorität, da bereits *Christoph Karl Stübel* eine Theorie der Spezialprävention begründet hatte, an die sich *G.* zum Teil anschloß.

Strafe ist für *G.* Zwang. Zwang greift in die Freiheit des Menschen ein, gegen den er gerichtet wird; er kann daher nur dann ein „rechtlicher" sein, wenn er ein „Hindernis der gesetzlichen Freiheit" anderer beseitigt, nicht aber, wenn er selbst Hindernis dieser Freiheit wird. Hindernis der gesetzlichen Freiheit ist ein Mitglied der Gesellschaft dann, wenn es dem rechtlichen Zustand (der Freiheit aller) Gefahr droht, wenn ihm „das Rechtsgesetz nicht unverbrüchliches Gesetz für sein Handeln" ist. „Da, unter der Voraussetzung der, von dem Rechtsgesetze geforderten, in jedem Momente gleichmäßigen Bestimmung des Willens, das Erscheinen einer willkürlichen rechtswidrigen Handlung des Menschen unmöglich ist; so liegt in jeder willkürlichen, versuchten oder vollendeten, Rechtsverletzung der unzweydeutige Beweis des Daseyns des rechtlichen Grundes zum Präventionszwange." Das Verbrechen ist also nur „symptomatisch" für die rechtsfeindliche Gesinnung des Täters, gegen diese wendet sich der Strafvollzug. *G.* steht damit in diametralem Gegensatz zu → *Feuerbach*, nach dem der eigentliche Strafzweck in der abschreckenden Wirkung der gesetzlichen Straf*drohung* liegt und der Strafvollzug nur die Funktion hat, die Ernsthaftigkeit dieser Strafdrohung zu erhärten.

Als die möglichen Zwecke der Strafe nennt *G.* „Abschreckung des zu Strafenden oder Unmöglichmachen künftiger Illegalitäten desselben" (im Gegensatz etwa zu → *Liszt* fehlt hier der Strafzweck der Besserung). Strafmaß und Strafart sollen sich nach dem Grad der „Imputation", der Zurechenbarkeit richten. Imputation bedeutet, „daß jemand die freie Ursache einer rechtswidrigen Gesinnung" ist. Obwohl *G.* als Kantianer betont, daß dies keine moralische Wertung über den Verbrecher voraussetze, nähert er sich mit seinem Indeterminismus einer solchen doch sehr stark. Den Grad der rechtswidrigen Gesinnung, der „Größe der Verwilderung", will *G.* nach der Unersetzlichkeit und Wichtigkeit der verletzten Rechte bemessen; denn je wichtiger dem Verbrecher seine rechtliche Verbindlichkeit erscheinen mußte, desto größere seelische Energie mußte er aufwenden, um diese Hemmungen zu überwinden. Für den Grad der Imputation soll es neben der Größe der Verwilderung ferner auf die „Hartnäckigkeit der Verwilderung" ankommen, die dann besonders intensiv ist, „wenn die Handlungsweise des Menschen verräth, daß eine bestimmte illegale Maxime feste Regel für sein Handeln sey". *G.* hat diese Gedanken und das daraus zu entwickelnde Strafensystem im einzelnen ausgeführt, wobei bemerkenswert ist, daß er Verbrechen gegen den Staat und „Verbrechen gegen mehrere" für strafwürdiger hält als Verbrechen gegen den einzelnen Bürger.

Die jahrelange Diskussion zwischen → *Feuerbach* und *G.* ist auch heute noch von Interesse, weil sie die grundsätzliche Problematik, die eine spezialpräventive Straftheorie aufwirft – vor der auch → *Franz v. Liszt* mit seiner Lehre von der Zweckstrafe stand –, erkennen läßt. Drei Punkte lassen sich hervorheben. Der erste ist der Konflikt zwischen Spezialprävention und der rechtsstaatlich-liberalen Forderung nach genauer gesetzlicher Festlegung von Voraussetzungen und Folgen der Straftat. Eine die individuelle Gefährlichkeit jedes Rechtsbrechers konkret berücksichtigende Strafgesetzgebung ist unmöglich. Hier lag die Schwäche von *G.s* Position darin, daß er die Notwendigkeit des Strafgesetzes selbst nicht anzweifeln konnte. → *Feuerbach* wies auch bereits auf die Inkonsequenz eines Festhaltens am Tatstrafrecht hin, das den Anforderungen einer wirksamen Verbrechensprävention immer nur sehr begrenzt Rechnung tragen kann; von der soziologischen Schule → *Liszts* wurde dieses Problem unter dem Stichwort: Abgrenzung von Strafrecht und Kriminalpolitik diskutiert. Der dritte Punkt ist die Unvereinbarkeit einer indeterministischen Schuldauffassung mit dem Präventionsstrafrecht. Auch dieser Gesichtspunkt kehrt z.B. bei → *Liszt* in nur leicht veränderter Form als die Frage nach der strafrechtlichen Zurechnungsfähigkeit und dem Sinn einer Beibehaltung des herkömmlichen Schuldbegriffs in einem (Spezial-)Präventionsstrafrecht wieder. Angesichts dieser Schwierigkeiten der Präventionslehre kann es nicht verwundern, daß *G.* im Kampf gegen die mit dem Geist des liberalen Rechtsstaats weit besser vereinbare Lehre → *Feuerbachs* scheiterte und auch der mit beiden Männern befreundete *Ludwig Harscher v. Almendingen* und *Stübel* selbst zu Anhängern → *Feuerbachs* wurden. Im Vorwort zur zweiten Auflage seiner „Grundsätze der Criminalrechtswissenschaft“ mußte *G.* schreiben: „Zu verteidigen habe ich, was man allgemein für verzweifelt, für gar keine Verteidigung zulassend hält.“

Mit seiner „Theorie des gerichtlichen Verfahrens in bürgerlichen Rechtsstreitigkeiten“ hat *G.* auch – nach seiner und des frühen 19. Jahrhunderts Auffassung – eine der ersten „wissenschaftlichen“ Bearbeitungen des *Zivilprozeßrechts* vorgelegt. Bedeutsam ist vor allem der unpositivistische „allgemeine Teil“ des Werkes, der den Zweck des Zivilprozesses in der Verwirklichung der (als verzichtbar gedachten) Rechte des Einzelnen sieht; damit wurde die Aufstellung der „Verhandlungsmaxime“ durch *Gönner* vorbereitet.

Von *G.s* Leistungen als hessischer Minister werden die von ihm konsequent durchgeführte Trennung von Justiz und Verwaltung hervorgehoben sowie seine Mitarbeit an der hessen-darmstädtischen Verfassung, die in der endgültigen, vertraglich zwischen Großherzog und Volksvertretung vereinbarten, Form (Verfassungsurkunde vom 17. 12. 1820) sowohl die Konservativen als auch die Liberalen zufriedenstellte.

Hauptwerke: Grundsätze der Criminalrechts-Wissenschaft, 1798 (Ndr. 1970), [4]1825. – Über die Begründung des Strafrechts und der Strafgesetzgebung, 1799, Ndr. 1968. – Theorie des gerichtlichen Verfahrens in bürgerlichen Rechtsstreitigkeiten, 1800, [5]1826. – Ausführliches Handbuch über den Code Napoleon, 3 Bde., 1810-1812.

Literatur: K. Esselborn: Carl Ludwig v. Grolman in Gießen, in: Archiv für hessische Geschichte, Neue Folge, 5 (1907), 406-461. – *E.G. Franz:* Karl Ludwig von Grolman (1775-1829), in: PdV, 121-126. – *M. Grünhut:* Anselm v. Feuerbach und das Problem der strafrechtlichen Zurechnung (= Hamburgische Schriften zur gesamten Rechtswissenschaft, Heft 3), 1922, 39-59. – *K. Molitor:* Die Straftheorie einer Spezialprävention bei Karl v. Grolman, Diss. jur. Mainz, 1950. – *K.W. Nörr:* Naturrecht und Zivilprozeß, 1976, 41-46. – *G. Radbruch:* Paul Johann Anselm Feuerbach. Ein Juristenleben, [2]1957, 44-51. – *M. Röger:* Karl-Ludwig von Grolman (1775-1829). Ein Leben zwischen Revolution und Reaktion, Diss. jur. Gießen 1995. – *Schmidt:* Einführung, 227 f. – *Stintzing-Landsberg:* GDtRW III 2, 142-144, Notenbd. 70-72. ADB 9 (1879), 713 f. *(A.F.R. Teichmann).* – HRG I (1971), 1808-1814 *(K. Lüderssen).* – NDB 7 (1966), 122 f. *(F. Knöpp).* Weitere Nachweise in HRG I, 1813 f. S.

Hugo Grotius

(1583-1645)

Geb. am 10.4.1583 in Delft als *Huigh de Groot*. Er stammt aus einer der führenden Patrizierfamilien in Delft, Anhänger eines gemäßigten Calvinismus; sein Vater war wiederholt Bürgermeister und später Kurator der Universität Leiden. *G.* studiert bereits als 11-jähriger, ab 1594, an der Universität Leiden Mathematik, Theologie und auch Rechtswissenschaft. 1598 reist er mit einer niederländischen Gesandtschaft nach Frankreich, wo er vom französischen König Henri IV als „le miracle de Hollande" begrüßt wird. Am 5.5.1598 erhält *G.* in Orléans – wohl ohne eine Dissertation abgeliefert zu haben – den Doktortitel in der Rechtswissenschaft. Auf Wunsch seines Vaters 1599 Niederlassung als Rechtsanwalt beim Hof und beim Großen Rat von Holland und Seeland in Den Haag. Während dieser Zeit schreibt er sein „Parallelon rerumpublicarum", erschienen 1801, und seinen Kommentar über das Prisenrecht „De jure praedae", erschienen 1868. 1601 wird *G.* von den holländischen Ständen beauftragt, eine Geschichte des Aufstandes der niederländischen Provinzen gegen Spanien und Habsburg zu schreiben, die – 1612 vollendet – unter dem Titel „Annales et Historiae de rebus Belgicis" erst 1657 erscheint. Es handelt sich hierbei um das bedeutendste geschichtliche

Werk von *G.* 1606 endgültig Ernennung zum Historiographen Hollands. 1607 wird *G.* „Advocaat-fiscaal", eine Art Staatsanwalt, beim Hof von Holland, Seeland und Westfriesland. Zugleich schreibt er seine „Annales et historiae de rebus Belgicis", die 1657 erscheinen. 1608 Heirat mit *Maria van Reigersberch.* 1613 Ratspensionär, also Stadtsyndikus, von Rotterdam; eine Position, die zuvor auch *Johan van Oldenbarnevelt*, als dessen Nachfolger *G.* angesehen wurde, innegehabt hat. In diesem Jahr auch Gesandtschaftsreise nach England wegen des Ostasienhandels. Dann wird *G.* in den Streit der Arminianer (*G.* und *Oldenbarnevelt*) mit den Kontraremonstranten (*Moritz von Oranien*) verwickelt. Bei diesem Streit ging es um die Auslegung der Praedestinationslehre *Calvins*. Während der Leidener Professor *Franciscus Gomarus* der Ansicht war, daß Gott ein für allemal über das Heil eines Menschen entschieden habe, vertrat sein Kollege *Jacobus Arminius* die Meinung, daß dieser göttliche Entschluß noch durch das Verhalten der Menschen beeinflußt werden könne. *G.* folgt hier *Arminius*, ist aber der Ansicht, daß es sich dabei um einen Nebenpunkt handele, bei dem unterschiedliche Meinungen zugelassen werden könnten. Als sich das von *Oldenbarnevelt* bestimmte, arminianisch eingestellte Holland gegen die Union unter *Moritz von Oranien* nicht mehr durchsetzen kann, führt dies zum Sturz von *Oldenbarnevelt* und *G. G.* wird am 29.8.1618 verhaftet und 1619 zu lebenslanger Haft auf der Festung Loevestein verurteilt. Das Verhalten von *G.* in der Verhandlung wird von manchen als dunkler Fleck in seiner Biographie angesehen, da er versucht hat, sich als unerfahren darzustellen und die Verantwortung auf den kurz davor enthaupteten *Oldenbarnevelt* zu schieben; allerdings wurde *G.* durch ein von seinen Verhörern behauptetes Geständnis zu seiner Aussage gebracht. Auf Loevestein schreibt *G.* seine „Inleiding", 1631 erschienen, und sein Lehrgedicht „Beweis der wahren Religion", das erst 1622 erscheint und 1627 – in lateinische Prosa umgearbeitet – als „De veritate religionis christianae" herauskommt und weite Verbreitung gefunden hat. Am 22.3.1621 entkommt *G.* mit der Hilfe seiner Frau in einer wöchentlich gebrachten Bücherkiste seiner Haft und geht über Antwerpen nach Paris. Dort wird er von Louis XIII durch allerdings unregelmäßig eingehende Geldzahlungen gefördert. Doch gibt *G.* seine innere Bindung an die Niederlande nicht auf und hofft auf eine Rückkehr; durch seinen Schwager *Nicolas van Reigersberch* läßt er sich über die Vorgänge in den Niederlanden informieren. Während seines Aufenthaltes in Paris schreibt *G.* sein Hauptwerk „De jure belli ac pacis" (1625). 1631 Rückkehr in die

Niederlande, da er unter Verkennung seiner wahren Lage glaubt, nun wieder willkommen zu sein. 1632 muß er die Niederlande endgültig verlassen. Seit 1634 schwedischer Diplomat nach einem Angebot des schwedischen Kanzlers *Oxenstierna*; 1635 bis kurz vor seinem Tod vertritt er Schweden in Frankreich. Dort hat er mit mangelnder Unterstützung durch Schweden und geringer Akzeptanz durch Frankreich zu kämpfen. *G.* veröffentlicht nun wieder verstärkt theologische Werke mit dem Ziel einer Wiedervereinigung der Kirchen; seine Versuche, einen Mittelweg zu finden, bringen ihm aber nur Ablehnung von beiden Seiten ein. *G.* stirbt am 28.8.1645 an den Folgen eines Schiffbruchs bei einer Reise von Stockholm nach Lübeck und einer daran anschließenden Fahrt im offenen ungefederten Wagen in Rostock. Sein Leichnam wird nach Delft überführt und dort in der Nieuwe Kerk am 3.10.1645 beigesetzt; seine Eingeweide werden ursprünglich in Rostock aufbewahrt, dann aber ebenfalls nach Delft gebracht. Als Grabinschrift hat *G.* vorgeschlagen: „Grotius hic Hugo est Batavum captivus et exul".

Während der Ruhm von *G.* zur Zeit seines Lebens zuerst auf seinen philologischen, später dann auf seinen theologischen und historischen Leistungen beruhte, wird er heute schlagwortartig als „Vater des Völkerrechts" und „Erfinder des Naturrechts" bezeichnet. Diese Schlagworte verkürzen zu sehr, wenn sie auch die Bedeutung von *G.* – wenigstens für das Naturrecht – im Kern zutreffend wiedergeben. Richtig ist vor allem, daß der Name von *G.* uns heute wegen seiner juristischen Arbeiten geläufig ist.

Von diesen sind besonders sein Hauptwerk „De jure belli ac pacis libri tres" (1625) und seine „Inleiding tot de Hollandsche rechts-geleertheyd" (1631) hervorzuheben. Damit sind zugleich die Gebiete umschrieben, in denen *G.* juristisch Bedeutendes geleistet hat: nämlich einerseits das Völkerrecht und andererseits das römisch-holländische Recht. Der Begriff des römisch-holländischen Rechts stammt übrigens nicht von *G.*, sondern wurde erstmals von *Simon van Leeuwen* in seinem Buch „Paratitula juris novissimi, dat is een Kort Begrip van het Rooms Hollands Regt" (1652) benutzt.

Bezüglich des Völkerrechts steht „De jure belli ac pacis" in einer Reihe mit dem erst 1801 erschienenen, aber ungefähr 1604 entstandenen „Parallelon rerumpublicarum" und dem 1868 erschienenen, etwa 1604 bis 1606 entstandenen „De jure praedae commentarius". Im ersten Buch, also den Staatsparallelen, vergleicht *G.* die Niederländer mit den Griechen und Römern und räumt ihnen den Vorrang ein. Der Kommentar über das Prisenrecht war eine Auftragsarbeit für die Vereinigte Ostindische Compagnie anläßlich der Kaperung eines portugiesischen Schiffes durch die Niederländer. *G.* beurteilt diese als rechtmäßig, da es in einem gerechten Krieg erlaubt sei, Beute zu machen. Diese Schrift selbst wurde erst 1864 wiedergefunden und stellt einen Vorläufer zu „De jure belli ac pacis" dar, denn im ersten Teil behandelt *G.* allgemein die Gründe, die einen Krieg rechtfertigen und die während eines Krieges zu beachtenden Regeln. Nur das 12. Kapitel dieses Kommentares erschien 1609 unter dem Titel „Mare liberum" (in der ersten Auflage noch anonym). Hierin geht *G.* aus naturrechtlichen Erwägungen davon aus, daß jedes Volk ein anderes aufsuchen, mit ihm Handel treiben (also auch die Niederländer entgegen portugiesischer Ansicht mit den Indern) und deshalb die See frei befahren darf. 1635 erschien übrigens dazu eine Gegenschrift des Engländers *John Selden* unter dem Titel „Mare clausum", in der dieser die Politik Englands rechtfertigt.

Das Hauptwerk des *G.* im *Völkerrecht* ist aber „De jure belli ac pacis". Es entstand in Paris 1621 bis 1624 und erschien erstmals 1625. Seitdem sind über 117 verschiedene Ausgaben in 12 Sprachen herausgekommen, in Deutschland erstmals 1626, in deutscher Sprache zuerst 1707 mit einer Einleitung von → *Thomasius*. Schon am 26.3.1626 wurde das Buch auf den Index librorum prohibitorum gesetzt und erst 1900 im Zusammenhang mit der Nichtzulassung des Vatikans zur 1. Haager Friedenskonferenz wegen dieser Indizierung wieder abgesetzt. Inhaltlich fällt auf, daß *G.* in seinen Darlegungen Recht von Theologie und Moral trennt; schon in den Prolegomena zu „De jure belli ac pacis" äußert *G.*, daß seine Aussagen auch dann gelten würden, wenn es einen Gott nicht gebe. Dies kann er deshalb, da er seine Ergebnisse außer mit dem durch die Praxis der Staaten quasi gewillkürten Völkerrecht auch mit Naturrecht begründet; allerdings geht nach *G.* bei Konflikten das Völkerrecht vor. So kommt er etwa bei der Frage, ob ein Krieg zulässig ist, naturrechtlich zum Ergebnis, daß eine Rechtsverletzung vorgelegen haben muß, während ihm völkerrechtlich genügt, daß der Krieg in rechter Form begonnen wurde. *G.* führt das Naturrecht nicht mehr auf eine göttliche Offenbarung zurück, es stellt für ihn vielmehr ein auf sich beruhendes Universalrecht dar. Das Werk selbst ist in drei Bücher gegliedert, von denen das erste den Begriff des Krieges definiert, das zweite und umfangreichste die Gründe aufzählt, derentwegen ein Krieg erlaubt und damit gerecht ist, und das dritte das während eines Krieges zu beachtende Verhalten schildert. Dabei bezieht es sich aber nicht nur auf Völkerrecht, sondern auch auf die Rechtsbeziehungen zwischen Privaten. Denn auch wenn diese in ihren Rechten beeinträchtigt werden, steht ihnen das Recht zu, sich zu wehren. Allerdings ist dieser Privatkrieg nur erlaubt, wenn keine Gerichte vorhanden sind, die über die Rechtsverletzung richten können. Zusammenfassend können Gründe für einen gerechten Krieg, gleichgültig ob zwischen Staaten oder Privaten, nur sein: Verteidigung, Wiedererlangung des Genommenen oder Strafe. Für zweifelhafte Kriegsgründe empfiehlt *G.* aber einen Schiedsvertrag, was Anfang unseres Jahrhunderts bewirkt hat, daß sein Name im Zusammenhang mit dem Völkerbund genannt worden ist. Infolge der Behandlung des „bellum privatum" finden sich in „De jure belli ac pacis" auch Aussagen zu *privatrechtlichen* Themen. Wichtig sind dabei die Aussagen von *G.* zum Vertragsschluß. Seine Überlegungen beruhen auf der Vorstellung von einem autonomen Menschen, der sich in einem Akt der vernünftigen Selbstgesetzgebung bindet. *G.* unterscheidet drei Grade des Versprechens, nämlich die bloße gegenwärtige Mitteilung eines künftigen Handlungsplanes, den Willensentschluß zu zukünftigem Handeln mit Zwang für sich selbst, ohne daß ein anderer einen Anspruch darauf hat, und als letztes ein Zeichen der Absicht, dem anderen ein Recht auf ein eigenes zukünftiges Handeln zu übertragen. Durch diese Konstruktion des Vertrages als Rechtsübertragungsakt ist für *G.* die Annahme des Angebots Voraussetzung für einen Vertragsschluß. Im Falle der Annahme für einen Dritten unterscheidet er zwischen der Annahme im eigenen Namen und im fremden Namen; im ersten Fall erhält der Annehmende die Befugnis, den Übergang des Angebots auf den Dritten zu bewirken, wenn dieser das will; im zweiten Fall hängt die Rechtslage vom Bestehen einer Vollmacht ab. Liegt diese vor, wird der Dritte unmittelbar Vertragspartner, fehlt diese, entsteht ein Schwebezustand. *G.* gelingt damit erstmals die – bis heute gültige – Abgrenzung der Stellvertretung vom Vertrag zu Gunsten Dritter. *G.* äußert sich auch zu *strafrechtlichen* Fragen, bei denen er für eine Entwicklung weg vom theokratischen hin zu einem säkularisierten Strafrecht steht.

„De jure belli ac pacis" war für die Entwicklung des Völkerrechts bedeutend. Gleichwohl ist es ungenau, *G.* als „Vater des Völkerrechts" zu bezeichnen. Auch schon vor *G.* gab es Völkerrecht, und seine eigentliche Leistung liegt nicht darin, etwas originell Neues gefunden zu haben, sondern vielmehr darin, als erster das Völkerrecht zusammenhängend und im wesentlichen stimmig dargestellt zu haben. Ideengeschichtlich ist *G.* stark von der spanischen Spätscholastik (v.a. → *Vitoria*, *Vasquez* und → *Suarez*) und besonders durch *Alberico Gentilis* „De jure belli" (1598), beeinflußt.

Das andere Hauptwerk des *G.*, auf dem sein Ruhm als Jurist beruht, ist seine „Inleiding". Ursprünglich war das Werk für seine Kinder als Einführung in das römisch-holländische Recht seiner Zeit bestimmt und ist auch erst 1631 als Buch erschienen. Damit war es das erste zusammenfassende Handbuch des römisch-holländischen Rechts, welches das örtliche holländische Recht mit dem römischen Recht kombiniert und dieses auch an das holländische Recht anpaßt. Im Aufbau orientiert es sich an der Institutionenordnung. Es ist geprägt durch die Erfahrungen, die *G.* während seiner Zeit als Anwalt in Den Haag gemacht hat. Zur Verbreitung des Buches hat auch beigetragen, daß es auf Niederländisch erschienen ist; damit entwickelte *G.* auch erstmals neben der lateinischen eine niederländische Rechtsterminologie. Die „Inleiding" hatte zeitweise die Autorität eines Gesetzbuches, schon 1644 erschien ein Kommentar von *Simon van Groenewegen*. Sie wird heute noch in Südafrika benutzt.

Hauptwerke: Mare liberum ..., 1609 (1618, 1632, 1633, zahlr. weit. Auflagen). – Liber de antiquitate reipublicae Batavicae, 1610 (1617, 1630, 1633). – Ordinum Hollandiae ac Westfrisiae pietas ab improbissimis multorum calumniis ... vindicata, 1613. – Defensio fidei catholicae de satisfactione Christi adversus Faustum Socinum senensem, 1617. – Apologeticus eorum qui Hollandiae Westfrisiaeque et vicinis quibusdam nationibus ex legibus praefuerunt ..., 1622. – Verantwoordingh van de wettelijcke regieringh van Hollandt ende West-Vrieslandt ..., 1622. – De jure belli ac pacis libri tres, in quibus jus naturae et gentium item juris publici praecipua explicantur, 1625 (1626, 1631, 1642, 1939, 1948, 1993, zahlr. weit. Auflagen). – Sensus librorum sex, quos pro veritate religionis Christianae Batavice scripsit H.G., 1627. – Inleiding tot de Hollandsche rechts-geleertheyd, 1631 (1636, 1639, 1641, 1644, zahlr. weit. Auflagen). – De origine gentium Americanarum dissertatio, 1642. – De imperio summarum potestatum circa sacra commentarius posthumus, 1647. – Historia Gotthorum, Vandalorum et Langobardorum, 1655. – Annales et historiae de rebus Belgicis, 1657. – De aequitate, indulgentia et facilitate tractatus ..., 1680. – Parallelon rerumpublicarum liber tertius ..., 1801-1803 (1945). – De jure praedae commentarius, 1868 (1950). Bibliographie: *René Dekkers:* Bibliotheca Belgica Juridica, 1951, 69 ff. und *Jacob ter Meulen / P.J.J. Diermanse:* Bibliographie des écrits imprimés de Hugo Grotius, 1950.

Literatur: Hedley Bull u.a. (Hrsg.): Hugo Grotius and International Relations, 1990. – *M. Dießelhorst:* Die Lehre des Hugo Grotius vom Versprechen, 1959. – *A. Dufour* u.a. (Hrsg.): Grotius et l'ordre juridique international, 1985. – *E. Dumbauld:* The life and legal writings of Hugo Grotius, 1969. – *W.J.M. van Eysinga:* Huigh de Groot, 1945 (dt.: Hugo Grotius, 1952). – *R. Feenstra:* Der Eigentumsbegriff bei Hugo Grotius im Licht einiger mittelalterlicher und spätscholastischer Quellen, in: O. Behrends u.a. (Hrsg.): Festschr. f. F. Wieacker zum 70. Geb., 1978, 209-234. – *R. Feenstra* u.a. (Hrsg.): Hugo Grotius. A great European (1583-1645), 1983. – *R. Feenstra / R. Zimmermann:* Das römisch-holländische Recht, 1992, 26 ff. – *R. Feenstra* u.a (Hrsg.): The world of Hugo Grotius (1583-1645), 1984. – *W. Fikentscher:* De fide et perfidia – Der Treuegedanke in den Staatsparallelen des Hugo Grotius aus heutiger Sicht –, 1979. – *V. Fiorillo:* Von Grotius zu Pufendorf, in: ARSP 75 (1989), 218-238. – *Gesellschaft für Seerecht der Deutschen Demokratischen Republik* (Hrsg.): Hugo Grotius 1583-1645, 1983. – *W. Grewe:* Grotius – Vater des Völkerrechts?, in: Der Staat 23 (1984), 161-178. – *P. Haggenmacher:* Grotius et la doctrine de la guerre juste, 1983. – *G. Hoffmann-Loerzer:* Topik und Politikwissenschaft. Die Topik des Hugo Grotius – ein Modell moderner Problemlösungen, in: ARSP 63 (1977), 379-398. – *H. Hofmann:* Hugo Grotius, in: M. Stolleis (Hrsg:): Staatsdenker im 17. und 18. Jahrhundert, 1987, 52 ff. – *H. Hofmann:* Von den Ursprüngen deutschen Rechtsdenkens in der nachchristlichen Sozialphilosophie. Eine Erinnerung an Hugo Grotius (1583-1645) und Samuel Pufendorf (1632-1694), in: JuS 1984, 9 ff. – *L. Jasper:* Blick in die Zeit. Hugo Grotius – 400 Jahre, in: MDR 1983, 102 ff. – *R.W. Lee:* Hugo Grotius, 1930. – *Christoph Link:* Hugo Grotius als Staatsdenker, 1983. – *Klaus Luig:* Natürliches Privatrecht. Die Rolle des Privatrechts in den naturrechtlichen Gesellschaftsentwürfen des 17. und 18. Jahrhunderts, in: Reiner Schulze (Hrsg.): Europäische Rechts- und Verfassungsgeschichte, 1991, 103-120. – *J. MacDonell / E. Manson:* Great Jurists of the world, 1914, 169 ff. – *S. Moccia:* Macht und Recht im Übergang von der theokratischen zur laizistischen Auffassung des Strafrechts im 17. Jahrhundert. Zur Erinnerung an den 400. Geburtstag von Hugo Grotius, in: Goltdammer's Archiv für Strafrecht 1983, 533-545. – *P.C. Molhuysen / B.L. Meulenbroek / P.P. Witkam:* Briefwisseling van Hugo Grotius, 1921 ff. – *Fritz Münch:* Staat und Völkerrecht. Zur Terminologie bei Grotius, in: K. Hailbronner u.a. (Hrsg.): Staat und Völkerrechtsordnung. Festschr. f. K. Doehring, 1989, 625-646. – *H.J.M. Nellen:* Hugo Grotius 1583-1645. Geschichte seines Lebens basierend auf seiner Korrespondenz, 1983. – *Y. Onuma:* A normative approach to war: peace, war and justice in Hugo Grotius, 1993. – *P. Ottenwälder:* Zur Naturrechtslehre des Hugo Grotius, 1950. – *Wilhelm-Pieck-Universität Rostock* (Hrsg.): Hugo Grotius, 1982. – *F. De Pauw:* Grotius and The Law of the Sea, 1965. – *N. Peach:* Hugo Grotius, 1985. – *H. Schiedermair:* Hugo Grotius und die Naturrechtsschule, in: B. Börner u.a. (Hrsg.): Einigkeit und Recht und Freiheit. Festschr. f. K. Carstens, 1984, 477-496. – *T.J. Veen / P.C. Kop:* Zestig Juristen, 1987, 113 ff. m.w.N. (*C.G. Roelofsen*). – *H. Wehberg:* Hugo Grotius, 1956. – *Ders.:* Die Unterscheidung zwischen Natur- und Völkerrecht in der Lehre von Hugo Grotius, in: Hans Kruse u.a. (Hrsg.): Mensch und Staat im Recht und Geschichte. Festschr. f. Herbert Kraus, 1954, 227-232. – *Wolf:* Rechtsdenker, 253 ff. – *R. Zimmermann / D.L. Carey-Miller:* Generis humani iuris consultus: Hugo Grotius (1583-1645), in: Jura 1984, 1 ff. – Jährliche Bibliographie in Grotiana (Hrsg.: Van Gorcum te Assen) durch *J.C.M. Willems* seit 1980. – HRG I (1971), 1815-1817 (*K.-H. Ziegler*). – Jur., 257-260 *R. Feenstra).* – StL 2 ([7]1986), 1092-1093 (*Malte Dießelhorst*). T. Moosheimer

Philipp Heck

(1858-1943)

Geb. am 22.7.1858 in St. Petersburg. 1870 Übersiedlung der Familie nach Wiesbaden. 1879 Beginn des Mathematikstudiums in Leipzig, bald darauf Wechsel in die juristische Fakultät. 1886 Assessor, 1889 Promotion, in demselben Jahr Habilitation in Berlin. 1891 ordentlicher Professor in Greifswald, 1892 in Halle. 1901 Übernahme des Lehrstuhls für Deutsches Recht, Handels- und Wechselrecht und Bürgerliches Recht an der Universität Tübingen, dort 1911/12 Rektor. 1912 Verleihung des persönlichen Adels an *H.* durch den württembergischen König. 1928 Emeritierung. *H.* ist am 28.6.1943 in Tübingen gestorben.

Über seine ersten Eindrücke von der Jurisprudenz, die er als Mathematikstudent in einem Kreis befreundeter Juristen gewann, erzählt *H.:* „Nach liebenswürdiger Juristensitte wurde ich als Versuchskaninchen für Laienurteile über juristische Fragen verwendet. Die Begründung der juristischen Entscheidung durch Begriffe war mir auffallend. Zu meiner Aufklärung verwies mich einer meiner Freunde auf die methodischen Ausführungen in (→) *Jherings* „Geist des römischen Rechts", Bd. II, 2. Abt. Dieser Band ist das erste juristische Buch, das ich gelesen habe. Ich las es mit heller Begeisterung. Namentlich packte mich die Aussicht auf die Umgestaltung der Wissenschaft durch Verwendung der Interessenbegriffe, die (→) *Jhering* am Schlusse eröffnet. Dieser Gegensatz „Rechtsbegriff" und „Interesse" veranlaßte mich zu einer weiteren Beschäftigung mit der Rechtswissenschaft und schließlich zu dem Übertritt in die juristische Fakultät ..." Von *H.* kann man also wirklich sagen, er sei Jurist geworden, um die Interessenjurisprudenz zu begründen.

Mittelpunkt juristischer *Methodenfragen* ist für *H.* das „Problem der Rechtsgewinnung" durch Richterspruch. In der gleichnamigen Schrift legt er dar, daß Gesetze aus Geboten bestehen. Der Richter müsse zunächst prüfen, ob das Gesetz ein auf den zu lösenden Fall anwendbares Gebot enthalte. Daran könne es fehlen, wenn das Gesetz lückenhaft ist (den Begriff der Lücke hat *H.* später präzisiert und erkennen lassen, daß schon die Lückenfeststellung ein wertender Vorgang ist: das Wort „Lücke" drücke aus, „daß etwas fehlt, dessen Vorhandensein gewünscht oder erwartet wird"). In solchen Fällen habe nun „die ältere Methodenlehre des gemeinen Rechts" eine „Lückenergänzung durch Konstruktion von Rechtsbegriffen" betrieben: aus den Einzelgeboten seien die gemeinsamen Elemente abstrahiert und zu Begriffen zusammengefaßt worden. Diese Begriffe habe man definiert und als Quelle neuer Gebote zur Ausfüllung von Lücken verwendet. *H.* nennt dieses Verfahren „Inversionsmethode". Ihre Anhänger sähen die Begriffe als kausal für die Einzelgebote und damit überhaupt als kausal für das Recht an. In Wirklichkeit sei es aber genau umgekehrt. Kausal für das Recht seien die Interessen. → *Jhering*, der dies als erster richtig erkannt habe, sei bei der „genetischen" Interessentheorie, d.h. bei der Erkenntnis, daß das Recht durch Interessen, Zwecke, verursacht werde, stehengeblieben. *H.* will darüber hinaus zu einer „produktiven" Interessentheorie vorstoßen, zu einer Lehre über die Bildung neuer Gebote durch Interessenabwägung. Interesse sei „jede kulturelle Begehrungsdisposition". Alle Rechtsgebote seien aus Interessenkonflikten hervorgegangen, „Interessenprodukte", „Resultanten der in jeder Rechtsgemeinschaft einander gegenübertretenden und um Anerkennung ringenden Interessen materieller, nationaler, religiöser und ethischer Richtung". In Lückenfällen müsse der Richter überlegen, welche Interessen sich gegenüberstehen. Dann müsse er diese Interessenlage mit den im Gesetz vorhandenen Interessenabwägungen vergleichen. Finde er im Gesetz ein Gebot, das aus der Abwägung eines dem konkreten Fall entsprechenden Interessenkonflikts hervorgegangen sei, so sei er an die gesetzliche Interessenwertung gebunden, diese entfalte eine „Fernwirkung". *H.* nennt dieses Verfahren „Analogie". Keinen bloßen Analogieschluß mehr stellen nach *H.* die richterliche „Gebotsberichtigung" und die „Eigenwertung" dar. Eine Eigenwertung wird erforderlich, wenn für den konkret auftretenden Interessenkonflikt im Gesetz keine passende Wertung zu finden ist. Der Richter soll dann nicht an die in der Gesellschaft „herrschenden" Werturteile gebunden sein, wenn sie im Gesetz keinen Ausdruck finden. Vielmehr soll er selbst, offenbar auf Grund seines persönlichen Wertempfindens, entscheiden. Ähnlich knapp sind *H.s* Ausführungen zur „Gebotsberichtigung". Er hält sie für zulässig, wenn die im Gesetz irgendwie zum Ausdruck gelangten „Gemeinschaftsinteressen“ sie erfordern und keine „Stabilitätsinteressen“ entgegenstehen. Keinesfalls soll jedoch eine dem Gesetzeszweck zuwiderlaufende Gebotsberichtigung zulässig sein, selbst dann nicht, wenn sie einem allgemeinen gesellschaftlichen Werturteil entsprechen würde: „Das Prinzip der Gesetzestreue duldet keine Ausnahme.“ Im ganzen weist also *H.* der Gebotsberichtigung doch nur einen recht eng umgrenzten Bereich zu.

Die von *H.* geforderte Feststellung gesetzlicher Interessenwertungen wirft die Frage auf, wie denn zu ermitteln ist, *welchen* Interessenkonflikt das jeweilige Gesetzesgebot entscheidet. Im Gegensatz zu der gleichzeitig vordringenden „objektiven“ Methode der Gesetzesauslegung (→ *Binding*, *Wach*, *Kohler*; ferner die Freirechtler *Rumpf*, *Stampe* u.a.) verweist *H.* hierfür auf „historische Interessenforschung“. Es ist also nicht entscheidend, welchen Konflikt das Gesetz nach seinem Wortlaut unter Berücksichtigung der jetzt gegebenen Verhältnisse entscheidet („objektive“ Theorie), sondern welchen Konflikt der Gesetzgeber „angeschaut“ hat und entscheiden wollte. *H.* erläutert das immer wieder am Beispiel von Herr und Diener. Der Diener habe keinen blinden, sondern „denkenden Gehorsam“ zu beobachten. Das Gebot sei nicht wörtlich, sondern den historisch festgestellten Interessen des Befehlenden gemäß auszuführen. So wie der Diener „Vorstellungsforschung“ und „Umstands-Ursachenerforschung“ treiben müsse, müsse sich der Richter als Diener des Gesetzgebers an die von diesem berücksichtigten Interessen und deren Bewertung halten.

Zurückhaltend blieb *H.* in den Fragen der Begriffs- und Systembildung. In dem Buch über „Begriffsbildung und Interessenjurisprudenz“ lehnt er ein logisch-deduktives System, wie es die Begriffsjurisprudenz (→ *Puchta*) für möglich gehalten hatte, ab. Er unterscheidet zwischen „innerem“ und „äußerem“ System. Das „äußere“ System besteht aus „Ordnungsbegriffen“ und hat keinen selbständigen Erkenntniswert, die Systematisierung ist nur „für Übersicht und Darstellung wichtig“. Das „innere“ System ist ein „System von Konfliktsentscheidungen“, deren gemeinsame Elemente in Gruppenbegriffen von wachsender Allgemeinheit zusammengefaßt werden. In diesen Systembegriffen ist sowohl die Gebots- als auch die Interessenseite eines Begriffs berücksichtigt, z.B. ist die unerlaubte Handlung sowohl ein rechtswidriger Verstoß gegen andere als obligatorische Pflichten (Gebotsbegriff), als auch die Verletzung eines anderen als eines Gläubigerinteresses (Interessenbegriff). Das innere System soll nach *H.* auch Antwort auf die „Warumfrage“ geben, also zur Ableitung von Rechtsfolgen dienen können.

In den Grundrissen des Schuldrechts und des Sachenrechts hat *H.* seine Methode auf zwei Hauptmaterien des Zivilrechts angewendet. Die Bezeichnung der jeweils rund 500 Seiten umfassenden Bücher als „Grundrisse“ ist stark untertrieben, aber die pandektistische Begrifflichkeit der behandelten Teile des BGB sperrte sich wohl überhaupt gegen eine knappe interessenjuristische Umformung. Daher liegt der Wert der beiden Werke, die jetzt natürlich in manchem überholt sind, vor allem in der oft ausführlichen Erörterung einzelner Fälle und Streitfragen, in der Vorzüge und Nachteile von *H.s* Methode deutlich hervortreten.

„*Hecks* Einfluß auf die Methodenlehre, vor allem im Zivilrecht, kann kaum überschätzt werden“ *(Larenz).* Man kann sagen, daß bestimmte Grundgedanken *H.s*, wie etwa die Unterscheidung zwischen Begriffs- und Interessenjurisprudenz, Gemeingut aller, auch der methodologisch nicht besonders interessierten Juristen geworden sind und auch auf die Rechtsprechung beträchtlichen Einfluß ausgeübt haben. Die gegenwärtige Methodenlehre steht allerdings *H.s* Ansichten zum Teil kritisch gegenüber, sei es, daß sie eine Verteidigung der „Begriffsjurisprudenz“ unternimmt, sei es, daß sie die soziologische Wendung *H.s* als viel zu zaghaft empfindet. Einigkeit dürfte darüber bestehen, daß *H.* jedenfalls den Fragen der Ausfüllung von Generalklauseln und der Rechtsfortbildung zu wenig Aufmerksamkeit geschenkt hat. Darüber hinaus ist überhaupt zweifelhaft, ob Interessen mit solcher Sicherheit festgestellt werden können, wie *H.* meinte, oder ob hier nicht ein „naiver soziologischer Positivismus“ *(Rosenbaum)* vorliegt, der die Rechtsanwendung in Wirklichkeit zur Umsetzung „schichtspezifischer“ Wertmaßstäbe werden läßt. –

H.s umfangreiches *rechtshistorisches* Werk hat sich nicht durchsetzen können, weil es „in der Gleichsetzung juristischer und historischphilologischer Denkweise“ „Raum und Zeit in der geschichtlichen Entwicklung“ *(Bader)* vernachlässigte. Man hat sich darüber gewundert, daß ausgerechnet der Begründer der Interessenjurisprudenz wegen allzu scharfer Begrifflichkeit getadelt worden ist. Beim heutigen Stand der Kritik an *H.s* Methodenlehre ist das aber gar nicht so paradox: Mehr und mehr wird *H.* ja gerade vorgeworfen, daß er die vielschichtige Bedingtheit des Rechts in einer Art Interessenmathematik erfassen zu können glaubte.

Hauptwerke: Das Recht der großen Haverei, 1889. – Die altfriesische Gerichtsverfassung, 1894. – Die Gemeinfreien der Karolingischen Volksrechte, 1900. – Der Sachsenspiegel und die Stände der Freien, 1905. – Das Problem der Rechtsgewinnung, 1912, [2]1932. – Gesetzesauslegung und Interessenjurisprudenz, 1914 (= AcP 112 [1914], 1-318). – Die Standesgliederung der Sachsen im frühen Mittelalter, 1927. – Grundriß des Schuldrechts, 1929 (Ndr. 1958). – Grundriß des Sachenrechts, 1930 (Ndr. 1960). – Übersetzungsprobleme im frühen Mittelalter, 1931. – Begriffsbildung und Interessenjurisprudenz, 1932. – Interessenjurisprudenz (= Recht und Staat, 97), 1932. – Ndr. der wichtigsten methodologischen Schriften (Rechtsgewinnung, Gesetzesauslegung, Begriffsbildung) – z.T. gekürzt – 1968, redigiert v. *R. Dubischar.* Ndr. von acht kleineren Schriften in: Interessenjurisprudenz, hrsg. von *G. Ellscheid* u. *W. Hassemer*, 1974; Bibliographie ebenda 470-472 und in NDB 8 (1969), 176f.

Literatur: K.S. Bader: Philipp von Heck, in: ZRG (GA) 64 (1944), 539-544. – *G. Baranowski / A. Pitsch:* Zur Kritik der Interessenjurisprudenz von Philipp Heck, in: Staat und Recht 1979, 547-554. – *C.W. Canaris:* Systemdenken und Systembegriff in der Jurisprudenz, 1969, 35ff. – *H. Coing:* Benthams Bedeutung für die Entwicklung der Interessenjurisprudenz und der allgemeinen Rechtslehre, in: ARSP 54 (1968), 69-88. – *B. Dombek:* Das Verhältnis der Tübinger Schule zur deutschen Rechtssoziologie, 1969. – *R. Dubischar:* Philipp Heck. 1858-1943, in: Lebensbilder zur Geschichte der Tübinger Juristenfakultät, hrsg. von *F. Elsener*, 1977, 101-119. – *J. Edelmann:* Die Entwicklung der Interessenjurisprudenz, 1967. – *G. Ellscheid:* Einleitung zu *G. Ellscheid / W. Hassemer* (Hrsg.): Interessenjurisprudenz (s.o.), 1-13. – *J. Esser:* Nachwort zu Heck: Das Problem der Rechtsgewinnung usw. (s.o.), 1968, 213-229. – *F. v. Hippel:* Die Tübinger Schule der Interessenjurisprudenz, in: Festschr. f. R. Reinhardt, 1972, 83-94. – *W. Kallfass:* Die Tübinger Schule der Interessenjurisprudenz, 1972. – *W. Krawietz:* Interessenjurisprudenz, in: Hist. Wb. Philos. 4 (1976), 494-514. – *Larenz:* ML, 48-58. – *M. Marx:* Interessenjurisprudenz und Freirechtslehre, in: Einführung in Rechtsphilosophie und Rechtstheorie der Gegenwart, hrsg. von *Arthur Kaufmann* und *W. Hassemer*, 1977, 97-102. – *W. Rosenbaum:* Naturrecht und positives Recht, 1972, 72-85. – *Jan Schröder:* Interessenjurisprudenz, in: StL 3 ([7]1987), 128-130. – *Wieacker:* PRG, 574-587. – HDSW 5 (1956), 94f. *(T. Würtenberger).* – Jur., 275 *(U. Falk).* – NDB 8 (1969), 176f. *(W. Frhr. Marschall v. Bieberstein).* S.

Paul Hinschius

(1835-1898)

Geb. 25.12.1835 in Berlin, ev.; bereits ab Sommersemester 1852 Studium der Rechte in Berlin (2 Sem. in Heidelberg); 1855 Promotion „magna cum laude" bei *Emil Ludwig Richter*; bis 1860 praktische Ausbildung; 1859 Habilitation in Berlin; 1860-62 Studienreisen: Italien, Spanien, Frankreich, England, Schottland, Irland, Holland, Belgien und Schweiz zur Vorbereitung der Pseudo-Isidor-Ausgabe; 1863 außerordentlicher Professor in Halle; 1865 in Berlin; 1868 ordentlicher Professor in Kiel; 1871/72 Mitglied des preußischen Herrenhauses für die Universität Kiel (1889-1898 für die Universität Berlin); 1872 Ordinarius in Berlin; 1872-1878 und 1880-1881 Mitglied des Reichstages für Flensburg-Apenrade; 1884 Geheimer Justizrat; 1889/90 Rektor der Universität Berlin; gestorben am 13.12.1898 in Berlin.

Zu den Wirkungen der historischen Rechtsschule im 19. Jh. (→ *Savigny*, → *Eichhorn*) gehörte auch eine verstärkte wissenschaftliche Beschäftigung mit dem Kirchenrecht, das sich, bis 1917 „ohne kodifizierenden Einschnitt" *(Landsberg)*, für eine historisch-dogmatische Behandlungsweise besonders anbot. *H.* hat hier mit seinem „System des katholischen Kirchenrechts mit besonderer Rücksicht auf Deutschland" (1869-1897) dem ersten, unvollendeten Teil einer Gesamtdarstellung des katholischen und evangelischen Kirchenrechts, die herausragende Darstellung geliefert, die vor allem wegen ihrer historischen Abschnitte bei der Beschreibung der verschiedenen Rechtsinstitute noch heute von hohem Wert ist. *Landsberg* sieht in diesem 4600seitigen Torso einen „Höhepunkt nicht nur der historisch-kanonistischen Schule, sondern der historischen Schule schlechtweg." *H.* wollte als erster den Weg einer getrennten Darstellung von evangelischem und katholischem Kirchenrecht gehen. Die bisher übliche, beides verbindende, Methode schien *H.* dem „Wesen beider Kirchen" nicht mehr angemessen und der „Ausscheidung katholischer Elemente aus dem Recht der evangelischen Kirche" abträglich.

Eine umfassende Darstellung des Staatskirchenrechts – also der Rechtsverhältnisse zwischen dem Staat und den einzelnen Kirchen – hat *H.* nicht vorgelegt. Über seine Vorstellungen sind wir aber durch einzelne Arbeiten (auch durch die anhangsweise Abhandlung staatskirchenrechtlicher Fragen in den fertiggestellten Teilen seines „Systems") und durch *H.s* politische Tätigkeit informiert. *H.* war in dem seit 1870 (Verkündung der Lehre vom Universalepiskopat und von der Unfehlbarkeit päpstlicher Ex-cathedra-Entscheidungen durch das 1. Vatikanische Konzil) geführten Kampf des preußischen Staates gegen die katholische Kirche („Kulturkampf") als juristischer Berater des preußischen Kultusministers *Adalbert Falk* tätig. Er ist hier für eine Trennung von Staat und Kirche eingetreten, denen er beiden eine Rechtsetzungsbefugnis zubilligt. Ein völlig unabhängiges Nebeneinander dieser Einheiten (Koordination) hält er jedoch für unmöglich, da Staat und Kirche teilweise dieselben Menschen auf demselben Gebiet beanspruchen. Statt dessen muß der souveräne Staat unter Beachtung der Religions- und Kultusfreiheit festlegen, wie weit eine kirchliche Autonomie gehen kann. Dieser Vorrang des Staates wurde gerade gegen Ende des 19. Jhs. von katholischer Seite, besonders von der „ultramontanen" Zentrumspartei, bestritten. Charakteristisch ist die Schärfe, mit der sich *H.* gegen die katholische Kirche und ihre Orden, den Hauptfeind des „modernen" Staates, wendet, während er die teilweise noch unter landesherrlicher Hoheit stehende evangelische Kirche schont. Seine Schrift über „Die Orden und Kongregationen der katholischen Kirche in Preußen" (1874) wurde von Rom indiziert.

Auf dem Gebiet des Kirchenrechts lagen schon *H.s* frühere wissenschaftliche Arbeiten, seine Dissertation, die 1856 in deutscher Übersetzung erschien: „Das landesherrliche Patronatsrecht gegenüber der katholischen Kirche" sowie seine Habilitationsschrift „Beiträge zur Lehre von der Eidesdelation mit besonderer Rücksicht auf das canonische Recht". Auch die Veröffentlichung der Pseudo-Isidorischen Dekretalen und der sog. Capitula Angilramni (1863), in die er sehr viel Mühe und wissenschaftliche Akribie gesetzt hat, kann vor dem Hintergrund seiner politischen Einstellung gesehen werden. Handelte es sich hierbei doch um Fälschungen, die dem Papsttum lange Zeit zur Begründung seiner Machtansprüche gedient hatten. Obwohl niemand mehr daran zweifelte, daß es sich um Fälschungen handelte, auch die Kirche selbst nicht, herrschte doch mangels einer kritischen Ausgabe im einzelnen noch weitgehend Unklarheit. Die Forderung nach Offenlegung der gefälschten Teile seitens der Kirche war mindestens seit *Febronius* (1763) immer wieder erhoben, aber nie erfüllt worden. *H.* schuf die lange Zeit maßgebende und auch gegenwärtig noch nicht ersetzte Edition, die allerdings aus heutiger Sicht zahlreiche (zum Teil schwerwiegende) Mängel aufweist.

Interessant ist *H.s* Kritik am Entwurf des BGB, dem er 1889 das weniger abstrakte und für den Laien wie auch für den Juristen leichter verständliche Preußische Allgemeine Landrecht gegenüberstellte. Er war Preuße von Geburt und hat nur 8 1/2 Jahre außerhalb Berlins verbracht. Seine Zustimmung zur sozialistischen BGB-Kritik von *Anton Menger* muß unter dem Vorbehalt seiner grundsätzlichen Gegnerschaft zur Sozialdemokratie gesehen werden.

Hauptwerke: De iure patronatus regio, Diss. Berlin, 1855 (dt. 1856). – Beiträge zur Lehre von der Eidesdelation mit besonderer Rücksicht auf das canonische Recht, 1860. – (Hrsg.) Decretales Pseudo-Isidorianae et Capitula Angilramni, Leipzig 1863. – Die Orden und Kongregationen der katholischen Kirche in Preußen, Berlin 1874, auch in: Preuß. Jahrbücher 34 (1874), 117-148. – Svarez, der Schöpfer des preußischen Landrechts und der Entwurf eines bürgerlichen Gesetzbuches für das deutsche Reich. Rektoratsrede Berlin 1889, in: Preuß. Jahrbücher 65 (1889) 289-300. – System des katholischen Kirchenrechts mit besonderer Rücksicht auf Deutschland (Nebentitel: Das Kirchenrecht der Katholiken und Protestanten in Deutschland), Bd. 1-5 und 6,1 1869-1897, Ndr. 1959. Bibliographie bei *Seckel* (s.u.), 90-92.

Literatur: Horst Fuhrmann: Einfluß und Verbreitung der pseudoisidorischen Fälschungen (= Schriften der MGH, Bd. 24), 1972-74, bes. 31f., 168-178. – *E. Heymann:* Paul Hinschius, in: DJZ 1910, 1171f. – *Z. da San Mauro:* Hinschius, in: Enciclopedia Cattolica 6, 1440. – *E. Seckel:* Hinschius, in: Realencyklopädie f. protest. Theol. und Kirche (hrsg. v. *Herzog-Hauck*) 8 (1900), 90-97. – *Stintzing-Landsberg:* GDtRW III 2, 584, Notenbd. 258. – *U. Stutz:* Die kirchliche Rechtsgeschichte, 1905. – ADB 50 (1905) 344-360 *(U. Stutz)*. – HRG II (1978), 157f. *(A. Erler)*. – LThK 5 (1960), 374f. *(K. Mörsdorf)*. – NDB 9 (1972), 190f. *(H. Liermann)*. – RGG 3 (1959), 355 *(H. Liermann)*.

P.

Thomas Hobbes

(1588-1679)

Geb. 5.4.1588 in Westpol bei Malmesbury als Sohn eines armen Landvikars. Von 1603-1608 Studium am Magdalen College in Oxford; danach längere Zeit als Hauslehrer bei den Grafen von Devonshire tätig. Von 1610-1630 unternahm *H.* mehrere Festlandsreisen; hierbei machte er die Bekanntschaft bedeutender Persönlichkeiten (*Mersenne, Descartes, Gassendi, Galilei*). 1641 ging *H.* aus Furcht vor antimonarchistischen Umtrieben ins Exil nach Paris, dort verfaßte er u.a. sein Hauptwerk „Leviathan“, das 1651 in London erschien. Kurzfristig Lehrer Karls II. Nach dem Sieg der englischen Revolution 1651 Rückkehr *H.s* nach England. Die Geistlichkeit setzte ihre Angriffe gegen seine Lehre auch nach der Restauration fort; gegen die Anfeindungen wehrte sich der von Karl II. protegierte *H.* in mehreren Schriften. Am 4.12.1679 starb *H.* in Hardwick.

Das umfangreiche Werk *H.s* umfaßt Arbeiten über Physik, Psychologie, Anthropologie, Geschichte, Politik sowie zur Staatslehre. Nach *H.s* Ansicht sind alle Erscheinungen letztlich auf die Bewegung von Körpern zurückzuführen und damit einer deduktiv-mathematischen Methode zugänglich. Diese Methode wendet er als erster Staatstheoretiker auch in der Staatsphilosophie an, die dadurch mit dem Anspruch wissenschaftlicher Sicherheit auftritt.

In der Sache ist *H.s* staatstheoretisches Denken von den Religions- und Bürgerkriegen seiner Zeit geprägt. Die politische Lage in England war gekennzeichnet durch die wachsenden Spannungen zwischen König und Parlament. *H.s* Anliegen bestand darin, durch seine staatsphilosophischen Schriften die Stellung des Monarchen zu stärken, um so den drohenden Bürgerkrieg zu verhindern. Die größte Bedeutung kommt dabei *H.s* Büchern „De cive" und „Leviathan" zu. Während sich „De cive" mit dem Begriff des Bürgers und der Entstehung des Staates beschäftigt, verdichtet sich in „Leviathan" der Staatsgedanke. *H.* stellt an den Anfang seiner Staatslehre den Menschen im Naturzustand. In diesem Zustand ursprünglicher Freiheit und Gleichheit, in dem es weder Moral noch Gesetze gibt, wird der Mensch von dem Trieb zur Selbsterhaltung und dem Streben nach materiellen Vorteilen und Macht bestimmt (homo homini lupus). Es herrscht daher ein Kampf aller gegen alle (bellum omnium contra omnes), so daß der einzelne in ständiger Angst vor einem gewaltsamen Tod lebt. Diese Todesfurcht motiviert den Menschen, den status naturalis zugunsten einer Ordnung zu beenden, die Frieden und Sicherheit für Leben und Güter bietet. Den Weg hierzu weist die Vernunft (recta ratio), in der *H.* neben dem Selbsterhaltungstrieb die zweite bestimmende menschliche Eigenschaft sieht. Das Mittel zur Erreichung dieses Ziels ist der Abschluß eines Gesellschaftsvertrages, in dem die Menschen auf ihre uneingeschränkten Rechte verzichten und sie auf einen ihren Willen vertretenden Souverän übertragen. Diese Machtübertragung ermächtigt den Souverän, bei dem es sich sowohl um eine Einzelperson als auch um eine Versammlung handeln kann, die Vertragsschließenden zu regieren. Durch den Vertragsschluß entsteht somit der Staat als ein künstlicher Körper, dessen Hauptzweck die Sicherung und Erhaltung des Friedens ist.

Um diese Aufgabe zu erfüllen, ist es erforderlich, daß sich alle Macht beim Souverän konzentriert und er keinen Beschränkungen unterworfen wird. Der Souverän verfügt also über die uneingeschränkte Gewalt in bezug auf Gesetzgebung und Rechtsprechung sowie über umfassende Befugnisse zur Durchsetzung der Normen, die er zur Regelung der inneren Ordnung erlassen hat. Um den Rückfall in den Naturzustand zu verhindern, steht den Bürgern auch kein Widerstandsrecht gegen den Souverän zu, der – anders als in der späteren kontinentaleuropäischen Naturrechtslehre (→ *Pufendorf*) – den Bürgern gegenüber nicht vertraglich gebunden ist. Vielmehr schulden sie ihm unbedingten Gehorsam, solange er nur den Staatszweck erfüllt. Um eine innere Zerrissenheit zu verhindern, ist es schließlich geboten, daß dem Souverän auch in religiösen Fragen die höchste Gewalt zusteht. Seine Befugnisse erstrecken sich hierbei jedoch nur auf den öffentlichen Kult, während der individuelle Glaube dem Souverän entzogen bleibt.

Indem *H.* die totale Souveränität als einziges taugliches Mittel zu einer dauerhaften Friedenssicherung ansieht, entwirft er das Konzept eines absoluten Staates, dem jegliche Form der Gewaltenteilung fremd ist. Nach *H.* läßt sich sein Modell des absoluten Staates durch die Staatsformen der Monarchie, Demokratie und Aristokratie verwirklichen, wobei er selbst der Monarchie den Vorzug einräumt.

Das Werk von *H.* wurde in England von mehreren Seiten (u.a. Konservative, Juristen, Kirche) heftig kritisiert und schließlich durch die Philosophie → *Lockes* gänzlich verdrängt. Erst im 19. Jhd. griffen die Utilitaristen (→ *Bentham*) auf *H.* zurück. Größer war die Wirkung seines Werks auf dem Kontinent. Wegen seines Entwurfs eines absoluten Staates wurde er von → *Feuerbach* als Gegner der Aufklärung verstanden, während ihn die französischen Enzyklopädisten als Kritiker der Kirche und damit als Aufklärer sahen. Sein Gedanke des Herrschaftsvertrags als Grundlage staatlicher Legitimation wurde in mannigfaltigen Theorien aufgegriffen (*Spinoza*, → *Pufendorf*, → *Thomasius*, *Rousseau*). Nach 1933 versuchte man, *H.* zur Begründung totalitärer Staatsformen heranzuziehen.

Entscheidende Akzente in der Hobbes-Forschung setzten *F. Tönnies*, der *H.* mit dem Staatssozialismus in Verbindung brachte, sowie *L. Strauss*, der den von *H.* vollzogenen Bruch mit der traditionellen aristotelischen Staatsphilosophie betont. Einfluß auf die moderne Staatslehre erhielt *H.* u.a. über *C. Schmitt*, der sich zur Begründung der Notwendigkeit einer autoritären Staatsgewalt auf *H.* beruft.

Hauptwerke: De cive, 1642 (dt. Übers. hrsg. v. *G. Gawlick*: Vom Menschen. Vom Bürger, [2]1966). – Leviathan, ore The Matter, Forme & Power of a Common Wealth Ecclesiasticall and Civill, 1651 (dt. Übers. hrsg. v. *I. Fetscher*, 1984 [[4]1991]). – De homine, 1658 (dt. Übers. s. bei „De cive"). – The English Works, hrsg. v. *W. Molesworth*, 11 Bde., 1839-1845 (Ndr. 1962). Opera Philosophica, hrsg. v. *W. Molesworth*, 5 Bde., 1839-1845 (Ndr. 1961).

Literatur: U. Bermbach / K.-M. Kodalle (Hrsg.): Furcht und Freiheit. Leviathan – Diskussion 300 Jahre nach Thomas Hobbes, 1982. – *J. Bowle:* Hobbes and his Critics, 1951. – *D. Braun:* Der sterbliche Gott oder Leviathan gegen Behemoth, Teil I, 1963. – *K.C. Brown (Hrsg.):* Hobbes Studies, 1965. – *P.J.A. Feuerbach:* Anti-Hobbes oder Über die Grenzen der höchsten Gewalt und das Zwangsrecht der Bürger gegen den Oberherrn, 1798. – *M.M. Goldsmith:* Hobbes' Science of Politics, 1966. – *O. Höffe (Hrsg.):* Thomas Hobbes. Anthropologie und Staatsphilosophie, 1981. – *R. Hönigswald:* Hobbes und die Staatsphilosophie, 1924. – *F.C. Hood:* The Divine Politics of Thomas Hobbes. An Interpretation of Leviathan, 1964. – *K.-M. Kodalle:* Thomas Hobbes – Logik der Herrschaft und Vernunft des Friedens, 1972. – *M. Kriele:* Die Herausforderung des Verfassungsstaates. Hobbes und englische Juristen, 1970. – *J. Lips:* Die Stellung des Thomas Hobbes zu den politischen Parteien der großen englischen Revolution, 1927. – *C.B. Macpherson:* The Political Theory of Possessive Individualism. Hobbes to Locke, 1962, dt.: Die politische Theorie des Besitz-Individualismus, 1967. – *P.C. Mayer-Tasch:* Thomas Hobbes und das Widerstandsrecht, 1965. – *H.-D. Metzger:* Thomas Hobbes und die Engl. Revol., 1991. – *S.I. Mintz:* The Hunting of Leviathan, 1962. – *G. Nonnenmacher:* Die Ordnung der Gesellschaft. Mangel und Herrschaft in der politischen Philosophie der Neuzeit: Hobbes, Locke, Adam Smith, Rousseau, 1989. – *M. Oakeshott:* Hobbes on Civil Association, 1975. – *R. Peters:* Hobbes, 1967. – *R. Polin:* Politique et philosophie chez Thomas Hobbes, 1952. – *L. Roux:* Thomas Hobbes, penseur entre deux mondes, 1981. – *H. Schelsky:* Thomas Hobbes. Eine politische Philosophie, 1981 (Habilitationsschrift von 1941). – *C. Schmitt:* Der Leviathan in der Staatslehre des Thomas Hobbes, 1938. – *Ders.:* Die vollendete Reformation. Bemerkungen und Hinweise zu neuen Leviathan-Interpretationen, in: Der Staat 4 (1965), 51-69. – *R. Schnur:* Individualismus und Absolutismus. Zur politischen Theorie vor Thomas Hobbes, 1963. – *L. Strauss:* The Political Philosophy of Hobbes. Its Basis and Genesis, 1936, 1961, dt.: Hobbes' politische Philosophie, 1965. – *F. Tönnies:* Thomas Hobbes. Leben und Lehre, 1896, 1925, Ndr. 1971. –

J. Vialatoux: La cité de Hobbes, théorie de l'état totalitaire, 1935. – *H. Warrender:* The Political Philosophy of Thomas Hobbes: His Theory of Obligation, 1957. – *J.W.N. Watkins:* Hobbes' System of Ideas, 1965. – *U. Weiß:* Das philosophische System von Thomas Hobbes, 1980. – *H. Welzel:* Naturrecht und materiale Gerechtigkeit (1951), [4]1962, 114ff. – *B. Willms:* Der Weg des Leviathan. Die Hobbes-Forschung von 1968-1978, in: Der Staat, Beiheft 3, 1979. – *Ders.:* Die Antwort des Leviathan. Thomas Hobbes' politische Theorie, 1970. – *Ders.:* Thomas Hobbes. Das Reich des Leviathan, 1987. – Jur., 284-286 (*T. Repgen*).

Bibliographien: P. Collier: Hobbes-Bibliographie 1968-1978, in: *B. Willms:* Der Weg des Leviathan, 1979, 183-230. – *Ders.:* Bibliographie der deutschsprachigen Hobbes-Literatur 1968-1981, in: *Bermbach / Kodalle* (s.o.), 244-257. – *I. Fetscher* (Hrsg.): Leviathan (s.o.), 549 ff. – *Z. Lubienski:* Die Grundlagen des ethisch-politischen Systems von Hobbes, 1932. – *H. Macdonald / M. Hargreaves:* Thomas Hobbes. A Bibliography, 1952. – *H. Mizuta:* The List of Works of and relating to Thomas Hobbes, 1954. – *R. Stumpf:* Hobbes im deutschen Sprachraum, in: Hobbes-Forschungen. Hrsg. von *R. Koselleck / R. Schnur,* 1969, 287-300.

F.M. Krauss

Karl Ferdinand Hommel

(1722-1781)

Geb. am 6.1.1722 in Leipzig, dort auch – am 16.5.1781 – gestorben. Der Vater, *Ferdinand August H.*, Professor der Rechte und Appellationsgerichtsrat in Leipzig, bestimmt *H.* gegen dessen philosophische Neigung zum juristischen Studium in Leipzig. Für den Erlös der vom Vater gegebenen juristischen Werke kauft er sich Schriften von *Leibniz* und *Newton*, wird dann aber, nach dreimonatiger intensiver Vorbereitung in Halle, 1744 in Leipzig Baccalaureus, Lizentiat und Doktor der Rechte sowie Magister der Philosophie. Nachdem seine philosophischen Vorlesungen keine Hörer finden, versucht er es mit juristischen und hat großen Erfolg. 1750 außerordentlicher Professor des Staatsrechts. Seine Antrittsrede würzt er zum Ende jeder Periode mit der Feststellung: „Communis opinio, ergo falsa". 1752 Lehnrechtsprofessur, 1756 Professor der Institutionen. Als Mitglied der Fakultät ist er außerdem an deren Spruchtätigkeit beteiligt, 1760 wird er Beisitzer im Leipziger Oberhofgericht. 1763 erscheint als Anleitung zur Verbesserung des juristischen Urteilsstils sein „Teutscher Flavius". Im gleichen Jahr wird er nach Ablehnung des Amtes durch den Vater Ordinarius, erhält damit die Dekretalenprofessur und den ersten Platz auf der Gelehrtenbank des Oberhofgerichts;

außerdem wird er zum Rektor gewählt. Unter seinem Vorsitz finden im lutherischen Leipzig die erste Promotion und Disputation von Katholiken und Reformierten statt, ohne daß besondere Erlaubnis eingeholt wird. 1765 verkündet er in einer Rede vor dem künftigen Thronfolger („Principis cura leges") Thesen, die ein erstes Programm zur Strafrechtsreform in Deutschland darstellen und Gedanken *Beccarias* vorwegnehmen. Die darin auch vertretene Auffassung einer strikten Trennung von Staat und Kirche wird 1768 („Epitome juris canonici") weiter ausgeführt. Das 1767 erschienene „Pertinenz- und Erbsonderungsregister" erlangt durch seine unbedingte Zuverlässigkeit in Kursachsen weite Verbreitung. Unter Pseudonym erscheint 1770 sein strafrechtsphilosophisches Hauptwerk: „Über Belohnung und Strafe nach türkischen Gesetzen", die erste streng deterministische Begründung eines Strafrechtssystems. Seit 1766 veröffentlicht er in unregelmäßiger Folge die Bände seiner „Rhapsodia quaestionum ...", eine umfassende Spruchsammlung nach dem Vorbild → *Carpzovs* und mit dem Ziel, gegen dessen noch herrschende „Practica nova ..." seine Reformideen zu verbreiten. Größte Bedeutung für die Verbreitung von Reformgedanken in Deutschland hat die Herausgabe einer Übersetzung von *Beccarias* „Über Verbrechen und Strafen", ergänzt durch eigene Anmerkungen, erlangt (1778). 1784 veröffentlicht sein Schwiegersohn und Schüler *Rössig H.s* Reformgedanken in systematischem Zusammenhang.

Die Verbindung von antiquarischem mit literargeschichtlichem Interesse und sein geschmeidiger Stil lassen ihn zu den „eleganten" Juristen zählen. In Wesen und Arbeit scheint er seinem Vorbild → *Thomasius* weitgehend ähnlich, Mangel an System, Sprunghaftigkeit der Gedanken und Bemühen um geistreiche, popularisierende, dabei oft oberflächliche Darstellung kennzeichnen beide. In Schriften und Reden wendet er sich zur Verwirklichung seiner Reformgedanken insbesondere an den Gesetzgeber. Die Strafrechtsreform in Kursachsen 1770 (Abschaffung von

Folter und Landesverweisung) ist auf sein Wirken zurückzuführen. Unmittelbaren Einfluß hat er aber auf die praktisch-juristische Spruchtätigkeit genommen, bei der er mit der Forderung nach Lösung des Richters aus strenger Gesetzesbindung (im Gegensatz zu *Beccaria* unter dem Eindruck der deutschen Verhältnisse!) Raum geschaffen hat für eine den aufklärerischen Gedanken entsprechende humanere und rationalere Anwendung des geltenden Strafrechts. Die Bezeichnung als „deutscher *Beccaria*" wird seiner selbständigen Stellung nicht ganz gerecht.

In der Vielzahl seiner Schriften aus vielen Rechtsgebieten haben die strafrechtlichen die größte Bedeutung. Daneben sind die naturrechtlichen Werke zur Feststellung seines Menschenbildes, aus dem letztlich seine strafrechtlichen Lehren folgen, wesentlich; praktische Bedeutung hat er dem Naturrecht aber, im Anschluß an → *Thomasius* und gegen die damals herrschende Lehre → *Wolffs*, nicht gegeben. → *Hobbes* und → *Grotius* wirft er die Deduktion aus nur einem die menschliche Natur kennzeichnenden Prinzip als Einseitigkeit vor, faßt selbst als Prinzipien des menschlichen Daseins utilitas (als Inbegriff aller egozentrisch gerichteten und demzufolge rechtsbegründenden Instinkte) und honestas (als Inbegriff der verbindenden, Pflichten begründenden, als spezifisch menschlich gedeuteten Instinkte) auf. Über den allein menschlichen Bereich hinaus folgert er, weiter als alle bisherigen Naturrechtslehren, ansatzweise Rechte gegenüber dem Staat und Pflichten gegenüber Tieren. So fordert *H.*, entgegen seiner sonstigen Tendenz, den Katalog der Delikte zu verringern, Strafbarkeit der Tierquälerei. Dem Widerspruch von utilitas und honestas entnimmt er als Grundregeln sozialen Verhaltens: Den eigenen Nutzen verfolgen, soweit ohne Schaden für andere möglich, dem Nutzen der anderen dienen, soweit ohne eigenen Schaden möglich. Den Konflikt zwischen beiden Geboten löst *H.* – wie schon *Spinoza* – mit dem naturrechtlichen Gebot der Wahl des kleineren Übels. Instinkte sind Handlungsnotwendigkeiten, die die Gesetzgebung durch Gewährung eines möglichst großen individuellen Freiheitsraumes zu berücksichtigen hat; erst wenn das Individuum die utilitas über die honestas stellt, greift das Strafrecht ein. Es ist immer menschliches Recht – ein göttliches allgemeines positives Recht erkennt *H.*, der in Übereinstimmung mit *Michaelis* die Anwendung mosaischer Rechtssätze in christlichen Rechtsordnungen ablehnt, nicht an.

Der Satz vom zureichenden Grund (wesentliches Element des → *Wolffschen* Naturrechts, gegen das *H.* als nur halben Determinismus polemisiert) gilt uneingeschränkt und führt konsequent zur Verneinung der Willensfreiheit und damit zu der ersten konsequent deterministischen Strafrechtslehre der neueren Zeit, deren Ansätze erst später wieder aufgenommen wurden (→ *Liszt*). Der Mensch ist aber nicht nur determiniert (insoweit bekämpft *H.* auch → *Pufendorf*), „Schlachtopfer des Schicksals", sondern auch determinierbar i.S. von → *Pufendorfs* psychologischer Zwangstheorie. Nur so können Strafen überhaupt sinnvoll sein, bei völliger Willensfreiheit wäre Bestrafung sinnlose Quälerei. – Der Strafgesetzgeber muß die menschliche Schwäche berücksichtigen, darf die natürlichen Triebe, denen Laster wie Tugenden entstammen, nicht von vornherein in den Bereich des Unrechts verdrängen. Mit diesem Argument nimmt *H.* auch den fleischlichen Vergehungen den Verbrechenscharakter, sie sind bloße Schwachheiten. Aus der Forderung nach rational begründeten Gesetzen ergibt sich die Bindung des Fürsten an seine Gesetze, aber auch die nach Abschaffung veralteter Gesetze. Bekämpfung von Not und Elend ist der beste Weg, Verbrechen zu verhüten.

Einzige Begründung der Strafe ist der durch die Tat angerichtete unmittelbare gesellschaftliche Schaden; nur wo ein Schaden entstanden und jemand unmittelbar verletzt worden ist, kann die Tat Gegenstand bürgerlicher Strafgesetze sein. Anders als Beccaria will *H.* für schwerste Verbrechen (Totschlag – begründet aus dem Talionsprinzip –, Hochverrat, Brandstiftung und Raub) die Todesstrafe beibehalten, im übrigen aber Strafen wie Landesverweisung und Gefängnis, die dem Staat Arbeitskräfte entziehen, abgeschafft bzw. beschränkt sehen zugunsten der Einweisung in Zuchthäuser und der Verurteilung zu öffentlichen Arbeiten. Wahre Strafen für wahre Verbrechen sind zu unterscheiden einerseits von den Kirchenbußen und andererseits von den Polizeistrafen für bloße „quasi delicta". Zu diesen zählen neben Wucher und Verschwendung insbesondere die fleischlichen Vergehen. Mit der Lehre von den Polizeiverbrechen, die nach ihm sowohl prozessual als auch materiell eigenständige Erscheinungen sind, ergänzt *H.* die Ausführungen *Beccarias*. Keine bürgerlichen Strafen sind auch die Kirchenbußen, sie ahnden keine Vergehen, sondern nur Sünden, die keinen gesellschaftlichen Schaden bewirken. Überhaupt zählt *H.*, wie schon → *Thomasius*, den Mißbrauch der Religion im staatlichen Recht, vor allem die Verfolgung von Hexerei, Ketzerei und Gotteslästerung, zu den größten Übeln der traditionellen Strafrechtspraxis. –

In den kirchenrechtlichen Schriften *H.s* zeigt sich seine aufklärerisch-weltliche Rechtsauffassung darin, daß er alle Religionen für gleichwertig und für gleichermaßen vom Staat zu tolerieren hält. – In die Zukunft weist auch *H.s* Kritik an der Praxis des „Usus modernus" (→ *Stryk*), deutsches und römisches Recht miteinander zu vermischen, ihr gegenüber setzt er sich für eine konsequente Behandlung deutscher Rechtsinstitute nach deutschen und römischer nach römischen Rechtsgrundsätzen ein (→ *Hugo*). – Schließlich sind noch *H.s* Arbeiten zur juristischen Wissenschaftsgeschichte zu erwähnen (Litteratura iuris, 1761), die freilich schon den Ansprüchen des 19. Jhs. nicht mehr genügten (*Savigny:* „mit Späßen vermischte Notizen").

Hauptwerke: Teutscher Flavius, d.i. hinlängliche Anleitung sowohl bei bürgerlichen als peinlichen Fällen Urthel abzufassen, 1763, [4]1800 (hrsg. v. *E.F. Klein*). – Principis cura leges, 1765, Ndr. 1975 (hrsg. u. übers. v. *R. Polley*). – Rhapsodia quaestionum in foro quotidie obvenientium neque tamen legibus decisarum, 7 Bde., 1766-1787. – *(Alexander v. Joch):* Über Belohnung und Strafe nach türkischen Gesetzen 1770, [2]1772, Ndr. 1970 (hrsg. v. *H. Holzhauer*). – Des Herrn Marquis von Beccaria unsterbliches Werk über Verbrechen und Strafen, o.J. (1778), Ndr. 1966. – Philosophische Gedanken über das Criminalrecht, hrsg. v. *K.G. Rössig*, 1784. Schriftenverzeichnis in: Rhapsodia quaestionum, VII, 1787, 79-96 (von *K.G. Rössig*).

Literatur: H. Gerats: Das Menschenrecht der bürgerlichen Freiheit in der Naturrechtslehre von C.F. Hommel, in: Karl-Marx-Univ. Leipzig 1409-1959, Beitr. z. Univ.geschichte 1 (1959), 93-114. – *H. Gerats:* Das „Neue System des Naturrechts" des Leipziger Gelehrten Hommel, in: Festschr. f. E. Jacobi, 1957, 103-148. – *H. Hattenhauer:* Von Christen, Juden und Menschen. Zum Strafrecht der Aufklärung, in: Gedächtnisschr. f. H. Conrad, 1979, 245-269. – *H. Holzhauer:* Willensfreiheit und Strafe, 1970, 28-32. – *H. Holzhauer:* Einleitung zu Hommel: Über Belohnung ... (s.o.). – *K. Nakayama:* Penal Philosophy of Hommel – a Typical German Philosophy of Enlightenment in Criminal Law, in: Keiho zasshi, Journal of Crim. Law (Tokio) 14 (1965), Nr. 1. – *J. Lekschas:* Nachwort zu *Hommel:* Des Herrn ... (s.o.), 1966. – *R. Polley:* Die Lehre vom gerechten Strafmaß bei K.F. Hommel und Benedikt Carpzov, Diss. jur. Kiel, 1972. – *A. Rosenbaum:* C.F. Hommel in seinen Beziehungen zum Naturrecht und zur juristischen Aufklärung im 18. Jahrhundert, Diss. jur. Berlin, 1907. – *Schmidt:* Einf., 219f. – *Stintzing-Landsberg:* GDtRW III 1, 386-400. – *K. v. Zahn:* C.F. Hommel als Strafrechtsphilosoph und Strafrechtslehrer, 1911. – ADB 13 (1881), 58f. *(Teichmann)*. – HRG II (1978), 230-233 *(H. Holzhauer)*. – NDB 9 (1972), 592 *(R. Lieberwirth)*.

H.

Eugen Huber

(1849-1923)

Geb. am 13.7.1849 in Stammheim (Kanton Zürich). 1868 Beginn des Rechtsstudiums in Zürich (3. und 4. Semester in Berlin). 1872 Promotion, 1873 Habilitation in Zürich. Umhabilitierung nach Bern, dort ab 1874 Bundesstadtkorrespondent und Parlamentsberichterstatter der Neuen Zürcher Zeitung, bei der *H.* 1873 als Hilfsredakteur eingetreten war. 1875 Rückkehr nach Zürich, 1876 Chefredakteur der Neuen Zürcher Zeitung. 1877 Rücktritt von der Chefredaktion wegen Auseinandersetzungen mit der liberalen Partei; Polizeidirektor und Verhörrichter für den Kanton Appenzell-Außerrhoden mit Sitz in Trogen. 1881 außerordentlicher Professor in Basel für schweizerisches Zivilrecht, Bundesstaatsrecht und schweizerische Rechtsgeschichte, 1882 ordentlicher Professor. Ab 1884 Sammlung und Vergleichung der kantonalen Privatrechte, aufgrund eines Auftrags durch den schweizerischen Juristenverein. 1882-1892 Professor in Halle für deutsches Handels- und Staatsrecht (Freundschaft mit → *Stammler* und *Max Rümelin*). 1892/93 Annahme eines Rufes nach Bern, der mit dem Auftrag verbunden war, ein schweizerisches Zivilgesetzbuch zu entwerfen (ohne Obligationenrecht, da dieses bereits seit 1883 bundeseinheitlich geregelt war). Nach Ausarbeitung von Teilentwürfen durch *H.* (Eherecht 1893, Erbrecht 1894, Sachenrecht 1898) wurde 1898 durch eine Volks- und Ständeabstimmung die bis dahin fehlende bundesstaatliche Gesetzgebungskompetenz für das Zivilrecht eingeführt. 1900 „Vorentwurf des eidgenössischen Justiz- und Polizeidepartements" für ein schweizerisches Zivilgesetzbuch. Auf der Grundlage der anschließenden Beratungen einer Expertenkommission neuer Entwurf *H.s*, der 1904 als Bundesratsentwurf an die Bundesversammlung weitergeleitet wurde. Nach dreijährigen Verhandlungen einstimmige Annahme des Entwurfs durch National- und Ständerat

(10.12.1907); das Schweizerische Zivilgesetzbuch trat am 1.1.1912 in Kraft. *H.s* Popularität und die zahlreichen Ehrungen, die er erfuhr, zeigen, wie sehr das ZGB ein Gegenstand nationalen Interesses war und wie sehr es als sein Werk angesehen wurde. Er trat 1922 in Bern in den Ruhestand und ist dort am 23.4.1923 gestorben.

In seinen Ansichten über die Aufgaben einer Zivilgesetzgebung steht *H.* den Redaktoren des österreichischen ABGB und vor allem des deutschen BGB nahe: sie wird nicht in der kasuistisch erschöpfenden Regelung gesehen – wie sie von den großen deutschsprachigen Kodifikationen des 18. und 19. Jahrhunderts vor allem das Preußische Allgemeine Landrecht (→ *Svarez*) versuchte –, sondern in der auf das Wesentliche beschränkten Aufstellung der leitenden Grundsätze und Begriffe. Damit setzt das ZGB wie das BGB juristisch geschulte Rechtsanwender voraus. Gleichwohl hebt es sich durch seine oft gelobte einfache Sprache, durch Verzicht auf komplizierte Verweisungen und unnötige Abstraktionen (wie z.B. einen Allgemeinen Teil) vorteilhaft gegen dieses ab. Inhaltlich bestehen zum BGB keine grundlegenden Unterschiede, was bei der räumlichen und zeitlichen Nähe beider Kodifikationen und der kulturellen Verwandtschaft Deutschlands und der Schweiz auch nicht verwundern kann. Immerhin verdienen folgende Punkte hervorgehoben zu werden: Die Einleitung des ZGB stellt ein im BGB fehlendes allgemeines Verbot des Rechtsmißbrauchs (Art. 2 II) und eine Norm für das richterliche Prozedieren bei Gesetzeslücken auf: der Richter solle „nach der Regel entscheiden, die er als Gesetzgeber aufstellen würde". Diese ersichtlich *Kants* kategorischem Imperativ nachgebildete Vorschrift hat in Deutschland bei den Anhängern der „soziologischen" Richtung (→ *Ehrlich*, → *Fuchs*) besonderen Anklang gefunden. Aus dem Personenrecht sind zu erwähnen: Die Anknüpfung der Handlungsfähigkeit (im ZGB ein personenrechtlicher, nicht dem Bereich der Rechtsgeschäftslehre angehörender Begriff) an den flexiblen Maßstab der „Urteilsfähigkeit", der sich allerdings nur für die Rechtsfolgen der beschränkten Handlungsfähigkeit auswirkt (Art. 19 II); ferner die Normierung eines allgemeinen Persönlichkeitsrechts (Art. 28), dessen Verletzung auch Schadensersatz- und Schmerzensgeldansprüche („Genugtuung", Art. 49 des Obligationenrechts) auslösen kann, und im Vereinsrecht die Entscheidung für das System der freien Körperschaftsbildung (Art. 60). Im Familienrecht hat der generalklauselartige Ehescheidungstatbestand der Zerrüttung einen wohl ursprünglich unbeabsichtigten, aber den Anschauungen der Gegenwart entsprechenden breiten Anwendungsbereich erhalten. Auffällig ist im gesamten Familien- und Erbrecht die gesetzgeberische Absicht, auf den Zusammenhalt der Familie und ihres Vermögens hinzuwirken: Ersichtlich wird sie z.B. in der Anordnung gegenseitiger Unterstützungspflicht der Geschwister (Art. 328), in der Bemessung des Pflichtteils auf drei Viertel des gesetzlichen Erbteils (Art. 471 Nr. 1) und in den für die rechtliche Verselbständigung und stärkere Aneinanderbindung des Familienguts zur Verfügung gestellten Instituten der Familienstiftung, der Gemeinderschaft und der Familienheimstätte. Im Mobiliarsachenrecht ist besonders die strenge Durchführung des Publizitätsprinzips von Interesse: Eigentumsvorbehalt setzt Eintragung in ein öffentliches Register (Art. 715), Verpfändung immer auch Besitzübertragung voraus (Art. 717), so daß Sicherungsübereignung ausgeschlossen ist. Im ganzen enthält also das ZGB mehr deutschrechtliches Gedankengut als das BGB; es deckt sich in vielem mit den Vorstellungen, die z.B. → *Gierke* auch für das BGB durchsetzen wollte. – Die Schwierigkeiten der Redaktion des ZGB werden deutlich, wenn man bedenkt, daß es in der Schweiz bis zu seinem Inkrafttreten nicht einmal (wie in Deutschland) ein subsidiär geltendes gemeines Recht gab. Den Überblick über Gemeinsamkeiten und Unterschiede der kantonalen Rechte mußte sich *H.* mit „System und Geschichte des schweizerischen Privatrechts“ selbst erarbeiten. Bei dieser Vorarbeit erwiesen sich aber die vorhandenen kantonalen Kodifikationen, unter denen → *Bluntschlis* Züricher Privatrechtsgesetzbuch hervorragt, als hilfreich.

Die in „Recht und Rechtsverwirklichung“ dargelegten *rechtsphilosophischen* Anschauungen *H.s* haben wohl nicht ganz den Rang seiner gesetzgeberischen Leistung, verdienen aber vor allem in Teilen, die sich mit den Prinzipien der Rechtssetzung und der Rechtsanwendung befassen, Aufmerksamkeit. *H.* steht dem Neukantianismus (das Werk ist auch → *Rudolf Stammler* gewidmet) nahe, da er die Rechtsentstehung auf „das vernünftige Bewußtsein“ zurückführt. Der Vernunft weist er außer einer kognitiven Funktion die Aufgaben zu, Mittel zur Bedürfnisbefriedigung („agitatives“ Ordnungsprinzip) zu finden und menschliches Verhalten an Ideen zu messen („regulatives“ Ordnungsprinzip). Gesetzgebung ist somit ein Produkt aus agitativen und regulativen Ordnungsprinzipien, jedoch darüber hinaus an die „Realien“, die vorgegebenen Tatsachen des Rechtslebens, gebunden (*H.* nimmt damit den aristotelischen Gedanken der „Natur der Sache“ auf, der in der Naturrechtsdiskussion des 20.

Jahrhunderts eine große Rolle gespielt hat, z.B. bei → *Radbruch*). – *H.s* Theorie der Rechtsanwendung haben die Interessenjuristen (*M. Rümelin*) für sich in Anspruch zu nehmen versucht, wohl zu Unrecht, weil für *H.* anstelle der positivistischen Maßstäbe „Interesse" und „Zweck" die „Rechtsidee" im Vordergrund steht. Auch weist die Verwendung des schon von → *Savigny* gebrauchten Vergleichs des juristischen Denkens mit der geometrischen Konstruktion eines Dreiecks eher auf eine konservative Einstellung. Im ganzen nimmt *H.* eine zwischen Begriffs- und Zweckjurisprudenz vermittelnde Haltung ein.

Als germanistischer *Rechtshistoriker* ist *H.* außer mit der „Geschichte des schweizerischen Privatrechts" (4. Band von „System und Geschichte …") vor allem mit seiner Arbeit über die „Gewere", den Zentralbegriff des germanischen Sachenrechts, hervorgetreten. In ihr wurde erstmalig die Gewere in ihrer Funktion als Verwirklichung des Publizitätsgedankens gedeutet, eine Auffassung, die bis heute die vorherrschende geblieben ist. Auch darin folgt die gegenwärtige Lehre *H.*, daß sie der Gewere eine Mittelstellung zwischen den römischrechtlichen Begriffen Besitz und Eigentum gibt, während die frühere Forschung die Gewere mehr an diesen *(Albrecht)* oder mehr an jenen *(Heusler)* Begriff annäherte: Die Gewere ist die Rechtsform des dinglichen Rechts, aber als solche auch selbst ein (übertragbares und vererbliches) Recht.

Hauptwerke: Die schweizerischen Erbrechte in ihrer Entwicklung seit der Ablösung des Alten Bundes vom Deutschen Reich, Diss. Zürich, 1872. – Die historische Grundlage des ehelichen Güterrechts der Berner Handfeste, 1884. – System und Geschichte des schweizerischen Privatrechts, 4 Bde., 1886-1893. – Die Bedeutung der Gewere im deutschen Sachenrecht, 1894. – Die Grundlagen einer schweizerischen Gesetzgebung über das eheliche Güterrecht, 1894. – Betrachtungen über die Vereinheitlichung des schweizerischen Erbrechts, 1895. – Betrachtungen über die Vereinheitlichung und Reform des Grundpfandrechts, 1898. – Über die Notwendigkeit der Rechtseinheit. Ein Mahnruf ans Schweizervolk, 1898. – Zur Frage der Neugestaltung des schweizerischen Hypothekenrechts, 1898. – Erläuterungen zum Vorentwurf des schweizerischen ZGB, 3 Hefte, 1902, ^{2}1914. – Recht und Rechtsverwirklichung, 1921. – Das Absolute im Recht, 1922. – Bibliographie von *Max Gmür*, in: Zeitschr. des bernischen Juristenvereins 59 (1923), 209-217 (215-217).

Literatur: P. Caroni: Das „demokratische Privatrecht" des Zivilgesetzbuchs (A. Menger und E. Huber zum Wesen eines sozialen Privatrechts), in: Mélanges en l'honneur de Henri Deschenaux, 1977, 37-62. – *P. Caroni:* Il mito svelato: Eugen Huber, in: Zeitschr. f. schweiz. Recht 1991, 381-419. – *B. Dölemeyer:* Das schweizerische Zivilgesetzbuch, in Coing: Hdb., III/2 (1982), 1978 ff. (2014). – *E. Eichholzer:* Eugen Huber und das Arbeitsrecht, in: Wirtschaft und Recht 1967, 144-153. – *M. Gmür:* Eugen Huber, a.a.O. – *R. Gmür:* Das schweizerische Zivilgesetzbuch verglichen mit dem deutschen Bürgerlichen Gesetzbuch, 1965. – *Th. Guhl:* Eugen Huber, in: Schweizer Juristen der letzten hundert Jahre (hrsg. v. H. Schultheß), 1945, 323-359. – *H.A. Kaufmann:* Französisches Recht in Eugen Hubers Basler Obligationenrechts-Vorlesungsmanuskript von 1883, in: Mélanges Guy Flattet, 1985, 299-322. – *R. Lieberwirth:* Eugen Huber und sein Wirken an der Universität Halle-Wittenberg, in: Zeitschr. f. schweiz. Recht 86 (1967), 229-239 (auch in: Die Entwicklung des Zivilrechts in Mitteleuropa, 1970). – *P. Liver:* Allgemeine Einleitung, in: Berner Kommentar zum Zivilgesetzbuch, I, Abt 1 (Einleitung und Personenrecht), 1962. – *D. Manai:* Eugen Huber. Jurisconsulte charismatique, 1990. – *M. Rümelin:* Eugen Huber, 1923. – *A. Troller:* Eugen Hubers allgemeingültige Rechtsphilosophie, in: Gedächtnisschr. P. Jäggi, 1977, 135-149. – *F. Wartenweiler:* Eugen Huber, der Lehrer, Gesetzgeber und Mensch, 1933. – *A. Welti:* Eugen Huber als politischer Journalist, 1932. – *Wieacker:* PRG, 490-494. – HRG II (1978), 245f. *(L. Carlen)* – Jur., 299 *(A. Hubli)*. – NDB 9 (1972), 690-692 *(P. Liver)*. – StL 3 (^{7}1987), 7f. *(L. Carlen)*. S.

Ulrich Huber

(1636-1694)

13.3.1636 in Dokkum, Friesland, als Sohn eines Sekretärs von Westdrongeradeel und späteren Vertreters im Landtag geboren. Nach Besuch der Lateinschulen von Dokkum und Leeuwarden, in Franeker 1651/1652 Studium erst von Griechisch, Latein, Geschichte und Philosophie, dann 1652-1654 und 1655/1656 Rechtswissenschaften vor allem bei *Johannes Jacobus Wissenbach*. Danach Studienreise erst nach Utrecht, dann nach Marburg und Heidelberg. In Heidelberg 14.5.1657 Promotion mit einer Schrift „De jure accrescendi". 30.4.1657 in Franeker zum Professor für Eloquentia, Geschichte und Politica ernannt. Am 4.12.1659 Heirat mit einer Enkelin von → *Althusius*. Am 1.6.1660 wird *H.* rector magnificus (ebenso 1666/67 und 1677/78). Nach dem Tode seiner ersten Frau heiratet *H.* erneut; der Sohn *Zacharias Huber* aus dieser Ehe wird ebenfalls Rechtsprofessor und wie später sein Vater Ratsherr am Hof von Friesland. Ab 1662 darf *H.* auch in der juristischen Fakultät Vorlesungen – über die Institutionen – halten und wechselt 1665 auf den juristischen Lehrstuhl seines Lehrers *Wissenbach*. 1667 professor primarius und Pandektenprofessor. Anläßlich eines Rufes nach Leiden 1670 erreicht *H.*, daß sein Lehrauftrag auf jus publicum ausgeweitet wird. 1679 wird *H.* in Leeuwarden Ratsherr am Hof von Friesland. Auch während dieser Zeit lehnt er einen weiteren Ruf nach Leiden ab. 1682 kehrt *H.*

wieder nach Franeker zurück, wo er aber als ehemaliger Senator nicht mehr gewöhnlicher Professor wird, sondern private Vorlesungen über jus civile, publicum und statutarium veranstaltet, ohne zur Abhaltung öffentlicher Vorlesungen verpflichtet zu sein. 1684 erhält er – obwohl nicht Professor an der Fakultät – die Befugnisse eines solchen. In die nun folgende Zeit fällt der Hauptteil seiner Veröffentlichungen. Ebenfalls in diese Zeit gehören einige Ereignisse, die zeigen, daß *H.s* Charakter Anlaß für Auseinandersetzungen war. So verlassen die Professoren → *Noodt*, *Cornelis van Eck* und *Jacobus Perizonius* wegen *H.* die Universität Franeker. Bei der Promotion von *Gisbert Wessel Duker* kommt es zu einem Wutausbruch *H.s*, so daß der rector magnificus ihm das Wort entziehen muß. Am 8.11.1694 stirbt *H.* in Franeker.

H. ist ein Zeitgenosse von → *Noodt* und auch → *Voet*. Die Frage, ob er wie → *Noodt* zur eleganten niederländischen Schule (→ *Bynkershoek*) oder eher zum Usus modernus zu rechnen ist, wird unterschiedlich beantwortet; die Antwort hängt letztlich davon ab, nach welchen Kriterien man die Zugehörigkeit zu dieser Schule bestimmt. *H.* war nicht so auf das klassische römische Recht zentriert und hat nicht in solchem Maße historische und philologische Methoden angewandt wie → *Noodt*; auch hat er die elegante Jurisprudenz kritisiert. Doch auf der anderen Seite hat auch *H.* in humanistischer Tradition stehende Observationes zu verschiedenen Themen verfaßt und war nicht so ahistorisch wie → *Voet*. Es liegt wohl ein Grenzfall vor, den man nicht ausschließlich der einen oder der anderen Schule zuordnen kann.

Die Bedeutung von *H.* liegt vor allem auf drei Gebieten:

Auf eigenen Wunsch erhielt er 1670 auch einen Lehrauftrag für „jus publicum universale“, also allgemeines Staatsrecht. Diese Disziplin wurde damit von der älteren „Politica“ gelöst und der Rechtswissenschaft zugeordnet. Innerhalb der Rechtswissenschaft ist das jus publicum universale ein Teil des allgemeinen Naturrechts. In seiner Rede bei der

Rückkehr nach Franeker schreibt sich *H.* das Verdienst zu, als erster eine umfassende Darstellung dieses Faches, in Gestalt seines 1672 erschienenen Buches „De jure civitatis", verfaßt zu haben. Er differenziert die Disziplinen danach, ob eine Frage des Rechts, quaestio juris (dann allgemeines Staatsrecht), oder eine Frage der Nützlichkeit, quaestio utilitatis (dann Politik), gelöst werden soll. Im ersten Fall könne eine Lösung Sicherheit für die Gegenwart bringen, im zweiten nur eine Prognose über einen wahrscheinlichen zukünftigen Verlauf. *H.* wehrt sich allerdings dagegen, daß durch diese Trennung die Politik nur an der Zweckmäßigkeit ohne Rücksicht auf das Recht orientiert würde; vielmehr müßten beim Handeln natürlich beide Komponenten beachtet werden. *H.* begründet diese Trennung einerseits mit der dafür sprechenden Evidenz, andererseits beruft er sich auf → *Grotius*, der in § 57 der Prolegomena von „De jure belli ac pacis" den Weg zur Trennung gewiesen habe. Wenn *H.* auch richtig erkannt hat, daß er nicht der einzige war, der sich zu seiner Zeit mit dem jus publicum universale befaßt hat, so kommt ihm doch wesentlicher Anteil an der Herausbildung und Durchgestaltung dieser Disziplin zu.

Als zweites sind *H.s* Leistungen für das internationale Privatrecht zu erwähnen. Seine Ausführungen dazu sind unter anderem auch in den „Praelectiones juris civilis" (1687 ff.) unter dem Titel „De conflictu legum in diversis imperiis" abgedruckt. *H.* will die Konfliktproblematik nicht nach Völkerrecht, sondern nach römischem Recht lösen. Er stellt dazu drei Axiome auf, von denen die ersten beiden, abgesehen von Spezialfällen, nur das schon bisher Anerkannte neu fassen, während das dritte das eigentlich Charakteristische an *H.s* Lehre ausmacht. *H.* formuliert, daß (1) Gesetze innerhalb der Grenzen des jeweiligen Gemeinwesens Geltung haben und die Untertanen verpflichten, (2) Untertanen alle die sind, die sich innerhalb der Grenzen befinden, wobei – neu durch *H.* so postuliert – die Dauer des Aufenthaltes gleichgültig ist, und (3) die jeweiligen Regierungen „comiter" anerkennen, daß das innerhalb eines Staates gesetzte Recht auch in anderen Staaten Geltung behält, soweit diesem Staat nicht vorgegriffen wird. Im Personenrecht wirkt sich das dritte Axiom so aus, daß persönliche Eigenschaften, wie etwa die Vormundschaft, diese Personen überall hin begleiten. Bedeutsam an *H.s* Aussagen ist die Anwendung der „comitas", zu der *Paulus Voet* Ansätze geliefert hat; Hintergrund ist der Souveränitätsbegriff, der die Rechtspflicht eines Staates zur Beachtung fremden Rechts ausschließt.

Schließlich hat *H.s* Lehre erhebliche Fortschritte für das römisch-holländische Recht seiner Zeit erbracht. Auf dieses beziehen sich seine „Heedendaegse Rechts-Geleertheyt" (1686) und seine „Praelectiones juris civilis" (1687 ff.). Im ersten Buch, das übrigens neben den das gleiche Gebiet betreffenden „Beginselen der rechtskunde" (1684) die einzige Veröffentlichung *H.s* in niederländischer Sprache darstellt, ist vorwiegend friesisches Recht erörtert. *H.* kann damit der „Inleiding" von → *Grotius*, die holländisches Recht behandelt, durchaus Konkurrenz machen, da sein Werk ausführlicher ist und mehr Nachweise sowie auch Prozeßrecht enthält. Abweichend vom Institutionensystem hat *H.* das öffentliche Strafrecht beim Delikts- und damit also Schuldrecht angesiedelt. In den „Praelectiones juris civilis" behandelt *H.* die römischrechtliche Komponente des zu seiner Zeit geltenden Rechts.

H. gilt nach → *Grotius* als der vielleicht bedeutendste niederländische Jurist des 17. Jahrhunderts. Seine Werke wurden auch außerhalb der Niederlande herausgegeben (z.B. von → *Thomasius*) und genutzt. Für das in Südafrika geltende römisch-holländische Recht ist *H.* immer noch von einigem Belang. Was die humanistische Ausrichtung betrifft, steht *H.* in der Mitte zwischen → *Noodt* und → *Voet*.

Hauptwerke: De actionibus bonae fidei et stricti juris, 1655. – De jure accrescendi, 1657. – Oratio de celebribus J. Ctis Frisiis ..., 1660 (1667). – Digressiones Justinianeae ..., 1664 (dritte Auflage), (1670, 1677, 1688, zahlr. weit. Auflagen). – De jure civitatis libri III, rudimentum juris publici universalis exhibentes, 1672 (1673, 1684, 1694). – Dissertatio de liberationibus quae per remissionem aut per praeteritionem fiunt, 1672. – Dissertatio de jure in re et ad rem, 1675. – Oratio qua disseritur, quamobrem Jus Publicum olim in Academia nostra professione publica non sit honoratum. Habita domi ipsius, ante primam collationem doctrinae De Jure civitatis cum Politica, 1682. – Auspicia domestica exercitationum, quibus otium, quod illustres Frisiae ordines ei apud Academiam suam fecerunt, occupare constituit, 1682. – Positiones sive lectiones juris contractae, secundum Institutiones et Pandectas ..., 1682 (1684, 1685). – De ratione juris docendi et discendi dialogus, 1684. – Beginselen der rechtkunde gebruikelijk in Frieslandt, 1684. – Heedendaegse Rechts-Geleertheyt, soo elders, als in Frieslandt gebruikelijk, 2 Bde., 1686 (zahlr. weit. Auflagen). – Praelectionum juris civilis, Tl.1, 1687, Tl.2, 1689, Tl.3, 1690. – Disquisitio de praetorio, cum alibi, tum maxime in urbe Roma ..., 1690. – Institutionum historiae civilis tomi III, 1692. – Institutionum rei publicae liber singularis ..., 1698. – Eunomia Romana, sive censura censurae juris Justinianei ..., 1700. – Opera minora et rariora juris publici et privati, 1746. Bibliographie: *René Dekkers:* Bibliotheca Belgica Juridica (1951), 85 ff.

Literatur: J.A. Ankum: De Geschiedenis der „actio Pauliana", 1962. – *G.C.J.J. van den Bergh:* Geschichtsbewußtsein im 17. Jahrhundert. Die Verdunkelung der rechtshistorischen Leistungen der Eleganten Schule durch die Historische Rechtsschule, in:

R. Feenstra / C. Coppens (Hrsg.): Die rechtswiss. Beziehungen zwischen Deutschland und den Niederlanden in Historischer Sicht, 1991, 59 ff. – *R. Feenstra / R. Zimmermann:* Das römisch-holländische Recht, 1992, 36 ff. – *M. Gutzwiller:* Geschichte des Internationalprivatrechts von den Anfängen bis zu den großen Privatrechtskodifikationen, 1977, 155 ff. – *R.D. Kollewijn:* Geschiedenis der Nederlandsche Rechtswetenschap, 1937, 131 ff. – *E.H. Kossmann:* De Dissertationes Politicae van Ulric Huber, in: P.K. King / P.F. Vincent (Hrsg.): European Context. Studies in the History and Literature of the Netherlands presented to Theodoor Weevers, 1971, 164 ff. – *E.H. Kossmann:* The Development of Dutch Political Theory, in: J.S. Bromley / E.H. Kossmann (Hrsg.): Britain and the Netherlands, 1960, 91 ff. – *E.H. Kossmann:* Politieke theorie in het zeventiende-eeuwse Nederland, 1960. – *E.H. Kossmann:* Some late 17th-Century Dutch Writings on Raison d'Etat', in: R. Schnur (Hrsg.): Staatsräson. Studien zur Geschichte eines politischen Begriffes, 1975, 497 ff. – *Stolleis:* Gesch., I, 291 ff. – *T.J. Veen:* Inleiding, in: T.J. Veen (Hrsg.): Ulrici Huberi Oratio [III], quâ disseritur; ..., 1978, 1 ff. – *T.J. Veen:* Recht en nut. Studiën over en naar aanleiding van Ulric Huber (1636-1694), 1976. – *T.J. Veen:* Interpretations of Inst. 1,2,6 D.1,4,1 and D.1.3.31: Huber's historical, juridical and political-theoretical reflections on the lex regia, in: TRG 53 (1985), 357 ff. – *T.J. Veen / P.C. Kop:* Zestig Juristen, 1987, 120 ff. m.w.N. (*T.J. Veen*). – *A.J. van der Aa:* Biographisch Woordenboek der Nederlanden 8 (1867), 1375 ff. – Jur., 300 f. *(R. Feenstra).*

T. Moosheimer

Gustav Hugo

(1764-1844)

Geb. am 23.11.1764 in Lörrach. 1776-1778 Gymnasium in Mömpelgard (Montbéliard), 1779-1782 in Karlsruhe. 1782 Beginn des Rechtsstudiums in Göttingen, wo *H.* 1785 für eine Arbeit über die Intestaterbfolge mit einem Fakultätspreis ausgezeichnet wird. 1786-1788 Erzieher des Erbprinzen von Dessau, 1788 Promotion in Halle und außerordentlicher Professor, ab 1792 ordentlicher Professor in Göttingen. 1797 Entbindung *H.s* von der Tätigkeit im Spruchkollegium der Fakultät. *H.* hat bis zu seinem Tod (15.9.1844) in Göttingen gewirkt und Berufungen nach Heidelberg (1803) und Halle (1805) abgelehnt. Anläßlich seines 50jährigen Doktorjubiläums (1838) feierte ihn → *Savigny* etwas herablassend als den Mann, dem er die entscheidenden Anregungen für seine eigene wissenschaftliche Arbeit verdanke.

Die wissenschaftliche Bedeutung *H.s* wird überwiegend gesehen in seiner *kritischen* Leistung: der Bekämpfung der Naturrechtslehren und des „usus modernus pandectarum". Der Naturrechtsvorstellung → *Chri-*

stian Wolffs und seiner Schule *(Nettelbladt, Darjes)* stellte *H.* die Forderung gegenüber, Naturrecht und positives Recht völlig voneinander zu trennen. Die Rechtswissenschaft steht nach ihm vor drei Grundfragen, einer praktischen und historischen („Was ist rechtens?“ – „Wie ist es rechtens geworden?“) und einer philosophischen („Ist es vernünftig, daß es rechtens sei?“). Auf diese Fragen hat *H.* in seinem „Lehrbuch eines civilistischen Cursus“ (einer Reihe von Lehrbüchern über die Gegenstände seiner Vorlesungen, u.a. Naturrecht, heutiges römisches Recht, römische Rechtsgeschichte, klassisches römisches Recht und Enzyklopädie), Antworten zu geben versucht, ferner in seinem (vorwiegend von ihm selbst bestrittenen) „Civilistischen Magazin“ und seinen über 400 Rezensionen.

Den Schwerpunkt bilden dabei die Arbeiten zum *römischen (gemeinen) Recht. H.* griff immer wieder den „usus modernus pandectarum“ (→ *Stryk*) an, der die Sätze des römischen Rechts ohne Rücksicht auf ihre historische Stellung wahllos in der Form lehrte und benutzte, wie sie für die Praxis am geeignetsten erschien, und sie mit deutschrechtlichen Sätzen vermischte; er verlangte – wie vor ihm schon → *J. St. Pütter* – Trennung des deutschen vom römischen Recht, Unterscheidung von justinianischem und klassischem römischen Recht und Trennung des gegenwärtigen vom historischen römischen Recht. Im Gegensatz zu → *Savigny* empfiehlt allerdings *H.* die Beschäftigung mit dem historischen römischen Recht mehr wegen dessen Bildungswertes als wegen des Nutzens, den die Rechtsgeschichte für die Erkenntnis des geltenden Rechts darbietet. In der Einleitung zu seiner Gibbon-Übersetzung hat *H.* den Gewinn der zweckfreien historischen Erkenntnis gepriesen: „Wie herrlich und schön (ließe) das römische Recht sich bearbeiten, wenn man die Bahn, die *Montesquieu* eigentlich nur entdeckt hat, ginge, ... – wenn man unsere heutigen Sitten, Verfassungen, Religionen ganz vergäße und bloß darauf ausginge, die Römer kennenzulernen, nicht Antithesen und glänzende Einfälle vorzubringen, sondern den schlichten natürlichen Gang, wie sich ihr Staats- und Privatrecht entwickelte, aufzusuchen, – wenn man sich dann wieder an das erinnerte, was vor unseren Augen und von uns selbst geschieht und nachdächte, woher es komme, daß Menschen, die doch im Grunde waren wie wir, in ihren Handlungen und Einrichtungen uns oft so unähnlich sind." – Den rein historischen Teil dieses Programms hat *H.* in seinem Lehrbuch der *Rechtsgeschichte* verwirklicht. Er wendet hier, wie erstmals *Johann Friedrich Reitemeier*, die synchronistische Methode, d.h. die Gliederung des geschichtlichen Stoffs in Perioden, auch auf die „innere" Rechtsgeschichte, also die der Rechtssätze und Institute an. Von den Perioden – *H.s* Einteilung ist bis heute maßgebend geblieben – wird die klassische gegenüber der justinianischen besonders hervorgehoben. *H.* hat sich um sie sowohl editorisch (Ulpian-Fragmente, 1788; Sentenzen Paulus', 1795) als auch schriftstellerisch besonders bemüht: Sein „Lehrbuch und Chrestomathie des klassischen Pandektenrechts" empfand er aber, wohl aufgrund des geringen Quellenmaterials, als unzulänglich und legte es nicht wieder auf. – Dem auf das geltende Recht bezogenen Teil seines Programms dient *H.s* Lehrbuch des *heutigen römischen Rechts*. Hier führt er die Trennung des geltenden Rechts von den Antiquitäten konsequent durch. Die in den herkömmlichen Pandektenlehrbüchern mitgeschleppten Altertümer (z.B. das Sklavenrecht) sind weggelassen. Das geltende Recht wird nicht nach der „Legalordnung" (d.h. des corpus iuris), sondern in eigener Systematik dargestellt. Das Werk ist damit eines der ersten modernen Lehrbücher des Zivilrechts.

H.s Rechtsphilosophie ist dargelegt in seinem „Lehrbuch des Naturrechts als einer Philosophie des positiven Rechts". Anders als die herkömmlichen Naturrechtsdarstellungen zielt *H.s* Buch nicht auf „apriorische" Herleitung von obersten Rechtsgrundsätzen, sondern auf eine kritische Beurteilung positiver Rechte auf der Basis einer „juristischen Anthropologie". Mit *Kant* hält *H.* eine deduktive, „vernunftmäßige" Ableitung von Rechtssystemen aus der nur empirisch gegebenen menschlichen Natur für unmöglich: Daher lasse sich in einem „provisorischen" Rechtszustand keine bestimmte Gesellschaftsordnung naturrechtlich rechtfertigen, alles, was positives Recht sein kann (auch die Sklaverei), ist „rechtens" und naturrechtlich möglich. Anders soll es allerdings in einem „peremtorischen" Rechtszustand sein, in dem es z.B. kein Privateigentum, ja überhaupt kein Privatrecht, und einen „Weltstaat" geben soll: eine an platonische Gedanken anknüpfende Vorstellung.

Bis in die Gegenwart hinein wird *H.* vor allem als Vorläufer → *Savignys* gesehen. Daran ist richtig, daß sich einiges von dem, was als Rechtstheorie der „historischen Schule" das 19. Jahrhundert beherrscht hat, bereits bei *H.* findet, vor allem die Bekämpfung des alten (als Rechtsquelle aufgefaßten) Naturrechts, der Vergleich des Rechts mit der Sprache und die Kodifikationsfeindlichkeit bei entschiedener Hervorhebung der Tatsache, daß das Privatrecht im wesentlichen Juristen- und nicht Gesetzesrecht ist. Andererseits darf man aber auch die Unterschiede zwischen *H.* und → *Savigny* nicht übersehen. Die Volksgeistlehre und die Verschmelzung von Rechtsgeschichte und Rechtsdogmatik zur „geschichtlichen Rechtswissenschaft" liegen *H.* ganz fern. Für ihn ist Rechtsdogmatik überhaupt keine Wissenschaft und läßt sich von Rechtsgeschichte und Rechtsphilosophie, die um ihres wissenschaftlichen Eigenwerts willen betrieben werden müssen, für die Lehre des geltenden Rechts nicht viel erhoffen. Mit seiner Einteilung der Rechtslehre in einen praxisunabhängigen wissenschaftlichen (Rechtsgeschichte und -philosophie) und einen praktischen, mehr handwerksmäßigen Teil (Rechtsdogmatik) steht *H.* zunächst ebenso allein, wie er als der erste konsequente Positivist unter den nachkantischen Naturrechtlern allein steht.

Hauptwerke: Commentatio de fundamento successionis ab intestato, 1785. – De bonorum possessionibus commentatio (Diss.), 1788. – Institutionen des heutigen römischen Rechts, 1789, ^{7}1826. – Eduard Gibbons historische Übersicht des römischen Rechts, Übersetzung aus dem Englischen mit Anmerkungen, 1789. – Lehrbuch der Geschichte des römischen Rechts, 1790, ^{11}1832. – Lehrbuch und Chrestomathie des klassischen Pandektenrechts, 1790. – Lehrbuch der juristischen Enzyklopädie, 1792, ^{8}1835. – Lehrbuch des Naturrechts als einer Philosophie des positiven Rechts, 1798, ^{4}1819, Ndr. 1971. – Civilistische Literärgeschichte, 1812, ^{3}1830. – Civilistisches Magazin, 6 Bde., 1791-1837 (z. Teil mehrere Auflagen). – Beyträge zur civilistischen Bücherkenntniß der letzten vierzig Jahre (Rezensionen), 3 Bde., 1828/29, 1844. Bibliographie bei *Heinr. Weber:* Gustav Hugo, 1935, 83-85 und *J.S. Pütter / F. Saalfeld:* Versuch einer academischen Gelehrtengeschichte von der Georg-Augustus-Universität zu Göttingen, 3. Teil, 1820, 295.

Literatur: J. Blühdorn: „Kantianer" und Kant, in: Kant-Studien 64 (1973), 363-394. – *J. Blühdorn:* Naturrechtskritik und „Philosophie des positiven Rechts", Zur Begründung der Jurisprudenz als positiver Fachwissenschaft durch G.H., in: TRG 41 (1973), 3-17. – *A. Buschmann:* Ursprung und Grundlagen der geschichtlichen Rechtswissenschaft. Untersuchung und Interpretation zur Rechtslehre Gustav Hugos, Diss. jur. Münster, 1963. – *P. Cappellini:* Systema Iuris, I (1984), 175ff., 325ff., II (1985), 3ff. und öfter. – *M. Diesselhorst:* Gustav Hugo (1764-1844) oder: Was bedeutet es, wenn ein Jurist Philosoph wird?, in: *Fritz Loos* (Hrsg.): Rechtswissenschaft in Göttingen. Göttinger Juristen aus 250 Jahren, 1987, 146-165. – *W. Ebel:* Gustav Hugo, Professor in Göttingen (Göttinger Universitätsrede), 1964. – *F. Eichengrün:* Die Rechtsphilosophie Gustav Hugos, 1935. – *M. Herberger:* Dogmatik. Zur Geschichte von Begriff und Methode in Medizin und Jurisprudenz, 1981, 356-372. – *Fritz v. Hippel:* Gustav Hugos juristischer Arbeitsplan, 1931. – *G. Marini:* L'opera di Gustav Hugo nella crisi del giusnaturalismo tedesco, 1969. – *Joh. Merkel:* Gustav Hugo, 1900. – *J. Rückert:* „... daß dies nicht das Feld war, auf dem er seine Rosen pflücken konnte ..." Gustav Hugos Beitrag zur juristisch-philosophischen Grundlagendiskussion nach 1789, in R. Dreier (Hrsg.): Rechtspositivismus und Wertbezug des Rechts, 1990, 94-128. – *Jan Schröder:* Wissenschaftstheorie und Lehre der „praktischen Jurisprudenz" auf deutschen Universitäten an der Wende zum 19. Jahrhundert, 1979, 155-161. – *Stintzing-Landsberg:* GDtRW III, 2 (Text), 1-48. – *H.U. Stühler:* Die Diskussion um die Erneuerung der Rechtswissenschaft von 1780-1815, 1978, 134-151. – *E.J. Trojan:* Über Justus Möser, Johann Gottfried Herder und Gustav Hugo zur Grundlegung der historischen Rechtsschule, Diss. jur. Bonn, 1971. – *T. Viehweg:* Einige Bemerkungen zu Gustav Hugos Rechtsphilosophie, in: Festschr. f. K. Engisch, 1969, 80-90 (auch als Einltg. zum Ndr. v. Hugos Naturrecht). – *Heinrich Weber:* Gustav Hugo, 1935. – *Wieacker:* PRG, 378-381. – ADB 13 (1881), 321-328 *(O. Mejer)*. – HRG II (1978), 252-254 *(A. Buschmann)* – Jur., 303 f. *(K. Luig)*. – NDB 10 (1974), 26f. *(K. Luig)*. S.

Irnerius

(vor 1100 – nach 1125)

Die genauen Lebensdaten des berühmten und wohl ersten bedeutenden Bologneser Glossatoren sind nicht überliefert. Auch von seinen näheren Lebensumständen ist relativ wenig bekannt. Urkundlich bezeugt ist *I.* lediglich für den Zeitraum von 1112 bis 1125. Ausweislich der von ihm geleisteten Urkundenunterschriften nannte er sich selbst Wernerius. Zeitgenössische Quellen bevorzugen die italianisierte Namensform Guarnerius bzw. Garnerius, zuweilen wird er auch Warnerius genannt. Der Name *I.* scheint dagegen erst nach seinem Tod aufgekommen zu sein, möglicherweise in Anlehnung an die Sigle „Y", mit der seine Glossen in den Handschriften gekennzeichnet sind. Ob außerdem auch die Siglen „G", „W" und „I" auf ihn zu beziehen sind, ist ungewiß. Unbewiesen ist bislang die im älteren Schrifttum aufgrund des Namens Wernerius geäußerte Vermutung, *I.* sei deutscher Abstammung gewesen. Zwar wird ihm in einer vor einigen Jahren entdeckten Stelle der Münchner Handschrift der Beiname „teutonicus" beigelegt, jedoch kann dies, sofern es sich nicht überhaupt um einen Abschreibfehler handelt, auch als Anspielung auf *I.s* Nähe zu Kaiser Heinrich V. gedacht sein. Zeitgenössische

Quellen bezeichnen ihn jedenfalls stets – wie er sich selbst – als Bologneser. Für die Jahre 1112 und 1113 ist *I.* durch je ein Placitum (Gerichtsurkunde) als „causidicus" (Rechtsbeistand der streitenden Parteien bzw. Berater des entscheidenden Gerichts) in der Umgebung der Markgräfin Mathilde von Tuszien († 1115) bezeugt. Zwischen 1116 und 1118 erscheint er in elf Urkunden, darunter neun kaiserlichen, als iudex (Richter bzw. Urteiler) Heinrichs V. und gehörte zu dessen Gefolge. *I.* hatte damit die höchste Karrierestufe der damaligen Laufbahn eines rechtskundigen Mannes (legis peritus) erreicht und genoß, wie die stets exponierte Nennung seines Namens in den Urkunden belegt, ein besonders hohes Ansehen. Nach der Mailänder Chronik des *Landulphus de Sancto Paulo* wirkte *I.* im März 1118 auf seiten des Kaisers daran mit, das Volk von Rom dazu zu bewegen, die Wahl des Papstes Gelasius II. für ungültig zu erklären und Gregor (VIII.) zum Gegenpapst zu wählen. Im Oktober 1119 wurde er deshalb von Gelasius auf dem Konzil zu Reims neben Heinrich und anderen Schismatikern exkommuniziert. Welche Auswirkungen dies auf sein Leben und Wirken hatte und wo er seine letzten Lebensjahre verbrachte, ist unbekannt. Ein letztes Mal tritt er in einer Urkunde vom 10. Dez. 1125 aus der Nähe Mantuas als Prozeßbeistand in einem Schiedsverfahren in Erscheinung.

In den überlieferten Urkunden findet die Glossatoren- und Lehrtätigkeit des *I.* keinerlei Erwähnung. Erst in der Lectura super Digesto veteri des ca. hundert Jahre jüngeren *Odofredus* († 1265) wird er als Begründer des Bologneser Rechtsstudiums und damit der mittelalterlichen Rechtswissenschaft überhaupt gefeiert. Danach soll *I.* zunächst als magister in artibus tätig gewesen sein und dann selbständig (per se) begonnen haben, die aus dem zerstörten Rom über Ravenna schließlich nach Bologna gelangten Rechtsbücher Justinians zu studieren und Rechtsunterricht zu erteilen. Daneben erwähnt Odofredus einen gewissen *Pepo*, der sich ebenfalls mit dem römischen Recht befaßt, im Vergleich zu *I.* aber keinerlei Bedeutung habe. Die Ursperger Chronik (1229/30) berichtet demgegenüber nur, *I.* habe auf Bitten der Markgräfin Mathilde die damals unbeachteten und vernachlässigten libri legum wiederhergestellt und mit wenigen Worten ergänzt, was in der Literatur als Hinweis auf die Gründung einer Rechtsschule durch *I.* und auf eine wie auch immer geartete Beteiligung Mathildes daran gewertet worden ist. Stützte sich die Beurteilung des *I.* bis weit in dieses Jh. im wesentlichen auf diese Berichte, so werden sie im neueren Schrifttum zusehends relativiert bzw.

ihre Aussagen überhaupt angezweifelt. In bezug auf die Ursperger Chronik wird geltend gemacht, daß sich aus ihr nicht mehr ergebe, als daß *I.* auf Anhalten Mathildes einen authentischen Text der libri legum hergestellt habe, und in bezug auf den Bericht des *Odofredus* wird darauf verwiesen, daß es dem Autor in der fraglichen Passage weniger um das Referat historischer Fakten als vielmehr darum gehe, Bologna als den einzig legitimen Ort für das Studium des römischen Rechts zu erweisen. Hinzu kommt, daß in jüngerer Zeit entdeckte frühere Quellen die Rolle *Pepos* in neuem Licht erscheinen lassen, so insbesondere eine Stelle der Moralia Regum des *Radulphus Niger* († um 1200), die *Pepo* und nicht *I.* die Wiedergeburt des römischen Rechts zurechnet. *I.* hat danach das Werk *Pepos* fort- und dadurch endgültig die allseitige Wertschätzung des römischen Rechts herbeigeführt. Die durch die verschiedenen Quellen aufgeworfenen Fragen sind noch nicht ausdiskutiert. Insbesondere die Identität *Pepos* und seine Bedeutung als Rechtsgelehrter sind nach wie vor offen. Als feststehend kann jedoch betrachtet werden, daß *I.* nicht der erste war, der sich näher mit dem Corpus iuris und insbesondere mit den Pandekten beschäftigt hat. Die Auseinandersetzung mit den Digesten setzt vielmehr – wenngleich nur rudimentär – schon bald nach ihrer Wiederentdeckung in der zweiten Hälfte des 11. Jh. ein. Auch die Bearbeitung einzelner Stellen des Corpus iuris in Form von Glossen ist bereits für die Zeit vor *I.* belegt.

Dies alles ändert aber nach wie vor nichts daran (dies klingt auch bei *Radulphus Niger* an), daß erst mit *I.* die Bearbeitung und Auslegung des römischen Rechts auf der Grundlage scholastischer Interpretationsmethoden zur Blüte gelangen. Dafür sprechen die in zahlreichen Handschriften überlieferten, von *I.* stammenden Glossen. Bislang ist nur ein Bruchteil davon ediert, und zahlreiche Glossen sind irrtümlich auf *I.* bezogen worden. Abschließende Aussagen über sein Werk lassen sich deshalb noch nicht machen. Allerdings kann bereits nach heutigem Kenntnisstand davon ausgegangen werden, daß sowohl in methodischer als auch in wissenschaftlicher Hinsicht der wesentliche Grundstock der die Glossatorenzeit kennzeichnenden Rechtswissenschaft schon bei *I.* vorhanden ist. So läßt sich anhand der von ihm stammenden Glossen bereits nahezu das gesamte Spektrum der für die Glossatoren typischen Literaturgattungen nachzeichnen. Neben Einleitungen in die Rechtsmaterie eines Titels des Corpus iuris und Ausführungen zu den Übereinstimmungen und Unterschieden benachbarter Titel (Instructiones titulorum bzw. Continuationes titulorum) finden sich Einführungen zu einzelnen Konstitutionen und Leges, darunter solche, die den jeweils zugrundeliegenden Fall und die Sachentscheidung referieren (Casus legum), des weiteren erklärende Glossen, Allegationen von Parallel- und Konträrstellen, hieran anschließende Auflösungen zutage getretener Widersprüche (Solutiones contrariorum), außerdem Hinweise auf verallgemeinerungsfähige, in der juristischen Disputation verwertbare Rechtsgedanken (Notabilien) und schließlich Distinktionen, d.h. Ausführungen, die „einen quellenmäßigen Oberbegriff durch Heranziehung entgegengesetzter Sondermerkmale in Unterbegriffe zerlegen", um so zu einer erschöpfenden und übersichtlichen Darstellung der betreffenden Materie zu gelangen. Angesichts dieses Befundes steht – auch wenn die Handschriften dies nicht mehr hinreichend deutlich erkennen lassen – zu vermuten, daß *I.* sich nicht mit der Glossierung einzelner Stellen begnügt, sondern bereits Glossenapparate, d.h. fortlaufende Erklärungen zum Digestum vetus, Codex sowie zu den Institutionen und den Authentiken verfaßt hat. Auch für abschließende Aussagen über den Inhalt der irnerischen Glossen ist die Zeit aus den o.a. Gründen noch nicht reif. Bislang liegen nur Untersuchungen zur Rechts- und Staatsauffassung sowie zur Naturrechtslehre *I.s* vor. Erwähnt sei hier lediglich, daß *I.* in der Frage über die rechtsetzende Gewalt von Kaiser und Volk eine kaiserlich-autokratische Position vertritt. Danach hat das Volk von Rom seinerzeit seine Rechtsetzungsgewalt ungeteilt auf den Kaiser übertragen, so daß es nunmehr allein der kaiserlichen Macht zusteht, Gesetze zu erlassen, und der desuetudo populi daneben keine Bedeutung mehr zukommt.

Entgegen früherer Annahme sind von *I.* keine theologischen Schriften überliefert. Ebenfalls zu Unrecht wurden ihm die Quaestiones de iuris subtilitatibus, der Tractatus de aequitate, die Summe Trecentis und das Formularium tabellionum zugeschrieben. Umstritten ist, ob die gleichfalls berühmten „quattuor doctores" *Bulgarus*, *Martinus Gosia*, *Jacobus* und *Hugo de Porta Ravennate* als *I.s* Schüler angesehen werden können.

Hauptwerke: E. Besta: L'opera d'Irnerio, 2 Bände, 1896. – *P. Torelli:* Glosse preaccursiane alle Instituzioni. Nota prima: glosse d'Irnerio, jetzt in: *ders.:* Scritti di storia del diritto italiano, 1959, 43-94.

Literatur: G. Cencetti: Studium fuit Bononie, in: Studi Medievali, III. 7 (1966), 781-833. – *L. Chiappelli:* Glosse d'Irnerio e della sua scuola …, in: Atti Accademie Lincei, Memorie, Classe di scienze morali IV, 2 (1886), 184-236. – *G. De Vergottini:* Lo Studio di Bologna. L'imperio – il Papato, in: Studi e memorie per la storia dell'Universitá di Bologna, Nuova Serie 1 (1956), 19-95. – *C. Dolcini:* Velut aurora surgente, in: Studi storici 180 (1987). – *G. Fasoli:* Ancora un' ipotesi sull'inizio dell'insegnamento di Pepone e di Irnerio (1970), jetzt in: *dies.:* Scritti di Storia medievale, 1974, 567-588. – *P. Fiorelli:* Clarum Bononiensium lumen, in: Per F. Calasso, Studi degli allievi, 1978, 413-459. – *J. Fried:* Die Entstehung des Juristenstandes im 12. Jh., 1974. – *E. Genzmer:* Die Justinianische Kodifikation und die Glossatoren, in: Istituto di studi romani. Atti del congresso internazionale di diritto romano, I, 1934, 345-430. – *H. Kantorowicz:* Studies in the Glossators of the Roman Law, 1938. – *Ders. / B. Smalley:* An English Theologian's View of Roman Law: Pepo. Irnerius, Ralph Niger, in: Medieval and Renaissance Studies 1 (1943), 237-252 = *H. Kantorowicz:* Rechtshistorische Schriften, 1970, 231-244. – *P. Lourtoulon:* Les gloses d'Irnerius dans la glose pré-accursienne, in: Annales internationales d'histoire, Congrès de Paris, 1900, 147-151. – *K.W. Nörr:* Zur Herkunft des Irnerius, in: ZRG (RA) 82 (1965), 327-329. – *G. Pescatore:* Die Glossen des Irnerius, 1888. – *Ders.:* Die Stellungnahme des Irnerius zu einer lehnrechtlichen Frage, in: Mélanges Fitting II, 1908 (Ndr. 1969), 161-169. – *G. Post:* Studies in Medieval Legal Thought. Public Law and the State, 1100-1322, 1964. – *C.M. Radding:* The Origins of Medieval Jurisprudence. Pavia and Bologna 850-1150, 1988; rez. v. *T. Mayer-Maly*, in: ZRG (RA) 107 (1990), 650-653. – *A. Rota:* Lo Stato e il diritto nella concezione di Irnerio, 1954. – *L. Schmugge:* „Codicis Iustiniani et Institutionum baiulus" – Eine neue Quelle zu Magister Pepo von Bologna, in: Ius Commune VI (1977), 1-9. – *E. Spagnesi:* Wernerius Bononiensis Iudex, 1970, rez. v. *G. Dolezalek*, in: ZRG (RA) 88 (1971), 493-497. – *H.G. Walther:* Die Anfänge des Rechtsstudiums und die kommunale Welt Italiens im HochMA, in: Schulen und Studium im sozialen Wandel des hohen und späten MAs, hrsg. v. J. Fried, 1986, 121-162. – *R. Weigand:* Die Naturrechtslehre der Legisten und Dekretisten von Irnerius bis Accursius und von Gratian bis Johannes Teutonicus, 1967. – *P. Weimar:* Die legistische Literatur und die Methode des Rechtsunterrichts der Glossatorenzeit, in: Ius Commune, II (1969), 43-83. – *Ders.:* Die legistische Literatur der Glossatorenzeit, in: Coing: Hdb. I, 129-260. – HRG II, 439-442 *(G. Dolezalek)*. – Jur., 315-317 *(P. Weimar)*. – LexMA V, 663 *(P. Weimar)*. – *Savigny:* GRRM IV, 9-67.

F. Dorn

Georg Jellinek

(1851-1911)

Geb. am 16.6.1851 in Leipzig, gest. am 12.1.1911 in Heidelberg. Studium in Wien (Recht, Philosophie, Geographie, Kunstgeschichte), Heidelberg und Leipzig, dort philosoph. (1872) und jur. (1874) Promotionen. Nach kurzer Tätigkeit im österreichischen Verwaltungsdienst Entschluß zur akademischen Laufbahn (1876), 1879 Privatdozent für Rechtsphilosophie, 1882 auch für allgemeines Staatsrecht und Völkerrecht, 1883 außerordentlicher Professor für Staatsrecht in Wien. Weiterer Aufstieg dort wird wegen seiner jüdischen Abstammung 1889 vereitelt. *J.* erwirkt daher seine Entlassung aus dem österreichischen Staatsdienst, wird unter Erlaß aller Formalitäten in Berlin habilitiert, aber kurz darauf ordentlicher Professor: 1889 in Basel für Staatsrecht, dann Ende 1890 für allgemeines Staatsrecht, Völkerrecht und Politik in Heidelberg. Hier

Freundschaft mit *Windelband* und *Max Weber*. 1896 Ehrendoktor der Princeton University, 1907 Prorektor in Heidelberg. Mitbegründer der „Staats- und völkerrechtlichen Abhandlungen" (seit 1895), des „Öffentlichen Rechts der Gegenwart" (seit 1907), Mitherausgeber des „Handbuch des öffentlichen Rechts" (1902) und des „Archiv für öffentliches Recht" (1908). Sein Sohn Walter *J.* ist besonders als Verwaltungsrechtler hervorgetreten.

In der deutschen Staats(rechts)lehre der 2. Hälfte des 19. Jahrhunderts war vor allem durch *Gerber* und → *Laband* ein strenger juristischer Positivismus herrschend geworden, der alle politischen und sozialen Elemente aus der Rechtsbetrachtung ausschied. *J.* hat diese Auffassung bekämpft. Die erklärende Wissenschaft vom Staat, die Staatslehre, müsse berücksichtigen, daß der Staat zwei Seiten habe, „einmal gesellschaftliches Gebilde, sodann rechtliche Institution" sei und daher „für die ersprießliche Untersuchung der staatsrechtlichen Probleme … (der) Erkenntnis des Zusammenhangs" von rechtlicher und sozialer Staatslehre „höchste Bedeutung" zukomme. Auch die Politik, die *J.* an sich als praktische oder angewandte Staatswissenschaft von der erklärenden, theoretischen Staatsrechtslehre scheidet, stehe nicht beziehungslos neben dieser, vielmehr „empfangen staatsrechtliche Untersuchungen durch den Hinblick auf das politisch Mögliche Inhalt und Ziel". Die Verbindung zwischen Soziallehre, Politik und Recht im Detail bleibt bei *J.* allerdings ungeklärt, das gibt seiner Lehre etwas Ambivalentes und bringt sie in Gegensatz sowohl zu den positivistisch-formalen *(Kelsen)* als auch zu den material-wertbezogenen Staatsrechtslehren *(Smend, Heller, C. Schmitt, Triepel)*, die sich in den ersten Jahrzehnten dieses Jahrhunderts entwickelt haben. Am nächsten steht *J.* dem Heidelberger Neukantianismus *(Max Weber, Windelband, → Radbruch)*, dem er seinerseits wichtige Impulse gegeben hat.

J.s Hauptwerk ist die „Allgemeine Staatslehre", die – in zahlreiche Sprachen übersetzt – ihn zu einem der „wenigen ..., die in ihrem Fach Weltruf genossen" *(Max Weber)*, gemacht hat. *J.* führt hier seine „Zweiseitentheorie" des Staates mit der Verbindung von „Allgemeiner Soziallehre des Staates" (2. Buch, das 1. Buch enthält „Einleitende Untersuchungen") und „Allgemeiner Staatsrechtslehre" (3. Buch) in großem Maßstab durch:

Der *sozialen Staatslehre* ist der Staat psychische Funktion, besteht in den Willensverhältnissen einer Mehrheit seßhafter Menschen, die nach Maßgabe gemeinsamer Zwecke verbunden sind, und ist mit ursprünglicher Herrschermacht ausgerüstet. Jede organisierte weltliche Gemeinschaft, die keinen Verband über sich hat, ist Staat. Wie ähnlich → *L. v. Stein* wendet *J.* dann den Begriff der Persönlichkeit auch auf den Staat selbst an. Der Staat entsteht faktisch, außerhalb des Rechts, aber alle vor der Staatsschöpfung und nach ihr liegenden Akte „sind in der heutigen Staatenwelt nach irgend einem Rechte zu beurteilen", nach dem der Akt der Staatsschöpfung entweder als rechtmäßig oder als rechtswidrig erscheint. Rechtsverhältnisse sind durch feste Regeln geordnete Willensverhältnisse. In Verbindung mit der Eigenart des Willens, durch Normen verpflichtbar zu sein, bestimmen zwei psychische Tendenzen Bildung und Entwicklung des Rechts: Einmal erzeugt fortdauernde Übung die Vorstellung des Normmäßigen der Übung. Die „normative Kraft des Faktischen" bestimmt das Recht in seiner konservativen Funktion. Die andere Tendenz, rationaler bestimmt, produziert umgekehrt aus Vorstellungen Normen, die auf Änderung der gegebenen Verhältnisse und des positiven Rechts zielen. Die durch diese Tendenzen geschaffene Überzeugung, durch Normen verpflichtet zu sein, verleiht den Normen Gültigkeit und verwandelt so die Staatsordnung in eine Rechtsordnung. Sozialer Druck (von dem staatlicher Zwang nur eine Erscheinungsform ist) gibt den Normen die für die allgemeine Anerkennung und Geltung als Rechtsnormen erforderliche äußere Garantie (z.T. ähnlich: → *Ehrlich*). So wird auch das Völkerrecht rechtlich begründbar: sozialpsychologisch hat zunächst das Faktum der Beachtung von Regeln im internationalen Verkehr zu der Vorstellung ihrer rechtlich verpflichtenden Kraft geführt, ausdrücklich vereinbarte Rechtsregeln sind später hinzugekommen (anders *Triepel*). Da Rechtsregeln wesentlich garantierte, nicht Zwangsnormen sind und gemeinsame Interessen der Staaten, ihre Machtverhältnisse, die öffentliche Meinung garantieschaffende Mächte sind, hat auch das Völkerrecht Rechtsqualität.

Durch die Gesetze werden das Individuum und der Staat verpflichtet. Diese Lehre von der Selbstbindung des Staates durch Gesetzgebung hat zentrale Bedeutung für *J.s Staatsrechtslehre:* Sie modifiziert den Souveränitätsbegriff, der, als „ausschließliche Fähigkeit rechtlicher Selbstbindung und Selbstbestimmung" definiert, zum nur formalen Hilfsbegriff für das Verständnis der Geltung des vom Staat rechtlich Gewollten wird. Vor allem aber sieht *J.* in der Selbstbindung die Möglichkeit, die Allmacht des Staates gegenüber dem Individuum zu beschränken. Daß damit aber keine inhaltliche Beschränkung der Staatsmacht erreicht werden kann, wird aus *J.s* Darstellung (erstmals im „System der subjektiven öffentlichen Rechte") der vier „Status", in denen das Individuum dem Staat gegenübertritt, deutlich: Den Umfang der Rechte und Pflichten im jeweiligen Status – *J.* unterscheidet status passivus (Unterworfensein des Einzelnen unter den Staat, z.B. im Polizeirecht), status negativus (Freiheitsrechte des Einzelnen), status positivus (Leistungsansprüche des Einzelnen gegen den Staat) und status activus (politische Mitwirkungsrechte des Einzelnen) – bestimmt das staatliche Recht. Das gilt sogar für die Freiheitsrechte, die rechtlich beliebig beschränkbar sind („Freiheit ist einfach Freiheit von gesetzwidrigem Zwang"), wenn auch eine solche Beschränkung in extremen Fällen aus politischen und sozialen Gründen nicht realisierbar sein mag. Diese Auffassung führt *J.* in die Nähe des juristischen Positivismus und setzte ihn denselben kritischen Einwänden aus, die derartige Systeme als „Rechtswissenschaft ohne Recht" oder als „Röhrensystem, in das jeder Machthaber beliebig seine Inhalte füllen könne", kennzeichneten. Andererseits ist jedoch zu beachten, daß *J.* nur so tatsächlich eine allgemeine, auf alle modernen Staaten ohne Unterschied der Regierungs- und Gesellschaftsform anwendbare Staatslehre entwickeln konnte, die gerade wegen ihrer Allgemeingültigkeit (und nicht nur, weil seine Begriffe so vielfältig schillern und interpretierbar sind) lange Jahre das Standardwerk der deutschen Staatsrechtswissenschaft geblieben ist. Bis heute ist die von *J.* entwickelte Drei-Elementen-Lehre vom Staat (-volk, -gebiet, -gewalt) im Völkerrecht herrschend und werden die subjektiven öffentlichen Rechte mit dem Ordnungsschema der Vier-Status-Lehre erfaßt.

Die vor der „Allgemeinen Staatslehre“ erschienenen staatsrechtlichen und verfassungsgeschichtlichen Schriften *J.s* kann man als weit ausgreifende Vorarbeiten zu diesem Hauptwerk ansehen. Von ihnen sind das „System der subjektiven öffentlichen Rechte“, wo erstmals die Entwicklung von Grundrechten dargestellt und in einen dogmatischen Zusammenhang gebracht wird, und die Schrift über „Die Erklärung der Menschen- und Bürgerrechte“ hervorzuheben. *J.* weist hier unmittelbare Beziehungen zwischen der französischen déclaration von 1789 und den amerikanischen bills of rights nach, außerdem zeigt er die Unvereinbarkeit von Rousseaus „contrat social“ mit der déclaration und führt den gesetzlichen Ausspruch der Menschenrechte weniger auf die naturrechtliche Theorie als auf soziale Veränderungen infolge der Kämpfe um Religionsfreiheit zurück. In „Gesetz und Verordnung“ nimmt *J.* auch zum Dogma der Geschlossenheit der Rechtsordnung (→ *Laband*) Stellung: nach ihm gilt es nur, soweit der Richter den Einzelfall zu entscheiden hat. Verfassungslücken sind unvermeidbar und werden durch die faktischen Machtverhältnisse gefüllt: Ein ohne Mitwirkung des Parlaments von der Regierung festgestelltes Budget ist daher formell verfassungswidrig (anders → *Laband*), zugleich aber ist seine Durchführung staatsnotwendig.

In „Die sozialethische Bedeutung von Recht, Unrecht und Strafe“ faßt *J.* das Verhältnis von Recht und Ethik in einer berühmt gewordenen Formel neu: Das Recht ist „ethisches Minimum“ mit der Funktion, die Erhaltungs- und Entwicklungsbedingungen einer bestimmten Gesellschaft zu erhalten (vgl. → *Jhering*, → *Liszt*). Eine Trennung von Recht und Sittlichkeit (→ *Thomasius*) ist unmöglich, da das Recht außer normgemäßem Verhalten auch die Aufnahme der Norm in den Willen (Anerkennung) verlangt. – „Ethik“ in diesem Sinne ist immer „Sozialethik“, die das – nicht apriorisch gegebene, sondern historisch wandelbare – Inhaltliche des Sittlichen aufzeigt, wogegen der „Individualethik“ nur die Aufgabe bleibt, die bestmögliche individuelle Verwirklichung des Ethischen zu erforschen. Im Ergebnis kommt *J.* zu einer zwischen Vergeltungs- bzw. Generalpräventionslehre (→ *Binding*, → *Feuerbach*) einerseits und Spezialpräventionslehre (→ *Liszt*) andererseits vermittelnden Strafrechtstheorie: Das (schuldhafte) Unrecht ist nicht nur auf den Täter zurückzuführen, sondern auch soziales Produkt, Indiz einer kranken Gesellschaft. Die Strafe soll „die durch das Unrecht hervorgerufenen schädlichen sozialpsychologischen Erscheinungen“ ausgleichen, sie kann sowohl repressiv als auch präventiv wirken.

Hauptwerke: Die sozialethische Bedeutung von Recht, Unrecht und Strafe 1878, ^{2}1908, Ndr. 1967. – Die Lehre von den Staatenverbindungen, 1882, Ndr. 1969. – Gesetz und Verordnung, 1887, Ndr. 1964. – System der subjektiven öffentlichen Rechte, 1892, ^{2}1905 (Ndr.1964). – Die Erklärung der Menschen- und Bürgerrechte, 1895, ^{2}1904, ^{4}1927 (Ndr. in: Zur Geschichte der Erklärung der Menschenrechte, hrsg. v. *R. Schnur*, 1964, 1-77). – Allgemeine Staatslehre, 1900, ^{2}1905, ^{3}1914 (zahlr. Ndre., zuletzt 1960, 1966). – Ausgewählte Schriften und Reden, 2 Bde., hrsg. v. *W. Jellinek*, 1911, Ndr. 1970. – Bibliographie von *W. Jellinek* in: AÖR 27 (1911), 606- 619.

Literatur: G. Anschütz: Georg Jellinek, in: DJZ 16 (1911), 196-198. – *V. Cathrein:* Moralphilosophie, 1911. – *V. Cathrein:* Recht, Naturrecht und positives Recht, 1909. – *A. Fijal / R. Weingärtner:* Georg Jellinek – Universalgelehrter und Jurist, in: JuS 1987, 97-100. – *U. Häfelin:* Die Rechtspersönlichkeit des Staates, 1. Tl., 1959. – *H. Herwig:* Georg Jellinek, in: *M.J. Sattler* (Hrsg.): Staat und Recht – deutsche Staatslehre im 19. und 20. Jh., 1972. – *R. Holubek:* Allgemeine Staatslehre als empirische Wissenschaft. Eine Untersuchung am Beispiel Georg Jellineks, 1961. – *Camilla Jellinek:* Georg Jellinek – Sein Leben, in: Neue Österreichische Biographie ab 1815, 7 (1931). – *Camilla Jellinek:* Georg Jellinek. – Ein Lebensbild, entworfen von seiner Witwe, in: *G. Jellinek:* Ausgewählte Schriften (s.o.) I. – *H. Kelsen:* Der soziologische und der juristische Staatsbegriff, ^{2}1928, Ndr. 1962, 114 ff. – *Hans-Joachim Koch:* Einleitung, 63 ff. zu ders. (Hrsg.): Seminar: Die juristische Methode im Staatsrecht, 1977. – *A. Langer:* Die normative Kraft des Faktischen und Georg Jellinek, in: Festschr. f. H. Schütz, 1971, 256-276. – *J. Lukas:* Georg Jellinek – Sein Werk, in: Neue Österreichische Biographie ab 1815, 7 (1931). – *L. Nelson:* Rechtswissenschaft ohne Recht, ^{2}1949. – *K. Pfeifer:* Die Idee der Grundrechte in der deutschen Literatur von 1790 bis Georg Jellinek (1892), Diss. Jena, 1930. – *H. Raschhofer:* Nationalität und Gesellschaft in der Staatslehre von Georg Jellinek, in: Festschr. f. F.H. Riedl, 1971, 344-350. – *M.J. Sattler:* Georg Jellinek (1851-1911). Leben für das öffentliche Recht, in: DJJH, 355-368. – *Sinzheimer:* JK., 161-185. – *Stolleis:* Gesch., II, 450-455. – *W. Windelband:* Geleitwort zu *G. Jellinek:* Ausgewählte Schriften (s.o.) II. – HRG II (1978), 295-299 *(H. Ridder)*. – Jur., 323 f. *(Ch. Keller)*. – NDB 10 (1974), 391 f. *(A. Hollerbach)*. – StL 3 (^{2}1987), 212-214 *(H. Hofmann)*. H.

Rudolf von Jhering

(1818-1892)

J. (auch *Ihering*) ist geboren am 22.8.1818 in Aurich als Sproß einer alten Juristenfamilie (Alturgroßenkel → *Hermann Conrings*). 1836 Abitur, Studium der Rechte in Heidelberg, Göttingen, München und Berlin. Der Plan, in den hannoverschen Staatsdienst einzutreten, scheitert, weil *J.* nicht zum Beamtenexamen zugelassen wird (ein Bruder war bereits Beamter). 1842 Promotion in Berlin („De hereditate possidente“) bei

Homeyer. 1843 Privatdozent in Berlin. 1845 in Basel, 1846 in Rostock Professor für römisches Recht. 1849 Professur in Kiel, ab 1852 in Gießen. 1861-1866 anonyme Veröffentlichung der aufsehenerregenden sechs „Vertraulichen Briefe über die heutige Jurisprudenz" (Preußische Gerichtszeitung), dem Ausdruck von *J.s* rechtstheoretischer „Bekehrung". 1868 Annahme einer Berufung nach Wien, große Lehrerfolge (oft über 400 Hörer), Freundschaft mit → *Unger* und *Julius Glaser.* Im letzten Wiener Jahr (1872) der berühmte Vortrag „Der Kampf ums Recht" (gehalten vor der Wiener Juristischen Gesellschaft), der bis 1890 in siebzehn Sprachen übersetzt wurde und über 20 deutsche Auflagen erreicht hat. 1872 Rückkehr nach Deutschland (Professur für römisches Recht in Göttingen); Berufungen nach Leipzig und Heidelberg (neben Berlin damals Deutschlands bedeutendste Rechtsfakultäten) lehnt *J.* wegen der dort zu erwartenden Lehrbelastung ab, um ungestört an seinem „Der Zweck im Recht" weiterarbeiten zu können. *J.* ist am 17.9.1892 in Göttingen gestorben, einen Monat vor seinem Freund und Antipoden → *Windscheid.*

„Jherings Werk will sich so rasch nicht verbuchen lassen" *(Wieacker):* Es enthält im „Geist des römischen Rechts" die eigentliche Theorie der Begriffsjurisprudenz, andererseits im „Zweck im Recht" eine Art „soziologischer" Untersuchung der Rechtsentstehung. Zwischen beiden Werken liegt die vielbesprochene „Bekehrung" *J.s*, die seine eigentümliche Stellung in der Geschichte der Rechtswissenschaft charakterisiert.

Der „Geist des römischen Rechts" setzt den Weg fort, den die historische Rechtsschule vor allem durch → *Puchta* beschritten hatte: das Recht weniger aus seiner nationalen Bedingtheit als aus seiner inneren Vernünftigkeit zu erklären. *J.* will nicht eine Geschichte des römischen Rechts schreiben, sondern ein „geschichtsphilosophisches" Werk: Es soll gezeigt werden, worin das „Unvergängliche und Allgemeine" des römischen Rechts liegt und wie es sich von dem „Vergänglichen und rein Römischen" unterscheidet. Das römische Recht interessiert ihn also nicht als solches, in seiner konkreten geschichtlichen Bedingtheit, sondern nur als Vorbild einer vernünftigen Rechtsordnung schlechthin (insofern will er „durch das römische Recht … über dasselbe hinaus“ gelangen, wie eine seiner berühmtesten Formulierungen es ankündigt). So erklärt es sich, daß einerseits die historischen Ausführungen des Werks nichts Neues bringen, andererseits aber die Darstellung der „juristischen Technik“ der Römer als zutreffende Beschreibung der *gegenwärtigen* Rechtsmethodik verstanden wurde. *J.* unterscheidet in diesem berühmtesten Teil seines Buches „drei Fundamental-Operationen der juristischen Technik“. Die „Analyse“ zerlegt die komplexen Rechtsverhältnisse in einfache Elemente (z.B. löst sie den Irrtum von seiner Erscheinungsform im Kaufkontrakt ab), sie stellt ein „Rechtsalphabet“ der einfachen „Rechtskörper“ her. Die „Konzentration“ sucht aus einzelnen Rechtssätzen den Begriff auf, z.B. den des Besitzes aus den Vorschriften über den Besitz. Die „Konstruktion“ schließlich gestaltet das Recht zum System, indem sie Struktur, „Eigenschaften und Kräfte“ der Rechtskörper (z.B. Teilbarkeit der Rechte), „Phänomene“ in ihrem „Leben“ (z.B. Entstehung und Untergang) und ihr Verhältnis zu anderen Körpern (z.B. Unverträglichkeit von testamentarischer und gesetzlicher Erbfolge) untersucht. Niedere Jurisprudenz nennt *J.* jede Verfahrensweise, die sich mit den Rechtssätzen interpretierend beschäftigt, „höhere“ die, deren Gegenstand der Rechtsstoff in seinem „höheren Aggregatzustand“ ist, wo er sich zu „Rechtskörpern“ „verflüchtigt“ hat. *J.* bezeichnet das Verfahren der höheren Jurisprudenz als „naturhistorische Methode“ (die sonderbare Terminologie steht vielleicht unter dem Einfluß der populären „Chemischen Briefe“ *Justus v. Liebigs*, der auch bis 1852 in Gießen gelehrt hatte) und betont vor allem auch die rechtsschöpferische Funktion der nach dieser Methode verfahrenden Rechtswissenschaft: Aus der gegebenen – nach *J.s* Meinung nicht erweiterungsfähigen – Zahl der einfachen Elemente bildet sie durch Kombination neue Rechtsbegriffe („Die Begriffe sind productiv, sie paaren sich und zeugen neue“). Auf den praktischen Nutzen der von der Wissenschaft gefundenen Rechtssätze kommt es nicht an: „Und wäre auch gar kein Nutzen abzusehen, so ist er (sc. der neugefundene Rechtssatz) eben da seiner selbst wegen, er existirt, weil er nicht nicht-existiren kann.“ Im ganzen liegt hier also eine treffende Beschreibung des begriffsjuristischen Verfahrens vor, das die Rechtsbegriffe, abgelöst von der Wirklichkeit und den sozialen oder ideellen Anforderungen an das Recht, als selbständige Existenzen ansieht, die den einzigen Gegenstand der Rechtswissenschaft bilden.

Das Buch über den „Geist des römischen Rechts" ist unvollendet geblieben, weil *J.s* Wendung zu einer soziologischen Betrachtung des Rechts immer deutlicher hervortrat. Nach der (anonymen) Verspottung der Begriffsjurisprudenz in den „Vertraulichen Briefen" sagt *J.* im dritten Teil des „Geist" ganz offen, daß „die Begriffe des Lebens wegen da" sind: „Nicht was die Logik, sondern was das Leben ... postuliert, hat zu geschehen." Das subjektive Recht definiert er jetzt, abweichend von der pandektistischen Lehre seit → *Savigny*, nicht mehr als Willensmacht, sondern als geschütztes Interesse. Das führt ihn zu der Frage, welchen Zwecken das (objektive) Recht überhaupt dienen soll. Die Ausführung dieses Problems bringt „Der Zweck im Recht", in den der „Geist des römischen Rechts" damit sozusagen überführt wird.

J. stellt den „Zweck im Recht" unter das Motto: „Der Zweck ist der Schöpfer des ganzen Rechts." Ausgangspunkt ist der Gedanke, daß es – wie keine Wirkung ohne Ursache – kein Wollen, keine Handlung ohne Zweck gebe. *J.* verfolgt dann, wie egoistische Zwecke (Daseinserhaltung) ökonomische Zwecke hervorbringen, die durch rechtliche Garantien (Verbindlichkeit von Verträgen) abgesichert werden müssen: so treibt der physische zunächst den ökonomischen Zweck und dann das Recht hervor. Wie nun die natürlichen Zwecke dadurch erreicht würden, daß sie die egoistischen in ihren Dienst nehmen (mit Ernährung, Fortpflanzung usw. verbundene Lustgefühle), so würden die gesellschaftlichen und staatlichen Zwecke durch Benutzung egoistischer Interessen verwirklicht. Als gesellschaftlichen Zweck nennt *J.* den „Verkehr", der sich durch den (auch ideellen) „Lohn" egoistische Interessen dienstbar macht. Die Zwecke des Staats hingegen würden im wesentlichen durch Zwang erreicht. *J.* gibt neben dieser formalen Definition des Rechts („Inbegriff der in einem Staate geltenden Zwangsnormen") eine materielle: Recht ist die vom Staat garantierte „Sicherung der Lebensbedingungen der Gesellschaft". – Hatte *J.* im ersten Band des Werks die egoistischen Zwecke untersucht, so wendet er sich im – 1884 erschienenen – zweiten Band den Zwecken der „ethischen Selbstbehauptung" zu. Begriffe wie „das Sittliche", „Sitte", „Anstand", „Höflichkeit" – eine sehr ins Detail gehende Erörterung außerrechtlicher gesellschaftlicher Normen, die *J.s* Rechtslehre keine neuen Gesichtspunkte hinzufügt. Der Band, der an sich nur den Übergang bringen sollte zur Erörterung einzelner sittlicher Phänomene und der Bestimmung der Begriffe „Zweck" und „Interesse", ist der letzte des Werks geblieben, offenbar weil *J.* selbst an der Uferlosigkeit seiner sich immer mehr zu einer Gesamtsoziologie ausweitenden Arbeit verzweifelte.

Wenn auch der „Zweck im Recht" vielleicht „als geistiger Gesamtentwurf gescheitert" *(Wieacker)* ist, so ist doch sein „Stellenwert" in der deutschen Rechtstheorie des 19. Jahrhunderts ganz klar: Indem er versucht, das Recht aus seinen gesellschaftlichen Grundlagen zu erklären, weist er sowohl den Rechtspositivismus (als die Beschränkung auf die verselbständigten Sätze des positiven Rechts) als auch Naturrechtslehren jeder Spielart zurück: Recht und Sittlichkeit werden nur als kausal bestimmte Fakten, nicht als Normen behandelt. Beziehungen bestehen zum dialektischen Materialismus, mit dessen Lehren sich *J.s* Anschauungen zuweilen fast berühren – obwohl er, Anhänger einer liberalen „bürgerlichen" Eigentumsidee, in „Der Kampf ums Recht" schwungvolle Worte gegen den „Communismus" findet („Der Communismus gedeiht nur in jenem Sumpfe, in dem die Eigenthumsidee sich völlig verlaufen hat, an ihrer Quelle kennt man ihn nicht.") –, sowie zum Utilitarismus (→ *Bentham*), wenn auch *J.* die *gesellschaftlichen* Zwecke für entscheidend hält, wobei er allerdings zugibt, daß diese nur durch Mitförderung individueller Zwecke erreicht werden können.

J.s Bedeutung als *Zivilrechtsdogmatiker* ist immer unbestritten gewesen. „Als Jurist sucht er durchaus seinesgleichen, die juristische Intuition ist bei ihm mit einer Sicherheit und Urkraft vorhanden, die ihn zu den juristischen Phänomenen aller Zeiten stellen" *(Mitteis)*. Die berühmtesten dogmatischen „Entdeckungen" *J.s* sind die „culpa in contrahendo" (d.h. die Ausdehnung der Vertragshaftung auf das Stadium der vorvertraglichen Beziehungen) und die Unterscheidung zwischen objektiver Rechtswidrigkeit und Schuld (in: „Das Schuldmoment im römischen Privatrecht"), die für die Strafrechtsdogmatik von großer Bedeutung gewesen ist. Man kann sagen, daß in *J.s* dogmatischen Arbeiten fast von Anfang an weniger – wie es seinem methodischen Programm entsprochen hätte – die Freude an begrifflicher Konstruktion, als das Gefühl für praktische Notwendigkeiten leitend ist. So heißt es in der Abhandlung über den Sinn der Gefahrtragung (1859, veranlaßt durch den Fall, der angeblich *J.s* „Bekehrung" bewirkte) erst ganz am Ende, es verbleibe nun noch „eine untergeordnete, praktisch ... völlig einflußlose Frage, welche die juristische Construction dieses (sc. als zweckmäßig gefundenen) Satzes betrifft". Diese Arbeit legt also die Schwäche von *J.s* begriffsjuristischer Methodenlehre schon bloß, bevor *J.* sich darüber theoretisch äußerte: sie zeigt, daß jeder „Konstruktion" zunächst einmal ein Konstruktions*plan* zugrunde liegen muß, der sich nicht aus der Begriffslogik selbst, sondern nur aus bestimmten Gerechtigkeits- und Zweckmäßigkeitsvorstellungen ergibt.

Resümiert man *J.s* Nachwirkung, so bleibt vor allem der beträchtliche Einfluß festzustellen, den seine Wendung zur „Zweckjurisprudenz" auf die Begründung der soziologischen Strafrechtsschule (→ *Liszt*) und auf die Interessenjurisprudenz (→ *Heck*) gehabt hat, sowie die – trotz der nach Inkrafttreten des BGB veränderten Rechtsquellen – fortdauernde Lebendigkeit vieler dogmatischer Abhandlungen. Etwas verblaßt ist der einstige Ruhm der Schrift vom „Kampf ums Recht", die aber nicht eigentlich *J.s* wissenschaftlichem Werk zugerechnet werden kann, da er selbst ihren Zweck vor allem als einen „ethisch-praktischen" ansah.

Hauptwerke: Abhandlungen aus dem römischen Recht, 1844 (Ndr. 1968). – Geist des römischen Rechts auf den verschiedenen Stufen seiner Entwicklung, 3 Tle. (II. Teil in 2 Bden.), 1852-1865, [4]1878-1888, [5]1891-1906, Ndr. 1968. – Das Schuldmoment im römischen Privatrecht, 1867. – Der Kampf ums Recht, 1872, [7]1884, [20]1921. – Der Zweck im Recht, 2 Bde., 1877-1883, [2]1884-1886, [3]1893-1898, [8]1923, Ndr. 1970.- Gesammelte Aufsätze aus den „Jahrbüchern für die Dogmatik des heutigen römischen und deutschen Privatrechts", 3 Bde., 1881-1886. – Scherz und Ernst in der Jurisprudenz, 1884, [4]1891, [13]1924, Ndr. 1964. – Der Besitzwille. Zugleich eine Kritik der herrschenden juristischen Methode, 1889, Ndr. 1968. – Entwicklungsgeschichte des römischen Rechts (aus dem Nachlaß hrsg. von *V. Ehrenberg*), 1894. – Vorgeschichte der Indoeuropäer (aus dem Nachlaß hrsg. von *V. Ehrenberg*), 1894. – Über die Entstehung des Rechtsgefühles, in: Der Kampf ums Recht (hrsg. von *C. Rusche*), 1965, 275-302 (ursprünglich in: Wiener Allg. Juristenztg. 7 (1884), 121 ff.); neu hrsg. v. *O. Behrends*, Neapel 1986. – Der Takt (aus dem Nachlaß hrsg. von *C. Helfer*), in: Festgabe zum Jhering-Symposion (Nachrichten der Akad. der Wiss. in Göttingen), 1968, 75-97. – Bibliographie: *M.G. Losano:* Bibliographie Rudolf von Jherings, in: Jherings Erbe (hrsg. von *F. Wieacker* und *C. Wollschäger*), 1970, 252-302, erweitert in ders.: Der Briefwechsel ... (s.u.), 2, 207ff. *Wolf:* Rechtsdenker, 664f.

Literatur: A. Baratta: Über Jherings Bedeutung für die Strafrechtswissenschaft, in: Jherings Erbe (s.o.), 17-26. – *O. Behrends:* Rudolph von Jhering (1818-1892). Ein Durchbruch zum Zweck des Rechts, in: *F. Loos* (Hrsg.): Rechtswissenschaft in Göttingen, 1987, 229-269. – *Ders.* (Hrsg:) Rudolf v. Jhering. Beiträge und Zeugnisse aus Anlaß der einhundertsten Wiederkehr seines Todestages am 17.9.1892, 1992. – *Ders.* (Hrsg.): Privatrecht heute und Jherings evolutionäres Rechtsdenken, 1993. – *E. Bonazzi:* La fortuna di Jhering in Italia, in: Carteggio Jhering-Gerber (1849-1872), hrsg. von *M.G. Losano*, 1977, 629-694. – *B.J. Choe:* Culpa in contrahendo bei Rudolf von Jhering, Göttingen 1988. – *H. Coing:* Der juristische Systembegriff bei Rudolf von Jhering, in: Philosophie und Rechtswissenschaft (hrsg. von *J. Blühdorn* und *J.*

Ritter), 1969, 149-171. – *H. Coing:* Rudolf von Ihering und Bentham, in *G. Weick* (Hrsg.): 375 Jahre Rechtswissenschaft in Gießen, 1982, 1-14. – *R. Dreier:* Jhering als Rechtstheoretiker, in A. Aarnio (Hrsg.): Rechtsnorm u. Rechtswirklichkeit. Festschr. f. W. Krawietz z. 60. Geb., 1993, 233-245. – *W. Fikentscher:* Methoden des Rechts in vergleichender Darstellung, III, 1976, 101-282. – *J. Gaudemet:* Organicisme et évolution de l'histoire du droit chez Jhering, in: Jherings Erbe, 29-39. – *A. Gromitsaris:* Theorie der Rechtsnormen bei Rudolph von Jhering, 1989. – *H.L.A. Hart:* Jhering's Heaven of Concepts and Modern Analytical Jurisprudence, in: Jherings Erbe, 68-78. – *C. Helfer:* Rudolf von Jhering als Rechtssoziologe, in: KZfSS 1968, 553-571. – *H.J. Hommes:* Zum Begriff der „juristischen Konstruktion". Eine Analyse der Auffassungen bei von Jhering, Gény, Scholten und Meijers (1965), in: *W. Krawietz* (Hrsg.): Theorie und Technik der Begriffsjurisprudenz, 1976, 327-357. – *C.J.H. Jansen:* Begriffsjurisprudenz, deductie of inductie?, in: Themis 1991, 63-77. – *B. Klemann:* Rudolf von Jhering und die Historische Rechtsschule, 1989 (dazu *J. Schröder*, in: AöR 116 [1991], 287-289). – *H. Klenner:* Jherings Kampf ums Recht, in: Demokratie und Recht, 1992, 437-445. – *W. Krawietz:* Begriffjurisprudenz, in: Hist. Wb. Philos. 1 (1971), 809-813. – *K. Kroeschell:* Zwei unbekannte Briefe Jherings, in: Festschr. f. F. Wieacker, 1978, 273-280. – *M. Kunze:* Jherings Jubiläum, in M. Stolleis u.a. (Hrsg.): Die Bedeutung der Wörter. Festschr. f. S. Gagnér z. 70. Geb., 1991, 1-13. – *Larenz:* ML, 24-27, 43-48. – *M.G. Losano:* Der Briefwechsel zwischen Jhering und Gerber. Studien über Jhering und Gerber, 2 Bde., 1984. – *Ders.:* Il centenario della morte di Rudolf von Jhering (1818-1892), in: Quad. Fior. 21 (1992), 97-138 (in diesem Band auch weitere Beiträge zu *J.*). – *G. Marini:* La storicità del diritto e della scienza giuridica nel pensiero di Jhering, in: Jherings Erbe, 155-164. – *Adolf Merkel:* Jhering, in: JhJb 32 (1893), 6-40. – W. Pleister: Persönlichkeit, Wille und Freiheit im Werke Jherings, 1982. – *H. Mohnhaupt* (Hrsg.): Rechtsgeschichte in den beiden deutschen Staaten, 1991, 130 ff. *(B. Klemann)*, 151 ff. *(M. Kunze)*. – *M. Martinek*: Rudolf von Jherings Kampf gegen das Trinkgeld, in: Festschr. f. J. Gernhuber z. 70. Geb., 1993, 879-903. – *E. Pólay:* Jherings Besitztheorie und die ungarischen privatrechtlichen Kodifikationen, in: Festgabe für U. v. Lübtow, 1970, 627-648. – *M. Rümelin:* Rudolf von Jhering, Rede, 1922. – *E. Schanze:* Culpa in contrahendo bei Jhering, in: Ius Commune 7 (1979), 326-358. – *H. Schelsky:* Das Jhering-Modell des sozialen Wandels durch Recht – Ein wissenschaftsgeschichtlicher Beitrag, in: Jahrb. f. Rechtssoz. und Rechtstheorie 3 (= Zur Effektivität des Rechts, hrsg. v. *M. Rehbinder* u. *H. Schelsky*), 1972, 47-86. – *Stintzing-Landsberg:* GDtRW III 2, 788-825. – *F. Sturm:* Rudolf von Jhering: Scienza ed insegnamento del diritto Romano, in: Studi Senesi 83 (1971), 23-56. – *W. Wertenbruch:* Versuch einer kritischen Analyse der Rechtslehre Rudolf von Jherings, 1955. – *F. Wieacker:* Jhering und der „Darwinismus", in: Festschr. f. K. Larenz, 1973, 63-92. – *F. Wieacker:* Rudolf von Jhering, [2]1968. – *F. Wieacker:* Rudolf von Jhering, in: ZRG (RA) 86 (1969), 1-36. – *Wieacker:* PRG, 450-453. – *W. Wilhelm:* Zur juristischen Methodenlehre im 19. Jahrhundert 1958, 88-128. – *W. Wilhelm:* Zur Theorie des abstrakten Privatrechts. Die Lehre Jherings, in: Studien zur europ. Rechtsgesch., hrsg. v. *W. Wilhelm*, 1972, 265-287. – *Wolf:* Rechtsdenker, 622-668. – *K. Zweigert:* Jherings Bedeutung für die Entwicklung der rechtsvergleichenden Methode, in: Jherings Erbe, 240-251. – ADB 50 (1905), 652-664 *(L. Mitteis)*. – GD 5 (1957), 331-340 *(F. Wieacker)*. – Jur., 324-326 *(U. Falk)*. – NDB 10 (1974), 123f. *(A. Holler-*

bach). – StL 3 ([7]1987), 32-34 *(Jan Schröder).* Weitere, hier nicht selbständig aufgeführte Beiträge in: Jherings Erbe und in den Sammelbänden von *O. Behrends.* Bibliographie bei *Wolf:* Rechtsdenker, 666-668. S.

Hermann Kantorowicz

(1877-1940)

Geb. am 18.11.1877 in Posen. 1896 Beginn des jurist. Studiums (Berlin, Genf, München). 1907 Habilitation in Freiburg i.Br., 1913 dort außerplanmäßiger Professor für juristische Hilfswissenschaften. 1914 Kriegsfreiwilliger. 1923 außerordentlicher Professor für juristische Hilfswissenschaften in Freiburg. 1929 Ordinarius für Strafrecht in Kiel (Nachfolger seines Freundes → *G. Radbruch*). 1933 Entlassung aus politischen Gründen (*K.* war bekannt für seine pazifistische und anglophile Einstellung, außerdem Jude). Einjähriger Aufenthalt in New York. Mitwirkung am Aufbau der „Faculty in Exile" der New School for Social Research. Übersiedlung nach Cambridge (England), dort 1937 Assistant Director of Research in Law. Gest. am 12.2.1940 in Cambridge.

K. ist in seiner Universalität ein wenig mit seinem bewunderten Vorbild *Max Weber* vergleichbar. Er hat nicht nur wichtige Beiträge zur Geschichte und Theorie der Wissenschaften, zur Mediävistik und zur Strafrechtsdogmatik gegeben, sondern war auch ein engagierter politischer Schriftsteller (übrigens Mitglied der SPD, wie auch → *Radbruch*, aber nur bis 1903, später zu den Radikaldemokraten tendierend). Wie weit seine Bereitschaft ging, sich für seine sachlichen und politischen Überzeugungen einzusetzen, zeigte er bei der Arbeit an einem Gutachten für den Reichstag über die Kriegsschuldfrage, bei der er hartnäckig an seinem für die offizielle deutsche Politik höchst unerwünschten Ergebnis (Kriegsschuld der Mittelmächte) festhielt; das Gutachten wurde nicht veröffentlicht, nachdem *K.* jahrelange Arbeit daran gewendet hatte.

Von seinen *wissenschaftstheoretischen* Schriften hat der (unter dem Pseudonym „Gnaeus Flavius“ veröffentlichte) „Kampf um die Rechtswissenschaft“ großes Aufsehen erregt. Diese Schrift machte die Öffentlichkeit eigentlich erst auf die Grundthese der Freirechtsbewegung aufmerksam, daß die staatliche Rechtsordnung lückenhaft sei (das Gesetz habe „nicht weniger Lücken als Worte“) und außer ihr „freies“ Recht existiere. Der Widerhall, den „Der Kampf um die Rechtswissenschaft“ fand, steht aber nicht im Verhältnis zu seinem inneren Wert: im Gegensatz zu Werken anderer Freirechtler (→ *Ehrlich*, → *Fuchs*) fehlt hier z.B. die soziologische Fundierung des Freirechts, die durch einen unklaren „antirationalistischen“ „Voluntarismus“ (Hinweis u a. auf *Schopenhauer*) ersetzt wird. *K.* hat sich später zum Teil von der Freirechtsbewegung distanziert. Wissenschaftstheoretisch insofern, als er die für diese Bewegung typische Identifizierung von Rechts- und Sozialwissenschaft nicht mitmachte, sondern auf der Grundlage der *Rickert*schen Wertlehre zu einer „trialistischen“ Auffassung der möglichen Gegenstände von Rechtswissenschaft kam, nämlich Wert (Rechtsphilosophie), Sinn (Rechtsdogmatik) und Wirklichkeit (Rechtssoziologie) (vgl. den Aufsatz „Staatsauffassungen“ und die aus dem Nachlaß herausgegebene Schrift „The Definition of Law“). Rechtsquellentheoretisch insofern, als er später den Vorrang des Gesetzesrechts vor dem Freirecht betonte und die Behauptung, er habe im „Kampf um die Rechtswissenschaft“ andere Ansichten vertreten, als „Contra-legem-Fabel“ (wohl zu Unrecht) abzutun versuchte. Daß die späteren Schriften tatsächlich eine Rückwendung zur traditionellen Methode bedeuten, zeigt vor allem „Tat und Schuld“: das Bekenntnis zum Freirecht steht hier eigentlich nur noch auf dem Papier und wird von einer streng gesetzesorientierten Untersuchung über die systematische Einordnung der Schuld begleitet. Im Gegensatz zu den anderen Freirechtlern, die allerdings auch durchweg eine Rechtsfindung contra legem abgelehnt haben, bezeichnet *K.* nun die Rechtsfindung aus dem Gesetzeszweck als ein vorzügliches hermeneutisches Mittel, womit er sich der Interessenjurisprudenz (→ *Heck*) stark annähert. Von *K.* stammt sogar eine scharfe Kritik an dem der Freirechtsbewegung verwandten, aber radikaleren „legal realism“ (*O.W. Holmes jr.*, *K.N. Llewellyn*), die heute, wo die „realistische“ Rechtsauffassung durch die Rezeption der amerikanischen Justizforschung auch in Deutschland ein klarer Begriff geworden ist, besonderes Interesse verdient (Titel der Schrift: „Some rationalism about realism").

Das *rechtshistorische* Hauptwerk aus *K.s* früherer Zeit ist die Arbeit über den scholastischen Strafrechtler *Albertus Gandinus*. Der erste Band enthält eine Sammlung von Prozeßakten aus *Gandinus'* Zeit, der zweite eine Edition von *Gandinus'* Traktat „De maleficiis". Die Editionsschwierigkeiten waren hierbei so enorm, daß *K.* sich, wie er sagt, zuweilen selbst fragte, ob es lohnend sei, an ein nicht einmal erstrangiges Werk eine derartige Mühe zu wenden. Die Editionen waren aber nicht Selbstzweck: *K.* plante, in einem dritten Band Theorie und Praxis des scholastischen Strafrechts zu vergleichen. Er konnte dieses Vorhaben, mit dem er weitgehend sozialhistorisches Neuland betreten hätte, jedoch nicht ausführen. – Einen Schwerpunkt in *K.s* weiteren mediävistischen Arbeiten bildet die Glossatorenforschung. Bereits das Buch „Über die Entstehung der Digestenvulgata" beschäftigt sich mit der bolognesischen Periode der europäischen Rechtswissenschaft. Es führt den freilich nicht unumstrittenen Nachweis, daß neben der florentinischen Digestenhandschrift, auf die → *Theodor Mommsen* seine Digestenausgabe stützte, auch den mittelalterlichen „Vulgat"-Handschriften selbständige Bedeutung für die Herstellung des Digestentextes zukommt. Als Bearbeiter der Vulgata nahm *K.* das Haupt der Bologneser Schule, → *Irnerius*, an. – Die „Studies in the Glossators of the Roman law" sind so etwas wie das erste Teilstück der von *K.* geplanten Geschichte der europäischen Rechtswissenschaft. Äußerlich deklariert als Herausgabe und Kommentierung einer Sammelhandschrift des Britischen Museums (mit Texten von → *Irnerius, Bulgarus, Martinus, Hugo, Rogerius* u.a.), stellen sie durch die über zweihundertseitige Einleitung eine Art Summe von *K.s* Forschungen über die Rechtsschule von Bologna dar und ermöglichen nebenbei erstmals einen umfassenden Überblick über die nach → *Savignys* „Geschichte des römischen Rechts im Mittelalter" erschienene Sekundärliteratur. Schon dadurch sind sie zu einem Standardwerk der modernen Mediävistik geworden, vielleicht zu einem der wichtigsten überhaupt seit → *Savigny*. Sachlich stehen sie unter dem Motto eines „back to Savigny", nämlich dessen – von *K.* gegen die „Kontinuitätshypothese" *(Stintzing, Ficker, Fitting)* weiter untermauerten – Annahme, daß die wissenschaftliche Bearbeitung der Quellen des römischen Rechts erst in Bologna begonnen habe.

Etwas vereinzelt ist unter *K.s* Werken das *strafrechtsdogmatische* Buch über „Tat und Schuld", eine Art Lehrbuch des Allgemeinen Teils des StGB. *K.* geht es hier um den Nachweis, daß die Schuld, entgegen der damals fast einhelligen Meinung (abweichend hatte sich aber z.B. auch → *Radbruch* geäußert), kein Merkmal der Tat sei, sondern eins des Täters. Das hat Konsequenzen besonders für die Teilnahmelehre: Der Teilnehmer an einer rechtswidrigen Tat kann auch dann bestraft werden, wenn der Täter nicht schuldhaft handelt. Zehn Jahre später wurde dieses Ergebnis durch eine Novelle zum StGB (§ 50 I, jetzt § 29: Grundsatz der „limitierten Akzessorietät") auch legalisiert. Weiterhin fördert *K.* in dem Buch bis dahin vernachlässigte Gebiete der Strafrechtsdogmatik, wie die Abgrenzung der objektiven Strafbarkeitsbedingungen von den Prozeßvoraussetzungen und den Strafausschließungsgründen.

Hauptwerke: (Gnaeus Flavius) Der Kampf um die Rechtswissenschaft, 1906. – Albertus Gandinus und das Strafrecht der Scholastik, 2 Bde., 1907 u. 1926. – Über die Entstehung der Digestenvulgata, 1910. – Tat und Schuld, 1933. – Studies in the Glossators of the Roman law (mit *W.W. Buckland*), 1938, Ndr., bearb. von *P. Weimar*, 1969. – The Definition of Law, 1958 (dt. Übers.: Der Begriff des Rechts, o.J.). – Rechtswissenschaft und Soziologie (hrsg. von *Th. Würtenberger*), 1962 (Sammlung der wissenschaftstheoretischen Schriften). – Rechtshistorische Schriften (hrsg. v. *H. Coing* und *G. Immel*), 1970. Bibliographie: Rechtshistorische Schriften, 465-468 und bei *A. Berger:* In memoriam Hermann Ulrich Kantorowicz, in: ZRG (RA) 68 (1951), 624-633 (629-633).

Literatur: H. Achenbach: Historische und dogmatische Grundlagen der strafrechtssystematischen Schuldlehre, 1974, 195-198. – *A. Berger:* In memoriam … (s.o.). – *H. Coing:* Einleitung (IX-XIII) zu: Rechtshistorische Schriften (s.o.). – *M. Frommel:* Hermann Ulrich Kantorowicz (1877-1940). Ein streitbarer Relativist, in: Kritische Justiz (Hrsg.): Streitbare Juristen, 1988, S. 243-253. – *dies.:* Die Kritik am „Richtigen Recht" durch Gustav Radbruch und Hermann Ulrich Kantorowicz, in L. Philipps / H. Scholler (Hrsg.): Jenseits des Funktionalismus. Arth. Kaufmann z. 65. Geb., 1989, 43-62. – *I. Geiss:* Vorwort zu: *H. Kantorowicz:* Gutachten zur Kriegsschuldfrage 1914, 1967. – *S. Kuttner:* Zur neuesten Glossatorenforschung, in: Studia et documenta historiae et iuris 6 (1940) 275-319. – *Hermann Lange:* Rezension von: Studies … (s.o.) in: ZRG (RA) 88 (1971), 560-562. – *G. Maier-Reimer:* Hermann Ulrich Kantorowicz (1877-1940).Ein Rechtstheoretiker zwischen allen Stühlen, in: DJJH, 643-654. – *K. Muscheler:* Relativismus und Freirecht. Ein Versuch über Hermann Ulrich Kantorowicz, 1984. – *K. Muscheler:* Hermann Ulrich Kantorowicz. Eine Biographie, 1984. – *G. Radbruch:* in: Schweizerische Zeitschr. f. Strafrecht 60 (1946), 262-276. – *T. Raiser:* Hermann Ulrich Kantorowicz, in: M. Lutter (Hrsg.): Der Einfl. dt. Emigranten auf die Rechtsentwickl. in d. USA u. in Dt., 1993, 365-381. – *U. Schrömbges:* Die soziologische Rechtskonzeption von Hermann Kantorowicz, Diss. jur. Bonn 1984. – *Th. Würtenberger:* Vorwort (1-11) zu: Rechtswissenschaft und Soziologie (s.o.). Weitere Literatur zur Freirechtsbewegung bei → *Fuchs*. – Jur., 337-339 *(G. Bender)*. – NDB 11 (1977), 127 f. *(Th. Würtenberger jun.)*. S.

Melchior Kling

(1504-1571)

Geb. am 1.12.1504 in Steinau an der Straße (Grafschaft Hanau), Kurrendeschüler in Halle; 1527 Immatrikulation in Jena (Universität Wittenberg), Studium der Jurisprudenz besonders bei *Hieronymus Schürpf* und *Johann Apel*; 1533 iuris utriusque doctor; 1534 beginnt *K.* in Jena kanonisches Recht zu lesen, ab 1535 Beratertätigkeit für Kurfürst Johann Friedrich von Sachsen, 1536 Lectura ordinaria in decretalibus nach Beginn des Lehrbetriebes in Wittenberg, in Verbindung damit Assessorat am dortigen Hofgericht; 1539 Rektor der Universität Wittenberg, 1541 als kurfürstlich sächsischer Rat Teilnahme am Reichstag in Regensburg, Beibehaltung der Professur; 1543/44 Teilnahme an der Visitation des Reichskammergerichts in Speyer; 1544 bis Fastnacht 1545 Inhaftierung, da er im Verdacht der üblen Nachrede gegen den Kurfürsten und der unerlaubten Berufungsverhandlungen mit Lüneburg steht; 1545 Bestätigung in seinen Ämtern; 1546/47 während des Schmalkaldischen Krieges kurfürstlich-sächsischer Gesandter in Dänemark; 1547, nach Sturz Kurfürst Johann Friedrichs und Verlust seiner Professur, geht *K.* nach Halle; hier wird er noch Mitglied des Sächsischen Oberhofgerichts und des Hofgerichts zu Jena, „Rat von Haus aus" vieler deutscher Fürsten; gestorben ist er 1571 in Halle; er hinterließ seiner großen Familie (10 Kinder aus zwei Ehen) ein bedeutendes, selbsterworbenes Vermögen.

K. ist ein Vertreter der im 16. Jh. aufkommenden systematisierenden Richtung in der Rechtswissenschaft. Beeinflußt wurde er durch seinen Lehrer *J. Apel* und durch *Philipp Melanchthon*, der sich auch in der Jurisprudenz versucht hatte. In Sachsen wurde der Sachsenspiegel des 13. Jhs. (→ *Eike*) noch wie ein Gesetz angewendet, obwohl Laienrichter und Juristen seine Unverständlichkeit und Mehrdeutigkeit beklagten. Gedanken des römischen Rechts hatten in der Praxis Verbreitung gefunden, ohne daß das Verhältnis zum sächsisch-germanischen Recht geklärt gewesen wäre. So stellte *K.* sich in seiner systematischen „Reformation" des Sachsenspiegel-Landrechts die Aufgabe, „... das Sachssich Recht In eine Solche ordnung zu bringen das es ein Jeder leichtlich verstehen unnd sich drein richten solt ..." (so ein Angebot an den Kurfürsten von 1542). „Das Gantze Sechsisch Landrecht mit Text und Gloß in eine richtige Ordnung gebracht durch Doctor Melchior Klingen ..." erschien ein Jahr nach *K.s* Tod, verzögert durch den politischen Umschwung in Sachsen; wohl auch dadurch wurde der ursprüngliche Plan eines Gesetzeskodex vereitelt. *K.* weist selber darauf hin, daß neben seiner Arbeit der Sachsenspiegel (in der Übertragung von *Zobel* 1535/37) benutzt werden sollte. Das Werk umfaßt die wichtigsten Rechtsgebiete in folgender Systematik: 1. Teil: Recht der „Personen", d.h. hier der Amtsträger wie römischer König, Burggraf, Schultheiß usw. (also kein privates Personenrecht, sondern eine Art Verfassungsrecht), 2. Teil: „der proces", 3. Teil: Privatrecht nach Ordnung der ersten drei Bücher der justinianischen Institutionen, 4. Teil: „von peinlichen Sachen" (Strafrecht).

K. wandte sich gegen den auch damals erhobenen Vorwurf, Rechtswissenschaft sei eine bloße „prudentia", eine nicht weiter systematisierbare praktische Klugheitslehre. Er wollte sie unbedingt zu den „artes" zählen, da sie wie keine andere dieser Disziplinen „methodice" behandelt werden könne.

So geht er auch in seinem aus Vorlesungen entstandenen Lehrbuch „Enarrationes in quatuor Institutionum libros" (1542) methodisch konsequent vor: Unter Beibehaltung der Reihenfolge der Institutionentitel erklärt er die systematische Stellung jedes Titels. Er knüpft bei der Erörterung an Definitionen, die er nicht als feststehend annimmt, sondern durch deduktive Beweisfolge zu rechtfertigen sucht. Im Anschluß daran folgen zur weiteren Erläuterung die Untergliederungen („divisiones"), die rechtsbegründenden Merkmale („causae") und die Rechtswirkungen („effectus") jedes Rechtsinstitutes. *K.* folgt damit einer vor allem von *Melanchthon* propagierten, aus der Topik entwickelten Methode, die sich bis zum späten 17. Jahrhundert behauptet und die streng der Quellenordnung folgende Darstellungsweise der mittelalterlichen Juristen verdrängt. Neben der hier gezeigten Verbindung von systematischer Darstellung und Auslegung fehlt dem Buch nicht der Bezug auf das praktische Rechtsleben. Schließlich hat der populäre Stil dazu beigetragen, den Zweck des Buches: Einführung in das Rechtsstudium, zu erfüllen.

Als einer der namhaftesten Kirchenrechtslehrer seiner Zeit war *K.* auch in die durch die Reformation aufbrechenden Konflikte zwischen Kanonisten und protestantischen Theologen verwickelt. Differenzen traten schon früh in Sachsen, dem führenden evangelischen Territorium, auf. *Luther* befand sich zeitweise in scharfer Fehde mit den Wittenberger („Schand"-)Juristen. Beispielhaft sind die Fragen des Eherechts, das bis dahin Domäne des kanonischen Rechts gewesen war. Die damals herrschende Meinung erkannte *Luthers* Ehe nicht an unter Hinweis auf die nach dem Kirchenrecht bestehende Unvereinbarkeit der Sakramente Priesterweihe und Ehe. *K.* bezog mit wenigen anderen Juristen in diesem Streit Stellung für *Luther*. Kanonisches Recht sollte nur in den Fällen Anwendung finden, die vom Neuen Testament nicht entschieden worden waren. Das Verbot der Priesterehe widerspreche jedoch dem Neuen Testament und sei daher nichtig.

Trotz dieser den Reformatoren nahestehenden Gedanken zweifelte *K.* als Kanonist nicht an der grundsätzlichen Autorität des Rechts der römischen Kirche. In seinen „Enarrationes" und im „Matrimonialium causarum tractatus" (1553) behandelt er u.a. die sehr streitigen Fragen der Gültigkeit heimlicher, d.h. ohne Zustimmung der Eltern geschlossener Ehen (sie wurde von den Kanonisten bejaht) und der Wiederverheiratung böswillig verlassener Ehegatten (sie wurde von den Kanonisten verneint), ohne vom kanonistischen Standpunkt ausdrücklich abzuweichen, allerdings auch unter genauer Wiedergabe der jeweils entgegengesetzten protestantischen Position. *K.* scheint der auf Veranlassung Kurfürst Johann Friedrichs 1545 zwischen Theologen und Juristen geschlossenen „Concordia", in der u.a. auch die heimlichen Ehen verworfen wurden, nicht voll zugestimmt zu haben. *K.s* Eintreten für die Fortgeltung des kanonischen Rechts in den protestantischen Territorien konnte allerdings die Indizierung seiner Schriften (Löwen 1546 und öfter) nicht verhindern.

In seinem Leben wie in seinen Werken war *K.* der Praxis verbunden. Um so bemerkenswerter ist es, daß er sich schon früh für die systematische Methode einsetzte. Seinem Sächsischen Landrecht blieb die Wirkung versagt, da noch im gleichen Jahr die Constitutiones Augusteae (Kursächsische Konstitutionen) erlassen wurden, die die weitere Rechtsentwicklung in Sachsen beherrschen sollten.

Hauptwerke: Enarrationes in quatuor Institutionum libros, 1542, 1543, 1545; Ndre. in Lyon (7) und Löwen (3), zuletzt Lyon 1673. – Matrimonialium causarum tractatus, 1553, ^{2}1559. – Das Gantze Sechsisch Landrecht mit Text und Gloß in eine richtige Ordnung gebracht durch Doctor Melchior Klingen von Steinau an der Straße, itzo zu Halle, 1572, weitere Aufl. 1577, 1600.

Literatur: *G. Becker:* Deutsche Juristen und ihre Schriften auf den römischen Indices des 16. Jhs., 1970, 126-137. – *Döhring:* GDtRPfl., 411 f. – *O. Mejer:* Zur Geschichte des ältesten protestantischen Eherechts, in: Zeitschr. f. Kirchenrecht 16 (1881), 1 ff. – *T. Muther:* Zur Geschichte der Rechtswissenschaft und der Univ. in Deutschland, 1876, Ndr. 1961, 149-151, 356-359. – *T. Muther:* Aus dem Universitäts- und Gelehrtenleben im Zeitalter der Reformation, 1866 (Ndr.1966), bes. 314 f. – *v. Schulte:* Geschichte, III 2, 22-24. – *Stintzing-Landsberg:* GDtRW I, bes. 305-309. – *O. Stobbe:* Geschichte der deutschen Rechtsquellen II, 1864 (Ndr. 1965), 147 f. – *G. Theuerkauf:* Lex, Speculum, Compendium Iuris, 1968, 213-216. – *F. Wieacker:* Einleitung zu: Ratschläge für das Studium der Rechte aus dem Wittenberger Humanistenkreise, 1936 (darin u.a. Faksimile einer Studienanleitung von K.). Wieder in *F. Wieacker:* Gründer und Bewahrer, 1959, 95-97. – ADB 16 (1882), 185 f. *(R. v. Stintzing).* – NDB 12 (1980), 76 f. *(C. Römer).* P.

Wiguläus Xaverius Aloysius von Kreittmayr

(1705-1790)

Der Schöpfer der ersten umfassenden Kodifikation des Naturrechtszeitalters wurde am 14.12.1705 in München geboren. Aus einer bürgerlichen Familie stammend – *K.* wurde 1745 geadelt – wurde er im Jesuitenkolleg seiner Vaterstadt erzogen. Studium der Philosophie in Salzburg, der Jurisprudenz in Ingolstadt, des Staatsrechts und der allgemeinen Geschichte in Leyden und Utrecht. Anschließend praktische Ausbildung am Reichskammergericht in Wetzlar. Mit noch nicht 20 Jahren tritt *K.* am 23. August 1725 als Hofrat in bayerische Dienste. Während des Interregnums nach Kaiser Karls VI. Tod 1740 Beisitzer im rheinischen Vikariatshofgericht und nach der Wahl des Wittelsbachers Karl Albrecht zum Kaiser (Karl VII.) seit 24. Januar 1742 Reichshofrat. Nach Karls VII. Tod wird *K.* erneut Beisitzer des Vikariatshofgerichts. Das Angebot einer Reichshofratsposition in Wien durch Kaiser Franz I. lehnt *K.* trotz großzügiger Dotierung dieser Stelle 1745 ab und wird am 3. Dezember dieses Jahres Hofratskanzler in München unter dem Kurfürsten Max III. Joseph, mit dessen Regierungstätigkeit sich das Wirken *K.s* fortan auf das engste verbindet. 1749 Vizekanzler und Konferenzminister, 1758 wirklicher geheimer Kanzler und oberster Lehnspropst sind die weiteren

Etappen seiner Laufbahn. Damit trat er an die Spitze der bayerischen Staatsverwaltung, nachdem er das Werk der bayerischen Kodifikation mit dem Codex juris Bavarici criminalis (CJBC) – Strafgesetzbuch – v. 1751, dem Codex juris Bavarici judiciarii (CJBJ) – Zivilprozeßordnung – v. 1753 und dem Codex Maximilianeus Bavaricus civilis (CMBC) – Zivilgesetzbuch – v. 1756 zum Abschluß gebracht hatte. Die 32jährige Kanzlerschaft *K.s* galt vor allem der Sorge um die innere Entwicklung Bayerns, das nach den Verwüstungen im österreichischen Erbfolgekrieg, die im Füssener Frieden v. 1745 und damit dem Ausscheiden Bayerns aus der europäischen Politik ihr Ende gefunden hatten, einer Periode der Konsolidation dringend bedurfte. Nach dem Tode Max III. Joseph am 3. Januar 1778, der zugleich das Aussterben der bayerischen Linie der Wittelsbacher bedeutete, suchte *K.* der von dem Nachfolger Karl Theodor geplanten Abtretung großer Gebiete Alt-, insbesondere Niederbayerns an Österreich entgegenzuarbeiten, trat aber 1784 für den zwischen Österreich und Karl Theodor verabredeten, von Friedrich d. Gr. freilich mit Hilfe des Fürstenbundes verhinderten Tausch Bayerns gegen die österreichischen Niederlande ein, weil er der in Bayern unbeliebten Herrschaft des Pfälzers Karl Theodor die Eingliederung in die österreichische Monarchie vorzog. Während des Interregnums nach dem Tode Kaiser Josephs II. 1790 wurde der damals 84jährige *K.* noch einmal Mitglied des Reichsvikariatshofgerichts, nun als dessen Kanzler. Am 27. Oktober 1790 ist *K.* in München gestorben.

Die drei Gesetze der bayerischen Kodifikation, sämtlich von *K.* allein verfaßt, sind jahrzehntelang Grundlage der bayerischen Rechtsordnung geblieben. Der Kriminalkodex v. 1751 wurde 1813 durch das Strafgesetzbuch → *Feuerbachs* abgelöst, die Prozeßordnung blieb – mit einigen Änderungen – bis 1869 in Kraft, und an die Stelle des Zivilkodex trat erst 1900 das BGB. Diese lange Geltungskraft gibt wohl besser Auskunft über den Wert der Kodifikation als die – meist zeitgebundene – Kritik, die sie ebenfalls aus verschiedenen Richtungen gefunden hat. Bemängelt wurde insbesondere ihre romanisierende, das einheimische Recht vernachlässigende Tendenz und der unaufgeklärte, katholisch-frömmelnde Charakter; noch in neuerer Zeit mußte *K.* hinnehmen, daß ihm der Münchener Stadtrat in einem der Bürger Schildas würdigen Beschluß die Aufstellung eines bereits fertigen Denkmals in der bayerischen Landeshauptstadt verweigerte, weil *K.* Tortur und Religionsdelikte in seinem Strafkodex nochmals sanktioniert hatte. Solche Kritik läßt den Zeitbezug und das gesetzgeberische Anliegen *K.s* außer Betracht. Die bayerische Kodifikation wird, da noch im 19. Jahrhundert geltend, mit den späteren Kodifikationen des Aufklärungszeitalters in Preußen (ALR, → *Svarez*) und Österreich (ABGB, → *Martini*, → *Zeiller*) verglichen, steht jedoch gesetzgebungsgeschichtlich der → *Coccej*ischen Reform in Brandenburg-Preußen, auf die sich *K.* auch selbst berufen hat, näher. Mit dieser verglichen, behauptet die bayerische Kodifikation durchaus ihren Platz. Das gilt zunächst für den Codex judiciarius, der in seiner Ausgewogenheit zwischen Parteimaxime und richterlicher Prozeßleitung elastisch genug war, die → *Coccej*ischen Prozeßordnungen lange zu überdauern. Zur Kodifikation des Straf- und Zivilrechts ist es in Preußen unter → *Cocceji* überhaupt nicht gekommen. *K.* betrat hier Neuland. Anliegen der bayerischen Kodifikation war zudem nicht die aufklärerische Reform; zu Unrecht wird daher diese Gesetzgebung den Aufklärungskodifikationen zugerechnet. Vielmehr stand für *K.* – wie für → *Cocceji* – das Ziel der Rechtssicherheit, der Überschau- und damit Berechenbarkeit der Rechtspflege für den Bürger einerseits, die stärkere Bindung des Richters an den gesetzgeberischen Willen des Landesherrn andererseits im Vordergrund. Dabei trug zur Elastizität der bayerischen Gesetze die größere Aufgeschlossenheit gegenüber richterlicher Auslegung und wissenschaftlicher Bearbeitung bei; der Richter sollte in nicht geregelten Fällen selbst entscheiden und erst dann dem Landesherrn darüber berichten, damit dieser für die Zukunft gesetzgeberisch Vorsorge treffen könne.

Das Bemühen um Kodifikation und damit Vereinheitlichung des geltenden Rechts erklärt auch den romanisierenden Inhalt der Gesetze, die aber, insbesondere im Eherecht, auch auf dem kanonischen Recht beruhen und daneben auf einheimischen Lokalrechten und Gewohnheiten. Schon mit dem bayerischen Landrecht von 1616 war das rezipierte römische Recht in Bayern „heimisch“ geworden; es zu verdrängen, sah *K.* keinen Anlaß, zumal ihm das Naturrecht dafür zu wenig konkret und in seinen Prämissen zu willkürlich erschien; immerhin hat *K.* dem Naturrecht, das für ihn freilich stets göttliches Naturrecht – im Gegensatz zum geoffenbarten göttlichen Recht – blieb, die Funktion als Gerechtigkeitsmaßstab zugebilligt.

Die Beibehaltung des geltenden Rechts kennzeichnet insbesondere auch den Kriminalkodex, der noch keiner einheitlichen Straftheorie verpflichtet ist; unter den Strafzwecken überwiegt die Generalprävention, daneben stehen Tatvergeltung, Sühne und Genugtuung für den Verletzten. Das

Gesetz sanktionierte nochmals Tortur und Hexenglauben, zu einer Zeit, zu der in Preußen Friedrich d. Gr. beiden schon eine Absage erteilt hatte. Freilich war einerseits Preußen unter Friedrich d. Gr. damals in Europa eine Ausnahme, Bayern insofern also keineswegs besonders rückständig; zum andern empfahl *K.* jedenfalls Zurückhaltung gegenüber Tortur und Hexenverfolgung, und die bayerische Strafpraxis ging ebenfalls andere Wege.

K. selbst hat die Gesetze der bayerischen Kodifikation ausführlich kommentiert. Seine Anmerkungen zum Kriminalkodex erschienen anonym 1752, zur Prozeßordnung mit den Initialen *K.s* gezeichnet 1754, zum Zivilrecht schließlich unter dem vollen Namen des Autors 1757-68. Diese literarischen Hauptwerke zeigen *K.* zwar nicht als einen schöpferischen Rechtsdenker, aber in ihrer teils derben, teils ironischen, immer lebendigen Ausdrucksweise sind sie, zumal sie die wissenschaftlichen Autoritäten der Zeit umfassend heranziehen und Auskunft über viele praktische Rechtsanwendungsprobleme ihrer Zeit geben, auch außerhalb Bayerns viel benutzte Kompendien gewesen; sie gelten noch heute als eines der seltenen Beispiele humorvoller juristischer Schriftstellerei.

Vorwiegend für die Bedürfnisse der Praxis bestimmt waren auch die übrigen Werke *K.s*, darunter ein vor allem für Studenten geschriebener „Grundriß der gemeinen und baierischen Privatrechtsgelehrsamkeit" als Einführung in die Kodifikation, seine seit 1771 erscheinende Gesetzsammlung, die 1774 von der *Mair*schen Generaliensammlung abgelöst wurde, und schließlich ein „Grundriß des Allgemeinen, Deutschen und Bayerischen Staatsrechts" (1769), der in der Verbindung der Trias des damaligen Staatsrechts originell ist und als eine der besten Darstellungen des Territorialstaatsrechts überhaupt gilt.

Hauptwerke: Anmerkungen über den Codicem Juris Bavarici Criminalis ... von einem unbekannten Authore, 1752, [3]1785. – Anmerkungen über den Codicem Juris Bavarici Judiciarii ... v. W.X.A. v. K., 1753, [4]1810. – Anmerkungen über den Codicem Maximilianeum Bavaricum Civilem, 5 Bde., Folioausg. 1759-1768, Oktavausg. 1758-1768, letzte Aufl. 1821. – Grundriß der gemeinen und baierischen Privatrechtsgelehrsamkeit, 1768, [3]1776 (lateinisch); Ndr. m. einer Einleitung hrsg. v. *R. Bauer* u. *H. Schlosser*, 1990. – Grundriß des Allgemeinen, Deutschen und Bayerischen Staatsrechtes, 1769, 1770, 1778. – Sammlung der neuesten und merkwürdigsten kurbaierischen Generalien und Landesverordnungen, 1771.

Literatur: R. Bauer / H. Schlosser (Hrsg.): Freiherr von Kreittmayr. Ein Leben für Recht, Staat und Politik. Festschr. z. 200. Todestag, 1991. – *A. v. Bechmann:* Der churbayerische Kanzler Alois Freiherr von Kreittmayr (= Festrede i.d. kön. bay.

Akademie der Wiss.), 1896. – *S. Gagnér:* Die Wissenschaft des gemeinen Rechts und der Codex Maximilianeus Bavaricus Civilis, in: Wissenschaft und Kodifikation des Privatrechts im 19. Jh. (hrsg. v. *H. Coing* u. *W. Wilhelm*), 1974, 1-118. – *H.G. Gengler:* Quellengeschichte und System des im Königreiche Bayern mit Ausschluß der Pfalz geltenden Privatrechts, Bd. 1: Einleitung und Quellenkunde, 1846, 63-76. – *H. Glöckle:* Das Vormundschaftsrecht des Codex Maximilianeus Bavaricus Civilis, Diss. jur. Münster, 1977. – *W. Hartig:* Die Reform der prozeßleitenden Grundsätze im bayrischen Zivilprozeßrecht (Erkenntnisverfahren) von der Zeit Kreittmayrs bis zum Ende der Partikulargesetzgebung; Diss. jur. Bonn, 1968. – *F. Kreitmair:* Die staatsrechtlichen Grundlehren des kurfürstlich bayerischen Geheimen Rats Vicekanzlers Wiguläus Xaverius Aloysius Freiherr von Kreittmayr, Diss. jur. München, 1952 (Masch.). – *H. Lieberich:* Bildnis des Staatskanzlers von Kreittmayr, in: Unser Bayern 2 (1953), 61 ff. – *W. Mohr:* Die Beweislehre im Codex Juris Bavarici Criminalis des Freiherrn von Kreittmayr vom Jahre 1751 im Rahmen der geschichtlichen Entwicklung des Beweisrechts, Diss. jur. München, 1949 (Masch.) – *W. Peitzsch:* Kriminalpolitik in Bayern unter der Geltung des Codex Juris Criminalis Bavarici von 1751 (= Münchener Universitätsschriften, 8), 1968. – *P. Pöpperl:* Quellen und System des Codex Maximilianeus Bavaricus Civilis, Diss. jur. Würzburg, 1967. – *H. Rall:* Kurbayern in der letzten Epoche der alten Reichsverfassung 1745-1801, 1952, insbes. 29-66. – *H. Rall:* in: Z. f. bay. Landesgesch. 1979. – *J.B. Reingruber:* Abhandlungen über dunkle Civil-Gesetzstellen mit der Biographie des Frhrn. von Kreittmayr ..., 1814, 1-48. – *W. Schöll:* Der Codex Juris Bavarici Judiciarii von 1753 im Vergleich mit den prozeßrechtlichen Bestimmungen der bayerischen Gesetzgebung von 1616 und mit dem Entwurf und den Gutachten von 1752/53, Diss. jur. München, 1965. – *W. Schubert:* Einl. zu: Der Entwurf eines Bürgerlichen Gesetzbuchs für das Königreich Bayern von 1811, hrsg. v. *W. Demel* u. *W. Schubert*, 1986, LXI-LXV. – *P. Schuppenies:* Die Bürgschaft im Bayerischen Landrecht. Baustein zur Kreittmayr-Forschung und zur Geschichte eines konkreten Rechtsinstituts, Diss. jur. Mannheim, 1975. – *M. Spindler:* Handbuch der bayer. Geschichte II, [2]1974, 1073 ff. – *Stintzing-Landsberg:* GDtRW III 1, Text 222-227, Noten 142-144. – *H. Tretzel:* Der Gesetzesbegriff bei Kreittmayr, Diss. jur. Erlangen, 1898. – Was früher in Bayern alles recht war. Aus den Anmerkungen des W.A.X. Freiherrn v. Kreittmayr zum Codex Maximilianeus Bavaricus Civilis, zusammengestellt und erläutert von *R. Eberle*, 1976. – *D. Usadel:* Die Korporation im Werk Kreittmayrs, 1984. – *Wesenberg:* PRG, bes. 109 f., 145. – *Wieacker:* PRG, 326 f. – ADB 17 (1883), 102-115 *(Eisenhart)* mit weiterer Literatur. – HRG II (1978), 1183 f. *(M. Kobler)*. – Jur., 361 *(M. Stolleis)*. – NDB 12 (1980), 741-743 *(H. Rall)*.

K.

Paul Laband

(1838-1918)

Geb. am 24.5.1838 in Breslau. Gest. am 23.3.1918 in Straßburg. Arztsohn, Studium in Breslau, Heidelberg, Berlin, dort Promotion 1858, 1861

Privatdozent in Heidelberg, ab 1864 außerordentlicher Professor in Königsberg, 1866 ordentlicher Professor. Privatrechtliche und rechtshistorische Themen beschäftigen ihn in dieser Zeit, als deren Hauptwerke die „Vermögensrechtlichen Klagen“ (1869) und der Aufsatz über die Stellvertretung (1866) anzusehen sind. Außerdem ist er Mitherausgeber der „Zeitschrift für das gesamte Handelsrecht“ (1865 bis 1898). 1870 erscheint als staatsrechtliche Erstlingsschrift das „Budgetrecht“, in dem er erstmals Gesetze im materiellen und formellen Sinn unterscheidet. Politisch bedeutsam ist die Konsequenz dieser Unterscheidung: Das Budget hat nicht materielle Gesetzeskraft, sondern ist lediglich Feststellung des Einverständnisses von Regierung und Landtag über Angemessenheit und Notwendigkeit gewisser Ausgaben, nur „formelles“ Gesetz. Materiell gesetzliche Grundlage von Einnahmen und Ausgaben der Regierung ist daher nicht das Budget, sondern sind andere Rechtsvorschriften, z.B. in Gestalt von Steuer-(Einnahmen) und Besoldungsgesetzen (Ausgaben). Soweit solche Vorschriften bestehen, ist die Regierung auch im budgetlosen Zustand zu Ausgaben und Einnahmen befugt; nur was darüber hinausgeht, ist genehmigungsbedürftig. Das ist die Rechtfertigung der bisherigen preußischen (*Bismarck*schen) Regierungspraxis.

1872 folgt *L.* einem Ruf nach Straßburg und ist von nun an fast ausschließlich mit staatsrechtlichen Arbeiten beschäftigt, entfaltet daneben aber auch noch eine umfangreiche Gutachtertätigkeit. Sein Hauptwerk, „Das Staatsrecht des Deutschen Reiches“, erscheint bis 1914 in fünf Auflagen und macht *L.* zum Begründer der Wissenschaft des Reichsstaatsrechts. 1886 begründet er das „Archiv des öffentlichen Rechts“, er wird auch Mitherausgeber der Deutschen Juristenzeitung (1896) und gibt ab 1907 mit → *Jellinek* und *Piloty* das „Jahrbuch des öffentlichen Rechts der Gegenwart“ heraus. Sein sogenanntes „kleines Staatsrecht“ (1894) erreicht bis 1912 sechs Auflagen. Als Mitglied des Staatsrates von Elsaß-Lothringen seit 1879 wird er nach der Neuordnung 1911 Mitglied der ersten Kammer; 1880 Rektor der Universität, 1908 wirklicher Geheimer Rat. Neben der Verleihung des Kronenordens (1917) sind ihm viele ehrenvolle Berufungen zuteil geworden (Freiburg, Tübingen, Reichsgericht, Preußisches Oberverwaltungsgericht). Mit dem Verzicht auf den Ruf nach Heidelberg sichert er den Fortbestand der Straßburger Universität.

Die Würdigung als „Begründer der Wissenschaft des Reichsstaatsrechts" kennzeichnet seine Bedeutung methodisch und inhaltlich. Mit dem tatsächlichen Vorhandensein einer Reichsverfassung ist aller Streit um ihre mögliche Gestaltung überflüssig geworden. Es gilt nun, das Gegebene zu analysieren, die Rechtsinstitute zu konstruieren, die einzelnen Rechtssätze auf allgemeine Begriffe zurückzuführen, aus diesen Begriffen logisch Folgerungen herzuleiten, also die Dogmatik des geltenden Staatsrechts zu schaffen. Diese historische Momentaufnahme bestimmt *L.s* methodisches Konzept. Zugleich verallgemeinert er diese rein logische Denktätigkeit zur juristischen Methode, bei deren Anwendung für historische, ökonomische, politische und philosophische Bezüge kein Raum ist. Wertende und teleologische Betrachtung ist unjuristisch, da der Zweck jenseits seines Begriffes liegt. *L.* selbst führte dieser Positivismus zur Unterstützung der antiliberalen *Bismarck*schen Politik und zur Bejahung der bestehenden monarchisch-konservativen Staatsform, was ihm Dank und Anerkennung durch die Staatsspitze eintrug (Kaiser Wilhelm II. soll ihn im Gespräch „einen der berühmtesten Männer" genannt und ihm erklärt haben: „Ich bedauere, daß ich bei Ihnen keine Vorlesungen hören kann").

Wurzeln von *L.s* Rechtsauffassung sind in den Vorstellungen → *Savignys* und vor allem → *Puchtas* über die „systematische" Behandlung des Rechts zu finden; sie ist im wesentlichen mit der von *Gerber* und → *Jhering* für das Privatrecht entwickelten identisch. Im Gegensatz zu dieser logisch-deduktiven stehen die Richtungen → *Gierkes*, der die Rechtssätze aus der Idee des Rechts herleitet, und der auf die gesellschaftlichen Grundlagen des Rechts zurückgreifenden Zweck- (→ *Jhering*) bzw. Freirechtsjurisprudenz (→ *Ehrlich*). Die ähnlich gearteten Konfrontationen in Nationalökonomie *(Menger-Schmoller)* und Gesellschaftswissenschaft *(Dühring-Engels)* zeigen diesen Gegensatz als wissenschaftliches Grundproblem des 19. Jahrhunderts.

Im Streit um die Rechtsnatur des Reiches (Staatenbund – Bundesstaat) tritt *L.* der *Seydel*schen Konstruktion mit dem Argument entgegen, daß

Souveränität nicht Wesensmerkmal des Staates sei, und folgt weitgehend der *Hänel*schen Bundesstaatskonzeption.

Konservativ war *L.* auch in der Deutung der „Grundrechte“: Die der Staatsgewalt unterworfenen Individuen haben an ihr keinen Anteil. Grund- oder Freiheitsrechte sind nur eine vom Staat selbst gesetzte Schranke für seine Machtentfaltung, sie sichern die natürliche Handlungsfreiheit der einzelnen in bestimmtem Umfang, aber sie begründen keine subjektiven Rechte der Staatsbürger (anders → *Gierke*, → *Jellinek* und die moderne Dogmatik). Auch die Gemeinden haben keine anderen öffentlichen Rechte als die ihnen vom Staat verliehenen.

L.s großer Begabung zur Analyse komplexer Lebensverhältnisse verdankt auch das Zivilrecht eine „juristische Entdeckung“ *(Dölle):* die – allerdings schon durch → *Jhering* vorbereitete – Unterscheidung zwischen Innen- (Geschäftsführung) und Außenverhältnis (Vertretung) bei der Stellvertretung. Es ist eigentlich erstaunlich, daß diese uns heute so selbstverständliche Unterscheidung kaum älter als hundert Jahre (von 1866) ist.

Hauptwerke: Die Stellvertretung bei dem Abschluß von Rechtsgeschäften nach dem Allgemeinen deutschen Handelsgesetzbuch, in: ZHR 10 (1866), 183 ff. – Die vermögensrechtlichen Klagen nach den sächsischen Rechtsquellen des Mittelalters, 1869 (Ndr. 1970). – Das Budgetrecht nach den Bestimmungen der preußischen Verfassungsurkunde, in: Zeitschr. f. Gesetzgebung und Rechtspflege in Preußen 4 (1870), 625 ff. (Separatausg. 1871, Ndr. 1971). – Das Staatsrecht des deutschen Reiches, 3 Bde., 1876-1882, ^{5}1911/14, Ndr. 1964 (sog. „großes Staatsrecht“). – Das Staatsrecht des Deutschen Reiches (= Handbuch des öffentlichen Rechts II, 1), 1883, ab ^{4}1907 u.d.T.: Deutsches Reichsstaatsrecht (und mit neuem Reihentitel: Das öffentliche Recht der Gegenwart, I), ^{6}1912, ^{7}1919 bearb. v. *Otto Mayer* (sog. „kleines Staatsrecht“). – Lebenserinnerungen (als Handschrift gedruckt, hrsg. v. *W. Bruck*), 1918 – Abhandlungen, Beiträge, Reden und Rezensionen, 5 Bde., 1986. Kurze Bibliographie: StL 5 (1960), 206.

Literatur: G. Anschütz: Paul Laband, in: DJZ 23 (1918), 265-270. – *C.E. Bärsch:* Der Gerber-Labandsche Positivismus, in: M.J. Sattler (Hrsg.): Staat und Recht. Die deutsche Staatslehre im 19. und 20. Jahrhundert, 1972. – *W.R. Beyer:* Paul Laband: ein Pionier des öffentlichen Rechts, in: NJW 1988, 2227 f. – *E.-W. Böckenförde:* Gesetz und gesetzgebende Gewalt, 1958, 226-242. – *H. Dölle:* Juristische Entdeckungen (= Festvortrag vor dem 42. Dt. Jur. Tag, in: Verhandlungen des 42. Dt. JT, 1958, II B), Separatausg. 1958, 3-7. – *M. Friedrich:* Paul Laband und die Staatsrechtswissenschaft seiner Zeit, in: AÖR 1986, 197-218. – *O. Fröhling:* Paul Labands Staatsbegriff, Diss. jur. Marburg, 1967. – *P.-M. Gaudemet:* Paul Laband et la doctrine française de droit public, in: Revue du droit public 1989, 955-979. – *O. v. Gierke:* Labands Staatsrecht und die deutsche Rechtswissenschaft, in: Schmollers Jahrb. 7 (1883), 1097-1195,

Separatausg. 1961. – *M. Herberger:* Logik und Dogmatik bei Paul Laband, in: *E.V. Heyen* (Hrsg.): Wissenschaft und Recht der Verwaltung seit dem Ancien Régime, 1984, 91-104. – *Hans-Joachim Koch:* Einleitung, 61 f. zu ders. (Hrsg.): Seminar: Die juristische Methode im Staatsrecht 1977. – *O. Liebmann:* Paul Laband, in: DJZ 13 (1908), 497-503. – *P. v. Oertzen:* Die soziale Funktion des staatsrechtlichen Positivismus, Diss. phil. Göttingen, 1953 (Masch.), Druck 1974 (= edition suhrkamp 660), bes. 254 ff. – *W. Pauly:* Paul Laband (1838-1918). Staatsrechtslehre als Wissenschaft, in: DJJH, 301-319. – *B. Schlink:* Laband als Politiker, in: Der Staat 1992, 553-569. – *Sinzheimer:* JK, 145-160. – *Stintzing-Landsberg:* GDtRW III 2, 833, 899, 977 f. – *Stolleis:* Gesch., II, 341-348. – *W. Wilhelm:* Zur juristischen Methodenlehre im 19. Jahrhundert. Die Herkunft der Methode Paul Labands aus der Privatrechtswissenschaft, 1958. – *P. Zorn:* Die Entwicklung der Staatsrechtswissenschaft seit 1866, in: Jahrb. d. Öff. Rechts d. Gegenwart, 1907, 47 ff. – HRG II (1978), 1328-1333 *(M. Herberger)*. – Jur., 364 f. *(W. Pauly)*. – NDB 13 (1982), 362 f. *(M. Friedrich)*. – StL 5 (1960), 203-207 *(W. Mallmann)*.

H.

Jakob Lampadius

(1593-1649)

Geb. 21.11.1593 in Heinsen/Calenberg, Amt Lauenstein (Braunschweig); Lutheraner; Vater: abhängiger Bauer (Kothsasse); Schulbesuch wegen „sonderlichen Ingeniums“ in Hildesheim und Hameln; Gymnasium in Herford; 1611 Immatrikulation in Helmstedt, 1616 als Erzieher des Braunschw.-Lüneburg. Prinzen nach Tübingen; weitere Studien in Marburg, Gießen und Heidelberg, hier Promotion bei *Bachovius* 1619; anschließend Assessor am Reichskammergericht in Speyer; 1621 außerordentlicher Professor in Helmstedt und „fürstlicher Rat von Hause aus“; bald darauf Hofrat im Dienst des Herzogs Friedrich Ulrich von Braunschweig-Wolfenbüttel; in dieser Funktion, später dann als Rat (1635) und Vizekanzler der Herzöge von Calenberg, nahm er eine Reihe von diplomatischen Aufgaben wahr; gestorben Frühjahr 1649 in Münster, wo er sich zu den Friedensverhandlungen aufhielt. *A. Köcher* nennt ihn den „bedeutendsten Staatsmann von Braunschweig-Lüneburg“.

L.s Staatstheorie und deren Anwendung auf das Reich seiner Zeit ist zu erklären aus seinem Studiengang, der ihm Eindrücke der verschiedenen damals vertretenen Meinungen vermitteln konnte: Er schloß sich nicht einer der Hauptmeinungen an, klassifizierte das Reich nicht streng als Monarchie oder Aristokratie, sondern ahnte als einer der ersten, daß die aristotelischen Einteilungen an der Reichswirklichkeit vorbeigingen. Für ihn war das Reich sowohl eine Monarchie (soweit nämlich der Kaiser alleinige Machtbefugnis hatte) als auch Aristokratie (soweit ein Zusammenwirken von Kaiser und Reichsständen zur Ausübung von Hoheitsrechten notwendig war).

In seinem Buch „De Republica Romano-Germanica" gibt *L.* im ersten Teil einen Abriß seiner Staatstheorie. Er sieht den Staat nicht als eine göttliche Schöpfung an, sondern führt seine Entstehung auf den vernünftigen Entschluß einiger Einsichtiger zurück, dem im Urzustande der Gesellschaft drohenden Chaos entgegenzuwirken. *L.* geht also noch nicht von einem Staatsvertrag aus. So kommt er zu einer scharfen Unterscheidung der Staatsglieder in Herrschende (potentia activa) und Beherrschte (potentia passiva). In dieser auf die lutherische Lehre gegründeten Auffassung ist eine strikte Ablehnung jeglichen Widerstandsrechts enthalten; das gilt auch für die Beamten, die als bloße Handlanger der maiestas aufgefaßt werden. Die maiestas aber ist wie bei → *Bodin* legibus soluta, eine Abweichung von der Ansicht *Luthers*.

In einem historischen Überblick versucht *L.* zu zeigen, wie das Reich nach der translatio imperii, der Übertragung der römischen Kaisergewalt auf die deutschen Kaiser, in seinem monarchischen Charakter beeinträchtigt wurde. Eingriffe des Papstes als einer Macht von außen (besonders im Wormser Konkordat) und der Kurfürsten durch Bildung eines zweiten Machtpols im Reiche (Goldene Bulle) haben die Gewalt des Kaisers und damit die Zentralgewalt des Reiches erheblich eingeschränkt. Auch die Wahlkapitulationen faßt *L.* als Begrenzung, nicht als Begründung kaiserlicher Macht auf. Er erkennt die Gefahren, die daraus für die Reichseinheit erwachsen.

Besonders bedauert er die Abhängigkeit der geistlichen Fürsten von Rom und die Uneinigkeit unter den Reichsständen. Abhilfe will er einmal durch Zuständigkeit des Staates für Religionsangelegenheiten mit Ausnahme reiner Glaubensfragen schaffen. Der Staat soll hier zur Erfüllung seines Zweckes – Gewährleistung der Glückseligkeit seiner Glieder – tätig werden. Die Reichsstände weist er zum anderen darauf hin, daß sie nicht kraft ihrer Territorialgewalt die Reichsstandschaft innehaben, sondern umgekehrt die Territorialgewalt als Ausfluß der vom Kaiser verliehenen Reichsstandschaft anzusehen ist. Dieser und ähnliche Hinweise auf das einigende Band der Machtverleihung durch den Kaiser ist zuzeiten als Nationalgefühl bezeichnet worden. Die Berechtigung dieses Ausdruckes mag dahingestellt bleiben, man kann jedenfalls aus *L.s* Verhandlungstätigkeit ablesen, daß ihm die Reichseinheit ein besonderes Anliegen war: So hat er als Vertreter des Braunschw. Herzogs ein Bündnisangebot des Schwedenkönigs Gustav Adolf 1631 in Mainz abgelehnt.

Große Bedeutung erlangte *L.* noch gegen Ende seines Lebens, als er auf dem westfälischen Friedenskongreß zu einem gefürchteten Sprecher der evangelischen Partei wurde. Erfolgreich focht er hier für das evangelische Staatskirchenrecht seiner Vorstellung. Es gelang ihm, den Besitzstand der im Zuge der Reformation säkularisierten Kirchengüter zugunsten der protestantischen Territorien zu verteidigen, wobei er den Geistlichen Vorbehalt des Religionsfriedens von 1555 (Verbot der Reformation geistlicher, also katholischer, Territorien) als rechtsunwirksam ablehnte, da er ja ohne die erforderliche Zustimmung der Stände vom Kaiser allein ergangen war.

Hauptwerke: De iurisdictione imperii Romano-Germanici, 1619; hrsg. v. *H. Conring* u.d.T.: Tractatus de constitutione imperii Romano-Germanici, 1634, und: De Republica Romano-Germanica liber unus, 1671 (mit weiteren kleinen Schriften *L.s* und Anmerkungen Conrings); neu hrsg. von *J.G. Kulpis*, 1686. – *(Scipio Aretinus):* Gründliche Deduction, wie es mit dem Kaiserlichen Religions-Edict und dem geystlichen vermeinten Vorbehalt eygentlich bewant, und was dieselbe beyderseits vor Krafft und Würckung haben, 1633.

Literatur: F. Dickmann: Der westfälische Frieden, ^{2}1965, 200 u. öfter. – *R. Dietrich:* Jacobus Lampadius. Seine Bedeutung für die deutsche Verfassungsgeschichte und Staatstheorie, in: Festg. f. F. Hartung, 1958, 163-185. – *A. Köcher:* Jakob Lampadius. Ein Beitrag zur Geschichte der politischen Theorien des 17. Jhs., in: HZ 53 (1885), 402-429. – *Gebhardt Theodor Meier:* Monumenta Julia, 1680, 145 ff. – *F.H. Schubert:* Die deutschen Reichstage in der Staatslehre der frühen Neuzeit 1966, 500 ff. – *D. Willoweit:* Rechtsgrundlagen der Territorialgewalt, 1975, 144 f. – ADB 17 (1883), 574-578 *(A. Köcher).* – NDB 13 (1982), 454-456 *(R. Dietrich).*

P.

Johannes Limnäus

(1592-1663)

Geb. am 5.1.1592 in Jena; Großvater: aus der Schweiz stammender Offizier in sächsischen Diensten; Vater: Professor f. Mathematik in Jena (von ihm die Gräzisierung des schweizerischen Namens „Wirn" = an den Weihern, zu „Limnaeus", griech. = sumpfig); Studium der Rechte in Jena, ab 1614 an der Universität Altdorf; 1617 Erzieher bei Nürnberger Patrizierfamilien, mit deren Söhnen er bis 1620 Oberitalien, Frankreich und die Niederlande bereist; ab 1620 akademische Lehrtätigkeit in Altdorf, ab 1622 in Jena: Hochschulrecht, Staatsrecht; keine Promotion, keine akademische Karriere; 1623 Militärrichter unter Herzog Wilhelm v. Sachsen-Weimar, Hofmeister beim brandenburgisch-kulmbachischen Kanzler *v. Feilitzsch* f. dessen Sohn; erneute Bildungsreisen, die er zum weiteren Studium sowie zum Erlernen von Fremdsprachen benutzt (Italienisch, Französisch, Spanisch, Niederländisch, Englisch); das ihm zur Verfügung stehende Archiv auf der Plassenburg in Kulmbach ermöglicht staatsrechtliche Arbeiten; ab 1631 „Studieninspektor" und Erzieher der Prinzen von Brandenburg-Ansbach; 1639 Ernennung zum Geheimen Rat und Kämmerer seines ehemaligen Zöglings, des neuen Markgrafen; gestorben am 13.5.1663 in Ansbach.

L. ist als einer der profiliertesten Fürstenerianer (→ *Reinkingk*) des 17. Jh.s aus der Schule des → *Dominicus Arumaeus* zu Jena hervorgegangen. Erst seit kurzem war damals das Staatsrecht nicht mehr Domäne der Staatskanzleien, und noch *L.* mußte die Berechtigung dieser neuen akademischen Disziplin heftig verteidigen. In Jena wurden verschiedene Ansichten gerade zum Reichsverfassungsrecht vertreten, wobei allerdings die Idee der ständischen Libertät überwog. Gegenüber den Monarchisten, die sich in ihren Lehren auf die historischen Quellen des römischen Rechts beriefen (Lex Regia, Corpus Iuris Civilis), bezogen sich die Theoretiker um → *Arumaeus* auf die Realität, wie sie sie im Reich vorfanden, nämlich den Dualismus Kaiser – Reichsstände. Als Quellen ihrer Untersuchungen dienten ihnen vor allem die Goldene Bulle und die kaiserlichen Wahlkapitulationen. *L.* hat Kommentare herausgegeben, in denen diese Texte in moderner Weise, Wort für Wort, erläutert werden: „In Auream Bullam Caroli Quarti Imperatoris Romani observationes" (1662) und „Capitulationes Imperatorum et Regum Romano-Germanicorum" (1651).

Der Abhängigkeit von Tradition und Geschichte bei den Cäsarianern stand bei den Fürstenerianern eine Neigung zu bloßer Beschreibung gegenüber. Beispielhaft ist *L.s* „Notitia Regni Franciae" (1655), eine deskriptive Aufstellung von Fakten der politischen Verhältnisse im Frankreich Ludwigs XIII.

In den „Iuris publici Imperii Romano-Germanici libri IX" (1629-1634 veröffentlicht) gibt *L.* die erste Darstellung der wirklichen Rechtslage des Reiches vor dem Westfälischen Frieden *(Erik Wolf)*. Dies Werk hat ihm den Ruf eines „Patriarchen des Staatsrechts" und eines „Oraculum in iure publico" eingebracht.

L. stellt dank seines Überblickes, den er auf den großen Reisen gewonnen hatte, fest, daß die klassischen drei Verfassungstypen nur selten in reiner Form vorkommen. Da er dem deutschen Reich keinerlei sakralen Charakter zubilligt – etwa die historische Sendung als Dominium mundi –, gilt hierfür im Prinzip dasselbe wie für andere Staaten auch. Er übernimmt die in den ersten Jahrzehnten des 17. Jahrhunderts (u.a. von → *Besold*) entwickelte Lehre vom „status mixtus", nach der das Reich eine aus Aristokratie (Reichsstände) und Monarchie (Kaiser) gemischte Verfassung hat. Denn in einigen Bereichen könne der Kaiser allein Macht ausüben (z.B. bei der Gesetzesinitiative, Standeserhöhung, Privilegierung von Universitäten), in anderen – den meisten – aber nur unter Mitwirkung der Reichsstände (z.B. bei der Gesetzgebung, Ausschreibung von Steuern, Kriegserklärung). Daraus folgt aber noch nicht, daß die höchste Gewalt im Staat, die Souveränität (maiestas) doch wenigstens gemeinsam mit den Reichsständen auch dem Kaiser zusteht. *L.* führt vielmehr die Lehre von der maiestas personalis und realis fort: Kaiser und Reichsstände gemeinsam haben nur die maiestas personalis, die Organgewalt im Staat. Die dahinter stehende, höhere maiestas realis jedoch liegt beim Volk, genau genommen bei den das Volk repräsentierenden Reichsständen allein (insofern geht *L.* – vielleicht beeinflußt von

Paurmeister – über die Lehre des → *Arumaeus* hinaus, der in Anlehnung an → *Althusius* die Souveränität ursprünglich beim Volk, aber durch den Herrschaftsvertrag auf den Herrscher übertragen sah).

Das Reich ist in diesem System eine Instanz, die noch über dem Kaiser steht. Der Kaiser übt wie ein in Diensten stehender Kapitän fremdes Recht aus, das Recht des Reiches. Er hat nur Gewalt über jeden einzelnen Reichsangehörigen („omnes imperii subditi"), nicht aber über die Gesamtheit der Reichsbürger („universi imperii subditi"), nämlich über das Reich selbst. Die kaiserlichen Reservatrechte sollten statt „Iura reservata Imperator*is*" besser heißen „Iura reservata Imperator*i*". Eine „legibus solutio principis" lehnt *L.* mit dem Hinweis auf ihre römisch-rechtliche Herkunft ab. Römisches Recht gelte im Reich nur insoweit, als es rezipiert worden sei; das sei aber bei der Lex Regia nicht der Fall.

L.s Lehre läuft auf eine Stärkung der Position des Reichstages hinaus, die darin gipfelt, daß den Kurfürsten das Recht, den Kaiser abzusetzen, ausdrücklich genauso zugesprochen wird wie das Kaiserwahlrecht.

Die Betonung der ständischen Libertät bezieht sich freilich nur auf die Reichsstände. In der „Instruction" an seinen brandenburgisch-ansbachischen Schüler und späteren Herrn (1631/32) fordert *L.* denn auch eine Stärkung des Landesherrn gegenüber seinen Landständen. Eine Folge dieser tatsächlich auch eintretenden Entwicklung waren einerseits Partikularismus und Zerfall des Reiches, andererseits eine Entwicklung zum fürstlichen Absolutismus in den Territorien.

Gegenüber → *Arumaeus*, der immer noch an einer starken kaiserlichen Zentralgewalt festhalten wollte, wird in *L.s* Lehre deutlich, wie groß in der deutschen Verfassungswirklichkeit des 17. Jh.s das Gewicht der Reichsstände gegenüber dem des Kaisers geworden war. Begriffsbildungen wie „status mixtus" und „maiestas personalis" konnten die von *L.* unmißverständlich beschriebene Zurückdrängung des monarchischen Elements in der Reichsverfassung kaum noch verschleiern; so ist es nicht überraschend, daß am kaiserlichen Hof sogar die Konfiskation der „Capitulationes ..." erwogen wurde. *L.* konnte sich Offenheit auf Grund seiner unabhängigen Stellung leisten (keine akademische Laufbahn, unverheiratet) und hat dies wohl auch selbst erkannt, indem er forderte: „Libera conditio, qua fruor, liberam vocem requirit."

Hauptwerke: Dissertationes nomico-politicae de academiis, 1621. – Iuris publici Imperii Romano-Germanici libri IX, 1629-1634 (dazu zwei Bde. Additiones 1650 u.

1660). – Instruction, was einem regierenden Fürsten der Häuser Brandenburg-Onoltzbach bei diesen Landen sonderlich in acht zu nehmen, damit er seine fürstliche Hoheit erhalte, das Land beßere und für einen Landesfürsten erkannt und geehrt werde, 1631/32, abgedruckt in Ansbacher Monatsschrift, 1793/94. – Capitulationes Imperatorum et Regum Romano-Germanorum, 1651, (Karl V. – Ferdinand III.), [3]1674 (Karl V. – Leopold I.). – Notitia Regni Franciae, 1655. – In Auream Bullam Caroli Quarti Imperatoris Romani observationes, 1662.

Literatur: Conrad: DRG II, 114 f. – *R. Hoke:* Die Reichsstaatsrechtslehre des Johannes Limnaeus, 1968. – *R. Hoke:* Johannes Limnaeus, in Staatsdenker im 17. und 18. Jahrhundert, hrsg. v. *M. Stolleis*, [2]1987, 100-117. – *R. Frhr. v. Schönberg:* Das Recht der Reichslehen im 18.Jahrhundert, 1977, 42-47. – *F.H. Schubert:* Rezension von Hoke (s.o), in HZ 210 (1970), 712-715. – *F.H. Schubert:* Die deutschen Reichstage in der Staatslehre der frühen Neuzeit, 1966. – *Stintzing-Landsberg:* GDtRW II, 211-220. – *Stolleis:* Gesch., I, bes. 221-224. – *J.S. Strebel:* Leben und Schriften des ehemaligen berühmten Staats-Lehrers Joh. Limnaeus, in: Allerneueste Nachrichten v. jur. Büchern. Leben d. berühmtesten verstorb. u. noch lebenden Rechtsgelehrten, II (1742), 39-59. – *Erik Wolf:* Idee und Wirklichkeit des Reiches im deutschen Rechtsdenken des 16. und 17. Jhs., in: Reich und Recht i.d. dt. Philos. (hrsg. v. K. Larenz) 1943, 105 ff. – *A. Wolff:* Die Notitia Regni Franciae des Johannes Limnaeus (1655), in: Zeitschr. f. bayer. Landesgesch. 23 (1960) 1-41. – ADB 18 (1883), 658 f. *(Haenle)*. – HRG II (1978), 2038-2041 *(R. Hoke)*. – Jur., 379 f. *(M. Stolleis)*. – NDB 14 (1985), 567-569 *(B. Roeck)*. P.

Franz von Liszt

(1851-1919)

Geb. am 2.3.1851 in Wien als Sohn des späteren Generalprokurators am Obersten Gerichtshof *Eduard L.* (auf den 1867 sein Vetter, der Musiker *Franz L.*, sein Adelsprädikat übertrug). 1869 bis 1873 Studium der Rechtswissenschaft in Wien (besonders bei → *Unger*, → *Jhering*, *Glaser* und *Adolf Merkel*). 1873 und 1874 Tätigkeit als Rechtspraktikant; 1874 Absolvierung der Richteramtsprüfung und Promotion. Anschließend Studienaufenthalt in Göttingen *(H.A. Zachariä)* und Heidelberg *(K.D.A. Röder)*. 1875 Habilitation in Graz und Lehrtätigkeit dort bis zur Annahme einer Berufung nach Gießen 1879. Ab 1882 Professor in Marburg. 1888 Gründung des „Kriminalistischen Seminars“. Ab 1889 Professur in Halle, Gründung der „Internationalen Kriminalistischen Vereinigung“ gemeinsam mit dem Belgier *Adolphe Prins* und dem Holländer *G.A. van Hamel*. Von 1899 bis 1916 Ordinariat in Berlin als

Nachfolger von *Berner*. 1911 Veröffentlichung eines Gegenentwurfes zum Vorentwurf für ein Strafgesetzbuch von 1909 (gemeinsam mit *J. Goldschmidt*, *W. Kahl* und *K. v. Lilienthal*). Nach der Emeritierung 1916 Übersiedlung nach Seeheim a.d. Bergstraße; dort ist *L.* am 21.6.1919 gestorben.

L.s Ausgangspunkt sind die Methoden und der Wissenschaftsbegriff des naturwissenschaftlichen Positivismus, die durch ihn erstmalig konsequent auf das Strafrecht übertragen werden: Aufgabe der „gesamten Strafrechtswissenschaft" (ein Begriff, den *L.* im weitesten Sinne verstanden wissen wollte) ist vor allem „die kausale Erklärung von Verbrechen und Strafe". Kriminologie und „Pönologie" (ein von *L.* für die Erforschung von Ursachen und Wirkungen der Strafe geprägter Begriff) werden somit die eigentlichen strafrechtlichen Wissenschaften, neben denen die Dogmatik nur als Kunstlehre erscheint. In der Auseinandersetzung mit den *kriminologischen* Theorien seiner Zeit vermeidet *L.* die Einseitigkeit sowohl der ausschließlich auf die verbrecherische Anlage abstellenden Lehre *Lombrosos* („L'uomo delinquente") und der „scuola positiva" *Ferris* und *Garofalos* wie auch der lediglich die Umweltfaktoren berücksichtigenden Theorien: „Beide Faktorengruppen" erscheinen ihm „für das Zustandekommen der Kriminalität gleich unentbehrlich", wobei er aber ein Überwiegen der sozialen Ursachen annimmt. Als besonders wichtige Erkenntnis der *„Pönologie"* sieht *L.* die Entwicklung der Strafe von blind vergeltender „Triebhandlung" zur bewußten Zweckhandlung an. An dieser den Darwinschen Evolutionsgedanken mit → *Jherings* Zweckrationalismus verknüpfenden Deutung lassen sich *L.s* rechts- und straftheoretische Grundanschauungen ablesen. Jede Rechtsphilosophie, mit Ausnahme einer positivistischen „Allgemeinen Rechtslehre", lehnt er ab. Der Begriff „Verbrechen" wird nicht reflektiert; die herrschenden Wertvorstellungen gelten als durch den Entwicklungsgedanken, der den Gegensatz zwischen Sein und Sollen auflöst, gerechtfertigt. *L.s* Straf-

theorie ist ausschließlich vom Zweckdenken beherrscht: Der Strafvollzug dient nicht der zweckfreien Vergeltung → *Binding*), sondern der zweckgerichteten Spezialprävention, wobei *L.* als mögliche Strafzwecke Sicherung, Besserung und Abschreckung ansieht. Diesen drei möglichen Strafzwecken entsprechen nach seiner Ansicht drei Verbrechertypen: der nicht besserungsbedürftige „Gelegenheitsverbrecher", der durch nicht zu kurze und nicht zu lange Freiheitsstrafe (sechs Wochen bis zu zehn Jahren) lediglich abgeschreckt werden muß, der besserungsfähige und besserungsbedürftige Verbrecher, für den *L.* besondere „Besserungsanstalten" vorsieht, und der nicht besserungsfähige Gewohnheitsverbrecher (später „Hangtäter"), der mit Einsperrung auf unbestimmte Zeit zu belegen, allerdings in den seltenen Fällen erwiesener Besserung freizulassen ist. Die Einordnung des konkreten Verbrechers in diese Typologie wollte *L.* zunächst mit Hilfe kriminalstatistischer Erfahrungen vornehmen. So ging er beispielsweise davon aus, daß erfahrungsgemäß gewisse Vermögens- und Sittlichkeitsdelikte gewohnheitsmäßig begangen werden, so daß er bei der dritten Verurteilung wegen eines solchen Delikts Sicherungsstrafe verlangte. Später ging er von diesen verallgemeinernden Kriterien ab und verlangte eine jeweils besondere Beurteilung der konkreten biopsychischen Eigenart des Täters. Besonders betonte *L.* immer wieder die Schädlichkeit der kurzen Freiheitsstrafe, die den „Lehrling auf der Bahn des Verbrechens" erst endgültig zum Gewohnheitsverbrecher werden lasse.

L. war sich darüber im klaren, daß die nach Verbrechertypen variierte Strafe nur eine der möglichen Maßnahmen zur Verbrechensbekämpfung darstellte. *Kriminalpolitik* – neben der wissenschaftlichen Erforschung von Verbrechen und Strafe die zweite Hauptaufgabe der Strafrechtswissenschaft – war für ihn ein Teil der Sozialpolitik, die den „Kampf gegen das Verbrechen an den Wurzeln des Verbrechens anzusetzen", d.h. vor allem die kriminogenen gesellschaftlichen Verhältnisse selbst zu ändern habe.

Neben der Kriminalpolitik und der kausalen Erklärung von Verbrechen und Strafe räumte *L.* der *Dogmatik* des Strafrechts nur einen bescheidenen Rang ein. In seinem Aufsatz über „Die Aufgabe und die Methode der Strafrechtswissenschaft" erscheint sie nur als Hilfsmittel bei der „pädagogischen" Aufgabe, „der lernbegierigen juristischen Jugend" die Rechtssätze zu vermitteln. Gleichwohl hat der Strafrechtsdogmatiker *L.* viel unmittelbarer und (zunächst) unbestrittener gewirkt als der Kriminalpolitiker. Seine bestechend einfache, auf Begriff (rechtswidrige und schuldhafte mit Strafe bedrohte Handlung) und Erscheinungsformen (Versuch – Vollendung, Täterschaft – Teilnahme, Tateinheit – Tatmehrheit) des Verbrechens aufbauende Systematik trug hierzu ihr Teil bei. Dem Wert der *L.*schen Dogmatik steht man heute skeptischer gegenüber. Zwar hat sich sein – zunächst ganz naturalistisch als „Muskelbewegung" gefaßter – Handlungsbegriff jahrzehntelang als Zentralbegriff der Strafrechtsdogmatik behauptet und ist in der hartnäckigen Auseinandersetzung zwischen „kausaler" und „finaler" Handlungslehre bis in die Gegenwart hinein ein Objekt wissenschaftlichen Streites gewesen. Es wird jedoch zunehmend darauf hingewiesen, daß es in der Strafrechtsdogmatik weniger darum gehen kann, die Straftat formal als einen Typ unter allen möglichen Handlungen zu klassifizieren, als darum, ihre materielle Bedeutung begrifflich zu erfassen. Auch hierzu finden sich bei *L.* allerdings Ansatzpunkte, wenn er – wieder anknüpfend an → *Jhering* – das Verbrechen als „Störung der Lebensbedingungen der Gesellschaft" bezeichnet.

Wie *L.s* kriminalpolitische Anschauungen auf seine Dogmatik einwirkten, zeigt sich am Begriff der Zurechnungsfähigkeit. Da *L.* auch gegenüber dem besserungsfähigen Geisteskranken sichernde Maßnahmen befürwortete, die sich praktisch nicht von der Sicherungsstrafe gegen den besserungsunfähigen Gewohnheitsverbrecher unterscheiden lassen, mußte ihm der Begriff der Zurechnungsfähigkeit zweifelhaft werden. Die letzte Konsequenz, ihn und damit das Schulderfordernis überhaupt fallenzulassen, wagte er jedoch wegen „der überlieferten rechtlich-sittlichen Anschauungen des Volkes" nicht zu ziehen.

Derselbe Konflikt zeigt sich noch grundsätzlicher bei der Abgrenzung von Strafrecht und Kriminalpolitik. *L.* sah das Strafrecht als „die Magna Charta des Verbrechers" an, als „die unübersteigbare Schranke der Kriminalpolitik", welche erst dort einzusetzen habe, wo es das Strafgesetzbuch bestimme. Diese Abgrenzung setzte die rechtsstaatlich-liberale Strafrechtstradition zwar äußerlich in Einklang mit den sozialistisch-humanisierenden Tendenzen der *L.*schen Kriminalpolitik, erwies sich aber in mindestens zwei wichtigen Punkten als kaum durchführbar. Der eine ist die Bestimmtheit des Strafurteils: Da sich die Beeinflußbarkeit eines Verbrechers durch die Strafe erst im Verlauf des Strafvollzugs zeigen kann, dürfte in manchen Fällen nur eine mit rechtsstaatlichen Grundsätzen unvereinbare unbestimmte Verurteilung ergehen, für die sich *L.* auch einsetzte. Der andere Punkt ist die Wirksamkeit der Kriminalpolitik überhaupt: Das materielle Strafrecht beschneidet die Verbrechensprophylaxe in erheblichem Maß, indem es erst nach begangener Tat und nicht schon bei ersichtlicher krimineller Gesinnung ein Einschreiten gestattet. In diesem Punkt wertete *L.* jedoch die individuellen Freiheitsgarantien des Strafrechts höher und beließ es bei der Anknüpfung kriminalpolitischer Maßnahmen an die Straftat.

Im Gegensatz zu der schnellen, aber nicht dauerhaften Anerkennung von *L.s* dogmatischen Werken haben sich seine kriminalpolitischen Gedanken nur langsam durchgesetzt. Vor allem stand ihrer Wirksamkeit zunächst die heftige Gegnerschaft der „klassischen" Schule (→ *Binding*, *Birkmeyer*) im Wege. Erst vier Jahre nach *L.s* Tod tat das Jugendgerichtsgesetz (1923) den ersten Schritt zu einem nicht nur vergeltenden, sondern auch bessernden Strafrecht, das Gewohnheitsverbrechergesetz von 1933 (trotz ihrer Entstehungszeit eine von nationalsozialistischem Gedankengut unbeeinflußte Novelle zum StGB) brachte mit der Einführung von Maßregeln der Sicherung und Besserung (§§ 42a ff. StGB) die „Zweispurigkeit" von Straf- und Maßnahmerecht auch in das allgemeine Strafrecht hinein. Als weitere Schritte sind die Überführung der Bagatelldelikte in Ordnungswidrigkeiten (Gesetz über Ordnungswidrigkeiten 1968 – Abschaffung von Strafen, die keine spezialpräventive Funktion haben können!) und die beiden Strafrechtsreformgesetze von 1969 zu nennen, mit der die diskriminierende Zuchthausstrafe abschaffenden Einheitsstrafe, Zurückdrängung der kurzfristigen Freiheitsstrafen und Erweiterung des Katalogs der Besserungsmaßregeln durch Einführung der (in anderen europäischen Ländern bereits bestehenden) sozialtherapeutischen Anstalten.

Es paßt gut zu dem kosmopolitischen Grundzug in *L.s* wissenschaftlicher Laufbahn, der sich z.B. in der Gründung der „Internationalen Kriminalistischen Vereinigung" und der Anregung eines großen strafrechtsvergleichenden Sammelwerks („Vergleichende Darstellung des deutschen und ausländischen Strafrechts") manifestiert, daß er auch ein Lehrbuch des Völkerrechts geschrieben hat. Es hat elf von *L.* selbst bearbeitete Auflagen erlebt, „seine tiefe Gelehrsamkeit" und sein „edler, wahrhaft supranationaler Geist" *(Nußbaum)* werden gerühmt.

Hauptwerke: Meineid und falsches Zeugnis. Eine strafrechts-geschichtliche Studie, 1876. – Die falsche Aussage vor Gericht und öffentlicher Behörde nach deutschem und österreichischem Recht, 1877. – Lehrbuch des deutschen Strafrechts, 1881, [21/22]1919; weitere Aufl. bearb. v. *Eb. Schmidt:* [23]1921, [25]1927, nur Allgemeiner Teil: [26]1932. – Der Zweckgedanke im Strafrecht, in: ZStrW 3 (1883), 1-47 (auch in:

Strafrechtliche Aufsätze und Vorträge, Bd. I [1905], 126-179, Ndr. 1948, [3]1968), neu hrsg. v. *H. Ostendorf* u.d.T.: Von der Rache zur Zweckstrafe, 1982. – Kriminalpolitische Aufgaben, in: ZStrW 9 (1889), 452-498 und 737-782, 10 (1890) 51-83 und 12 (1892), 161-194 (auch in Strafr. Aufsätze ..., Bd. 1, 290-467). – Die strafrechtliche Zurechnungsfähigkeit, in: ZStrW 17 (1897), 70-84 (auch in: Strafr. Aufsätze ..., Bd. 2 [1905], 214-229). – Die Aufgaben und die Methode der Strafrechtswissenschaft, in: ZStrW 20 (1900), 161-174 (auch in: Strafr. Aufsätze ..., Bd. 2, 284-298). – Das Völkerrecht, 1898, [11]1918, [12]1925 (bearb. v. *M. Fleischmann*).

Literatur: H. Achenbach: Historische und dogmatische Grundlagen der strafrechtssystematischen Schuldlehre, 1974, 38-43. – *E. v. Bubnoff:* Die Entwicklung des strafrechtlichen Handlungsbegriffes von Feuerbach bis Liszt unter besonderer Berücksichtigung der Hegelschule, 1966, 134-142. – *M. Frommel:* Franz v. Liszt, in: *Brauneder:* JiÖ, 223-228, 333 f. – *J. Georgakis:* Geistesgeschichtliche Studien zur Kriminalpolitik und Dogmatik Franz von Liszts (= Leipziger rechtswissenschaftliche Studien, Heft 123), 1940, Ndr. 1970. – *E. Heinitz:* Franz von Liszt als Dogmatiker, in: ZStrW 81 (1969), 572-596. – *H.H. Jescheck:* Die Freiheitsstrafe bei Franz von Liszt im Lichte der modernen Kriminalpolitik, in: Festschr. f. U. Klug, II, 1983, 257-276. – *G. Th. Kempe:* Franz von Liszt und die Kriminologie, in: ZStrW 81 (1969), 804-824. – *V. Liebscher*: Die pannonische Familie Liszt in ihrer Bedeutung für Tonkunst und Rechtswissenschaft, in: Zeitschr. f. Rechtsvergleichung 1991, 349-356. – *H.J. Marheine:* Franz von Liszts Dogmatik im Zusammenhang mit seiner Kriminalpolitik, Diss. jur. Göttingen, 1950. – *R. Merkel:* Franz von Liszt und Karl Kraus,in: ZStrW 1993, 871-903. – *Helga Müller:* Der Begriff der Generalprävention im 19. Jh. von P.J.A. Feuerbach bis Franz von Liszt, 1984. – *W. Naucke:* Die Kriminalpolitik des Marburger Programms 1881, in: ZStrW 94 (1982), 525-564. – *A. Nußbaum:* Geschichte des Völkerrechts in gedrängter Darstellung, 1960 (amerik. Ausgabe: A concise history of the law of nations, 1947; [2]1954), 270 f. – *H.F. Pfenninger:* Franz von Liszt, ein deutscher Kriminalpolitiker, in: Schweizer. Juristenztg. 1966, 134-138. – *G. Radbruch:* Drei Strafrechtslehrbücher ... (s. bei *Mittermaier*). – *G. Radbruch:* Franz von Liszt – Anlage und Umwelt, in: Elegantiae Iuris criminalis, [2]1950, 208-232. – *S. Ranieri:* Franz von Liszt und die positive Strafrechtsschule in Italien, in: ZStrW 81 (1969), 700-722. – *A. Rebhan:* Franz von Liszt und die moderne défense sociale, 1963 (auch Diss. jur. Köln, 1962). – *J. Renneberg:* Die kriminalsoziologischen und kriminalbiologischen Theorien und Strafrechtsreformvorschläge Liszts, Diss. jur. Leipzig, 1955. – *Schmidt:* Einführung, 357-386. – *Eb. Schmidt:* Franz von Liszt und die heutige Problematik des Strafrechts, in: Festschrift für Julius v. Gierke (1950), 201-233. – *A. Schwarzschild:* Franz von Liszt als Strafrechtsdogmatiker, Diss. Jur. Frankfurt am Main, 1933. – *H. Welzel:* Naturalismus und Wertphilosophie im Strafrecht, 1935, 1-40. GD 5 (1957), 407-414 *(Eb. Schmidt)*. – HRG III (1984), 11-13 *(W. Naucke)*. – Jur., 381 f. *(R. Harzer)*. – NDB 14 (1985), 704 f. *(M. Frommel)*. – StL 3 ([7]1987), 927-929 *(Arthur Kaufmann)*. Zahlreiche weitere, hier nicht im einzelnen aufgeführte Arbeiten in: ZStrW 81 (1969), 543-829 (Gedächtnisheft der ZStrW zu *L.s* 50. Todestag), ZStrW 94 (1982), 525 ff. und 864 ff. (zum 100-jährigen Jubiläum des Marburger Programms) und in: Kriminalsoziologische Bibliographie 42 (1984), 1 ff. Weitere Angaben auch bei *Schmidt:* Einführung, 470 f. S.

John Locke

(1632-1704)

Geb. am 29.8.1632 in Wrington als Sohn eines Gerichtsbeamten; Besuch der Westminsterschule in London. Ab 1652 studierte *L.* am Christchurch-College in Oxford insbesondere Medizin und Naturwissenschaften. 1655 Reise nach Kleve und an den brandenburgischen Hof als Sekretär des englischen Gesandten. Ab 1658 war *L.* Dozent für Griechisch und Rhetorik; 1664 wurde er Zensor für Moralphilosophie. Von 1667-1675 lebte er im Hause des *Earl of Shaftesbury*, des Führers der Whigs, als dessen Leibarzt und Sekretär. In dieser Zeit sammelte *L.* Erfahrung in politischen Fragen und nahm Einfluß auf die Politik der Whigs. 1668 wurde er Mitglied der Royal Society. Während eines vierjährigen Frankreichaufenthalts (1675-1679) beschäftigte sich *L.* mit dem Gassendismus und Cartesianismus. 1683 Emigration nach Holland aus Furcht vor politischer Verfolgung; 1689 Rückkehr nach England im Gefolge Wilhelms von Oranien; Bekleidung kleinerer Staatsämter. Nach der Glorious Revolution (1688) Veröffentlichung seiner wichtigsten Werke. Am 28.10.1704 starb *L.* in Oates.

Der Aufklärungsphilosoph *L.* gilt als Hauptvertreter einer erfahrungswissenschaftlichen Erkenntnistheorie und als Begründer des modernen freiheitlichen Rechts- und Verfassungsdenkens. Hauptwerk der theoretischen Philosophie *L.s* ist sein „Essay concerning Human Understanding", in dem er seine Erkenntnistheorie entwirft. *L.* steht zwar in der Tradition der herkömmlichen Lehre, doch weicht er von ihr entscheidend ab, soweit es die Erkennbarkeit des Naturgesetzes angeht. Während nach der überkommenen Lehre in der Vernunft selbst die natürlichen Normen angelegt sind, werden sie der Auffassung *L.s* zufolge allein durch den Verstand erkannt und zwar aufgrund einer naturwissenschaftlich ausgerichteten induktiven Erkenntnismethode.

In seinem politischen Denken wurde *L.* durch den Machtkampf zwischen Monarchie und Parlament beeinflußt. Für seine Staatslehre kommt den 1690 erschienen „Two Treatises of Government“ die größte Bedeutung zu. Während sich die erste Abhandlung gegen die paternalistische Lehre *Robert Filmers* wendet, beschäftigt sich die zweite mit der Entstehung des Staates und verfassungsrechtlichen Fragen.

Ausgangspunkt von *L.s* politischer Theorie ist ein ursprünglicher Naturzustand, in dem das Zusammenleben der Menschen durch das Naturgesetz geregelt wird. Im Gegensatz zu → *Hobbes*, bei dem im Naturzustand der Kampf aller gegen alle herrscht, sieht *L.* ihn als einen Zustand staatslosen Friedens, der durch die Freiheit und prinzipielle Gleichheit der Individuen charakterisiert ist. Da sich jedoch nicht alle Menschen an das Naturgesetz halten, besteht ein Bedürfnis nach Sicherung und Stärkung der individuellen Naturrechtsgüter (Leben, Freiheit, Eigentum) sowie nach Ahndung der Gesetzesübertretungen. Das Sicherheitsstreben verstärkt sich insofern noch, als es durch die Einführung des Geldes möglich wird, über das Maß des Lebensnotwendigen hinaus Eigentum zu erwerben, da Besitz zugleich auch Gefährdung bedeutet. Letztlich veranlaßt dieses Sicherheitsbedürfnis die Menschen, sich in einem wechselseitigen Vertrag, in dem sie die Ausübung der beim Volk verbleibenden Souveränität einer Obrigkeit übertragen, zu einem Gemeinwesen zusammenzuschließen. Anders als bei → *Hobbes* bedeutet der Abschluß des Gesellschaftsvertrags somit keine Unterwerfung unter eine absolute Herrschaftsgewalt des Staates, sondern eine Übereinkunft freier, zur Mehrheitsbildung fähiger Menschen. Da alle Gewalthaber dem Volk verantwortlich bleiben, hat dieses ein Widerstandsrecht, wenn die Staatsgewalt durch Beanspruchung absoluter Macht den Vertrag verletzt oder die Schutzfunktion nicht mehr erfüllt.

Entsprechend dem Motiv zur Staatsgründung besteht nach dem Vertragsinhalt der Staatszweck ausschließlich darin, den Schutz von Eigentum und Leben der Staatsbürger sowohl nach außen als auch nach innen zu garantieren und Verstöße zu bestrafen. Die Befugnisse des Staates erstrecken sich also z.B. nicht auf den Bereich der Religion; vielmehr verpflichtet die natürliche Freiheit zur Toleranz gegenüber religiösen Bekenntnissen, solange sie nur nicht dem Staatszweck zuwiderlaufen. Staat und Kirche sind strikt zu trennen.

Damit der Staat die ihm zukommenden Aufgaben erfüllen kann, müssen ihm Zwangsbefugnisse zustehen. Als entschiedener Gegner des Absolutismus sieht *L.* aber auch die Gefahr, die in der Einräumung von Machtbefugnissen und der damit verbundenen Herrschaft von Menschen über Menschen liegt. Kardinalfrage seiner Staatslehre ist demzufolge, wie sich ein Gemeinwesen so gestalten läßt, daß die Sicherung der Individualrechte gewährleistet und der Mißbrauch der Herrschaftsgewalt vermieden wird. *L.* glaubt dies am besten durch eine prinzipielle Aufteilung der Staatsgewalt in Organe der Legislative und der Exekutive sowie ein differenziertes System der gegenseitigen Verschränkung und Beschränkung der beiden Gewalten erreichen zu können. Den höchsten Rang nimmt die gesetzgebende Staatsgewalt ein, die jedoch ihrerseits durch das Naturgesetz beschränkt wird. Die Gesetzgebungskompetenz liegt beim Parlament, das aus zwei gleichberechtigten Kammern besteht: der Versammlung der vom Volk gewählten Vertreter und der Versammlung des Adels. Um eine Übermacht der Legislative zu verhindern, bedarf aber jedes Gesetz zu seiner Wirksamkeit der Zustimmung des Monarchen. Träger der ausführenden Gewalt sind der König und seine Regierung. Die der Legislative untergeordnete Exekutive ist bei der Wahrnehmung ihrer Funktionen streng an die vom Parlament erlassenen Gesetze gebunden. Soweit gesetzliche Bestimmungen fehlen, besteht allerdings eine Prärogative der ausführenden Gewalt, so daß dieser durchaus eine gewisse Eigenständigkeit zukommt. Zu den Aufgaben der Exekutive gehören vor allem der Gesetzesvollzug, die Vertretung der Gemeinschaft gegenüber anderen Staaten, aber auch die Rechtsprechung. Neben der funktionalen Aufteilung der Staatsgewalt versucht *L.* auch eine Begrenzung der staatlichen Macht durch inhaltliche Bestimmungen wie zum Beispiel Allgemeinheit der Gesetze, Verkündungszwang und Bindung an das Gemeinwohl.

L.s Erkenntnistheorie wurde in Deutschland schon um 1700 von → *Thomasius* rezipiert und hatte insbesondere auf *Kant* großen Einfluß. Seine Theorie einer konstitutionellen Monarchie wurde unter William III. weitgehend Wirklichkeit, seine Vorstellung vom Sozialvertrag in zahlreichen Theorien u.a. von *Rousseau* aufgegriffen. → *Montesquieu* erweiterte die Zweiteilung der Gewalten zur klassischen Dreiteilung. *L.s* Staatslehre hatte große Bedeutung für die französische Staatstheorie des 18. Jahrhunderts, wie sich an den Beratungen der Nationalversammlung zeigt. Die einleitenden Worte der amerikanischen Unabhängigkeitserklärung lassen erkennnen, daß *L.s* Gedanken auch in die amerikanische Verfassung Eingang gefunden haben. Seine Theorie wurde somit Grundstock moderner demokratisch-parlamentarischer Verfassungen und Ausgangspunkt für den liberalen Rechtsstaat.

Hauptwerke: Essays on the Law of Nature, 1664. – Epistola de Tolerantia, 1689 (dt.: Ein Brief über Toleranz, hrsg. v. *J. Ebbinghaus*, 1975). – Two Treatises of Government, 1690 (dt.: Zwei Abhandlungen über die Regierung, hrsg. v. *W. Euchner*, 1967). – An Essay concerning human Understanding, 1690 (dt.: Versuch über den menschlichen Verstand, hrsg. v. *R. Brandt*, 1981). The Works of John Locke, 10 Bde., 1823 (Ndr. 1963). The Clarendon Edition of the Works of John Locke, 1975 ff.

Literatur: M. Cranston: John Locke. A Biography, 1957 ([3]1985). – *R.H. Cox*: Locke on War and Peace, 1960. – *J. Dunn*: The Political Thought of John Locke, 1969. – *W. Euchner*: Naturrecht und Politik bei John Locke, 1969. – *J.H. Franklin*: John Locke and The Theory of Sovereignty, 1978. – *J.W. Gough*: Locke's Political Philosophy. Eight Studies, 1950, 1956. – *R.W. Grant*: John Locke's Liberalism, 1987. – *J. Habermas*: Naturrecht und Revolution, in: *ders.:* Theorie und Praxis, 1963. – *S.P. Lamprecht:* The Moral and Political Philosophy of John Locke, 1918. – *A.H. MacLean:* George Lawson and John Locke, in: The Cambridge Historical Journal 9 (1947), 68-77. – *C.B. Macpherson*: The Political Theory of Possessive Individualism, Hobbes to Locke, 1962, deutsch: Die politische Theorie des Besitzindividualismus, 1967. – *H. Medick*: Naturzustand und Naturgeschichte der bürgerlichen Gesellschaft. Die Ursprünge der bürgerlichen Sozialtheorie als Geschichtsphilosophie und Sozialwissenschaft bei Samuel Pufendorf, John Locke und Adam Smith, 1973. – *C. Monson*: Locke and his Interpreters, in: Political Studies 6 (1958), 120-133. – *G. Parry*: Individuality, Politics and the Critique of Paternalism in John Locke, in: Political Studies 12 (1964), 163-177. – *R. Polin:* La politique morale de John Locke, 1960. – *Ders.:* Justice in Locke's Philosophy, in: Nomos 6 (1963), 262-283. – *Hermann Schmidt:* Seinserkenntnis und Staatsdenken. Der Subjekts- und Erkenntnisbegriff von Hobbes, Locke und Rousseau als Grundlage des Rechts und der Geschichte, 1965. – *M. Seliger:* The Liberal Politics of John Locke, 1969. – *Ders.:* Locke's Law and the Foundation of Politics, in: Journal of the History of Ideas 24 (1963), 337-354. – *R. Singh:* John Locke and the Theory of Natural Law, in: Political Studies 9 (1961), 105-117. – *R. Specht:* John Locke, 1989. – *L. Strauss:* Natural Right and History, 1953, deutsch: Naturrecht und Geschichte, 1956. – *Ders.:* Locke's Doctrine of Natural Law, in: The American Political Science Review 52 (1958), 490-501. – *J. Tully:* A Discourse on Property. John Locke and His Adversaries, 1980. – *C.A. Viano:* John Locke, Dal razionalismo all'illuminismo, 1960. – *J. Yolton:* Locke on the Law of Nature, in: Philosophical Review 67 (1958), 477-498. – Jur., 386 f. *(T. Repgen)*. – StL 3 ([7]1987), 932-934 *(R. Specht)*.

F.M. Krauss

Sir Henry James Sumner Maine

(1822-1888)

Geb. am 15.8.1822 in Kelso (Roxburghshire, Schottland) als Sohn eines Arztes. Sein Pate ist *John Bird Sumner*, ein Cousin seiner Mutter, der spätere Erzbischof von Canterbury (1848). Das Werk *M.s* beschäftigt sich vor allem mit der Entwicklung des Rechts im Allgemeinen, der Anthropologie im Bereich der Jurisprudenz und politischen Einrichtungen und Theorien. *M.* ging dabei neue Wege, indem er sich einer bislang noch unbekannten historisch rechtsvergleichenden Untersuchungsmethode bediente, die er als „the new science" bezeichnete; er wurde damit zum „Altmeister der vergleichenden Rechtswissenschaft" *(Eugen Ehrlich)*. Seine Ausbildung erfolgt in Christ's Hospital und Pembroke College (Cambridge), wo er sich als ungewöhnlich begabt erweist. Nach seinem Abschluß 1844 wird er Lehrer (tutor) in Trinity Hall, Cambridge. 1847 wird er zum Professor für Zivilrecht an der Universität von Cambridge ernannt. Zu dieser Zeit beginnt er auch, literarische Beiträge für verschiedene Zeitungen zu verfassen, und er wird bekannt als einer der Leitartikelschreiber, die der erstmals am 3. 11. 1855 erscheinenden „Saturday Review" zu großem Ansehen verhelfen. Seit 1852 hält *M.* außerdem an den Londoner Inns of Court (Rechtsschulen) Vorlesungen über das Römische Recht. Sie werden zur Grundlage seines Hauptwerkes „Ancient Law (1861)", das weite Verbreitung findet und ihn über England und Indien hinaus als Gelehrten bekannt macht. *M.* zeigt mit Hilfe seiner historischen Untersuchungsmethode, bei der er das Römische Recht, die west- und osteuropäischen Rechtssysteme, indisches Recht und vorzeitliches Recht heranzieht, daß die Keimzelle der gesellschaftlichen Entwicklung die väterliche oder patriarchalische Autorität ist. Mit dieser Theorie deutet *M.* die historische Entwicklung der rechtlichen Autorität überhaupt und macht sie zur Grundlage für seine berühmte Lehre „from

status to contract". Ausgehend von seiner patriarchalischen Theorie, erkennt er, daß sich die sozialen Verbindungen unter Menschen nach einem inneren Evolutionsgesetz von der Familie über die Sippe zur Gesellschaft hin entwickeln. Der kleine Familienverband, der zu Anfang allein durch Blutsverwandtschaft begründet ist, vergrößert sich u.a. durch die Adoption Fremder ständig. Durch diese permanente Erweiterung kommt es zu einer stufenweisen Auflösung der persönlichen familiären Bindungen und an deren Stelle zu einer Zunahme individueller Verpflichtungen. *M.* zeigt dieses Entwicklungsgesetz „vom Status zum Kontrakt" am Beispiel der allmählichen Auflösung der strengen archaischen Sippenverfassung im römischen Familienrecht und dem Übergang zum klassischen römischen Recht auf, wo sich der Einzelne von seinem familiären Status emanzipiert, selbst zum Rechtsträger wird und der individuelle Status schließlich vom Kontrakt verdrängt wird. Als Beispiele nennt er die Abschaffung der Sklaverei und den Übergang zu Arbeitsverträgen sowie die Verdrängung der Vormundschaft über Frauen von deren Altersreife bis zur Heirat. *Max Weber* dehnt später dieses Entwicklungsgesetz *M.s* auf das gesamte Privatrecht aus.

M. unterscheidet in seinem „Ancient Law" ferner erstmals in dieser Klarheit zwei Grundtypen der Gesellschaft: Bei dem ersten, älteren, wird die Zugehörigkeit allein durch die Abstammung begründet und sind die Familienangehörigen den lebenden männlichen Vorfahren zum Gehorsam verpflichtet. Diese politische Herrschaft in Form der patriarchalischen Autorität ergibt sich allein aus der Organisation des Familienverbandes und kennzeichnet nach *M.* den Beginn der primitiven Jurisprudenz. Die zweite Grundform ist die Gemeinschaft, in der es zu örtlichen Berührungen und gemeinschaftlichen Gebietsnutzungen kommt. Auf dieser gemeinschaftlichen Ebene entwickelt sich das Recht in drei Stufen: Die früheste Stufe stellen göttlich inspirierte Entscheidungen einzelner Streitfragen durch eine hierzu berufene Autorität dar. In der Folge bildet sich auf der zweiten Stufe Gewohnheitsrecht heraus, welches nur einem elitären Kreis von Rechtskundigen bekannt ist; die monokratische wird durch eine oligarchische Herrschaftsform verdrängt. Die dritte Stufe besteht in der Positivierung des Rechts. Dies führt zu einem statischen Recht. Eine fortschrittliche Gesellschaft zeichnet sich nun dadurch aus, daß sie diesen Zustand überwindet und das Recht den Bedürfnissen einer sich dynamisch entwickelnden Gesellschaft anpaßt. Die Anpassung des Rechts wird nach *M.* erreicht durch rechtliche Fiktionen, Billigkeitserwägungen und die Schaffung einer gesetzgebenden Institution. Trotz weitreichender historischer Untersuchungen erscheint es ihm jedoch unmöglich, den absoluten Beginn des reinen, nicht mit Religion vermischten positiven Rechts historisch zu fixieren. Er macht lediglich die Priester als die ersten Juristen aus.

Obwohl einige von *M.s* Erkenntnissen später modifiziert oder sogar völlig entkräftet worden sind, haben seine Untersuchungen doch geholfen, die rechtsvergleichende Jurisprudenz auf eine sichere historische Grundlage zu stellen. Diese Studien über die Wurzeln und die Entwicklung von gesetzlichen und sozialen Institutionen haben seinen Namen nicht in Vergessenheit geraten lassen und ihn zu einem wichtigen Anreger und Vorläufer der Rechtssoziologie (→ *Ehrlich*, *Max Weber*) gemacht.

1854 gibt *M.* seine Professorenstelle in Cambridge auf und wird Dozent der Jurisprudenz in Middle Temple (Inns of Court, London). 1862 geht er nach Indien, ist dort als Mitglied des indischen Rates bis 1869 für die Kodifizierung des indischen Rechts zuständig und führt einige weitblickende Reformen des indischen Rechts durch. Obwohl seine Gesundheit angeschlagen ist, ergehen während seines Indienaufenthaltes über 200 Gesetze und Verordnungen, ein Zeugnis seiner großen Arbeitsleistung. 1869 wird er zum ersten Professor für rechtsvergleichende Jurisprudenz in Oxford ernannt, 1871 geadelt. 1877 wird er Rektor von Trinity Hall (Cambridge) und im Jahre 1887 Professor für internationales Recht in Cambridge. Seine weiteren Hauptwerke stellen – mit Ausnahme von „Popular Government (1885)“ – im wesentlichen eine Fortsetzung seines berühmtesten und bedeutendsten Werkes „Ancient Law“ dar.

Bei „Popular Government“ handelt es sich um eine Zusammenstellung von vier bereits in einer englischen Zeitschrift veröffentlichten politischen Aufsätzen. In den ersten drei Veröffentlichungen warnt *M.* vor den Gefahren der Demokratie als der weitestgehenden Form der volkstümlichen Regierung. Er stellt sich damit gegen die Befürworter demokratischer Reformbestrebungen in England, die vielfach die Ansicht vertreten, die Demokratie sei von Natur aus besser als jede andere Regierungsform und schreite „mit der unwiderstehlichen Kraft des Geschickes“ vorwärts. In seinem Vorwort zur deutschen Auflage „Die volksthümliche Regierung (1887)“ wendet sich *M.* gegen *Rousseau*, „welcher glaubt, daß die Menschen sich aus dem rohesten Naturzustande in einer Art entwickelten, die keine Regierungsform, außer der Demokratie, zu Recht bestehen ließe“ und den er als den Verursacher dieses Demokratieglaubens ausmacht. *M.* kommt in seinen ersten drei Aufsätzen zu dem Ergebnis, daß die Demokratie seit ihrer Wiedereinführung auf äußerst schwachen Beinen gestanden hat und von allen Regierungsformen die schwierigste ist, so daß es größter politischer Weisheit und Scharfblicks bedarf, um den Staat angesichts vorhandener menschlicher Schwächen vor Unheil zu bewahren. Er sieht die einzige Möglichkeit, die Dauerhaftigkeit einer demokratischen Regierungsform zu sichern, darin, Mittel gegen die Fehler der Demokratie zu ersinnen. In seinem vierten Aufsatz untersucht *M.* die amerikanische Verfassung und kommt zu dem Schluß, daß diese ihren Erfolg wohl mehr der geschickten Art verdankt, wie sie dem Volk Zügel anlegt, als einem „Schießenlassen“ der Zügel. Hiermit offenbart *M.* seine konservative aristokratische Grundeinstellung.

Er stirbt am 3.2.1888 im französischen Cannes. Erst nach seinem Tode werden seine Vorlesungsmanuskripte, die er als Professor für Internationales Recht (Cambridge) vorbereitet hatte, zusammengestellt und als „International Law (1888)“ veröffentlicht.

Hauptwerke: Ancient Law. Its Connection With the Early History of Society and its Relation to Modern Ideas, 1861, ^{2}1863, ^{3}1866, ^{4}1870, ^{5}1873, ^{6}1876, ^{7}1878, ^{9}1883, ^{10}1885, ^{11}1887, ^{14}1891, weitere Auflagen: 1905, 1906, 1907, 1909, 1912, 1927, 1930, 1931, 1954, 1960; zahlreiche Übersetzungen. – Village Communities in East and West, 1871, ^{2}1872, ^{3}1876, ^{7}1895. – Lectures on the Early History of Institutions, 1875; auch amerik. und franz. – Dissertation on Early Law and Custom, 1883; Neuauflagen 1891, 1901; mehrere Übersetzungen. – Popular Government, 1885, ^{2}1885, ^{3}1886, ^{4}1890, ^{5}1897; weitere Auflagen 1909, 1918; zahlreiche Übersetzungen (dt. 1887: Die volkstümliche Regierung). – International Law: The Whewell Lectures, 1888, ^{2}1892; auch amerik. und franz. Bibliographie bei *G. Feaver*, From Status to Contract, 331-339.

Literatur: R.C.J. Cocks: Sir Henry Maine: A Study in Victorian Jurisprudence, 1988. – *B. Cohn:* From Indian Status to British Contract, in: Journal of Economic History 21, 1961, 613-628. – *J.D.M. Derrett:* Sir Henry Maine and Law in India, in: Juridical Review 4, 1959, 44-55. – *A. Diamond:* The victorian achievement of Sir Henry Maine, 1991. – *Sir M.E. Grant Duff:* Sir Henry Maine: A Brief Memoir of His Life, With Selections From His Indian Speeches and Minutes, 1892. – *M.O. Evans:* Theories and Criticisms of Sir Henry Maine, 1896. – *G. Feaver:* From Status to Contract, London 1969. – *R. Girtler:* Rechtssoziologie – Thesen und Möglichkeiten, München 1976, 93-96. – *R.H. Graveson:* The Movement From Status to Contract, in: Modern Law Review 1940, 261-272. – *J.M. Landman:* Primitive Law, Evolution, and Sir Henry Maine, in: Michigan Law Review 28, 1930, 404-425. – *Sir A. Lyall:* Sir Henry Maine, in: Law Quarterly Review 14, 1888, 129-138. – *J.B. Oldham:* Analysis of Maine's Ancient Law, With Notes, 1913. – *Sir F. Pollock:* Introduction and notes to Sir Henry Maine's Ancient Law, 1906. – *L. Pospišil:* Anthropology of Law, A Comparative Theory, 1971, 143-150. – *M. Rehbinder:* Status – Kontrakt – Rolle, in: Berliner Festschr. für Ernst E. Hirsch, Berlin 1968, 141-169. – *Ders.:* Wandlungen der Rechtsstruktur im Sozialstaat, in: KZfSS Sonderheft 11/1967, 197 ff. – *W.A. Robson:* Sir Henry Maine Today, in: Modern Theories of Law, 1933. – *K.F. Röhl:* Rechtssoziologie, Ein Lehrbuch, 12-14. – *B.C. Smith:* Maine's Concept of Progress, in: Journal of the History of Ideas 1963, 407-412. – *F. Tönnies:* Gemeinschaft und Gesellschaft, [8]1935. – *M. Weber:* Rechtssoziologie, [2]1967. – *R. Zippelius:* Grundbegriffe der Rechts- und Staatssoziologie, [2]1991, 102-104. – Jur., 397-399 *(K. Lerch).* R. Ludwig

Frederic William Maitland

(1850-1906)

Am 28.5.1850 in London geboren, erhält *M.* seine Schulausbildung von 1863 bis 1869 in Eton, ab Oktober 1869 besucht er das Trinity College in Cambridge. 1873 beendet er seine Studien und geht nach London, um eine Ausbildung zum Rechtsanwalt (barrister) am Lincoln's Inn zu absolvieren. Ab 1876 ist er als Jurist tätig, jedoch weder mit großer Begeisterung noch mit Erfolg. Nicht die Probleme der Rechtsanwendung der Gegenwart beschäftigen ihn, vielmehr ist es die historische Genese des Common Law, der *M.* seine Aufmerksamkeit widmet. Mehr Gelehrter als Praktiker, mehr Historiker als Jurist wendet sich *M.* zunehmend von seinem Beruf ab und sucht den intellektuellen Austausch mit Gleichgesinnten, u.a. mit *Leslie Stephen*, *Frederick Pollock* und *Paul Vinogradoff*. 1881 veröffentlicht *M.* seinen ersten rechtsgeschichtlichen Aufsatz und ab 1883 zeichnet sich sein Entschluß ab, die Tätigkeit als praktizierender Jurist aufzugeben und Rechtshistoriker zu werden. Ausschlaggebend für *M.s* Entscheidung sind seine Besuche im Public Record Office in London, dem Archiv für Schriftstücke und Manuskripte aus der Geschichte Englands. Hier findet *M.* ein Betätigungsfeld, dem er sich für den Rest seines Lebens mit Eifer und großer Begeisterung widmen wird. In autodidaktischer Weise erschließt sich *M.*, wie er juristische Quellen-

texte des Mittelalters entziffern und verstehen kann und verbringt künftig jede freie Minute mit der Rezeption dieser Texte. Seinen Besuchen im Archiv folgen Veröffentlichungen neubearbeiteter und teilweise zuvor unbekannter Rechtsquellen, wie z.B. der drei Bände mit Fallsammlungen, die *M.* als *Bracton's Note-Book* herausgibt. Ab November 1884 erhält *M.* die Möglichkeit, in Cambridge Vorlesungen über Englisches Recht zu halten, und kann seinen juristischen Beruf endgültig aufgeben. Zum Jahreswechsel 1886/1887 gründet *M.* zusammen mit einer Gruppe angesehener Juristen die Selden Society, eine Gesellschaft, die sich der Veröffentlichung rechtshistorischer Quellen widmet. *M.* ist die intellektuelle Triebfeder der Selden Society und wirkt bis zu seinem Tod an der Auflage von 22 Bänden mit, viele davon allein sein Werk. 1886 heiratet er *Florence Fisher*, mit der er zwei Töchter hat. 1888 wird *M.* Professor für Englisches Recht in Cambridge. Seine rege akademische Tätigkeit, der eine Vielzahl von Veröffentlichungen entspringt, wird ab 1890 durch seine sich verschlechternde Gesundheit eingeschränkt. 1895 erscheinen die zwei Bände der mit *Frederick Pollock* zusammen verfaßten Abhandlung „History of English Law before the Time of Edward I", welche für lange Zeit als Standardwerk zur englischen Rechtsgeschichte gilt. Ab 1903 wendet sich *M.* der Herausgabe der „Year Books" zu, die aus Mitschriften von mündlichen Gerichtsverhandlungen seit der Zeit Edwards I. angefertigt wurden. Im Vorwort des ersten von ihm bearbeiteten Bandes rekonstruiert *M.* die Grammatik und das Vokabular der französischen Rechtssprache. Dieser beachtenswerte Exkurs in die Philologie ermöglicht später die umfassende Auswertung dieser Quellen für die englische Rechtsgeschichte. Weit vorantreiben kann *M.* die Edierung der „Year Books" jedoch nicht mehr, denn er stirbt im Alter von 56 Jahren am 19.12.1906.

In den zwei Jahrzehnten seiner akademischen Tätigkeit hat *M.* ein umfangreiches Werk hervorgebracht; über hundert Artikel in Fachzeitschriften, bedeutende Monographien zur englischen Rechtsgeschichte und umfangreiche Editionen mittelalterlicher Quellentexte gehen auf ihn zurück. Dabei war *M.s* Arbeit ausschließlich einer Zeitspanne gewidmet. Abgesehen von einigen wenigen Exkursen in spätere Jahrhunderte blieb *M.* zeit seines Lebens der Historiker des Mittelalters von der normannischen Eroberung Englands (1066) bis zur Zeit Edwards I. (1272-1307). Ungeachtet dieser zeitlichen Beschränkung auf eine Epoche revolutionierte *M.* mit seinen Fragestellungen und Thesen die englische Rechtsgeschichtsschreibung und übte einen nachhaltigen Einfluß auf die englische Geschichtswissenschaft insgesamt aus. *M.s* Bedeutung als einer der berühmtesten englischen Historiker resultiert zum einen daraus, daß er sich als einer der ersten der wissenschaftlichen Erforschung englischer Rechtsgeschichte zuwandte. Zum anderen war es *M.s* Arbeitsweise der intensiven Quellenuntersuchung, die ihn zu seinen Lebzeiten zur wichtigsten Autorität in Fragen der Geschichte des Common Law und des Mittelalters werden ließ. Viele Topoi englischer Geschichtsschreibung gehen auf *M.* und seine Quellenarbeit zurück: So bestimmte er das Zeitalter Henry II. als die Epoche, in der sich eine Regierungsgewalt etablierte und das Common Law entstand; das Zeitalter → *Bractons* war in *M.s* Sicht die Ära der Kodifikation und Konsolidierung, in der das Gewohnheitsrecht einer Überprüfung durch römisches Recht unterworfen wurde; *M.* unternahm eine Analyse der mittelalterlichen Gesellschaft unter dem Aspekt des Lehenswesens („tenure“); ausgehend vom „Domesday Book“ des Jahres 1086 rekonstruierte *M.* Regeln des sozialen und ökonomischen Zusammenlebens der Angelsachsen vor der Eroberung Englands durch die Normannen; *M.s* Untersuchungen ergaben, daß das mittelalterliche Parlament eher einem Gerichtshof glich, als einer politischen Versammlung, und *M.* erbrachte den Nachweis der Dominanz päpstlichen Rechts in der englischen Kirche in der Zeit bis zur Reformation.

M.s Methode bestand darin, die detaillierte Analyse eines mittelalterlichen juristischen Quellentextes zum Ausgangspunkt zu nehmen, um in der Folge größere geschichtliche Zusammenhänge zu rekonstruieren. Dabei behielt er stets eine skeptische Einstellung gegenüber vorschnellen Generalisierungen und allen als gesichert geltenden historischen Wahrheiten. Durch diese Arbeitsweise war *M.* mit sehr spezialisierten und hochtechnischen Problemen befaßt. Seine Geschichtsschreibung blieb der akribischen Quellenauslegung verpflichtet; narrative Abhandlungen über größere Teile englischer Rechtsgeschichte zu schreiben, wie vor ihm *Stubbs* und später *Holdsworth*, war nie *M.s* Anliegen. *M.s* eigenes Verständnis historischer Arbeitsweise blieb geprägt von dem Wissen um die Fülle unerschlossener Quellentexte, die Archive wie das Public Record Office in London aufbewahren. Erkenntnisse über geschichtliche Zusammenhänge ließen sich nach *M.s* Ansicht nur über lückenlose Aufschlüsselung und Auswertung vorhandener Primärtexte gewinnen. So war er z.B. der Überzeugung, eine Fortschreibung der Geschichte über die Zeit Edwards I. hinaus würde erst möglich, wenn das gesamte

Quellenmaterial der „Year Books" bearbeitet wäre. Seine Arbeit an den Quellen ergänzte *M.* durch eine profunde Kenntnis der kontinentalen Rechtssysteme und deren Entwicklung. Vergleichende Betrachtungen mit dem deutschen und französischen Recht flossen stets in *M.s* Analysen des englischen mittelalterlichen Rechts mit ein.

Im Unterschied zu den Historikern vor ihm verband *M.* eine juristische Vorbildung mit dem historischem Wissen. So erschloß sich ihm die Bedeutung rechtlicher Quellentexte nicht nur für die Rekonstruktion der Geschichte des Rechts, sondern auch als Schlüssel zu allgemeinen historischen Erkenntnissen über das Zusammenleben. „Legal documents, documents of the most technical kind, are the best, often the only evidence we have for social and economic history, for the history of morality, for the history of practical religion." Die Kehrseite dieses methodischen Zugangs war *M.s* Vernachlässigung anderer, nicht in juristischen Quellentexten fixierter Faktoren. *M.* unterließ es in seinen historischen Betrachtungen, sowohl den Einfluß ökonomischer Verflechtungen, als auch die Bedeutung der sozialen Struktur einer feudalistisch geprägten Gesellschaft angemessen zu gewichten. So kam er zu einigen vorschnellen Fehlschlüssen. Selbst nie als Historiker geschult, jedoch mit der juristischen Praxis vertraut, projizierte *M.* die rechtlichen Institutionen seiner eigenen Gegenwart unhistorisch in vergangene Zeiten, was von seinen Kritikern als „teleologischer Fehlschluß" *(Elton)* beschrieben wird. Obgleich Thesen *M.s* zunehmend widerlegt, seine Ergebnisse modifiziert oder sogar verworfen wurden, dient sein Werk bis heute englischen Historikern als Ausgangspunkt und Inspiration für ihre eigene Arbeit. Durch seine Fragestellungen herauszufordern und anzuregen war nicht zuletzt ein von *M.* selbst formuliertes Anliegen: „If only we can ask the right questions we shall have done something for a good end."

Hauptwerke: Gloucester Pleas, 1884. – Justice and Police, 1885. – Bracton's Note-Book. A Collection of cases decided in the king's court during the reign of Henry the Third, 3 Bde., 1887. – Zusammen mit *F. Pollock*: The History of English Law before the Time of Edward I, 2 Bde., 1895, ^{2}1898, Neuaufl. 1968, hrsg. v. *S.F.C. Milsom*. – Domesday Book and Beyond, 1897. – Township and Borough, 1898. – Roman Canon Law in the Church of England, 1898, Ndr. 1968. – English Law and the Renaissance, 1901. – The Life and Letters of Leslie Stephen, 1906. – The Constitutional History of England, 1907, Ndr. 1968. – The Collected Papers, 3 Bde., hrsg. v. *H.A.L. Fisher*, 1911. – Selected Essays, hrsg. v. *H.D. Hazeltine* u.a., 1937. – Selected Historical Essays, hrsg. von H.M. Cam, 1957.

Literatur: H.E. Bell: Maitland, A Critical Examination and Assessment, 1965. – *J.R. Cameron:* Frederick (sic!) William Maitland and the history of English Law, 1961. – *G.R. Elton:* F.W. Maitland, 1985. – *C.H.S. Fifoot:* Frederic William Maitland, A Life, 1971. – *Ders.* (Hrsg.): The Letters of Frederic William Maitland, 1965. – *H.A.L. Fisher:* Frederick (sic!) William Maitland, A Biographical Sketch, 1910, Ndr. 1984. – *D. Jenkins:* English Law and the Renaissance. Eighty Years On: In Defence of Maitland, in: Journal of Legal History 2 (1981), 107-142. – *E. Maitland:* F.W. Maitland: A Child's-Eye View, 1957. – *T.F.T. Plucknett:* Maitland's View of Law and History, in: Law Quarterly Review 67 (1951), 179-194. – *R.L. Schuyler:* The Historical Spirit Incarnate: Frederic William Maitland, in: American Historical Review 57 (1952), 303-322. – Jur., 399-401 *(W. Uruszczak).* N. Dearth

Karl Anton Freiherr von Martini

(1726-1800)

Geb. am 15.8.1726, gest. am 7.8.1800. Studium der Physik, Theologie, Rechtswissenschaft in Trient, Innsbruck (bei *Riegger*), Wien, hier auch Promotion. Nach langem Auslandsaufenthalt (zu dem er die Mittel durch

Tätigkeit als Korrepetitor erworben hatte) wird er im Zuge der von *van Swieten* angeregten Studienreform durch dessen und *Rieggers* Verwendung 1754 ordentlicher Professor für Naturrecht, Institutionen und Römische Rechtsgeschichte in Wien. Erst mit dieser Lehrtätigkeit tritt er auch literarisch hervor, zunächst vorwiegend mit rechtshistorischen Schriften und Arbeiten über die Zeit des frühen Naturrechts. Maria Theresia erweist ihm ihr besonderes Vertrauen durch den Auftrag, mehrere ihrer Kinder in Rechts- und Staatswissenschaften zu unterrichten. Zweifelsfrei nachgewiesen ist solcher Unterricht für Leopold (II.), der später als Großherzog von Toskana dort insbesondere *M.s* kirchenpolitische Theorien zur Staatspraxis macht. Dieser Unterricht (1761-1773) wird Anlaß zu *M.s* Schriften über Natur-, Staats- und

Völkerrecht, die durchweg Ausarbeitungen der Vorlesungen darstellen. 1764 wird *M.* Hofrat bei der obersten Justizstelle. 1774 von der Justizstelle zur politischen Stelle (österr.-böhm. Hofkanzlei) versetzt, unternimmt er die Durchführung eines von Maria Theresia genehmigten Studienplans (1773), in dem er die Pflicht des Staates betont, jedem Untertan nach Stand und Beruf angemessene Ausbildung und gute Lehrer zu schaffen. Von einem gleichmäßigen Unterricht aller Stände erhofft er die Bildung eines wahren Nationalgefühls. Studienreform will er vor allem durch Hebung des Lehrerstandes erreichen. Dem dient die Besoldung aus einem besonderen Universitätsfonds, die Erteilung beschränkter Straf- und Polizeigewalt für Professoren, die Auflage, sich wissenschaftlich mit mindestens zwei gedruckten Aufsätzen pro Jahr auszuweisen. Da er bei der Hofkanzlei seine Reformgedanken nicht durchsetzen kann, wird er 1779 auf eigenes Ersuchen wieder zur obersten Justizstelle versetzt. Die Ernennung zum Staatsrat in inländischen Geschäften durch Joseph II. (1782) macht die Überlassung seines Lehrstuhls an seinen Schüler → *Zeiller* notwendig, der als Substitut schon seit 1774 im wesentlichen das Lehramt versehen hatte. 1785 wird er zum geheimen Rat ernannt und mit der Einführung einer neuen Gerichtsverfassung im Herzogtum Mailand, dann in den österreichischen Niederlanden betraut, 1788 zum Vizepräsidenten der obersten Justizstelle erhoben.

Während der Regentschaft Leopolds II. rückt er der Verwirklichung seiner Pläne zur Rechts-, Justiz- und Studienreform am nächsten. Seit 1764 an allen bedeutenden Gesetzgebungsarbeiten beteiligt, seit 1771 in der Kompilationshofkommission mit Vorarbeiten zum Entwurf eines Zivilgesetzbuchs beschäftigt, verfaßt er als Präsident der neuen Hofkommission für Gesetzessachen (seit 1790), auf einem Entwurf seines Schülers *Horten* aufbauend, einen Gesetzentwurf, der nach unwesentlichen Änderungen am 1.1.1798 in Westgalizien Gesetz wird („Westgalizisches BGB"). Seine Schüler → *Sonnenfels* und → *Zeiller* verhindern jedoch die Übernahme des Gesetzes für die Gesamtmonarchie. Die von *M.* für besonders wichtig gehaltenen einleitenden Verfassungsgrundsätze sucht → *Sonnenfels* durch eigene zu ersetzen, da er (insoweit einer Tendenz Franz' II. entsprechend) die gesetzliche Anerkennung von Menschenrechten und Festlegung von Staatsaufgaben unter dem Aspekt eines naturrechtlichen Individualismus angesichts der Französischen Revolution für staatsgefährdend hält. → *Zeiller* streicht solche Grundsätze als nicht zum Privatrecht gehörig ersatzlos und schafft die endgültige Fassung des ABGB. Der von *M.* als Leiter der neuen Studieneinrichtungskommission 1790 verfaßte Reformplan wird noch von Leopold II. genehmigt. Darin ist Selbstverwaltung aller Schulen und Hochschulen durch die Lehrer und Freiheit des Lehrbetriebes durch finanzielle Autonomie vorgesehen. Diese Ordnung wird zwar eingeführt, doch entzieht Franz II. *M.* schon 1795 durch Aufhebung seiner Kommission die Möglichkeit zur Einflußnahme und bereitet so die Aufhebung der Schulordnung (1802) vor. 1792 durch Franz II. zum 2. Präsidenten der obersten Justizstelle ernannt, wird *M.* 1797 auf eigenes Ersuchen wegen Krankheit aus allen sonstigen Ämtern entlassen.

Von seinen Schriften haben die *natur-* und *staatsrechtlichen* die größte Bedeutung; sie wurden als Lehrbücher durch 4 Jahrzehnte an den österreichischen Universitäten gebraucht. Die religiös indifferente Naturrechtslehre → *Wolffs* erfährt bei *M.* unter dem Einfluß der Lehren *Muratoris* eine katholisch-apologetische Färbung gegenüber den protestantischen Vertretern des Naturrechts: Aus dem Naturzustand der anarchischen Gesellschaften, die nur Unterschiede nach persönlichen Eigenschaften und Fähigkeiten kennen und die sich durch den Trieb zur Geselligkeit bilden, führen Erfahrung und Vernunft, am individuellen Sicherheitsbedürfnis orientiert, zum Abschluß eines Vereinigungsvertrages.

Schon durch diesen einen Vertrag wird der Staat begründet (anders → *Pufendorf*, gegen den *M.* polemisiert), und zwar in Form der Demokratie; wollen allerdings die Vertragspartner die Oberherrschaft auf eine (Monarchie) oder wenige Personen (Aristokratie) übertragen, so ist dazu ein weiterer Vertrag erforderlich. Aus dem Begriff der Oberherrschaft (Majestät) als der höchsten, unabhängigen, alleinigen und untrennbaren Gewalt im Staate und aus dem Staatszweck, den *M.* in die Sicherheit und damit Wohlfahrt der Staatsbürger setzt, ergeben sich die Majestätsrechte, nämlich Gesetzgebungs-, Aufsichts- und Vollzugsgewalt, zu der auch die Rechtsprechung zählt. Durch den Vereinigungsvertrag wird der Bestand angeborener Menschenrechte nicht beeinträchtigt. Diese sind: Erhaltung des eigenen Lebens, Verschaffung des dazu Notwendigen, Veredelung der Leibes- und Geisteskräfte, Verteidigung des Eigenen, Erhaltung guten Leumunds, freie Verfügung über das Eigene. Enteignung ist nur gegen Entschädigung zulässig, bei verschuldeter Rechtsverletzung besteht ein allgemeines Recht auf Schadensersatz. – Ein Widerstandsrecht lehnt *M.* nach eingehender Auseinandersetzung mit den Monarchomachen (→ *Althusius*) wegen des beschränkten Untertanenverstandes ab; selbst wenn der Regent den Untergang des Staates will, ist nur passiver Widerstand durch Gehorsamsversagung erlaubt. In Extremfällen gesteht *M.* jedoch Verwahrung des Tyrannen als eines Wahnsinnigen zu. – Aus den österreichischen Verhältnissen wird die eingehende Behandlung des *Staatskirchenrechts* verständlich, in dem *M.* dem Josephinismus durch im Vergleich zu *Riegger* konsequentere Anwendung des → *Wolff*schen Systems eine theoretische Grundlage gibt. Nur hinsichtlich des äußeren Gottesdienstes wirkt die Staatsgewalt, hier aber umfassend. Der Staat kann selbst Eide und Gelübde zerbrechen, wenn sie das Gemeinwohl hindern, Religionsdiener bleiben Staatsbürger, Kirchengüter bleiben Staatsgüter und müssen in Not zum gemeinen Besten verwendet werden. – Der naturrechtliche Ansatz bewirkt im Privatrecht Abstraktion allgemeiner Prinzipien besonders im Vertrags- und Schadensersatzrecht. Der Verzicht auf Kasuistik in → *Zeillers* ABGB ist schon in *M.s* WGGB angelegt.

Wie andere Naturrechtler (→ *Thomasius*) verwirft *M.* grundsätzlich die Folter. Er hält sie zur Erforschung der Wahrheit für unzweckmäßig, billigt ihre Anwendung aber einmal bei offenkundiger Bosheit des Angeklagten, wenn dieser mit größter Wahrscheinlichkeit noch weitere Taten begangen hat, zweitens zur Angabe von Mittätern und von Verstecken gestohlener Sachen durch den bereits überführten Delinquenten – in diesen Fällen steht nämlich schon fest, daß der Angeklagte ohnehin Strafe verdient hat. *M.s* Argumentation wurde von → *Sonnenfels* zum Teil übernommen.

Hauptwerke: Ordo historiae iuris civilis, 1755, [3]1770. – Positiones iuris naturae, 1762, weitere Aufl. u.d.T.: De lege naturali positiones, 1767, 1772 (dt.: Lehrbegriff des Natur-, Staats- und Völkerrechts, Bd. 1 u. 2, 1783/84; Lehrbegriff des Naturrechts, 1799, Ndr. 1970; u. weitere). – Positiones de iure civitatis, 1768, 1773 (dt.: Lehrbegriff des Natur-, Staats- und Völkerrechts, Bd. 3 u. 4, 1783/84, Ndr. 1969, Erklärung der Lehrsätze über das allgemeine Staats- und Völkerrecht, 1791, Ndr. 1969; u. weitere). – De lege naturali exercitationes sex, 1770, 1780 (dt. 1784, 1787).

Literatur: *Conrad:* DRG II, 377, 392 f., 443. – *H. Conrad:* Rechtsstaatliche Bestrebungen im Absolutismus Preußens und Österreichs am Ende des 18. Jh.s, 1961, wieder in: Absolutismus, hrsg. v. W. Hubatsch, 1973, 309-360. – *H. Conrad:* Zu den geistigen Grundlagen der Strafrechtsreform Josephs II. (1780-1788), in: Festschr. f. H. v. Weber, 1963, 56-74 (60 f.). – *C. v. Hock / I. Bidermann:* Der österreichische Staatsrath (1760-1848), 1879). – *F. Klein-Bruckschwaiger:* Karl Anton v. Martini in der Zeit des späten Naturrechts, in: Festschr. f. K. Haff, 1950, 120-129. – *F. Klein-Bruckschwaiger:* Die Geschichte der Rechtsphilosophie in der Naturrechtslehre v. K.A. v. Martini, in: ZRG

(GA) 71 (1954), 374-381. – *A. Menzel:* Ein österreichischer Staatsphilosoph des 18. Jh.s, in: Österr. Rundschau I (1904), 295 ff. – *L. Mock:* Anmerkungen zur Rechts- und Staatsphilosophie Carl Anton Martinis, in: Festschr. f. E.C. Hellbling, 1971, 563-572. – *Rössler-Franz:* BWDG II, 1808 f. – *H. Schlosser:* Karl Anton Freiherr von Martini zu Wasserberg, in: *Brauneder:* JiÖ, 77-82, 336 f. – *Stintzing-Landsberg:* GDtRW III 1, 383 f., 521-523. – *H. v. Voltelini:* Die naturrechtlichen Lehren und die Reformen des 18 Jh.s, in: HZ 105 (1910), 65 ff. – *A. Wandruszka:* Leopold II., Bd. 1 (1963), 89. – *C. v. Wurzbach:* Biographisches Lexikon des Kaiserthums Österreich, 17. Tl. (1867), 33-36. – ADB 20 (1884), 510-512 *(H. v. Zwiedineck-Südenhorst).* – Jur., 409-411 *(Ch. Neschwara).* H.

Otto Mayer

(1846-1924)

Geb. am 29.3.1846 in Fürth/Bayern. Ab 1864 Studium der Rechtswissenschaft in Erlangen, Sommersemester 1866 in Heidelberg (→ *Bluntschli*), Winter- und Sommersemester 1866/67 in Berlin (→ *Gneist*), dort auch Studium der *Hegel*schen Philosophie, die ihm „eine ganz andere

Hochachtung vor dem Staate“ vermittelte. 1868-71 Ausbildung als Rechtspraktikant und Staatsexamen in Ansbach, 1869 Promotion („Die justa causa bei Tradition und Usukapion“) in Erlangen. Niederlassung als Anwalt in Mühlhausen (1872); da ihn die Anwaltstätigkeit nicht befriedigt, Übergang zur Universität: 1881 Habilitation („Die concurrence déloyale“), Privatdozent in Straßburg (Vorlesungen über Internationales Privatrecht, Verwaltungsrecht und später auch Französisches Zivilrecht). 1882 wird *M.* außerordentlicher, 1887 ordentlicher Professor in Straßburg, wo er sein „Deutsches Verwaltungsrecht“ schreibt. 1902 Rektor der Straßburger Universität. 1903 nimmt *M.* den Ruf auf einen neu errichteten Lehrstuhl für Öffentliches Recht an der Universität Leipzig an, dort ist er 1913/14 Rektor. Im Sommer 1918 tritt *M.* in den Ruhestand und siedelt nach Heidelberg über. Am 8.8.1924 ist er in Hilpertsau gestorben. *M.* war auch als Kirchen- (1895-1903 Mitglied der prot. Synode in Elsaß-Lothringen) und Kommunalpolitiker (1896-1902 Mitglied des Gemeinderats, 1898-1902 außerdem ehrenamtlicher Beigeordneter der Stadt Straßburg) aktiv; neben seinem umfangreichen juristischen Werk hat er unter dem Pseudonym Eduard Dupré Romane und Erzählungen veröffentlicht („Fortunatus Laatschy"), die freundliche Anerkennung fanden.

Angeregt durch die französische Verwaltungsrechtslehre (die er selbst in „Theorie des französischen Verwaltungsrechts" darzustellen versucht hat), ist *M.* durch sein „Deutsches Verwaltungsrecht" zum „eigentlichen Schöpfer und Klassiker der modernen deutschen verwaltungsrechtlichen Methode" *(Forsthoff)* geworden. Sein Ziel war, „feststehende gleichbleibende Formen für die Erscheinung der öffentlichen Gewalt" zu finden, also das *rechtlich-formal* Zusammengehörende aufzusuchen, im Gegensatz zur bis dahin herrschenden „staatswissenschaftlichen" Methode (→ *Lorenz v. Stein*, der in vielem aber doch als Vorläufer *M.s* gelten kann), die die einzelnen Verwaltungszweige als sachlich unterschieden voneinander absonderte, ohne die formalen Übereinstimmungen festzuhalten. In der Entdeckung vieler solcher formaler Gemeinsamkeiten liegt *M.s* besondere Leistung: in der Aufstellung des Begriffs „Verwaltungsakt" als der Grundform des Verwaltungshandelns (vom Polizeirecht bis zum Abgabenrecht), in der berühmten Definition der öffentlichen Anstalt, in der – vom französischen Recht inspirierten, in Deutschland aber nicht ganz durchgedrungenen – Lehre vom öffentlichen Eigentum. Andere Begriffsbildungen *M.s* haben für einzelne Verwaltungszweige bahnbrechend gewirkt, wie die Unterscheidung zwischen Beitrag, Gebühr und Steuer im Abgabenrecht, die in die Reichsabgabenordnung von 1919 eingegangen ist. Grundtendenz des Werks ist, den Rechtsstaatsgedanken auch für das materielle Verwaltungsrecht durchzuführen, ihr verdankt die moderne verwaltungsrechtliche Dogmatik so schlagkräftige Begriffe *M.s* wie „Vorrang des Gesetzes" (vor Verordnung bzw. Verwaltungsakt) und „Vorbehalt des Gesetzes" (kein belastender Verwaltungsakt ohne gesetzliche Grundlage). Kehrseite dieser liberal-rechtsstaatlichen Tendenz ist die Vernachlässigung der seitdem stärker in den Vordergrund getretenen daseinsvorsorgenden Tätigkeit der „Leistungs"-Verwaltung im sozialen Rechtsstaat.

Mit seiner „juristischen" Methode gehört *M.* in den Umkreis des rechtswissenschaftlichen Positivismus. Allerdings hebt er sich vom formalen Positivismus etwa → *Labands* deutlich ab, wenn er die Bedeutung der „Wirklichkeit" für die juristische Begriffsbildung hervorhebt und betont, daß die leitenden Grundsätze weniger aus den positiven Rechtssätzen als aus den – als zeitgebunden verstandenen – „Ideen" (etwa der des Rechtsstaats) hergenommen werden müssen. Volkswirtschaftliche, politische und andere unjuristische Elemente werden aber auch von *M.* aus dem Rechtssystem verbannt, und so beklagt man zuweilen die durch *M.* eingeleitete Abtrennung der Verwaltungslehre von der Verwaltungsrechtswissenschaft in ähnlicher Weise wie die Abtrennung der Politik vom Staatsrecht bei → *Laband* oder die Abtrennung des „lebenden" Zivilrechts von der Zivilrechtsdogmatik in der Pandektenwissenschaft des späten 19. Jahrhunderts (→ *Windscheid*).

Hauptwerke: Theorie des französischen Verwaltungsrechts 1886. – Deutsches Verwaltungsrecht, 2 Bde., 1895/96, ^{2}1914/17, ^{3}1924 (Ndr. 1969). – Das Staatsrecht des Königreichs Sachsen, 1909. – Kleine Schriften zum öffentlichen Recht, 2 Bde., hrsg. von *E.V. Heyen*, 1982. Hier auch Bibliographie, weitere bei *A. Hueber* (s.u.) und in: Die Rechtswiss. der Gegenwart in Selbstdarstellungen, hrsg. v. *H. Planitz*, 1924, I 175 f. (dort auch die Selbstdarstellung *M.s*, 153-175).

Literatur: O. Bachof: Die Dogmatik des Verwaltungsrechts vor den Gegenwartsaufgaben der Verwaltung, in: Veröff. der Vereinigung. d. Deutschen Staatsrechtslehrer, Heft 30, 1972, 193-244 (bes. 203-222). – *P. Badura:* Das Verwaltungsrecht des liberalen Rechtsstaates, 1967, bes. 53-57. – *W. Bernet / S. Förster:* Otto Mayer – ein konservativer Verwaltungsrechtstheoretiker des deutschen Kaiserreichs, in: Staat und Recht 1988, 1017-1021. – *O. Bühler:* Otto Mayers Deutsches Verwaltungsrecht, in: Verwaltungsarchiv 27 (1919), 282-313. – *B. Dennewitz:* Die Systeme des Verwaltungsrechts. Ein Beitrag zur Geschichte der modernen Verwaltungswissenschaft, 1948, 122-151. – *M. Fioravanti:* Otto Mayer e la scienza del diritto amministrativo, in: Rivista trimestriale di diritto publico 1983, 600-659. – *E. Forsthoff:* Lehrbuch des Verwaltungsrechts, I (Allgemeiner Teil), ^{9}1966, 49 ff. – *Eva Glitza:* Die deutsche Verwaltung und die rein rechtswissenschaftliche Schule Otto Mayers, in: DöV 1965, 329-333. – *E.V. Heyen:* Otto Mayer: Frankreich und das Deutsche Reich, in: Der Staat 19 (1980), 444-460. – *E.V. Heyen:* Otto Mayer. Studien zu den geistigen Grundlagen seiner Verwaltungsrechtswissenschaft (= Schriftenreihe der Hochschule Speyer), 1981. – *E.V. Heyen:* Otto Mayers Kirchenrecht und die Verfassungsreform der evangelisch-lutherischen Kirche in Elsaß-Lothringen und Polen, in: ZRG (Kan. Abt.) 96 (1979), 239-264. – *E.V. Heyen:* Positivistische Staatsrechtslehre und politische Philosophie. Zur philosophischen Bildung Otto Mayers, in: Quad. Fior. 8 (1979), 275 305. – *E.V. Heyen:* Die Verwaltungspraxis Otto Mayers in Straßburg und Leipzig. Kommunalpolitik auf dem Wege vom liberalen zum sozialen Rechtsstaat, in: Verwaltungsarchiv 71 (1980) 44-59. – *A. Hueber:* Otto Mayer. Die „juristische Methode" im

Verwaltungsrecht (= Schriften zum öffentl. Recht), 1982. – *Erich Kaufmann:* Otto Mayer, in: Verwaltungsarchiv 30 (1925), 377-402. – *Franz Mayer:* Verwaltungsrecht, in: StL 8 (1963), 240-247 (bes. 246 f.). – *W. Meyer-Hesemann:* Methodenwandel in der Verwaltungsrechtswissenschaft, 1981. – *Stolleis:* Gesch., II, bes. 403 ff. – HRG III (1984). 402-405 *(A. Hueber).* – Jur., 418 f. *(W. Pauly).* – NDB 16 (1990), 550-552 *(E.V. Heyen).* – StL 5 (1960), 629 f. *(H. Eyrich).* F.

Karl Joseph Anton Mittermaier

(1787-1867)

Geb. am 5.8.1787 in München. Schon frühzeitig Erlernung zahlreicher Fremdsprachen. Ab 1805 Studium der Rechtswissenschaft in Landshut. Studienabschluß und Rückkehr nach München 1807/1808; dort – auf Empfehlung des früheren Ministers *v. Zentner* – Privatsekretär → *Feuerbachs*, für den er insbesondere französische und italienische Gesetze und

Gesetzesentwürfe übersetzt und exzerpiert. Stipendium der bayerischen Regierung (angeblich deshalb sehr knapp bemessen, „da der 21jährige Jüngling mit anscheinend unheilbarem Brustleiden höchstens ein Jahr zu leben verspreche"), Aufenthalt in Heidelberg (*M.* hört u.a. → *Thibaut, Heise, Zachariä*), dort am 29.3.1809 auch Promotion („De nullitatibus in causis criminalibus"). Der Plan der bayerischen Regierung, eine Professorenstelle an der neu zu errichtenden Universität Innsbruck mit *M.* zu besetzen, scheitert an der Tiroler Volkserhebung gegen Bayern. Ab Herbst 1809 Privatdozententätigkeit *M.s* in Landshut (Vorlesungen über Strafprozeß, Deutsches Privatrecht und Deutsche sowie Römische Rechtsgeschichte, nach dem Weggang *Gönners* – 1810 – auch über Zivilprozeß). 1811 (nach Ablehnung eines Rufes nach Kiel) Ernennung zum ordentlichen Professor. 1816 Mitherausgeber des „Archivs für Kriminalrecht", 1819 Gründung des „Archivs für die civilistische Praxis", Annahme einer Berufung nach Bonn, bereits 1821 aber Wechsel nach Heidelberg, um sich der ihm als Bonner Universitätsrichter obliegenden Mitwirkung an den Demagogenverfolgungen (u.a. gegen *Arndt* und *Welcker*) zu entziehen. Ab 1826 Mitglied der badischen Gesetzgebungskommission, 1831 bis 1840 und 1846 bis 1849 badischer Landtagsabgeordneter, mehrmals Präsident der zweiten Kammer. 1846 und 1847 Teilnahme an den Germanistenversammlungen in Frankfurt a.M. und Lübeck, 1848 Präsident des Frankfurter Vorparlaments und Wahl in die verfassungsgebende Nationalversammlung. Nach 1849 zieht sich *M.* aus der Politik zurück; er ist am 28.8.1867 in Heidelberg gestorben.

Der „international berühmteste unter allen deutschen Juristen seiner Zeit" *(Radbruch)* nimmt unter den bedeutenden Strafrechtlern des 19. Jahrhunderts insofern eine Sonderstellung ein, als er keiner der „Straftheorien" zugeordnet werden kann. Bereits in seiner Schrift „Über die Grundfehler der Behandlung des Criminalrechts in Lehr- und Strafgesetzbüchern" hatte er sich gegen das Generalisieren in Strafrechtsdogmatik und -gesetzgebung und gegen „das sorgfältige Haschen nach einem gewissen (scil.: einzigen) Strafprinzip" gewendet. Diese Polemik richtete sich nicht nur im besonderen gegen → *Feuerbachs* Straftheorie der Generalprävention, sondern gegen jede philosophische Herleitung strafrechtlicher Grundsätze. An die Stelle der Philosophie als Mittel zur Beurteilung des positiven Rechts treten für *M.* Rechtsgeschichte und Rechtsvergleichung. Steht er somit einerseits jüngeren vernunftrechtlichen Strömungen (denen auch → *Feuerbach* in seinen Frühschriften zugerechnet werden kann) fern, so unterscheidet er sich andererseits auch von den Lehren der historischen Rechtsschule (→ *Savigny*), insofern er deren „organologisches" Geschichtsdenken nicht übernimmt, sondern eine „pragmatische" Geschichtsauffassung (→ *Eichhorn*, → *Thibaut*) vertritt: die Geschichte erscheint als „Fundgrube für der Anschauung zugängliche Gesichtspunkte zur Auslegung und Weiterbildung des geltenden Rechts" *(Lüderssen)*. Dementsprechend ist die – zeitlich und räumlich – vergleichende Methode für fast alle Schriften *M.s* kennzeichnend; er kann als einer der Begründer der modernen Rechtsvergleichung angesehen werden.

Die Hauptmasse von *M.s* Schriften gilt dem Bereich des *Strafprozeßrechts*. Hier ist er besonders als wirkungsvoller Vorkämpfer des reformierten Strafprozesses hervorgetreten. Neben der Öffentlichkeit und Mündlichkeit des Verfahrens und dem Grundsatz der öffentlichen Anklage setzte er sich – im Gegensatz etwa zu → *Feuerbach* – auch für die

Einrichtung der Geschworenengerichte ein: sein die Einführung der Jury befürwortendes Referat auf der Lübecker Germanistenversammlung von 1847 „galt als die offizielle Anerkennung des ... Instituts von seiten der deutschen Rechtswissenschaft" *(Marquardsen)*. Es konnte sich dann allerdings nur bis 1924 halten, als durch eine Notverordnung (4.1.1924) des damaligen Reichsjustizministers *Erich Emminger* die Schwurgerichte der Sache, wenn auch nicht dem Namen nach in Schöffengerichte umgewandelt wurden. – Im Beweisrecht führt *M.s* „Theorie des Beweises" von 1809, in der er entschieden solche Einrichtungen des gemeinrechtlichen Strafprozesses wie Vorsatzvermutung, Verdachtsstrafe und Instanzentbindung bekämpft, wohl erstmals in der Rechtslehre den Nachweis, daß jeder Beweis, nicht nur der Indizienbeweis, lediglich eine Kette von Vermutungen darstellt. Damit wird nicht nur der Beweis „durch Zusammentreffen von Nebenumständen" seiner Sonderstellung entkleidet, vor allem erscheint auf dieser Grundlage auch das Prinzip der freien Beweiswürdigung als allein folgerichtig.

Wichtigster Beitrag *M.s* zum materiellen *Strafrecht* ist außer der erwähnten Schrift „Über die Grundfehler ..." die Bearbeitung des → *Feuerbach*schen Lehrbuchs, die auf → *Feuerbachs* eigenen Wunsch zurückging. Bei den unterschiedlichen Grundanschauungen beider Verfasser konnte es nicht ausbleiben, daß die drei von *M.* bearbeiteten Ausgaben von den früheren beträchtlich abwichen: *M.* ließ zwar den → *Feuerbach*schen Text im wesentlichen unverändert, weitete aber nach seiner Art in Fußnoten und eingeschobenen Paragraphen die Betrachtung rechtsvergleichend und historisch aus. Sachlich weicht er vor allem da von → *Feuerbach* ab, wo dieser seiner Ansicht nach empirisch-psychologische Tatsachen nicht hinreichend berücksichtigt: z.B. weist er darauf hin, daß Geisteskrankheiten auch in Form einer „stillen Manie" auftreten können und daß der → *Feuerbach*sche Vorsatzbegriff nicht auf Affekthandlungen passe.

Besonders hervorzuheben sind *M.s* Arbeiten zum *Strafvollzug*. Sein Buch über die Todesstrafe weist erstmals aufgrund empirischen Materials nach, daß die Todesstrafe keine abschreckende Kraft hat. Auch eine Reihe weiterer Einwände gegen die Todesstrafe wird auf der Grundlage positiver Erfahrungen dargelegt, nämlich die Gefahr von Fehlurteilen und die günstige Prognose bei begnadigten Schwerverbrechern. Generell stehen *M.s* Schriften zum Strafvollzug im Zeichen von Humanisierungsbemühungen; eine Reihe von Vorschlägen hierzu bringt, wiederum auf der Basis umfangreichen empirischen Materials, das Werk über die „Gefängnisverbesserung".

M. steht auch mit der Entstehung der *Kriminologie* in Verbindung. Monographisch hat er einschlägige Probleme in seinen „Beiträgen zur Criminalstatistik" von 1830 behandelt. Er stand auch im Briefwechsel mit *Lambert Adolphe Jacques Quetelet*, einem der ersten Kriminologen. Charakteristisch für *M.s* kriminologische Fragestellungen ist jedoch, daß er sie nicht als Selbstzweck, sondern im Verhältnis „wechselseitiger Abhängigkeit" *(Lüderssen)* mit den Problemen des Straf- und Strafprozeßrechts sieht.

Nur scheinbar aus dem Rahmen von *M.s* sonstigen Werken fällt sein Lehrbuch des *deutschen Privatrechts* (später: „Grundsätze des gemeinen deutschen Privatrechts"). Angesichts des Fehlens geschriebener Quellen des gemeinen deutschen Privatrechts bot sich hier die von *M.* auch sonst geübte historisch-vergleichende Betrachtungsweise an. Sein seit 1812 in mehreren Schriften dargelegtes Programm einer empirischen, nicht spekulativen deutschen Privatrechtswissenschaft zeigt in vielen Punkten Übereinstimmung mit den parallelen Arbeiten → *Eichhorns*. Umfassender als dieser berücksichtigt *M.* u.a. Handels-, Wechsel- und Seerecht und reiht sich damit unter die ersten wissenschaftlichen Bearbeiter dieser Rechtsgebiete ein.

Hauptwerke: (Titel z.T. abgekürzt): Theorie des Beweises im peinlichen Prozeß nach den gemeinen positiven Gesetzen und den Bestimmungen der französischen Kriminalgesetzgebung, 1809 (veröffentlicht 1821), spätere Umarbeitung: Die Lehre vom Beweis im deutschen Strafprozeß, 1834, Ndr. 1970. – Handbuch des peinlichen Prozesses, 1. Bd. 1810, 2. Bd. 1812; spätere Umarbeitung: Das deutsche Strafverfahren in seiner Fortbildung durch Gerichtsgebrauch und Partikulargesetzbücher und in genauer Vergleichung mit dem englischen und französischen Strafverfahren, 1827, [4]1845/46. – Über die öffentliche und mündliche Rechtspflege und das Geschworenengericht in Vergleichung mit dem deutschen Strafverfahren 1819. – Über die Grundfehler der Behandlung des Criminalrechts in Lehr- und Strafgesetzbüchern, 1819. – Der gemeine deutsche bürgerliche Prozeß in Vergleichung mit dem preußischen und französischen Zivilverfahren und mit den neuesten Fortschritten der Prozeßgesetzgebung, 1820, [2]1822. – Lehrbuch des deutschen Privatrechts, 1821; spätere Umarbeitung: Grundsätze des gemeinen deutschen Privatrechts, 1824, [4]1830, [7]1847. – Beiträge zur Criminalstatistik mit vergleichenden Bemerkungen über die Verhältnisse der Verbrechen und der Criminal-Justiz in Frankreich, England, den Niederlanden, der Schweiz, Baiern, Baden und Lippe-Detmold, 1830. – Lehrbuch des gemeinen in Deutschland geltenden peinlichen Rechts, von P.J.A. Feuerbach: [12]1836 (→ *Feuerbach*). – Die Mündlichkeit, das Anklageprinzip, die Öffentlichkeit und das Geschworenengericht, 1845, Ndr. 1970. – Das englische, schottische und nordamerikanische

Strafverfahren, 1851. – Die Gefängnißverbesserung, 1858. – Die Todesstrafe nach dem Ergebnis der wissenschaftlichen Forschung, der Fortschritte der Gesetzgebung und der Erfahrung, 1862. – Erfahrungen über die Wirksamkeit der Schwurgerichte in Europa und Amerika, 1865. – Eine Bibliographie aller Schriften Mittermaiers (die Zahl wird auf 600 geschätzt!) gibt es nicht.

Literatur: P. Balestreri: Mittermaier e l'Italia, in: Ius Commune 10 (1983), 97-140. – *S. Gagnér:* Die Wissenschaft des gemeinen Rechts und der Codex Maximilianeus Bavaricus Civilis, in: Wissenschaft und Kodifikation des Privatrechts im 19. Jh., hrsg. von *H. Coing* und *W. Wilhelm*, I, 1974, 1-118 (42-70). – *M. Hettinger:* Carl Joseph Anton Mittermaier (1787-1867) – Jurist zwischen zwei deutschen Reichen oder: auf der Suche nach einem neuen gemeinen Recht, in: ZRG (GA) 107 (1990), 433-461. – *A. Jammers:* Die Bibliothek des Heidelberger Juristen Karl Josef Anton Mittermaier (1787-1867) und ihre Eingliederung in die Universitätsbibliothek Heidelberg, in: Bibliothek und Wissenschaft 3 (1966), 156-218. – *J.F. Kammer:* Das gefängniswissenschaftliche Werk C.J.A. Mittermaiers, Diss. jur. Freiburg i.Br., 1971. – *K. Kroeschell:* Zielsetzung und Arbeitsweise der Wissenschaft vom gemeinen deutschen Privatrecht, in: Wissenschaft und Kodifikation (s. bei *Gagnér*), I, 249-276 (250-258). – *W. Küper* (Hrsg.): Carl Joseph Anton Mittermaier. Symposium 1987 Heidelberg, Vorträge u. Materialien, 1988. – *G. Landwehr:* Karl Josef Anton Mittermaier (1787-1867). Ein Professorenleben in Heidelberg, in: Heidelbergische Jahrb. 1968, 29-55. – *K. v. Lilienthal / W. Mittermaier:* Karl Josef Anton Mittermaier als Gelehrter und Persönlichkeit, in: ZStrW 43 (1922), 157-181. – *K. Lüderssen:* Einleitung (bes. 42-57) zu: *P.J.A. Feuerbach / C.J. A. Mittermaier:* Theorie der Erfahrung in der Rechtswissenschaft des 19. Jahrhunderts. Zwei methodische Schriften, 1968. – *K. Lüderssen:* Karl Josef Anton Mittermaier und der Empirismus in der Strafrechtswissenschaft, in: Jur. Schulung 1967, 444-448. – *H. Müller-Dietz:* K.J.A. Mittermaier. Ein führender Kriminalpolitiker und Pönologe des 19. Jh.s in: Kriminalistik 1974, 157-161. – *S.W. Neh:* Die posthumen Auflagen von Feuerbachs Lehrbuch. Zu der Konzeption C.J.A. Mittermaiers und seinem Wissenschaftsverständnis, 1991. – *G. Radbruch:* Drei Strafrechtslehrbücher des 19. Jahrhunderts, in: Festschr. für Ernst Heinrich Rosenfeld (1949), 7-28 (9 f.). – *L. Reuter:* C.J.A. Mittermaier – ein liberaler Vorkämpfer für das bürgerliche Straf- und Strafverfahrensrecht in Deutschland, in: Staat und Recht 1987, 611-617. – *Schmidt:* Einführung, 288-291. – *L. Stegemeier:* Die Bedeutung Karl Joseph Anton Mittermaiers für die Entwicklung des reformierten Strafprozesses, Diss. jur. Göttingen, 1945/48. – *Stintzing-Landsberg:* GDtRW III 2, 413-437. – ADB 22 (1885), 25-33 *(H. Marquardsen).* – Jur., 428 f. *(R. Harzer).* – NDB 17 (1994), 584 f. *(I. Ebert / A. Fijal).* S.

Justus Möser

(1720-1794)

Geb. am 14.12.1720 in Osnabrück. Studium der Rechte in Jena (ab 1740) und Göttingen (ab 1742). 1744 läßt sich *M.* in Osnabrück als Advokat nieder. 1747 wird er außerdem „Advocatus Patriae", d.h. Vertreter des Fürstbistums Osnabrück in Rechtsstreitigkeiten, 1762 erhält er die Stelle eines Justitiars beim Kriminalgericht. Nach dem Tod des katholischen Landesherrn und Kölner Kurfürsten Clemens August (1761) und dem Übergang der Fürstbischofswürde (1764) auf Friedrich von York, den erst sechs Monate alten Sohn des englischen Königs Georg III., gewinnt der Protestant *M.* mehr und mehr Einfluß auf die Landesverwaltung. Er wird 1764 Konsulent bei der fürstbischöflichen Regierung, 1768 Regierungsreferendar, 1783 Geheimer Referendar und Geheimer Justizrat. Tatsächlich führte *M.* seit der Mitte der sechziger Jahre die Regierungsgeschäfte fast ganz allein, denn die zwei ihm übergeordneten adligen Geheimen Räte ließen ihm weitgehend freie Hand. Da *M.* zugleich seit 1756 Syndikus der Ritterschaft, also des ständischen Gegenspielers der Landesregierung war, vereinigte er in sich zwei im Grunde unvereinbare Machtpositionen, „eine Anomalie", wie ein Zeitgenosse sagt, „von der man wohl nie ein Beispiel in ganz Deutschland gesehen hat, und über welche sich schon bei seinem Leben Jeder verwunderte, der darauf aufmerksam wurde". *M.s* Geschick und sein unerschütterliches Ansehen bei seinen Mitbürgern erlaubten es ihm aber, in diesem ständigen Interessenkonflikt beide Seiten zufriedenzustellen. Als Leiter der osnabrückischen Landesverwaltung hat *M.* durch geschickte Wirtschaftspolitik und das Bemühen um eine verbesserte Rechtsstellung der leibeigenen Bauern erfolgreich im Sinne einer wohlfahrtsstaatlichen, „ständischen" Aufklärung gewirkt. Er ist am 8.1.1794 in Osnabrück gestorben.

M. war nicht nur Staatsmann, Jurist und Historiker, sondern u.a. auch ein origineller Nationalökonom und Literaturtheoretiker, vor allem aber einer der bedeutendsten Prosaschriftsteller des 18. Jahrhunderts, der als solcher z.B. die Anerkennung und Bewunderung von Goethe und Lichtenberg gefunden hat. Er nimmt aber auch mit seiner Staats- und Rechtslehre einen unverwechselbaren Platz unter den Zeitgenossen ein, obwohl er seine Überlegungen nirgends systematisch entwickelt hat. Seine beiden Hauptwerke, die „Osnabrückische Geschichte" und die „Patriotischen Phantasien" (eine Sammlung kleiner Beiträge zu den „Wöchentlichen Osnabrückischen Anzeigen", die er seit 1766 herausgegeben und im wesentlichen allein verfaßt hat) lassen die Umrisse einer sowohl ständisch-konservativen, als auch gewisse liberale Züge tragenden Rechtstheorie erkennen.

Die *staatstheoretischen* Vorstellungen *M.s* laufen auf eine Verteidigung des Ständestaats hinaus, allerdings auf der Grundlage von Überlegungen, die *M.* auch noch für das bürgerlich-liberale 19. Jh. interessant machten. Ausgangspunkt ist *M.s* „Aktientheorie". Nach ihr sollen im Staat Rechte und Pflichten des einzelnen einander entsprechen, jeder soll Rechte nur nach dem Maß seiner Pflichten haben. Ursprünglich, meint *M.*, war es so, daß nur die Landeigentümer wehr- und steuerpflichtig waren, so daß auch nur diese „Landaktionäre" (die *M.* im wesentlichen mit dem Adel seiner Zeit gleichsetzt) politische Rechte haben konnten. Später mußten auch die Bürger mit ihren Gütern zu den Lasten des Staates beitragen, so daß sich ein zweiter Stand, der der „Geldaktionäre", ergab. Auch die dritte Entwicklungsstufe, daß sogar die Vermögenslosen durch Einsetzung ihrer Existenz im Wehrdienst („Leibaktionäre") zu politischen Rechten kommen, wird von *M.* ins Auge gefaßt. Danach scheint es so, als könnten alle Staatsbürger, soweit sie irgendwie zu den Lasten des Staates beitragen, entsprechende politische Rechte erlangen. *M.* relativiert aber die Aktientheorie durch die Behauptung, daß die historisch begründeten besseren Rechte der Landeigentümer den Vorrang vor den „Geld-" (und erst recht natürlich den „Leib-")Aktionären hätten. Damit setzt sich bei ihm doch die historische gegen die aktientheoretisch-rationale Herleitung der politischen Rechte durch, und es bleibt im Ergebnis bei der herkömmlichen Ständeordnung: Adel – Bürger – Bauern. *M.* will sie allerdings durch Zurückdrängung des bloßen (landlosen) Geburtsadels und Verbesserung der erbbäuerlichen Rechte etwas auflockern. Vor allem sollen die Stände weitgehende Autonomie in ihren inneren Angelegenheiten, jedenfalls in der Gesetzgebung und Rechtsprechung, erhalten. In seinen großartigen Visionen vom demokratischen Zusammenwirken der Standesgenossen in der Frühzeit erhebt sich *M.* weit über die nur den Status quo verteidigenden Ständestaatler seiner Zeit: „Die wahren Genossen setzen sich selbst ihr Recht ... Jeder Genosse ohne Unterschied des Standes, folgt dem Marktgerichte, das er mit bekleidet, dem Richter, welchen er sich erwählet, und der Abrede, die er mit bewilligt hat." Mit diesen Elementen seiner Lehre hat *M.* weit in das 19. Jh. hineingewirkt und vor allem Anstöße für die kommunale Selbstverwaltung (→ *Karl vom Stein*) und die Genossenschaftstheorie (→ *Gierke*) gegeben.

Die Zukunft gehörte allerdings doch nicht seiner ständestaatlichen, sondern der herrschenden egalitären Naturrechtslehre seiner Zeit, nach der es keine ständischen Abstufungen gibt, sondern alle freien (selbständigen) Männer politische Rechte im Staat haben, sofern diese Rechte nicht auf den absoluten Herrscher „übertragen" sind. *M.s* von der Naturrechtslehre abweichender historisch-rechtlicher Ausgangspunkt zeigt sich auch in seiner Ablehnung der Menschenrechte, der er in einer Reihe von Aufsätzen nach dem Ausbruch der französischen Revolution noch Ausdruck gegeben hat. Vorstaatliche Rechte kann es für *M.* nicht geben; jeder hat nur die Rechte, die seinem Stand aufgrund des ursprünglichen Vertrages mit seinen Standesgenossen oder anderen Ständen zukommen. Insgesamt ist *M.s* Lehre daher zwar einerseits rückgewandt in ihrer Betonung der ständischen Ordnung und der nur historisch begründbaren Rechte des Einzelnen, aber andererseits auch liberal und geradezu modern mit ihrem Eintreten für genossenschaftliche Freiheiten und gegen die Allmacht eines bürgerfernen Staatsapparats.

Auch in seiner *Rechtslehre* stellt sich *M.* gegen die naturrechtlich-absolutistische Hauptrichtung des zeitgenössischen Denkens. Ein durch bloße Vernunft erkennbares „natürliches" Recht gibt es für ihn nicht: Die „gesunde Vernunft" ist nur „eine gefällige Schmeichlerin der Mächtigen", und kein sterblicher Mensch ist „im Stande, die Furche anzugeben, wo die Willkühr sich von der Weißheit scheidet". Dementsprechend teilt *M.* auch nicht den Gesetzgebungsoptimismus seiner Zeit. Allgemeine Gesetze lehnt er schon deshalb ab, weil sie die ständischen Vorrechte einebnen, „alle ursprüngliche Contracte, alle Privilegien und Freiheiten" untergraben. Wenn überhaupt Gesetze, dann sollen sie für jeden Stand gesondert gegeben werden. Aber auch generell traut *M.* der gesetzgebenden Weisheit wenig zu. Schon unsere Vorfahren hätten gewußt, „daß man das Recht niemals mit der Schnur ausmessen könnte, sondern vieles dem Ermessen ehrlicher Männer überlassen müsse". Damit wird – soweit nicht Gesetze existieren, die buchstabengetreu angewendet werden können – der freie Richterspruch der rechtsungelehrten Standesgenossen zur wichtigsten Rechtsquelle. Dadurch entstehen allerdings Legitimationsprobleme, die von der unter *M.s* Zeitgenossen herrschenden Ansicht, nach welcher der Richter nur den Befehl des Gesetzes vollzieht, noch gar nicht aufgeworfen werden konnten. *M.* hat diese Probleme jedenfalls geahnt. Seine Lösung geht dahin, daß die Legitimation des Richterspruchs durch selbstgewählte Richter auf dem im voraus erklärten Einverständnis des Rechtsunterworfenen beruht. Darüber hinaus garantiert nach *M.* die Entscheidung durch Standesgenossen auch die sachliche Richtigkeit der Entscheidung, denn das Urteil erwächst dann ja aus einer Rechtsüberzeugung, die Partei und Richter gemeinsam haben.

Im 19. und 20. Jh. sind viele Einzelheiten von *M.s* Rechtslehre aufgegriffen worden. Die Schwurgerichtsanhänger berufen sich auf sein Eintreten für ungelehrte Richter. Die historische Rechtsschule (→ *Savigny*) übernimmt *M.s* Mißtrauen gegen kodifikatorische Gesetzgebung, allerdings nicht seine Geringschätzung der wissenschaftlich-juristischen Regelbildung. Besonders aktuell sind *M.s* Überlegungen zur Legitimation richterlicher Entscheidungen, seitdem sich im späten 19. und im 20. Jh. die Überzeugung durchgesetzt hat, daß nicht jedes Urteil durch das Gesetz vorherbestimmt ist. Allerdings sind *M.s* aus der Sicht des späten Ständestaats gewonnenen Erkenntnisse nur zum Teil auf die Gegenwart übertragbar.

M.s Bedeutung erschöpft sich aber auch nicht in der Summe seiner Einflüsse auf nachfolgende Generationen. Mit seinem energischen Eintreten für die ständische Ehre und die genossenschaftliche Eigentümerdemokratie und mit seinem Mißtrauen gegenüber abstrakten Rechtswahrheiten gehört *M.* zu den originellsten Rechtsdenkern nicht nur des 18. Jh.s. „Möser ist ein Typus. Man kann von einem Möserschen Element in der Entwicklung des deutschen Denkens sprechen" (Wilhelm Scherer) – das gilt auch für *M.s* Rechts- und Staatstheorie.

Hauptwerke: Osnabrückische Geschichte. Allgemeine Einleitung, 1768; 1. (Neubearb. der Allg. Einl.) u. 2. Teil 1780; 3. Teil, hrsg. v. *C.B. Stüve*, 1824. – Patriotische Phantasien, hrsg. v. *J.W.J. v. Voigts geb. Möser*, 4 Tle., 1774-1786. – Sämtliche Werke, hrsg. v. *B.R. Abeken*, 10 Bde., 1842/43. – Sämtliche Werke. Historisch-kritische Ausgabe in 14 Bden., hrsg. von der Akademie der Wissenschaften in Göttingen, 1943 ff.

Literatur (besonders zur Rechts- und Staatslehre): *L. Bäte:* Justus Möser. Advocatus Patriae, 1961. – *E.-W. Böckenförde:* Die deutsche verfassungsgeschichtliche Forschung im 19. Jh., 1961, 23-41. – *R. Brandt:* Kant und Möser, in: P. Krause (Hrsg.): Vernunftrecht und Rechtsreform, 1988, 89-104. – *U. Brünauer:* Justus Möser, 1933. – *W. Dilthey:* Das achtzehnte Jh. und die geschichtliche Welt (1901), in *ders.:* Ges. Schriften, III, [3]1962, 209-269. – *K. Epstein:* The Genesis of German Conservatism,

1966, 297-338. – *B. Fiebig:* Justus Mösers Staatslehre, Diss. jur. (masch.) Köln, 1953. – *P. Göttsching:* „Bürgerliche Ehre“ und „Recht der Menschheit“ bei Justus Möser, in: Osnabr. Mitteilungen 84 (1978), 51-79. – *Ders.:* Justus Mösers Staats- und Geschichtsdenken, in: Der Staat 22 (1983), 33-61. – *O. Hatzig:* Justus Möser als Staatsmann und Publizist, 1909. – *P. Klassen:* Justus Möser, 1936. – *J.B. Knudsen:* Justus Möser and the German Enlightenment, 1986. – *H. Krüger:* Justus Möser (1720-1794), in: PdV, 35-39. – *H. Maier:* Justus Möser, in: Jahres- und Tagungsbericht der Görres-Gesellschaft 1985, 1986, 67-82. – *Karl Mannheim:* Konservatismus. Ein Beitrag zur Soziologie des Wissens, hrsg. v. D. Kettler, V. Meja u. N. Stehr, 1984, bes. 158-165. – *E. Maußer:* Das Rechtsdenken Justus Mösers in seiner geschichtlichen Stellung zwischen Naturrechtslehre und Historismus, Diss. jur. (masch.) Freiburg i.Br., 1942. – *F. Meinecke:* Die Entstehung des Historismus, hrsg. v. C. Hinrichs, 1959, 303-354. – *R. Renger:* Landesherr und Landstände im Hochstift Osnabrück in der Mitte des 18. Jh.s, 1968. – *M. Rudersdorf:* „Das Glück der Bettler“. Justus Möser und die Welt der Armen, 1995. – *J. Rückert:* Historie und Jurisprudenz bei Justus Möser, in: M. Stolleis u.a. (Hrsg.): Die Bedeutung der Wörter. Festschr. f. S. Gagnér z. 70.Geb., 1991, 357-381. – *G.K. Schmelzeisen:* Justus Mösers Aktientheorie als rechtsgedankliches Gefüge, in: ZRG (GA) 96 (1980), 254-272. – *Jan Schröder:* Justus Möser als Jurist. Zur Staats- und Rechtslehre in den Patriotischen Phantasien und in der Osnabrückischen Geschichte, 1986. – *Ders.:* Justus Möser, in: Staatsdenker im 17. und 18. Jh., hrsg. v. M. Stolleis, ²1987, 294-309. – *D. Schwab:* Die „Selbstverwaltungsidee“ des Freiherrn vom Stein und ihre geistigen Grundlagen 1971. – *R. Stauf:* Justus Mösers Konzept einer deutschen Nationalidentität. Mit einem Ausblick auf Goethe, 1991. – *K.H.L. Welker:* Behandungs-Contrackt statt Eigengebung: Erbpacht statt Eigenbehörigkeit, in: Möser-Forum 1 (1988/89). – *Ders.:* Rechtshistorie als Rechtspolitik, 1995. – *H. Zimmermann:* Staat, Recht und Wirtschaft bei Justus Möser, 1933. – ADB 22 (1885), 385-390 *(Wegele)*. – GD 5 (1956), 158-165 *(E. Crusius)*. – HRG III (1984), 705-715 *(G. Philipp)*. – Jur., 432-434 *(I.K. Ahl)*. – NDB 17 (1994), 687-689 *(W.F. Sheldon)*.

S.

Robert von Mohl

(1799-1875)

Geb. 17.8.1799 in Stuttgart. Von 1817 an Studium der Rechts- und Staatswissenschaft in Tübingen, 1819 in Heidelberg (→ *Thibaut*, *K.S. Zachariä*), 1821 Doktor der Rechte in Tübingen. Bildungsreise nach Frankfurt (Deutscher Bundestag), wo er durch den Gesandten Frhr. v. *Wangenheim* Einsicht in Protokolle des Bundestags erhielt, Göttingen (wo *M.* Vorlesungen bei → *Eichhorn* hörte) und Paris. Dort lernte *M.* den amerikanischen Konsul *Warden* kennen, der ihm seine Sammlung von Schriften über Amerika zur Verfügung stellte. Dies gab *M.* die Anregung zu dem Buch über das Bundesstaatsrecht der Vereinigten Staaten (1824), der ersten Darstellung dieser Materie; das Buch machte *M.* weithin bekannt. 1824 kehrte er nach Tübingen zurück und wurde dort außerordentlicher Professor der Rechte und 1827 ordentlicher Professor in der Staatswissenschaftlichen Fakultät (Vorlesungen über württembergisches Staatsrecht, Enzyklopädie der Staatswissenschaft und Polizeiwissenschaft).

In seiner Tübinger Zeit entstanden die Hauptwerke *M.s:* „Das Staatsrecht des Königreichs Württemberg" und „Die Polizeiwissenschaft nach den Grundsätzen des Rechtsstaats". Mit dem „Staatsrecht" schuf *M.* die erste wissenschaftliche Bearbeitung des modernen Staatsrechts überhaupt. Auch von der Praxis wurde sie dankbar aufgenommen; Regierung und Stände sahen das Werk fast wie einen „offiziellen Kommentar des württembergischen Verfassungsrechts" *(Schulze)* an. *M.* war ein „altliberaler" Anhänger des konstitutionellen Prinzips, lehnte allerdings die Gewaltentrennung (später hat er sich für konsequente Parlamentarisierung ausgesprochen) ebenso ab wie das allgemeine Wahlrecht.

Die „Polizeiwissenschaft" vereinigt in eigenartiger Weise die ältere Verwaltungswissenschaft mit dem Rechtsstaatsgedanken des 19. Jahrhunderts. Einerseits folgt *M.* nicht der – in der zweiten Hälfte des 19. Jahrhunderts durchgedrungenen – aufklärerisch-liberalen Vorstellung, daß die öffentliche Verwaltung (Polizei) lediglich zur Wahrung der Sicherheit und zur Gefahrenabwehr tätig werden müsse, sondern bleibt bei der älteren Bestimmung der Staatszwecke, die der „Polizei" auch die gesamte Wohlfahrtspflege zuweist. So wird sein Lehrbuch zu der letzten bedeutenden Darstellung umfassender, auch auf Förderung der bürgerlichen Wohlfahrt gerichteter Staatstätigkeit. *M.* beschränkt sich dabei auch nicht, wie die spätere juristisch-positivistische Verwaltungsrechtswissenschaft (→ *Mayer*), auf die rechtliche Darstellung, sondern bietet detaillierte sachliche Beschreibungen aller einzelnen Verwaltungszweige, verbindet also nach der modernen Terminologie „Verwaltungsrecht" und „Verwaltungslehre". In seiner Ablehnung des neueren, engen Polizeibegriffs geht *M.* so weit, daß er die Gefahrenabwehr gerade *nicht* unter den Begriff „Polizei", sondern unter den der „Präventivjustiz" bringt, ein Vorgehen, das freilich schon die Zeitgenossen befremdete. Andererseits nimmt *M.* aber im Gegensatz zur älteren „Polizeiwissenschaft" den Rechtsstaatsgedanken auf. Dieser erscheint bei ihm vor allem in Form eines „materiellen" Rechtsstaatsdenkens, wonach der Rechtsstaat den Zweck hat, jeden Bürger in der freien und allseitigen Übung und Benutzung seiner Kräfte zu unterstützen und zu fördern. Das „formelle" Rechtsstaatsdenken (Gesetzesbindung der Verwaltung) ist bei *M.* noch nicht voll ausgeprägt. Immerhin betont er, daß die Polizeigesetzgebung nicht den Volks- und Ständevertretungen entzogen werden kann, und auch der Gedanke einer selbständigen Verwaltungsgerichtsbarkeit (→ *Gneist*) ist bei ihm im Ansatz vorhanden.

Das „Staatsrecht" und die „Polizeiwissenschaft", deren „wesentliche bleibende Leistung … wohl in der Verschmelzung der Wohlfahrtsidee des alten Polizeistaates mit dem modernen Rechtsstaatsgedanken zu sehen ist" *(Rößler)*, sind nicht die einzigen Werke, die in der Tübinger Periode *M.s* entstanden sind. *M.* war u.a. auch auf sozialpolitischem Gebiet tätig. Erwähnung verdient vor allem seine 1835 erschienene Schrift „Über die Nachteile, welche sowohl den Arbeitern selbst, als dem Wohlstande und der Sicherheit der gesamten bürgerlichen Gesellschaft von dem fabrikmäßigen Betriebe der Industrie zugehen, und über die Notwendigkeit gründlicher Vorbeugungsmittel". Von *M.s* Aufgeschlossenheit für soziale Fragen und von seinem Fortschrittsgeist auf diesem Gebiet zeugt, daß er sich für eine Beteiligung der Arbeiter am Gewinn aussprach.

M.s Lehrtätigkeit in Tübingen fand 1846 ein unerwartetes Ende. Er hatte einen Sitz im Württembergischen Landtag ins Auge gefaßt, konnte aber nicht gewählt werden, da sein Vater Mitglied der Ersten Kammer war. Als dieser 1845 starb, fiel dieses Hindernis weg, und *M.* kandidierte im Amt Balingen. Ein Schreiben an einen seiner früheren Schüler in Balingen, in dem er scharfe Kritik an der Regierung übte, gelangte ohne sein Wissen in die Öffentlichkeit. Daraufhin wurde er seiner Professur enthoben und als Regierungsrat nach Ulm strafversetzt, was er mit dem Abschied aus dem württembergischen Staatsdienst beantwortete. Er blieb der Lehrtätigkeit aber nur ein Jahr entzogen, denn 1847 erhielt er einen Ruf an die badische Universität Heidelberg als Professor der Staatswissenschaften.

1848 wurde *M.* in die Nationalversammlung gewählt, gehörte dem Verfassungsausschuß an und zählte bald aufgrund der Erfahrungen, die er in Frankfurt machte, zu den Anhängern Preußens. Am 9.8.1848 wurde er zum Reichsjustizminister ernannt. Er brachte die Verabschiedung der Wechselordnung und die Einsetzung einer Kommission zur Erarbeitung eines Handelsgesetzbuches für Deutschland zustande. Als König Friedrich Wilhelm IV. von Preußen die ihm angetragene Kaiserkrone ablehnte, war das politische Schicksal der Nationalversammlung besiegelt. *M.* legte sein Ministeramt und bald darauf sein Mandat nieder und kehrte im Juli 1849 nach Heidelberg zurück, wo er sich wieder der Vorlesungs- und der schriftstellerischen Tätigkeit zuwandte.

1855 bis 1858 erschien „Die Geschichte und Literatur der Staatswissenschaften. In Monographien dargestellt" in drei Bänden, „ein gewaltiger erratischer Block aus der Gletscherzeit urwüchsiger, alle Zeiten und Völker umspannender Polyhistorie" *(Landsberg)*. *M.* beschränkt sich nicht darauf, die ungeheure Menge an Literatur abrißartig wiederzugeben: er stellt Zusammenhänge her, zeigt die rechtlichen Zustände auf und bringt Einführungen in die Entwicklung der einzelnen Wissenschaften bzw. des einzelnen Gegenstandes. Das Werk gehört noch heute zur Standardliteratur.

Mit dem Jahr 1861 fand die Lehrtätigkeit *M.s* ein Ende. Er wurde zuerst badischer Gesandter beim Bundestag und 1866 (nach der Auflösung des Deutschen Bundes) in München, wo er bis zu seiner Ernennung zum Präsidenten der Oberrechnungskammer in Karlsruhe (1871) blieb. 1874 wurde er in den Reichstag gewählt. Er verstarb am 5.11.1875 in Berlin, wohin er zu einer Reichstagssitzung gekommen war.

In einem Brief vom Jahre 1865 bekannte *M.* selbst, es habe ihm viel gefehlt, um vollkommen Tüchtiges zuwege zu bringen; es bleibe das Gefühl, „ganz einfach seinen Platz in der Menge nehmen zu müssen". Diese Selbstkritik erscheint vor allem in der Gegenwart, die *M.* als dem neben → *L. v. Stein* letzten bedeutenden Vertreter einer umfassenden Verwaltungswissenschaft wieder besonderes Interesse zuwendet, kaum verständlich.

Hauptwerke: Das Bundesstaatsrecht der vereinigten Staaten von Nordamerika, 1. (einzige) Abt.: Verfassungsrecht, 1824. – Das Staatsrecht des Königreichs Württemberg, 2 Bde., 1829/31. – Die Polizei-Wissenschaft nach den Grundsätzen des Rechtsstaats, 2 Bde., 1832/33, 3. Bd. (zunächst selbständig erschienen: System der Präventiv-Justiz oder Rechtspolizei), 1834. – Die Geschichte und Literatur der Staatswissenschaften. In Monographien dargestellt, 3 Bde., 1855-1858, Ndr. 1960. – Enzyklopädie der Staatswissenschaften, 1859. – Staatsrecht, Völkerrecht und Politik. Monographien, 3 Bde., 1860-1869, Ndr. 1962. Bibliographie bei *Ernst Meier:* Robert v. Mohl, in: ZStW 34 (1878), 431 ff.

Literatur: J. Abellán: Liberalismo alemán del Siglo XIX: Robert von Mohl, in: Revista de estudios politicos 33 (1983) 123-145. – *E. Angermann:* Robert von Mohl 1799-1875. Leben und Werk eines altliberalen Staatsgelehrten, 1962. – *A. Bark:* Robert von Mohl, in: Staat und Recht, hrsg. v. *M.J. Sattler*, 1972. – *P.M. Ehrle:* Robert von Mohl als Leiter der Tübinger Universitätsbibliothek (1836-1844), 1975. – *E. Jayme:* Robert von Mohl und Pasquale Stanislao Mancini – Eine Begegnung in Neapel,in: M. Stolleis (Hrsg.) u.a.: Die Bedeutung der Wörter. Festschr. f. S. Gagnér z. 70. Geb., 1991, 93-103. – *Hans Maier:* Die ältere deutsche Staats- und Verwaltungslehre (Polizeiwissenschaft), ^{2}1980, 219-233. – *Ernst Meier:* Robert v. Mohl (s.o.). – *K.W. Nörr:* Eher Hegel als Kant, 1991, 26-30. – *P. Rößler:* Robert von Mohl, in: MDV, 99-115. – *F. Ronneberger:* Zum 100. Todestag des Robert von Mohl, in: Die Verwaltung 9 (1976), 63-72. – *F. de Sanctis:* Robert von Mohl. Una critica liberale all'individualismo, in: Rivista internazionale di filosofia del diritto 1976, 31-47. – *U. Scheuner:* Robert von Mohl: Die Begründung einer Verwaltungslehre und einer staatswissenschaftlichen Politik, in: 500 Jahre Eberhard-Karls-Universität Tübingen, 1977, 515-538. – *U. Scheuner:* Der Rechtsstaat und die soziale Verantwortung des Staates. Das wissenschaftliche Lebenswerk von Robert v. Mohl, in: Der Staat 18 (1979), 1-30. – *Helmut Schmitz:* Die Staatsauffassung Robert von Mohls unter Berücksichtigung der verfassungsgeschichtlichen Entwicklung und des positivistischen Staatsdenkens, Diss. jur. Köln, 1965. – *Hermann Schulze:* Robert v. Mohl. Ein Erinnerungsblatt, 1886. – *Stintzing-Landsberg:* GDtRW III 2, 401-411. – *Stolleis:* Gesch., II, bes. 172-176, 193-196, 258-261. – ADB 22 (1885), 745-758 *(H. Marqardsen).* – HRG III (1984), 617-621 *(M. Stolleis).* – Jur., 434-436 *(M. Stolleis).* – NDB 17 (1994), 692-694 *(E. Angermann).* – StL 3 (^{7}1987), 1204 f. *(E. Angermann).* F.

Theodor Mommsen

(1817-1903)

Geb. am 30.11.1817 in Garding (Schleswig). Gymnasialzeit in Altona (Christianeum), ab 1838 Studium der Rechtswissenschaft in Kiel *(Falck, Kierulff)*, außerdem philologische Studien (Einflüsse *Otto Jahns*). 1843 juristisches Examen und Promotion in Kiel (zwei Abhandlungen „Ad legem quem dicunt de scribis viatoribus praeconibus animadversiones" und „De auctoritate commentatio"). Lehrer an einer Mädchenprivatschule in Altona, 1844 bis 1847 – ermöglicht durch ein Reisestipendium des dänischen Königs – Aufenthalt in Frankreich und Italien. Dort Sammlung lateinischer Inschriften; Unterricht durch den Eremiten *Bartolomeo Borghesi*, den besten Kenner der lateinischen Epigraphik. Nach der Rückkehr wieder Schullehrer, 1848 für einige Monate Redakteur der „Schleswig-Holsteinischen Zeitung", des Organs der revolutionären „Provisorischen Regierung" Schleswig-Holsteins. Im Herbst desselben Jahres Berufung nach Leipzig als außerordentlicher Professor des Römischen Rechts, 1850, nach dem Sieg der Reaktion in Sachsen, Entlassung aus politischen Gründen. 1852 Professor der Rechte in Zürich, 1854-1858 Professor in Breslau. 1858 Übersiedlung nach Berlin als Mitglied der Akademie mit dem Auftrag, das „Corpus inscriptionum latinarum" herauszugeben, 1861 Ernennung zum Professor für Alte Geschichte an der Berliner Universität. Organisation zahlreicher editorischer Großunternehmen (Corpus inscriptionum latinarum, Corpus iuris civilis, Abteilung „Auctores antiquissimi" der Monumenta Germaniae Historica, Corpus nummorum, Codex Theodosianus) und Förderung des „Thesaurus linguae latinae". 1863-1866 und 1873-1879 Mitglied des Preußischen Landtags, 1881-1884 des Reichstags. 1896 Ehrenbürger von Rom. 1902 Nobelpreisträger für Literatur. Am 1.11.1903 in Charlottenburg gestorben.

M. war Jurist, Epigraphiker, Philologe, Historiker, Numismatiker; er vereinigte in umfassender und vielleicht unwiederholbarer Weise die Kenntnisse aller Wissenschaften von der römischen Antike in sich. Sein berühmtestes Werk ist die „Römische Geschichte". Sie beruht auf den von *Barthold Georg Niebuhr* erstmals konsequent durchgeführten Grundsätzen einer realistischen und quellenkritischen Geschichtsschreibung und ist charakterisiert durch die Verwendung moderner Anschauungskategorien – die bis in die Terminologie hineinreicht: der Konsul wird als „Bürgermeister", der Feldherr als „General" bezeichnet – sowie durch einen entschlossenen, *M.s* eigene politische Gesinnungen widerspiegelnden „Subjektivismus" bei der Wertung von Personen und Institutionen. Die Zeitgenossen empfanden sie, wie die Verleihung des Literatur-Nobelpreises an *M.* zeigt, auch als literarisches Kunstwerk. Den vierten Band, der die Kaiserzeit hätte behandeln sollen, ließ *M.* ungeschrieben (eine Vorlesungsnachschrift ist 1992 veröffentlicht worden). Der Grund lag wohl vor allem im *M.s* zunehmender Skepsis gegenüber jeder Geschichtsschreibung, die er scharf von der eigentlich historisch-philologischen Wissenschaft trennte. Das Wissenschaftsideal der zweiten Lebenshälfte *M.s* deckt sich mit dem des wissenschaftlichen Positivismus: die zweckfreie methodische Forschung trägt ihren Wert in sich, es kommt darauf an, „daß die Archive der Vergangenheit geordnet werden". *M.* hat diese Absicht durch seine und seiner Mitarbeiter große Quelleneditionen, die die gesamte romanistische Wissenschaft auf eine neue Grundlage stellten, verwirklicht.

Für die Rechtswissenschaft haben *M.s* „Römisches Staatsrecht" und „Römisches Strafrecht„ sowie seine Editionen von Rechtsquellen, vor allem des Corpus iuris civilis, besondere Bedeutung. Das „Römische Staatsrecht" ist eine „creatio e nihilo" *(A. Heuß)* sowohl dem Stoff als auch der Behandlungsart nach. Dem Stoff nach, da es unmittelbare Quellen des römischen Verfassungsrechts – im Gegensatz zum Zivilrecht – fast gar nicht gibt (die Verfassungszustände müssen im wesentlichen aus der römischen Geschichte erschlossen werden) und auch, mit Ausnahme einiger Ansätze bei *Niebuhr* und *Joseph Rubino*, keine brauchbaren Vorarbeiten für eine Darstellung des römischen Staatsrechts existierten. Der Behandlungsweise nach, da *M.* die im Staatsrecht bis dahin nicht gebräuchliche „systematische" Darstellung anstrebte. Er entsprach damit den Vorstellungen der historischen Rechtsschule (→ *Savigny*), die Verfolgung des „organischen" Wachsens der Institutionen durch die historischen Zeiträume und ihre Zusammenfügung zu einem Rechtssystem durch Aufsuchen der gemeinsamen Oberbegriffe verlangte. Die systematische Einheit seines Römischen Staatsrechts erreichte *M.* dadurch, daß er Magistratur und Volk als die polaren Zentralbegriffe erfaßte und den Begriff der Magistratur im Wandel der Institutionen Königtum, republikanische Magistratur und Prinzipat (ein von *M.* eingeführter, in den Quellen nachweisbarer Begriff) der frühen Kaiserzeit als einheitliches Prinzip herausstellte. Dadurch wurde das „Römische Staatsrecht", wie oft gerügt worden ist, „ahistorisch", was bei der *M.*schen Behandlungsweise aber unvermeidlich war. Neuere Darstellungen versuchen demgegenüber – neben zahlreichen Einzelkorrekturen –, die Eigenart der verschiedenen Epochen schärfer gegeneinander abzuheben, also zu einer „geschichtlicheren" Betrachtung zurückzukehren. Insgesamt wird man aber sagen müssen, daß auch die gegenwärtigen Vorstellungen über den römischen Staat noch weitgehend von *M.* geprägt sind.

M.s Darstellung des *römischen Strafrechts* stand vor einer noch ungünstigeren Quellensituation als das Staatsrecht; auch hier waren die literarischen Vorarbeiten dürftig. Das „Römische Strafrecht" baut auf den im „Staatsrecht" entwickelten Begriffen weiter, wie *M.* im Vorwort hervorhebt. Besonders zeigt sich das in der Darstellung des Strafverfahrens: Entsprechend seinem Gedanken, daß in Rom das Imperium einschließlich der Gerichtsbarkeit bei der Magistratur gelegen habe, unterschied *M.* als die beiden ersten Phasen des römischen Strafverfahrens eine magistratische Judikation, die ganz – also hinsichtlich Anklage, Gericht und Vollstreckung – in den Händen der Könige lag, und den magistratisch-komitialen Prozeß der Republik bis ins 2. Jh. v.Chr., bei dem die Strafgewalt der Konsuln bzw. Prätoren durch das Recht des Verurteilten beschränkt wurde, gegen die Vollstreckung des (Todes-)Urteils die Komitien (Volksversammlung) anzurufen. Nach dieser, in ihrer Konzeption eines öffentlichen Strafrechts sehr modernen Auffassung bestand ein ziemlich unvermittelter Bruch zwischen den beiden älteren Formen und der dritten, mit den Sullanischen Reformen (82, 81 v. Chr.) einsetzenden Phase des römischen Strafverfahrens (Popularanklage, Gericht durch ein Geschworenenkollegium, bei dem der Magistrat nur die Prozeßleitung hat). Sie stand auch im Gegensatz zu der sonst – z.B. im griechischen und germanischen Strafrecht – zu beobachtenden Entwicklung vom privaten zum öffentlichen Strafrecht. *M.s* Lehre hat sich daher vor allem in diesem Punkt nicht dauerhaft durchsetzen können. Heute nimmt man an, daß die Zwölftafelgesetze und die frühe Republik – mit Ausnahme des politischen Strafrechts und einer Polizeijustiz (Koerzition) für gemeingefährliche Delikte – nur ein Privatstrafrecht mit ausschließlichem Anklagerecht des Verletzten und Urteil durch ein Geschworenenkollegium kannten, die Sullanischen Gesetze aber eine Weiterentwicklung der im politischen Strafrecht und in der Polizeijustiz bereits bekannten Verfahrensformen darstellten.

Die für die juristische Romanistik wichtigste Leistung des Philologen *M.* und eine seiner meistbewunderten Arbeiten überhaupt ist seine *Digestenedition*, die die für die Gegenwart maßgebliche Ausgabe darstellt. Den philologischen Methoden seiner Zeit gemäß wollte *M.* den Archetypus der Überlieferung bieten, d.h. die Wiedergabe bzw. Rekonstruktion der

Handschrift, von der alle anderen Handschriften „abstammen". Für die Herstellung des Digestentextes kamen vor allem die in der Justinianischen Zeit bzw. vor Gründung der Bologneser Rechtsschule entstandenen Handschriften – die Florentina (so genannt nach dem Aufbewahrungsort) und einige Fragmente (Neapel, Pommersfelden) – und die in bolognesischer Zeit und im Spätmittelalter entstandenen sog. Vulgathandschriften, deren Zahl in die Hunderte geht, in Betracht. *M.* sah den Archetyp der Überlieferung in der Florentina, die er daher, außer dort, wo sie lückenhaft oder widersprüchlich ist, zur Grundlage seiner Textherstellung machte. Entgegen der bis dahin vorherrschenden Ansicht nahm er aber keine unmittelbare Abstammung der Vulgathandschriften aus der Florentina an, sondern führte die gesamte Vulgatüberlieferung auf eine nicht mehr vorhandene Vorlage, den „Codex S(ecundus)", zurück. Er hielt jedoch diesen wiederum für von der Florentina abhängig, so daß er der Vulgatüberlieferung keine besondere Beachtung schenkte. Die Konstruktion des Codex S ist von der späteren Forschung akzeptiert worden; diese neigt aber dazu, ihm – und damit der Vulgata – gegenüber der Florentina selbständige Bedeutung beizumessen. Dabei sind die Hypothesen aufgestellt worden, der Codex S gehe außer auf die Florentina auch auf von ihr unabhängige Digestenauszüge zurück bzw. enthalte authentische Korrekturen des Gesetzgebers, die in die Florentina nicht mehr eingetragen worden sind. –

Ein Bild von *M.* erfordert auch eine kurze Darstellung seines politischen Wirkens: *M.* sah sich selbst vor allem als „animal politicum", und seine politischen Ansichten bestimmen auch Akzentsetzung und Wertung in den Werken über römische Geschichte und römisches Recht. Als Politiker war *M.* Mitbegründer der Deutschen Fortschrittspartei, später Nationalliberaler, dann – nach der Spaltung der Liberalen – Mitglied der „Liberalen Vereinigung" (Sezession). Als Sezessionist wurde er 1881 in den Reichstag gewählt, wo er mehrmals als erbitterter Gegner Bismarcks auftrat (Schutzzollpolitik, Sozialistengesetz). *M.* hat wohl immer darunter gelitten, daß ihm die Parteipolitik zu wenig individuellen politischen Spielraum ließ: Er „wünschte ein Bürger zu sein", glaubte aber erkannt zu haben, daß das nicht möglich ist „in unserer Nation, bei der der Einzelne, auch der Beste, über den Dienst am Gliede und den politischen Fetischismus nicht hinauskommt". *M.s* Staatsideale lassen sich in die beiden Begriffe „Nation" und „Demokratie" zusammenfassen, wobei er diese als die Form, jene als den Stoff zum Staat ansieht. Demgegenüber hatte die Frage: Republik oder Monarchie? für ihn nur untergeordnete Bedeutung; er war sicher, „daß die Zwecke der Demokratie innerhalb der Grenzen der konstitutionellen Monarchie vollständig erreicht werden können".

Hauptwerke: Römische Geschichte, Bd. 1-3, 1854-1856, [9]1902/04, [14]1933, Ndr. o.J., Bd. 5: 1885, [11]1933, Ndr. o.J. – Römische Forschungen, 2 Bde., 1864/79. – Römisches Staatsrecht, 3 Bde., 1871-1888 (Ndre. 1955 u.1963), dazu Stellenregister, bearb. v. *J. Malitz*. 1979. – Römisches Strafrecht, 1899, Ndre. 1955 u. 1961. – Gesammelte Schriften, 8 Bde., 1905-1910, davon Jur. Schriften Bd. 1-3, 1905/07, Ndr. 1965/66. – Römische Kaisergeschichte, nach den Vorlesungsmitschriften von Sebastian und Paul Hensel, hrsg. von *B. u. A. Demandt*, 1992. – *Editionen* (soweit ganz oder überwiegend von M.): Digesta Iustiniani Augusti, 2 Bde., 1868-1870. – Auctores Antiquissimi I 5, 9, 11-13, in: MGH, 1882-1898. – Corpus Inscriptionum Latinarum, III 3 u. 4 (1902), V (1877), IX u. X (1883). – Theodosiani libri XVI, Bd. 1, Bd. 2 (posttheodosianische Novellen) hrsg. v. *P.M. Meyer:* 1905. Bibliographie: *K. Zangemeister/E. Jacobs:* Theodor Mommsen als Schriftsteller, 1905.

Literatur: O. Gradenwitz: Theodor Mommsen, in: ZRG (RA) 25 (1904), 1-31. – *Ludo M. Hartmann:* Theodor Mommsen, 1908. – *A. Heuß:* Theodor Mommsen und das 19. Jahrhundert, 1956. – *Ders.:* Theodor Mommsen als Geschichtsschreiber, in: N. Hammerstein (Hrsg.): Deutsche Geschichtswissenschaft um 1900, 1989, 37-95. – *J. Kuczynski:* Theodor Mommsen. Portrait eines Gesellschaftswissenschaftlers. Mit einem Kap. über Mommsen den Juristen von *H. Klenner*, 1978. – *Stintzing-Landsberg:* GDtRW III 2, 866-879. – *Wilhelm Weber:* Theodor Mommsen, 1929, – *L. Wickert:* Theodor Mommsen. Eine Biographie, 4 Bde., 1959-1980. – *L. Wickert:* Theodor Mommsen und Jacob Bernays, in: HZ 205 (1967), 265-294. – *L. Wickert:* Drei Vorträge über Theodor Mommsen, hrsg. v. *H. Bellen*, 1970. – *Wieacker:* PRG, 417-419. – *U. v. Wilamowitz-Möllendorff:* Theodor Mommsen, Ansprache, 1918. – *H. Wolff:* Mommsen, Theodor, in: R. vom Bruch / R.A. Müller (Hrsg.): Historikerlexikon, 1991, 215-217. – *A. Wucher:* Mommsen's historical writing: A continuation of politics by other means, in: Historians in politics, hrsg. v. *W. Laqueur* u. *G.L. Mosse*, London 1974, 37-57. – *A. Wucher:* Theodor Mommsen, Geschichtsschreibung und Politik, 1956, [2]1968 (mit Bibliographie). – *A. Wucher:* Theodor Mommsen, in: H.-U. Wehler (Hrsg.): Deutsche Historiker, IV, 1972, 7-24. – GD 3 (1956), 572-581 *(L. Wickert).* S.

Charles-Louis de Secondat, Baron de la Brède et de Montesquieu

(1689-1755)

Montesquieu ist einer der bedeutendsten Vertreter der französischen Aufklärung und am ehesten als politisch-philosophischer Schriftsteller zu bezeichnen, bei dem seine juristische Schulung deutlich hervortritt. Geboren am 18.01.1689 auf Schloß La Brède bei Bordeaux, gehört er zu einer Familie, die sowohl zum Schwert- als auch zum Amtsadel zählte. Von 1700-1705 besuchte er eine Schule der Oratorianer in Juilly bei Paris, die der humanistischen Tradition und einer historisch-philologischen Gelehrsamkeit verpflichtet war.

Hier wurde er mit der Philosophie *Descartes'* bekannt und sein Interesse für die Naturwissenschaften geweckt. 1706-1708 Jura-Studium in Bordeaux mit Abschluß des Lizenziates. Von 1709-1713 praktische juristische Ausbildung in Paris zur Vorbereitung seiner Tätigkeit am Parlament von Bordeaux. Seit 1714 Rat am Parlament von Bordeaux, wo er 1716 die Stelle eines Präsidenten erbte. Seit 1716 war er Mitglied der Academie von Bordeaux, in der die Naturwissenschaften besonders gepflegt wurden. *M.* verfaßte zahlreiche naturwissenschaftliche Abhandlungen. Seit 1717 lebte er häufig in Paris, wo er in literarischen Salons verkehrte. 1721 erschienen die „Lettres persanes" (dt. 1759), die – obwohl anonym erschienen – ihn in Frankreich berühmt machten. *M.* empfand seine juristische Tätigkeit als Last. Um sich Gedanken- und Handlungsfreiheit als Schriftsteller zu verschaffen, verkaufte er 1726 sein Amt als Parlamentspräsident. 1728 wurde er trotz großer Opposition zum Mitglied der Academie Française gewählt, die er in den „Lettres persanes" kritisiert hatte. Von 1728-1731 unternahm er eine Europareise, die ihn über Österreich, Ungarn, Italien, Deutschland, Holland nach England führte, wo er fast zwei Jahre lebte. In allen Ländern, in denen er mit berühmten Zeitgenossen zusammentraf, interessierte er sich für die wirtschaftliche und politische Situation des Landes sowie für die Lebensgewohnheiten seiner Bewohner. Dabei bildeten seine Reiseaufzeichnungen wichtige Grundlagen für seine späteren Arbeiten. Nach dem 1734 erschienen Buch „Considérations sur les causes de la grandeur des Romains et de leur décadence" (dt. 1742) erschien 1748 sein Hauptwerk „De l'Esprit des lois" (dt. 1753), das 1751 auf den Index gesetzt wurde. *M.* starb am 10.02.1755 in Paris.

Die beiden Werke aus den Jahren 1721 und 1734, neben denen *M.* noch andere Schriften verfaßte, waren bedeutende Vorarbeiten für sein Hauptwerk über den „Geist der Gesetze“ von 1748. In den „Lettres persanes“, einem philosophisch-politischen Briefroman, nutzte *M.* die Orientrezeption dazu, aus dem Blickwinkel zweier Orientalen viele Bereiche des öffentlichen politischen, des gesellschaftlichen und des religiösen Lebens im absolutistischen Frankreich satirisch zu beleuchten und mit dem orientalischen, insbesondere osmanischen Despotismus zu vergleichen. In den „Considérations sur les causes de la grandeur des Romains et de leur décadence“ stellt er zum Teil in groben Zügen die Zusammenhänge der römischen Geschichte und die Gründe für ihren Ablauf dar, wobei er nicht den Anforderungen einer wissenschaftlich-quellenkritischen historischen Untersuchung entsprach. Vielmehr wollte er die inneren historischen Bedingungen aufdecken und den Prozeß des Aufstiegs und Zerfalls des römischen Staates analysieren, um die herausgearbeiteten allgemeinen Ursachen sowie die politischen Tugenden und Handlungsmaximen für die unmittelbare Gegenwart nutzbar zu machen. Geschichte hatte für *M.* einen politisch relevanten Sinn. Der „Esprit des Lois“ beginnt mit der Grundthese *M.s*, daß „die Gesetze im weitesten Sinne des Wortes Beziehungen sind, die sich aus der Natur der Dinge mit Notwendigkeit ergeben“, weshalb er fordert, daß sie der Vernunft entsprechen müssen. Der Vernunft entsprechen sie nur dann, wenn sie den besonderen Bedingungen eines Landes, seiner Regierungsform, seiner geographischen Lage und Größe, dem Klima, der sozialen Gliederung, dem Wesen des Volkes, der Religion, dem Reichtum, dem Handel und den Sitten entsprechen. Gemeinsam mit dem „ésprit général“ einer Nation führen diese „Beziehungen“ zum „Geist der Gesetze“, wobei sie dem Volk, für das sie geschaffen sind, so genau angepaßt sein müssen, daß es ein sehr großer Zufall wäre, wenn sie auch einem anderen Volke angemessen wären (I, 3). Wie ein Naturwissenschaftler versucht *M.* die vielfältigen gesellschaftlichen Erscheinungen zu ordnen und Gesetzmäßigkeiten zu bestimmen, wobei ihm seine juristische Schulung hilft, sowohl die geschichtliche Entwicklung als auch den Geist der Gesetze im zeitgenössischen Vergleich darzulegen. Nach *M.* sind diese Bedingungen historischen Veränderungen unterworfen. Damit gelangt er zu einer historischen Bedingtheit der Gesetzgebung, ohne allerdings das Naturrecht zu leugnen. Mit dieser geschichtlichen Betrachtungsweise unterscheidet sich *M.* wesentlich von den abstrakten Naturrechtsideen der herrschenden Philosophie seiner Zeit. Nach *M.s* eigener Bewertung ist die Untersuchung der Regierungsformen für den „Geist der Gesetze“ am bedeutsamsten, deshalb wird auf sie in dem Werk immer wieder Bezug genommen. An die Stelle der aristotelischen Trias Monarchie, Aristokratie und Demokratie setzt *M.* Republik, Monarchie und Despotie, wobei jede dieser Regierungsformen durch ein besonderes typisches „Prinzip“ gekennzeichnet sei: Selbstentsagende Tugend im Geiste der Gleichheit in der Republik, Ehre in der ständischen Gesellschaft der Monarchie und alles gleichmachende Furcht in der Despotie. Beachtenswert ist, daß er die Natur der Monarchie, die er für die beste Regierungsform hält und die er in Frankreich reformiert sehen will, durch untergeordnete und abhängige „Zwischengewalten“ („pouvoirs intermédiaires“) bestimmt sieht. Daher gehöre der Adel als natürliche Zwischengewalt zum Wesen der Monarchie. Neben dem Adel, zu dem *M.* auch den Amtsadel zählt, erwähnt er den Klerus und die Städte.

Der „Esprit“ bedeutet einen maßgeblichen Beitrag zur Gesetzgebungstheorie, der viel beachtet wurde und wirkungsgeschichtlich äußerst komplex ist. Da die Gesetzgebung als Hauptaufgabe des absolutistischen Staates angesehen wurde, rückte während des 18. Jahrhunderts der Gesetzesbegriff in den Mittelpunkt der Rechtstheorie. Dabei inspirierte der Esprit die politische Diskussion über den Stellenwert der Gesetzgebung und stärkte den Optimismus, durch Gesetze Gerechtigkeit zu verwirklichen, Freiheit zu garantieren und die Legalität der Regierung sichern zu können. Das wirkungsgeschichtlich bedeutsamste Kapitel ist das über die englische Verfassung (XI, 6), in dem *M.* sein Gewaltenteilungsmodell vorstellt, einen Begriff, den er selber nicht verwendet und der *M.s* Zielsetzung zudem nur ungenau umschreibt. Besser ist von Balancierung und Mäßigung zu sprechen. *M.* schildert nicht die englische Verfassungwirklichkeit, sondern entwirft einen Idealzustand, zu dem ihm u.a. die Ansichten der englischen Oppositionsparteien, insbesondere von *Henry Bolingbroke* und die Lehren → *John Lockes*, verhalfen. Er untersucht die politische Freiheit in der Beziehung zur Verfassung. Dabei geht er davon aus, daß es in jedem Staat die Gewalt der Legislative, der Exekutive und der Judikative gebe. Die Freiheit sei aber nicht gewährleistet, wenn diese Gewalten vereinigt seien. Da der Mensch nach Macht strebe und diese zu erweitern suche, müßten die Gewalten verteilt werden, um zu verhindern, daß sie die Freiheit gefährden. Es bedürfe dazu eines Systems von Kontrollen und Balancierungen, das auch innerhalb der Gewalten angewandt werden müsse. Alles staatliche

Handeln soll dadurch kontrollierbar und vorhersehbar, jede Willkür soll ausgeschlossen sein.

Die Vielzahl der von *M.* angesprochenen Themen führte dazu, daß seine Zeitgenossen ihn wie eine Enzyklopädie lasen, so z.B. zum Klima, zur Rechts- und Landesgeschichte – insbesondere zum Strafrecht und Strafprozeßrecht –, zur Sklaverei, zur Stellung der Frau. Dabei liegt *M.s* Ausführungen kein gesamtes, insbesondere philosophisches, System zugrunde, seine Ausführungen sind nicht frei von Widersprüchen, weshalb er sowohl als Aufklärer, als Konservativer, als aristokratischer Liberaler, als altständischer Reaktionär des Feudalstaates oder als Vorläufer der Jakobiner gesehen wird. Vielfach haben sie den Charakter von Reflexionen mit aphoristischer Schärfe, wodurch seine Tradition zu den französischen Moralisten deutlich wird. Hervorzuheben ist *M.s* literarisch eleganter Stil, der den Leser für den Inhalt seiner Schriften empfänglich machen soll. Bei aller Kritik an seinen Ausführungen beeindruckt *M.* durch sein Bemühen, die Bandbreite der politischen Wirklichkeit ganzheitlich darzustellen, weswegen er mit seiner Untersuchungsmethode als Vorläufer der Soziologie und des Historismus gilt.

Seiner Vielschichtigkeit entsprechend lieferte der „Esprit" sowohl der aristokratischen Opposition des Ancien Regime als auch den Jakobinern während der französischen Revolution politische Argumente. Dabei wirkten *J.J. Rousseaus* Auffassungen von der unteilbaren Staatsgewalt und Volkssouveränität sowie dessen Gesetzesauffassung als Gegenpole, ohne allerdings *M.s* Einfluß, insbesondere die Idee der Gewaltenteilung verdrängen zu können. Berücksichtigt z.B. in der Verfassung von Korsika 1755, der amerikanischen Bundesverfassung 1787, der Erklärung der Menschen- und Bürgerrechte 1789, den französischen Verfassungen von 1791, 1795 und 1814, wurde sie bedeutsam für den Konstitutionalismus im 19. Jahrhundert. Dabei wurde allerdings *M.s* Modell der Gewaltenteilung, mit dem er in verkürzender Weise zunehmend identifiziert wurde, im Rahmen eines technisierten Verfassungsverständnisses auf eine funktionale Trennung der Gewalten reduziert, womit der Blick auf *M.s* kompliziertes Modell der Gewaltenverschränkung und -balancierung verstellt wurde. Als Ordnungs- und Strukturprinzip ist die Gewaltenteilung mit unterschiedlichen Ausprägungen in fast allen modernen Verfassungen enthalten.

Hauptwerke: Œuvres complètes, hrsg. v. *R. Caillois*, 2 vol. 1949, 1951. – Œuvres complètes de Montesquieu, hrsg. v. *A. Masson*, 3 vol. 1950, 1953, 1955. – Perserbriefe, aus dem Franz. v. *J. v. Stackelberg*, 1988. – Größe und Niedergang Roms – Considérations sur les causes de la grandeur des Romains et de leur décadence (1734), mit den Randbem. Friedrichs des Großen, übers.u. hrsg. v. *L. Schuckert*, 1980. – Vom Geist der Gesetze, 2 Bde., eingel. u. übers. v. *E. Forsthoff*, 1951 (Ndr. 1992). – Vom Geist der Gesetze, eingel., ausgewählt u. übers. v. *K. Weigand*, 1980.

Literatur (Auswahl): Actes du Congrès Montesquieu, réuni à Bordeaux du 23 au 26 mai 1955 pour commémorer le deuxième centenaire de la mort de Montesquieu, 1956. – *L. Althusser:* Montesquieu. La politique et l'histoire, ^{4}1974. – *R. Aron:* Les étapes de la pensée sociologique, 1967. – *H. Barckhausen:* Montesquieu. Ses idées et ses œuvres d'après les papiers de La Brède, 1907 (Ndr. 1970). – *U. Boillin:* Die Lehre Montesquieus von den Ursachen der Größe und des Verfalls der Staaten, Diss. jur. Mainz, 1976. – *J. Brèthe de la Gressaye:* La philosophie du Droit de Montesquieu, in: Archives de Philosophie du Droit 1962, 199 ff. – *T. Bühler:* Eine Rechtsgeschichte Frankreichs, in: FS f. F. Elsener, 1977, 68 ff. – *C.P. Clostermeyer:* Zwei Gesichter der Aufklärung, 1983. – *F.G. Dahlem:* Das Strafrecht bei Montesquieu, Diss. jur. Mainz, 1952. – *J. Dedieu:* Montesquieu. L'homme et l'œuvre, 1943. – *L. Desgraves:* Montesquieu, 1986 (dt. 1992). – *M. Dodds:* Les récits de voyages. Sources de l'Esprit des Lois de Montesquieu, 1929 (Ndr. 1980). – *E. Durckheim:* Montesquieu et Rousseau, précurseurs de la sociologie, 1953. – *J. Ehrard:* Politique de Montesquieu, 1965. – *A. Eiselin:* Die Grundgedanken Montesquieus zu Staat und Gesetz, Diss. jur. Köln, 1964. – *C. Eisenmann:* La pensée constitutionelle de Montesquieu, Recueil sirey du bicentenaire de l'Esprit des Lois, 1952. – *B. Falk:* Montesquieu, in: Klassiker des polit. Denkens, hrsg. v. H. Maier u.a., II, ^{2}1969, 53 ff. – *O. Fischl:* Der Einfluß der Aufklärungsphilos. auf die Entwickl. des Strafrechts in Doktrin, Politik und Gesetzgebung ..., 1913 (Ndr. 1973). – *F.T.H. Fletcher:* Montesquieu and English Politics (1750-1800), 1939 (Ndr. 1980). – *E. Forsthoff:* Montesquieus Esprit des Lois. Zum Gedächtnis des Erscheinens im November 1748, in: Deutsche Rechts-Zeitschrift 3 (1948), 405 ff. – *M. Göhring:* Montesquieu. Historismus und mod. Verfassungsstaat, 1956. – *S. Goyard-Fabre:* La philosophie du droit de Montesquieu, 1973. – *Dies.:* Montesquieu. La nature, les lois, la liberté, 1993. – *F. Herdmann:* Montesquieurezeption in Deutschland im 18. und beginnenden 19. Jh., 1990. – *E. v. Hippel:* Die Lehre Montesquieus von der Dreiteilung der Gewalten und der Grad ihrer Verwirklich. i.d. Verf. des Dt. Reichs v. 1871 u. 1919 u. den Verf. des Preuß. Staates v. 1850 u. 1920, Diss. jur. Göttingen, 1921. – *M. Imboden:* Montesquieu und die Lehre der Gewaltentrennung, 1959. – *V. Klemperer:* Montesquieu, 2 Bde., 1914/15. – *K. Kluxen:* Die Herkunft der Lehre von der Gewaltentrennung, in: FS für G. Kallen, 1957, 219 ff. – *H. Knust:* Montesquieu und die Verfassungen der Ver. Staaten von Amerika, 1922. – *A. Lewkowitz:* Die klassische Rechts- und Staatsphilos., Montesquieu bis Hegel, 1914. – *H. Maier:* Montesquieu und die Tradition, in: Epimeleia. Die Sorge der Philos. um den Menschen, hg. v. F. Wiedmann, 1964, 267 ff. – *B. Manin:* Montesquieu, in: Dictionnaire critique de la Révolution francaise, hrsg. v. F. Furet u.a., 1988, 786 ff. – *F. Meinecke:* Die Entstehung des Historismus, Werke, hrsg. v. C. Hinrichs, III, 1959, 116 ff. – *D. Merten* (Hrsg.): Gewaltentrennung im Rechtsstaat: Zum 300. Geb. von Charles de Montesquieu, 1989. – *H. Scheidig:* Die Montesquieusche Forderung nach Teilung der Gewalten im Staate und ihre Durchführung in den drei bayer. Verf., Diss.

jur. Erlangen, 1930. – *H. Schlosser:* Montesquieu: Der aristokrat. Geist der Aufklärung, 1990. – *J. Schröder:* Zur Vorgeschichte der Volksgeistlehre, in ZRG (GA) 109 (1992), 1-47. – *W. Schulze:* Die Lehre Montesquieus von den staatl. Funktionen, Diss. jur. Jena, 1902. – *R. Shackleton:* Montesquieu, Bolingbroke and the Separation of Powers, in: French Studies – A Quarterly Review, III (1949), 25 ff. – *Ders.:* Montesquieu. A critical Biography, 1961. – *M. Tropér:* La séparation des Pouvoirs et l'Histoire constitutionelle française, [2]1980. – *P. Vernière:* Montesquieu et l'esprit des lois ou la raison impure, 1977. – *R. Vierhaus:* Montesquieu in Deutschland, in: Collegium Philosophicum. Stud. J. Ritter zum 60. Geb., 1965, 403 ff. – *E. Vollrath:* Die Staatsformenlehre Montesquieus, in: FS f. D. Sternberger, 1977, 392 ff. – *M.H. Waddicor:* Montesquieu and the Philosophy of Natural Law, 1970. Bibliographien bei *W. Totok* (Hrsg.): Handb. d. Gesch. d. Philos., V, 1986, 445-453 und *H. Schlosser*, a.a.O., 33-40. – Jur., 438-440 *(U. Speck)*. – StL 3 ([7]1987), 1217-1219 *(C.P. Clostermeyer)*. – TRE 23, 279-282 *(S.B.S. Taylor)*.

U. Dorn

Maximilian Joseph Graf von Montgelas

(1759-1838)

M. entstammt einem alten savoyischen, im 18. Jahrhundert in Bayern eingebürgerten Adelsgeschlecht. Er wurde am 12.9.1759 in München geboren, wo er auch am 14.6.1838 starb. Studium in Straßburg (1770-1776) und juristische Abschlußprüfung 1777 an der Universität Ingolstadt. In kurbayerischen Diensten war er ab 1777 unbesoldeter wirklicher Hofrat, ab 1780 auch Mitglied der Bücherzensurkommission. Diese Stellungen gab er auf, nachdem 1785 seine Mitgliedschaft im Illuminatenorden bekannt geworden war.

M. wandte sich dann 1787 an den herzoglichen Hof in Zweibrücken, wo er aber als Anhänger der französischen Revolution 1793-1795 gleichfalls in Ungnade fiel. Der neue Herzog Maximilian Joseph machte ihn jedoch 1796 zu seinem leitenden Berater. Als dann 1799 auf Max Joseph auch das Kurfürstentum Pfalz-Bayern überging, wurde *M.* dort Außenminister (bis 1817), später auch Innen- (1806-1817) und Finanzminister (1803-1806 und 1809-1817) und damit zum einflußreichsten bayerischen Staatsmann dieser Epoche. 1809 wurde *M.* in den erblichen Grafenstand erhoben, am 2.2.1817 auf Betreiben seiner Gegner, an deren Spitze der Kronprinz Ludwig und Feldmarschall Fürst Wrede standen, unter Beibehaltung seines vollen Gehalts und seiner Vorrechte aus dem aktiven Dienst entlassen.

M. „gehört zu den eigenartigsten und erfolgreichsten Persönlichkeiten, die Deutschland aufzuweisen hatte in einer Epoche des Umbruchs, in der es mehr außergewöhnliche, zur Wirkung gelangte Begabungen besaß als jemals früher oder später seit den Tagen der Renaissance und des Humanismus" *(Weis)*. Außenpolitisch gelang ihm durch zeitweise engen Anschluß an das napoleonische Frankreich (das er dann 1813 noch rechtzeitig zugunsten Österreichs und der deutschen Länder aufgab) eine beträchtliche Vergrößerung des bayerischen Territoriums. Sein innenpolitisches Ziel war es, in dem neuen, großen, aber zersplitterten bayerischen Staat eine einheitliche Staatsgewalt zu schaffen und dabei zugleich den durch Aufklärung und französische Revolution verbreiteten Forderungen gerecht zu werden. Dieses Reformwerk war eine echte „Revolution von oben", die *M.* mit Hilfe des Kurfürsten Maximilian IV. Joseph (ab 1806 König Maximilian I.) durchführte. Sie bewirkte eine Neuordnung der Staats- und Verwaltungsorganisation, mit der eine Reform des materiellen Rechts (→ *Feuerbach*) Hand in Hand ging; damit vollzog sich ohne größere Schwierigkeiten in Bayern der Übergang vom absolutistischen Staat zum neuzeitlichen Verfassungsstaat.

Noch im Jahre 1799 (Resolution vom 25.2.1799) ordnete der Kurfürst auf Vorschlag von *M.* die Einführung einer neuen Ministerialverfassung an: Es wurden vier „Departements" geschaffen, und zwar für die auswärtigen Geschäfte, die Finanzen, die Justiz und für die geistlichen Angelegenheiten, 1806 (Verordnung vom 29.10.1806) wurden die Geschäfte unter den vier Departements der auswärtigen Angelegenheiten, des Innern, der Finanzen und der Justiz verteilt, und 1808 kam ein Departement für Kriegswesen hinzu. Diese Ministerien waren für die Gesamtheit der Wittelsbachischen Staaten zuständig. Dies bedeutete in Bayern die Absage an das Regionalsystem. Seit 1808 (Verfassung sowie Edikt vom 4.6.1808) bestand ein Geheimer Rat, der die wichtigsten inneren Angelegenheiten zu beraten, die Gesetze und wichtigen Verordnungen zu entwerfen und daneben auch richterliche Funktionen auszuüben hatte: insbesondere als oberste Instanz für administrativ-kontentiöse Sachen und als entscheidende Instanz bei Kompetenzkonflikten zwischen den Organen der Rechtspflege und der Verwaltung.

Die wichtigste Schöpfung *M.s* ist die Verfassung vom 1.5.1808. Sie brachte neben der Gleichheit aller Untertanen vor dem Gesetz, Gewissensfreiheit, Unabhängigkeit der Rechtspflege, Aufhebung der Leibeigenschaft, Aufhebung der Steuerbefreiungen und Vermögenskonfiskationen eine Erweiterung der ministeriellen Geschäftskreise und eine Neuordnung des Verhältnisses der Dynastie zum Staat: Der König ist nur ein Organ des Staates, nicht mehr, wie im Absolutismus, identisch mit dem Staat. Das Vermögen des Königs wird vom Staatsvermögen getrennt. Der Minister, und zwar der Fachminister, tritt neben dem König in der Leitung des Staates in Erscheinung; königliche Dekrete bedürfen der Gegenzeichnung durch den Minister. Die Verfassung billigte dem Staatsbürger Grundrechte zu, was eine beachtliche Rechtsgarantie bedeutete, auch wenn sie nur Programmpunkte für das Handeln der Regierung waren.

Die Neuordnung der inneren Verwaltung zielte vor allem auf Trennung von Justiz und Verwaltung und auf Vereinheitlichung der Behörden ab. Die bisherigen Mittelbehörden (Regierungen), die zugleich Verwaltungs- und Rechtspflegeaufgaben wahrnahmen, wurden aufgelöst. Als allgemeine Behörden der inneren Verwaltung fungierten ab 1808 „Generalkommissariate“ (heute: Bezirksregierungen), eine Umbildung der nach Einführung des Realsystems in der oberen Verwaltungsstufe (Fachministerien) überflüssig gewordenen bisherigen Oberbehörden (Landesdirektionen). Oberster Gerichtshof und Appellationsinstanz für die Appellationsgerichte der Landkreise wurde das 1809 in München errichtete Oberappellationsgericht, Vorläufer des heutigen Bayerischen Obersten Landesgerichts. Nur in der unteren Verwaltungsstufe („Landgerichte“) blieben Justiz und Verwaltung zunächst ungetrennt.

Besonders eingreifend wirkte sich die nach französischem Muster angestrebte zentralistische Struktur der inneren Verwaltung im Bereich der Städte und Märkte aus: das Edikt über das Gemeindewesen (24.9.1808) beseitigte die Reste der Selbstverwaltung vollständig. Den Gemeinden wurde die Verwaltung des eigenen Vermögens entzogen; Gerichtsbarkeit, Polizei und alle anderen früher den Städten und Märkten zustehenden Rechte wurden verstaatlicht. Eine „staatliche Kuratel“ – zentralisiert im Innenministerium und ausgeübt durch die (General-)Kreiskommissäre oder besondere Beamte – mußte jede gemeindliche Maßnahme genehmigen. Diese Reform ist also der gleichzeitigen preußischen Städteordnung (→ *Karl Freiherr vom Stein*) geradezu gegenläufig; sie war auch nicht von Bestand, denn bereits 1818 wurde die gemeindliche Selbstverwaltung wieder eingeführt.

Diese Verfassungs- und Verwaltungsreformen verlangten ein neues Beamtentum. Die rechtlichen Voraussetzungen hierzu wurden schon durch die Hauptlandespragmatik über die Dienstverhältnisse der Staatsdiener vom 1.1.1805 geschaffen. Sie sicherten den Beamten feste und gleichmäßige Gehalts- und Ruhegehaltsrechte zu und schützte sie vor willkürlicher Entlassung. Mit der Pragmatik wurde erstmals öffentliches Recht im modernen Sinn geschaffen, das dem Einzelnen Rechte gegen den hoheitlichen Staat gab.

Literatur: Denkwürdigkeiten des bayerischen Staatsministers Maximilian Grafen von Montgelas, im Auszug aus dem franz. Orig. übers. v. *M. Frhr. v. Freyberg-Eisenberg*, hrsg. v. *L. Graf von Montgelas*, 1887 (über Außenpolitik). – Denkwürdigkeiten des Grafen Maximilian Joseph von Montgelas über die innere Staaatsverwaltung Bayerns (1799-1817), hrsg. v. *G. Laubmann* und *M. Doeberl*, 1908.

B. Becker: Zusammenhänge zwischen den Ideen zu den Verwaltungsreformen von Montgelas, Stein und Hardenberg, in: Bayer. Verwaltungsblätter 1986, 705-712, 744-750. – *W. Demel:* Der bayerische Staatabsolutismus 1806/08-1817, 1983. – *L. Doeberl:* Maximilian von Montgelas und sein Prinzip der Staatssouveränität beim Neubau des „Reiches Bayern", (= Deutsche Geschichtsbücherei III, 1925; wieder in: Die Entstehung des modernen souveränen Staates, hrsg. v. *H.H. Hofmann*, 1967, 273 ff.). – *M. Doeberl:* Entwicklungsgeschichte Bayerns, II, ³1928, 383-582. – *R. Graf Du Moulin Eckart:* Bayern unter dem Ministerium Montgelas 1799-1817, I 1895. – *W. Gimbel:* Der Wandel der Rechtsbeziehungen zwischen Kirche und Staat unter Montgelas, Diss. jur. München, 1967. – *Fr. Herre:* Montgelas. Gründer des bayerischen Staates (= Stöppel-Kaleidoskop 301), 1988. – (*K.H. v. Lang*, anonym erschienen): Der Minister Graf von Montgelas unter der Regierung König Maximilians von Baiern, 1814. – *Franz Mayer:* Die Eigenständigkeit des bayerischen Verwaltungsrechts, dargestellt an Bayerns Polizeirecht, 1958, 48 ff. – *M. v. Seydel:* Bayerisches Staatsrecht, Bd. 1, ²1896, 93-168. – *K. Weber:* Ein Denkmal für Graf Montgelas, in: Bayer. Verwaltungsblätter 1984, 523-

527. – *E. Weis:* Maximilian Joseph Graf von Montgelas, 1759-1838, in: MDV, 59-78. – *E. Weis:* Montgelas. 1759-1799: Zwischen Revolution und Reform, 1971. – *E. Weis:* Maximilian Joseph Graf von Montgelas, in: PdV, 70-74. – *Julie v. Zerzog:* Briefe des Staatsministers Grafen Montgelas, 1853. Umfangreiche weitere Angaben bei *E. Weis*, in: MDV, 389-391, und in: PdV 74. – ADB 22 (1885), 193-204 *(Heigel)*. – HRG III (1984), 645-650 *(E. Weis)*. F.

Johann Jacob Moser

(1701-1785)

Der neben → *J. St. Pütter* bedeutendste Staatsrechtler des alten Reiches und quantitativ wohl fruchtbarste juristische Schriftsteller überhaupt – er hat ein Œuvre von 500 bis 600 Bänden hinterlassen – wurde am 18.1.1701 in Stuttgart als Sproß einer alten Familie der württembergischen „Ehrbarkeit“ (Schicht der Amtsträger) geboren. Von dem ihm überkommenen Adelstitel „von Filseck und Weilerberg“ hat er kaum Gebrauch gemacht, wohl aber gelegentlich, etwa bei diplomatischen Missionen, sich hinter dem Pseudonym „Dr. Weilerberger“ verborgen. Nach dem Besuch des Gymnasium Illustre in Stuttgart bezog er mit 16 Jahren die Universität Tübingen. In deutlichem Gegensatz zum polyhistorischen Bildungsideal konzentrierte sich *M.*, der sehr bald selbst Professor werden wollte, auf die juristischen Studien, und hier fast ausschließlich auf sein Lieblingsfach, das Staatsrecht des Heiligen Römischen Reiches. Ohne Bindung an einen bestimmten Lehrer, in seiner wissenschaftlichen Grundeinstellung aber wohl geprägt durch den Theologen und Universitätskanzler *Christoph Matthäus Pfaff* sowie den Staatsrechtler *Gabriel Schweder*, obwohl dieser „kein angenehmer Lehrer war“, betrieb *M.* sein

Studium im wesentlichen autodidaktisch und mag daneben aus der Korrespondenz mit anderen Gelehrten *(Struv, Pfeffinger, Uffenbach)* Anregungen erfahren haben. Schon ein halbes Jahr nach Beendigung des Studiums mit dem Lizentiat wird er außerordentlicher Professor in Tübingen, doch wegen seiner Jugend – er zählt erst 19 Jahre – und Schwierigkeiten mit der Fakultät (der er später „Nepotismus" vorwarf) bleiben die Hörer aus, auf die *M.* als Unbesoldeter angewiesen ist. So muß *M.* schon 1721 aufgeben und begibt sich kurzerhand nach Wien, wo er sich in Reichsangelegenheiten fortzubilden, wohl auch eine Anstellung zu finden hofft. Ein wechselvoller Lebenslauf beginnt. In Wien empfiehlt *M.* sich durch ein Gutachten über die Rechte des Reichs in der Toskana dem Reichsvizekanzler *Friedrich Karl von Schönborn*, der ihm Zugang zu den Wiener Reichsbehörden verschafft. Doch in ein festes Dienstverhältnis mag der Protestant *M.* im katholischen Wien wohl nicht treten, sondern kehrt 1722 nach Stuttgart zurück, wo er im selben Jahr *Friederike Rosine Vischer*, Tochter eines württ. Regierungsrates, heiratet (der älteste Sohn, *Friedrich Karl v. M.*, tritt später als Diplomat, Verwaltungsjurist und politischer Schriftsteller – „Der Herr und der Diener", 1774 – hervor). 1724 kehrt *M.*, wegen seiner Wiener Beziehungen in Stuttgart verdächtigt und daher nicht in den württ. Staatsdienst aufgenommen, als wissenschaftlicher Hilfsarbeiter des Reichshofrates *Graf Nostitz* nach Wien zurück. 1726 als Regierungsrat nach Stuttgart zurückberufen, gibt er diese Position schon ein halbes Jahr später, 1727, wieder auf und wird im gleichen Jahr Titularprofessor am Collegium Illustre in Tübingen. Seine Hoffnungen auf eine Professur an der Juristenfakultät jedoch zerschlagen sich. Etwa 1730 wendet sich *M.* dem Pietismus zu, der sein Leben fortan entscheidend prägt. 1734 wird *M.* Mitglied der württ. Regierung unter Herzog Karl Alexander, aus der er 1736 aber ausscheidet, als sich ihm, nach der Ablehnung eines Rufes nach Göttingen, die Aussicht auf eine Universitätslaufbahn in Frankfurt/Oder bietet. Als Direktor dieser Universität berichtet er so kritisch über die Frankfurter Mißstände nach Berlin, daß er unter seinen Kollegen des Lebens nicht mehr froh werden kann und 1739 ins Privatleben zurückkehrt. In Ebersdorf im Vogtland findet er im Kreise der pietistischen Gemeinde Muße zu seinem Hauptwerk, dem 52bändigen „Teutschen Staatsrecht"; er erstellt zahlreiche Rechtsgutachten, übernimmt diplomatische Missionen (u.a. Teilnahme an den Kaiserwahlen 1741/42 – Karl VII. – und 1745 – Franz I. – als Berater des kurbraunschweigischen Gesandten *Frhr. v. Münchhausen*). 1747 Geheimer Rat und Kanzleichef des Landgrafen v. Hessen-Homburg, scheitert er bei der geplanten Verwaltungs- und Finanzreform dieses Territoriums. 1749 errichtet er in Hanau eine „Staats- und Kanzleiakademie" zur praktischen Ausbildung von Verwaltungsjuristen und Diplomaten, kehrt dieser jedoch schon 1751 wieder den Rücken, als ihm die württembergischen Landstände das Amt des Landschaftskonsulenten antragen. Damit gerät er in die heftigen Auseinandersetzungen zwischen dem eine wohlfahrtsstaatlich-absolutistische, am Merkantilismus orientierte Politik verfolgenden Herzog und den das gute, alte Recht gegen absolutistische Ansprüche verteidigenden Ständen. *M.* sympathisiert mit den Reformplänen des Herzogs, in dessen Dienst er sich, von der Landschaft beargwöhnt, mit Gutachten und Verordnungsentwürfen stellt. Als jedoch bei Ausbruch des Siebenjährigen Krieges 1756 der katholische Herzog Karl Eugen sich gegen den Willen der protestantischen Landstände auf die Seite des katholischen Österreich stellt und zur Bereitstellung der erforderlichen Truppen widerrechtliche Aushebungen vornimmt und unter Übergehung des landständischen Steuerbewilligungsrechts einseitig Steuern ausschreibt, verteidigt *M.* bedingungslos die Rechte der Landschaft und sucht selbst im Ausland Unterstützung für deren Sache zu gewinnen. Am 12. Juli 1759 wird *M.* nach Ludwigsburg bestellt, dort verhaftet und als „ein so gefährliches Mitglied der bürgerlichen Gesellschaft" ohne Gerichtsverfahren für mehr als fünf Jahre auf der Festung Hohentwiel festgesetzt. Auch nach Kriegsende will die württembergische Regierung *M.s* Entlassung von einem Schuldgeständnis abhängig machen, doch *M.* weigert sich, die Entlassung als „unverdiente Gnade" hinzunehmen. Erst auf einen Spruch des Reichshofrats wird *M.* am 25. September 1764 aus der Haft entlassen. Den weiteren Verlauf des Verfassungsstreits beeinflußt *M.* durch Gutachten und literarische Angriffe auf die „Souveränitätsmacherzunft". 1770 wird ein von ihm stammender Vorschlag Grundlage des vom Kaiser bestätigten „Erbvergleichs" zwischen Herzog und Landständen. Als die Reformgegner seine Wiederbestellung zum Landschaftskonsulenten hintertreiben, zieht sich *M.* 1770 ins Privatleben zurück. Die letzten 15 Jahre seines Lebens – *M.* ist am 30. September 1785 in Stuttgart gestorben – sind angefüllt mit wissenschaftlicher Arbeit; während dieser Jahre erscheinen noch mehr als 140 Bände aus *M.s* Feder, darunter wesentliche Teile des „Neuen teutschen Staatsrechts" und der „Versuch des neuesten Europäischen Völkerrechts in Friedens- und Kriegszeiten".

Lange Zeit haben *M.s* Biographen vor allem seine – in der meisterhaften Selbstbiographie fesselnd dargestellte – Persönlichkeit und sein ungewöhnliches Lebensschicksal angezogen, während sein Werk allenfalls wegen seines Umfangs, kaum je aber auf Grund seiner Qualität Bewunderung fand. Seinen Reichspatriotismus, die Unparteilichkeit gegenüber Protestanten und Katholiken, Kaiser und Reichsständen wußten die Nationalen, seinen vor allem im württembergischen Verfassungskonflikt bewährten „Mannesmut vor Königsthronen" die Liberalen des 19. Jahrhunderts zu loben; doch der Ruf, ein Vielschreiber gewesen zu sein, scheint erst in jüngster Zeit einer gerechteren Beurteilung zu weichen.

Vor allem beim Vergleich mit der Kraft theoretischer Durchdringung und Begriffsbildung, die seinen jüngeren Zeitgenossen → *Pütter* auszeichnet, mußte *M.* schlecht abschneiden. In der Tat stellen die Werke *M.s* in der Regel gewaltige Stoffsammlungen dar; Urkunden und Aktenstücke, die meist wörtlich abgedruckt werden – daher der Umfang der *M.*schen Werke, daher aber auch ihr heutiger Wert als Quellensammlung nach Sachgesichtspunkten –, finden sich zwar nach bestimmten Gliederungsgesichtspunkten zusammengestellt, im einzelnen aber so, wie sie dem Autor unter die Hand kamen, und ohne theoretische, die grundsätzlichen Zusammenhänge klärende Auswertung. Aber *M.* ging es darum, die wirklichen, nicht auf Fiktionen nach dem Beispiel des Römischen Rechts beruhenden Quellen des Reichsstaatsrechts aufzufinden und wiederzugeben und damit diesen unübersehbaren Fundus erst zu erschließen; denn nur in wenigen Bereichen war dieses Staatsrecht kodifiziert, das meiste mußte aus Einzelurkunden, Verträgen und – hierin liegt eine der großen Leistungen *M.s* – Akten zusammengetragen oder aus dem „Reichsherkommen" erschlossen werden. Das Reichsstaatsrecht war wegen des Dualismus zwischen Kaiser und Ständen, Protestanten und Katholiken, der Bündnispolitik der Reichsstände und der historischen Verbindungen des Reiches zu den europäischen Mächten, insbesondere auch der Kirche, ein Geflecht von Einzelrechten und -pflichten, die zu sichten und deren Grundlagen aufzudecken *M.* als eigentliche Aufgabe der Wissenschaft des Reichsstaatsrechts ansah. Dem Wesen dieses Reiches, das sich jeder Einordnung in ein staatstheoretisches System entzog (vgl. den „Monzambano" → *Pufendorfs*), war die Methode *M.s* jedenfalls ungleich angemessener als die naturrechtlichen Systeme der Zeit (→ *Wolff*), denen *M.* fernstand; allenfalls der Empirismus des → *Thomasius* vermochte ihn anzusprechen. Folgerichtig daher seine Orientierung an den Rechtspositionen der einzelnen und sein dem rechtsstaatlichen Denken der Gegenwart nahestehendes Ethos: „Die Verwaltung der Gerechtigkeit besteht hauptsächlich darin, daß alle Mitglieder des Staats bei den ihnen zustehenden Rechten und Besitzungen geschützt werden."

Seine Bedeutung für die Rechtspraxis seiner Zeit, sein Ansehen insbesondere als Gutachter verdankte *M.* neben seiner umfassenden Geschäftserfahrung einer auch für heutige Begriffe außergewöhnlichen Unparteilichkeit, die ihm, wenn er in abhängiger Stellung tätig war, freilich oft auch zum Verhängnis wurde: „Recht ist bei mir Recht, Unrecht Unrecht, mag es meinen Herrn oder wen es will, betreffen."

M.s zukunftweisendes Verdienst um die Staatsrechtswissenschaft dürfte darin liegen, eine „methodisch klare Lehre vom positiv geltenden Staatsrecht gegenüber einer Grenzverwischung zu den übrigen Wissenschaften vom Staat" *(Schömbs)* entwickelt zu haben. Vor allem die Geschichte erhält bei *M.* einen neuen Standort: sie wird, anders als in der „Reichshistorie", zur reinen Hilfswissenschaft für den Staatsrechtler, der auf sie zur Ermittlung und Interpretation der Staatsrechtsquellen, keinesfalls aber als Selbstzweck zurückzugreifen hat. Diese utilitaristische Verwendung der Geschichte je nach „Brauchbarkeit", den Prinzipien des Historismus, die *M.* freilich auch noch nicht kennen konnte, entgegenlaufend, hat ihm Tadel eingetragen; doch abgesehen davon, daß man den Staatsrechtler *M.* nicht mit rechtshistorischen Maßstäben messen kann, erhält die Geschichte bei ihm doch einen wissenschaftlichen Ort, bleibt nicht, wie herkömmlich, nur moralische Beispielsammlung und dient nicht, wie bei anderen Publizisten der Zeit, etwa *J.P. v. Ludewig*, zur Untermauerung eines bloßen Parteistandpunktes, sondern zur Ermittlung der objektiven Bedeutung der Quellen, zur Befreiung des Rechts aus den Fesseln der Gegenwartspolitik. Hinter dem Positivismus *M.s* steht so die Grundüberzeugung, daß das Recht nicht im Interessenwiderstreit sich auflösen dürfe, sondern aus sich heraus wirkend – „Es ist so, weil es so ist" – über den Parteien als letzte Klammer des politisch zerrissenen Reichskörpers zu erhalten sei.

Hauptwerke: Reichs-Fama, oder das merckwürdigste vom Reichs-Convent, Kayserlichen Hof und Ständen des Reichs, 23 Tle., 1727-1738. – Einleitung zum Reichs-Hof-Raths-Proceß, 4 Tle., 1731-1737; [2]1734-1742 (3 Tle.) – Teutsches Staats-Recht, 50 Tle. u. 2 Tle. Zusätze, 1737-1754. – Ihro Römisch-Kayserlichen Majestät Carls des Siebenden Wahl-Capitulation, mit Beylagen und Anmerckungen, 3 Bde., 1742-1744. – Teutsches Staats-Archiv, 13 Bde., 1751-1757. – Neues Teutsches Staatsrecht, 20 Tle., 1766-1775. – Versuch des neuesten Europäischen Völkerrechts in Friedens- und

Kriegszeiten … seit dem Tode Kaiser Karls VI. 10 Tle., 1777-1780. – Lebens-Geschichte Johann Jacob Mosers, von ihm selbst beschrieben, 1768, ³1777 (3 Tle.), 4. Tl. 1783; Ndr. in Auswahl u.d.T.: Johann Jacob Moser. Ein schwäbischer Patriot, bearb. v. S. Röder (= Schwäbische Lebensläufe, hrsg. v. H. Christmann, Bd. 8), 1971. – Bibliographie: *R. Rürup:* Johann Jacob Moser (1965), 225-268; *E. Schömbs:* Das Staatsrecht Johann Jakob Mosers (1968), 281-295.

Literatur: K.S. Bader: J.J. Moser und die Reichsstädte, in: Esslinger Studien 4 (1958), 43. – *K.S. Bader:* J.J. Moser, Staatsrechtslehrer und Landschaftskonsulent, in: Lebensbilder aus Schwaben und Franken 7 (1960), 92-121. – *E. Bussi:* Johann Jacob Moser – Pietismus und Reform, in: ZRG (KA) 54 (1968), 375-382. – *A. Laufs:* Johann Jacob Moser, in: Staatsdenker im 17. u. 18. Jhdt., hrsg. v. *M. Stolleis*, ²1987, 284-293. – *A. Leschhorn:* Johann Jacob Moser und die Eidgenossenschaft, Jur. Diss. Zürich, 1965. – *G. Mälzer:* Johann Jacob Moser als Journalist, in: Archiv für Geschichte des Buchwesens 56 (1967), 471-505. – *R. v. Mohl:* Die Geschichte und Literatur der Staatswissenschaften 2 (1856), 401-424. – *R. Rürup:* Johann Jacob Moser. Pietismus und Reform, 1965. – *A. Schmid:* Das Leben Johann Jacob Mosers, 1868. – *E. Schömbs:* Das Staatsrecht Johann Jacob Mosers (1701-1785) (= Schriften z. Verfassungsgeschichte 8), 1968. – *H. Schulze:* Johann Jacob Moser, der Vater des deutschen Staatsrechts, 1869. – *Stintzing-Landsberg:* GDtRW III 1, Text 315-330, Noten 212-217. – *Stolleis:* Gesch., I, 258-267. – *A. Verdroß:* J.J. Mosers Programm einer Völkerrechtswissenschaft der Erfahrung, in: Multitudo legum – ius unum (Festschr. f. W. Wengler, hrsg. v. *J. Tittel* u.a.), Bd. 1, 1973, 685-691. – *O. Wächter:* Johann Jacob Moser, 1885. – ADB 22 (1885), 372-382 *(H. Schulze)*. – HRG III (1984), 703-705 *(A. Laufs)*. – Jur., 442 f. *(M. Stolleis)*. Weitere Literatur bei *R. Rürup*, 272-287, und *E. Schömbs*, 296-305. K.

Gerard Noodt

(1647-1725)

Geb. am 4.9.1647 in Nimwegen als Sohn eines Goldschmieds und späteren Vertreters der Gemeente (Kaufmanns- und Gewerbetreibendenstand). Nach Besuch der Lateinschule von Nimwegen an der dortigen Universität Studium erst der Mathematik, Philosophie, Geschichte und Rhetorik, dann der Rechtswissenschaften v.a. bei *Peter van Greve* bis 1668. Promotion in Franeker am 9.6.1669, um durch diesen Abschluß auch als Rechtsanwalt zugelassen werden zu können, was sonst damals Absolventen der erst 1655 gegründeten Universität von Nimwegen verweigert war. Dann Niederlassung als Rechtsanwalt in Nimwegen. Ab 21.12.1671 Professor der Rechtswissenschaften an der Universität Nimwegen bis zu deren Auflösung mit *N.s* Weggang 1679. Einen Ruf nach Duisburg, 1677, lehnt *N.* ab. 1679 wechselt *N.* nach Franeker auf den

Lehrstuhl von → *U. Huber*. Rufe nach Utrecht, 1680 und 1683, und nach Heidelberg, 1680, lehnt *N.* ebenfalls ab, ohne die Rufe zum Aushandeln von Gehaltserhöhungen auszunutzen, die ihm daraufhin von der Universität freiwillig gewährt werden. Einen dritten Ruf nach Utrecht 1684 nimmt *N.*, auch wegen Spannungen mit dem erst kürzlich wieder nach Franeker zurückgekehrten → *U. Huber* aufgrund unterschiedlicher religiöser und wissenschaftlicher Anschauungen, an. *N.* wird zum professor juris legumque romanorum ernannt, eine ungewöhnliche Bezeichnung, die auf *N.s* wissenschaftliche Einstellung hindeutet, römisches und zeitgenössisches Recht zu trennen. In Utrecht am 22.4.1686 Heirat. 1686 wechselt *N.* als ordentlicher Professor für Staatsrecht und bürgerliches Recht nach Leiden, wo er 39 Jahre bleiben sollte. *N.* war 1698 und 1705 Rektor der Universität Leiden. Er stirbt am 15.8.1725 und wird im Grab seiner Eltern in der St.-Stevenskerk in Nimwegen beigesetzt, wo seine Grabplatte heute noch zu sehen ist.

N. ist neben → *Bynkershoek* und wohl auch → *U. Huber* ein Vertreter der eleganten niederländischen Schule (→ *Bynkershoek*). Innerhalb dieser Schule ist er einer eher antiquarischen Richtung zuzuordnen, da Thema seiner wissenschaftlichen Arbeit fast nur das römische Recht war; *N.* hat das zu seiner Zeit geltende Recht praktisch nicht untersucht. Dabei ist *N.* aber durchaus fähig, die Römer wegen ihrer Kriegslust zu kritisieren und deren Recht mit modernen naturrechtlichen Erwägungen zu kombinieren; in seiner Antrittsvorlesung in Franeker hat sich *N.* auch für die Einführung des Naturrechts als eigenes Lehrfach ausgesprochen. Methodisch ist noch erwähnenswert, daß *N.* als erster für seine juristische Arbeit auch Denkmalsinschriften verarbeitet hat.

Vier von *N.s* Veröffentlichungen sind besonders hervorzuheben:

Als eines seiner wichtigsten Werke wird das 1698 erschienene Buch „De foenore et usuris libri tres“ angesehen. Die Frage, ob es erlaubt sei, Zinsen zu verlangen, war angesichts verneinender Bibelstellen und eines päpstlichen Verbots aus dem Mittelalter zur Zeit *N.s* heftig diskutiert. *N.* argumentierte, daß der aus fremdem Geld gezogene Profit eigentlich dem Eigentümer des Geldes gehöre, so daß es nur gerecht sei, diesen durch Zinsen zu entschädigen. Das Gebot der Nächstenliebe stehe dem nicht entgegen, da es ja auch umgekehrt für den Entleiher im Verhältnis zum Eigentümer gelte. Auch das biblische Zinsverbot störe nicht, da es nur jüdisches Recht, nicht jus gentium sei und zudem auch nur für Juden untereinander gelte. In diesem Buch ist zu sehen, wie *N.* Naturrecht für die Frage der Zulässigkeit der Zinsen mit römischem Recht für die praktische Ausgestaltung kombiniert.

N.s Ruhm gründet wesentlich in seinen beiden Rektoratsreden, mit denen er schon aufgrund seiner Stellung als Rektor der bedeutenden Universität Leiden Aufsehen erregt hat und die ihn als einen Vorläufer der Aufklärung charakterisieren: In seiner ersten Rede „Dissertatio de jure summi imperii et lege regia" (1699) vertritt *N.* die Auffassung, daß die Macht dem Fürsten vom Volk nur unter ganz bestimmten Bedingungen übertragen worden ist. Wenn der Fürst diesen Anforderungen nicht gerecht wird, kann diese Macht ihm durch das Volk auch wieder genommen werden. Der Fürst ist gerade nicht princeps legibus solutus. – Die zweite Rektoratsrede „De religione ab imperio jure gentium libera" (1706) wurde in ganz Europa beachtet und auch schnell in verschiedene Sprachen übersetzt. *N.* geht, wohl auch aufgrund von Erfahrungen in seiner eigenen Familie, von einer absoluten Freiheit der Untertanen gegenüber dem Fürsten in Religionsfragen aus. Er begründet das naturrechtlich damit, daß den Menschen selbst kein Recht zustünde, über den Glauben von anderen zu entscheiden. Deshalb könnten sie in einer Art Gesellschaftsvertrag ein solches Recht auch nicht dem Fürsten übertragen.

Zu erwähnen ist zuletzt noch der unvollendet gebliebene Pandektenkommentar von 1716. Anders als → *Voet* hat sich hier *N.* getreu seiner Zielsetzung bemüht, das unverfälschte klassische römische Recht, wie es von den Praetoren gesetzt worden war, zu untersuchen.

N. war bei aller an ihm geäußerten Kritik, er sei zu sehr auf das klassische römische Recht fixiert gewesen und habe so der aktuellen Rechtswissenschaft nichts genützt, ein bedeutender Vertreter der eleganten niederländischen Schule; er kam bei seinen Forschungen zum unverfälschten römischen Recht gerade in seinem letzten Werk erst später verifizierten Ergebnissen oft sehr nahe.

Hauptwerke: De transactionibus disputatio, 1668. – De adquirenda et retinenda et amittenda possessione disputatio, 1668. – Probabilium juris civilis libri IV, 1674 (weitere Bände: 1679 u. 1691). – De civili prudentia, 1679. – De caussis corruptae jurisprudentiae, 1684. – Responsum juris super quaestione: an magistratus, vi potestatis summae, juxta leges divinas et humanas consentire queat in nuptias cum vidua avunculi, 1696. – De foenore et usuris libri tres, 1698. – Opera varia, 1698 (1705). – Dissertatio de jure summi imperii et lege regia, 1699. – Julius Paulus, sive de partus expositione et nece apud veteres liber singularis, 1700 (1710, 1714). – Diocletianus et Maximianus, sive de transactione et pactione criminum liber singularis, 1704. – Observationum libri duo ..., 1706. – De religione ab imperio jure gentium libera, 1706 (1708). – De forma emendandi doli mali in contrahendis negotiis abmissa apud veteres, liber singularis, 1709. – Opera omnia ..., 1713 (1724). – Commentarius ad libros priores IV Justiniani Digestorum, 1715 (1716). – Amica responsio ad difficultates Julio Paulo ..., 1723. – Commentarius in ... libros XXVII Digestorum, 1724. Bibliographie: *M. Ahsmann/R. Feenstra:* Bibliographie van hoogleraren in de rechten aan de Leidse universiteit tot 1811, 1984, und *R. Dekkers:* Bibliotheca Belgica Juridica (1951), 123 f.

Literatur: J.A. Ankum: De Geschiedenis der „Actio Pauliana“, 1962. – *J. Barbeyrac:* Eloge historique de Monsieur Noodt, mort professeur en droit dans l'université de Leide, 1731. – *G.C.J.J. van den Bergh:* Die Holländische Schule und die Historische Schule: Weiteres zur Geschichte eines Mißverständnisses, in: R. Feenstra / C. Coppens (Hrsg.): Die rechtswissenschaftlichen Beziehungen zwischen den Niederlanden und Deutschland in historischer Sicht, 1991, 59 ff. – *G.C.J.J. van den Bergh:* The life and work of Gerard Noodt, 1988 m.w.N. – *C.J.H. Jansen:* Natuurrecht of Romeins Recht, 1987. – *J.F. Jugler:* Beyträge zur juristischen Biographie 2 (1775), 365 ff. – *T.J. Veen / P.C. Kop:* Zestig Juristen, 1987, 135 ff. m.w.N. (*G.C.J.J. van den Bergh*). – *A.J. van der Aa:* Biographisch Woordenboek der Nederlanden 13 (1868), 289. – Jur., 459 f. *(M. Ahsmann).*

T. Moosheimer

Anders Sandøe Ørsted

(1778-1860)

Geb. am 21.12.1778 in Rudkøbing; mit 16 Jahren Aufnahme eines Studiums der Rechte in Kopenhagen; 1798 juristisches Staatsexamen. Die Beantwortung der Preisaufgabe „Über den Zusammenhang zwischen dem Prinzip von Tugendlehre und Rechtslehre“ trägt ihm die goldene Medaille der Universität ein; die Bewerbung um einen Lehrauftrag ein Jahr danach den fünften Rang unter sechs Bewerbern. Eine akademische Tätigkeit nimmt Ø. nie wahr („eines von den traurigsten Blättern in der Geschichte von Kopenhagens Universität“, *F. Dahl*), sieht man ab von der Stellung als Dozent für Kirchenrecht am Pastoralseminar.

Stattdessen sämtliche Felder praktischer Tätigkeit. Zunächst Richter: 1801-1810 am Hof- und Stadtgericht, 1810-1813 am Höchsten Gericht. Danach Verwaltungsbeamter: 1813-1848 Deputierter der Dänischen Kanzlei (dem zentralen Regierungsamt), 1825-1848 Generalprokurator, 1835-1844 königl. Kommissarius bei den Provinzialständen. Daneben

Anstöße zu Gesetzgebung: 4.10.1833 vier systematische Strafgesetze, die sog. Ørstedschen Gesetze über Angriffe auf Leben und Freiheit; 1840 über Diebstahl mit erster Definition des Warenzeichens und über falsches Zeugnis; 1845 Verordnungen zum Familienrecht, Erbrecht und über die Registrierung von Grundeigentum. 1842-1848 ist *Ø*. Mitglied des Geheimen Staatsrats. Die von *Ø*. abgelehnte Verfassungsreform von 1848 (Übergang vom Absolutismus zur konstitutionellen Monarchie) kostet ihn alle Ämter; 1853-1854 wird er aber noch Premierminister, sowie Minister für Inneres (1854 stattdessen Justiz) und Kultur. 1855 bleibt eine Anklage gegen ihn wegen unbewilligter Staatsausgaben folgenlos. *Ø.s* schriftstellerische Tätigkeit hatte schon 1835, als der letzte Band seines zivilrechtlichen Hauptwerkes („Haandbog ...") erschien, ein Ende gefunden; er starb am 1.5.1860 in Kopenhagen.

Ø. war der wohl vielseitigste und einflußreichste skandinavische Jurist. Seinen rechtsphilosophischen Standpunkt markiert er nach kurzer Hinwendung zu Kant und Fichte in einer Abhandlung über Grenzen der Druckfreiheit von 1801, in der er Fichtes Schrift über den „geschlossenen Handelsstaat" kritisiert, und in einer staatskirchenrechtlichen Untersuchung von 1807. Nach *Ø*. genügt Zwang nicht zur Wahrung des Rechts. Nur Religion sichere die Bereitschaft zur Rechtsbefolgung, und ohne Religion gebe es auf die Dauer kein Recht. Daraus folgert *Ø*. auch, daß es nicht nur eine physikalisch-naturgesetzliche, sondern eine transzendentale, moralisch-religiöse Kausalität gibt; auf dieser Grundlage verteidigt er 1826 in einer letzten rechtsphilosophischen Abhandlung die Lehre von der Willensfreiheit.

Am ausgiebigsten hat sich *Ø.* mit dem Strafrecht beschäftigt, vor allem mit dessen allgemeinen Grundsätzen. Obwohl er die Werke → *Feuerbachs* kannte und überhaupt größten Wert auf die Kenntnis ausländischen Rechts legte, da sich nach seiner Ansicht die Grundsätze des Strafrechtssystems in Rechtskulturen gleichen Niveaus ähnlich entwickeln, steht er doch der → *Feuerbach*schen Lehre eher reserviert gegenüber. Entsprechend *Ø.s* Grundüberzeugung sind für ihn Religion und Moral wirksamere Faktoren der Generalprävention als das Strafgesetz, und auch spezialpräventive Gesichtspunkte finden Eingang in *Ø.s* strafrechtliches Denken. Anders als → *Feuerbach* lehnt *Ø.* auch die Regel „nulla poena sine lege" und das strafrechtliche Rückwirkungsverbot ab.

Die nachhaltigste Inspirationsquelle für *Ø.* war die historische Schule → *Savignys*. Er übernimmt etwa von → *Savigny* die Ansicht von der organischen Fortentwicklung des Rechts durch rechtswissenschaftliche Arbeit; deshalb verweigert er auf der Ständeversammlung von 1835 die Mitwirkung an einem neuen Dänischen Gesamtgesetzbuch. Im übrigen schwächt *Ø.* jedoch die Forderungen der historischen Schule ab. So betrachtet er die Vorstellung, daß sich das Recht allein organisch entwickele, als Metaphysik: Gesetzgebung könne Recht nicht bloß präzisieren, sondern auch neue – freilich von der Gesellschaft vorgegebene – Zielsetzungen mit konstituierender Wirkung formulieren. Dementsprechend kommt er in der Kodifikationsfrage zu anderen Akzenten. Im Strafrecht hält er eine Gesamtkodifikation für möglich und wertet das bayerische Strafgesetz von 1813 als „die reifste Frucht der Einsicht und Kunst unseres Zeitalters im Criminalgesetzgebungsfach" (Eunomia II, XVI). Nur im Zivilrecht läßt er lediglich Einzelgesetzgebung zu. Auch ist und bleibt für *Ø.* das Volk Träger der Rechtsentwicklung; die Ausbildung eines rechtsschaffenden Juristen-Standes ist ihm fremd. Rechtswissenschaft ist nicht Avantgarde; der praktische Rechtsgelehrte und der wissenschaftlich gebildete Rechtspraktiker brauchen einander. *Ø.* gesteht der Rechtsgeschichte einen Vorrang gegenüber der Rechtsphilosophie zu; beide müßten ihren Wert aber bei Einsatz des Rechts durch den Richter und Gesetzgebung erweisen.

Eine Einordnung *Ø.s* fällt schwer: einerseits kann er nicht gedacht werden ohne die wissenschaftlichen Strömungen des Kontinents, andererseits wählt und wertet er eigenständig, allerdings ohne daß daraus immer ein geschlossenes Ganzes wird. Auffallend ist sein Versuch, eine Wechselwirkung zwischen Theorie und Praxis herzustellen („Die

Rechtswissenschaft und das Leben einander näherzubringen, muß ohne Zweifel ein echtes guttuendes Vorhaben der Rechtslehre sein"). So bemüht er sich in den von ihm mitherausgegebenen Zeitschriften „Juristische Monatsschrift" (1802-03), „Juristisches Archiv" (1804-12), „Neues Jur. Archiv" (1812-20) und „Juristische Zeitschrift" (1820-30) um die Sammlung von Urteilen als Teil des ungeschriebenen Rechts; er sieht ältere Judikatur als Präjudiz an. An einer geschlossenen Philosophie des Rechts fand er ebensowenig Interesse wie an einer systematischen Darstellung des positiven Rechts; seine Lehrbücher haben mehr den Charakter von Studienliteratur für den Praktiker. Gleichwohl ist seine Bedeutung für die dänische Rechtswissenschaft hoch einzuschätzen, wenn er auch mit → *Savigny* in diesem Zusammenhang nicht verglichen werden kann. → *Erik Wolf* hat ihn als „Begründer einer selbständigen dänisch-norwegischen Rechtswissenschaft" bezeichnet, und die von ihm gelebte Verbindung zwischen Rechtswissenschaft und Rechtspraxis wurde ein Markenzeichen des skandinavischen Rechtsrealismus. *Ø.* hat den Juristen seines Landes bleibende Anstöße zu neuen Fragestellungen gegeben; nicht allein durch die geschickte Wahl und Komposition von Themen, sondern auch durch seine überaus schillernde Persönlichkeit, die es erlaubte, seinen Namen mit nahezu allen Rechtsgebieten in Verbindung zu bringen.

Hauptwerke: Over Sammenhængen mellem Dydelærens og Retslærens Princip, 1798, wieder in: Moralfilosofiske Skrifter i udvalg, 1936, 7-237. – Systematisk Udvikling af Begrebet om Tyverie og denne Forbrydelses juridiske Følger, 1808, wieder in: Strafferetlige Skrifter i udvalg Anden Afdeling, 1931, 1-291. – Eunomia eller Samling af Afhandlinger, henhørende til Moralphilosophien, Statsphilosophien og den Dansk-Norske Lovkyndighed. Første Deel. 1815 (daraus: 1. Om Regjieringens Ret til at ophæve eller forandre Stiftelser som private Mænd have oprettet, 1-38, erstmals 1801; 2. Om Forholdet mellem Religion og Stat, 39-93, erstmals 1807, wieder in: Blandede Skrifter i udvalg, 1933, 1-36; 3. Om Grændserne mellem Theorie og Praxis i Sædelæren, 94-145, erstmals 1812, wieder in: Blandede Skrifter i udvalg, 1933, 37-71). – Eunomia II, 1817 (daraus: Over de første Grundregler for Straffelovgivningen, 1-431, wieder in: Strafferetlige Skrifter i udvalg Første Afdeling, 1931, 72-327; dt. Übers. 1818). – Eunomia III, 1819. – Eunomia IV, 1822. – Haandbog over den danske og norske Lovkyndighed, 6 Bde. mit 11 Teilbänden, 1822-1835. – Behøver den danske Kirkeforfatning en omgribende Forandring?, in: Juridisk Tidsskrift 1826, 12.1 (213-288) und 12.2 (250-304), wieder in: Blandede Skrifter i udvalg 1933, 331-409. – Af mit Livs og min Tids historie, 4 Bde., 1851-1857. – Skrifter i Udvalg, 7 Bde., 1930-1936. Bibliographie bei *A. Rafael:* Register, 1917 und *D. Tamm* (Hrsg.): A.S. Ørsted, 1980, 165-191 *(Tamm).*

Literatur: E. Andersen: Ørsteds Bibliotek, in: Ugeskrift for Retsvæsen (UfR) 1963, 69 f. – *E. Andersen:* Bidrag til A.S. Ørsteds Biographie, in: UfR 1977, 93-100. – *O.A. Borum:* Lidt om Ørsted og om Ulric Huber, in: Tidsskrift for Rettsvidenskab (TfR) 1967, 413-421. – *Fr. Dahl:* A.S. Ørsted som Retslærd, 1927 (engl. 1932; franz. 1934). – *Fr. Dahl:* Frederik VI og A.S. Ørsted i 1826, 1929 (dazu *M. Pappenheim*, in: ZRG [GA] 51 [1931], 725-727 und *R.A. Wrede*, in: Tidsskrift, utgiven av Juridiska Föreningen i Finland [JFT] 1931, 383-393). – *Fr. Dahl:* Geschichte der dänischen Rechtswissenschaft in ihren Grundzügen, 1940, 33-45. – *S. Gagnér:* Ørsteds vetenskap, de tyska kriminalisterna och naturrättsläran, in: TfR 1980, 367-444. – *C. Goos / J. Nellemann / H. Øllgaard:* Anders Sandøe Ørsteds Betydning for den danske og norske Retsvidenskabs Udvikling, 3 Bde. in vier Teilbden., 1885-1906. – *J. Gram-Jensen:* A.S. Ørsted og retskildelæren, in: TfR 1977, 472-478. – *H. Jensen:* Fr. Jul. Kaas og A.S. Ørsted i 1826, in: Historisk Tidsskrift 1930/31, 50-67. – *T.G. Jørgensen:* A.S. Ørsted som dommer, 1928. – *T.G. Jørgensen:* A.S. Ørsted Hans Liv og Arbejde, 1933. – *T.G. Jørgensen:* A.S. Ørsted, en juridisk Karakteristik, in: Juristen (Jur.) 1940, 1-8. – *T.G. Jørgensen:* A.S. Ørsted paa den grundlovgivende Rigsforsamling, in: Jur. 1942, 1-16. – *T.G. Jørgensen:* Ørsteds Lære om Stemmeflerhedens Udfindelse ved Domstolene, in: Jur. 1943, 81-95. – *T.G. Jørgensen:* A.S. Ørsteds almindelige Ideer, in: Nordisk Tidsskrift för vetenskap, konst och industri (NT) 1947, 105-118. – *T.G. Jørgensen:* De Ørstedske Straffelove, 1948. – *T.G. Jørgensen:* A.S. Ørsted i 1850-årene, in: NT 1950, 384-393. – *T.G. Jørgensen:* A.S. Ørsted. Juristen og Politikeren, 1957 (dazu *Fr. Vinding Kruse*, in: Jur. 1958, 317-343 und 437 sowie TfR 1958, 1-27). – *L. Koch:* Anders Sandøe Ørsted, 1896. – *H. Munch-Petersen:* Om Anders Sandøe Ørsted og hans Betydning for den danske Retsudvikling, in: UfR 1901, 261-272. – *D. Tamm:* Fra „Lovkyndighed“ til „Retsvidenskab“, 1976. – *D. Tamm:* A.S. Ørsted and the influence from civil law upon danish private law at the beginning of the 19th century, in: Scandinavian Studies in Law 1978, 243-265. – *D. Tamm:* Ørsted ved eksamensbordet, in: Jur. 1978, 509-522. – *D. Tamm (Hrsg.):* Anders Sandøe Ørsted 1778-1978, 1980. – *D. Tamm:* A.S. Ørsted og den historiske skole i Danmark, in: Den historiska skolan och Lund, Rättshistoriskt symposium 1980 (1982), 25-51. – *D. Tamm:* Retshistorie, Bd. 1, 1990, 227-239; Bd. 3, 1992, 119-127. – *C. Ussing:* A.S. Ørsted som retslærd, 1884. – Jur., 466-468 *(D. Tamm)*.

T. Scholtz

Johann Oldendorp

(um 1488-1567)

Geb. um 1488 in Hamburg, Erziehung beeinflußt durch seinen Onkel, den Historiker *Albert Krantz*; ab 1504 Studium der Rechte in Rostock, Köln, Bologna; 1515 Promotion zum Lizentiaten in Bologna; 1516 Professor in Greifswald; 1517 dort zum ersten Mal Rektor; 1518 Doktor-Promotion und Trauung am gleichen Tage erregen die Gemüter; 1520 Lektor Iuris Civilis in Frankfurt/Oder; 1526 Stadtsyndikus in dem zum

Protestantismus neigenden Rostock; 1531 Mitwirkung bei der Durchführung der Reformation in Rostock, zeitweise lehrt er auch an der Universität dieser Stadt; 1534 der zwinglianischen Ketzerei verdächtigt, entweicht *O.* nach Lübeck, er verläßt seine nicht konvertierte Frau; 1534 bis 1536 Amt des Lübecker Stadtsyndikus, welches er niederlegt, nachdem der Bürgermeister *Wullenwever* gestürzt worden ist, dessen Politik er unterstützt hatte; nach kurzer Zeit in Frankfurt/Oder 1538 Professor in Köln (Verbindung zu dem Protestantismus-freundlichen Erzbischof *Hermann v. Wied*); 1540 für zwei Jahre Professor in Marburg; 1543 wieder in Köln, wird er als Protestant vom Rat der Stadt gezwungen, Köln zu verlassen; 1543 bis an sein Lebensende in Marburg, berufen von Landgraf Philipp, der ihn 1544 zum Rat von Haus aus und 1546 zum Rat in der fürstlichen Kanzlei ernennt; 1553 Titel eines „Reformators der Universität Marburg"; gestorben am 3.6.1567 in Marburg.

O. steht am Wendepunkt der Rechtswissenschaft zwischen Mittelalter und Neuzeit. Mit seiner Staats-und Naturrechtslehre (ausgearbeitet in der „Eisagoge" von 1539) gilt er vielfach als Vorläufer des weltlichen Naturrechts (→ *Grotius*, → *Pufendorf*). Dabei darf man allerdings nicht übersehen, daß *O.* doch weitgehend der antik-mittelalterlichen Tradition des christlichen Naturrechts folgt, das er jedoch im Sinne einer protestantischen Sozialethik umformt. Jedenfalls hat er dem Naturrechtsdenken gerade für die Praxis der Verwaltung und Rechtspflege neue Anstöße gegeben, vor allem durch zwei niederdeutsche Schriften: „Van radtslagende" handelt vom richtigen Ratgeben (und -finden) im allgemeinen und von der richtigen Verwaltung (Politie) in Städten und Ländern im besonderen; es ist daher auch als bürgerlicher „Ratsmannenspiegel" (im Gegensatz zur älteren Literaturgattung der „Fürstenspiegel") bezeichnet worden.

Wichtig ist aber vor allem *O.s* kleine Schrift über Recht und Billigkeit (1529, in erweiterter und lateinischer Fassung 1541). Der starren Auffassung der römisch-rechtlich gebildeten Juristen seiner Zeit versucht *O.* die Billigkeit als Gerechtigkeit des Einzelfalles entgegenzustellen. Das im 16. Jh. aufgekommene Wort „Juristen – böse Christen“ beruhte auf einer allzu unbeweglichen Gesetzesanwendung, die möglicherweise auch durch die Augenbinde der Iustitia ursprünglich gegeißelt werden sollte (→ *Brant*). *O.* fordert an Stelle „blinder“ Justiz einen Richter, der auch Erwägungen der Billigkeit in sein Urteil einfließen läßt. Deutlich wird das in seiner Kritik an der Verhandlungsmaxime, die damals das gesamte Prozeßwesen beherrschte. Diese Maxime soll der Richter wenigstens dann durchbrechen, wenn er von der zur Entscheidung stehenden Sache mehr und anderes weiß, als die Rechtsuchenden vorbringen. *O.* widerspricht der Ansicht, der Richter müsse zwei Gewissen haben. Denn „ein Mensch kann nichts Gewisseres wissen als aus seinem Gewissen“.

Für das Verhältnis von Recht und Billigkeit gilt der Satz, daß alles, was billig ist, auch recht ist, nicht aber dessen Umkehrung. Billigkeit ist hier nicht aufgefaßt als ein Mittel, Lücken im Gesetzesrecht auszufüllen, sondern als ein allgemeingültiger, vernünftiger Code, der aller Gesetzesauslegung vorgeschaltet ist.

O.s Werke, in denen er vom traditionellen kanonischen Recht abweichende Auffassungen vertrat (Eherecht, Trennung von Staat und Kirche), wurden 1558/59 indiziert.

Erfolgreich waren seine Ideen zur Reform des Lehrbetriebes an den Universitäten. Hier bot sich für *O.* ein Ansatzpunkt zur Verbesserung der Rechtspflege. Es ging darum, vom mos italicus, der von Generation zu Generation weitergeschleppten Analyse und Auslegung des Corpus Iuris Civilis durch die italienischen Kommentatoren des 14. und 15. Jhs., loszukommen. Statt dessen sollten Juristen erzogen werden, die diesen Traditionen mit größerer Selbständigkeit gegenübertraten. Durch Vermittlung der systematischen Zusammenhänge auf der Basis einer philosophischen und historischen Begründung des Rechts sollte dies Ziel erreicht werden. Es bedurfte also zuerst einer Systematisierung des Rechts. *O.s* hierauf abzielende Vorlesungen sind oft gerühmt worden. Außerdem verwirklichte er in einer Reihe von Lehrbüchern seine didaktischen Ideen, den Studenten nicht mit unnötigen Kenntnissen der Glossen zu belasten, sondern ihm ein in der Praxis nützliches Handwerkszeug zu geben.

Hauptwerke: Rationes sive argumenta, quibus in iure utimur, 1516. – Wat byllich unn recht ys, eyne korte erklaring, allen stenden denstlick, 1529. (Erweitert in: De iure et aequitate, 1541). – Van radtslagende, wo men gude politie und ordenunge ynn Steden und landen erholden möghe, 1530 (hochdeutsche Übertragung der beiden letztgenannten Werke in: *Erik Wolf:* Quellenbuch zur Geschichte der deutschen Rechtswissenschaft, 1949, 49 ff. und 69 ff.). – Εἰσαγωγή iuris naturalis sive elementaria introductio iuris naturae, gentium et civilis, 1539. – Collatio iuris civilis et canonici, maximam adferens boni et aequi cognitionem, 1541. – Topicorum legalium, i.e. locorum seu notarum, ex quibus argumenta et rationes legitime probandi sumuntur: Infractionum item adversus viciosas argumentationes, exactissima traditio, 1545. – Opera, 2 Bde., 1559, Ndr. 1966. – Ndre. der beiden deutschen Schriften 1969 und 1971. Bibliographie bei *Wolf:* Rechtsdenker, 173 f.

Literatur: Gisela Becker: Deutsche Juristen und ihre Schriften auf den römischen Indices des 16. Jhs., 1970, 145-156. – *H.H. Dietze:* Johann Oldendorp als Rechtsphilosoph und Protestant, Diss. jur. Rostock, 1933. – *A. Freybe:* Johann Oldendorps Schrift über Billigkeit und Recht, in: ZRG (RA) 14 (1893), 97- 114 (mit Abdr. der Neuausg. d. Schrift *O.s*). – *G. Kisch:* Erasmus und die Jurisprudenz seiner Zeit, 1960, 227-259. – *A. Laufs:* Johann Oldendorp (1488-1567). Zu seinem 400. Todestag am 3. Juni 1967, in: JuS 1967, 248-251. – *P. Macke:* Das Rechts- und Staatsdenken des Johann Oldendorp, Diss. jur. Köln, 1966. – *H. Maier:* Die ältere deutsche Staats- und Verwaltungslehre (Polizeiwissenschaft), ²1980, 106-113. – *F. Merzbacher:* Johann Oldendorp und das kanonische Recht, in: Festschr. f. Joh. Heckel („Für Kirche und Recht"), 1959, 222-249. – *S. Pettke:* Zur Rolle Johann Oldendorps bei der offiziellen Durchführung der Reformation in Rostock, in: ZRG (KA) 101 (1984), 339-348. – *H. Reincke:* Große Hamburger Juristen aus fünf Jahrhunderten, 1954. – *Stintzing-Landsberg:* GDtRW I, 311-338. – *Wolf:* Rechtsdenker, 138-176. – ADB 24 (1887), 265-267 *(E. Landsberg).* – HRG III (1984), 1236-1239 *(F. Merzbacher).* P.

Jean-Etienne-Marie Portalis

(1746-1807)

P., französischer Jurist und Politiker, der als der Hauptredaktor des Code civil gilt und maßgeblich an der Durchsetzung des Konkordates von 1801 in Frankreich beteiligt war, wurde in Bausset (Var) am 1.4.1746 geboren. Sein Vater war Professor für Kirchenrecht an der Universität von Aix. Er besuchte die Oratorianerkollegs in Toulon und Marseille und studierte Rechtswissenschaften in Aix, an dessen Parlament er als einer der angesehensten Anwälte der Provence wirkte. Aufsehen erregte er vor allem durch zwei für seine Mandanten gewonnene Prozesse gegen *Beaumarchais* (1770) und *Mirabeau* (1782). Schon 1762 erschien von ihm eine Arbeit, in der er sich mit den verschiedenen Kategorien von Vorurteilen auseinandersetzte, sowie eine 1763 zu *Rousseaus* Emile. 1771 veröffentlichte er die „Consultation sur la validité des mariages des protestants de France", in denen er sich für die Gültigkeit der Ehe unabhängig von der religiösen Einsegnung aussprach, wodurch er das

Toleranzedikt von 1787 mitvorbereitete. 1778 wurde er zum „assesseur d'Aix" gewählt, d.h. zu einem der vier gewählten Vertreter der Provinz. Wohl u.a. auf Betreiben *Mirabeaus* war er nicht Mitglied der Generalstände. Während der Revolution zwangen ihn seine Kontakte zu adeligen Kreisen unterzutauchen, 1793 wurde er in Paris verhaftet. Nach dem Sturz *Robespierres* und seiner Befreiung aus dem Gefängnis arbeitete er wieder als Anwalt. 1795 wurde er zum Mitglied in den Rat der Ältesten (Conseil des Anciens) gewählt. *P.* gehörte zu einem Kreis von gemäßigten Anhängern der konstitutionellen Monarchie. Im Conseil forderte er ständig die Prinzipien einer gerechten Justiz, weshalb er in Opposition zum Directoire geriet, als er verschiedene Male zum Teil erfolgreich für die Emigranten eintrat, sowie sich für Pressefreiheit und gegen die Deportation von Priestern einsetzte. Den Verfolgungen nach dem Staatsstreich von 1797 entkam er nur durch Flucht und zweijährige Emigration nach Holstein. Dort schrieb *P.* „De l'usage et de l'ésprit philosophique au XVIIIe siècle", das wie alle folgenden Werke *P.s* posthum, und zwar im Jahre 1820 veröffentlicht wurde. Erst nach der Machtergreifung Napoleons kehrte *P.* 1799 nach Frankreich zurück, wo er alsbald zum Regierungskommissar des Prisengerichtes in Paris benannt wurde. Napoleon, von dem *P.* die Regeneration des Staates erwartete und den er bewunderte, berief ihn gemeinsam mit *Tronchet*, *Bigot de Préameneu* und *Maleville* in die Kommission zur Erarbeitung eines Zivilgesetzbuches und ernannte ihn kurze Zeit später zum Mitglied des Staatsrates. Ab Oktober 1801 schon Regierungsbeauftragter für Kultusangelegenheiten, wurde *P.* – selbst gläubiger Katholik und bester Kenner des Kirchenrechts – 1804 zum „Ministre des Cultes" ernannt, ein Amt, das er bis zu seinem Tode am 23.08.1807 in Paris innehatte. Sein Enkel *Frédéric Portalis* veröffentlichte 1844 die „Discours, rapports et travaux inédits sur le Code civil“ und 1845 die „Discours, rapports et travaux inédits sur le concordat de 1801, les articles organiques et sur divers questions de droit public“.

In seinem Werk „De l'usage et de l'abus de l'ésprit philosophique au XVIIIe siècle“ untersucht *P.*, wie sich der philosophische Geist gebildet hat, insbesondere welche Beziehungen zur Religion, zu den Künsten, zur Moral und zur Geschichte bestehen. Er lobt die Aufklärung des 18. Jahrhunderts, betont aber als Gegner aller extremen Positionen, daß durch falsche Theorien und durch die Exzesse der Revolution ein Volk von der höchsten Stufe der Zivilisation in die schrecklichste Barbarei zurückfallen könne.

Während der Revolution war der Wille zur Schaffung eines einheitlichen Gesetzbuches zwar deutlich geworden, drei Entwürfe aber gescheitert und die tiefe Rechtszersplitterung Frankreichs nicht überwunden worden. Die Kommission zur Erarbeitung eines Zivilgesetzbuches legte bereits nach vier Monaten einen neuen Entwurf vor, der dem Kassationsgericht sowie den Appellationsgerichten zur Prüfung übersandt wurde. Der Entwurf wurde im Staatsrat (Conseil d'État) beraten. Die vom Staatsrat angenommenen Titel wurden als Gesetzesvorschläge der gesetzgebenden Versammlung (Corps legislatif) vorgelegt, wobei diese die Vorschläge wiederum an den Tribunat verwies, der seinerseits zu beschließen hatte. Nach Anhörung eines Abgeordneten des Tribunates sowie des Redners der Regierung entschied die gesetzgebende Versammlung über die Annahme als Gesetz. *P.* leistete nicht nur maßgebliche Beiträge bei der Erarbeitung des Code, sondern auch bei seiner politischen Durchsetzung. Er stellte die Theorie des Code civil in drei Abhandlungen vor, die jeweils der Vorstellung des Gesetzgebungswerkes und seiner tragenden Prinzipien im Staatsrat bzw. in der gesetzgebenden Versammlung dienten. Der berühmte dem Gesetzentwurf der Kommission vorangestellte „Discours préliminaire“ enthält neben Darlegungen zum Familien- und Eherecht, dem ein besonderer Schwerpunkt zuerkannt wird, Stellungnahmen über die Natur der Gesetze, über Rechtsquellen sowie über die Stellung der Gesetzgebung. Um die gesetzgebende Versammlung insgesamt von dem System des Code civil zu überzeugen, fertigte *P.* ein sog. „Exposé général“ an, in dem er darstellt, was ein Zivilgesetzbuch bedeutet, wobei er vor allem dem Einwand begegnet, dem Entwurf mangele eine große neue Konzeption. Er gesteht dies zu, rechtfertigt dies aber damit, daß man das reiche Erbe der vorherigen Generationen nicht zurückweisen dürfe und neue Theorien nichts als die Systeme von einzelnen darstellen, während die alten Maximen der Geist von Jahrhunderten seien. Weiterhin betont er die Notwendigkeit eines einheitlichen Zivilgesetzes für alle Franzosen, was er gemeinsam mit der Säkularisation der Gesetzgebung für eine der großen Errungenschaften der Revolution hält. Wie auch schon im „Discours préliminaire" geht er im „Exposé général" bei der Beschreibung der im Code behandelten Gegenstände insbesondere auf die das Ehe- und Familienrecht leitenden Prinzipien ein, weil die Ordnung der Familie als kleinste Einheit der Gesellschaft von großer Bedeutung für die Ordnung und Funktion des Gemeinwesens sei und allein private Tugenden öffentliche Tugenden garantieren könnten. Dennoch befürwortet er die Ehescheidung, da das Zivilrecht nicht so unflexibel sein könne wie Religion und Moral. In der dritten der o.a. Abhandlungen rechtfertigt *P.* wiederum vor der gesetzgebenden Versammlung nach Abschluß der Gesetzgebungsarbeiten die Zusammenfassung des Zivilrechtsprojektes aus 36 Einzelgesetzen zum „Code civil français", worin er erneut die Notwendigkeit eines einheitlichen zusammenfassenden Gesetzbuches zur Sicherung des dauernden inneren Friedens und der Gleichheit aller Bürger vor dem Gesetz betont. Neben diesen generellen Abhandlungen vertrat *P.* als Regierungsvertreter vor dem Corps législatif verschiedene Titel des Gesetzes, insbesondere zum Ehe- und Familienrecht, zum Vertragsrecht und zum Eigentum. Hierzu fertigte er sog. „Exposé des motifs" an, die zu Modellen für dieses Genre wurden und in denen er seine Lösungen mit großer rechtshistorischer und juristisch dogmatischer Kenntnis in klarer Sprache und Methode vorschlägt.

Der Code civil ist ein kollektives Werk. *P.s* Anteil wird darin gesehen, daß er insbesondere als Vermittler zwischen verschiedenen konträren Meinungen des geschriebenen, des coutumiären und des revolutionären Rechts gewirkt hat; aufgrund seiner überragenden Kenntnisse, seines klaren Stils und seiner Überzeugungskraft gilt er als Hauptredaktor des Code, der unter dem Einfluß des „De l'Esprit des lois" von → *Montesquieu* dem Code einen „esprit général" gegeben habe.

Nach Abschluß des Konkordates (15.07.1801) beauftragte Napoleon *P.*, dieses vor der gesetzgebenden Versammlung, die dem Konkordat ablehnend gegenüberstand, vorzustellen und zu verteidigen. *P.* gelang dies in einem philosophischen Exposé, in dem er betonte, daß die Religion ein Bedürfnis des Menschen und daß es unmöglich sei, eine neue Religion zu schaffen. Zudem sei der Konsens mit dem Papst sowohl wünschenswert als auch nützlich. *P.* war maßgeblich an der Abfassung der Organischen Artikel zum Konkordat beteiligt, die er ebenfalls vor den verfassungsgebenden Versammlungen vertrat und die im Sinne Bonapartes die Superiorität des Staates gegenüber der Kirche festlegten und diese unter staatliche Aufsicht stellten. Bei der praktischen Umsetzung des Konkordates kam *P.* die Aufgabe zu, das französische Kirchenwesen für alle Konfessionen zu reorganisieren, den Klerus nach der Säkularisation zu finanzieren sowie den Aufbau des katholischen Schul- und Seminarwesens zu leiten. Mit besonderem Wohlwollen widmete er sich der Zulassung und Organisation der Frauenorden, denen eine tragende Rolle in der Sozialfürsorge zuerkannt wurde. Bei allen kritischen und konträren Wertungen der napoleonischen Kirchenpolitik wird *P.* nachgesagt, daß er für den besten Teil der frühen Regierungszeit Napoleons stehe.

Hauptwerke: De l'usage et de l'abus de l'ésprit philosophique au XVIIIe siècle, hrsg. v. *J.M. Portalis*, 1820. – Discours, rapports et travaux inédits sur le code civil, hrsg. v. *F. Portalis*, 1844. – Discours, rapports et travaux inédits sur le concordat de 1801, les articles organiques et sur divers questions de droit public, hrsg. v. *F. Portalis*, 1845. – *P.s* Werke zum code civil sind zugänglich über *M. Locré:* Législation civile, commerciale et criminelle ou commentaire et complément des codes francais, Bd. 1-16, 1836.

Literatur: A.J. Arnaud: Les Origines Doctrinales Du Code Civil Francais, 1969. – *C. Barazetti:* Einführung in das Französische Civilrecht, 1894. – *A. Bürge:* Das französische Privatrecht im 19. Jh., 1991. – Dictionnaire de Droit Canonique, publiée sous la direction de R. Naz, 7 (1965), 42. – Dictionnaire de Théologie Catholique, commencé sous la direction de A. Vacant et E. Mangenot, continué sous celle de E. Amann, 12 (1935), 2593 ff. – *B. Gagnebin:* Portalis, 1956. – Historical Dictionary of Napoleonic France, 1799-1815, hrsg. v. O. Connelly, 1985, 397 f. – *C. Langlois:* Portalis, in: Dictionnaire Napoleon, sous la direction de J. Tulard, 1984, 1362 ff. – *R. Lavollé:* Portalis, sa vie et ses œuvres, 1869. – *Michaud:* Biographie universelle ancienne et moderne, nouv. ed., 34 (o.J.), 135 ff. – Nouvelle Biographie Générale ..., publiée par M.M. Firmin Didot Frères, 40 (1862), 851 ff., 1862. – *W. Schaeffner:* Geschichte der Rechtsverfassung Frankreichs, 1850. – *L. Schimséwitsch:* Portalis et son temps, 1936. – *E.M. Theewen:* Napoléons Anteil am Code civil, 1991. – *P. Viollet:* Histoire du droit civil francais, 1966. – *W. Wilhelm:* Portalis et Savigny, in: Aspekte europäischer Rechtsgeschichte, Festg. f. H. Coing z. 70. Geb., 1982, S. 445 f. – Jur., 498 f. *(O. Motte)*. – TRE, 24, 1-5, Stichwort: Napoleonische Epoche.

U. Dorn

Robert-Joseph Pothier

(1699-1772)

Geb. am 9.1.1699 in Orléans, dort gest. am 2.3.1772. Nach dem frühen Tod des Vaters, eines Präsidialgerichtsrats, allgemeine Studien in einem Jesuitenkolleg. Dabei Neigungen zur Geometrie, zur Sprachwissenschaft und zur Metaphysik. Auf Bitten seiner Mutter sieht er von einem Ordensbeitritt ab und beginnt ein Rechtsstudium. Im Alter von 21 Jahren wird er in Orléans zu dem Amte berufen, das schon sein Vater innehatte. Trotz seiner Jugend achten ihn die Kollegen sofort wegen seines bescheidenen Auftretens, seines juristischen Instinkts und seiner profunden Rechtskenntnisse und fragen ihn bald um Rat. Er übt das Amt bis zu seinem Tod mit großer Autorität aus und genießt die Wertschätzung der Bevölkerung. Daneben entwickelt sich seine Kanzlei zu einem Privatgericht, da er den ratsuchenden Bürgern und seinen Magistratskollegen unentgeltlich mit Rechtsberatungen und Schiedsregelungen zur Seite steht. Einzig in Strafsachen will *P.* nicht tätig sein, da er die dabei angewandten Foltermethoden zutiefst verabscheut. Weiter wird er 1743 zum Rat der Domänenkammer sowie 1746 von der Bevölkerung als Ausdruck der Hochachtung zum Magistratsbeamten gewählt.

Auf der Suche nach Verlegern für seine Werke wird er dem Kanzler *d'Aguesseau* bekanntgemacht und daraufhin von diesem protegiert. Eine Professur in Paris lehnt er ab, da er es vorzieht, in Orléans zu bleiben. Nach dem Tode von *Prévôt de la Jannès* wird er 1749 auf den Lehrstuhl für französisches Recht der Universität Orléans berufen, ohne sich beworben zu haben. Da er meint, diese Ehre stünde eigentlich einem anderen Kandidaten zu, setzt er sein Professorenhonorar zur Verleihung von Preisen an seine Studenten ein und schafft auf diese Weise Anreize, die zur Blüte der vorher unbedeutenden Rechtsfakultät beitragen. Überhaupt lehnt er das herkömmliche Dozieren ab und sucht den Kontakt zu den Studenten auch in privaten Diskussionsrunden. Die geringe Wertschätzung für materielle Güter führt ihn schließlich dazu, zugunsten niedriger Buchpreise auf jegliche Einnahmen aus seinen Schriften zu verzichten.

Seit dem Beginn seiner Karriere widmet sich der Junggeselle *P.* auch in seiner Freizeit dem Recht und veröffentlicht zahlreiche Schriften. Zunächst nimmt er sich des römischen Rechts an, dessen herausragende Bedeutung er bei seiner Gerichtstätigkeit erkennt und dessen Studium er, wie → *Domat*, als Voraussetzung für die Anwendung des französischen Rechts betrachtet. Obwohl er anfänglich nur schreibt, um sich selbst Klarheit zu verschaffen, bewältigt er in jahrelanger Arbeit die Unübersichtlichkeit in den Pandekten Justinians und gibt ihnen in den „Pandectae Justinianeae in novum ordinem redactae" eine neuartige Ordnung. Dabei zeigt er sich vom Werk → *Domats* inspiriert, übertrifft es aber durch eine reichhaltigere Systematik, der die Institutionen des Gaius zu Grunde liegen. Inhaltlich beschränkt er sich auf die wesentlichen Stellen der Pandekten und komprimiert dadurch das riesige Werk zu einem kurzen Kompendium zusammenhängend verständlicher Aussagen. Besonderen Wert legt *P.* darauf, die im Laufe der Zeit aufgedeckten Widersprüche zwischen den Textstellen endgültig zu beseitigen. Dazu stellt er jedem Abschnitt ein Exposé voran, in dem er die wesentlichen Rechtsfragen kurz behandelt. Trotz der Vorzüge des Werkes und der Unterstützung durch *d'Aguesseau* tut sich der zunächst widerstrebende *P.* schwer, in Paris einen Verleger für seine Arbeit zu finden. Nach dem Erscheinen findet das Werk zuerst im Ausland Anerkennung; in Frankreich begegnet ihm Mißtrauen wegen seiner scheinbar unwissenschaftlichen Kürze.

P. wendet sich dann dem französischen Recht zu. Zunächst bearbeitet er das droit coutumier (Gewohnheitsrecht), dessen erste schriftliche Fixierungen seit *Molinaeus* unter ihrer Unübersichtlichkeit und zahlreichen Verwechselungen litten. Nach einer ersten Ausgabe der „Coutume d'Orléans" von 1740 macht sich *P.* in der zweiten Auflage von 1760 seine Kenntnisse des römischen Rechts zunutze und stellt Coutumes und Digesten einander gegenüber. Dabei beschränkt er sich auf kurze Notizen und Worterklärungen und legt das Schwergewicht auf methodische Zusammenfassungen am Beginn der jeweiligen Abschnitte. So verdeutlicht er anhand der Coutume von Orléans die Quellen des französischen

Rechts und die Gemeinsamkeiten der Gewohnheitsrechte in ganz Frankreich und überwindet die Partikularität der Coutumes.

Großen Einfluß erlangt *P.* schließlich auch durch seine „traités" zu verschiedenen Fragen des Zivil- und Prozeßrechts. Er erörtert hier die gegenseitigen Verträge, die kaum vom droit coutumier aufgenommen worden waren und nach wie vor vom römischen Recht beherrscht wurden. Ausgangspunkt dieser wiederum für den Eigengebrauch geschriebenen Abhandlungen ist der „traité des obligations", in dem *P.* die grundlegenden Regeln des Zivilrechts methodisch und übersichtlich darlegt; in weiteren Schriften, die etwa im Jahresabstand erscheinen, entwickelt er dann die Einzelprobleme der verschiedenen Vertragsarten. Dabei erschließt er das Recht aus der Natur des Menschen und verbindet es mit der Moral in einer Weise, wie sie im französischen Recht nur noch bei → *Domat* zu finden ist. Er erkennt, daß nicht alles, was das römische Zivilrecht duldet, auch nach christlichen Moralvorstellungen erlaubt ist, und unterzieht seine Rechtsauffassungen einer strengen Prüfung am Maßstab des kanonischen Rechts.

Abgesehen von ihrer Bedeutung als Lehrbücher fanden die „traités" vor allem bei der Redaktion des Code Civil große Beachtung. Die Grundlagen des Vertragsrechts sind den Abhandlungen *P.s* entliehen, und zahlreiche Vorschriften geben den Wortlaut einzelner „traités" wieder. Durch seine Durcharbeitung und Zusammenschau des römischen Rechts und der Coutumes erreicht *P.* einen Grad der Verschmelzung der französischen Rechtsquellen, der einem einheitlichen französischen Recht sehr nahe kommt. Dabei geht er vom Vorrang des römischen Rechts aus, wobei die coutumes aber im Einzelfall vorzuziehen sein können. *P.s* Leistung liegt daher weniger in der Originalität seines Denkens als in seiner praxisorientierten Zusammenfassung des französischen Rechtszustands, durch die er die unübersichtliche Rechtsvielfalt auf das Wesentliche reduziert hat.

Hauptwerke: Coutume d'Orléans, 1740; grundlegend neubearb. Aufl. 1760. – Pandectae Justinianeae in novum ordinem redactae, 1748. – Traité des obligations, 1761. In der Folge (1762-1778) weitere traités zu einzelnen Vertragstypen.

Literatur: A.J. Arnaud: Les origines doctrinales du code civil français, Diss. iur. Strasbourg, 1964. – *P. Berhardeau*: Vies, portraits et parallèles des jurisconsultes Domat, Furgole et Pothier, 1789. – *L.H. Dunoyer*: Blackstone et Pothier, 1927. – *A.M.J.J. Dupin*: Dissertation sur la vie et les ouvrages de Pothier, 1827. – *P.S. Dupin* in: Galérie Française, 1823, 120. – *P.A. Fenet*: Pothier analysé dans ses rapports avec le Code Civil, 1826. – *A.F.M. Frémont*: Recherches historiques et biographiques sur

Pothier, 1859. – *P. Grossi*: Un paradiso per Pothier – Robert-Joseph Pothier et la proprietà moderna in: Quad.Fior. 14 (1985), 401 ff. – *H. Hattenhauer*: Europäische Rechtsgeschichte, [2]1994, 460. – *P. Huot*, in: Les hommes illustres d'Orléans, 1852, in: ABF Blatt 581, 132. – *U. Jahn*: Die „subtilité du droit romain" bei Jean Domat und Robert-Joseph Pothier, Diss. iur. Frankfurt a.M., 1971. – *D. Jousse*: Eloge de M. Pothier, 1772. – *H.J. König*: Pothier und das römische Recht, Diss. iur. Frankfurt a.M., 1976. – *G.F. Letrosne*: Eloge historique de M. Pothier (1773) in: Œuvres de Pothier, II, 1848, 27. – *N.T. Le Moyne des Essarts*, in: Les siècles littéraires de la France, 1800-01, in: ABF Blatt 581, 110. – *A. Piret*: La rencontre chez Pothier des conceptions romaine et féodale de la propriété foncière, Diss. iur. Paris, 1937. – *A. Rodière*: Les grands jurisconsultes, 1874, 374. – *A. Tardif*: Histoire des sources du droit français, 1890, 499 u. 510. – *L. Thézard*: De l'influence des travaux de Pothier et du chancelier d'Aguesseau sur le droit civil moderne, 1866. – *C.F. Vergnaud-Romagnesi*: Notice sur M. Pothier, 1859. – *L.A. Warnkönig / T.A. Warnkönig / L. von Stein*: Französische Staats- und Rechtsgeschichte, II, 1875, 121.
H. Nitschke

Hugo Preuß

(1860-1925)

Geb. am 28.10.1860, gest. am 9.10.1925. Sohn eines jüdischen Berliner Millionärs, Studium in Berlin und Heidelberg. Als Mitarbeiter bei *Th. Barths* „Nation" (ab 1885) steht er zur *Bismarck*schen Innenpolitik in liberaler Opposition mit Verbindungen zur Sozialdemokratie. In seiner Habilitationsschrift (Berlin 1889) „Gemeinde, Staat, Reich" stellt er sich im „Versuch einer deutschen Staatskonstruktion auf der Grundlage der Genossenschaftstheorie" gegen die herrschende Staatsrechtslehre, insbesondere → *Laband*, aber auch gegen → *Gierke*. Abstammung und politische Auffassung beschränken ihn 36 Jahre lang auf die Stellung eines Privatdozenten an der Universität. In einer Aufsatzreihe über die Organisation der Reichsregierung (1890) tritt er für den Abbau der preußischen Kollegialordnung und für den Ausbau der (Reichs-) Staatssekretariate zur umschriebenen Ressortverantwortung ein. 1906 erst Privatdozent, dann ordentlicher Professor an der Handelshochschule Berlin. Im gleichen Jahr erscheint auch sein wissenschaftliches Hauptwerk „Die Entwicklung des deutschen Städtewesens", in dem er anknüpfend an die Gedanken der → *Stein*schen Reformen für die Selbstverwaltung eintritt. In enger Beziehung dazu steht seine politische Tätigkeit: 1895 in die Berliner Stadtverordnetenversammlung gewählt, 1910 in den Magistrat, im Krieg Tätigkeit als Magistratskommissar für Kriegsbeschädigtenfürsorge. Trotz mehrerer Kandidaturen für die Fortschrittliche Volkspartei kann er keinen Reichstagssitz erringen. Im Oktober 1918 wird er Rektor der Handelshochschule. Totalitären Klassenkampftendenzen der Revolution tritt er mit der Forderung nach einem deutschen Volksstaat entgegen („Volksstaat oder verkehrter Obrigkeitsstaat"). Im

November beruft ihn *F. Ebert* zum Staatssekretär des Innern mit dem Auftrag, die Reichsverfassung zu entwerfen. Aufbauend auf einer privaten Ausarbeitung von 1917, kann *P.* den Entwurf schon am 3.1.1919 abschließen. Im Februar wird *P.* zum ersten Innenminister der Weimarer Republik bestellt. Aus Protest gegen den Versailler Vertrag tritt *P.* mit dem Kabinett *Scheidemann* zurück, bleibt jedoch auf Wunsch *Eberts* bis zum 11.8.1919 als Sonderreichskommissar mit den Arbeiten zur Verfassung, insbesondere der Vertretung des Entwurfs vor der Nationalversammlung, beauftragt. Dem Obrigkeitsstaat des Bismarckreiches, aus der Übereinkunft der Dynastien unter preußischer Hegemonie entstanden, will *P.* den einheitlichen Volksstaat der deutschen Nation (unter Einschluß Deutsch-Österreichs) folgen lassen. Daher erhält nun das Parlament das politische Schwergewicht, der bis dahin dominierende Bundesrat soll durch ein Staatenhaus als Ländervertretung ersetzt werden. Als Selbstverwaltungskörperschaften konzipiert sollen die Länder Dezentralisation ermöglichen. Kernproblem ist die Neugliederung des Reiches, die zur Verwirklichung des Volksstaates partikularistische Strukturen abbauen, insbesondere eine neuerliche preußische Hegemonie durch Aufgliederung Preußens verhüten soll. Am Widerstand aus Preußen und Süddeutschland scheitert dieser Teil des Entwurfs, und das geplante Staatenhaus wird durch den mit mehr Kompetenzen ausgestatteten Reichsrat ersetzt. Die unmittelbare Wahl des Reichspräsidenten und die Gestaltung der parlamentarischen Regierungsform als Balance von parlamentarischer und plebiszitärer Demokratie werden jedoch gebilligt, mit der Einrichtung des Volksbegehrens geht der Beschluß der Nationalversammlung sogar noch über den Entwurf hinaus. Der Grundrechtekatalog, den *P.* bewußt vernachlässigt und klein gehalten hatte, da er wegen der Unversöhnlichkeit der Meinungen in diesem Punkt für das gesamte Verfassungswerk fürchtete, wird erheblich erweitert und durch Grundpflichten ergänzt. Mit der Verabschiedung der Verfassung ist die politische Rolle ihres Schöpfers ausgespielt. Als Mitbegründer der „Deutschen Demokratischen Partei" *Naumanns* wird er noch 1919 in den Preußischen Landtag gewählt, den ersehnten Reichstagssitz erhält er jedoch nicht mehr.

→ *Gierkes* Genossenschaftstheorie stellt die wissenschaftliche Grundanschauung von *P.* dar. Dabei bezieht er einmal selbständige Position gegenüber der herrschenden Staatsrechtslehre, insbesondere → *Laband*, dessen individualistische Anschauung körperschaftliche Verbände in künstliche und natürliche Individualpersönlichkeiten zerreißen müsse und sie so nicht als soziale Lebewesen begreifen könne. Andererseits wirft er → *Gierke* Abfall von den eigenen Lehren vor durch Verwendung des Souveränitätsbegriffs, der als absoluter Begriff der romanistischen absoluten Person korreliere und daher mit dem relativen Personbegriff der Genossenschaftstheorie unvereinbar sei. Dem Souveränitätsbegriff als tragendem Prinzip des absoluten Obrigkeitsstaates stellt er die Selbstverwaltungsidee des germanischen Rechts als Grundprinzip des modernen Rechtsstaats gegenüber. Alle körperschaftlichen Verbände sind durch das genossenschaftliche Element wesensgleich. Dem politischen Gemeinwesen ist als weiteres Wesensmerkmal (nicht Objekt im Sinne eines „staatsrechtlichen Sachenrechts"!) eigen das Gebiet; Gemeinde, Staat und Reich sind Gebietskörperschaften. Am Merkmal der Gebietshoheit ist der Staat von der Gemeinde abzugrenzen. – Aus der antinational-dynastischen Politik der Landesfürsten erklärt *P.* die andersartige politische Entwicklung des deutschen Volkes im Vergleich mit England als Beispiel nationaldynastischer Selbstverwaltung und mit Frankreichs nationaler Zentralisation. – Die korporative Organisation der Bevölkerung auf territorialer Grundlage als tragender Gedanke des modernen Staatswesens tritt grundsätzlich zunächst in der Stadtverfassung auf; in Deutschland sieht *P.* das durch agrar-feudalistische Strukturen unterdrückte und behinderte verfassungsmäßige Staatsprinzip durch die → *Stein*sche Städteordnung (1808) erstmals verwirklicht. – Leitmotiv von *P.s* wissenschaftlicher wie auch praktisch-politischer Tätigkeit ist die Idee der deutschen Nation.

Hauptwerke: Gemeinde, Staat, Reich als Gebietskörperschaften, 1889. – Die Entwicklung des deutschen Städtewesens. 1 Bd. (einziger), 1906. – Selbstverwaltung,

Gemeinde, Staat, Souveränität, in: Festg. f. P. Laband, 1908, 199 ff. – Die Lehre Gierkes und das Problem der preußischen Verwaltungsreform, in: Festg. f. O. v. Gierke I, 1910, 245-304. – Nationaler Gegensatz und internationale Gemeinschaft (Rektoratsrede 1918), abgedr. in: Staat, Recht und Freiheit (s.u.). – Deutschlands Staatsumwälzung, die verfassungsmäßigen Grundlagen der deutschen Republik, 1919. – Staat, Recht und Freiheit (Einl. v. *T. Heuß*), 1926 (Sammlung v. Aufsätzen), Ndr. 1964. – Reich und Länder, Bruchstücke eines Kommentars zur Verfassung des Deutschen Reiches (hrsg. v. *G. Anschütz*), 1928. Bibliographie in: Staat, Recht und Freiheit (s.o.)

Literatur: W. Apelt: Geschichte der Weimarer Verfassung, 1946. – *E. Feder:* Hugo Preuß. Ein Lebensbild, 1926. – *S. Grassmann:* Hugo Preuß und die deutsche Selbstverwaltung, 1965. – *E. Hamburger:* Hugo Preuß. Scholar and Statesman, in: Leo Baeck Institute, Year Book 20 (1975), 179-206. – *T. Heuß:* Geleitwort zu: Staat, Recht und Freiheit (s.o.). – *H. Hintze:* Hugo Preuß, eine historisch-politische Charakteristik, in: Die Justiz, 1927, 223-237. – *E.R. Huber:* Deutsche Verfassungsgeschichte seit 1789, V, 1978, 1178 ff. – *E.M. Hucko:* Zur Erinnerung an Hugo Preuß, in: NJW 1985, 2309-2311. – *D. Lehnert:* Hugo Preuß als moderner Klassiker einer kritischen Theorie der „verfaßten“ Politik, in: Polit. Vierteljahrsschrift 1992, 33-54. – *D. Schefold:* Hugo Preuß (1860-1923). Von der Stadtverfassung zur Staatsverfassung der Weimarer Republik, in: DJJH, 429-453. – *G. Schmidt:* Hugo Preuß, in: *H.U. Wehler:* (Hrsg.): Deutsche Historiker VII (1980), 55-68. – *Carl Schmitt:* Hugo Preuß, 1930. – *G. Schmoller:* Walter Rathenau und Hugo Preuß, 1922. – *W. Simons:* Hugo Preuß, 1930. – *Stolleis:* Gesch., II, 363 f. – StL 6 (1961), 472-475 *(G. Gillessen)*. – HRG III (1984), 1924-1926 *(A. Hueber)*. H.

Georg Friedrich Puchta

(1798-1846)

Geb. am 31.8.1798 in Cadolzburg bei Nürnberg als Sohn des Landrichters *Wolfgang Heinrich P.* 1811-1816 Gymnasialzeit in Nürnberg (Rektor des Nürnberger Gymnasiums war zu dieser Zeit *Hegel*, der den Schülern auch Philosophie vortrug). 1816 Beginn des Studiums in Erlangen. 1820 Promotion (Dissertation „De itinere, actu et via“) und Habilitation für Römisches Recht in Erlangen. 1821 Deutschlandreise, in deren Verlauf *P.* u.a. die Universitäten Jena, Berlin, Göttingen, Bonn und Heidelberg besucht und Bekanntschaft mit *Savigny*, → *Hugo*, *Göschen* und → *Thibaut* macht. 1823 außerord. Prof. in Erlangen. 1828 Annahme eines Rufs auf den Lehrstuhl für Römisches Recht an der Universität München; Beginn der Freundschaft mit *Schelling*. 1835-1837 ordentlicher Professor in Marburg für Römisches und Kirchenrecht, ab 1837 in Leipzig für Römisches Recht. 1842 Berufung nach Berlin als Nachfolger → *Savig-*

nys und auf dessen Vorschlag. Hilfsarbeiter am Geheimen Obertribunal mit dem Titel eines Geheimen Obertribunalrats ab 1844, ab 1845 auch Mitglied des Staatsrats und der Gesetzgebungskommission. Am 29.12.1845 wird *P.* während eines Besuches von einer Übelkeit befallen; er stirbt am 8.1.1846.

P. ist der nach → *Savigny* bedeutendste Vertreter der historischen Rechtsschule romanistischer Ausprägung; als eigentlicher Begründer der „Begriffsjurisprudenz" hatte er auf die Zivilrechtsdogmatik des 19. Jahrhunderts sogar größeren Einfluß als → *Savigny*. Seine *Rechtsquellenlehre* ist in dem Buch über „Das Gewohnheitsrecht" enthalten. *P.* übernimmt hier → *Savignys* Theorie von der Entstehung des Rechts im Bewußtsein des Volkes, wobei er den – bereits in einer Frühschrift *Hegels* (in anderem Sinne) verwendeten – Begriff „Volksgeist" einführt. Wie → *Savigny* kennt er drei Rechtsquellen, nämlich Volk, Gesetzgebung und Wissenschaft; er folgt auch dessen Theorie, daß bei fortschreitender Rechtsentwicklung der Volksgeist nur mittelbar, nämlich durch die als seine Repräsentanten angesehenen Juristen und die gesetzgebenden Organe Recht erzeugt. *P.* geht aber insofern über → *Savigny* hinaus, als er ein „wissenschaftliches Recht" anerkennt, das erst als „Product einer wissenschaftlichen Deduction" entsteht, also nicht lediglich von den Juristen als Organen des Volksgeists ausgesprochen wird. Der Praxis hingegen spricht er die rechtserzeugende Kraft ab: ständiger Gerichtsgebrauch sei nur Erkenntnisquelle bestehenden Rechts. *P.s* Rechtsquellenlehre ist heftig bekämpft worden – von den Hegelianern (besonders *Gans*) wegen der Vernachlässigung des Gesetzes- zugunsten des Gewohnheitsrechts, von den Germanisten wegen der Hochschätzung des Juristenrechts, durch welches das „deutsche" Volksrecht verdrängt würde. *P.* wurde wegen seines „Gewohnheitsrechts" und seiner immer schärferen Repliken auf germanistische Angriffe der Hauptgegner der Germanisten im „Rezeptionsstreit" (→ *Beseler*).

Fast allgemeine Anerkennung haben jedoch *P.s* Lehren über das eigentliche – unmittelbar aus dem „Volksgeist" hervorgehende – Gewohnheitsrecht gefunden. *P.* revidierte die bis dahin herrschende Theorie in zwei entscheidenden Punkten: Da das Gewohnheitsrecht aus der Volksüberzeugung hervorgeht, ist die Übung, die Gewohnheit, nicht Entstehungsgrund, sondern nur Erkenntnismittel des Gewohnheitsrechts. Da weiterhin das Gewohnheitsrecht ebensogut Recht wie anderes auch – insbesondere seine Geltung nicht durch gesetzliche Anerkennung bedingt – ist, muß das Gericht es von Amts wegen erforschen. Nicht etwa ist das Gewohnheitsrecht wie eine Tatsache von der Partei zu beweisen, die sich darauf beruft (*P.* läßt allerdings einige Ausnahmen zu). Diese Gewohnheitsrechtslehre hat nach neueren Untersuchungen *(Scheuermann)* auch die gerichtliche Praxis sehr stark beeinflußt.

P.s große Bedeutung für die *Rechtsdogmatik* beruht auf seiner „begriffsjuristischen" Methode. Sie nähert sich dem rationalistischen Rechtsdenken des 18. Jahrhunderts (→ *Wolff*), beruht aber auf ganz anderen Voraussetzungen, da sie nicht vernünftiges (natürliches) und positives Recht unterscheidet, sondern in Annäherung u.a. an *Schellings* Identitätsphilosophie die Vernünftigkeit im positiven Recht verwirklicht sieht, also an eine Tradition anknüpft, mit der die historische Rechtsschule ursprünglich brechen wollte. Für *P.* haben die Rechtsbegriffe eine selbständige „intellektuelle Existenz" *(Wieacker)*, sie sind abgelöst von der empirischen Wirklichkeit des Rechtsverhältnisses, das sie betreffen. Darin liegt der Unterschied zu → *Savigny*, der seinen Zentralbegriff des Rechtsinstituts „organisch" auffaßte, den „lebendigen Zusammenhang seiner Bestandteile" und seine „fortschreitende Entwicklung" betonte. Durch *P.s* Methode hingegen wird wissenschaftliche Rechtserzeugung allein durch abstrakte Begriffskonstruktion möglich: Aus den einzelnen Rechtssätzen wird das Gemeinsame abstrahiert und in Form einer „Begriffspyramide" *(Larenz)* aufsteigend zu Begriffen von wachsender Allgemeinheit zusammengefaßt. Von oben nach unten gesehen, bedeutet dies, daß die Oberbegriffe durch Hinzufügung konkreter Merkmale immer mehr spezifiziert werden: z.B. der Begriff des subjektiven Rechts eingeteilt wird in Rechte an der eigenen Person, an Sachen, an Handlungen, an Personen, diese wiederum in Rechte an der Person des Ehegatten, der Person der Kinder usw. Das so gebildete System soll nun nicht nur didaktischen oder Ordnungszwecken dienen, sondern auch selbständigen Erkenntniswert haben: Durch Verfolgung der „Genealogie" der

Rechtssätze „bis zu ihrem Prinzip hinauf" und von den Prinzipien „bis zu ihren äußersten Sprossen herab" „werden Rechtssätze zum Bewußtsein gebracht und zu Tage gefördert werden, die in dem Geist des nationellen Rechts verborgen ... erst als Product einer wissenschaftlichen Deduction sichtbar entstehen". Dies ist das von der Interessenjurisprudenz (→ *Heck*) als „Inversionsmethode" getadelte Verfahren der Begriffsjurisprudenz: aus den Oberbegriffen wird mehr hergeleitet, als ursprünglich in sie hineingelegt worden ist. Die Deduction aus Begriffen wird so das eigentliche Verfahren zur Erzeugung „wissenschaftlichen Rechts".

Die Kritik an der *P.*schen Begriffsjurisprudenz begann mit → *Jhering* (der immerhin noch seinen „Geist des römischen Rechts" dem „großen Meister G.F. Puchta" gewidmet hatte) und setzte sich über die Interessenjurisprudenz (→ *Heck*) und die Freirechtsbewegung (→ *Fuchs*, → *Ehrlich*) ins 20. Jahrhundert fort. Schon *Ernst Landsberg* meinte 1910, *P.* sei zum „Kinderspott" geworden. Dadurch ist aber zu Unrecht und nicht immer zum Vorteil der modernen Rechtsdogmatik das der Jurisprudenz wie jeder Wissenschaft unentbehrliche Arbeiten mit Begriffen überhaupt in Mißkredit geraten. Kritik verdient nur die besondere Gestalt, die *P.* und der frühe → *Jhering* der „Begriffsjurisprudenz" gegeben haben, in der immer wieder die legitimen Grenzen einer positivistischen Logik durch Behauptungen über das „Wesen" und die „Natur" eines Rechtsbegriffs(-instituts) überschritten werden. Immerhin steht dieses Verfahren bei *P.* im Zusammenhang mit seiner metaphysischen Fundierung des Rechts und ist deshalb immanent folgerichtig.

Hauptwerke: Grundriß zu Vorlesungen über juristische Encyclopädie und Methodologie, 1822. – Civilistische Abhandlungen, 1823. – Encyclopädie als Einleitung zu Institutionen-Vorlesungen, 1825. – Das Gewohnheitsrecht, 2 Bde., 1828-1837 (Ndr. 1965). – Lehrbuch für Institutionenvorlesungen, 1829. – System des gemeinen Zivilrechts zum Gebrauche bei Pandectenvorlesungen, 1832. – Lehrbuch der Pandekten, 1838, [3]1845. – Einleitung in das Recht der Kirche, 1840. – Cursus der Institutionen, 2 Bde., 1841/42, [2]1845/46 (3. Bd., aus dem Nachlaß hrsg. v. *Rudorff*, 1847). Weit. Aufl. v. *Rudorff*, dann v. *P. Krüger*. – Vorlesungen über das heutige römische Recht (hrsg. v. *Rudorff*), 2 Bde., 1847/48. – Kleine civilistische Schriften (hrsg. v. *Rudorff*), 1851 (Ndr. 1970). Bibliographie bei *J. Bohnert:* Über die Rechtslehre Georg Friedrich Puchtas (1798-1846), 1975, 190-193.

Literatur: J. Bohnert: Über die Rechtslehre (s.o.), dazu *J. Rückert* in: ZRG (RA) 93 (1976), 497-512. – *J. Bohnert:* Beiträge zu einer Biographie Georg Friedrich Puchtas, in: ZRG (GA) 96 (1979), 229-242. – *J. Bohnert:* Vierzehn Briefe Puchtas an Savigny, 1979. – *J. Braun:* Der Besitzrechtsstreit zwischen F.C. v. Savigny und Eduard Gans, in: Quad. Fior. 9 (1980), 457-506. – *M. Herberger:* Dogmatik. Zur Gesch. von Begriff und Meth. in Medizin und Jurispr., 1981, 399-403. – *A. Hollerbach:* Der Rechtsgedanke bei Schelling, 1957, 321-340. – *H.H. Jakobs:* Die Begründung der geschichtlichen Rechtswissenschaft, 1992. – *P. Landau:* Puchta und Aristoteles. Überlegungen zu den philosophischen Grundlagen der historischen Schule und zur Methode Puchtas als Zivilrechtsdogmatiker, in: ZRG (RA) 109 (1992), 1-30. – *Larenz:* ML, 19-24. – *H. Liermann / H.-J. Schoeps:* Materialien zur preuß. Eherechtsreform im Vormärz, 1961, 500-503. – *C. Link:* Die Grundlagen der Kirchenverfassung im luth. Konfessionalismus des 19. Jhs., 1966, 111-142. – *R. Ogorek:* Richterkönig oder Subsumtionsautomat? Zur Justiztheorie im 19. Jh., 1986, 198 ff. – *R. Scheuermann:* Einflüsse der histor. Rechtsschule auf die oberstrichterl. gemeinrechtl. Zivilrechtspraxis bis zum Jahre 1861, 1972, 75-96. – *W. Schönfeld:* Puchta und Hegel, in: Festg. für J. Binder, 1930, 1-62. – *Stintzing-Landsberg:* GDtRW III 2, 439-461. – *Wieacker:* PRG, 399-402. – *W. Wilhelm:* Zur juristischen Methodenlehre im 19. Jh., 1958, 70-87. – ADB 26 (1888), 685-687 *(Eisenhart).* – HRG IV, 95-100 *(Jan Schröder).* – Jur., 503 f. *(U. Falk).* S.

Johann Stephan Pütter

(1725-1807)

„Jeder Anfänger weiß, daß er unter den größesten Kennern und Förderern des Reichsstaatsrechts genannt wird; daß seine Aussprüche in ganz Deutschland mit einer fast abergläubigen Anerkennung befolgt wurden; daß während fast zweier Menschenalter demjenigen, welcher ihn nicht als Lehrer gehabt hatte, die höhere Weihe des Rechtsgelehrten und Staatsmannes zu fehlen schien. Seine Schriften stehen in allen Büchersammlungen; und wer an den Glanz Göttingens denkt, erinnert sich Pütter's für den meisten seiner Genossen" *(R. v. Mohl).* Diese Einschätzung *P.s* verblaßte im 19. Jahrhundert vor einer eher kritischen Beurteilung, die sich insbesondere auf die fürstliche Gunstbezeugungen allzu geflissentlich aufzählende, doch schon von Senilität gezeichnete Selbstbiographie des berühmten Gelehrten berufen mochte; doch heute ist die bleibende Bedeutung *P.s* für die Staatslehre erkannt.

Am 23.6.1725 in Iserlohn als achtes Kind eines Kaufmanns geboren, bezog *P.* nach privatem Schulunterricht schon mit 12 Jahren 1738 die Universität Marburg, wo auch → *Christian Wolff* zu seinen Lehrern gehörte. Zum Zeichen seiner studentischen Würde mit dem Degen umgürtet und ständig mit einem Auszug aus der Universitätsmatrikel versehen, mag *P.* sich in den Straßen Marburgs recht merkwürdig ausgenommen haben. Im Herbst 1739 wechselte er für zwei Jahre nach Halle, dann für zwei Semester nach Jena, um danach mit seinem dortigen Lehrer *J.G. Estor* nach Marburg zurückzukehren. Mit 18 Jahren wurde er auf Grund der Dissertation „De praeventione atque inde nata praescriptione fori“ Lizentiat in Marburg und nahm dort seine Vorlesungen über römische Altertümer, Institutionen des Römischen Rechtes, Deutsches Privatrecht und Naturrecht auf. Die Verteidigung eines Offiziers in einem Totschlagsprozeß ließ *P.* weithin bekannt und zu einem in Adelskreisen begehrten Berater in Rechtsangelegenheiten werden. Seine praktische Tätigkeit führte ihn bereits 1745 als Beobachter zur Kaiserwahl Franz' I. nach Frankfurt – eine von Verfassungsjuristen damals gern genutzte Möglichkeit, auch berufliche Beziehungen anzuknüpfen; auch das Marburg nahe gelegene Wetzlar mit dem Reichskammergericht bot *P.* Gelegenheit, sich dem „Reichsprozeß“ näher zuzuwenden. 1746 berief der hannoversche Minister *Freiherr von Münchhausen P.* an die Universität Göttingen; *P.* sollte hier insbesondere über den Reichskammergerichts- und den Reichshofratsprozeß lesen. Nach einer einjährigen Studienreise an die wichtigsten Orte verfassungsrechtlichen Geschehens im Reich – Wetzlar mit dem Reichskammergericht, Regensburg mit dem Reichstag und Wien mit dem Reichshofrat – begann *P.* seine Lehrtätigkeit in Göttingen, dem er trotz glänzender Angebote, darunter einer Berufung zum Reichshofrat nach Wien 1766, nun 60 Jahre hindurch – mit nur kurzen Unterbrechungen, wie etwa zur Teilnahme an den Kaiserwahlen Josephs II. 1764 und Leopolds II. 1790 – die Treue hielt. *P.* starb dort am 12.8.1807.

Seinerzeit galt *P.* als der wohl bedeutendste und erfolgreichste Staatsrechtslehrer, wenn nicht Rechtslehrer überhaupt. Dabei war der Auftakt in Göttingen 1747 mit dem „Reichsprozeß“ für nur drei Zuhörer nicht eben verheißungsvoll gewesen, und auch für die ihm zunächst übertragenen Privatrechtsvorlesungen vermochte *P.* sich kaum zu erwärmen;

doch dann erfreuten sich seine Vorlesungen über Reichsgeschichte (seit 1750), Staatsrecht (seit 1753) und Reichsprozeß steigender Beliebtheit, so daß er zeitweise mehr als 200 Hörer hatte, eine damals gewaltige Zahl. Durch *P.* wurde Göttingen zum Mekka der Adepten des Staats- und Verfassungsrechts, die sich der verfassungsrechtlichen Praxis im Dienste des Reiches oder der Landesherren zuwenden wollten. Die Göttinger Practica, in denen die Staats- und Prozeßpraxis mit verteilten Rollen auf Grund von Originalakten nachvollzogen wurde, erlangten Berühmtheit.

Mit dem Ende des Reiches 1806, von *P.*, dessen letzte Lebensjahre von geistigem Verfall überschattet waren, wohl kaum noch zur Kenntnis genommen, schien sein Lebenswerk ausgelöscht zu sein, *P.* sich selbst überlebt zu haben, so daß das 19. Jahrhundert allenfalls noch das Andenken an den erfolgreichen Rechtslehrer meinte pflegen zu sollen; der Einfluß, den *P.* über seine Schüler, zu denen neben *J. Fr. Runde*, *G.A. Spangenberg*, *G. Fr. v. Martens* und *J. Fr. Reitemeier* so bedeutende Gestalten wie → *Gustav Hugo* und → *Karl Friedrich Eichhorn* zählten, aber auch durch sein literarisches Werk unmittelbar auf die Entwicklung von Recht und Rechtswissenschaft zu üben vermochte, blieb damals noch unerkannt. Dabei hatte *P.* mit seinem „Entwurf einer juristischen Encyclopädie und Methodologie" den Anstoß zu den Bemühungen des 19. Jahrhunderts um die juristische Systematik, wie sie etwa in der Überwindung der römisch-rechtlichen Legalordnung durch → *Gustav Hugo* einen ersten Höhepunkt erreichten, gegeben; das Privatrecht, dem *P.* an sich wenig Neigung entgegenbrachte, verdankt ihm doch die Grundlegung des modernen Urheberrechts: selbst durch Nachdrucke geschädigt, entwickelte *P.* in dem Gutachten „Büchernachdruck, nach Grundsätzen des Rechts geprüft" den Begriff des „geistigen Eigentums". Seine Werke zum „Privatfürstenrecht", einer von ihm erst entwickelten Disziplin, waren Grundlage noch der reichsgerichtlichen Rechtsprechung bis zum Ende des 19. Jhs. Die Hauptbedeutung *P.s* freilich liegt auf dem Gebiete des Staats- und Verfassungsrechts. Seine Schriften zur Rechts- und Verfassungsgeschichte, aus denen die „Historische Entwickelung der heutigen Staats-Verfassung des Teutschen Reiches" herausragt, weisen *P.* als den ersten echten Verfassungshistoriker aus, auf dessen Werk etwa auch → *Eichhorn* fortbauen konnte. Das recht schmale Bändchen der „Elementa iuris publici Germanici", später „Institutiones iuris publici Germanici", zog die Summe der jahrhundertelangen Bemühungen der Reichspublizistik um die juristische Erfassung des Heiligen

Römischen Reiches und stellte zugleich – nicht zuletzt auch durch seine noch heute für den Verfassungshistoriker unentbehrliche Bibliographie „Litteratur des Teutschen Staatsrechts" – deren Erträge für die künftige Staatslehre sicher; gelang ihm doch nicht nur die den modernen Bundesstaatsbegriff vorwegnehmende Charakterisierung des Reiches als eines aus zahlreichen Einzelstaatswesen zusammengesetzten Einheitsstaates, sondern auch die Erkenntnis des Verwaltungsrechtes als einer eigenständigen Disziplin neben dem Staats- und Verfassungsrecht oder die Entwicklung eines die Gefahrenabwehr betonenden Polizeibegriffes.

Wo *P.* in die Zukunft wirkte, da tat er dies freilich unbeabsichtigt. Zwar hat er einmal 1795, vom preußischen König gefragt, wie es bei einer Auflösung des Reiches „mit dem von ihm betriebenen deutschen Staatsrecht gehen" würde, geantwortet: „Wenn ich dessen Umsturz erlebte, müßte ich darauf denken, auf die Ruinen des Alten ein Neues zu bauen"; aber in seinen Werken finden die revolutionären Strömungen seiner Zeit keinen Niederschlag. Heute würde man *P.* als einen „unpolitischen Rechtsanwender" bezeichnen, wie das mit anderen Worten schon der liberale → *Robert v. Mohl* 1856 tat, als er an *P.*, dessen Unbestechlichkeit bei der Durchsetzung des als Recht Erkannten er einräumen mußte, doch die politische Enthaltsamkeit als sittlichen Mangel rügte und ihm Gesinnungslosigkeit vorwarf. Eine „moderne" Kritik also, die freilich wenig über die wissenschaftliche Bedeutung *P.s* aussagt, doch viel über das stets sich wandelnde Selbstverständnis der Juristen.

Hauptwerke: Grundriß der Staatsveränderungen des Teutschen Reichs, 1753, [7]1795. – Elementa iuris germanici privati hodierni, 1748. – (gemeinsam mit *G. Achenwall*:) Elementa iuris naturae, 1750. Neu hrsg. u. übers. v. *J. Schröder*, 1995. – Conspectus iuris Germanici privati hodierni novo systemate tradendi, 1754. – Auserlesene Rechts-Fälle aus allen Theilen der in Teutschland üblichen Rechtsgelehrsamkeit in Deductionen, rechtlichen Bedenken, Relationen und Urtheilen, theils in der Göttingischen Juristen-Facultät, theils in eignem Namen ausgearbeitet, 3 Bde. (12 Teile), 1760-1791. – Neuer Versuch einer Juristischen Encyclopädie und Methodologie, 1767. – Institutiones iuris publici Germanici, 1770, [6]1802. – Der Büchernachdruck nach Grundsätzen des Rechts geprüft, 1774. – Litteratur des Teutschen Staatsrechts, 3 Teile, 1776-1783 (fortges. v. *J.L. Klüber*, 1791). – Beyträge zum Teutschen Staats- und Fürsten-Rechte, 2 Bde., 1777-1779. – Historische Entwickelung der heutigen Staatsverfassung des Teutschen Reichs, 3 Teile, 1786, [3]1798. – Erörterungen und Beyspiele des Teutschen Staats und Fürstenrechts, 3 Teile, 1793-1797. – Über Mißheiraten teutscher Fürsten und Grafen, 1796. – Selbstbiographie, 2 Bde., 1798.

Literatur: W. Ebel: Der Göttinger Professor Johann Stephan Pütter aus Iserlohn (= Göttinger rechtwiss. Stud., 95), 1975. – *J. Eckert:* Johann Stephan Pütters Gutachten über die Erneuerung der kaiserlichen Wahlkapitulation, in *W. Brauneder* (Hrsg.): Heiliges Römisches Reich und moderne Staatlichkeit, 1993. – *Chr. Link:* Johann Stephan Pütter, in: Staatsdenker im 17. u. 18. Jhdt., hrsg. v. *M. Stolleis*, [2]1987, 310-331. – *ders.:* Johann Stephan Pütter (1725-1807). Staatsrecht am Ende des alten Reiches, in: *Fr. Loos* (Hrsg.): Rechtswisssenschaft in Göttingen. Göttinger Juristen aus 250 Jahren, 1987, 75-99. – *H. Marx:* Die juristische Methode der Rechtsfindung aus der Natur der Sache bei J. St. Pütter und J. Fr. Runde, Diss. jur. Göttingen, 1967. – *R. v. Mohl:* Die Geschichte und Literatur der Staatswissenschaften, Bd. 2, 1856, 425-438. – *W. Neusüß:* Gesunde Vernunft und Natur der Sache. Studien zur juristischen Argumentation im 18.Jahrhundert, 1970, 76 ff. – *P. Preu:* Polizeibegriff u. Staatszwecklehre, 1983, 167-192. – *U. Schlie:* Johann Stephan Pütters Reichsbegriff, 1961. – *Jan Schröder:* Wissenschaftstheorie und Lehre der „praktischen Jurisprudenz" auf deutschen Universitäten an der Wende zum 19. Jahrhundert, 1979, bes. 49 ff. – *R. Frhr. v. Schönberg:* Das Recht der Reichslehen im 18. Jahrhundert, 1977, 64 ff. – *Stintzing-Landsberg:* GDtRW III 1, 331-353. – *Stolleis:* Gesch., I, 312-316. – *M. Vogel:* Urhebervertragsrechtsprobleme am Ende des 18. Jahrhunderts, in: Festschr. *G. Röber*, 1982, 423-448. – *H. Zachariae:* Johann Stephan Pütter und Karl Friedrich Eichhorn, in: Göttinger Professoren, 1872. – ADB 26 (1888), 749-777 *(F. Frensdorff)*. Dort auch weitere Literaturangaben. – HRG III (1984), 114-117 *(D. Willoweit)*. – Jur., 504-506 *(H. Mohnhaupt)*. K.

Samuel Pufendorf

(1632-1694)

Geb. am 8.1.1632 in Dorfchemnitz (Grafschaft Meißen), als Sohn eines Pastors. 1645-1650 Stipendiat der Fürstenschule Grimma. Das 1650 in Leipzig begonnene Theologiestudium gibt er, abgestoßen von der lutherischen Orthodoxie, zugunsten philosophisch-juristischer Studien auf (ab 1656 in Jena). Dort Lektüre der Staatsschriften von → *Grotius* und → *Hobbes*. 1658 Magisterprüfung, durch Vermittlung seines Bruders *Esajas P.* Hauslehrer beim schwedischen Gesandten in Kopenhagen; innerhalb einer achtmonatigen Gefangenschaft während des dänisch-schwedischen Kriegs schreibt er die „Elementorum iurisprudentiae universalis libri duo", die er dem Kurfürsten Karl Ludwig von der Pfalz widmet. Dieser beruft ihn 1661 an die Universität Heidelberg auf einen (auf Wunsch *P.s*, dem ursprünglich ein juristischer Lehrstuhl angeboten worden war) neugeschaffenen Lehrstuhl für Natur- und Völkerrecht. 1670 nimmt *P.* eine Berufung an die Universität Lund (Professor für Natur- und Völkerrecht) durch den schwedischen König an, offenbar weil er die in Heidelberg angestrebte Staatsrechts-Professur nicht erhalten hatte. 1676, vor dem Einfall dänischer Truppen, Flucht aus Lund, 1677 Hofhistoriograph in Stockholm („Commentariorum de rebus Suecicis libri XXVI“, gestützt auf das Werk → *Bogislaus v. Chemnitz'*). *P.s* Bemühungen, Schweden, wo er sich immer mehr als Fremder fühlt, zu verlassen, sind erst 1688 erfolgreich, er wird Historiograph und Geheimer Rat des Großen Kurfürsten in Berlin, nach dessen Tod (1688) ihn Friedrich III. in allen seinen Ämtern bestätigt. Für den Hof schreibt er eine Biographie Friedrich Wilhelms I. und Friedrichs III. *P.* ist, nachdem er 1694 von Karl XI. von Schweden in den Freiherrnstand erhoben worden war, am 26.10.1694 in Berlin gestorben.

P.s Naturrechtslehre – die in zahlreiche europäische Sprachen übersetzt worden ist – hat im 17. und 18. Jh. breite Wirkung (vor allem im Ausland: u.a. auf → *Locke*, *Rousseau* und vielleicht auch auf die Menschenrechtserklärungen der USA) gehabt, geriet aber mit der Zerstörung des Glaubens an unabänderliche Naturrechtssätze durch *Kant* und die historische Schule (→ *Savigny*) in Vergessenheit. Unter seinen Geschichtswerken ist die Biographie des Großen Kurfürsten wohl das bedeutendste, sie hat eine Erneuerung der historischen Methode in Deutschland eingeleitet.

Methodisch ist *P.s* Naturrechtslehre eine Verbindung weniger aus einer Definition des Menschen abgeleiteter Grundprinzipien mit vorgegebenen philosophisch-moralischen Kategorien zur Untersuchung und Regelung gesellschaftlicher Verhältnisse. Die späteren Werke gründen dazu auf ausgedehnter historischer Tatsachenforschung.

Anders als → *Hobbes* und → *Grotius* sieht *P.* die Bedürftigkeit (imbecillitas) als Grundsituation des Menschen an. Von der imbecillitas unabhängig, doch ihr eng verbunden, stellt die Geselligkeit (socialitas) den zweiten Grundzug des menschlichen Wesens dar. Hinzu tritt die Personalität, ausgedrückt im freien Willen, dessen Wirkung die moralische Wertung der naturgegebenen Gegenstände ist. Aus dieser Wertung ergibt sich die Scheidung der entia physica (Welt der Naturkräfte) von den entia moralia (Bereich der Kultur und der Moral). Erfahrung zeigt, daß imbecillitas, socialitas und Personalität als Willensfreiheit allen Menschen gleichermaßen eigen sind. Der natürlichen Freiheit entspricht also eine natürliche Gleichheit. Durch die großen Normenkomplexe der göttlichen Gebote, des Naturrechts und der positiven Gesetze werden alle Menschen gleichermaßen in dreierlei Hinsicht durch Pflichten gebunden: Pflichten gegen Gott, gegen sich selbst und gegen den Nächsten. Die göttlichen Gesetze sind durch Offenbarung vorgegeben und bedürfen keiner Begründung. Das absolute Naturrecht ist Inbegriff aller welt- und geschichtsgestaltenden und -erhaltenden göttlichen Gesetze und der Vernunfterkenntnis zugänglich, es bedarf keiner theologischen Begründung. Hypothetisches Naturrecht sind diejenigen Vorschriften, welche einen bestimmten Stand oder eine von Menschen geschaffene oder übernommene Einrichtung voraussetzen, zum Beispiel das Eigentums- und das Vertragsrecht. Die positiven Gesetze erhalten erst durch das Naturrecht Begründung und Geltung, nur in seinem Rahmen ist auch Raum für Gewohnheitsrecht und ungesetztes Völkerrecht. Rechte bestehen für das Individuum nur im Zusammenhang mit den Pflichten (anders → *Hobbes*). Die Unterscheidung von vollkommenen und unvollkommenen Pflichten und Rechten am Merkmal der Erzwingbarkeit wird später von → *Thomasius* fortgeführt zur Lehre der Unerzwingbarkeit des Naturrechts.

Die Entstehung des Staats wird ganz im Sinne der Vertragstheorie erklärt: Auf einen (allerdings nicht historisch nachweisbaren) Vereinigungsvertrag folgt der Beschluß der Staatsform, dann der Herrschaftsvertrag durch Wahl des Herrschers, dem im Unterwerfungsvertrag die Souveränität vollständig und unwiderruflich übertragen wird. Die Übertragung der Rechte reicht so weit, wie es der Staatszweck erfordert, jedoch liegt die richtige Bestimmung der jeweiligen Staatsnotwendigkeiten allein beim Herrscher (so geht bei *P.* die naturrechtliche Staatszweck- in die politische Staatsräson-Lehre über). Allerdings ist die Herrschersouveränität durch das Gemeinwohl und die besonderen vertraglichen Verpflichtungen des Souveräns beschränkt, deshalb billigt *P.* den Bürgern gegenüber Rechtsbrüchen des Herrschers ein Widerstandsrecht zu, soweit dadurch nicht die Sicherheit des Staates selbst gefährdet würde. Er folgt damit, wieder gegen → *Hobbes* und gegen *Machiavelli*, der u.a. von → *Althusius* und zum Teil auch von → *Grotius* eingeschlagenen Richtung der Naturrechtslehre.

Aus der socialitas als Grundlage des Rechts ergibt sich für das Privatrecht die Eigentumsbindung als Konsequenz, Eigentum ist kein individuelles Urrecht. Im Vertragsrecht sondert *P.* in Verfolgung seiner axiomatisch-deduktiven Methode erstmals die allgemeinen Lehren (Irrtum, Bedingung, Stellvertretung usw.) von den einzelnen Vertragstypen ab und gibt damit den Anstoß zu den späteren „Allgemeinen Teilen" des (positiven) Zivilrechts. – Für das Strafrecht folgt aus der Voraussetzung der Willensfreiheit, daß Verantwortlichkeit nur bei Zurechnungsfähigkeit und Einsichtsfähigkeit gegeben ist. Damit ist eine neue Theorie: die des Schuldstrafrechts, geschaffen. Die moralische Zwecksetzung des Staats bedingt Erziehung und Abschreckung als Strafzwecke, Prävention statt Vergeltung. Mit dem Gedanken des moralischen Zwangs der Strafandrohung nimmt *P.* → *Feuerbachs* Lehre vom psychischen Zwang vorweg. – Das Völkerrecht ist identisch mit dem Naturrecht. Völkerrechtliche Verträge sind nur insoweit Recht, als sie mit dem Naturrecht übereinstimmen, sonst nur Gewohnheiten.

In seinem Buch „De statu Imperii Germanici", das unter dem Pseudonym „Severinus de Monzambano" erschien und in Deutschland wegen seiner politisch gefährlichen Anschauungen keinen Drucker fand, stellt *P.* den Staatscharakter des Reichs erstmals ernstlich in Frage. Die Rechte- und Gewaltverteilung auf die Stände macht den Souveränitätsbegriff unanwendbar. Der Interessengegensatz zwischen Kaiser und Ständen, mit historischer Fiktion lehnsrechtlich begründet, läßt eine Einordnung in die aristotelischen Kategorien Monarchie, Aristokratie oder Demokratie nicht zu. Die herkömmlichen Kriterien sind unanwendbar, damit ist das Reich ein irregulärer Körper, ein Monstrum. Zur Heilung dieses kranken Zustandes empfiehlt *P.*, da sich ein Einheitsstaat gegen den Widerstand der Stände nicht einführen läßt, eine bundesstaatliche Ordnung mit der Bildung eines Bundesrats als Ständevertretung. Bedeutsam ist das Werk vor allem als zeitgeschichtliche Darstellung und dadurch, daß *P.* hier das Staatsrecht ohne politische Rücksichten behandelt und auf historischen Fakten aufbaut. Mit historisch-kausaler Methode interessenorientiert kommt er in der „Einleitung …" gleichermaßen zum Schluß, daß die politische Situation des Reichs hoffnungslos ist.

Für selbständiges korporatives Leben zwischen Staat und Individuum läßt *P.* der Kirche keinen Raum („De habitu …"). Sie ist nur Organisation im Staat und dem Staat unterworfen, wie die Religion selbst nur Gewissenssache des einzelnen ist. Damit hat er kirchenpolitische Ideen vertreten, die das 18. Jahrhundert allmählich verwirklichen sollte. Von der individuellen Gewissensfreiheit (die nur Atheisten nicht zustehen soll) unterscheidet *P.* aber die Freiheit der Gemeinde- und Kirchenbildung, die er zugunsten der Staatskirche beschränken will.

Hauptwerke: Elementorum iurisprudentiae universalis libri duo, 1660, ^{2}1669, ^{3}1680. – *(Severinus de Monzambano)* De statu Imperii Germanici ad Laelium fratrem, dominum Trezolani, liber unus, 1667, ^{2}1668, ^{3}1684, dt. Übers. 1870 (*H. Breßlau*, s.u.), 1976 (*H. Denzer*, Reclam UB 966) und 1994 (Die Verfassung des deutschen Reiches, hrsg. u. übers. v. *H. Denzer*). – De Iure Naturae et Gentium libri octo, 1672, ^{2}1684, 1688 (ed. ultima), zahlreiche spät. Aufl. und Übers. – De officio hominis et civis, 1673, zahlreiche weit. Aufl., dt. Übers. 1994 (Über die Pflicht des Menschen und des Bürgers nach dem Gesetz der Natur, hrsg. u. übers. von *K. Luig*). – Einleitung zu der Historie der vornehmsten Reiche und Staaten, so itziger Zeit in Europa sich befinden, 2 Teile, 1682-1685, ^{2}1689, zahlr. weitere Aufl. – Eris scandica, qua adversus libros de iure naturae et Gentium obiecta diluuntur (Sammlung von Streitschriften), 1686, Neuaufl. 1706. – Commentariorum de rebus Suecicis ab expeditione Gustavi Adolphi in Germaniam ad abdicationem usque Christinae libri XXVI, 1686, Neuaufl. 1705. – De habitu christianae religionis ad vitam civilem, 1687. – De rebus gestis Friderici Wilhelmi Magni Electoris Brandenburgici commentariorum libri XIX, 1695. – Ius feciale Divinum sive de consensu et dissensu protestantium, exercitatio postuma, 1695. – Kleine Vorträge und Schriften, hrsg. u. eingel. v. *D. Döring*, 1995. – Gesammelte Werke, hrsg. v. *W. Schmidt-Biggemann*, Bd. 1, 1994. Bibliographien bei *Wolf:* Rechtsdenker, 366 f., *H. Denzer:* Moralphilosophie (s.u.), 359 ff.; *ders.,* in: S.P.: Die Verfassung ... (s.o.), S. 323 f.

Literatur: A. Angat: Die Aufnahme der Lehre Samuel Pufendorfs (1632-1694) in das Recht der Vereinigten Staaten von Amerika, Diss. jur. Kiel, 1985. – *G. Baranowski / A. Schnabl*: Naturrecht in der Zeit der Frühaufklärung: Samuel Pufendorf, in: G. Lingelbach / H. Lück (Hrsg:): Deutsches Recht zwischen Sachsenspiegel und Aufklärung, 1991, 139-149. – *T. Behme:* Samuel von Pufendorf: Naturrecht und Staat, 1995. – *H. Breßlau:* Einleitung zu: (Severinus de Monzambano): Über die Verfassung des Deutschen Reiches, 1870. – *M.A. Cattaneo:* Staatsräsonlehre und Naturrecht im strafrechtlichen Denken des Samuel Pufendorf und des Christian Thomasius, in: Staatsräson, hrsg. v. *R. Schnur:* 1975, 427-439. – *Conrad:* DRG II, bes. 115-117, 376, 378, 427, 437. – *H. Denzer:* Moralphilosophie und Naturrecht bei Samuel Pufendorf, 1972. – *Ders.:* Samuel Pufendorf, in: Klassiker des polit. Denkens II, 1968. – *Ders:* Pufendorfs Naturrechtslehre und der brandenburgische Staat, in: Humanismus und Naturrecht in Berlin-Brandenburg-Preußen, 1979, 62-75. – *Ders.:* Samuel Pufendorf und die Verfassungsgeschichte, in: S.P.: Die Verfassung ... (s.o.), 279-322. – *M. Diesselhorst:* Zum Vermögensrechtssystem Samuel Pufendorfs. 1976. – *D. Döring:* Pufendorf-Studien, 1992. – *Ders.:* Unters. zur Entstehungsgesch. der Reichsverfassungsschrift Samuel Pufendorfs (Severinus de Monzambano), in: Der Staat 1994, 185-206. – *J.G. Droysen:* Zur Kritik Pufendorfs, in *ders.:* Abhandl. z. neueren Gesch., 1876, 307-386. – *V. Fiorillo:* Von Grotius zu Pufendorf. Wissenschaftliche Revolution und theoretische Grundlagen des Rechts,in: ARSP 1989, 218-238. – *E. Griffin-Collart:*

Les conséquences de l'egalité naturelle chez les niveleurs, Pufendorf et Locke, in: L'egalité, Vol. 5, hrsg. v. *R. Decker* u.a., 1977, 163-193. – *N. Hammerstein:* Samuel Pufendorf, in: Staatsdenker im 17. u. 18. Jh., hrsg. v. *M. Stolleis*, ²1987, 172-196. – *H. Hofmann:* Von den Ursprüngen deutschen Rechtsstaatsdenkens in der nachchristlichen Sozialphilosophie, in: JuS 1984, 9-14. – *J. Hruschka:* Ordentliche und außerordentliche Zurechnung bei Pufendorf, in: ZStrW 96 (1984), 661-702. – *I. Jastrow:* Pufendorfs Lehre von der Monstrosität der Reichsverfassung, in: Zeitschr. f. Preuß. Gesch. u. Landesk. 19 (1882), 333-406. – *E. Klein:* Samuel Pufendorf und die Aufgabe des Naturrechts, in: W. Dörr u.a. (Hrsg.): Semper apertus. 600 Jahre Ruprecht-Karls-Universität Heidelberg 1386-1986, I, 1985, 414-439. – *L. Krieger:* The politics of discretion. Pufendorf and the acceptance of natural law, 1965. – *K. Luig:* Nachwort zu S.P.: Über die Pflicht … (s.o.). – *F. Meinecke:* Die Idee der Staatsräson in der neueren Geschichte, ³1929, 2. Buch, 2. Kap., Ndr. 1957. – *Paul Meyer:* Samuel Pufendorf. Ein Beitrag zur Geschichte seines Lebens (= Grimmaer Schulprogramm, Nr. 550), 1895. – *K.A. Modéer* (Hrsg.): Samuel von Pufendorf 1632-1694, Stockholm 1986. – *K. Olivecrona:* The concept of right according to Grotius and Pufendorf, in: Festschr. f. O.A. Germann 1969, 175-197. – *S. Othmer:* Berlin und die Verbreitung des Naturrechts in Europa, 1970. – *F. Palladini:* Samuel Pufendorf – discepolo di Hobbes, 1990. – *W. Röd:* Geometrischer Geist und Naturrecht, 1970. – *P. Stein:* From Pufendorf to Adam Smith: the natural law tradition in Scotland, in N. Horn (Hrsg.): Festschr. f. H. Coing, I, 1982, 667-679. – *Stintzing-Landsberg:* GDtRW III 1, 11-23. – *Stolleis:* Gesch., I, 233-236, 282-284. – *H. Welzel:* Naturrecht und materiale Gerechtigkeit, ⁴1962, 130-144. – *Ders.:* Die Naturrechtslehre Samuel Pufendorfs, 1958. – *Ders.:* Ein Kapitel aus der Geschichte der amerikanischen Erklärung der Menschenrechte (John Wise und Samuel Pufendorf), in: Zur Geschichte der Erklärung der Menschenrechte (hrsg. v. *R. Schnur*), 1964, 238-266. – *Wieacker:* PRG, 306-312. – *B. Wiegand:* Naturrechtsdenken zu Beginn der Aufklärung. Zum 300. Todestag Samuel Pufendorfs, in: Jura 1994, 458-467. – *Wolf:* Rechtsdenker, 311-370. – *K.-H. Ziegler:* Die antiken Belege für den Versicherungsvertrag bei Grotius und Pufendorf, in: Festschr. f. K. Sieg, 1976, 589-592. – *S. Zurbuchen:* Naturrecht und natürliche Religion. Zur Geschichte des Toleranzproblems von Samuel Pufendorf bis Jean-Jacques Rousseau, 1991. – ADB 26 (1888), 701-708 *(H. Breßlau)*. – GD 5 (1957), 126-135 *(U. Scheuner)*. – HRG IV, 105-109 *(D. Willoweit)*. – Jur., 506 f. *(K. Luig)*. – StL 4 (⁷1988), 619-621 *(Jan Schröder)*. – Bibliographien bei *Wolf:* Rechtsdenker, 367-370; *H. Denzer:* Moralphilosophie (s.o.); *ders.*, in: S.P.: Die Verfassung … (s.o.), 324-327; *D. Döring:* Pufendorf-Studien (s.o.).

H.

Gustav Radbruch

(1878-1949)

Geb. am 21.11.1878 in Lübeck. Studium der Rechtswissenschaft in München (1898), Leipzig (1898-1900) und Berlin (1900-1901), daneben insbesondere philosophische Studien. 20.5.1901 erste juristische Staatsprüfung beim Kammergericht in Berlin. 1901-1902 (Januar) Referendartätigkeit in Lübeck, dann Rückkehr nach Berlin, Teilnahme an → *Liszts* kriminalistischem Seminar. 27.5.1902 Promotion, 6.12.1903 Habilitation in Heidelberg bei *Karl v. Lilienthal*; Vorlesungen über Zivil- und

Strafprozeßrecht, ab Wintersemester 1905/06 auch über Strafrecht, Strafrechtsreform und Kriminalpolitik. 1914 Annahme einer Berufung als außerordentlicher Professor nach Königsberg. 1916-1918 Kriegsteilnahme. Ab 1919 ordentlicher Professor in Kiel für Strafrecht und Rechtsphilosophie. 1920 Wahl in den Reichstag als sozialdemokratischer Abgeordneter; 26.10.1921 bis 22.11.1922 Reichsjustizminister im Kabinett *Wirth*, 13.8.1923 bis 2.11.1923 erneut Reichsjustizminister (unter *Stresemann*). Wiederaufnahme der Lehrtätigkeit in Kiel, 1926 Annahme einer Berufung nach Heidelberg. Am 9.5.1933 Entlassung aus dem Lehramt, da *R.* „nach seiner ganzen Persönlichkeit und seiner bisherigen politischen Betätigung“ nicht die Gewähr dafür biete, „daß er jetzt rückhaltlos für den nationalen Staat eintritt“. 7.9.1945 Wiedereinsetzung in die Professur, Übernahme des Dekanats und Reorganisation der Heidelberger Juristenfakultät. Ende der Lehrtätigkeit am 13.7.1948; am 23.11.1949 ist *R.* in Heidelberg gestorben.

R.s umfangreiches literarisches Werk umfaßt Beiträge zur Rechtsphilosophie und Rechtsmethodologie, zu Strafrecht, Kriminalpolitik und Strafrechtsgeschichte sowie zu Fragen politischer, religiöser, kunst- und kulturgeschichtlicher Art. Besonderen, wenn auch möglicherweise nicht nachhaltigen Einfluß hatte seine *Rechtsphilosophie*, die auch für das Verständnis seiner strafrechtlichen und kriminalpolitischen Anschauungen wichtig ist. *R.* sieht in der Rechtsphilosophie diejenige Wissenschaft, die sich mit den (Rechts-)Werten befaßt. Von ihr trennt er scharf die Wirklichkeitswissenschaften und schließt sich damit eng an die kulturphilosophisch orientierte „südwestdeutsche Schule“ des Neukantianismus *(Windelband, Rickert, Emil Lask)* an. Seinswissenschaften können nichts über Werte (das Sollen) aussagen, denn „niemals ist etwas schon deshalb richtig, weil es ist oder weil es war – oder auch, weil es sein wird". Dieser neukantische „Methodendualismus" wird bei *R.* dadurch zu einem „Methodentrialismus", daß er das positive Recht nicht dem Bereich der Wirklichkeit, sondern einem Zwischenbereich der „wertbeziehenden" Kulturerscheinungen zuordnet. Am Methodendualismus (-trialismus) hat *R.* festgehalten, wenn er ihn auch später durch Betonung des bereits in der Antike bekannten Begriffs der „Natur der Sache" „in etwas zu entspannen" suchte. Unter „Natur der Sache" verstand er den „aus der Beschaffenheit des Lebensverhältnisses selbst zu entnehmende(n) objektive(n) Sinn", z.B. Geschäftstypen des täglichen Lebens, die der Gesetzgeber zur Grundlage des Schuldrechts macht. Als Rechtsquelle sah er die Natur der Sache jedoch nur dort an, wo dies dem ausdrücklichen oder stillschweigenden Willen des Gesetzgebers entspreche. – Die Rechtswertbetrachtung selbst hat sich nach *R.* mit drei Anforderungen der „Rechtsidee" an das positive Recht: Gerechtigkeit, Zweckmäßigkeit und Rechtssicherheit, zu beschäftigen. Diese Werte sind jedoch mit Ausnahme der Zweckmäßigkeit formaler Natur und lassen keinen eindeutigen Schluß auf das „richtige Recht" zu. Eine materiale Entscheidung darüber, was zweckmäßig ist, kann die Rechtsphilosophie nicht treffen. Denn (materiale) Werte „sind ... nicht der Erkenntnis, sondern nur des Bekenntnisses fähig". Dieser Relativismus, den *R.* vor allem mit *Max Weber* teilt, ist der zweite Wesenszug seiner Rechtsphilosophie. Immerhin hält es *R.* aber für möglich, die überhaupt denkbaren Zwecke des Rechts aus drei Weltanschauungen abzuleiten, einer auf Gemeinschaftswerte ausgerichteten „überindividualistischen", einer auf Individualwerte (Menschenwürde, Freiheit) ausgerichteten „individualistischen" und einer auf Kulturwerte ausgerichteten „transpersonalen". Diese „Topik der möglichen Rechtsauffassungen" gebe „zwar nicht das System der Rechtsphilosophie, aber die vollständige Systematik ihrer möglichen Systeme".

Es liegt in der Konsequenz seiner relativistischen Wertlehre, daß *R.* beim Problem der Rechtsgeltung nicht über den Rechtspositivismus hinausgelangt, obwohl er sich ausdrücklich gegen eine „juristische" *(Kelsen)* und eine „soziologische" (→ *Ehrlich, Max Weber*) und für eine „philosophische" Geltungslehre ausspricht: Da die Gerechtigkeit nur ein formaler Wert und unter den möglichen Rechtszwecken keine wissenschaftliche Entscheidung möglich ist, bleibt als Maßstab der Rechtsgeltung nur die Rechtssicherheit; d.h. die gleichmäßige Anwendung jedes inhaltlich beliebigen Rechtssatzes.

Allerdings deutete *R.* bereits vor 1933 an, daß die Gerechtigkeit auch materiale Maßstäbe liefere, die er nun vor allem in den „Menschenrechten" sah. Er hielt es für denkbar, daß unerträgliche Gerechtigkeitsverstöße zu „gesetzlichem Unrecht" führen, meinte aber, der Richter sei auch an solches Unrecht gebunden. Nach den Erfahrungen mit dem Nationalsozialismus gab er diese Einschränkung auf und formulierte nun: „Wo die Ungerechtigkeit positiven Rechts ein solches Maß erreicht, daß die durch das positive Recht verbürgte Rechtssicherheit gegenüber dieser Ungerechtigkeit überhaupt nicht mehr ins Gewicht fällt: in einem solchen Fall hat das ungerechte positive Recht der Gerechtigkeit zu weichen." Diese „Radbruchsche Formel" *(Evers)* hat nach 1950 sogar bis in Entscheidungen der obersten Bundesgerichte hinein gewirkt. Seit 1990 ist sie durch die Wiedervereinigung Deutschlands wieder aktuell geworden und wird im Zusammenhang mit der Frage, ob positivrechtlich gedeckte Vergehen in der ehemaligen DDR strafbar sein können, nach wie vor kontrovers diskutiert.

R. setzte Staat und Recht gleich, seine *Staatsphilosophie* deckt sich also weitgehend mit seiner Rechtsphilosophie. Der Relativismus ließ ihm die Demokratie als die notwendige Staatsform erscheinen, da nur sie die Freiheit der Entscheidung für jeden beliebigen Grundtyp sozialer Ordnung garantiert. Er selbst setzte sich freilich immer für das „soziale Recht" und den sozialistischen Staat ein und gab dieser praktischen Wertentscheidung eine theoretische Begründung aus dem Gesichtspunkt der austeilenden Gerechtigkeit.

Die frühesten Arbeiten *R.s* gelten der *Strafrechtsdogmatik.* Von ihnen ist die Schrift über den Handlungsbegriff hervorzuheben, in der *R.* den Nachweis führt, daß der Handlungsbegriff nicht Grundlage des Strafrechtssystems sein kann, da seine Negation, die Unterlassung, sich ihm nicht unterordnen läßt. Mit diesem Gedanken nahm *R.* die erst Jahrzehnte später auf breiterer Front einsetzenden Angriffe gegen den systematischen Vorrang des Handlungsbegriffs vorweg.

Als *Kriminalpolitiker* steht *R.* unter dem Einfluß → *Franz v. Liszts*, dessen Lehre von der Zweckstrafe er allerdings in einer über den Lisztschen Positivismus hinausgehenden Weise (staats-)philosophisch zu untermauern versucht, etwa durch Überlegungen zur Frage Determinismus – Indeterminismus (Determinismus führe zur Zweckstrafe) oder zu den Staatsauffassungen (Zweckstrafe als Konsequenz einer individualistischen Staatsauffassung). Der Strafgesetzentwurf, den *R.* 1922 als Justizminister vorlegte, war das bedeutsamste Resultat seiner kurzen Amtszeit; er enthielt eine Reihe von Neuerungen, die sich aus dem Postulat der Zweckstrafe ergeben: Abschaffung der Todesstrafe und des Zuchthauses – der Entwurf unterschied bei den Freiheitsstrafen nur noch zwischen strengem Gefängnis, Gefängnis und Einschließung –, Abschaffung der Ehrenstrafen, Einführung einer Reihe von sichernden und bessernden Maßregeln (Einweisung in Heil- und Pflege- bzw. Trinkerheilanstalt, Sicherungsverwahrung, Schutzaufsicht, Wirtshausverbot, Reichsverweisung u.a.), Einführung des bedingten Straferlasses und der Möglichkeit der Strafmilderung in besonders leichten Fällen, Abschaffung der ganz kurzzeitigen Freiheitsstrafen (Mindestdauer der Freiheitsstrafe eine Woche).

Eine konsequente Durchführung der Zweckstrafe – wie sie etwa *Enrico Ferris* italienischer Strafgesetzentwurf von 1921 enthielt – bietet der Entwurf *R.s* aber nicht. Dies erweist sich an der Betonung des Schuldprinzips, das für ein nur der sozialen Verteidigung dienendes „Straf"recht überhaupt nicht von Bedeutung ist. Man muß auch bezweifeln, ob der Entwurf *R.s* insofern nur eine Konzession an den noch der Vergeltungsstrafe anhängenden Zeitgeist war. Die von *R.* immer wieder geforderte Sonderbehandlung des Überzeugungstäters, der sich „zu der Tat auf Grund seiner sittlichen, religiösen oder politischen Überzeugung für verpflichtet hielt" (§ 71 des Entwurfs, der für diesen Fall nur die Einschließungsstrafe vorsah), zeigt, daß sich *R.* von dem Gedanken eines mit der Strafe verbundenen sittlichen Werturteils nicht zu lösen vermochte. Allerdings lassen spätere Äußerungen *R.s* eine noch stärkere Hinwendung zu einem sozialen Zweckstrafrecht erkennen, die in der – historisch aus dem fortwährenden „Abbau des Strafrechts" hergeleiteten – Prophezeiung gipfelt, daß „die Entwicklung des Strafrechts … nicht in ein besseres Strafrecht ausmünden wird, sondern in ein Besserungs- und Bewahrungsrecht, das besser als Strafrecht, das sowohl klüger wie menschlicher als das Strafrecht wäre".

Hauptwerke: Die Lehre von der adäquaten Verursachung, 1902. – Der Handlungsbegriff in seiner Bedeutung für das Strafrechtssystem, 1904, Ndr. 1967. – Einführung in die Rechtswissenschaft, 1910, $^{7/8}$1929, weitere Aufl. bearb. v. *K. Zweigert:* ^{9}1952,

[11]1964. – Grundzüge der Rechtsphilosophie, 1914, [3]1932 (u.d.T. „Rechtsphilosophie"), weit. Aufl. bearb. v. *Erik Wolf:* [4]1950, [7]1970, [8]1973 (mit *H.-P. Schneider*). – Der Überzeugungstäter, in: Verhandl. d. dt. Juristentages 2 (1926), 354 ff. – Paul Johann Anselm Feuerbach, ein Juristenleben, 1934, [2]1957, hrsg. v. *Erik Wolf.* – Elegantiae Iuris Criminalis, 1938, [2]1950 vermehrt um sieben Studien. – Vorschule der Rechtsphilosophie, Vorlesungsnachschrift, hrsg. v. *H. Schubert* u. *J. Stoltzenburg*, 1948, [3]1965, hrsg. v. *Arthur Kaufmann.* – Die Natur der Sache als juristische Denkform, in: Festschr. f. R. Laun, 1948, 157-176, Separatausg. 1960 u 1964. – (mit *H. Gwinner:*) Geschichte des Verbrechens, Versuch einer historischen Kriminologie, 1951. – Entwurf eines allgemeinen Deutschen Strafgesetzbuchs (1922), 1952. – (Selbstbiographie:) Der innere Weg. Aufriß meines Lebens, hrsg. v. *Lydia Radbruch*, 1951, [2]1961. – Briefe, hrsg. von *Erik Wolf*, 1968. Gustav-Radbruch-Gesamtausgabe, hrsg v. *Arth. Kaufmann*, 20 Bde., 1987 ff. Bibliographie bei Wolf: Rechtsdenker, 757-763, sowie in: Gedächtnisschrift für Gustav Radbruch, 1968, 377-402 *(G. Löffler).*

Literatur: A. Baratta: Relativismus und Naturrecht im Denken Gustav Radbruchs, in: ARSP 45 (1959), 505-537. – *P. Bonsmann:* Die Rechts- und Staatsphilosophie Gustav Radbruchs, 1966, [2]1970. – *H. Dreier:* Die Radbruchsche Formel – Erkenntnis oder Bekenntnis, in: Staatsrecht in Theorie und Praxis. Festschr. f. R. Walter z. 60. Geb., hrsg. v. Hein Mayer, 1991, 117-135. – *K. Engisch:* Gustav Radbruch als Rechtsphilosoph, in: Gedächtnisschrift für Gustav Radbruch, hrsg. v. *Arthur Kaufmann*, 1968, 60-68. – Gedächtnisschrift für Zong Uk Tjong, 1985, 112 ff. (Beitr. von Arth. Kaufmann u F. Loos). – *M. Frommel:* Die Kritik am „Richtigen Recht" durch Gustav Radbruch und Hermann Ulrich Kantorowicz, in: Jenseits des Funktionalismus. Arth. Kaufmann z. 65. Geb., hrsg. v. L. Philipps u.a., 1989, 43-62. – *M. Gottschalk:* Gustav Radbruchs Heidelberger Jahre 1926-1949, Diss. jur. Kiel, 1982. – *F. Haft u.a.* (Hrsg.): Strafgerechtigkeit. Festschr. f. Arth. Kaufmann z. 70. Geb., 1993 (Beitr. von Einsele u. Scholler). – *H. Hattenhauer:* Vom Reichsjustizamt zum Bundesministerium der Justiz, in der gleichnamigen Festschr z. 100jährigen Gründungstag des Reichsjustizamtes, 1977, 9-117 (63-65). – *Fritz v. Hippel:* Gustav Radbruch als rechtsphilosophischer Denker, in: SJZ 5 (1950), 466-477 u. 574-585, Buchausg. 1951. – *A. Hollerbach:* Notizen zu Radbruchs „Vorschule der Rechtsphilosophie", in: Festschr. f. G. Spendel z. 70. Geb., hrsg. v. M. Seebode, 1992, 141-151. – *H.H. Jescheck:* Gustav Radbruchs Beitrag zur Strafrechtsvergleichung, in: Gedächtnisschrift ..., 356-365. – *Arth. Kaufmann:* Gustav Radbruch. Rechtsdenker, Philosoph, Sozialdemokrat, 1987. – *Ders.:* Die Bedeutung Gustav Radbruchs für die Rechtsphilosophie im Ausgang des Kaiserreichs, in: Dt. Rechts- und Sozialphilos. um 1900, hrsg. v. G. Sprenger, 1991, 101-110. – *Ders.:* Demokratie – Rechtsstaat – Menschenwürde. Zur Rechtsphilosophie Gustav Radbruchs, in: Demokr. und Rationalität (Int. Jahrb. f. Rechtsphilos.u. Gesetzgeb., 1992), 1992, 19-10. – *J. Kim:* „Methodentrialismus" und „Natur der Sache" im Denken Gustav Radbruchs, Diss. jur. Freiburg i.Br., 1966. – *H. Krämer:* Strafe und Strafrecht im Denken des Kriminalpolitikers Gustav Radbruch, Diss. jur. Frankfurt a.M., 1956. – *W. Küper:* Gustav Radbruch als Heidelberger Rechtslehrer, in: JZ 1979, 1-6. – *W. Küper* (Hrsg.): Heidelberger Strafrechtslehrer im 19. und 20. Jh., 1986, 195 ff. (Beitr. von Eb. Schmidt, K. Engisch, W. Küper, H.J. Vogel). – *A. Laufs:* Gustav Radbruch (1878-1949), in W. Doerr u a. (Hrsg.): Semper apertus. 600 Jahre Ruprecht-Karls-Univ. Heidelberg 1386-1986, III, 1985, 148-166. – *A. Laufs:* Veritas, humanitas, iustitia: Gustav Radbruch, in: JuS 1978, 657-662. – *H. Lecheler:* Unrecht in Gesetzesform? Gedanken zur „Radbruchschen Formel“, 1994. – *R. Marcic:* Gustav Radbruch und Hans Kelsen, in: Gedächtnisschrift ..., 82-92. – *Ingo Müller:* Gesetzliches Recht und gesetzliches Unrecht. Gustav Radbruch und die Kontinuität der deutschen Staatsrechtslehre, in: Leviathan 1979, 308-338. – *M. Musacchio:* „Freiheit“ in der rechtsphilosophischen Parteienlehre Gustav Radbruchs, in: Freih. als zentraler Grundwert demokr. Gesellschaften, hrsg. v. H. Lampert, 1992, 177-196. – *U. Neumann:* Naturrecht und Politik zwischen 1900 und 1945. Naturrecht, Rechtspositivismus und Politik bei Gustav Radbruch, in: Naturrecht und Politik, hrsg. v. Karl Graf Ballestrem, 1993, 69-85. – *P. Noll:* Der Überzeugungstäter im Strafrecht, in: ZStrW 66 (1954), 638-662. – *W. Ott:* Die Radbruch'sche Formel. Pro und Contra, in: Zeitschr. f. schweiz. Recht N.F. 107 (1988), 335-357. – *H. Otte:* Gustav Radbruchs Kieler Jahre 1919-1926, 1982. – *Richard Schmid:* Versuch über Gustav Radbruch, in: Kritische Justiz, 1970, 61-72. – *Eb. Schmidt:* Radbruch als Kriminalist, in ZStrW 63 (1951), 150-165. – *H.-P. Schneider:* Positivismus, Nation und Souveränität. Über die Beziehungen zwischen Heller und Radbruch, in: Staatslehre in der Weimarer Republik, 1985, 176-193. – *H.-P. Schneider:* Gustav Radbruch (1878-1949). Rechtsphilosoph zwischen Wissenschaft und Politik, in: Kritische Justiz (Hrsg.): Streitbare Juristen, 1988, 295-306. – *M. Schulte:* Der Rechtsstaatsgedanke bei Gustav Radbruch, in: JuS 1988, 177-181. – *B. Schumacher:* Rezeption und Kritik der Radbruchschen Formel, Diss. jur. Göttingen, 1985. – *K. Seelmann:* Sozialismus und soziales Recht bei Gustav Radbruch, Diss. jur. München, 1973 – *G. Spendel:* Gustav Radbruch. Lebensbild eines Juristen, 1967. – *G. Spendel:* Jurist in einer Zeitwende. Gustav Radbruch zum 100. Geburtstag, 1979. – *Zong Uk Tjong:* Der Weg des rechtsphilosophischen Relativismus bei Gustav Radbruch, 1967. – *Zong Uk Tjong:* Über die Wendung zum Naturrecht bei Gustav Radbruch, in: ARSP 56 (1970), 245-264. – *C. Varga:* Beiträge zu den Beziehungen zwischen Gustav Radbruch und Georg Lukács, im ARSP 67 (1981), 253-259. – *M. Walther:* Hat der jur. Positivismus die dt. Juristen im „Dritten Reich“ wehrlos gemacht? Zur Analyse und Kritik der Radbruch-These, in: Recht u. Justiz im Dritten Reich, hrsg. v. R. Dreier u. W. Sellert, 1989, 323-354. – *I. Ward:* Law, philosophy and National Socialism. Heidegger, Schmitt and Radbruch in context, 1992. – *H. de·With:* Gustav Radbruch. Reichsminister der Justiz, 1979. – *Wolf:* Rechtsdenker, 713-765. – HRG IV, 131-133 *(S. Saar)*. – Jur., 510 f. *(M. Kayßer)*. – StL 4 ([7]1988), 624-627 *(Arthur Kaufmann)*. Bibliographie der älteren Lit. bei *Wolf:* Rechtsdenker, 763-765. Eine Reihe weiterer, hier nicht im einzelnen aufgeführter Arbeiten über *R.* auch in: Gedächtnisschrift (s.o.). S.

Dietrich Reinkingk

(1590-1664)

Geb. am 10.3.1590 in Windau/Kurland, entstammt einer lutherischen Familie aus Westfalen; Schulbesuch in Osnabrück, Lemgo und Stadthagen; ab 1611 Studium der Jurisprudenz in Köln; ab 1615 an der lutherischen Universität Gießen bei *Gottfried Antonius*; 1616 Promotion und Hochzeit; 1617 Extraordinarius für Römisches Recht, Lehn- und Öffentliches Recht in Gießen; kurz darauf Aufgabe der Lehrtätigkeit zugunsten seiner Beraterstellung beim Landgrafen von Hessen-Darmstadt, erwarb sich Verdienste um Südhessen im Marburger Erbschaftsstreit; 1627 Ehrentitel: Kaiserlicher Pfalzgraf; 1632 Kanzler des Herzogs von Mecklenburg in Schwerin; zweimalige schwedische Gefangenschaft 1635/36 und 1645, in der die Schweden versuchten, *R.* für sich zu gewinnen; 1636 Kanzler des Bremer Erzbischofs; ab 1646 Teilnahme an den Verhandlungen zum Westfälischen Frieden; 1648 Kanzler von Schleswig und Holstein im Dienste seines Bremer Herrn, der inzwischen König von Dänemark geworden war; später dann Verleihung des erblichen Adels durch Kaiser Ferdinand III.; gestorben am 15.12.1664 in Glücksburg.

Dietrich R. ist einer der letzten Theoretiker der „Cäsarianer", der kaisertreuen Gruppierung innerhalb der Staatsrechtslehre des 16. und 17. Jh.s. In enger Bindung an historische Überlieferung behauptete diese Partei die Vormachtstellung des Kaisers gegenüber Reich und Reichsständen. Die tatsächlichen Gegebenheiten im Reich, eine Verschiebung des politischen Gewichts zugunsten der Reichsstände, wurden dabei ignoriert. Hieran orientierte sich aber die Gegenpartei der „Fürstenerianer". Die Trennungslinie zwischen den beiden Gruppen deckte sich durchaus nicht mit den Konfessionsgrenzen: Gerade unter den lutherischen Protestanten gab es eine recht große Anzahl, die auf Grund ihres Obrigkeitsverständnisses zu einer Einstellung für die katholische habsburgische Majestät neigte.

Es ist nicht verwunderlich, daß *R.* von Köln aus an die erst acht Jahre alte Universität in Gießen ging, die der lutherische Landgraf v. Hessen-Darmstadt bewußt der calvinisierten nordhessischen Universität Marburg entgegengesetzt hatte.

R.s Hauptwerk, der „Tractatus de regimine seculari et ecclesiastico" (1619), wurde zum symbolischen Buch der kaiserlichen Partei im 30jährigen Krieg *(Stintzing)*. Die These, das Heilige Römische Reich Deutscher Nation sei eine Monarchie, wird darin in alter Manier verfochten: als Argumente zieht *R.* biblische Prophezeiungen (z.B. Daniels Vision von den vier Weltreichen), Reichstagszeremonien und in bestimmter Richtung ausgedeutete historische Fakten heran. Und obwohl zu seiner Zeit die Bibel durchaus noch als beweiskräftig anerkannt wurde, ist seine Position gegenüber den mehr von den Realitäten ausgehenden Theoretikern schwach. Das wird deutlich an dem Versuch einer Entgegnung zu → *J. Bodins* Behauptung, das Reich sei keinesfalls eine Monarchie, da der Kaiser nicht „legibus solutus" sei, ihm also die „maiestas" fehle. *R.* leitet die Macht des Kaisers von der „Lex Regia" her, einem Gesetz, durch welches das römische Volk alle Gewalt dem Kaiser übertragen hat. Der deutsche Kaiser aber sei der legitime Nachfolger des römischen Kaisers.

In *R.s* Theorie haben Reichstag und Reichsstände nachgeordnete Funktionen. Ihre Rechte gehen auf Delegation kaiserlicher „potestas" zurück. Sie nehmen an der „administratio" des Reiches teil, dagegen bleibt die „maiestas" (Innehabung der Macht im Gegensatz zur bloßen Ausübung) beim Kaiser.

Im Kirchenrecht vertritt *R.* die Restitutionstheorie innerhalb des Episkopalsystems: Mit der Reformation wurde die kirchliche Regierungsgewalt den Landesherren wiedergegeben. Hier kündigt sich bereits die spätere territorialistische Kirchenrechtstheorie an (→ *Thomasius*, → *J.H. Böhmer*).

Charakteristisch ist *R.s* weiteres Werk, die „Biblische Policey" (1653). Es handelt sich um eine Sammlung biblischer Zitate, die Obrigkeit und Untertanen zu richtigem Verhalten anleiten sollen. Die Bibel dient als Lehrbuch der Verwaltungswissenschaft (vgl. → *Seckendorff*).

R.s Konservatismus stellt ein Extrem innerhalb der Gießener Gruppe um *Antonius* dar. Schon zu seinen Lebzeiten erwuchs ihm heftige Kritik seitens der Marburger und Jenenser Fürstenerianer (→ *J. Limnäus*, → *B. Ph. v. Chemnitz*, → *S. Pufendorf*). Seine Theorie wurde im Westfälischen Friedensvertrag durch die politische Entwicklung überholt und hatte darüber hinaus höchstens die *R.s* Zielen entgegengesetzte Wirkung, den Partikularismus zu fördern. Spätere Untersuchungen *(Erik Wolf)* haben auf die Widersprüche in *R.s* Werk hingewiesen: *R.* behauptet die alte Reichsidee in einer veränderten Reichswirklichkeit; er kämpft für die staatsrechtliche Geltung der „Lex Regia“, lehnt aber alle vorreformatorischen Schriften des Kirchenrechts ab; er fordert eine lutherische Ethik für einen habsburgischen katholischen Kaiser.

Hauptwerke: Tractatus de regimine seculari et ecclesiastico, 1619, [5]1651. – Biblische Policey, 1653.

Literatur: O. Brunner: Dietrich Reinkingk. Ein Beitrag zum Reichsgedanken des 17. Jh.s, in: Jahrb. d. Akad. d. Wiss.u. Lit., 1963, 94 f. – *Conrad:* DRG II, 114 f., 117. – *M. Heckel:* Staat und Kirche nach den Lehren der evangelischen Juristen Deutschlands in der ersten Hälfte des 17. Jh.s (= Ius Ecclesiasticum, 6), 1968. – *R. Hoke:* Die Reichsstaatsrechtslehre des Johannes Limnäus, 1968. – *H. Jessen:* Biblische Policey. Zum Naturrechtsdenken Dietrich Reinkings, Diss. jur. Freiburg i.Br., 1962. – *C. Link:* Dietrich Reinkingk, in: Staatsdenker im 17. und 18. Jahrhundert, hrsg. v. *M. Stolleis*, [2]1987, 78-99. – *H. Maier:* Die ältere deutsche Staats- und Verwaltungslehre (Polizeiwissenschaft), [2]1980, 131-139. – *F.H. Schubert:* Die deutschen Reichstage in der Staatslehre der frühen Neuzeit, 1966, 540-552. – *Stintzing-Landsberg:* GDtRW II, 189-211. – *Stolleis:* Gesch., I, 218-221. – *D. Willoweit:* Rechtsgrundlagen der Territorialgewalt, 1975. – *Erik Wolf:* Idee und Wirklichkeit des Reiches im deutschen Rechtsdenken des 16. und 17. Jh.s, in: Reich und Recht in d. dt. Philosophie, hrsg. v. *K. Larenz*, I, 1943, 97 ff. – ADB 28 (1889), 90-93 *(E. Landsberg)*. – HRG IV, 840-845 *(R. Hoke)*. – Jur., 515 f. *(M. Stolleis)*. – RGG 5 (1961), 1719 *(M. Heckel)*. P.

Karl von Rotteck

(1775-1840)

R. ist geb. am 18.7.1775 in Freiburg im Breisgau und dort am 26.11.1840 gestorben. Zu seinen Lebzeiten weithin berühmt, gilt er heute als unbedeutende Nebenerscheinung in der Wissenschaftsgeschichte. Aber: „... nicht seine Leistung, sondern seine Wirkung macht ihn als Erscheinung wichtig“ *(Heuss)*. Er hat es meisterhaft verstanden, breiten Schichten des deutschen Bürgertums seine der Philosophie Kants und der französischen Aufklärungsphilosophie *(Rousseau)* verhafteten Ideen nahezubringen, wobei er allerdings häufig vereinfachte. Er fühlte sich zeitlebens als Vertreter des dritten Standes und machte sich zum Sprecher der öffentlichen Meinung, die er wiederum stark beeinflußte.

Nach dem Studium der Rechts- und Staatswissenschaften in Freiburg und der mit Auszeichnung abgelegten Staatsprüfung (1797) lehrte *R.* von

1798 an zwanzig Jahre lang Weltgeschichte an der Universität Freiburg, ein Fach, für das er wissenschaftlich nicht vorgebildet war. Literarischen Niederschlag fand diese Tätigkeit in der „Allgemeinen Geschichte vom Anfang der historischen Kenntniß bis auf unsere Zeiten". Dieses Werk darf nicht an den Kriterien der quellenkritisch-positivistischen Geschichtsforschung, die sich im 19. Jahrhundert durchsetzte, und der *R.* im Prinzip durchaus verständnisvoll gegenüberstand, gemessen werden. *R.* selbst betont in der Vorrede, daß es ihm nicht um Fortführung der Weltgeschichte als Wissenschaft gehe; er will vor allem im Sinne seiner Philosophie des aufgeklärten Naturrechts sittliche Maßstäbe vermitteln, die er am Verlauf der Weltgeschichte exemplifiziert. Dieses Ziel hat er voll erreicht: Die Resonanz, die er fand, erhellt daraus, daß, noch während die neun Bände der ersten Auflage erschienen, mehrere Neuauflagen in Angriff genommen werden konnten. 1832-1833 erschien ein vierbändiger Auszug des Gesamtwerks unter dem Titel „Allgemeine Weltgeschichte für alle Stände". Das Geschichtswerk *R.s* „schuf das historische Weltbild des liberalen Bürgertums seiner Zeit" *(Dorneich)*, es fehlte in keinem badischen Bürgerhaus und Bauernhof, fand aber auch über die Grenzen Badens hinaus Verbreitung und wurde in zahlreiche Sprachen übersetzt. Bis zum Tode *R.s* waren mehr als 100 000 Exemplare verkauft. *R.s* – wie auch *Schlossers* – große Geschichtswerke sind „für uns längst selber Geschichte geworden: es interessiert nicht so sehr, *was* sie mitzuteilen haben, sondern *wie*, in welcher Tonlage, mit welchen Wertakzenten sie es tun" *(Heuss)*.

R. wechselte 1818 in die juristische Fakultät, wo er den Lehrstuhl für Staatswissenschaften und Naturrecht übernahm. Sein entsprechendes „Lehrbuch des Vernunftrechts und der Staatswissenschaften" erschien ab 1829, es ist – entgegen der historisch-positivistischen (und politisch meist restaurativen) Zeitströmung – einer der letzten Versuche einer umfassenden Staatslehre und Politik einbeziehenden Naturrechtslehre

(1. Band: natürliches Privatrecht, 2. Band: allgemeine Staatslehre, 3. Band: materielle Politik, 4. Band: ökonomische Politik). Die seit *Kant* zweifelhaft gewordene wissenschaftliche Begründung des Naturrechts läßt *R.* dahingestellt, da die Sätze des Naturrechts „auch dem gemeinen oder gesunden Menschenverstand" zugänglich seien; so ist auch dieses Werk weniger als wissenschaftliche Fortentwicklung seines Gegenstandes denn als Ausdruck praktisch-politischer Anschauungen des vormärzlichen Liberalismus bedeutsam geworden.

1830 gab *R.* die „Allgemeinen politischen Annalen" heraus, in denen er sich – auf dem Boden der liberalen Anschauung – über alle Angelegenheiten verbreitete, die die Öffentlichkeit im Augenblick interessierten. Mit seinen in den „Annalen" vertretenen Theorien erregte *R.* den Unwillen der Obrigkeit, in noch größerem Maße mit der Zeitschrift „Der Freisinnige", die er 1832 mit *Carl Theodor Welcker* herausgab. Auf Betreiben des Bundestages wurden die „Annalen" und „Der Freisinnige" eingestellt, *R.* seiner Professur enthoben und ihm verboten, innerhalb von fünf Jahren eine ähnliche Zeitschrift herauszugeben. Als er 1833 zum Bürgermeister von Freiburg gewählt wurde, versagte die Regierung die Bestätigung.

In der Folgezeit gaben *R.* und *Welcker* in Verbindung mit zahlreichen Mitarbeitern das „Staatslexikon" heraus. Wie „Der Freisinnige" ist das Lexikon nicht wissenschaftlicher Natur. Es wurde, vielleicht gerade deswegen, zu einer Art Bibel des deutschen Liberalismus im Vormärz. Mit seiner „Weltgeschichte" und seinem „Staatslexikon" ist *R.* „der gelesenste historisch-politische Schriftsteller der vormärzlichen Zeit gewesen." *(Schnabel)*.

Es versteht sich von selbst, daß sich *R.* der politischen Praxis nicht verschloß: von 1819 bis 1824 gehörte er als Vertreter der Universität der Ersten badischen Kammer an. Von 1831 bis zu seinem Tode war er Mitglied der Zweiten Kammer, in der er sich als mutiger Führer der Opposition erwies, der „sprach, als Sprechen Sünde war" *(H. v. Rotteck)*; er setzte sich für den Ausbau der neuen konstitutionellen Ordnung ein und erwarb sich Verdienste um ein liberales Pressegesetz und um die Abschaffung der Staats- und Herrenfronen und des Zehnten.

Hauptwerke: Allgemeine Geschichte vom Anfang der historischen Kenntniß bis auf unsere Zeiten, 9 Bde., 1812-1827, zahlr. weitere Aufl. – Ideen über Landstände, 1819. – Staatsrecht der konstitutionellen Monarchie, II, 1. Abt. u. 2. Abt., 1827/28 (Forts. des von *J. C. v. Aretin* 1824 begonnenen Werkes). – Lehrbuch des Vernunftrechts und der Staatswissenschaften, 4 Bde., 1829-1835 (Bd. 1 u. 2: ²1840), Ndr. der jeweils letzten Aufl. 1964. – (Hrsg., gemeins. mit *C.T. Welcker*): Das Staats-Lexicon. Enzyklopädie der sämtlichen Staatswissenschaften, 15 Bde., 1834-1843 (und 4 Suppl.-Bde. bis 1849), ³1856-1866 in 14 Bden. – Gesammelte und nachgelassene Schriften, 5 Bde., hrsg. v. *H. v. Rotteck* (mit Biographie und Briefwechsel), 1841/43. – Karl von Rotteck: Erlauchter Verteidiger der Menschenrechte! Die Korrespondenz K.v. R.s, hrsg. v. *R. v. Treskow*, Bd.1 (Einführung und Interpretation), 1990.

Literatur: H. Brandt: Landständische Repräsentation im deutschen Vormärz, 1968, 255-266. – *W.D. Dippel:* Wissenschaftsverständnis, Rechtsphilosophie und Vertragslehre im vormärzlichen Konstitutionalismus bei Rotteck und Welcker, 1990. – *H. Ehmke:* Karl von Rotteck, der „politische Professor", 1964. – *E. Ganter:* Karl von Rotteck als Geschichtsschreiber, Diss. phil. Freiburg i.Br., 1908. – *H. Gerlach:* Die politische Tätigkeit Karl v. Rottecks in den Jahren 1833-1840, Diss. phil. Jena, 1919. – *H. Haferland:* Mensch und Gesellschaft im Staatslexikon von Rotteck – Welcker, Diss. phil. Berlin, 1957. – *U. Herdt:* Die Verfassungstheorie Karl von Rottecks, Diss. phil. Heidelberg, 1967. – *T. Heuß:* Karl von Rotteck, in: Deutsche Gestalten. Studien z. 19. Jh., 1951, 28-40. – *W. v. Hippel:* Vorkämpfer für „ewiges Naturrecht und edle Politik". Karl von Rotteck – Geschichtsschreiber, Rechtslehrer, Volksvertreter, in: Beitr. z. Landeskunde 1991/2, 1-6. – *H. Kopf:* Karl von Rotteck – Zwischen Revolution und Restauration, 1980. – *K. Schib:* Die staatsrechtlichen Grundlagen der Politik Karl von Rottecks, Diss. phil. Basel, 1927. – *G.K. Schmelzeisen:* Karl von Rotteck und die Zehntfrage, in: Zeitschr. f. Agrargesch. u. Agrarsoziol. 16 (1968), 55-71. – *Stolleis:* Gesch., II, 159-163. – *M. Strasser:* Das Recht als allgemeiner Wille, in D. Mayer-Maly u.a.: Recht als Sinn und Institution (= Rechtstheorie, Beiheft 6), 1984, 43-58. – *H. Zehntner:* Das Staatslexikon von Rotteck und Welcker, 1929. – ADB 29 (1889), 385-389 *(F. z. Weech).* – HRG IV, 1169-1172 *(K.H.L. Welker).* – StL 4 (⁷1988), 944 f. *(A. Hollerbach).*

F.

Friedrich Carl von Savigny

(1779-1861)

Geb. am 21.2.1779 in Frankfurt am Main, wo er nach dem Tod des Vaters und der Mutter (1791 und 1792) im Hause seines Vormunds *Constantin v. Neurath* aufwächst. Studium der Rechte ab Sommer 1795 in Marburg, Abschluß – wie damals üblich ohne Prüfung – 1799 in Marburg, nachdem *S.* nur einmal kurz (1796/97: Göttingen) den Studienort gewechselt hatte. In Marburg Beeinflussung durch den Romanisten *Philipp Friedrich Weis* („Das Jugendfeuer, womit Weis seine Bücherliebhaberei trieb … ist für mich entscheidend geworden"). 31.10.1800 Promotion, ab Wintersemester 1800/01 Vorlesungen, zunächst über Strafrecht, von

Sommer 1801 an über römisches Recht, Rechtsgeschichte und Methodenlehre. 1803 Veröffentlichung von „Das Recht des Besitzes", wodurch *S.* sofort das Ansehen als einer „unserer ersten Civilisten" *(Thibaut)* erwirbt. 1804 Aufgabe der Marburger Lehrtätigkeit, Vermählung mit *Kunigunde Brentano*, der Schwester von *Clemens* und *Bettina Brentano*; Studienreisen nach Göttingen, Heidelberg, Paris, 1806/07 nach Nürnberg, Augsburg, Landshut und Wien. 1808 ordentlicher Professor für Römisches Privatrecht in Landshut, 1810 an der neugegründeten Universität in Berlin, wo er 1812/13 als Nachfolger *Fichtes* Rektor wird. Durch *S.* und seine „Gründung" der historischen Rechtsschule (1814 erscheint „Vom Beruf unserer Zeit für Gesetzgebung und Rechtswissenschaft", 1815 der erste Band der von *S.*, → *Eichhorn* und *J.F.L. Göschen* herausgegebenen „Zeitschrift für geschichtliche Rechtswissenschaft") wird Berlin zum Zentrum der deutschen Rechtswissenschaft. 1817 Ernennung *S.s* zum Mitglied des preußischen Staatsrats, 1819 zum „Geheimen Oberrevisionsrat" am Revisions- und Kassationshof für die Rheinprovinz. In den zwanziger Jahren Beginn von *S.s* nervösem Kopfleiden, das auch nach einer ausgedehnten Italienreise 1826/27 nicht verschwindet und zusammen mit der zunehmenden Geschäftsbelastung für größere Unterbrechungen in *S.s* wissenschaftlicher Arbeit verantwortlich ist. 1835 Beginn mit dem „System des heutigen Römischen Rechts".

1842 durch Friedrich Wilhelm IV. Ernennung zum „Staats- und Justizminister" unter Übertragung des Departements der Gesetzrevision, das bereits unter Friedrich Wilhelm III. gegenüber der Justizverwaltung organisatorisch verselbständigt worden war. *S.s* Ministerzeit war politisch nicht sehr erfolgreich, da er – ein „Fabius Cunctator" *(Stölzel)* im Ministeramt – häufig vom Justizverwaltungsministerium überspielt wurde. Aus *S.s* Ministerium, wenn auch nur zu einem geringen Teil von ihm selbst, stammen aber immerhin die bedeutende Wechselordnung (1848) und das preußische Strafgesetzbuch (1851), auf dem im wesentlichen das spätere Reichsstrafgesetzbuch beruhte, und eine Neuregelung des Verfahrens in Ehesachen. 1847 noch Ernennung *S.s* zum Präsidenten des Staatsrats und des Ministeriums, 1848 im Revolutionsmonat März Rücktritt zusammen mit den anderen Ministern.

Nach seiner Ministerzeit hat *S.* noch die beiden letzten Bände vom allgemeinen Teil des „Systems" (1848/49) und zwei Bände Obligationenrecht (1851/53) veröffentlicht. Er ist am 25.10.1861 gestorben.

Die Schriften *S.s* sind – wie man heute sagen würde – rechtstheoretischer, rechtshistorischer und rechtsdogmatischer Art. Am meisten in die Breite gewirkt haben wohl die *rechtstheoretischen* Gedanken *S.s.* Er hat sie vor allem in der Schrift „Vom Beruf unserer Zeit für Gesetzgebung und Rechtswissenschaft" – die bekanntlich aus Anlaß von → *Thibauts* Forderung nach einem allgemeinen deutschen Gesetzbuch geschrieben wurde, aber schon länger geplant war – und im ersten Band seines "System des heutigen Römischen Rechts" dargelegt. Die Grundidee ist, daß das Recht nicht durch staatliche Willkür, sondern „durch innere, stillwirkende Kräfte" entsteht. Alles Recht ist also zunächst Gewohnheits-, nicht Gesetzesrecht. Die rechtserzeugende Kraft sieht *S.*, im scharfen Gegensatz zu den Naturrechtlern des 18. Jahrhunderts, im Volk selbst (den Begriff "Volksüberzeugung" ersetzt er später durch den aus → *Puchtas* „Gewohnheitsrecht" übernommenen Begriff „Volksgeist"), für die Zeiten „steigender Cultur" in den Juristen und der Gesetzgebung als den „Organen" oder „Repräsentanten" des Volkes. Da also alles Recht „organisch" (ein Lieblingswort *S.s*) wie „Sprache, Sitte, Verfassung" wächst, kann die Rechtswissenschaft es auch nur „geschichtlich", als organisch Gewordenes, erfassen: die Rechtswissenschaft muß also eine geschichtliche Wissenschaft sein. *S.* zieht aus seiner Theorie – darin liegt die eigenartige theoretisch-rechtspolitische Doppelköpfigkeit der Schrift „Vom Beruf" – auch konkrete rechtspolitische Folgerungen: Eine Kodifikation (Aufzeichnung des „gesamten Rechtsvorrats"), wie sie → *Thibaut* gefordert hatte, sei nur dann sinnvoll, wenn sich die Wissenschaft bereits des gesamten Rechtsstoffs erfolgreich bemächtigt habe, was für die Gegenwart noch nicht zutreffe. Einzelgesetzgebung dagegen hält *S.* für unschädlich, wenn sie nur bestehende Rechtszustände fixiert, für bedenklich jedoch, wenn sie aus politischen Gründen neues Recht setzen will. – S. begründet damit nicht nur, insofern an → *Hugo* anknüpfend, eine neue Rechtsquellenlehre. Er gibt ihr auch eine neue Grundlage in der Vorstellung, gerade das historisch Gewordene sei „notwendig" und in sich vernünftig (diese Vorstellung findet sich zur gleichen Zeit auch in der romantisch-idealistischen Philosophie, etwa bei *Schelling*). Dadurch gewinnnen die geschichtlichen Wissenschaften, zu denen auch die Rechtswissenschaft gehört, gegenüber den philosophischen Wissenschaften eine neue Würde, die sie im philosophisch-rationalistischen 18. Jahrhundert noch nicht hatten. *S.* wird somit auch wissenschaftstheoretisch zu einem der Begründer des Historismus. Von der älteren Naturrechtsjurisprudenz unterscheiden sich *S.s* Vorstellungen also dadurch, daß er einen Dualismus von Naturrecht und positivem Recht, ein neben dem positiven Recht stehendes „Normalrecht", nicht mehr anerkennt. Andererseits kann man *S.s* Theorie auch nicht als positivistisch bezeichnen, denn das positive Recht trägt für ihn – über die an der Oberfläche liegenden Rechtssätze hinaus – Vernunft und Ordnung in sich, wodurch eine systematische Bearbeitung überhaupt erst möglich wird. Materiell folgt *S.* allerdings vielfach der naturrechtlichen Tradition, schon darin, daß er die allgemeine Aufgabe des Rechts „auf die sittliche Bestimmung der menschlichen Natur zurück" führt, „so wie sich dieselbe in der christlichen Lebensansicht darstellt" (System).

Das Verfahren der historisch-systematischen Rechtswissenschaft hat *S.* bereits in seiner (durch die Kollegmitschrift → *Jacob Grimms* erhaltenen) Methodenvorlesung von 1802/03 erklärt, später auch in der Schrift „Vom Beruf" (andeutungsweise) und im „System". Das systematische Verfahren besteht darin, den durch historische Betrachtung von allem Abgestorbenen gereinigten Stoff auf seine „leitenden Grundsätze" zurückzuführen und deren Verwandtschaft und inneren Zusammenhang zu erkennen. Diese Gedanken *S.s* sind der Ansatzpunkt für die spätere „begriffsjuristische" Wissenschaft → *Puchtas* und fast aller (romanistischen) Zivilrechtler des späten 19. Jahrhunderts gewesen, die im Recht ein System von verselbständigten Regeln unterschiedlicher Allgemeinheit sahen, aus denen neue Rechtssätze abgeleitet werden können. *S.* selbst tat diesen Schritt aber noch nicht, da er betonte, daß alle Rechtssätze „ihre tiefere Grundlage in der Anschauung des *Rechtsinstituts*" (System) finden. Dem Rechtsinstitut spricht *S.* eine „organische Natur" zu, es lebt, anders als die Rechtsregel, im Bewußtsein des Volkes, ist also ein Verbindungsglied zwischen den verselbständigten Rechtssätzen und der sozialen Wirklichkeit des Rechts.

Beispiele für diese Behandlungsweise des Rechts und zugleich dafür, welche besondere Richtung *S.* ihr gab, sind seine Schriften zum *römi-*

schen (gemeinen) Recht, vor allem „Das Recht des Besitzes" und das „System des heutigen Römischen Rechts". Die Monographie über das Besitzrecht verdankt ihren Ruhm vor allem der Tatsache, daß sie naturrechtliche Begriffsschärfe mit detaillierter Quellenforschung verbindet. Allerdings zeigt sie auch sehr deutlich, welche Schwerpunkte für die historische Behandlungsweise des Rechts *S.* setzt: hatte er im „Beruf" römisches und deutsches Recht sowie die neueren Modifikationen beider Rechte als den Stoff der geschichtlichen Rechtswissenschaft bezeichnet, so zielt der „Besitz" (auch in den nach 1814 erschienenen Auflagen) ganz darauf ab, das römische Recht als auch für die Gegenwart maßgeblich zu erweisen. Den „neueren Modifikationen" widmet *S.* in der ersten Ausgabe nur 28 von 496 Seiten vorwiegend ablehnenden Charakters: Die in der Gerichtspraxis und Wissenschaft von mehr als sechs Jahrhunderten (seit den Glossatoren) entwickelten Grundsätze des Besitzrechts werden als nicht bindend angesehen. *S.s* „historisches" Verfahren ist insofern mit Recht als „unhistorisch" *(Böckenförde)* bezeichnet worden. Maßstab ist immer wieder das klassische römische Recht – oder was *S.* als solches zu erkennen glaubte –: der bekannte „Klassizismus" *S.s*, den man sogar für eine Art „Nachrezeption" des römischen Rechts verantwortlich hielt. An der Wirkung der Besitzmonographie hat das nichts geändert, es hat sie eher gefördert und für die spätere Romanistengeneration vorbildlich gemacht. Allerdings gilt das nur für die Methode, nicht für die sachlichen Ergebnisse: das von *S.* herausgestellte Prinzip des „animus possidendi" ist schon bald bekämpft worden und nicht von Bestand gewesen (auch das BGB kennt es z.B. nicht).

Das „System des heutigen Römischen Rechts" ist *S.s* zivilrechtliches Hauptwerk. Es umfaßt in acht Bänden die allgemeinen Lehren des Zivilrechts einschließlich der Methoden- und Rechtsquellenfragen, zwei Bände des Obligationenrechts hat *S.* 1851/53 hinzugefügt. Der Aufbau knüpft an den Begriff des „Rechtsverhältnisses" als der Grundlage der (subjektiven) Rechte; dabei werden zum Teil Recht und Rechtsverhältnis gleichgesetzt. Das Wesen des Rechts sieht *S.* darin, daß es dem einzelnen einen freien Raum zuweist, in dem sein Wille „unabhängig von jedem freien Willen" sich in sittlichem Handeln entfalten kann. In dieser Vorstellung steckt die *Kant*sche Unterscheidung von Legalität und Moralität; sie ist auch für die späteren Pandektensysteme, deren Zentralbegriff das subjektive Recht ist, maßgeblich gewesen. – Im Gegensatz zum „Recht des Besitzes" hat das „System" auch sonst einen bedeutenden, noch anhaltenden sachlichen Einfluß gehabt. Bereits sein methodologischer Teil, der weit über die gesetzesstrenge Methodenlehre von 1802/03 hinausgeht, enthält Gedanken, die heute noch relativ „modern" anmuten, z.B. den der korrigierenden Auslegung von Gesetzen aus dem speziellen Gesetzesgrund (also ein „teleologisches" Verfahren, allerdings hat *S.* – anders als die Juristen der zweiten Jahrhunderthälfte – Bedenken gegen die Berücksichtigung des generellen, entfernteren Gesetzeszwecks, wenn dieser im Gesetz keinen Ausdruck findet). Bestimmenden Einfluß auf die gegenwärtige Zivilrechtsdogmatik haben z.B. die (von *S.* auch bereits seit Jahrzehnten in seinen Vorlesungen vorgetragene) Lehre von der Abstraktheit der dinglichen Rechtsgeschäfte, die Lehre von den gegenseitigen Verträgen und die Irrtumslehre (Irrtum als Divergenz Wille – Erklärung) gehabt. Berühmt ist vor allem auch der achte Band des „Systems" geworden, der die Grundlegung des neuzeitlichen internationalen Privatrechts enthält. *S.s* Lehre, daß bei jedem Rechtsverhältnis dasjenige Rechtsgebiet aufzusuchen sei, „welchem dieses Rechtsverhältnis seiner eigentümlichen Natur nach angehört oder unterworfen ist", ist einer der Kernsätze des modernen internationalen Privatrechts; verbunden mit dem von *S.* besonders betonten Gedanken der Völkergemeinschaft und der Gleichwertigkeit der einzelnen Rechtssysteme, hat er der Neigung entgegengewirkt, die lex fori zu bevorzugen, und sogar das common law beeinflußt. „Vielleicht mit keinem Werk hat Savigny ferneren Ruhm geerntet und dauerndere Wirkung erzielt als mit dieser Altersschrift" *(Raape).*

Hauptwerk des *Rechtshistorikers S.* ist die „Geschichte des Römischen Rechts im Mittelalter". Sie war ursprünglich nur als „Literargeschichte des Römischen Rechts" seit → *Irnerius* geplant, bezog dann aber auch die Periode vom Untergang des Weströmischen Reichs bis zur Glossatorenzeit ein, um „zu zeigen, wie der Rechtszustand neuerer Zeiten, soweit er auf Römischem Grunde beruht, aus dem Zustand des bestehenden Weströmischen Reichs durch bloße Entwicklung und Verwandlung, ohne Unterbrechung hervorgegangen ist". Diesen Nachweis führt *S.* in den beiden ersten Bänden des Werks; er hat damit den Grund gelegt für die auch gegenwärtig vorherrschende Annahme, daß das römische Recht nach dem Untergang Westroms „fortgelebt" hat, aber vor der Glossatorenzeit nicht wissenschaftlich bearbeitet worden ist. Die weiteren Bände des Werks bringen reine „Literar-", d.h. Wissenschaftsgeschichte. Der dritte behandelt die Universitäten im Mittelalter, die ja „allein oder vorzugsweise Rechtsschulen“ waren (auch hier betrat *S.* Neuland), sowie die Beschaffenheit der Rechtsquellen vor und nach Entstehung der Glossatorenschule von Bologna, der vierte und fünfte die Glossatoren im 12. und 13. Jahrhundert, der sechste die „Postglossatoren“ (Kommentatoren) des 14. und 15. Jahrhunderts, die *S.* stark unterschätzt hat. *S.s* Buch ist bis heute ein Standardwerk geblieben, der Versuch, es durch eine Gemeinschaftsarbeit („Ius Romanum Medii Aevi“ – IRMAE) zu ersetzen, muß als gescheitert gelten. → *Hermann Kantorowicz*, einer der namhaftesten Nachfolger *S.s* auf mediävistischem Gebiet, hielt die „Geschichte des Römischen Rechts im Mittelalter“ für *S.s* bedeutendstes Werk überhaupt und meinte bewundernd, *S.* könne angesichts seiner sonstigen Arbeitsbelastung auf jedes der zahlreichen Probleme „nur soviel Stunden verwendet haben, wie ich Wochen und Monate darauf verwendet haben würde“.

S.s großer Ruhm hält bis in die Gegenwart an, trotz der freirechtlichen Versuche zu Beginn des 20. Jahrhunderts (→ *Kantorowicz*), seine Bedeutung als Dogmatiker zu relativieren. Abgesehen von seinem unbezweifelten Rang als Rechtshistoriker ist er auch als Begründer einer „soziologischen“ Rechtstheorie (→ *Ehrlich*) gewürdigt worden und für viele nach wie vor ein Vorbild auch als Rechtsdogmatiker. In der Tat muß sich wohl eine Rechtsdogmatik, die sich nicht in Typenbildung, „Topoi“ und fallbezogenen Erwägungen erschöpfen will, nach wie vor mit den von *S.* geschaffenen theoretischen Grundlagen auseinandersetzen.

Hauptwerke: Das Recht des Besitzes, 1803, ^{6}1837, ^{7}1865 (hrsg. v. *A.F. Rudorff*, Ndr. 1990). – Vom Beruf unserer Zeit für Gesetzgebung und Rechtswissenschaft, 1814, ^{3}1840, Ndr. hrsg. v. *J. Stern:* Thibaut und Savigny, 1914, ^{3}1973 (m. Einl. v. *H. Hattenhauer*). – Geschichte des römischen Rechts im Mittelalter, 6 Bde., 1815-1831, ^{2}1834-1851 in 7 Bden., Ndr. 1956, 1986. – Wesen und Werth der deutschen Universitäten, in: Rankes Histor.-Polit. Zeitschr. 1 (1832), 569-592, wieder in: Verm. Schriften IV, 270-308. – System des heutigen Römischen Rechts, 8 Bde., 1840 bis 1849, Registerbd. 1851, Ndr. 1956, 1981. – Das Obligationenrecht als Teil des heutigen römischen Rechts, 2 Bde. 1851-1853, Ndr. 1987. – Vermischte Schriften, 5 Bde., 1850., Ndr. 1968, 1981. – Vorl. über jur. Methodologie 1802-1842, hrsg. u. eingel. v. *A. Mazzacane*, 1993. – Pandektenvorlesung 1824/25, hrsg. v. *H. Hammen*, 1993. – Landrechtsvorlesung 1824, hrsg. u. eingel. v. *C. Wollschläger* u.a., 1994/96. Bibliographie bei *Wolf*: Rechtsdenker, 534-537 und *J. Rückert*: Idealismus, Jurisprudenz und Philosophie bei Friedrich Carl von Savigny, 1984, 444-451 mit Verzeichnis der ungedr. Quellen.

Literatur: M. Avenarius: Savignys Lehre vom intertemporalen Privatrecht, 1993. – *T. Baums:* Die Einführung der Gefährdungshaftung durch Friedrich Carl von Savigny, in: ZRG (GA) 104 (1987), 277-282. – *O. Behrends:* Geschichte, Politik und Jurisprudenz in Savignys System des heutigen römischen Rechts, in: Röm. Recht in der europäischen Tradition, 1985, 257-321. – *E.-W. Böckenförde:* Die historische Rechtsschule und das Problem der Geschichtlichkeit des Rechts, in: Collegium Philosophicum (Studien J. Ritter z. 60. Geb.), 1965, 9-36, auch in ders.: Staat, Gesellschaft, Freiheit, 1976, 9-41. – *J. Braun:* Der Besitzrechtsstreit zwischen F.C. von Savigny und Eduard Gans, in: Quad. Fior. 9 (1980), 457-506. – *S. Buchholz:* Savignys Stellungnahme zum Ehe- und Familienrecht, in: Ius Commune VIII (1979), 148-191. – *P. Caroni:* Savigny und die Kodifikation in: ZRG (GA) 86 (1969), 97-176. – *H. Coing:* Savigny und die deutsche Privatrechtswissenschaft, in: Ius Commune 8 (1979), 9-23. – *I. Denneler:* Friedrich Carl von Savigny, 1985. – *A. Ebihara:* Savigny und die gemeinrechtliche Verjährungslehre des 19. Jh.s, in: ZRG (RA) 110 (1993), 602-637. – *G. Dilcher:* Der rechtswissenschaftliche Positivismus, in: ARSP 61 (1975), 497-528. – *A. Dufour:* L'histoire du droit dans la pensée de Savigny, in: Archives de philosophie du droit 1984, 209-249. – *W. Felgentraeger:* Friedrich Carl v. Savignys Einfluß auf die Übereignungslehre, 1927. – *W. Flume:* Savigny und die Lehre von der juristischen Person, in: Festschr. f. F. Wieacker, 1978, 340-360. – *R. Grawert:* Die Entfaltung des Rechts aus dem Geist der Geschichte. Perspektiven bei Hegel und Savigny, in: Rechtstheorie 1987, 437-461. – *M.H. Hoeflich:* Savigny and his Anglo-American disciples, in: American journal of comparative law 37 (1989), 17-37 (in diesem Bd. auch Beitr. von Kegel, Klenner, Mollnau, Riesenfeld, Rückert und Toews). – *W. van Hall:* Savigny als Praktiker. Die Staatsratsgutachten (1817-1842), Diss. jur. Kiel, 1981, auch ders. in: ZRG (GA) 99 (1982), 285-297. – *H. Hammen:* Die Bedeutung Friedrich Carl v. Savignys für die allgemeinen dogmatischen Grundlagen des Deutschen Bürgerlichen Gesetzbuchs, 1983 (dazu *J. Schröder*, Quad. Fior. 14 [1985], 619-633 u. *J. Rückert*, ZRG [RA] 104 [1987], 666-678). – *M. Herberger:* Dogmatik. Zur Gesch. von Begriff und Methode in Medizin und Jurispr., 1981, 375-398. – *A. Hollerbach:* Der Rechtsgedanke bei Schelling, 1957, 275-321. – *H.H. Jakobs:* Wissenschaft und Gesetzgebung im bürgerlichen Recht nach der Rechtsquellenlehre des 19. Jahrhunderts, 1983. – *Ders.:* Savigny im Spiegel unserer Zeit, in: ZRG (RA) 106 (1989), 587-600. – *Ders.:* Die Begründung der geschichtlichen Rechtswissenschaft, 1992. – *H.U. Kantorowicz:* Rechtshistorische Schriften, hrsg v. H. Coing und G. Immel, 1970, 397 ff. – *H. Kiefner:* Der Einfluß Kants auf Theorie und Praxis des Zivilrechts im 19. Jh., in: Philos. und Rechtswiss. Studien zur Philos. und Lit. des 19. Jh.s, III (hrsg. v. *J. Blühdorn* und *J. Ritter*), 1969, 3-25. – *H. Kiefner:* Lex frater a fratre. Institution und Rechtsinstitut bei Savigny, in: Rechtstheorie 10 (1979), 129-141. – *H. Kiefner:* Thibaut und Savigny. Bemerkungen zum Kodifikationsstreit, in: Festschr. f. R. Gmür, 1983, 53-85. – *H. Klenner:* Savigny und das histor. Denken in der Rechtswissenschaft, in: Savigny y la ciencia juridica. Annales de la catedra Francisco Suarez 18/19 (1978/79) 133 ff. – *P. Koschaker:* Europa und das röm. Recht, [4]1966, bes. 254 ff. – *H.C. Kraus:* Begriff und Verständnis des „Bürgers“ bei Savigny, in: ZRG (RA) 110 (1993), 552-601. – *J. Kuczynski:* Savigny – glanzvolle Jugend eines reaktionären Gelehrten von einstigem Weltruf, in: Studien zu einer Gesch. der Gesellschaftswiss., VI, 1977, 125-157. – *K. Luig:* Savignys Irrtumslehre, in: Ius Commune 8 (1979), 36-59. – *G. Marini:* Friedrich Carl von Savigny, 1978. – *G. Marini:* Savigny e il metodo della scienza giuridica, 1966. – *F. de Marini Avonzo:* La filologia romanistica di Savigny, in: Quad. Fior. 9 (1980), 245-263. – *A. Mazzacane:* Savigny e la storiografia giuridica tra storia e sistema, 1974, ²1976. – *P. Mikat:* Zur Bedeutung Friedrich Carl von Savignys für die Entwicklung des deutschen Scheidungsrechts im 19. Jh., in: Festschr. f. F.W. Bosch, 1976, 671-697. – *E. v. Moeller:* Die Entstehung des Dogmas von dem Ursprung des Rechts aus dem Volksgeist, in: MIÖG 30 (1909), 1-50. – *H. Mohnhaupt:* Richter und Rechtsprechung im Werk Savignys, in: Stud. z. europ. Rechtsgesch., hrsg. v. W. Wilhelm 1972, 243-264. – *O. Motte:* Savigny et la France, Bern 1984. – *P.H. Neuhaus:* Abschied von Savigny?, in: RabelsZ 1982, 4-25. – *R. Noda:* Zur Entstehung der Irrtumslehre Savignys, in: Ius Commune 16 (1989), 81-130. – *D. Nörr:* Savignys Anschauung und Kants Urteilskraft, in: Festschr. f. H. Coing, hrsg. v. N. Horn, 1982, 615-636. – *Ders.:* Geist und Buchstabe: ein Goethe-Zitat bei Savigny, in: ZRG (RA) 100 (1983), 20-45. – *Ders.:* Savignys philosophische Lehrjahre, 1994. – *K.W. Nörr:* Die 18 Prinzipienfragen des Ministers Savigny zur Reform des preußischen Zivilprozesses, in: Studi in onore di E.T. Liebmann, I, 1979, 403-407. – *Ders.:* Eher Hegel als Kant, 1991. – *E. Rothacker:* Einleitung in die Geisteswissenschaften, ²1930, 37 ff. – *Ders.:* Savigny, Grimm, Ranke. Ein Beitrag zur Frage nach dem Zusammenhang der histor. Schule, in: HZ 128 (1923), 415-445. – *J. Rückert:* Idealismus … (s.o.). – *Ders.:* Das „gesunde Volksempfinden" – eine Erbschaft Savignys?, in: ZRG (GA) 103 (1986), 199-247. – *Ders.:* Savignys Einfluß auf die Jurisprudenz in Deutschland nach 1900, in: Rechtsgesch. in den beiden dt. Staaten, hrsg. v. *H. Mohnhaupt*, 1991, 34-71 (auch in JuS 1991, 624-629). – *Ders.:* Savignys Konzeption von Jurisprudenz und Recht, ihre Folgen und ihre Bedeutung bis heute, in: TRG 1993, 65-95. – *M. Sandström:* Die Herrschaft der Rechtswissenschaft, 1990. – *H. Schröder:* Friedrich Karl von Savigny. Geschichte und Rechtsdenken beim Übergang vom Feudalismus zum Kapitalismus in Deutschland, 1984. – *Jan Schröder:* Savignys Spezialistendogma und die „soziologische" Jurisprudenz, in: Rechtstheorie 7 (1976) 23-52. – *Ders.:* Wissenschaftstheorie und Lehre der „praktischen Jurisprudenz" auf deutschen Universitäten an der Wende zum 19. Jh., 1979, 161-166. – *Stintzing-Landsberg:* GDtRW III 2, 186-253. – *A. Stoelzel:* Brandenburg-Preußens Rechtsverwaltung und Rechtsverfassung, II, 1888, 527-628. – *A. Stoll:* Friedrich Carl von Savigny. Ein Bild seines Lebens mit einer Sammlung seiner Briefe, 3 Bde., 1927/29 u. 1939. – *J. Stone:* Lehrbuch der Rechtssoziologie (dt. Ausgabe von: Social Dimensions of Law and Justice, 1966), I 1976 149-204. – *D. Strauch:* Recht, Gesetz und Staat bei Friedrich Carl von Savigny, 1960. – *F. Sturm:* Savigny und das internationale Privatrecht seiner Zeit, in: Ius Commune 8 (1979), 92-109. – *H.U. Stühler:* Die Diskussion um die Erneuerung der Rechtswissenschaft von 1780-1815, 1978, 22-63 u. öfter. – *H. Thieme:* Savigny und das deutsche Recht, in: ZRG (GA) 80 (1963), 1-26. – *C. Wehrsig:* Eigentum und Rechtsform bei Savigny und Luhmann, Diss. Phil. Berlin. 1976 (1979). – *Wesenberg*, PRG, 170-181. – *Wieacker:* PRG, 381-399. – *F. Wieacker:* Friedrich Carl von Savigny, in ders.: Gründer und Bewahrer, 1959, 107-143. – *F. Wieacker:* Wandlungen im Bilde der historischen Rechtsschule (= Schriftenr. der Jur. Studiengesellschaft Karlsruhe, 77), 1967. – *W. Wilhelm:* Savignys überpositive Systematik, in: Philos.u. Rechtswiss. (s. bei *Kiefner*), 123-136. – *W. Wilhelm:* Zur jur. Methodenlehre im 19. Jh., 1958, 17-69. – *Armin Wolf:* Savignys „Beitrag zur Rechtsgeschichte des Adels im neueren Europa", in: Ius Commune 8 (1979), 120-147. – *Wolf:* Rechtsdenker 467-542. – *H. Wrobel:* Die Kontroverse Thibaut-Savigny im Jahre 1814 und ihre Deutung in der Gegenwart, Diss. jur. Bremen, 1975. – *F. Zwilgmeyer:* Die

Rechtslehre Savignys, 1929. – ADB 30 (1890), 425-452 *(E. Landsberg)*. – GD 3 (1956) 39-51 *(F. Wieacker)*. – HRG IV (1990), 1313-1323 *(H. Kiefner)*. – Jur., 540-545 *(J. Rückert)*. – StL 4 (⁷1988), 1002-1004 *(J. Schröder)*. Weitere, hier nicht einzeln aufgeführte Arbeiten in: Ius Commune 8 (1979), Quad. Fior. 9 (1980) und Savigny y la ciencia juridica (s. bei *Klenner*). Bibliographien bei *Wolf:* Rechtsdenker, 537-542 (Literatur bis 1963) und *J. Rückert:* Idealismus ..., 452-474; zur neueren Literatur auch *K. Luig / B. Dölemeyer* in: Quad. Fior. 8 (1979), 501-599 und *A. Dufour*, in: ZNR 1982, 174-193. Weitere Angaben bei → *Puchta*, → *Grimm*, → *Thibaut* und *Gans*. S.

Carl Johan Schlyter

(1795-1888)

Geb. am 29.1.1795 in Karlskrona; nach jur. Studium Doktor der Philosophie in Rostock und in Lund, dort auch 1820 Dr. iur. 1822 erhalten er und *Hans Samuel Collin* auf Anregung von *Johan Gabriel Richert* den

königlichen Auftrag, eine Sammlung von Schwedens alten (mittelalterlichen) Gesetzen herauszugeben. Nach *Collins* frühem Tod (1833) setzt *S.* die Arbeit bis 1877 alleine fort. Ergebnis eines akribischen Einsatzes von über 50 Jahren ist eine quellenkritische Edition in 13 Bänden. 1835 wird *S.* Professor der Gesetzesgeschichte in Uppsala; 1838 geht er nach Lund, wo er 1842 die erste Professur für Rechtsgeschichte erhält. 1852 76 wird er von seinem Lehrauftrag befreit, um sich der Gesetzessammlung widmen zu können. Mitglied zahlreicher Gesetzgebungskommissionen. *S.* stirbt am 26.12.1888 in Lund. Schwierig im Umgang, begründete er keine Schule und war am Ende seines langen Lebens mit sämtlichen Kollegen verfeindet: als *Ivar Afzelius* um Beiträge zu einer Gedächtnisschrift bat, verweigerten sich alle.

S.s Lebenswerk ist die Herausgabe der mittelalterlichen Gesetze und älteren Satzungen Schwedens. Hinter dieser großen Sammlung treten der persönliche Werdegang und sonstige Aktivitäten zurück. Inspiriert von Vorlesungen bei seinem Lehrer *Johan Holmbergson* und überzeugt von dessen Ansicht, ältere Gesetzesausgaben hielten wissenschaftlichen Kriterien nicht stand, wurde die Rechtsgeschichte sein zentrales Forschungsfeld und durch sein Beispiel auch das der meisten Rechtsgelehrten im Schweden des 19. Jh.s. Bei der Edition stellte er sich zwei Aufgaben. Als *Jurist* hatte er zunächst zu bedenken, daß Recht ein Teil der Kultur und die Gesellschaft eine über Generationen lebende Einheit sei. Darum nimmt er Standpunkte der historischen Schule (→ *Savigny*) ein: Recht entsteht als Gewohnheitsrecht; ius non scriptum ist erste Quelle der Gesetzgebung. Das Problem der Zuordnung der Rechtsquellen zu den Landschaften des Reiches – *S.* folgte der herkömmlichen Auffassung von den Landschaften als selbständigen Rechtsgebieten mit eigenen Regeln und bedingt eigener Tradition – erforderte daher besondere Aufmerksamkeit. Mindestens ebenso bedeutsam war die *philologische* Aufgabe. Da die Texte in Altschwedisch und darum auch mit alten Schriftzeichen geschrieben waren, stellte schon die Textaufnahme hohe Anforderungen an den Herausgeber. *S.s* Kenntnis des Altschwedischen war wohl ungewöhnlich für seine Zeit, denn seit Einführung von „Sveriges Rikes Lag“ (Gesetz des Schwedischen Reiches, von 1734) war die alte Sprache nicht mehr Pflichtfach an den Universitäten. Darüberhinaus mußte er Laut- und Schreibverschiebungen klären, um manche Texte einer Landschaft zweifelsfrei zuordnen zu können; Unterschiede in den Dialekten traten als besondere Schwierigkeit hinzu. Bei der solcherart durch sprachliche Probleme behinderten Verteilung der Texte auf die Reichsteile setzte *S.* in bislang ungewohntem Umfang die genealogische Methode ein. In den in rauhem Ton gehaltenen Vorworten zu den Einzelbänden stellt er freilich nicht nur den Gang seiner Entdeckungen dar. Auf seine Autorität als maßgebender Kenner der alten Rechtstexte pochend, verwirft er jeden Zweifel an der Edition und in späterer Zeit auch anderes Bemühen – was erheblich dazu beiträgt, ihn unter Kollegen zu einer gefürchteten Person werden zu lassen. Von tiefer Religiosität geprägt, gibt er seinen Glauben als Quelle seiner stupenden Arbeitskraft an: „Ist die Frage danach, jemandem die Ehre für dieses Werk zu geben, so gebührt sie Ihm, alleine Ihm“ (Vorwort zu Band 12, 1869).

Andere Arbeiten haben rechtshistorischen Inhalt und die Editionsarbeit begleitenden Charakter. In dem auf deutsch erschienenen Aufsatz „Kurze Uebersicht über den gegenwärtigen Zustand der Gesetzgebung und

Rechtswissenschaft in Schweden" (1829) zeichnet er gemeinsam mit *Collin* ein beklagenswertes Bild von dem Niveau der Rechtspflege („Nichtachtung von Gelehrsamkeit und gründlicher Bildung", „gänzlicher Mangel aller tieferen juristischen Einsicht, als der durch den Schlendrian zu erlangenden in der Mehrzahl der gerichtlichen Beschlüsse") als Frucht eines Niedergangs der Rechtswissenschaft. Seine Haltung zu Rechtsgeschichte und -philosophie behandelt er in der Programmschrift „Om Laghistoriens studium, och dess förhållande till rättsvetenskapens öfriga delar", 1835. Historische Kenntnis, Kenntnis der Realität bringt die Rechtsphilosophie ins Leben, denn nur eine geschichtliche Anschauung liefert Stoff, der es zuläßt, ihn philosophisch zu studieren. Anzustreben ist so eine auf Erfahrung beruhende philosophische Behandlung des Rechtsstoffs. Das Wissenschaftsobjekt muß von der Vernunft getrennt werden – dies sicherzustellen, ist Aufgabe der Rechtsgeschichte –, um Gegenstand des freien Handelns der Vernunft zu sein. Auf dieser Grundlage kommt *S.* zu der Forderung, daß neben dem Wissenschaftler auch der Rechtspraktiker auf die Geschichte Rücksicht nehmen müsse. Ohne Kenntnis von der Gesetzesgeschichte zerrinne ihm das Rechtssystem zu einer unförmigen Masse von Vorschriften ohne Zusammenhang zwischen den Teilen. Die Rechtswissenschaft habe dem vorzubeugen, indem sie dem Praktiker ein Bewußtsein von der Entwicklung in Zeit und Raum gibt.

Rechtstheoretische Erörterungen sind aber die Ausnahme in *S.s* Arbeit, in deren Mittelpunkt immer die Gesetzessammlung stand. Trotz mancher Kritik an ihr (infolge einer Verwechslung datierte *S.* die Gesetze von Södermanland falsch, und der von ihm als älteres Gesetz von Västmanland vorgestellte Text ist tatsächlich ein Gesetz Dalarnas, was bereits der schwedische Rechtshistoriker *J. Stiernhöök* im 17. Jh. feststellte), gilt *S.* als „erster Name in der schwedischen Gesetzesgeschichte" (*J.E. Almquist*). Durch ihn hat die Rechtsgeschichte in Schweden einen rasanten Aufstieg genommen: so enthielt die Ausbildungsordnung für das Hofgerichtsexamen um die Jahrhundertwende die Forderung, daß der Absolvent „einige Stücke des Upplandgesetzes unbehindert in brauchbares Schwedisch übersetzen könne". Obwohl die Forschung seitdem fortgeschritten ist, kann die Sammlung ihres philologischen Wertes wegen auch heute noch nicht als veraltet gelten.

Hauptwerke: Samling af Sweriges Gamla Lagar, 13 Bde., 1827-1877 (1: Westgöta-Lagen, 1827, mit *H.S. Collin*; 2: Östgöta-Lagen, 1830, mit *H.S. Collin*; 3: Uplands-

Lagen, 1834; 4: Södermanna-Lagen, 1838; 5: Westmanna-Lagen, 1841; 6: Helsinge-Lagen, 1844; 7: Gotlands-Lagen, 1852; 8: Wisby Stadslag och Sjörätt, 1853; 9: Skåne-Lagen, 1859; 10: Konung Magnus Erikssons Landslag, 1862; 11: Konung Magnus Erikssons Stadslag, 1865; 12: Konung Christoffers Landslag, 1869; 13: Glossarium ad Corpus iuris Sueo-Gotorum antiqui, 1877). – Kurze Uebersicht über den gegenwärtigen Zustand der Gesetzgebung und Rechtswissenschaft in Schweden (mit *H.S. Collin*), in: Krit. Zeitschr. f. Rechtswiss. und Gesetzgebung des Auslands 1 (1829), 423-434. – Om Laghistoriens studium, och dess förhållande till rättsvetenskapens öfriga delar, 1835 (in: Juridiska Afhandlingar II, 1879, 1-37). – Om konungaval, eriksgata, kröning och kongliga rättigheter, enligt Sveriges gamla lagar, in: Juridiska Afhandlingar I, 1891, 1-54. – Juridiska Afhandlingar, 2 Bde., 1835 [²1891] und 1879.

Literatur: J.E. Almquist: Svensk juridisk litteraturhistoria, 1946, 244-257. – *J.E. Almquist:* Kort översikt över den svenska juridiska litteraturhistorien, 23 f. – *S. Jägerskiöld:* Den historiska skolan i Sverige, in: Den historiska skolan och Lund. Rättshistoriskt symposium 1980, 1982, 53-80. – *K.Å. Modéer:* Carl Johan Schlyter i ett hundraårigt perspektiv, in: Lundaforskare föreläser XI (1979) und wieder in: Svensk Juristtidning 64 (1979), 1-13. – *M. Sandström:* Die Herrschaft der Rechtswissenschaft, 1989, 162-181. – *T. Wisén:* Minnesteckningar öfver Carl Johan Schlyter, 1890. – Jur., 546 *(K.Å. Modéer).*

T. Scholtz

Johann von Schwarzenberg

(1465-1528)

Geb. am 26.12.1465 (63?), fränkischer Ritter; nach ritterlich-praktischer Ausbildung, in der er – nach damaligen Verhältnissen ein Riese, nämlich fast zwei Meter groß – zu ungewöhnlicher Körperkraft und Geschicklichkeit kommt, lebt er unbeschwert als Ritter an verschiedenen Höfen; erst des Vaters Drohung, er werde ihn enterben, führt eine Wende herbei; nach Vermählung und ritterlichen Diensten für Kaiser Maximilian, durch die er sich den Namen eines „vir clarus armis et belli arte primus" erwirbt, ist er ab 1490 u.a. als Amtmann verschiedener Bezirke für die Würzburger Fürstbischöfe tätig; 1500 oder 1501 wird er Hofmeister (höchster weltlicher Beamter) und Vorsitzender des Hofgerichts im Fürstbistum Bamberg; aus mehrjährigen philosophisch-juristischen Studien und seiner Richtertätigkeit erwächst die 1507 in Kraft getretene Bambergische Halsgerichtsordnung; von 1522 bis 1524 Mitglied des Reichsregiments; nach einem Zerwürfnis mit dem neuen Bamberger Bischof wegen *S.s* Neigung zur Lehre *Luthers* tritt er dann in die Dienste der Markgrafen von Brandenburg (als Landhofmeister in deren fränkischen Territorien);

1526/27 als Gesandter der Markgrafen am Hof Herzog Albrechts von Preußen; am 21.10.1528 in Nürnberg gestorben.

S.s Name ist verbunden mit den großen Strafrechtsreformen des frühen 16. Jahrhunderts. Mit der Constitutio criminalis Carolina von 1532, dem wohl bedeutendsten Gesetz des alten Reiches überhaupt, hat *S.* die Grundlage der Strafrechtspflege in Deutschland für Jahrhunderte, in einigen Gebieten bis zum Inkrafttreten des Reichsstrafgesetzbuches von 1871, wesentlich mitgestaltet. Schon das Vorbild der Carolina, die Bambergische Halsgerichtsordnung von 1507 („Mater Carolinae"), war *S.s* Werk gewesen. Allerdings ist die alleinige Verfasserschaft *S.s* nicht sehr wahrscheinlich; vermutlich haben auch gelehrte Juristen maßgeblich zu dem Gesetz beigetragen *(Trusen)*.

Ein verbreitetes Verbrecher- und Bandenunwesen einerseits, dem gestiegenen öffentlichen Interesse an der Verbrechensverfolgung unangemessene Formen des Strafverfahrens andererseits waren die kriminalpolitischen Probleme, derer *S.* Herr werden mußte. Wollte man sich nicht mit einer sehr lückenhaften Strafrechtspflege abfinden, so konnte man nicht mehr, wie herkömmlich, im wesentlichen dem Verletzten die Strafverfolgung durch (Privat-)Klage überlassen und ihm damit auch das Prozeßrisiko aufbürden. Das Schwergewicht mußte sich daher in die amtliche Verbrechensverfolgung verlagern und damit in den vom Untersuchungsgrundsatz beherrschten Inquisitionsprozeß. Dieser bisher schon in Fällen öffentlichen Interesses verbreitete Prozeßtyp hatte sich jedoch wegen seiner Formlosigkeit, insbesondere bei Anordnung und Durchführung der Tortur, zu einer schweren Bedrohung für jeden Beschuldigten entwickelt. Es galt also, durch festere Ordnung des Inquisitionsprozesses ein gewisses Maß an Rechtssicherheit zu erreichen. *S.* suchte dieses Ziel in erster Linie durch Bindung des Gerichts an feste Beweisregeln und durch eine lebensnahe Indizienlehre (Lehre von den die Anordnung der Tortur rechtfertigenden Verdachtsgründen) zu verwirklichen, wobei er sich auf seine eigenen praktischen Erfahrungen als Richter stützen konnte.

Neben dem Beweis durch zwei Zeugen, der ein Tätergeständnis ausnahmsweise entbehrlich machte, wurden nur acht Arten von Indizien als ausreichende Begründung für die Anordnung der Folter anerkannt. Willkürliche peinliche Befragung wurde auf diese Weise erschwert. Auch wurde der Veranlasser solcher Folterungen mit Strafe bedroht.

Im Gegensatz zum Prozeßrecht, das er weitergebildet hat, zeichnete *S.* das materielle Recht lediglich in der durch Gewohnheit oder Satzung überlieferten Form auf, schuf dabei unter dem Einfluß des römisch-kanonischen Rechts prägnantere Tatbestände und auch bereits Ansätze zu allgemeinen Strafrechtslehren, etwa in den Versuchs- und Notwehrbestimmungen. Auch die Bedeutung des Verschuldens hat *S.* wohl erkannt, wie sich aus der Sonderbehandlung jugendlicher und geisteskranker Täter und aus der Unterscheidung zwischen Vorsatz, Fahrlässigkeit und Zufall ergibt; die Carolina schuf so den Ansatz zu der in der gemeinrechtlichen Doktrin (→ *Carpzov*) entwickelten Schuldlehre und damit die Grundlage für das moderne Schuldstrafrecht.

In der Carolina ist der Anteil der neuen Regelungen so groß, daß sie erst nach Hinzufügung der salvatorischen Klausel (Vorbehalt zugunsten der Partikularrechte) von den Ständen gebilligt wurde. Dem Zweck der Gesetzbücher entsprechend – sie sollten Prozeß-Leitfäden für die meist ungebildeten Richter sein – hat *S.* häufig auf den Rat der Rechtsgelehrten verwiesen, der im Zweifel eingeholt werden sollte. Hier bereitet sich die spätere Praxis der Aktenversendung vor.

S. betrachtete das Recht als Mittel zur Durchsetzung von Gerechtigkeit und Gemeinnutz. Er sah zwischen diesen Prinzipien keinen Widerspruch, wie er in der neueren Zeit etwa zwischen Vergeltungs- und Zweckstrafe (→ *Liszt*) gesehen wird. Nur Narren mit verbundenen Augen könnten versuchen, im Recht das eine vom anderen zu trennen. Dies Bild aus einer seiner Schriften zeigt, was Augenbinden im Bereich der Justiz *auch* bedeuten können (→ *Brant*).

Die Frage nach *S.s* Arbeitsweise wird folgendermaßen beantwortet: Selbst war er ohne Lateinkenntnisse und ließ sich die notwendigen lateinischen Texte von gelehrten Juristen oder Philologen übersetzen, brachte sie dann selbst in „fränkisches Hofdeutsch" und ließ nachträglich überprüfen, ob seine Übertragung den Sinn der Quelle richtig wiedergebe. Diese Technik wandte er auch bei den Übersetzungen verschiedener Schriften *Ciceros* an.

Der frühe Tod seiner Frau (1502) brachte ihn dazu, Trost in schriftstellerischer Tätigkeit zu suchen. „Kummertrost“, das „Büchle vom Zutrincken“, „Memorial der Tugend“ sind drei aus einer Reihe moralischer Schriften, die sich zum Teil der damals geläufigen Form der Satire bedienten (→ *Brant, Murner*).

Auch an den politischen und religiösen Auseinandersetzungen seiner Zeit hat *S.* aktiv teilgenommen. Sein soziales Verständnis, das er zunächst den aufständischen Bauern entgegenbrachte, sein Beitrag zu einem Katalog von Forderungen der fränkischen Ritter an ihre Fürsten finden allerdings schon sehr bald ein Ende, als nämlich aus Reformplänen Revolutionsideen hervorwachsen. In dieser Änderung seiner Einstellung ähnelt er seinem Freund *Luther*. Er ist dafür damals von seinen Herren und später in Würdigung seiner Person gelobt worden.

Für die Sache der Reformation konnte er sich als Mitglied des Reichsregiments verwenden, das als Zugeständnis Karls V. von 1521 bis 1530 noch einmal eingesetzt war. Gerade *S.*, der hier zeitweise den Vorsitz führte, ist die proevangelische Haltung dieses Gremiums zu einem erheblichen Teil zuzurechnen.

Hauptwerke: Cicero Officien, 1531. – Der teutsch Cicero, 1534 (teilw. Ndr. in: Ndr. dt. Literaturwerke des 16. u. 17. Jh.s, hrsg. v. *W. Braune*, Nr. 215: „Trostspruch um abgestorbene Freunde [Kummertrost]“, Nr. 176: „Das Büchlein vom Zutrincken“ beide hrsg. v. *W. Scheel*, 1907 u. 1900). – Bambergische Peinliche Halsgerichts-Ordnung, 1507. Moderne Ausg. der Bambergensis und der Carolina *J. Kohler* u. *W. Scheel:* Die Carolina und ihre Vorgängerinnen, Text, Erläuterung, Geschichte, 4 Bde. (1: Carolina, 2: Bambergensis, 1900 und 1902), Ndr. 1968. Bibliographie bei *Wolf:* Rechtsdenker, 135.

Literatur: M. Balfanz: Beiträge zur staatsmännischen Wirksamkeit des Freiherrn Johann von Schwarzenberg, Diss. phil. Greifswald, 1900. – *J. Christ:* Dissertatio de Johanne Schwarzenbergico, Halle 1726. – *J. Hellner:* J. Frhr. v. Schwarzenberg, in JuS 1965, 48-52. – *E. Herrmann:* Johann Freiherr zu Schwarzenberg, 1841. – *P. Landau / F.-C. Schroeder* (Hrsg.): Strafrecht, Strafprozeß und Rezeption. Grundlagen, Entwicklung und Wirkung der CCC, 1984. – *F. Merzbacher:* Johann Freiherr zu Schwarzenberg in würzburgischen Diensten, in: ZRG (GA) 69 (1952), 363-371. – *R. Philippi:* Frhr. Joh. v. Schwarzenberg in Preußen. Ein Beitrag zu seiner Biographie, in: Zeitschr. d. westpreuß. Geschichtsvereins 1 (1880), 45-69. – *G. Radbruch:* Elegantiae Iuris Criminalis, ^{2}1950, 70-89, 90-103, 104-115. – *E.F. Rosshirt:* Johann von Schwarzenberg in seiner Beziehung zur Bambergensis und Carolina, in: Neues Arch. f. Kriminalrecht 9 (1827), 234 ff. – *W. Scheel:* Johann Freiherr zu Schwarzenberg, 1905, Ndr. 1978. –

Schmidt: Einführung, bes. 108-110 u. 112-139. – *W. Sellert / H. Rüping:* Studien- und Quellenbuch zur Geschichte der deutschen Strafrechtspflege, I, 1989, 196 ff. – *Stintzing-Landsberg:* GDtRW I, 607-629. – *W. Trusen:* Strafprozeß und Rezeption. Zu den Entwicklungen im Spätmittelalter und den Grundlagen der Carolina, in: *P. Landau / F.-C. Schroeder* (s.o.), 29-118 (bes. 92 ff.). – *J.A. Frhr. v. Wagner:* Johann von Schwarzenberg, 1893. – *Wolf:* Rechtsdenker, 102-137. – *H. Zoepfl:* Zur Biographie des Freiherrn Johann von Schwarzenberg, in: Zeitschr. f. dt. Strafverf. 1 (1840). – ADB 33 (1891), 305 f. *(J. Neff)*. – HRG IV (1990), 1561-1564 *(R. Lieberwirth)*. – Jur., 550 f. *(C. Pott)*. – Bibliographie (Lit. bis 1963) bei *Wolf:* Rechtsdenker, 136 f. P.

Veit Ludwig von Seckendorff

(1626-1692)

Ein „moralisierender, aber unjuristischer Schilderer der höfischen und staatlichen Verhältnisse in Deutschland, wie sie sich in der Zeit nach dem Dreißigjährigen Kriege entwickelt hatten" – entgegen diesem Urteil *E. Landsbergs* darf man *S.* in einer Zeit, die die „Verwaltungslehre" als juristisches Prüfungsfach anerkennt, zu den bedeutenden Juristen zählen, gilt er doch als Begründer dieser Wissenschaftsdisziplin in Deutschland; daneben zählt er zu den ersten Vertretern der politischen Wissenschaft, auf dessen Werken lange Zeit der politische Universitätsunterricht in Deutschland beruhte.

S. wurde am 20. Dezember 1626 zu Herzogenaurach in Franken geboren. Seit 1640 Besuch des Gymnasium illustre in Gotha. Als der Vater, seit 1632 mit einem gothaischen Regiment in schwedischen Kriegsdiensten stehend, unter dem Verdacht, zu den Kaiserlichen übergehen zu wollen, gefangengesetzt und enthauptet wurde, konnte *S.* nur mit Hilfe einer der Mutter ausgesetzten schwedischen Pension und eines privaten Stipendiums das Studium der Philosophie, Jurisprudenz und Geschichte in Straßburg aufnehmen. 1645 nach einer Reise durch die Niederlande Eintritt in gothaische Dienste als Hofjunker und Aufseher der herzoglichen Bibliothek, 1652 Hof- und Justitienrat, 1656 Geheimer Hof- und Kammerrat; 1664 trat *S.* als Kanzler an die Spitze der gothaischen Verwaltung. Die Reformen Herzog Ernsts des Frommen in der Finanzwirtschaft sowie auf kirchlichem und pädagogischem Gebiet fallen in diese Jahre der Verwaltungstätigkeit *S.s*. Noch 1664 wechselte *S.* nach Sachsen-Zeitz als Kanzler und Konsistorialpräsident. 1681 legte er seine Ämter bis auf das des Landschaftsdirektors von Altenburg nieder, um seinen wissenschaftlich-schriftstellerischen Neigungen zu leben. Schon 1656 war sein „Teutscher Fürsten-Staat" erschienen – nun folgten der „Christenstaat" (1685) und eine großangelegte Reformationsgeschichte (1688, 1692). 1692 als Kanzler an die magdeburgisch-preußische Universität Halle (→ *Thomasius*) berufen, vermochte er dieses Amt nur noch für wenige Wochen zu verwalten. Am 18. Dezember 1692 ist *S.* in Halle gestorben.

Das große Ansehen, in dem *S.* als Publizist und Staatsmann bei seinen Zeitgenossen und Späteren stand, scheint angesichts seiner allein auf einige mitteldeutsche Kleinstaaten beschränkten politischen und Verwaltungstätigkeit kaum erklärlich. Auch literarisch ist er nicht außergewöhnlich fruchtbar gewesen. Doch bezeichnet das Erscheinen seines Hauptwerkes „Teutscher Fürsten-Staat", das bis 1754 insgesamt 12 Auflagen erlebte, den Beginn der wissenschaftlichen Verwaltungslehre in Deutschland.

Die Bedeutung dieses Werkes beruht zunächst auf der zwar an gothaische Verhältnisse sich anlehnenden, damit aber doch für das damalige Deutschland weithin gültigen, wirklichkeitsnahen Beschreibung der politischen und wirtschaftlichen Verhältnisse. Aus dieser Analyse entwikkelt *S.* die Aufgaben des Staats, die er, weit über die herkömmlichen Zwecke der Gerechtigkeitspflege und Friedenswahrung hinaus, in der „Aufrichtung guter Ordnung und Gesetze für die Wohlfahrt und gemeinen Nutzen des Vaterlandes" sieht. Damit wird *S.* zum Klassiker des Wohlfahrtsstaates, zu dessen Leistung freilich die liberalen Rechtsstaatstheoretiker des 19. Jahrhunderts keinen Zugang finden konnten, so daß sie erst in einer Zeit wachsender Bedeutung staatlicher „Daseinsvorsorge" wieder die gebührende Beachtung findet. *S.* begreift die Wohlfahrtsförderung als Teil der staatlichen Verwaltung („Regierung"), die darum ihren eigenen Gesetzen zu folgen hat und deren spezifische Regeln es zu entwickeln gilt. Den Ständen steht *S.* zwar durchaus mit Sympathie gegenüber; aber die Förderung wohlfahrtsstaatlicher Zwecke erwartet er doch nur vom Landesherrn. So wendet er sich im „Fürsten-Staat" – „Staat" meint hier den Inbegriff von Hof und Verwaltung – an diesen und steht damit in der Tradition der „Fürstenspiegel", erreicht jedoch durch die Orientierung seiner Ratschläge am Staatszweck jedenfalls eine andere Ebene des „Moralisierens" als jene.

Mit seiner Sicht des Landesherrn als des Trägers der Politik folgte *S.* nur der vom Ständestaat zum Absolutismus führenden Entwicklung. Sein von christlicher Frömmigkeit durchdrungener „Fürsten-Staat" – 1685 gab der Lutheraner *S.* mit dem „Christenstaat" seinem Werk noch ein zusätzliches Fundament – hat aber auch das Selbstverständnis des Gottesgnadentums in seiner Pflichtbindung beeinflußt; andererseits erklärt sich die Wirkung *S.s* wohl auch aus einer konservativen Grundhaltung, die das ständische Sozialmodell gegen „Gleichmachung der Unterthanen und Dämpfung hergebrachter Vorzüge" verteidigte. Vor allem aber waren es *S.s* Vorschläge zu Einzelproblemen, die im folgenden Jahrhundert immer wieder aufgegriffen wurden und so dem „Fürsten-Staat" nachhaltige Wirkung auch in der praktischen Politik sicherten. So fordert *S.* vom Landesherrn Enthaltsamkeit gegenüber persönlicher Ausübung des Richteramtes, wendet sich gegen Auswüchse des Zunftwesens und fordert „freien Zug und Arbeit der Handwerker", kritisiert die Erteilung von Monopolprivilegien, verlangt Ermäßigung der Zölle, akzeptiert zwar neben den direkten auch indirekte Steuern, deren Nachteil, die Armen stärker zu belasten als die Reichen und den Preis der besteuerten Objekte wesentlich zu erhöhen, er aber in ahnungsvoller Weise hervorhebt. Schließlich findet der Grundsatz der Entwicklungspolitik, Rohstoffe stets erst nach Verarbeitung im Inlande exportieren zu lassen, bei *S.* erstmals in Deutschland eine zusammenfassende Erörterung. Es liegt in der Konsequenz der von *S.* geforderten zukunftsorientierten Politik, wenn er dem Fürsten empfiehlt, sich über die Verhältnisse seines Landes zunächst genau zu informieren – diesem Ziel diente bereits der „Fürsten-Staat" selbst –, und erstmals in Deutschland die Statistik in den Dienst solcher Ermittlungen zu stellen verlangt.

S.s Forderungen an den Fürsten sind keine Rechtsgebote – sie sind religiös-sittliche Postulate, die aber gleichwohl nicht „unjuristisch" blieben; denn zum einen orientierten sie sich stets an der zeitgenössischen Rechtsordnung, zum anderen verstanden sie sich als Maßstab einer guten Gesetzgebung und sind in ihrer inneren Sachgerechtigkeit, Mäßigung und Vernünftigkeit auch im Zeitalter des Vernunftrechts (→ *Thomasius*, → *Wolff*, → *Svarez*) noch als solcher gewertet worden.

Hauptwerke: Teutscher Fürsten-Staat, 1656, letzte Aufl. 1754 *(v. Biechling)*. – Christen-Stat, 1685, ^{2}1686. – Teutsche Reden, 1686. – Commentarius historicus et apologeticus de Lutheranismo seu de reformatione, in Teilen 1686, 1689, 1690, Gesamtausg. 1692.

Literatur: *H. Maier:* Die ältere deutsche Staats- und Verwaltungslehre (Polizeiwissenschaft), ^{2}1980, 139-151. – *G. Marchet:* Studien über die Entwicklung der Verwaltungslehre in Deutschland von der zweiten Hälfte des 17. bis zum Ende des 18. Jahrhunderts, 1885, Ndr. 1966, 1-74. – *H. Neuhaus:* Veit Ludwig von Seckendorff (1626-1692), in: PdV, 3-7. – *J. St. Pütter:* Litteratur des Teutschen Staatsrechts 1, 1776, § 104, 227-230. – *Rössler-Franz:* BWDG III, 2607 f. – *G.K. Schmelzeisen:* Der verfassungsrechtliche Grundriß in Veit Ludwig von Seckendorffs „Teutschem Fürstenstaat", ZRG (GA) 87 (1970), 190-223. – *D.G. Schreber:* Historia vitae ac meritorum ... Viti Ludovici a Seckendorff, 1733. – *M. Stolleis* in: ders. (Hrsg.): Staatsdenker im 17. und 18. Jahrhundert, ^{2}1987, 148-171. – *Stolleis:* Gesch., I, 352-354. – *Chr. Thomasius:* Allerhand bißher publicirte Kleine Teutsche Schrifften 1701, 547-566 (Gedenkrede). – ADB 33 (1891), 519-521 *(Th. Kolde)*. Dort auch weitere Literatur, ferner bei *Rössler-Franz*, 2612. – HRG IV (1990), 1589 f. *(M. Stolleis)*. – Jur., 558 f. *(M. Vec)*. K.

Johann Sichardt

(1499-1552)

Geb. 1499 in Tauberbischofsheim. Ab 1514 humanistische Studien an der Universität Ingolstadt, 1518 Magister Artium. Lehrer an der Münchner schola poetica. 1521 Privatlehrer in Freiburg, dort 1522 Vermählung mit einer wohlhabenden Bürgerstochter. Bekanntschaft und Freundschaft mit → *Zasius*, der ihn *Erasmus* und *Cantiuncula* in Basel empfiehlt. Dort 1524 Lehrer für Rhetorik und ordentlicher Professor der Rechte, wohl Nachfolger *Cantiunculas*, obwohl er bisher keine akademische Würde als Jurist erlangt hat. Einflüsse des *Erasmus*-Kreises veranlassen ihn, nach alten Handschriften zu suchen; mit Erlaubnis des Erzherzogs Ferdinand v. Österreich besucht *S.* 1526/27 Bibliotheken in Schönau, Ladenburg, Lorsch, Trier, Straßburg, Fulda, Hersfeld u.a. Ergebnis dieser Reisen war die Edition von 24 Bänden mit insgesamt 113 verschiedenen Werken, Schriften, von denen zwei Drittel bisher noch nie erschienen waren. Besondere Bedeutung haben hierbei zwei juristische Editionen. 1528 gab *S.* die Lex Romana Visigothorum heraus, die er irrtümlich für den Codex Theodosianus hielt und daher erscheinen ließ als „Codicis Theodosiani Libri XVI". Dieses Gesetzeswerk, auch „Breviarium Alaricianum", nach König Alarich II. (506), genannt, enthält die wichtigsten vorjustinianischen Rechtsquellen, darunter Teile des Codex Theodosianus (der erst 1549 von *Tilius* in Paris vollständig herausgegeben wurde), einen bearbeiteten Auszug aus den Gaius-Institutionen (epitome Gai) und Teile der Sentenzen des Paulus mit einer „interpretatio". Erst 1849 wurde die Lex von *G. Haenel* erneut herausgegeben. Die zweite rechtsgeschichtlich bedeutende Edition ist die der ribuarischen, alemannischen und bajuwarischen Volksrechte (1530). Diese „Leges Barbarorum" wurden damit erstmals publiziert. Von Zeitgenossen wurden die Ausgaben dieser alten Rechte als Verstoß gegen Justinians Verbot, längst überholtes und vergessenes Recht wieder an die Öffentlichkeit zu tragen, gerügt. *S.* preist dagegen den Wert der älteren Quellen und streicht etwa den „Codex Theodosianus" kräftig gegen die jüngere justinianische Kompilation heraus. Die Ausgabe der Volksrechte hat, durch viele Mängel bedingt, nur den Wert einer editio princeps und ist schon bald durch verbesserte Ausgaben von anderen übertroffen worden (so z.B. schon 1557 durch *Basilius Joh. Herold*). Überhaupt sind *S.s* Quellenausgaben – die man natürlich nicht am Maßstab moderner Editionstechnik messen darf – sehr unterschiedlich beurteilt worden; zum Teil haben schon Zeitgenossen Einwände gegen *S.s* Editionsmethoden geltend gemacht. Gleichwohl müssen diese Arbeiten historisch als Pionierleistungen angesehen werden, durch die *S.* „zu den ersten bedeutenden Trägern des humanistischen Gedankens in der deutschen Rechtsgelehrsamkeit zu zählen ist" *(G. Kisch).*

Mit seiner Rückkehr nach Freiburg im April 1530 findet seine Tätigkeit in Basel als Lehrer und Herausgeber ihr Ende. In Freiburg nimmt er bei → *Zasius* seine juristischen Studien wieder auf und erwirbt schon am 28. 11. 1531, am gleichen Tag wie sein Freund und späterer Biograph → *Johann Fichard*, die Doktorwürde. Die Hoffnungen auf einen Lehrstuhl in Freiburg bleiben jedoch auch weiterhin unerfüllt.

Im Jahre 1535 erhält *S.* durch Vermittlung von *Simon Grynäus* einen Ruf des Herzogs Ulrich an die Universität Tübingen, die der Herzog im Geiste des Humanismus reformieren wollte. Er nimmt den Ruf als Institutionarius (Lehrer der Institutionen) an, wird jedoch nicht viel später schon mit der Codexprofessur beauftragt. Von nun an bleibt ihm durch eine Vielzahl von Aufgaben keine Zeit mehr zu weiteren wissenschaftlichen Arbeiten. Gleich viermal bekleidete er das Amt des Rektors, 1535/36, 1542/43, 1545/46 und 1549. Mindestens siebenmal wurde er Dekan. Daneben hatte er in zahlreichen Kommissionen Anteil an der Verwaltung der Universität. Mit der Übernahme der Codexprofessur zählte sein Gehalt zu den höchsten in Tübingen. In den Vorlesungen behandelte er den privatrechtlichen Teil des Codex (2.-8. Buch). Seine Lehrtätigkeit war sehr erfolgreich, was sich auch daraus ergibt, daß noch nach seinem Tode trotz seines ausdrücklichen Verbots seine Vorlesungshefte mehrfach nachgedruckt wurden, so 1565 (Basel) durch *Johann Fickler*, 1586 (Frankfurt am Main) durch *Franz Modius*, 1598 im Auftrag der Tübinger Juristenfakultät von *Samson Hertzog*. In diesen Vorlesungen standen die römischen Gesetze, nicht aber die Glossen der italienischen Juristen im Mittelpunkt der Erörterung, die praktischen Resultate der Glossatoren und Kommentatoren wurden verwertet, die Bedeutung ihrer Kommentare aber in den Hintergrund gedrängt. Im übrigen zeichneten sich diese in ganz Deutschland berühmten Lektionen wohl mehr durch Einfachheit und Praxisnähe als durch wissenschaftliche Vertiefung aus. Daneben entfaltete *S.* eine rege Gutachtertätigkeit, etwa 53 Gutachten aus den verschiedensten Rechtsgebieten wurden später von *J.G. Godelmann* gesammelt und 1599 veröffentlicht.

Seit 1543 verminderte sich *S.s* Beteiligung an den Universitätsgeschäften erheblich, da er in zunehmendem Maße vom Herzog zu besonderen Aufgaben herangezogen wurde; so nahm er in diesem Jahre teil an der Visitation des Reichskammergerichts in Speyer. 1544 wurde er zum besoldeten herzoglichen Rate ernannt und nahm in der Folgezeit insbesondere die Verteidigung des Herzogs Ulrich und dessen Nachfolgers Christoph in dem von König Ferdinand angestrengten Felonieprozeß wahr.

S. war in den letzten Jahren seines Lebens auch an Gesetzgebungsarbeiten beteiligt, so an der Revision der ersten Württembergischen Eheordnung von 1551. Dabei hielt er, im Gegensatz zu protestantischen Theologen, aber im Einklang mit anderen protestantischen Rechtslehrern seiner Zeit, grundsätzlich an den Regeln des kanonischen Rechts fest, etwa bei der Ehescheidung und der Wiederheirat Geschiedener; überhaupt bezweifelte er die Gesetzgebungsgewalt des Herzogs in Ehesachen, da diese allein vor ein geistliches Forum gehörten. Daraus ist zu schließen, daß *S.* sich innerlich nicht vom altkirchlichen Standpunkt gelöst hatte. Einigen Einfluß nahm *S.* schließlich auch auf das Württembergische Landrecht von 1555: es dürfte ihm zuzuschreiben sein, daß dieses Gesetz das von → *Zasius* verfaßte Freiburger Stadtrecht in großem Umfang zum Vorbild genommen hat, wenn *S.* auch wegen seines Todes am 9.9.1552 nicht weiter auf die endgültige Gestaltung des Landrechts einwirken konnte.

Hauptwerke: Praelectiones in libros codicis Iustiniani, hrsg. v. *J. Fickler*, 1565. – Responsa iuris, hrsg. v. *J.G. Godelmann*, 1599. – *Editionen:* Codicis Theodosiani libri XVI, 1528 (enthält das Breviarium Alaricianum). – Leges Riboariorum, Baioariorumque, quas vocant, a Theodorico rege Francorum latae, 1530. – Bibliographie bei *G. Kisch:* Johannes Sichardus als Basler Rechtshistoriker, 1952, 67-69.

Literatur: Conrad: DRG II, 352. – *Döhring:* GDtRPfl., 442 f. – *H.E. Feine:* Johann Sichardt, in: Schwäbische Lebensbilder, V, 1950. – *G. Kisch:* Johannes Sichardus, s.o. – *G. Kisch:* Ein unbekanntes Consilium des Johannes Sichardus, in *ders.:* Studien zur humanistischen Jurisprudenz, 1972, 105-124. – *P. Lehmann:* Johannes Sichardus und die von ihm benutzten Bibliotheken und Handschriften (= Quellen u. Unters. z. lat. Philol. d. MA), 1911. – *G. Mandry:* Johannes Sichardt, in: Württ. Jahrb. f. Statistik u. Landesk., 1872, (Druck:) 1874, 2. Tl. – *H. Seeger:* Die strafrechtlichen consilia Tubingensia von der Gründung der Universität bis zum Jahre 1600, 1877 (= Festprogramm der jur. Fakultät zur 4. Säcularfeier der Univ. Tübingen). – *H. Siems:* Studien zur Lex Frisionum, 1980, 73. – *Stintzing-Landsberg:* GDtRW 1, 212-219. – *H.E. Troje:* Humanistische Kommentierungen klassischer Juristenschriften, in: Ius Commune IV (1972), 51 ff. (53-56). – *Wieacker:* PRG, 156. – ADB 34 (1892), 143-146 *(v. Eisenhart).* – HRG IV (1990), 1654-1658 *(K. Luig).* H.

Rudolph Sohm

(1841-1917)

Geb. am 29.10.1841 in Rostock, Studium der Rechte in Rostock, Berlin und Heidelberg; 1864 Promotion in Rostock; 1866 Habilitation in Göttingen; 1870 ordentlicher Professor in Freiburg; 1872 in Straßburg, 1884/85 dort Rektor; ab 1887 in Leipzig, ab 1891 Mitwirkung in der 2. BGB-Beratungskommission als nicht ständiges Mitglied; 1896 Mitwirkung bei der Gründung des Nationalsozialen Vereins *(Friedrich Naumann)*; gestorben am 16.5.1917 in Leipzig.

Schon 1872 hatte *S.* sich in seiner Schrift „Das Verhältnis von Staat und Kirche" mit dem Kirchenrecht befaßt. 1892 gelang ihm dann mit seinem „Kirchenrecht. Erster Band. Die geschichtlichen Grundlagen" ein Werk, über das die Diskussion bis heute nicht beendet ist und das für ihn zum

Ausgangspunkt weiterer kirchenrechtlicher Abhandlungen wurde. Eine von ihm als Juristen für Theologen verfaßte, wegen ihrer Kürze und guten Lesbarkeit weit verbreitete „Kirchengeschichte im Grundriß" (1887) hatte bereits *S.s* Kritik am Kirchenrecht angekündigt.

Abweichend von der herrschenden Ansicht seiner Zeit (Kirche als Körperschaft) sah *S.* das Wesen der Kirche in der nicht notwendig sichtbaren Gemeinschaft der Christen (Ekklesia). Er beruft sich dabei auf das Wort Jesu: „Wo zwei oder drei in meinem Namen versammelt sind, da will ich mitten unter ihnen sein" (Matthäus 18, 20).

Dieser Vorstellung von „Kirche" steht bei *S.* ein Begriff von „Recht" gegenüber, den er genauer in „Weltliches und geistliches Recht" (1914) erläuterte. Danach ist Recht nicht das verbindliche Wollen *irgendeiner* Gemeinschaft (so die genossenschaftliche Rechtstheorie, → *Gierke*), sondern nur die von der zum Wohle des einzelnen sittlich notwendigen Gemeinschaft festgesetzte Ordnung. Diese Gemeinschaft ist die Volksgemeinschaft, bzw. in der Gegenwart der Staat; sein Recht gilt „selbstherrlich", auf Grund der Normierung (→ *Stammler*).

Das Verhältnis von Kirche und Recht betrachtet *S.* anhand der verschiedenen Vorstellungen, die es im Christentum darüber gegeben hat. Die Ordnung der Urkirche beruhte auf der Lehrbefugnis (Charisma) der Apostel, die Christus ihnen übertragen hatte. Diese „pneumatische Anarchie" zeichnete sich aus durch das Fehlen jeglicher Normativität. Recht, das Normierung voraussetzt, gab es im 1. Jh. der Kirche also nicht. In der sich anschließenden, als Altkatholizismus bezeichneten Epoche (bis 12. Jh.) bestand ein gewohnheitsrechtliches, aus dem Geist abgeleitetes „ius divinum", das mit obrigkeitlich normiertem Recht ebenfalls nicht vergleichbar war. Erst im Neukatholizismus (ab 1170) bildet die Kirche daneben ein von ihr als Korporation gesetztes „ius humanum" aus. Während nun im Katholizismus (wie *S.* meint: fälschlich) der kirchliche Charakter auch dieses ius humanum behauptet wird, verwirft die Reformation in Rückkehr zum wahren urchristlichen Kirchenbegriff das Kirchenrecht überhaupt und läßt nur noch weltliches Religionsgesellschaftsrecht zu. Hier handelt es sich um staatliches Recht, das seine Legitimierung in der weiteren Entwicklung schließlich nur in der umfassenden Gewalt des Staates findet. Ein Recht der Kirche gibt es nicht mehr. *S.* kehrt zum Ausgangspunkt seiner Betrachtung zurück: Heute wie in der Urkirche steht das Wesen der Kirche mit dem Wesen des Rechts im Widerspruch.

Diese Hauptthese *S.s* ist auf Kritik gestoßen, welche sich aber bei näherer Untersuchung meist als nicht treffend herausstellt. Man kann *S.* wohl vorwerfen, daß er keinerlei Ordnungsprinzip für die Kirche anzubieten hat, obwohl sie (als Körperschaft betrachtet) solcher Ordnung bedarf. Aber man muß sich dabei vor Augen halten, daß dies nicht *S.s* Problem war. Geht man von seinem Kirchenbegriff aus, der vom Neuen Testament auch gedeckt wird, so wird eine Widerlegung nicht möglich sein. –

Als germanistischer Rechtshistoriker repräsentiert *S.* (u.a. neben seinem Lehrer *P. v. Roth* und *H. Brunner*) die positivistisch-begriffliche Richtung der „juristischen" Rechtsgeschichte *(E.W. Böckenförde)*. So meint er, seinen an der Gegenwart orientierten Begriff von Staat und Recht bereits im fränkischen Reich vorzufinden, das ein „Staat in unserem Sinn" war, so erklären sich auch seine Vorstellung, das fränkische sei neben dem römischen die Hauptquelle des in Deutschland geltenden Rechts, und Begriffsbildungen wie der Gegensatz von fränkischem Volks(Gewohnheitsrecht) und (gesetztem) Amtsrecht. Die spätere rechtshistorische Forschung ist allerdings von diesen lange Zeit einflußreichen Vorstellungen abgerückt. *S.s* Fixierung auf den modernen Rechtsbegriff erklärt aber auch seine Vorliebe für das römische Recht und den etwas paradoxen Tatbestand, daß ein vom Germanisten *S.* geschriebenes Buch („Institutionen") die im 19./20. Jh. erfolgreichste Einführung in das römische Recht gewesen ist. Es überrascht nicht, daß *S.* in bemerkenswerten, schon damals gegen den Zeitgeist geschriebenen, Abhandlungen die „Begriffsjurisprudenz" verteidigt hat.

Die innere Einheit zwischen *S.s* historisch-dogmatischem und kirchenrechtlichen Werk wird deutlich, wenn man *S.s* Ablehnung alles Kirchenrechts als die Kehrseite seines Positivismus betrachtet: das formale positive Recht, das „ein Heide" ist, soll in die innersten, persönlichsten Bezirke der Sittlichkeit und des Glaubens nicht eindringen.

Hauptwerke: Die fränkische Reichs- und Gerichtsverfassung, 1871, Ndr. 1911. – Das Verhältnis von Staat und Kirche, in: Zeitschr. f. Kirchenrecht 11 (1872), 157 ff.; separat: 1873. – Das Recht der Eheschließung aus dem deutschen und canonischen Rechte geschichtlich entwickelt, 1875. – Trauung und Verlobung, 1876. – Zur Geschichte der Auflassung, in: Festg. f. Thöl, 1879, 81 ff. – (Hrsg.): Lex Ribuaria und Lex Francorum Chamavorum (MGH, Leges V, 185 ff.), 1883. – Institutionen. Geschichte und System des römischen Privatrechts, 1883, [15]1917; [17]1923, Ndr. 1949, engl. Übersetzung. – Kirchengeschichte im Grundriß, 1887, [19]1917, franz. Übersetzung. – Kirchenrecht, Bd. 1: Die geschichtlichen Grundlagen, 1892, Ndr. 1970; Bd. 2: Katholisches Kirchenrecht, hrsg. v. *Erwin Jacobi* u. *Otto Mayer*, 1923, Ndr. 1970. – Der Gegenstand, 1905. – Weltliches und geistliches Recht, in: Festg. der Leipziger Juristenfakultät für Dr. Karl Binding, 1914 (= 2. Kap. v. Kirchenrecht Bd. 2). – Das altkatholische Kirchenrecht und das Dekret Gratians, in: Festschr. der Leipziger Juristenfakultät für Adolf Wach, 1918. Bibliographie bei *A. Bühler* (s.u.).

Literatur: K.S. Bader: Rudolph Sohm als Jurist und Rechtshistoriker, in: Juristenjahrbuch 5 (1964/65), 1-15. – *H. Barion:* Rudolph Sohm und die Grundlegung des Kirchenrechts, 1931. – *E.W. Böckenförde:* Die deutsche verfassungsgeschichtliche Forschung im 19. Jh., 1961, 191-197. – *W. Böckenförde:* Das Rechtsverständnis der neueren Kanonistik und die Kritik Rudolph Sohms, Diss. kath.-theol. Münster, 1969. – *A. Bühler:* Kirche und Staat bei Rudolph Sohm, 1965. – *H. Dombois:* Altkirchliche und evangelische Kirchenverfassung, in: ZevKR 2 (1952/53), 1-23. – *E. Foerster:* Rudolph Sohm widerlegt? Zu Günther Holsteins „Grundlagen des evangelischen Kirchenrechts", in: Zeitschr. f. Kirchengesch. 48 (1929), 307-343. – *E.V. Heyen:* Ergänzende Feststellungen zum Nachlaß Rudolph Sohms, in: ZRG (KA) 96 (1979), 334-337. – *E. Jacobi:* Rudolph Sohm und das Kirchenrecht, in: Forsch. u. Fortschritte, 38 (1964), 345-347. – *R. Jahnel* in: *Werner Schubert:* Materialien zur Entstehungsgeschichte des BGB – Einführung, Biographien, Materialien, 1978, 106. – *G. Kuhlmann:* Rudolph Sohm und unsere gegenwärtige kirchenrechtliche Situation, in: Arch. f. ev. Kirchenrecht 5 (1941), 155-172. – *G. Lease:* Der Nachlaß Rudolph Sohms, in: ZRG (KA) 92 (1975), 348-376. – *A.M. Rouco-Varela:* Die ekklesiologische Bedeutung der Eheschließungsform, in: Ecclesia et Ius (Festg. f. A. Scheuermann), 1968, 491-512. – *A.M. Rouco-Varela:* Die katholische Reaktion auf das „Kirchenrecht I" Rudolph Sohms, in: Ius Sacrum (Festschr. f. K. Mörsdorf), 1969, 15-52. – *E. Ruppel:* Kirche und Staat bei Rudolph Sohm, in: ZevKR 14 (1968/69), 225-238. – *D. Stoodt:* Wort und Recht, Rudolph Sohm und das theologische Problem des Kirchenrechts, 1962. – HRG IV (1990), 1687-1691 *(U.K. Jacobs).* – Jur., 572-575 *(P. Landau).* – LThK 9 (1964), 849 *(K. Mörsdorf).* – RGG 6 (1962), 116 f. *(S. Grundmann).* Bibliographie bei *A. Bühler* (s.o.).

P.

Josef von Sonnenfels

(1733-1817)

Geb. 1732 oder 1733 in Nikolsburg, gest. am 25.4.1817 in Wien. Großvater Rabbiner in Berlin, nach Einwanderung in Österreich tritt der Vater mit Kindern zum katholischen Glauben über (Name: „Wiener") und erhält 1746 auf Antrag Briefadel „*v. S.*". Das nach Besuch des Nikolsburger Piaristengymnasiums begonnene Philosophiestudium in Wien muß *S.* in wirtschaftlicher Notlage abbrechen; 1749 bis 1754 Unteroffizier beim Regiment Hoch- und Deutschmeister, 1754-1758 Rechtsstudium (→ *Martini*), 1758-1761 Adjunkt des Vaters als Übersetzer orientalischer Sprachen für die n.ö. Regierung, 1761-1763 (1762 gescheitertes Bemühen um einen Lehrstuhl für deutsche Sprache und Literatur) Rechnungsführer bei der Arcièrengarde. Durch Bekanntschaft mit Staatsrat *v. Borié* erhält er 1763 den in Wien neu errichteten Lehrstuhl für Polizei- und Kameralwissenschaft, lehrt bald auch am Theresianum (wie zuvor *Justi*) und der sav. Ritterakademie. Seine „Grundsätze der Polizey, Handlung und Finanz" (1765 ff.) erfahren besondere Verbreitung durch eine kaiserliche Verfügung (1770), die den Besuch der Vorlesungen in Polizei- und Kameralwissenschaften obligatorisch macht für alle Bewerber um politische, landesfürstliche und ständische Stellen. Die Lehrstühle an den Provinzialuniversitäten werden nach und nach mit seinen Schülern besetzt. Seine Forderungen nach Abschaffung von Todesstrafe (1764) und Folter (mit die bedeutendsten der Thesen, die sein Schüler *v. Keeß* 1767 öffentlich verteidigt) stehen im Widerspruch zur Regelung der Theresiana (1768) und tragen ihm ein Verbot weiterer Äußerungen dazu ein (1772). 1776 aber wird, noch über seine Forderungen hinausgehend, die Folter in den Erblanden völlig abgeschafft. Neben zahlreichen wissenschaftlichen Veröffentlichungen gibt er (meist anonym) satirisch-aufklärerische Zeitschriften heraus, mit „Theresie und Eleonore"

1766 auch eine der ersten Frauenzeitschriften. Als Theaterkritiker (seine „Briefe über die wienerische Schaubühne“ erscheinen ab 1767 fast parallel zu *Lessings* „Hamburgischer Dramaturgie“) bekämpft er, zur Erziehung des Publikums und um das Ansehen der Schauspieler zu heben, den Hanswurst und das Extemporieren. Gegen den Spott der Schauspieler, die ihn mehrfach parodieren, setzt er sich durch und wird 1770 Zensor des Deutschen Theaters. Als Polizeireferent der n.ö. Regierung (1773) unternimmt er die Polizeireform i.S. seiner „Grundsätze …“, lehnt zugleich die Anwendung des Musters der Pariser Polizei, deren Spitzelsystem der bürgerlichen Freiheit widerspricht, ab. Er schafft in Wien die erste ständige Straßenbeleuchtung Europas und erhält dafür 1779 den Hofratstitel. 1780 wirklicher Hofrat und Mitglied der Studienhofkommission. Hier entsprechen seine Gedanken weitgehend den Vorstellungen Josephs II. in der Forderung nach Verstaatlichung des Schulwesens, Schulzwang, Abbau kirchlichen Einflusses (1786 Bericht zum Unterrichtswesen). Ähnliche sachliche Übereinstimmung besteht auch in volkswirtschaftlicher Hinsicht, wo *S.* als Josephs Theoretiker angesehen werden kann. Während Maria Theresia *S.* als Berater und vorzüglichen Redner schätzte, stoßen seine Eitelkeit und Krittelsucht bei Joseph, dem zudem seine eigenen Reformpläne wichtig waren, auf persönliche Ablehnung. Unter seiner Herrschaft gewinnt *S.* jedoch mit Übernahme eines Lehrstuhls für Geschäftsstil (was schon *Justi* 1750 lehrte) und dem Auftrag der stilistischen Revision aller neu zu erlassenden Gesetze eine Schlüsselposition. Seine Schriften über den Geschäfts- und Kanzleistil werden für die Amtspraxis verbindlich. Die Josephina (1787), nach Vorarbeiten seines Schülers *v. Keeß* nach seinen „Grundsätzen“ im wesentlichen verfaßt, wie auch der 2. Teil des Gesetzbuches über „Verbrechen und schwere Polizeyübertretungen“ (1803) zeigen, daß *S.* auch inhaltliche Überarbeitungen vornahm. Auch unter Leopold II. und Franz II. bleibt er „Staatsstilist“. Nachdem er sich schon 1780 durch den Entwurf eines politischen Gesetzbuches empfohlen hatte, wird *S.* 1791 unter Leopold II. Referent der Kommission zur Sammlung politischer Gesetze. Die Folgezeit ist geprägt von dem schließlich erfolglosen Bemühen, seinen „Grundsätzen“ in einem politischen Codex Gesetzesgeltung zu verschaffen und so seine Kameralwissenschaft zu einer umfassenden Theorie der Gesetzgebung zu erheben. Seine gegen → *Martini* durchgesetzte Formulierung einleitender Verfassungssätze zum ABGB wird von → *Zeiller* als privatrechtsfremd gestrichen; die politischen Wissenschaften werden zwar 1784 von der philosophischen in die höhere juristische Fakultät verpflanzt und bleiben auch nach → *Zeillers* Studienplan von 1810 Gegenstand des Rechtsunterrichts, jedoch verlieren *S.'* Lehrbücher nach 1810 bald ihre bis dahin bestimmende Autorität. Den Verlust an tatsächlichem Einfluß kann die Vielzahl der Ehren im Alter nicht verschleiern (1802 Widmung der Sonate D-Dur op. 28 durch Beethoven, 1804 Stephansorden und Freiherrnwürde, 1806 Ehrenbürger Wiens, 1811 Präsident der Akademie der bildenden Künste). Sein Denkmal steht bei der Elisabethbrücke in Wien.

S. ist einer der bedeutendsten Vertreter der späten (aufgeklärten) Kameralistik des 18. Jahrhunderts und der politisch wohl wirkungsvollste. Sein Hauptwerk, die „Grundsätze der Polizey, Handlung und Finanz", vereinigt (mit Ausnahme der Politik = Lehre von der äußeren Sicherheit des Staates) alle Teile der Staatswissenschaft (Kameralistik im weiteren Sinne) zu einem großen Lehrwerk: die Lehren von der (sehr weit verstandenen) inneren Sicherheit des Staates (Polizei), von der Beschäftigung der größtmöglichen Menge von Menschen (Handlung) und von den Staatseinkünften (Finanz, Kameralistik im engeren Sinne). Gemeinsame Grundlage dieser Lehren ist bei *S.* wie bei den anderen Kameralisten des 18. Jh.s, eine naturrechtliche Staatslehre, welche die Klammer dieser im positivistischen 19. Jahrhundert in viele Einzeldisziplinen (Polizei: Verwaltungsrecht und -lehre, Handlung: Volkswirtschaftslehre und -politik) zerfallenden umfassenden Wissenschaft vom Staat bildet.

Den Staatszweck findet *S.*, wie in der vorkantischen Staatslehre seiner Zeit üblich, in der Beförderung des Wohls (der Glückseligkeit) seiner Mitglieder, daraus entsteht bei ihm die für die Spätkameralistik charakteristische Theorie einer zum Wohl der Bürger staatlich gelenkten Wirtschaft. Allerdings verbinden sich damit bei *S.* – mehr als bei seinem bedeutendsten Vorgänger *Justi* – bereits „marktwirtschaftliche" Vorstellungen über den Nutzen eines freien Spiels der individuellen Kräfte. Naturrechtlich hebt *S.* diese Widersprüche dadurch auf, daß der Zusammenschluß der Einzelnen zum Staat ja zunächst nur um des individuellen Wohls willen geschehe und daß richtig besehen sich Einzel- und Gemeinwohl immer deckten. Oberstes Prinzip seines Systems ist der gleichfalls aus dem Zweck der Vereinigung einzelner zur bürgerlichen Gesellschaft abgeleitete *Bevölkerungssatz* (Mehrung der Bevölkerung ist Mehrung und Gewähr des allgemeinen Wohls). Damit macht *S.*, an *Justi* und besonders *v. Borié* anschließend, die Hauptmaxime der theresianischen Wirtschaftspolitik zum Grundsatz der Staatswissenschaft.

Zur *Polizei* rechnet *S.u.*a. auch das Straf(-verfahrens-)recht, das er daher im 1. Band seiner „Grundsätze“ entwickelt. Im Gegensatz zu *Beccaria* gibt er dem Staat ein Recht zur Todesstrafe in Ausnahmefällen, abschreckender sind jedoch lang dauernde, schwere öffentliche Arbeiten. Bei Formulierung des Strafzwecks folgt er weitgehend → *Pufendorfs* psychologischer Zwangstheorie und verwirft den Vergeltungsgedanken. Übermäßige Strenge der Bestrafung läßt gleich bestrafte schwere Delikte bedenkenloser begehen, muß daher vermieden werden. Vollständige Aufhebung der Folter hat er nie verlangt, er folgt im wesentlichen → *Martinis* Argumentation. Noch vor Bekanntwerden von *Beccarias* Werk in Österreich fordert *S.* „nullum crimen sine lege“. Zur Verkürzung der Prozesse sollen die Advokaten vom Staat besoldet werden. – In der *Handlungswissenschaft* ist neben den „Grundsätzen“ (1769) seine Schrift „Vom Zusammenflusse“ (1764) bedeutsam. Das Prinzip des Nahrungsgleichgewichts bestimmt seine Wirtschaftspolitik; er macht die absolutistische Tendenz zur Vergrößerung der Hauptstädte für Teuerungen verantwortlich (1769). Durch Aufteilung der Domänen soll die Landwirtschaft gefördert werden, Monopole, Zunftbindungen und Staatsunternehmen hindern den freien Verkehr und müssen beseitigt werden. Maschinen sollen nur eingesetzt werden, soweit sie nicht durch Arbeitskräfte ersetzt werden können. Der numerischen Bilanz des Außenhandels auf der Grundlage des Preises der im- und exportierten Güter wird die Vorteilsbilanz vorgezogen, die erkennen läßt, „auf welcher Seite eine größere Anzahl von Menschen beschäftigt werden“. Zölle sind Instrumente zur Regelung des Handels, keine Einnahmequellen für den Staat, gehören daher nicht zur Finanz-, sondern zur Handelswissenschaft. – Für die *Finanzwissenschaft* bedeutet der Bevölkerungssatz: je mehr Bürger, desto geringer die Steuerlast des einzelnen. Standesprivilegien als Ausnahmen von allgemeinen Gesetzen schwächen deren Geltungskraft. Daher sind insbesondere die Steuerfreiheiten von Adel und Klerus aufzuheben. Steuerfreibeträge, am Reineinkommen orientiert, sollen Existenzminimum und Fortsetzung des Erwerbs garantieren. Der Fondswirtschaft bei *Justi* stellt *S.* das Prinzip der Kasseneinheit als Konsequenz der Unterordnung des Fürsten unter den Zweck des Staates entgegen. Gegenüber der fiskalisch orientierten Wirtschaftsordnung *Justis* vertritt *S.* eine privatwirtschaftlich-individualistische, ohne deswegen mit der monarchischen Regierungsform zu brechen.

Hauptwerke: Vom Zusammenflusse, 1764. – Grundsätze der Polizey, Handlung und Finanz (ursprünglich: Sätze aus der Polizey … usw.), 1765 ff., ab ^{3}1777 in drei Teilen,

[7]1804. – Über die Abschaffung der Tortur, 1775, [2]1782. – Versuch über die Grundsätze des Stils in Privat- und öffentlichen Geschäften, 2 Bde., 1781. – Gesammelte Schriften, 10 Bde., 1783-1787. – Über Wucher und Wuchergesetze, 1789. – Handbuch der inneren Staatsverwaltung mit Rücksicht auf die Umstände und Begriffe der Zeit, 1. Bd. (einziger), 1798. – Über die Stimmenmehrheit bei Kriminal-Urteilen, 1801. – Bibliographie (unvollständig) bei *K.-H. Osterloh:* Joseph von Sonnenfels und die österreichische Reformbewegung im Zeitalter des aufgeklärten Absolutismus, 1970, 265 f.

Literatur: S. Adler: Die politische Gesetzgebung in ihren geschichtlichen Beziehungen zum allgemeinen bürgerlichen Gesetzbuch, in: Festschr. z. Jahrhundertf. d. ABGB, 1911, I 83 ff. – *H. Conrad:* Zu den geistigen Grundlagen der Strafrechtsreform Josephs II. (1780-1788), in: Festschr. H. v. Weber, 1963, 56-74. – *H. Conrad:* Josef von Sonnenfels, in: Juristen-Jahrbuch 8 (1967/68), 1-16. – *J. Grimmig:* J.H.G. v. Justi und J. v. Sonnenfels als Finanzwissenschaftler, Diss. Bonn, 1949 (Masch.). – *R. Hoke:* Joseph von Sonnenfels (1732-1817), in: PdV, 44-48. – *R.A. Kann:* Kanzel und Katheder, Wien 1962. – *F. Kopetzky:* Joseph und Franz von Sonnenfels. Das Leben und Wirken eines edlen Brüderpaares, 1882. – *W. Lustkandl:* Sonnenfels und Kudler, 1891. – *H. Maier:* Die ältere deutsche Staats- und Verwaltungslehre (Polizeiwissenschaft), [2]1980, 187-190. – *W. Müller:* Joseph von Sonnenfels, biographische Studie, 1882. – *W. Ogris:* Joseph von Sonnenfels, in: *Brauneder:* JiÖ, 82-87, 355-357. – *K.-H. Osterloh:* Joseph von Sonnenfels (s.o.). – *H. Reinalter:* Josef von Sonnenfels und die französische Revolution, in: Innsbrucker hist. Studien, 1 (1978), 77 ff. – *H. Reinalter* (Hrsg.): Joseph von Sonnenfels, 1987. – *W. Roscher:* Geschichte der Nationalökonomik in Deutschland, 1874. – *F. Simonson:* Josef von Sonnenfels und seine Grundsätze der Polizei, 1885. – *Louise Sommer:* Die österreichischen Kameralisten in dogmengeschichtlicher Darstellung, 2 Bde., 1920-1925. – *F. Spitzer:* Joseph von Sonnenfels als Nationalökonom, Diss. Bern, 1906. – *Stintzing-Landsberg:* GDtRW III 1, 401-404. – *Stolleis:* Gesch., I, 382 f. – *C. v. Wurzbach:* Sonnenfels, in: Biogr. Lex. d. Kaisertums Österreich, 35 (1877), 317 ff. – ADB 34 (1892), 628-635 *(F. Muncker).* – HDSW 9 (1956), 305 ff. *(A. Tautscher).* – HDStW 7 (1926), 507-509 *(G. Jahn).* – HRG IV (1990), 1710-1714 *(H.P. Glöckner).* – Jur., 577-579 *(W. Brauneder).* Bibliographie bei *K.-H. Osterloh* (s.o.), 266-271. H.

Friedrich Julius Stahl

(1802-1861)

Geb. 16.1.1802 in München; ab 1819 (nach Übertritt vom jüdischen zum christlich-lutherischen Glauben) Jurastudium in Würzburg, Heidelberg und Erlangen (1824 Unterbrechung durch Relegation wegen Mitgliedschaft in der Burschenschaft); 1827 Privatdozent an der Münchener Juristischen Fakultät; 1832 außerordentlicher Professor in Erlangen, dann ordentlicher Professor in Würzburg (Röm. Recht); 1834 zurück nach Erlangen (Staats- und Kirchenrecht); 1837 Vertreter der Universität Erlangen in der Kammer der Abgeordneten in München, nach einem Streit mit dem bayerischen Ministerium darf *S.* nur noch Zivilprozeß lehren; 1840 Berufung nach Berlin (Staats- und Kirchenrecht, Rechtsphilosophie); ab 1849 Mitglied der Ersten preußischen Kammer (seit 1855 Herrenhaus), wo er zum Führer der Hochkonservativen wurde; 1850 Mitglied des Erfurter Parlaments; ab 1852 Mitglied des preuß. Oberkirchenrats; gestorben am 10.8.1861 in Bad Brükkenau.

Die Unzufriedenheit mit den rationalistischen Naturrechtssystemen seit Grotius sowie mit der spekulativen Rechtsphilosophie *Hegels* führten den getauften Juden *S.* am Anfang seiner wissenschaftlichen Laufbahn bei der Suche nach einer Theorie des Bestehenden zur Errichtung seiner Rechtsphilosophie auf der christlichen Vorstellung von der Autorität eines persönlichen Gottes. Seine „Philosophie des Rechts" (1. Aufl. 1830-1837) legt daher nach einer kritischen Darstellung der „Geschichte der Rechtsphilosophie" im 1. Band eine „Rechts- und Staatslehre auf der Grundlage der christlichen Weltanschauung" im 2. Band dar (so dessen Gesamttitel in der 2. Aufl. 1845-1847). Als Anhänger der historischen Rechtsschule (→ *Savigny*) – auch nach seinem Studienjahr in Heidelberg, wo er → *Thibaut* kennengelernt hatte – sah er doch die Notwendigkeit, im geschichtlich gewordenen Recht nach einem Maßstab der Gerechtigkeit zu suchen. Der von nationalsozialistischen Juristen erhobene Vorwurf, *S.* habe den Begriff „Rechtsstaat" seines Inhaltes beraubt und darunter nur ein berechenbar funktionierendes staatliches Legalitätssystem verstanden *(C. Schmitt)*, ist daher unhaltbar.

Oberste Autorität ist für *S.* der in der Bibel sich offenbarende Gott; sein Wort setzt die Grundwerte, die jegliche Rechtsordnung zu beachten hat. Die göttliche Autorität manifestiert sich dem einzelnen gegenüber in der Gewalt von Staat und Kirche, die nicht für oder durch ihre Glieder existieren, sondern durch göttliche Einsetzung um ihrer selbst willen. Demzufolge tritt *S.* in Opposition zum Gedanken der Volkssouveränität und wird zum Kämpfer für eine durch ständische Vertretung des Volkes gemäßigte Monarchie („Das monarchische Prinzip", 1845). Gegen die im Fürsten gipfelnde Obrigkeit ist nur passiver Widerstand erlaubt, wenn sie gegen göttliche Gebote verstößt. Denn auch ein solcher Verstoß ist von Gott bewirkt, und niemand soll durch Revolution die Herrschaftsverhältnisse so umkehren, daß Herrschaft als etwas vom Volke Ausgehendes erscheint.

Der oberste ethische Begriff der Staatslehre ist der des „sittlichen Reiches", der die Notwendigkeit „einer über den Menschen schlechthin erhabenen Autorität", eines „sittlich verständigen Inhalts" der obrigkeitlichen Gebote und die „Anerkennung der Gehorchenden als einer sittlichen Gemeinschaft" enthält. Solche Vorstellungen bestimmen dann auch *S.s* kirchenverfassungsrechtliche Schriften, in denen er sich gegen eine kollegialistisch-„demokratische" Verfassung und für eine Leitung der Kirche durch den Episkopat ausspricht. – Generell ist für *S.* ein Denken in bestehenden, nicht konkret „gemachten" Ordnungen charakteristisch: Ebenso wie Staat (und Kirche) nicht Genossenschaften, Erzeugnisse ihrer Glieder, sondern diesen vorgeordnete Anstalten sind, richtet sich auch das (Privat-)Rechtssystem nach den vorgefundenen Lebensverhältnissen, die sich in den „Rechtsinstituten" abspiegeln. *S.* hat damit – vielleicht durch Vermittlung → *Savignys* – das institutionelle Rechtsdenken *(Hauriou, Santi Romano, Carl Schmitt)* angeregt.

So konservativ *S.s* Lehren den vormärzlichen Liberalen erscheinen mußten, so wenig können sie doch mit den Ansichten der reaktionären Theoretiker um *Haller* gleichgesetzt werden. Durchweg ist bei *S.* Reformwilligkeit und Aufgeschlossenheit für die Forderungen der Zeit zu finden. So hat er den altständisch dualistischen „Staats"-Begriff (Fürst-Stände) zugunsten der modernen Lehre von der Rechtspersönlichkeit des Staates als solchen überwunden, und als der wohl einzige konservative Rechtstheoretiker seiner Zeit vertritt *S.* den Rechtsstaatsgedanken und setzt sich für die verfassungsmäßige Gewährleistung von (Grund-) „Rechten" ein. – Die Übereinstimmung von politischer Theorie und politischem Handeln bei *S.* ist oft hervorgehoben worden und zeigt sich in allen Stadien seiner politischen Tätigkeit:

Seine Relegation von der Universität Erlangen (1824) geschah unter für ihn beinahe tragischen Umständen: er war begeistertes Mitglied der

Burschenschaft, in der er im Gegensatz zu einer auf Revolution dringenden Gruppe eine stark konservative Richtung vertrat (sein Ziel war es, sich tüchtig zu machen für das Bestehende). Als nun aber auch Bayern an die Durchführung des Burschenschaftsverbotes ging, setzte er sich aktiv für die Auflösung der Verbindung ein, konnte jedoch unter seinen Kommilitonen keine Zustimmung finden. Und das wurde ihm zum Verhängnis, da ein Austritt aus der Gemeinschaft für ihn nicht in Frage kam.

Seine Reformoffenheit wird am Streit mit dem bayerischen Ministerium deutlich: die von den Ständen unabhängige Verfügungsgewalt des Fürsten über das Budget hätte einen Rückschritt in den Absolutismus bedeutet. Seine Losung war aber, wie er mehrfach bekundete, nicht „zurück!", sondern „durch!". Hieran wird aber auch eine gewisse Irrationalität seines Systems erkennbar: besondere Rechte einer Standesvertretung lassen sich aus dem christlichen Autoritätsgedanken wohl kaum begründen.

Von Friedrich Wilhelm IV. nach Berlin berufen, wurde *S.* zum Führer der preußischen Konservativen und blieb nicht ohne Einfluß auf den zunächst eher liberalen Preußenkönig. In einer seiner vor der Ersten Kammer gehaltenen Reden setzte sich *S.* für die Ablehnung der Kaiserkrone ein, da die Frankfurter Wahl auf die Volkssouveränität gestützt war und seinem entgegengesetzten Prinzip der „Legitimität" nicht entsprach. Andererseits dürfte es aber u.a. auch *S.s* Einfluß zuzuschreiben sein, daß 1848/50 auch in Preußen der Übergang zum konstitutionellen Staat gelang.

Hauptwerke: Die Philosophie des Rechts nach geschichtlicher Ansicht, Bd. 1: Die Genesis d. gegenw. Rechtsphil. 1830; Bd. 2: 1. Abt. 1833, 2. Abt. 1837; Christliche Rechts- und Staatslehre, 2. Aufl. unter d. Titel: Die Philosophie des Rechts, Bd. 1: Geschichte der Rechtsphil., 1847; Bd. 2: 1. Abt. 1845, 2. Abt. 1846: Rechts- und Staatslehre auf der Grundlage christlicher Weltanschauung, ^{3}1854-1856. Ndr. 1963. – Das monarchische Princip, 1845. – Die Revolution und die konstitutionelle Monarchie, 1848. – Die deutsche Reichsverfassung nach den Beschlüssen der deutschen Nationalversammlung und nach dem Entwurf der drei königlichen Regierungen, 1849. – Der Protestantismus als politisches Princip, Vorträge, 1853. – Die Kirchenverfassung nach Lehre und Recht der Protestanten, 1840, ^{2}1862. – Die gegenwärtigen Parteien in Staat und Kirche, 29 akad. Vorlesungen 1863. Außerdem verschiedene Sammlungen parlamentarischer Reden.

Literatur: P. Drucker: Friedrich Julius Stahl, konservative Staatslehre und geschichtliche Entwicklung, 1933. – *E. Fahlbusch:* Die Lehre von der Revolution bei F.J. Stahl Diss. Göttingen, 1954. – *W. Füssl:* Professor in der Politik: Friedrich Julius Stahl

(1802-1861). – *D. Grosser:* Grundlagen und Struktur der Staatslehre F.J. Stahls, 1963. – *H. Heinrichs:* Die Rechtslehre F.J. Stahls, Diss. jur. Köln, 1967. – *H. Heinrichs:* Menschenbild und Recht bei Fr. Julius Stahl, Diss. Innsbruck, 1971. – *G. Hütter:* Die Beurteilung der Menschenrechte bei Richard Rothe und Friedrich Julius Stahl, 1976. – *H.H. Jakobs:* Wissenschaft und Gesetzgebung im bürgerlichen Recht, 1983, 68 ff. – *R.A. Kann:* Friedrich Julius Stahl – a reexamination of his conservatism, in: Publications of the Leo-Baeck-Institute, Year Book 12, 1967, 55-74. – *E. Kaufmann:* Studien zur Staatslehre des monarchischen Prinzips, Diss. Halle, 1906. – *M. Kim*: Staat und Gesellschaft bei Friedrich Julius Stahl. Eine Innenansicht seiner Staatsphilosophie, Diss. jur. Hannover, 1993. – *O.K.F. Koglin:* Die Briefe Friedrich Julius Stahls, Diss. jur. Kiel, 1975. – *C. Link:* Friedrich Julius Stahl (1802-1861). Christlicher Staat und Partei der Legitimität, in: DJJH, 59-83. – *G. Masur:* Friedrich Julius Stahl, Geschichte seines Lebens. Aufstieg und Entfaltung, 1802-1840, 1930. – *B. Michniewicz:* Stahl und Bismarck, Diss. phil. Berlin, 1913. – *A. Nabrings:* Friedrich Julius Stahl. Rechtsphilosophie und Kirchenpolitik, 1983. – *A. Röhrmann:* F.J. Stahl. Kurzes Plädoyer für einen konservativen Klassiker, in: Konservativ heute, 1974, 94-100. – *Adelheid Roos:* Konservatismus und Reaktion bei F.J. Stahl, Diss. Bonn, 1957. – *Carl Schmitt:* Der Leviathan in der Staatslehre des Thomas Hobbes, 1938, 105-110. – *Sinzheimer:* JK, 9-49. – *Stintzing-Landsberg:* GDtRW III 2, 370-375. – *Stolleis:* Gesch., II, 152 f. – *J.E. Toews:* The immanent genesis and transcendental goal of law: Savigny, Stahl and the ideology of the Christian German state, in: American journ. of comparative law 37 (1989), 139-169. – *C.A. Thilo:* Die theologisierende Rechts- und Staatslehre, 1861. – *O. Volz:* Christentum und Positivismus. Die Grundlagen der Rechts- und Staatsauffassung Friedrich Julius Stahls, 1951. – *H.-J. Wiegand:* Das Vermächtnis Friedrich Julius Stahls, 1980. – *C. Wiegand:* Über Friedrich Julius Stahl (1802-1861), 1981. – ADB 35 (1893), 392-400 *(E. Landsberg)*. – HRG IV (1990), 1882-1886 *(W. Sellert)*. – Jur., 581 f. *(I. Andres)*. – LThK 9 (1964), 1006 f. *(H. Raab)*. – RGG 6 (1962), 327 *(K. Kupisch)*. – StL 5 (^{7}1989), 243-246 *(A. Hollerbach)*. Umfassende Zusammenstellung und Würdigung der Lit. bei *H.-J. Wiegand* (s.o.). P.

Rudolf Stammler

(1856-1938)

Geb. am 19.2.1856 in Alsfeld. Rechtsstudium in Leipzig und Gießen. 1876 Promotion in Gießen („Darstellung der strafrechtlichen Bedeutung des Notstandes“, 1878). Rechtspraktikantentätigkeit in Hessen. 1879 Habilitation in Leipzig. 1882 außerordentlicher Professor in Marburg, 1884 ordentlicher Professor in Gießen, ab 1885 in Halle (Saale) und ab 1916 in Berlin. 1921 Emeritierung, 1923 Übersiedlung nach Wernigerode, wo *S.* am 25.4.1938 gestorben ist.

Das Werk *S.s* betrifft vorwiegend rechtsphilosophische Fragen. Wenn sich auch seine Lehren, denen Formalismus und Mißverständnis der *Kant*schen Philosophie vorgeworfen wurde, nicht haben durchsetzen können, so sind sie doch einer der in den ersten Jahrzehnten dieses

Jahrhunderts meistdiskutierten Versuche zu einer Erneuerung der Rechtsphilosophie auf „neukantischer" Grundlage. Die Bedeutung dieses Versuchs wird klar, wenn man bedenkt, daß in der zweiten Hälfte des 19. Jahrhunderts der Gesetzespositivismus absolut herrschend war, der die Möglichkeit einer wissenschaftlichen Jurisprudenz und Rechtsphilosophie bestritt (berühmt ist die Äußerung *Julius v. Kirchmanns* in seinem Vortrag „Die Wertlosigkeit der Jurisprudenz als Wissenschaft", 1847: „Drei berichtigende Worte des Gesetzgebers und ganze Bibliotheken werden zu Makulatur"). Die einzige Rechtstheorie, die – vor allem im Zivilrecht – neben dem Gesetzespositivismus erkennbar war, nämlich die Lehre der historischen Rechtsschule (→ *Savigny*), wies gleichfalls jede rein philosophische Betrachtung des Rechts zurück.

S.s erste große rechtsphilosophische Arbeit ist eine Kritik der „geschichtlichen Rechtstheorie". Diese Theorie könne zwei Grundfragen, „zu deren Aufwerfung der Jurist im Nachdenken über eine bestimmte Rechtsordnung von selbst getrieben wird", nicht beantworten, nämlich die Frage, „Ob dasjenige, was Recht ist, auch Recht sein sollte?" und „Wie es möglich ist, daß aus Rechtsbruch wieder Recht entstehen kann?". Die erste nicht, da aus dem empirisch festgestellten Sein einer Rechtsnorm noch nicht deren Sollen folge, und die zweite nicht, da eine historische Rechtstheorie nicht in der Lage sei, den Begriff des Rechts induktiv zu entwickeln, sondern ihn bereits voraussetze.

S.s eigene Entwicklung des Rechtsbegriffs – „die *eine* Aufgabe der Rechtsphilosophie" – knüpft an die Erkenntniskritik *Kants* in ihrem Verständnis durch die „Marburger Richtung" des Neukantianismus *(Cohen, Natorp)*, vor allem an die Unterscheidung zwischen dem menschlichen Bewußtsein als der „Form“ und den Gegenständen außerhalb des Bewußtseins als dem „Stoff“ der Erkenntnis. Der Stoff läßt sich nicht für sich betrachten, weil er immer schon durch das Bewußtsein vorgeformt ist; die reine Form jedoch ist einer selbständigen Betrachtung zugänglich. *S.* unterscheidet zwei Richtungen, in denen sich das Ordnen des Bewußtseinsinhalts vollzieht: das Wahrnehmen und das Wollen. Jenes vollzieht sich in den Kategorien von Ursache und Wirkung: ihm werden die Naturwissenschaften zugeordnet; dieses in den Kategorien von Mittel und Zweck, ihm werden die „Zweckwissenschaften“ zugeordnet. Nach *S.* befindet sich nun „der Begriff des Rechtlichen in dem Bereiche der Gedankenwelt, die wir als das Wollen kennen“. Daraus folgt zweierlei: erstens die methodische Selbständigkeit der Wissenschaft vom Recht (als „Zweckwissenschaft“) gegenüber den Naturwissenschaften, zweitens die formale Natur des Rechtsbegriffs, der als „reiner Begriff“ unabhängig vom Rechtsstoff bestimmt werden kann, und zwar durch Rückgang auf den Begriff des Wollens. *S.* definiert das Recht schließlich als „das unverletzbar selbstherrlich verbindende Wollen“, wobei „unverletzbar“ die Unverbrüchlichkeit des Rechts, „selbstherrlich“ die Unabhängigkeit des Rechts vom Willen der ihm Unterworfenen und „verbindend“ die Gemeinschaftlichkeit des Wollens bedeutet.

„Die zweite Aufgabe“ der Rechtsphilosophie bildet für *S.* die „Lehre von der Gerechtigkeit“. Sie hat die Frage zu beantworten, ob das jeweilige rechtliche Wollen „in seinem Inhalte auch grundsätzlich berechtigt“, mit anderen Worten: ob ein positives Recht „richtiges Recht“ ist. Ein bestimmtes Ideal-(Natur)recht könne es nicht geben, da der zu regelnde Rechtsstoff wechselnd und veränderlich sei. Es könne jedoch eine Vielzahl „richtiger“ Rechte geben. Richtig sei ein positives Recht dann, wenn sein „Inhalt in seiner begrenzten Aufgabe von dem Grundgedanken reiner Gemeinschaft so erfolgreich geleitet wird, als es dort nur möglich ist“ kurz, wenn es gerecht sei, da Gerechtigkeit nichts anderes bedeute als die Gestaltung des Rechts „im Sinne vollendeter Harmonie des Zusammenlebens“. Obwohl *S.* betont, daß die Grundsätze des richtigen Rechts nur die formale Methode richtigen Wählens bei der Rechtssetzung und nicht den zu wählenden positiven Rechtssatz selbst angäben, leitet er aus dem Harmoniegedanken einige materiale Maßstäbe für richtiges Recht ab: die Grundsätze des Achtens („Es darf nicht der Inhalt eines Wollens dem subjektiven Belieben eines anderen anheimfallen“ und „Jede rechtliche Anforderung darf nur in dem Sinne geschehen, daß der Verpflichtete sich noch der Nächste sein kann") und die Grundsätze des Teilnehmens („Es darf nicht ein rechtlich Verbundener nach subjektivem Belieben von der Gemeinschaft ausgeschlossen sein" und „Jede rechtlich verliehene Verfügungsmacht darf nur in dem Sinne ausschließend sein, daß der Ausgeschlossene sich noch der Nächste sein kann"). *S.* hält jedoch wiederholt fest, daß auch unrichtiges Recht möglich ist, d.h. die Unrichtigkeit eines positiven Rechts nichts an seiner Rechtsqualität ändert.

S. hat auch eine Theorie über das Verhältnis von Recht und Wirtschaft entworfen, in der er wiederum das Begriffspaar Form – Stoff verwendet: das Recht sei die logische Bedingung, also die Form der Sozialwirtschaft. Auf dieser Grundlage versuchte er eine Widerlegung der materialistischen Geschichtsauffassung, insbesondere der Lehre vom Recht als dem Überbau der wirtschaftlichen Grundlage: diese Lehre verkenne, daß Recht und Wirtschaft „nicht wie zwei Körper" nebeneinanderstünden – es herrsche zwischen ihnen überhaupt keine kausale, sondern eine logische Beziehung. *Max Weber* hat diese Gedanken zum Anlaß einer weit ausgreifenden Kritik gemacht, in der er Grundzüge seiner späteren Rechtssoziologie vorwegnahm. – Zu erwähnen bleibt schließlich noch, daß *S.* erstmals praktische Pandektenübungen, die es auf deutschen Universitäten seit dem Anfang des 19. Jahrhunderts gibt, auch für Anfänger durchgeführt und damit die modernen zivilrechtlichen Anfängerübungen begründet hat.

Hauptwerke: Über die Methode der geschichtlichen Rechtstheorie, in Festg. zu B. Windscheids fünfzigjähr. Doktorjubiläum, 1889, 1 ff. (auch in: Rechtsphil. Abhl. u. Vortr. I, 1925, 3-40). – Wirtschaft und Recht nach der materialistischen Geschichtsauffassung, 1896, [5]1924. – Die Lehre von dem richtigen Rechte, 1902, [2]1926, Ndr. 1964. – Theorie der Rechtswissenschaft, 1911, [2]1923. – Recht und Kirche, 1919. – Lehrbuch der Rechtsphilosophie, 1922, [3]1928, Ndr. 1970. – Rechtsphilosophische Abhandlungen und Vorträge, 2 Bde., 1925. – Deutsches Rechtsleben in alter und neuer Zeit, 2 Bde., 1928-1932.

Literatur: J. Binder: Rechtsbegriff und Rechtsidee. Bemerkungen zur Rechtsphilosophie Rudolf Stammlers, 1915, Ndr. 1967. – *H. Claessen:* Rudolf Stammlers Bedeutung für die Theorie des Naturrechts und den Gedanken der Aequitas, Diss. jur. Köln, 1968. – *H. Coing:* Grundzüge der Rechtsphilosophie, [2]1969, 70-75. – *G. Goepel:* Über Rudolf Stammlers Rechtsphilosophie und das Problem der Aufopferung, Diss. jur. Jena, 1915. – *Erich Kaufmann:* Kritik der neukantischen Rechtsphilosophie, 1921. – *Larenz:* ML, 83-90. – *L. Lotze:* Rudolf Stammlers Marx-Kritik, in: Dt. Rechts- u. Sozialphilos. um 1900, hrsg. v. G. Sprenger, 1991, 91-100. – *Claudius Müller:* Die Rechtsphilosophie des Marburger Neukantianismus. Naturrecht und Rechtspositivismus in der Auseinandersetzung zwischen Hermann Cohen, Rudolf Stammler und Paul Natorp, 1994. – *Max Weber:* R. Stammlers „Überwindung" der materialistischen Geschichtsauffassung, in Arch. f. Sozialwiss. und Sozialpol. 24 (1907), auch in: Ges. Aufsätze z. Wissenschaftslehre, ^{3}1968, 291 ff. – *Wieacker:* PRG, 589 f. – HDSW 10 (1959), 15 f. *(A. Hesse)* mit weit. Nachweisen. – HRG IV (1990), 1894-1897 *(A. Erler)*.

S.

Karl Freiherr vom Stein

(1757-1831)

Geb. am 26.10.1757 in Nassau als Sohn des Reichsfreiherrn *Karl Philipp vom Stein*. Dem Wunsch seiner Eltern entsprechend, die ihn „zu einer Stelle bey denen Reichsgerichten" bestimmen, studiert er ab Oktober 1773 in Göttingen Rechtswissenschaft, daneben auch Statistik, Staatswissenschaft und Geschichte. Von seinen akademischen Lehrern beeindrucken ihn besonders → *Pütter* und der Historiker *Schlözer*. 1777 Beendigung des Studiums und Antritt der üblichen Bildungsreise an die drei Orte zentraler Reichstätigkeit: Wetzlar (mehrere Monate 1777), Regensburg (1778) und Wien (1779). Seinen Wunsch, in den preußischen Staatsdienst einzutreten, setzt er nach anfänglichem Widerstand seiner Eltern 1780 durch: Er wird Referendar beim Berg- werks- und Hüttendepartement des Generaldirektoriums („Meine tiefe Verehrung Friedrichs des Großen machte mich lebhaft wünschen, ihm zu dienen, mich unter ihm zu bilden"). Gefördert von dem Minister *Graf Heinitz*, vollzieht sich schnell der weitere Aufstieg: 1782 Ernennung zum Oberbergrat, 1784 zum Direktor der westfälischen Bergämter, 1788 zum Direktor der Kriegs- und Domänenkammer in Kleve und Mark, 1793 zum Präsidenten dieser Kammer, 1796 zum Oberpräsidenten sämtlicher Kammern in den rheinisch-westfälischen Provinzen. Erst relativ spät, fast 47 Jahre

alt, gelangt *S.* als Minister (für Akzise-, Zoll-, Fabriken-, Manufaktur- und Kommerzwesen) im Generaldirektorium in den Kreis der obersten Staatsbeamten (Sept. 1804). Neben umfangreichen Reorganisationsmaßnahmen auf seinem engeren Fachgebiet entwickelt *S.* in dieser Zeit auch sein erstes großes politisches Reformprogramm: den Plan einer Ablösung der bisherigen Kabinettsregierung durch einen aus fünf Ministern bestehenden Staatsrat (Denkschrift v. 27.4.1806). Nach der vernichtenden preußischen Niederlage gegen Napoleon in der Schlacht bei Jena und Auerstedt (Okt. 1806) findet sich der König unter dem Druck der öffentlichen Meinung zur Bildung eines provisorischen „Ministerkonseils" bereit, in dem *S.* das Innenressort übertragen wird (nachdem er das Außenministerium abgelehnt hatte). Da jedoch die Kabinettsregierung dadurch nicht völlig beseitigt wurde (Beibehaltung *v. Beymes* als erster Berater des Königs), kommt es zu Zerwürfnissen, in deren Verlauf *S.* schließlich entlassen wird (4.1.1807). Er zieht sich nach Nassau zurück und verfaßt dort seine berühmte „Nassauer Denkschrift", in der er seine Vorstellungen über die Umbildung der obersten preußischen Behörden und über die Verwaltung der Provinzen und Städte, hier insbesondere aus dem Gesichtspunkt einer stärkeren Beteiligung der Bürger, darlegt (Juni 1807). Gelegenheit zur Verwirklichung seiner Pläne bekommt *S.* schon bald. Nach dem Tilsiter Frieden (Juli 1807) fordert Napoleon die Abberufung *Hardenbergs*, der inzwischen leitender Minister geworden war. Am 4. Oktober 1807 überträgt Friedrich Wilhelm III. „die Leitung aller Zivilangelegenheiten Meines Staats" an *S.*

S. war nur bis zum 24.11.1808 in dieser Position. Um so mehr Bewunderung verdienen die „*Stein*schen Reformen" dieses Jahres, die den vielleicht wichtigsten Schritt auf dem Weg Preußens zum konstitutionellen Staat darstellen.

Sie beginnen mit dem *„Edikt, den erleichterten Besitz und den freien Gebrauch des Grund-Eigenthums, so wie die persönlichen Verhältnisse der Land-Bewohner betreffend"* vom 9.10.1807. *S.* fand den Entwurf für dieses Edikt bei seinem Amtsantritt bereits vor; die – an die Stelle des aufgehobenen Generaldirektoriums getretene – Immediatkommission, besonders *Theodor v. Schön*, hatte ihn ausgearbeitet, wollte ihn aber nur für Ost- und Westpreußen in Kraft setzen. *S.* erstreckte ihn auf alle preußischen Provinzen und verzichtete auf eine Befragung der Stände, die das Reformwerk nur behindert hätte. Es enthält dreierlei: die Aufhebung der Gutsuntertänigkeit aller Bauern bis zum Martinitag 1810, die

Anordnung weitgehender Gewerbefreiheit ohne Rücksicht auf die Standeszugehörigkeit und die Freigabe des Grundstücksverkehrs (Adlige konnten Bürger- und Bauerngüter, Bürger und Bauern Rittergüter erwerben). Größte politische Bedeutung hatte vor allem die erste Maßnahme: sie machte die noch untertänigen Bauern (die vor allem im östlichen Kolonialgebiet Preußens, in Schlesien, Böhmen und Mähren überwogen) zu freien, unmittelbaren Staatsbürgern und beseitigte einen Teil der dem Adelsstand noch zustehenden öffentlich-rechtlichen Befugnisse. Bestehen blieb allerdings, trotz intensiver Bemühungen *S.s*, sie abzuschaffen, die Patrimonialgerichtsbarkeit der Gutsherren; sie fiel erst im Anschluß an die Revolution von 1848. Oft hervorgehoben worden ist auch, daß das Oktoberedikt die wirtschaftlichen Probleme der Bauernbefreiung nur unzulänglich löste: einmal brachte die freie Erwerbbarkeit bäuerlicher Güter die Gefahr eines „Auskaufs" der Bauern (auch durch den eigenen Gutsherrn, wenn dieser sich eines Strohmanns bediente) mit sich und begünstigte so die Entstehung eines ländlichen Lohnarbeiter-Proletariats; ferner setzte die Übertragung vollen Hofeigentums auf die Bauern eine Entschädigung der Gutsherren für die ihnen entgehenden Abgaben und Dienste voraus (geregelt erst in der Staatskanzlerzeit *Hardenbergs:* Regulierungsedikt von 1811 und Deklaration von 1816), die zu beträchtlichen Belastungen und zahlreichen Zusammenbrüchen bäuerlicher Betriebe führte. An der staatspolitischen Bedeutung der Bauernbefreiung ändert das jedoch nichts. – Die anderen Regelungen des Oktoberedikts sind im Zusammenhang mit späteren Maßnahmen zur Erweiterung der Gewerbefreiheit, vor allem mit der Verordnung v. 24.10.1808 für Ost-, Westpreußen und Litauen („wegen Aufhebung des Zunftzwangs und Verkaufs-Monopols der Bäcker-, Schlächter- und Hökergewerbe") zu sehen: sie ebnen ständische Berufsvorrechte ein und bahnen die allgemeine Berufsfreiheit an.

Dem Effekt dieser Reformen, alle Einwohner Preußens zu freien Staatsbürgern zu machen, entspricht die Tendenz, umgekehrt den Monarchen dem Staat zu unterstellen, wie sie in der *Neuorganisation der Staatsbehörden* ansatzweise verwirklicht wird. Natürlich führte diese Verwaltungsreform keine verfassungsmäßige Bindung des Königs herbei, wenn auch *S.* in seiner Aprildenkschrift von 1806 den Gedanken ausgesprochen hatte, daß eine gute „Regierungsverfassung" eine Art Konstitutionsersatz sein könne („Da der preußische Staat keine Staatsverfassung hat, so ist es um so wichtiger, daß seine Regierungsverfassung nach richtigen

Grundsätzen gebildet sei"). Immerhin bewirkte aber die Neuordnung der obersten Behörden durch das Organisationsedikt v. 24.11.1808 (gekürztes Publikandum v. 16.12.1808) eine „Entpersönlichung des Staatsgedankens" *(Conrad)*, die die völlige Abkehr vom Absolutismus vorbereitete: Die Verwaltungschefs – fünf Minister (für Äußeres, Inneres, Finanzen, Justiz und Kriegswesen), die an die Stelle des bisherigen Nebeneinander von Generaldirektorium, Ministerien und selbständigen Oberbehörden mit teils nur sachlicher, teils nur territorialer (z.B. schlesisches Provinzialministerium) Zuständigkeit traten – hatten unmittelbaren Vortrag beim König. Zwischen ihnen und dem König stand kein „Kabinett" von besonderen königlichen Beratern mehr. Die Minister waren in ihrem Ressort selbständig und voll verantwortlich, in ihr Gebiet fallende königliche Erlasse wurden von ihnen gegengezeichnet. Der weitergehende Plan *S.s*, als oberste beschließende Staatsbehörde einen unter dem Vorsitz des Königs tagenden „Staatsrat", bestehend vor allem aus den Ministern und leitenden Beamten, einzurichten, ist zwar in dem (nie publizierten) Organisationsedikt enthalten, im – bereits von *S.s* Nachfolgern *Altenstein* und *Dohna* mitunterzeichneten – Publikandum v. 16.12.1808 aber nur noch angedeutet: der König behält sich hier die endgültige Organisation und Verfassung des Staatsrats vor. Tatsächlich wurde dieser in der geplanten Form nie verwirklicht, erst 1817 nahm ein mit weit geringeren Rechten ausgestatteter, nur beratender, Staatsrat seine Arbeit auf.

In der Aufgabenverteilung und besonders in der Organisation der Provinzialbehörden wurde das in Steins Ministerium vor allem von *Altenstein* mit erarbeitete Organisationsedikt Grundlage der preußischen Verwaltung bis ins 20. Jh. Bei den Oberbehörden wurde vor allem die Zuständigkeit des Innenministeriums auf die bisher beim Justizministerium ressortierenden Unterrichts- und Kultus-(Kirchen-)Angelegenheiten ausgedehnt, ferner die Trennung zwischen Justiz und Verwaltung durch Herausnahme des Kammergerichtspräsidenten aus dem Justizministerium (erst 1809) verschärft. In den Provinzen wurden Oberpräsidenten „als perpetuierliche Kommissarien" des Ministeriums eingesetzt, also im Gegensatz zum bisherigen Zustand nicht mehr als Koordinationsinstanz für mehrere Provinzialbehörden. Eigentliche Verwaltungsbehörde der Provinz wurde die „Regierung" (früher: Kriegs- und Domänenkammer), Justizbehörde das „Oberlandesgericht" (früher: Landesjustizkollegium, das gleichgestellte Berliner Kammergericht behielt seinen Namen bei). Die Trennung von Justiz und Verwaltung führte dazu, daß den Kriegs- und Domänenkammern alle Rechtspflegeaufgaben (die „Kammer-Justiz") entzogen, umgekehrt aber ihnen die bisher von den Landesjustizkollegien wahrgenommenen Verwaltungsaufgaben (Landeshoheits-, Unterrichts- und Kultussachen – entsprechend der Verteilung in den Ministerien) neu zugewiesen wurden. Neu und ein Lieblingsgedanke *S.s* war auch die Beteiligung landständischer Repräsentanten an der Verwaltung: Sie sollten, von der Generalversammlung der Provinz vorgeschlagen, vom König ernannt, mit voller Stimme im Kollegium der leitenden Regierungsbeamten mitwirken. Die Einrichtung hat sich aber nicht bewährt und fiel bereits 1815 fort. Im übrigen blieb die Verwaltungsreform deswegen unvollständig, weil eine Neuorganisation der unteren Verwaltungsstufe (Kreise, Landgemeinden) trotz zahlreicher schon in *S.s* Ministerzeit gemachter Vorschläge nicht zustande kam, hier blieb es also zum Teil noch bei den längst überholten Gutsherrschaften und den adligen Kreistagen.

Die dritte und wohl mit Recht am meisten bewunderte Reform *S.s* ist die der städtischen Verfassung durch die *„Ordnung für sämtliche Städte der Preußischen Monarchie"* v. 19.11.1808. Auch sie ist nicht von *S.* selbst ausgearbeitet worden, sondern geht im wesentlichen auf zwei Aufsätze des Königsberger Polizeidirektors *Johann Gottfried Frey* zurück, die aber wohl mündliche Anregungen *S.s* aufnahmen. Wie durchgreifend diese Reform war, wird erst deutlich, wenn man sich den davor bestehenden Zustand vergegenwärtigt: Regiert wurden die Städte von Magistraten, die entweder staatlicherseits oder durch Kooptation ergänzt wurden. Soweit die Bürgerschaft an der Stadtverwaltung überhaupt beteiligt war, was in den wenigsten Fällen vorkam, handelte sie nach Klassen und Zünften getrennt. Darüber hinaus lähmte eine durchgreifende staatliche Kontrolle, die insbesondere das städtische Rechnungswesen schärfster Genehmigungspflicht unterwarf, jede städtische Eigeninitiative. Demgegenüber gibt die neue Städteordnung die wichtigsten Rechte den Bürgern bzw. den von ihnen gewählten Stadtverordneten. Die Wahl erfolgt lediglich aus organisatorischen Gründen getrennt nach Bezirken, ist gleich, frei und geheim, eine Sonderung nach Klassen und Zünften findet nicht mehr statt. Die Stadtverordneten wählen den Magistrat, der von der Provinzialpolizeibehörde bestätigt werden muß; nur der Oberbürgermeister (lediglich in größeren Städten vorgesehen) wird aus drei von den Stadtverordneten präsentierten Kandidaten vom Landesherrn ernannt. Der Magistrat führt im wesentlichen nur die laufenden Geschäfte, alle wichtigen Verwaltungsangelegenheiten bleiben unter Kontrolle der Stadtverordnetenversammlung oder ihrer Deputationen und Kommissionen. Die staatliche Oberaufsicht ist beschränkt auf Rechnungskontrolle, Entscheidung von Beschwerden und die genannte Mitwirkung bei Ernennung der Magistrate.

Nur die Vorschriften über das Bürgerrecht hielt man schon bald für wenig geglückt, da ein Zwang zu dessen Erwerb nur für Eigentümer städtischer Grundstücke und Gewerbetreibende, nicht aber z.B. für Beamte und sonstige Gebildete, bestand. Immerhin ist aber bemerkenswert, daß das Bürgerrecht von jedem erworben werden konnte, der sich in der Stadt „häuslich niedergelassen hat und von unbescholtenem Wandel ist", und daß jeder nicht als Hauseigentümer ansässige Bürger, wenn er nur 200 (in kleinen Städten: 150, also ein sehr geringer Betrag) Taler Jahreseinkommen hatte, in gleichem Umfang wie ein reicher Bürger wahlberechtigt war; verglichen damit wirkt die spätere Einführung des Dreiklassensystems durch die Gemeindeordnung von 1850 anachronistisch. Man kann sagen, daß *S.s* Städteordnung Ausgangspunkt aller modernen Selbstverwaltung in Deutschland geworden ist.

Stellt man allerdings die Städteordnung in den Rahmen der allgemeineren Aufgabe, auf allen Ebenen des politischen Lebens eine Repräsentation der Bürger zu schaffen, so blieben auch insoweit *S.s* Bemühungen fragmentarisch. Unzweifelhaft strebte *S.* auch in den Provinzen und im ganzen Reiche eine „allgemeine Nationalrepräsentation" an, er hat das z.B. in seinem Rundschreiben am Tage seines Ausscheidens als Minister (24.11.1808, sog. „politisches Testament") deutlich gemacht. Jedoch darf man sich die von *S.* gedachte Verfassung nicht als eine demokratisch-egalitäre vorstellen. Freiheit, d.h. Ausübung politischer Rechte, war für ihn immer auch mit Eigentum verknüpft (als Anreger dieser Auffassung hat man → *Justus Möser* und englische Staatsdenker, vor allem → *Locke,* ermittelt). Auch lag eine völlige Aufhebung der ständischen Trennung nicht in seinem Sinn. Konsequenz dieser Vorstellungen, deren Fixierung allerdings wegen *S.s* wechselnder Äußerungen nicht ganz einfach ist, wäre ein Zweikammersystem gewesen, wie es z.B. die Nassauische Verfassung von 1814 verwirklichte. *S.* hat an dieser ersten rechtsstaatlichen deutschen Verfassung übrigens auch konkret mitgearbeitet.

Intrigen am Königsberger Hof (seit Anfang 1808 residierte dort Friedrich Wilhelm III.) und das Verlangen Napoleons, der seit Ende August über die von *S.* unterstützten Pläne zu einer Erhebung Preußens gegen die französischen Besetzer informiert war, führten zu *S.s* Entlassung. Am 16.12.1808 ergeht gegen ihn ein Ächtungsdekret Napoleons: *S.* soll, wo er angetroffen wird, verhaftet, seine Güter sollen eingezogen werden. *S.* flieht nach Prag, dann nach Brünn (März 1809), wohin er seine Familie nachkommen läßt, im Juni 1810 siedelt er nach Prag über. 1812 beruft ihn Zar Alexander als persönlichen Berater ohne genau umschriebenen Aufgabenkreis an den Petersburger Zarenhof. *S.* wird nun, publizistisch unterstützt von *Ernst Moritz Arndt*, das geistige Zentrum des deutschen Widerstands gegen Napoleon: Anfang 1813 bringt er einen ostpreußischen Landtag zustande, auf dem die Volksbewaffnung gegen Napoleon beschlossen wird, am Zustandekommen des preußisch-russischen Bündnisses von Kalisch (28.2.1813) ist er maßgebend beteiligt. Im April 1813 übernimmt er den Vorsitz in dem neugegründeten preußisch-russischen Zentralverwaltungsrat für die besetzten Gebiete, der vor allem die militärischen und finanziellen Kräfte der besetzten deutschen Territorien für den Krieg mobilisieren sollte. Nach dem endgültigen Sieg der Verbündeten über Frankreich (Leipziger Völkerschlacht Okt. 1813) läuft auch dieses Amt allmählich aus; am Wiener Kongreß 1814/15 hat *S.* nur noch als ziemlich einflußloser Zarenberater teilgenommen. Danach übernahm er keine neue politische Aufgabe mehr. Er wandte sich vor allem geschichtlichen Studien zu, seinem Bemühen um eine Sammlung der älteren deutschen Geschichtsquellen ist die Entstehung der „Monumenta Germaniae Historica" zu verdanken (1819 Gründung der „Gesellschaft für ältere deutsche Geschichtskunde"). Auf seinem 1816 erworbenen Gut Cappenberg in Westfalen verbrachte er seine letzten Jahre, 1830/31 war er noch Marschall des westfälischen Landtages. Am 29.6.1831 ist er in Cappenberg gestorben.

Literatur: Freiherr vom Stein. Briefe und amtliche Schriften, 7 Bde., hrsg. v. *E. Botzenhart*, 1931-1937, [2]1957-1974, 10 Bde., neu hrsg. v. *W. Hubatsch*. – *K. v. Raumer:* Die Autobiographie des Freiherrn vom Stein, [3]1960. – *E.M. Arndt:* Meine Wanderungen und Wandlungen mit dem Reichsfreiherrn Heinrich Karl Friedrich vom Stein, neue Aufl. 1957. – *B. Becker:* Zusammenhänge zwischen den Ideen zu den Verwaltungsreformen von Montgelas, Stein und Hardenberg, in: Bayer. Verwaltungsblätter 1986, S. 705-712, 744-750. – *E. Botzenhart:* Die Staats- und Reformideen des Freiherrn vom Stein, 1927. – *H. Conrad:* Freiherr vom Stein als Staatsmann im Übergang vom Absolutismus zum Verfassungsstaat, 1958. – *B. Drews:* Freiherr vom Stein, 1930. – *G.S. Ford:* Stein and the Era of Reform in Prussia, 1807-1815, Princeton 1922. – *W. Gembruch:* Freiherr vom Stein im Zeitalter der Restauration, 1960. – *O. v. Gierke:* Die Steinsche Städteordnung, 1909 (Rede), Ndr. (gekürzt) 1957. –

W. Görlitz: Stein. Staatsmann und Reformator, 1949. – *I. Gundermann:* Der Freiherr vom Stein und das Allgemeine Landrecht, in: Verf. u. Verwaltg. FS f. K.G.A. Jeserich, hrsg. v. H. Neuhaus, 1994, 145-158. – *M. Herberger:* Die Staats- und Gesellschaftslehre des Freiherr vom Stein, in: Rechtsgesch. als Kulturgeschichte (= Festschr. f. A. Erler), 1976, 611-648. – *F. Herre:* Freiherr vom Stein. Sein Leben – seine Zeit, 1973. – *C.-H. Heuer:* Karl Freiherr vom Stein als Wegbereiter des deutschen Einkommensteuerrechts, 1988. – *W. Hubatsch* (Hrsg.): Die Stein-Hardenbergschen Reformen (= Erträge der Forschung, 65), 1977. – *W. Hubatsch:* Reichsfreiherr Karl vom Stein, in: MDV, 35-57. – *W. Hubatsch:* Stein-Studien, 1975. – *G. Ipsen:* Staat aus dem Volk. Scheitern, Wollen, Vollbringen des Freiherrn vom Stein in der Preußischen Reform, in: Der Staat 12 (1973), 145-164. – *W. Isenburg:* Das Staatsdenken des Freiherrn vom Stein, 1968. – *P. Graf v. Kielmansegg:* Stein und die Zentralverwaltung 1813/14, 1964. – *R. Koselleck:* Preußen zwischen Reform und Revolution, 1967. – *M. Lehmann:* Freiherr vom Stein, 3 Bde., 1902-1905. – *Ernst v. Meier:* Die Reform der Verwaltungsorganisation unter Stein und Hardenberg, 1881, [2]1912. – *F. Meinecke:* Freiherr vom Stein (= Bonner akad. Reden, 11) 1931. – *P. Mikat:* Politische Theorie, pragmatisches Denken und historischer Sinn in den Reformideen des Freiherrn vom Stein, in: Politische Ordnung und menschliche Existenz (= Festg. für E. Voegelin), 1962, 395-416. – *W. Mommsen:* Stein, Ranke, Bismarck. Ein Beitrag zur politischen und sozialen Bewegung des 19. Jhs., 1954. – *R. Nürnberger:* Freiherr vom Stein und das 19.Jh., in: Festschr. f. W. Bußmann, 1979, 17-30. – *G.H. Pertz:* Das Leben des Ministers Freiherr vom Stein, 6 Bde., 1849-1855. – *E.H. Ramin:* Die Geschichte der Selbstverwaltungsidee seit dem Freiherr vom Stein, Diss. jur. Münster, 1972. – *K. v. Raumer:* Freiherr vom Stein. Reden und Aufsätze, 1961. – *G. Ritter:* Stein. Eine politische Biographie (1931), [4]1981. – *H. Rößler:* Reichsfreiherr vom Stein, [2]1964. – *F. Schnabel:* Freiherr vom Stein, 1931. – *D. Schwab:* Die „Selbstverwaltungsidee" des Freiherrn vom Stein und ihre geistigen Grundlagen, 1971. – *J.R. Seeley:* Stein. Sein Leben und seine Zeit (Übers. a. d. Engl.), 3 Bde., 1883-1887. – *Stolleis:* Gesch., II, 60-62. – *T. Strohm:* Zum Ethos der inneren Reformen des Freiherrn vom Stein, in: Z. f. evang. Ethik 1973, 193-212. – *K. Thiede:* Die Staats- und Wirtschaftsauffassung des Freiherrn vom Stein, 1927. – *G.-C. v. Unruh:* Der Kreis und seine Verfassung im Staats- und Verwaltungsverständnis des Freiherrn vom Stein, in: DVBl. 1983, 204-209. – *Ders.:* Heinrich Friedrich Karl Reichsfreiherr vom und zum Stein (1757-1831), in: PdV, 65-69. – *Ders.*, in: Dt. Verwaltungsgesch., hrsg. v. K.G.A. Jeserich u.a., II, 1983, 399-435. – *G. Wilms:* Nationalgefühl und Deutschlandbild des Freiherrn vom Stein. Entstehung und Entwicklung bis 1815, Diss. phil. Tübingen, 1970. – ADB 35 (1893), 614-641 *(A. Stern).* – GD 2 (1956), 413-432 *(E. Botzenhart).* – HRG IV (1990), 1938-1942 *(A. Erler).* – StL 5 ([7]1989), 277-279 *(A.H. v. Wallthor).* Bibliographie bei *D. Schwab* a.a.O. 161-164 (bes. über polit. Anschauungen *S.s*).

S.

Lorenz von Stein

(1815-1890)

Geb. am 15.11.1815 in Borby b. Eckernförde. Der Vater, Oberst *v. Wasmer*, lebte mit der Mutter *Anna E.S.* zusammen. 1832 auf Veranlassung Friedrichs VI. v. Dänemark Stipendiat am Gymnasium in Flensburg. Philosophische und juristische Studien in Kiel (1835) und Jena (1837). Nach dem juristischen Examen (Kiel 1839) Anstellung in der

schleswig-holsteinischen Kanzlei in Kopenhagen. 1840 Promotion in Kiel mit einer Arbeit zur Geschichte des dänischen Zivilprozesses. Ein Reisestipendium des dänischen Königs ermöglicht ihm längere Aufenthalte in Berlin und Paris, wo er Kontakt zu Führern anarchistischer und sozialistischer Bewegungen *(Proudhon, Blanc, Cabet)* findet. 1846 Ernennung zum außerordentlichen Professor in Kiel; Unterstützung der gegen die dänische Oberherrschaft gerichteten Bewegungen in Schleswig-Holstein (1849 Wahl in die Landesversammlung). Nach Wiederherstellung der dänischen Herrschaft 1852 Entlassung. 1852 bis 1855 journalistische Tätigkeit, wie schon nach seiner Rückkehr aus Frankreich. 1855, durch Vermittlung des österreichischen Finanzministers *v. Bruck*, Ernennung zum ordentlichen Professor der Staatswissenschaft in Wien. 1868 Vollendung der „Verwaltungslehre" und Erhebung in den erblichen Adelsstand. 1885 Emeritierung. *S.* ist am 23.9.1890 in Weidlingau b. Wien gestorben.

Ausgehend von Rechtsgeschichte und -philosophie hat *S.* in Deutschland Soziologie, Verwaltungslehre und Volkswirtschaft als selbständige Wissenschaften – die er als Teile einer umfassenden Staatswissenschaft ansah – begründet. Die Rechtswissenschaft ist bei *S.* der Staatswissenschaft untergeordnet, da eine wissenschaftliche Rechtslehre nicht nur nach den positiven Rechtsbegriffen, sondern darüber hinaus nach den rechtserzeugenden Kräften fragen muß, die in dem unveränderlichen Wesen der Persönlichkeit (Rechtsphilosophie) und in den veränderlichen Lebensverhältnissen (Staatswissenschaften) liegen. Mit seiner Fundierung der Staats- und Rechtswissenschaften in einer von *Hegel* beeinflußten Persönlichkeitsphilosophie und seinen sozialisierenden Tendenzen mußte *S.* allerdings den positivistisch-liberalen Zeitgenossen unverständlich werden; seine Wiederentdeckung hat daher erst nach 1918 eingesetzt und ist gegenwärtig noch in vollem Gange.

Am berühmtesten ist seine *Gesellschaftslehre* geworden. *S.* hat (1842) noch vor *Marx* (der seine Schriften kannte und ausgiebig benutzt hat) die „soziale Frage“ erkannt und ausgehend von den französischen Verhältnissen in eindringlichen historisch-vergleichenden und systematischen Studien untersucht (vgl. Einleitung zur „Geschichte der sozialen Bewegung ...“). Seine Lösung ist ein zwischen Liberalismus einerseits und Kommunismus/Sozialismus andererseits hindurchführender dritter Weg, der ohne revolutionäre Veränderung auf soziale Reformen von Staats wegen bei voller Aufrechterhaltung des Privateigentums abzielt. Damit ist *S.* nach gegenwärtiger Auffassung als wichtigster Vorkämpfer des „Sozialstaats“-Gedankens anzusehen.

Ausgangspunkt ist der Grundwiderspruch des Menschen zwischen unendlicher Bestimmung und Begrenztheit seiner Kräfte, der nur in der Gemeinschaft gelöst werden kann. Kernstück von *S.s* System ist der Begriff der Persönlichkeit, den er von der unpersönlichen Natur durch die Fähigkeit zur Selbstbestimmung durch Willensbildung und Willensbetätigung abgrenzt und vom Individuum auf den Staat überträgt. *S.* unterscheidet vom wirklichen den idealen Staat, der ohne Erscheinungsform ist und dem *Hegel*schen Staat als Wirklichkeit der sittlichen Idee entspricht. Dieser ideale Staat steht im Gegensatz zur Gesellschaft, da deren Ordnungen aus der Besitzverteilung resultieren und so notwendig auf der Abhängigkeit der Besitzlosen von den Besitzenden, der Arbeit vom Kapital beruhen. Ungleichheit und Unfreiheit sind damit gestaltende Prinzipien der Gesellschaft, Naturgesetzlichkeiten.

Den verschiedenen Besitzformen entsprechen verschiedene Gesellschaftsformen, Rechtsordnungen und Finanzepochen. Die (zunächst nur psychologische) Abgrenzung der durch Besitz oder Kapital Herrschenden gegenüber den abhängig Arbeitenden bildet notwendig in jeder Gesellschaft Klassen, die im Laufe der Übung und durch rechtliche Fixierung zu Ständen und Kasten erstarren. Zunehmender Wohlstand und höhere Bildung lassen aus der unendlichen Bestimmung der Persönlichkeit des Individuums sich eine aufsteigende Klassenbewegung der Niederen entwickeln, die mit der Forderung nach Gleichheit die Klassenschranken überwinden und Güter erlangen wollen. Die Undurchlässigkeit der von den Höheren gesetzten Schranken ist Kern der sozialen Frage. Anders als *Marx* will *S.* sie evolutionär im Wege ständiger Reformen lösen und rechnet dabei das Bestehen der Klassenschranken als notwendig ein, will sie aber für das gesellschaftliche Prinzip der aufsteigenden Klassenbewegung durchlässig machen. Abhängige Arbeit und Kapital sind zu solidarisieren durch die vom eigenen Interesse getragene ethische Verpflichtung der Höheren, den Niederen beim Aufstieg zu helfen, insbesondere jedem Arbeitenden Möglichkeiten zu Kapital- und Gütererwerb (materiell und geistig) zu öffnen. Die psychologische persönlichkeitsentwickelnde Wirkung des Besitzes ist Argument gegen die Abschaffung des Privateigentums. Sie gibt auch den Anknüpfungspunkt für *S.s* Vorstellung der durch besondere Leistungsfähigkeit und die Anerkennung der Unterworfenen sittlich berechtigten Herrschaft der Höheren.

Das prinzipielle Streben der in der Gesellschaft vorherrschenden Interessen, die Staatsgewalt ohne Rücksicht auf die niedere Klasse durch entsprechende Verfassung in ihren Dienst zu zwingen (Gesetz der Verfassungsbildung), soll durch eine am Staat als Reich der Freiheit und dem Prinzip des selbstbestimmten Individuums orientierte Verwaltung neutralisiert werden (Gesetz der Verwaltungsbildung). Die Regierung als Verwaltungsorgan ist insofern Garant des Minderheitenschutzes, orientiert am Staatsideal und damit Korrektiv der gesetzgebenden Majoritätsbeschlüsse. Institutionell sucht *S.* das trotz der unvermeidlichen gesellschaftlichen Verflechtung auch der Staatsdiener (für die er wie *Hegel* ein besonderes Ethos postuliert) durch die Konstruktion des sozialen Königtums zu garantieren, das erblich und von allen Sonderinteressen unabhängig über den gesellschaftlichen Klassen steht und die Staatspersönlichkeit verkörpert.

Den kommunistischen Lehren der Abschaffung des Privateigentums und der herrschaftslosen Vergesellschaftung der Arbeit begegnet er mit dem Argument, daß die dann nötige Arbeitsorganisation nur neue, erst recht versklavende Herrschaftsverhältnisse schaffen müsse. Fehler des Sozialismus ist, der durch den Vorrang der Arbeit vor dem Besitz betonten Individualität durch Vergesellschaftung des Eigentums selbst die wichtigste Entwicklungsvoraussetzung zu entziehen. *S.s* Denkmodell *zwischen* denen von *Marx* und *Hegel* einzuordnen, erscheint problematisch, da Ziel der Geschichte nach *S.s* Meinung die freie Persönlichkeitsentfaltung ist, die bei *Marx* (klassenlose Gesellschaft) und *Hegel* (sich entwickelndes Selbstbewußtsein der Vernunft) nur innerhalb einer enger gefaßten Teleologie möglich wird.

Die Bedeutung der *„Verwaltungslehre"* in *S.s* Lebenswerk ergibt sich schon daraus, daß nach seiner Auffassung die Verwaltung als „Tat", „Arbeit" des personifizierten Staates (dessen „Ich" das Staatsoberhaupt und dessen „Wille" die Gesetzgebung ist) zum eigentlichen Träger der sozialen Reform wird. Seine umfangreiche Darstellung umfaßt nicht nur die wichtigsten Verwaltungszweige und deren Recht, sondern auch Teile des Staatsrechts und des Rechts der Selbstverwaltungskörperschaften. Dazu kommen oft erstaunliche historische Exkurse, die auch für die Gegenwart eine (zu wenig genutzte) Fundgrube der Institutionen- und Begriffsgeschichte darstellen. Der Begriff „Verwaltung" tritt bei *S.* an die Stelle der älteren „Polizei" (→ *Mohl*), die von ihm nur noch als negative (sichernde und gefahrenabwehrende) Seite der Verwaltung verstanden wird. Damit und mit seiner Unterscheidung der „speziellen Verwaltungspolizei" (integrierende Teile des jeweiligen Verwaltungszweiges, z.B. Gesundheits- und Verkehrspolizei) und der „Sicherheitspolizei" (eigenständiges Gebiet des Verwaltungsrechts) nähert sich *S.* dem modernen Begriff und der Unterscheidung von Polizei im materiellen und im formellen Sinne.

Innerhalb der Verwaltung konkretisiert und ergänzt die Verordnung das Gesetz. Die Abgrenzung von Gesetz und Verordnung ist *S.s* neue Leistung: das Gesetz, durch Mitwirkung aller entstanden, enthält das Prinzip der Selbstbestimmung, während die Verordnung nur bloße Zweckmäßigkeitsregelung durch die Regierung ist. Das verfassungsmäßige Verwaltungsrecht ist die Harmonie zwischen Gesetz und Verordnungsrecht. Grundformen der vollziehenden Gewalt sind Staatsoberhaupt und Regierung als Formen der staatlichen, Selbstverwaltung und Vereinswesen als freie Verwaltung, denen in den jeweiligen Wirkungsbereichen Verordnungs-, Organisations- und Zwangsgewalt gleichermaßen zustehen. Mit dieser Anerkennung der Selbstverwaltung als eigener Form der Regierung, ja als Vollendung der Staatsidee durch weitere Berücksichtigung der Individualität führt *S.* über die liberalistisch abgrenzende Vorstellung hinaus.

In Staatswirtschaft, Rechtspflege und innerer Verwaltung ist die Verwaltung im engeren Sinne die Tat des Staats. Erstmals faßt *S.* die Verwaltung insgesamt als eigenes Rechtsgebiet. Anstelle der Kameralwissenschaft, die seit → *Sonnenfels* in Deutschland keine Belebung erfahren hatte, schafft *S.* eine eigentliche Verwaltungslehre als Grundlage für eine Sozialpolitik. Freie und selbsttätige Entwicklung des Individuums ist höchstes Ziel des Staats in der inneren Verwaltung. Sie soll in den drei großen Bereichen des persönlichen (physischen und geistigen), wirtschaftlichen und gesellschaftlichen Lebens die dazu erforderlichen Bedingungen schaffen, darf aber nur helfend eingreifen, wenn das Individuum zur Selbsthilfe nicht mehr fähig ist. Schulzwang, Einrichtung von Volksbibliotheken, Invaliditätsfürsorge und die Forderung der Garantie eines gesellschaftlichen Existenzminimums, das anstelle der bloß wirtschaftlichen die individuellen Entfaltungsmöglichkeiten berücksichtigt, kennzeichnen *S.s* Pläne zur Sozialreform. In einem öffentlich-rechtlich, nicht polizeirechtlich konzipierten Verwaltungsarbeitsrecht fordert er Einrichtung von Arbeitsgerichten, sozialer Gesundheitsfürsorge, Regelung eines Normarbeitstages und Verbesserung der Arbeiterbildung, zugleich die Perspektive auf europäische Regelungen öffnend.

Auch *Volkswirtschaft* und *Finanzwirtschaft* als Staatswissenschaften werden vom Prinzip der Persönlichkeit her gesehen. Der Rechtfertigung der Steuer als absolute Bürgerpflicht setzt *S.* als Korrektiv die Theorie der Steuerreproduktion entgegen, nach der die Steuer die Verwaltung und diese wiederum die Steuerkraft produziert; er hat sich damit aber nicht durchsetzen können. Da jede Gesellschaftsordnung auf einer bestimmten Besitzordnung sich aufbaut, stehen für *S.* alle Versuche sozialer Reform durch Neuverteilung der Steuerlast in direktem Widerspruch zum Wesen jeder Gesellschaftsordnung und sind daher abzulehnen. Durch Einbeziehung des Haushalts der autonomen Verwaltungskörper erweitert er die hergebrachte Finanzwissenschaft, öffnet darüber hinaus Perspektiven zu einer europäischen Finanzwissenschaft.

Hauptwerke: Der Socialismus und Communismus des heutigen Frankreichs 1842. – Die Geschichte der sozialen Bewegung in Frankreich von 1789 bis auf unsere Tage, 3 Bde., 1850. – System der Staatswissenschaft, 2 Bde., 1852/56. – Lehrbuch der Finanzwissenschaft, 1860, [2]1871, [3]1875. – Die Verwaltungslehre, 7 Tle., 1865-1868, [2]1869-1883, 8. Teil 1884, Ndr. 1962. – Gegenwart und Zukunft der Rechts- und Staatswissenschaft Deutschlands, 1876, Ndr. 1970 und in *E. Forsthoff* (Hrsg.): Lorenz von Stein. Gesellschaft, Staat, Recht, 1972. – *W. Brauneder / K. Nishiyama:* L. v. S.s „Bemerkungen über die Verfassung und Verwaltung“ von 1889 zu den Verfassungsarbeiten in

Japan, 1992. Bibliographie von *M. Munding* in: *R. Schnur:* (Hrsg.): Staat und Gesellschaft. Studien über Lorenz von Stein, 1978, 562-592.

Literatur: D. Blasius: Gesellschaftsgeschichte und Gesellschaftswissenschaft bei Lorenz von Stein, in: ARSP 1971, 261-285. – *D. Blasius:* Lorenz von Stein. Grundlagen und Struktur seiner politischen Ideenwelt, Diss. phil. Köln, 1970. – *D. Blasius / E. Pankoke:* Lorenz von Stein. Geschichts- und gesellschaftswissenschaftliche Perspektiven, 1977. – *E.-W. Böckenförde:* Lorenz von Stein als Theoretiker der Bewegung von Staat und Gesellschaft zum Sozialstaat, in: Festschr. f. O. Brunner, 1963, 248-277. – *A. Fürst:* Die soziologische Dimension in der Gesellschaftslehre Lorenz von Steins, Diss. Heidelberg, 1957. – *W. Gerigk:* Die vollziehende Gewalt in der Staatstheorie Lorenz v. Steins, Diss. jur. Münster, 1966. – *G. Gozzi:* Verwaltungslehre und Sozialpolitik: L.v. Stein und C.F. Ferraris, in: Dt. Rechtswiss.u. Staatslehre im Spiegel der ital. Rechtskultur während der 2. Hälfte des 19. Jh.s, hrsg. v. R. Schulze, 1990, 177-201. – *R. Grawert:* Staatsamt und Volksvertretung. Institutionelle Gegenkräfte im politischen Ordnungssystem Lorenz von Steins, in: *R. Schnur* (Hrsg.): Staat und Gesellschaft (s.o.), 245-271. – *E. Grünfeld:* Lorenz v. Stein und die Gesellschaftslehre, 1910. – *K. Günzel:* Der Begriff der Freiheit bei Hegel und Lorenz v. Stein, Diss. Leipzig, 1934. – *M. Heilmann:* Lorenz von Stein und die Grundprobleme der Steuerlehre, 1984. – *E.V. Heyen:* Lorenz von Stein, in: *Brauneder*, JiÖ, 160-165, 357 f. – *E.V. Heyen:* Lorenz von Stein und die europäische Rechtsgeschichte, in: Wissensch. u. Recht d. Verwaltung seit d. Ancien Regime, hrsg. v. E.V. Heyen, 1984, IX-XXV. – *M.E. Kamp:* Die Theorie der Epochen der öffentlichen Wirtschaft bei Lorenz von Stein, 1950. – *S. Koslowski:* Die Geburt des Sozialstaats aus dem Geist des deutschen Idealismus. Person und Gemeinschaft bei Lorenz von Stein, 1989. – *S. Kuk:* Das Wesen der Sozialstaatsidee bei Lorenz von Stein, Diss. jur. Köln, 1978. – *C. Menger:* Lorenz v. Stein, in: Jahrbuch f. Nationalök. und Statistik I (1891), 193 ff. – *A. v. Mutius* (Hrsg.): Lorenz von Stein 1890-1990. Akad. Festakt z. 100. Todestag, 1992. – *H. Nitzschke:* Die Geschichtsphilosophie Lorenz v. Steins, Diss. Leipzig, 1931. – *K.W. Nörr:* Eher Hegel als Kant, 31-36. – *R. Piepmeier:* Zum Arbeitsbegriff Lorenz von Steins, in P. Damerow u.a. (Hrsg.): Arbeit und Philosophie, 1983, 223-230. – *B. Richter:* Völkerrecht, Außenpolitik und internationale Verwaltung bei Lorenz von Stein, 1973. – *F. de Sanctis:* Crisi e Scienza. Lorenz Stein – Alle origini della scienza sociale, Neapel 1974 u. 1976. *A. Scharf:* Lorenz v. Stein und die schleswig-holsteinische Bewegung, in: Schlesw.-Holst. i. d. dt. u. nordeurop. Geschichte, 1969, 111- 120. – *U. Scheuner:* Zur Rolle der Verbände im Rahmen der sozialen Verwaltung nach der Lehre von Lorenz von Stein, in: *R. Schnur* (Hrsg.): Staat und Gesellschaft (s.o.), 273-304. – *Werner Schmidt:* Lorenz v. Stein. Ein Beitrag zur Biographie, zur Geschichte Schleswig-Holsteins und zur Geistesgeschichte des 19. Jahrhunderts, 1956. – *Werner Schmidt:* Lorenz v. Stein, in: MDV, 117-134. – *Frank Schulz:* Die Lehre vom öffentlichen Gesundheitswesen bei Lorenz von Stein, in: Der Staat 27 (1988), 110-128. – *M. Schwab:* Lorenz von Steins bildungspolitische Konzeption, Diss. phil. Hamburg, 1966. – *Stintzing-Landsberg:* GDtRW III 2, 718-727. – *Stolleis:* Gesch., II, 388-393. – *L. Straetmanns:* Lorenz v. Stein – Die Verwaltung als permanente soziale Reform, in: DöV 1970, 809-812. – *H. Taschke:* Lorenz von Steins nachgelassene staatsrechtliche und rechtsphilosophische Vorlesungsmanuskripte, 1985 (dazu *G.-C. v. Unruh*, DöV 1986, 148-150). – *H. Taschke:* Der Nachlaß Lorenz von Steins in Kiel, in: Der Staat 21 (1982),

258-276. – *G.-C. v. Unruh:* Die fortwirkende Bedeutung der Lehre Lorenz von Steins, in: Bayer. Verwaltungsblätter 1991, 457-460. – *G. Wacke:* Lorenz v. Stein als Begründer des Verwaltungsrechts, in: ZStW 102 (1942), 259 ff. – *R. Wahl:* Der Übergang von der feudal-ständischen Gesellschaft zur bürgerlichen Gesellschaftsordnung als Rechtsproblem: Die Entwährungslehre Lorenz von Steins, in: *R. Schnur* (Hrsg.): Staat und Gesellschaft (s.o.), 337-371. Weitere hier nicht einzeln aufgeführte Arbeiten in *E. Forsthoff* (Hrsg.): Lorenz von Stein (s.o.) und *R. Schnur* (Hrsg.): Staat und Gesellschaft (s.o.). ADB 35 (1893), 661-666 *(v. Inama-Sternegg)*. – GD 5 (1957), 318-330 *(Carlo Schmid)*. – HDSW 10 (1959), 89-92 *(v. Beckerath / Kloten)*. – HDStW 7 (1926), 972 f. *(Stammhammer / Meitzel)*. – HRG IV (1990), 1942-1945 *(M. Stolleis)*. – Jur., 586 f. *(M. Stolleis)*. – StL 5 ([7]1989), 279-281 *(R. Grawert)*. Bibliographie von *M. Munding* in: *R. Schnur* (Hrsg.): Staat und Gesellschaft (s.o.), 593-625. H.

Samuel Stryk

(1640-1710)

Geb. 22.11.1640 Schloß Lentzen (Priegnitz), gestorben am 23.7.1710 Halle. Vater brandenburgischer Amtmann. Anfangs theologische und

philosophische Studien in Wittenberg (1658), dann Wechsel zur Jurisprudenz, seit 1661 Studium in Frankfurt/Oder, wo er 1663 unter Vorsitz seines späteren Schwiegervaters *Brunnemann* seine erste Disputation „De dardanariis" hält. 1665 Lizentiat, 1666 Doktor beider Rechte unter *Brunnemann*, Anstellung als Professor extraordinarius novellarum. Dann kontinuierlicher Aufstieg: 1668 Institutionenprofessur, 1672 nach *Brunnemanns* Tod Pandektenprofessur (im gleichen Jahr Ernennung zum kaiserlichen Pfalzgrafen durch Leopold I.), 1680 Codexprofessur, 1682 Professor primarius und Ordinarius der Juristischen Fakultät. 1690 folgt er einem Ruf nach Wittenberg als Leiter der Juristischen Fakultät, wird dazu Oberappellationsgerichtsrat in Dresden. Aus den brandenburgischen Diensten wird er dabei als Hofrat, aber mit der Auflage entlassen, auf Anforderung wieder nach Brandenburg zurückzukehren. In diese Zeit fällt der Beginn der Veröffentlichung seines Hauptwerkes, des „Usus modernus pandectarum". Schon 1692 wird er zur Einrichtung der Universität Halle nach Brandenburg zurückgerufen als Direktor der Universität und Professor primarius der Juristischen Fakultät. Als erster deutscher Professor erhält er den Geheimratstitel. Durch den Tod des Kanzlers → *Veit L. v. Seckendorff* kurz nach seiner Ankunft fällt die ganze Last der Organisation und Einrichtung der Universität auf *S.* Obwohl die Juristische Fakultät nur aus drei Professoren (*S.*, → *Thomasius*, *Simon*) besteht, bildet sie schon 1693 (noch vor Verleihung des kaiserlichen Gründungsprivilegs) ein Spruchkollegium mit dem wichtigen Recht der Erteilung von Rechtsgutachten, das sie sofort den lange bestehenden Fakultäten anderer Universitäten gleichstellt. Bei der Einweihung der Universität 1694 wird sein Sohn *Johann Samuel S.* (seit 1692 außerordentlicher Professor) als einer der ersten halleschen Juristen promoviert und im selben Jahr ordentlicher Professor, 1695/96 ist der Vater Prorektor. Das durch die ausgedehnte Spruchtätigkeit der Fakultät *S.* zugängliche Aktenmaterial ermöglicht ihm die enge Verbindung von Lehre und Praxis, die seine Schriften kennzeichnet und, unterstützt durch klaren und einprägsamen Vortrag, auch seinen großen Lehrerfolg begründet hat. Von Wittenberg waren ihm viele Studenten gefolgt. Klarheit der Darstellung und praktische Anwendbarkeit des Lehrstoffes ist für ihn wie seinen Schüler → *Thomasius* das Merkmal guter Lehre, Erziehung der Studenten zu brauchbaren Staatsbürgern das Ziel. Mit der Anstellung weniger, aber guter Professoren mit hoher Lehrverpflichtung sucht er dem Müßiggang der Studenten vorzubeugen, sucht außerdem mit der Einrichtung von Studententischen (bei Professoren) auf ihre Erziehung einzuwirken. – Die Vielzahl der unter seiner Leitung verfaßten Disputationen (dafür nahm er je bis zu 30 Taler ein) erlangt durch ihre Praxisnähe große Verbreitung. Die Doppelstellung als Direktor und Professor macht ihn zum bestbezahlten Professor in Halle (er bezog das ungewöhnlich hohe Jahresgehalt von 1200 Talern; bei seiner Berufung soll man sogar bereit gewesen sein, den damals ungeheuren Betrag von jährlich 3000 Talern für ihn auszuwerfen). Seine von *Spener* beeinflußte Neigung zum Pietismus findet u.a. darin Ausdruck, daß er alljährlich an seinem Geburtstag über 200 Arme speist. – Nach dem Tod auch seiner zweiten Frau (1707) wird ihm auf Antrag vom König Befreiung von einem großen Teil der Amtslasten gewährt. Vorlesungen und Spruchtätigkeit führt er, zu dieser Zeit angeblich ältester Professor Deutschlands, uneingeschränkt fort.

Obwohl *S.* zu seiner Zeit der berühmteste Jurist im Reich war, ist sein Name neben dem seines Schülers → *Thomasius* in den Hintergrund getreten. Gründe dafür sind wohl, daß er nur lateinisch geschrieben und gelehrt und daß er nur juristische, keinerlei philosophische Arbeiten unternommen hat. Die Bezeichnung „Usus modernus" hat einer ganzen Juristengeneration den Namen gegeben. Als seine Schüler sind neben → *Thomasius* vor allem → *J.H. Böhmer*, *Gundling*, *Heineccius*, *Ludovici* und *Ludewig* anzusehen.

Das wissenschaftliche Gesamtwerk ist bis jetzt nicht überschaubar. Selbständige Einzelschriften hat er nur wenige verfaßt, sie sind meist gedacht als Leitfaden für Praktiker. Den größten Teil seines Werkes stellen Disputationen dar, die meist unter einem Sachbegriff zusammengefaßt veröffentlicht wurden. Damaligem Brauch gemäß wurden sie von den Respondenten unter Aufsicht des Professors gefertigt, daher ist *S.s* eigener Anteil an den Arbeiten nicht eindeutig festzustellen. Seine wissenschaftliche Bedeutung liegt in der Weiterführung der Arbeiten von *Lauterbach* und *Struve* durch Feststellung des geltenden Zivilrechts, wobei *S.* jedoch auf Vollständigkeit verzichtet und nur herausgegriffene Einzelfragen nach praktischen Bedürfnissen beantwortet. Wesentlich ist die betonte Rücksichtnahme auf deutsche Rechtsquellen, wobei naturgemäß die märkischen eine besondere Rolle spielen.

Sein Hauptwerk ist der „Usus modernus Pandectarum …", wie die Mehrzahl der unter seinem Namen veröffentlichten Werke eine Sammlung von Disputationen. Nur die ersten Bände sind von *S.* selbst herausgegeben, nach seinem Tod haben sein Sohn (sowie seine Schüler → *J.H. Böhmer* und *Ludovici*) die dritte und vierte Fortsetzung in gleichem Aufbau, doch ohne Nennung der Kandidaten, herausgebracht. *S.* geht dabei in der Reihenfolge der Digesten im Corpus Iuris Justinians vor. Vorgetragen wird jedoch nicht reines römisches Recht, sondern dessen „moderner", durch deutsches (und Natur-)Recht veränderter „Gebrauch". Das Verhältnis der Rechtsquellen zueinander hat *S.* in der Vorrede zum ersten Band erörtert. Es handelt sich um ein Grundproblem jener Zeit, da mit → *Conring* der Umfang der Rezeption des römischen Rechts zweifelhaft geworden war und bei strenger Durchführung von dessen Lehre die Rezeption jedes einzelnen anzuwendenden römischen Rechtssatzes besonders hätte dargelegt werden müssen. *S.* geht jedoch (in Übereinstimmung vor allem mit *Schilter*) einen Mittelweg (via media): Gegenüber den (deutschen) Rechtsquellen des engeren Rechtskreises gilt das römische Recht zwar nur subsidiär, jedoch spricht für seine Anwendbarkeit eine begründete Vermutung (fundata intentio), solange nicht seine gewohnheitsrechtliche Derogation oder ein speziellerer deutscher Rechtssatz nachgewiesen wird. Diese Lehre ist lange herrschend geblieben. Im Detail neigt *S.* allerdings (ähnlich wie sein Kollege → *Thomasius*) sehr zur Bevorzugung des deutschen und Natur-Rechts. Der Einfachheit der naturrechtlichen Begründung gibt er im Vertrags- und Erbrecht und bei Behandlung der Klagen den Vorzug vor dem römischen Recht, dem Naturrecht entlehnt er Mittel gegen die fürstliche Allmacht, verneint insbesondere die Befugnis des Landesherrn, uneheliche Kinder ehelichen gleichzustellen. – Im Staatsrecht gilt ihm das gemeine Wohl als höchster Wert. Mit Betonung der bindenden Kraft geltenden Rechts und geltender Privilegien wird er zum Verteidiger fürstlicher Macht. Die Gemeinden sind nur private, nicht öffentliche Persönlichkeiten, zugunsten der Staatsallmacht werden alle Gebilde zwischen Staat und Individuum verdrängt. Im Kirchenrecht führt er die Kirchenhoheit des Landesherrn konsequent territorialistisch weder auf die kaiserlichen Rechte im Reich noch auf einen Rückfall von der katholischen Kirche zurück, sondern auf den Erwerb durch Staatsverträge und Reichsgesetze. Die protestantische Kirche wird ganz der Staatsgewalt unterworfen. Diese Kirchenhoheit ist ihm (→ *Pufendorf*) Grundlage konfessioneller Toleranz. – Strafrechtliche Arbeiten sind in allen Disputationensammlungen verstreut. In ihnen folgt er weitgehend *Brunnemann*, auch in der Gegnerschaft zu → *Carpzov*, dessen Autorität er wesentlich schwächt. Besonders für die Behandlung der Religionsdelikte sind seine Arbeiten bedeutungsvoll. Die Strafbarkeit der Ketzerei verneint er, da Voraussetzung der Strafe nur eine Handlung sein könne, die Ketzerei aber nur ein Gedanke sei. Nur die Verbreitung ketzerischer Gedanken hält er für strafwürdig, kommt aber entgegen der herrschenden Praxis nur zu kirchlichen Bußen (→ *Thomasius*, → *Hommel*). Den ersten Schritt eines Juristen, den Hexenwahn einzudämmen, tut *S.* schon 1671. Mit dem Hinweis auf die Unzuverlässigkeit der Beweismittel versucht er, gegen → *Carpzovs* Lehre von den crimina excepta für den Hexenprozeß die allgemeinen Prozeßgrundsätze und Beweisverfahren wiedereinzuführen. Urteile, die nur auf ein (u.U. mit Folter erpreßtes) Geständnis gegründet sind, erklärt er für unzulässig, hält fest am Erfordernis von mindestens zwei Zeugen und weist die Aussagen von „Hexen" (über andere „Hexen") ab, da Hexen infam und daher unglaubwürdig seien (→ *Thomasius*).

Hauptwerke: (Titel z.T. abgekürzt): Examen juris feudalis, 1675. – De cautelis contractuum, 1684. – Tractatus de successione ab intestato, 1687. – Specimen usus moderni pandectarum, 1690-1692, 2 Forts. 1704-1709, 2 weitere Bde. 1712 (hrsg. v. *J.S. Stryk*), [10]1746-1780 (4 Bde.). – Introductio ad praxin forensem, 1691. – Tractatus de actionibus forensibus, 1694. – Tractatus de dissensu sponsalitio, 1699. – Tractatus de cautelis testamentorum, 1703. – Opera omnia, 15 Bde., 1743-1753 (darin nicht alle Werke *S.s*, aber einige seines Sohnes und von *Rhez [Rhetius]*).

Literatur: Conrad: DRG II, 379 f. – *Döhring:* GDtRPfl. 297 f., 449. – *R. Lieberwirth:* Gedanken zu Fragen des Strafrechts bei Samuel Stryk, in: Wissensch. Zeitschr. d. Univ. Halle, Gesellschafts- u. Sprachwiss. Reihe X/2 (1961), 401-404. – *K. Luig:* Samuel Stryk (1640-1710) und der Usus modernus pandectarum, in: Die Bedeutung der Wörter. Festschr. f. S. Gagnér z. 70. Geb., hrsg. v. M. Stolleis, 1991, 219-235. – *W. Schrader:* Geschichte der Friedrichs-Universität zu Halle, 1894, 1. Teil, 51-54. – *G. Schubart-Fikentscher:* Samuel Stryk, Jurisconsultus, in: Wiss. Z. der Univ. Halle (s.o.) X/2 (1961), 383 ff. – *G. Schubart-Fikentscher:* Ein Beitrag zum Usus modernus Pandectarum insbesondere nach den Dissertationen von Samuel Stryk und Christian Thomasius um die Wende vom 17. zum 18. Jahrhundert, in: Eranion f. G.S. Maridakis I, 1963, 207 ff. – *Stintzing-Landsberg:* GDtRW III 1, 64-70. – *Wieacker:* PRG, 220. ADB 36 (1893), 699-702 *(E. Landsberg)*. – HRG V, 58-63 (*K. Luig*). – Jur., 592 f. *(K. Luig)*. H.

Francisco Suárez

(1548-1617)

Geboren am 5.1.1548 in Granada. Er stammt aus einer adligen Familie, deren Name schon im 11. Jahrhundert erwähnt wird und die sich große Verdienste im Dienst der spanischen Krone erworben hat. Seine Eltern sind *Gaspar Suárez de Toledo*, geboren 1500, Rechtsanwalt in Granada, und *Antonia Vásquez de Utiel. S.* ist das zweite von insgesamt acht Kindern und wird mit seinem älteren Bruder nach Salamanca zur Ausbildung geschickt, wo er sich im Wintersemester 1561/62 bei den Kanonisten immatrikuliert. *S.* führt seine kanonistischen Studien nicht zu Ende, sondern faßt nach fünf Semestern den Entschluß, in den Jesuitenorden einzutreten. Nach anfänglichen Schwierigkeiten wird er 1564 angenommen und beginnt das Studium der Philosophie an einem Kolleg des Ordens in Salamanca. 1566 nimmt er das theologische Studium auf, das er im Sommersemester 1570 beendet. Ende 1571 beruft man ihn zum Dozenten der Philosophie am Jesuitenkolleg zu Segovia, und ein Jahr später wird er zum Priester geweiht. Nach einem Freijahr für private

Studien ab 1574 ist er Professor in Segovia und Avila; 1576/77 wird er nach Valladolid berufen, um dort eine theologische Lehrtätigkeit aufzunehmen. 1579 wird der erste Lehrstuhl für Theologie am Römischen Kolleg frei, weshalb *S.* als Theologieprofessor nach Rom geht. Aus gesundheitlichen Gründen verläßt er Italien fünf Jahre später und übernimmt 1585 einen Lehrstuhl am Jesuitenkolleg zu Alcalá. 1590 wird sein erstes Werk („De verbo incarnato") veröffentlicht. 1592 kehrt er nach Salamanca zurück, um sich allein der Forschung und schriftstellerischen Tätigkeit zu widmen. 1597 übernimmt *S.* auf Wunsch Philipps II. die „cátedra de prima", den wichtigsten Lehrstuhl an der portugiesischen Universität Coimbra. Da er sich nicht durch Universitätsgrade habilitiert hatte, wird ihm die Doktorwürde an der Universität Évora verliehen und die Habilitationsprüfung in Form der Leitung eines Podiumsgespräches durchgeführt. 1615 nimmt *S.* von seinem Lehrstuhl Abschied und geht 1616 nach Lissabon, um an seinen Veröffentlichungen weiterzuarbeiten. Am 25.9.1617 verstirbt er in Lissabon.

S. gilt als ein Denker von ungewöhnlichem Scharfsinn und großer Schaffenskraft, der dazu beitrug, daß Spanien im Europa des 17. Jahrhunderts seine geistige Führungsrolle behaupten konnte. Zu seinen Lebzeiten wird ein Teil seines Werkes, 13 Foliobände, in Alcalá, Salamanca, Madrid und Coimbra gedruckt. Fast zur gleichen Zeit beginnt man auch mit dem Druck in Lyon, Mainz und Venedig. Zehn weitere Werke erscheinen posthum.

Der Inhalt von *S.*' Vorlesungen und die daraus hervorgegangenen Veröffentlichungen ergeben sich aus der Ausrichtung auf die damals übliche Methode, die „Summa" des *Thomas von Aquin* zu kommentieren, wobei sich *S.* aber durch einen besonders selbständigen und kritischen Geist auszeichnete. Deshalb war er zu seiner Zeit auch des öfteren Angriffen seiner Kollegen ausgesetzt, die ihm das Abweichen von den anerkannten Lehrmeinungen und Neuerungssucht vorwarfen. Jedoch hatten diese

Angriffe keine Folgen, *S.'* Vorgesetzte nahmen ihn meistens in Schutz. Entscheidend für *S.'* wissenschaftlichen Ansatz ist, daß er sich zunächst dem juristischen Studium zuwendet und erst später der Theologie. In allen seinen Schriften auf den Gebieten der Philosophie, der Theologie und der Jurisprudenz wird sein juristisches Verständnis deutlich. Vor allen Dingen mit seinem 1612 in Coimbra veröffentlichten „De legibus" hat er ein umfassendes juristisches Werk hinterlassen.

Die wohl bekannteste seiner Schriften ist die „Defensio fidei adversus Anglicanae sectae errores" (1613), die er im Auftrag von Papst Paul V. geschrieben hat. Sie richtet sich gegen Jakob I. von England, der die päpstliche Kompetenz in geistlichen Angelegenheiten nicht anerkennen wollte. In dieser Schrift und in seinem juristischen Werk „De legibus" hat *S.* seine Ansichten zum Staatsrecht und zur Staatsphilosophie niedergelegt. *S.* stellt sich auf den Standpunkt der naturrechtlichen Urdemokratie. Er behauptet, der Staat entstehe in der Gemeinschaft („vollkommene Gemeinschaft", in der alle Mittel vorhanden sind, um das gemeinsame Ziel zu erreichen) durch einen Willensakt; die politische Macht wohne direkt dem Volke kraft Naturrecht inne. Dieses könne seine Macht zum Nutzen der Gemeinschaft per Vertrag auf einen Herrscher übertragen; die Ausübung und Organisation der Staatsgewalt beruht also nur auf positivem Recht. Der Souveränität des Herrschers sind Grenzen gesetzt (so schon vor ihm auch → *Vitoria*). Wenn der Herrscher sich als Tyrann erweist, hat das Volk ein kollektives Widerstandsrecht, da es selbst der eigentliche Souverän ist. Ein nicht vom Volk legitimierter privater Tyrannenmord sei jedoch unzulässig. Im Gegensatz zur weltlichen Herrschaft ist nach *S.* die Geistlichkeit überpositiv legitimiert, sie verkörpert als verlängerter Arm Gottes auf Erden das Naturgesetz. Somit komme der Kirche im Bereich der (weltlichen) Staatsgewalt in geistlichen Dingen eine potestas indirecta zu. Der Papst habe also in Bezug auf das geistliche Wohl die oberste Gewalt, ohne daß es dafür einer positivrechtlichen Grundlage bedürfe.

Im Völkerrecht ist *S.* durch Weiterentwicklung der Gedanken des → *Vitoria* neben → *Grotius* einer der Theoretiker, die zu Beginn der Neuzeit die Rechtslehre maßgeblich gestaltet haben. Mit Fragen des Völkerrechts hat sich *S.* im Rahmen seiner wichtigsten juristischen Abhandlung „De legibus ac Deo legislatore" (1612), in der Disputatio XIII „De bello" aus dem Traktat „De fide, spe et charitate" und in dem nachgelassenen Werk „De triplici virtute theologica" bei der Erörterung des Kriegsrechts befaßt. Es ist sein großes Verdienst, daß er als erster den zweideutigen Begriff des ius gentium klargestellt hat: Er unterscheidet das ius gentium inter se (Völkerrecht) und das ius gentium intra se (= innerstaatliches Recht, vorwiegend zivilrechtlicher Natur). Dabei rückt er den zwischenstaatlichen Sinn des ius gentium inter se in den Vordergrund, und betont dessen Gewicht als eigenes Rechtsgebiet. Diese Unterscheidung der beiden Arten des ius gentium gelingt ihm deshalb mit so großer Klarheit, weil er es als positives Recht sieht, das heißt als Recht, das auf dem Willen des menschlichen Gesetzgebers beruht. Dabei führt er das ius gentium generell auf Gewohnheitsrecht zurück (im Gegensatz zum ius civile, das positives, geschriebenes innerstaatliches Recht ist). Grundlage des ius gentium inter se ist die schon von → *Vitoria* vertretene Idee der Völkergemeinschaft.

Damit differenziert *S.* auch im Völkerrecht erstmals deutlich zwischen dem ius gentium, das der Mensch gewohnheitsrechtlich geschaffen hat, und dem Naturrecht, das aus vernunftmäßig einsehbaren vorgegebenen Regeln göttlichen Ursprungs mit Notwendigkeitscharakter besteht. Aus dieser Unterschiedlichkeit beider Rechtsgebiete ergeben sich für *S.* wichtige Konsequenzen: Das Naturrecht gilt kraft seiner inneren Notwendigkeit bei allen Völkern, das ius gentium dagegen nicht unbedingt, da es auf der übereinstimmenden Übung der meisten Völker beruht, und daher nicht notwendigerweise überall gelten muß. Außerdem ist das Naturrecht unveränderlich, während das ius gentium wegen seines anders gearteten Geltungsgrundes abgeändert werden kann.

Zum Kriegsrecht hat *S.* nichts wesentlich Neues entwickelt. Er betrachtet den Krieg als Mittel zur Herstellung und Erhaltung des Friedens, und sieht darin keinen Gegensatz zur Nächstenliebe. Das Recht zum Verteidigungskriege ergebe sich aus dem Unrecht des Angreifers, während der Angriffskrieg die Ausübung eines Richteramtes durch einen Souverän sei. Voraussetzung für einen Angriffskrieg ist für *S.*, daß ein Rechtstitel besteht (= ein notwendiger Grund), daß das Unrecht nicht in anderer Weise zu ahnden oder wiedergutzumachen ist und daß ein Souverän in Gewißheit über die gute Sache angreift.

In seiner Eigentumslehre geht *S.* davon aus, daß von Natur aus alle Dinge Eigentum der Gemeinschaft sind (naturrechtlicher Standpunkt). Wie bei der Übertragung der Staatsgewalt auf den Herrscher erst die Staatsorganisation geschaffen wird, werde das Privateigentum erst durch die menschlichen Willen geschaffen aus Gründen der Vernunft. Es gehöre also dem positiven Recht (ius gentium intra se) an. In Fällen extremer Not oder bei berechtigtem Eingriff des Staates zugunsten des Gemeinwohls könne das Naturrecht jedoch das Privateigentum auch wieder verdrängen.

Neben seiner wissenschaftlichen Tätigkeit hat *S.* zu Fragen moraltheologischer Art zahlreiche Gutachten verfaßt, die zum Teil auch echte Rechtsgutachten darstellen.

Hauptwerke: De legibus, ed. crit. bilingüe por *L. Pereña* y la colab. de ..., Bde. 1-8, 1971-1981. – Defensa de la fe católica y apostólica contra los errores del anglicanismo/Defensio fidei adversus Anglicanae sectae errores (lat. u. span.), Reprod. anast. de la ed. principe de Coimbra 1613. Versión española por *J.R. Eguillor Muniozguren*. Bde. 1-4, 1970-1971. – Opera omnia hactenus edita. 23 Bde., 1740-1751. – Opera omnia, editio nova C. Berton, 28 Bde., Paris 1856-1861, Registerbände 1878. – Auswahl in dt. Übers.: Ausgewählte Texte zum Völkerrecht, lat. Text nebst dt. Übers., hrsg. v. *J. de Vries* mit Einl. von *J. Soder*, in: Die Klassiker des Völkerrechts, hrsg. v. *W. Schätzel*, IV, 1965. Bibliographien: *P. Mugica:* Bibliografía suareciana, 1948.

Literatur: J. Biederlack: Die Völkerrechtslehre des Franz Suarez, in: P. Franz Suarez S.J., Gedenkblätter zu seinem dreihundertjährigen Todestag, 1917, 147-169. – *A. Fink:* Natürliche Begründung des Rechts bei Thomas von Aquin, Gabriel Vásquez und Fr. S., Diss. phil. München, 1920 (Mschr.). – *J. Giers:* Die Gerechtigkeitslehre des jungen Suárez, 1958. – *E. Gomez Arboleya:* Francisco Suárez, S.J., 1946. – *W. Grewe:* Epochen der Völkerrechtsgeschichte, [2]1988, 176-181, 224-227. – *B. Hamilton:* Political thought in sixteenth-century Spain, 1963, 184-188. – *H. Hattenhauer:* Europäische Rechtsgeschichte, [2]1994, 349 f. – *J. Höffner:* Kolonialismus und Evangelium, 1969, 303 ff. – *H. Kipp:* Moderne Probleme des Kriegsrechts in der Spätscholastik (Görres-Gesellschaft. Veröff. der Sektion f. Rechts- u. Staatswiss., Heft 68), 1935. – *A. Klug:* Die Rechts- und Staatslehre des Franciscus Suarez, Diss. jur. Köln, 1958. – *H.F. Köck:* Der Beitrag der Schule von Salamanca zur Entwicklung der Lehre von den Grundrechten, 1987. – *A. de La Pradelle:* Maitres et doctrines du droit des gens, 1950, 49-70. – *R. Marcia Manso:* Derecho y justicia en Suárez, 1968. – *A. Molina Meliá:* Iglesia y Estado en el Siglo de Oro Español, 1977. – *A. Nussbaum:* Geschichte des Völkerrechts, 1960, 93-100. – *L. Pereña Vicente:* Teoría de la guerra en Francisco Suárez, 2 Bde., 1954. – *A.-E. Pérez Luño:* Die klassische spanische Naturrechtslehre in 5 Jahrhunderten, 1994, 241-249. – *E. Reibstein:* Völkerrecht, I, 1957, 313-331. – *H. Rommen:* Die Staatslehre des Franz Suarez S.J., 1927. – *R. de Scorraille:* Francisco Suárez de la Compagnie de Jesus d'apres ses lettres, ses autres écrits inédits et un grand nombre de documents nouveaux, 2 Bde., Paris 1912-13. – *J. Soder:* Francisco Suárez und das Völkerrecht, 1973. – *Ders.:* Die Idee der Völkergemeinschaft, in: Völkerrecht und Politik, hrsg. v. *W. Schätzel / H. Wehberg*, Bd. 4, 1955. – *L.B. Walters:* Five classic just-war theories, 1971. – *R. Wilenius:* The social and political theory of Francisco Suárez, 1963. – Hdwb. für Theologie und Religionswissenschaft 6 (1962), 446 f. *(R.*

Specht). – Jur., 595 f. *(Ch. Bergfeld).* – LThK 9 (1964), 1129 f. *(E. Elorduy).* – Stl 5 ([7]1989), 384-386 *(R. Specht).* Weitere Bibliographien und Sekundärliteratur bei: *W. Totok:* Hdb. der Geschichte der Philosophie, Bd. III: Renaissance, 1980, 545-562.

A. Körner

Carl Gottlieb Svarez

(1746-1798)

Als Schöpfer des Preußischen Allgemeinen Landrechts von 1794 und weiterer Gesetzeswerke die bedeutendste Gestalt der preußischen Aufklärungsgesetzgebung, zählt *S.* zu jenen Angehörigen des in der Beamtenschaft aufsteigenden gebildeten Bürgertums, die in der zweiten Hälfte des 18. Jahrhunderts das bürgerlich-egalitäre Zeitalter im Dienste absolutistisch-zentralistischer Herrscher heraufzuführen begannen.

Aus Pommern stammend, dann in Schlesien ansässig, hatte die protestantische Familie *Svarez* – der Name weist wohl weniger auf eine spanische Tradition in der Familie, denn auf die Latinisierung des Namens „Schwarz" – nach dem Anfall dieser Provinz an Preußen in den schlesischen Kriegen Friedrichs d. Großen keine Loyalitätsprobleme. So durchlief der am 27.2.1746 in Schweidnitz als Sohn eines Ratsherrn und Advokaten geborene *S.* nach dem Rechtsstudium 1762-1765 in Frankfurt/Oder, wo *J.G. Darjes* aus der Schule → *Christian Wolffs* und *J.S.F. von Böhmer* zu seinen Lehrern gehörten, die Justizausbildung, wie sie damals in Preußen eingeführt war: 1766 legte er als Auskultator bei der Oberamtsregierung in Breslau das Referendarexamen ab („der Auskultator Suaretz ließ mehrere Fähigkeiten blicken und gibt bei Fortsetzung seines Fleißes gute Hoffnung von sich"), wurde zum Referendar ernannt und 1768 mit der Revision der Justizverfassung seiner Heimatstadt betraut; seit 1769 Pupillenrat, legte er 1771 als „ein vorzüglich tüchtiges Subjectum zur Bekleidung einer Rathsstelle in Landesjustizkollegien" das Staatsexamen ab und wurde im gleichen Jahr Oberamtsregierungsrat in Breslau.

Wie schon als Referendar vermochte *S.* als enger Mitarbeiter des schlesischen Justizministers Graf *v. Carmer* beim Neuaufbau der schlesischen Verwaltung organisatorische Erfahrungen zu sammeln, die beim großen Werk der Kodifikation reiche Früchte tragen sollten. Die „Sammlung alter und neuer schlesischer Provinzialgesetze" (1771-1773) war ebenso *S.s* Werk wie das Schulreglement von 1774 für Schlesien, das durch die päpstliche Aufhebung des Jesuitenordens erforderlich geworden war. Für die ganze Monarchie vorbildlich wurde das landschaftliche Kreditsystem mit seinem Pfandbriefwesen; die späteren Prozeßreformen kündigen sich in der „Instruktion zur Einleitung der Prozesse zwischen Unterthanen und Herrschaften" vom Jahre 1770 an.

1779 wurde der Müller-Arnold-Prozeß zum Anlaß für die Berufung *S.s* an das Berliner Justizministerium. Friedrich d. Gr., schon lange unzufrieden mit dem schleppenden Gang der Rechtspflege in seinen Landen, sah in dem für den Müller Arnold negativen Ausgang eines Pachtprozesses seinen Verdacht bestätigt, daß die „Regierungen" (ordentliche Zivil- und Strafgerichte) nach ständischen Vorurteilen entschieden. An die Stelle des im Verlaufe dieses Prozesses entlassenen Großkanzlers (Justizministers) von *Fürst und Kupferberg* – „marsch, Seine Stelle ist schon vergeben!" – trat der schlesische Justizminister *Carmer*, der sich Friedrich schon durch seine früheren, letztlich auf *Leibniz* zurückgehenden Vorschläge, die Inquisitionsmaxime auch im Zivilprozeß einzuführen, als Prozeßreformer empfohlen hatte. *S.* folgte 1780 *Carmer* nach Berlin, um dort die Arbeiten an der Reform des preußischen Rechts zu übernehmen, wie sie die Cabinetsorder Friedrichs d. Gr. vom 14. August 1780 vorgezeichnet hatte. In den nächsten Jahren entstanden jene bedeutenden Gesetze der preußischen Kodifikation, die, einerseits Selbstdarstellung des aufgeklärt-absoluten Gesetzgebermonarchen, doch schon an der Schwelle zum bürgerlich-liberalen Zeitalter steht, das sich in der Französischen Revolution ankündigte. Nach dem Entwurf einer Prozeßordnung (Corpus Iuris Fridericianum, 1781, endgültig in Kraft getreten 1795 als Allgemeine Gerichtsordnung) ergeht 1782 das Eheedikt, 1783 die Deposital-, 1785 die Hypotheken-Ordnung; zwischen 1784 und 1788 wurde der achtbändige Entwurf eines Allgemeinen Gesetzbuches für die Preußischen Staaten (AGB) der Fachöffentlichkeit und den Ständen zur

Beurteilung unterbreitet. Die aus ganz Europa eingehenden Stellungnahmen machte *S.* in der Revisio monitorum 1790/91 für das Allgemeine Gesetzbuch fruchtbar; am 20. März 1791 wurde dieses Gesetzeswerk publiziert und sollte am 1. Juni 1792 in Kraft treten. Doch es kam anders.

Als dem Berufensten unter den preußischen Juristen wurde *S.* 1790/91 die rechtswissenschaftliche Ausbildung des preußischen Kronprinzen, des nachmaligen Königs Friedrich Wilhelm III., anvertraut. In den „Kronprinzenvorträgen" entwickelte *S.* vor dem preußischen Thronfolger die naturrechtlichen, historischen und politischen Grundlagen der Kodifikation. Das Gesetzbuch erscheint darin als Versuch einer erschöpfenden Erfassung nicht nur der Privatrechte der Bürger untereinander, sondern auch des Verhältnisses zwischen dem Staat und seinen Bürgern als eines Gewebes von Rechten und Pflichten auf der Grundlage der Naturrechtssysteme → *Pufendorfs* und → *Wolffs*. Die Einbettung in die Kodifikation soll Sicherheit vor willkürlichen Eingriffen in diese Rechtsbeziehungen durch „Zeitgesetze" und „Ministerialdespotismus" gewähren. Rechtssicherheit für den einzelnen durch Gewährung unabhängiger Justiz und Objektivierung des Gesetzgebungsverfahrens werden als Ziele der Kodifikation erkennbar, die „in einem Staate, welcher keine eigentliche Grundverfassung hat, die Stelle derselben gewissermaßen ersetzen" sollte. Die Grundsätze eines aufgeklärten Regiments, für die *S.* die Regierungspraxis Friedrichs d. Gr. als Zeugnis anzuführen nicht müde wurde, sollten die Kodifikation prägen; darum auch das Bemühen um eine klare, verständliche Sprache und der Versuch, in einem „Unterricht über die Gesetze für die Einwohner der preußischen Staaten" (1793) die Kodifikation dem einzelnen Bürger einleuchtend zu machen. Eine revolutionäre Umgestaltung der gesellschaftlich-politischen Verhältnisse lag *S.* fern; daher spiegelt das Allgemeine Gesetzbuch auch die feudale Ständeordnung getreu wider. Aber die ständischen Rechtsunterschiede sind nun Teil der positiven Rechtsordnung, erscheinen demgemäß als vom Monarchen, dem alleinigen Gesetzgeber, legislativ geschaffen und stehen damit grundsätzlich auch zu dessen Disposition. Die politischen Mitwirkungsrechte der Stände im dualistischen Feudalstaat sind zu abgeleiteten Privilegien herabgestuft.

Die Koinzidenz zwischen der Publikation des AGB und der Eskalation der revolutionären Vorgänge in Frankreich bot den Gegnern der Reform einen willkommenen Anlaß zum Angriff auf die Kodifikation. Als einer der führenden Köpfe der Berliner Aufklärung – neben *Engel, Mendels-*

sohn, Nicolai, Biester, Wlömer, Struensee, E.F. Klein u.a. war er auch Mitglied der „Mittwochsgesellschaft" – mußte sich *S.* mit dem Verdacht auseinandersetzen, mit dem Gesetzbuch revolutionären Tendenzen Vorschub zu leisten; die Allianz der reaktionären Stände mit den antiaufklärerischen Kräften der Hauptstadt, die auf einige mit der absoluten Monarchie kaum zu vereinbarende Sätze der Kodifikation verweisen konnte, vermochte schließlich (April 1792) König Friedrich Wilhelm II. zur Suspension des AGB zu bewegen. *S.s* Ernennung zum Mitglied der Preußischen Akademie der Wissenschaften, von dieser empfohlen, wurde von seinen Gegnern hintertrieben. Das Schicksal der Kodifikation wäre besiegelt gewesen, hätte nicht die Notwendigkeit, in den im Jahre 1793 an Preußen gefallenen polnischen Teilungsgebieten eine neue Rechtsordnung einzuführen, das Werk gerettet. Nach Beseitigung der politisch anstößigen Sätze und nochmaliger Schlußrevision durch *S.* trat die Kodifikation – nun unter dem ständefreundlichen Titel „Allgemeines Landrecht für die Preußischen Staaten" statt des zu republikanisch klingenden „Gesetzbuch" – am 1. Juli 1794 in Kraft.

So sorgsam das Andenken *S.s* bei den preußischen Juristen des 19. Jahrhunderts gepflegt wurde, so zwiespältig ist doch das Urteil über sein bedeutendstes Werk geblieben. Anders als die Rechtspraxis vermochte insbesondere die historische Rechtsschule (→ *Savigny*) der Kodifikation kaum eine gute Seite abzugewinnen. Freilich lagen die Mängel zutage: Vor allem in seinem ständestaatlichen Sozialmodell war das ALR der Vergangenheit verpflichtet, und die Geschlossenheit der Kodifikation bedeutete zugleich zu wenig Elastizität gegenüber den politisch-sozialen Veränderungen des 19. Jahrhunderts. In seiner rechtsstaatlichen Konzeption nahm das ALR jedoch viele Forderungen der liberalen Bewegung vorweg; viele der Rechtsgebiete, die nicht auf eine römische Tradition zurückblickten, vor allem das Verwaltungs-, Gewerbe-, Kirchen- und Abgabenrecht, fanden im ALR zudem die erste kodifikatorische Erfassung.

Nur wenige Jahre blieben *S.* noch. Sie waren zunächst der Reorganisation der Justizverwaltung und des landschaftlichen Kreditwesens in den polnischen Teilungsgebieten gewidmet, daneben den Vorbereitungen für die Strafprozeßreform und ein märkisches Provinzialgesetz. Nach seinem Regierungsantritt berief Friedrich Wilhelm III. seinen ehemaligen Lehrer in die Akademie der Wissenschaften (April 1798); die Einführung jedoch unterblieb, da *S.* am 14. Mai 1798 einem Unterleibsleiden erlag.

Hauptwerke: (anonym) Sammlung alter und neuer Schlesischer Provinzial-Gesetze, 2 Tle. in 3 Bden., 1771-1773. – Inwiefern können und müssen Gesetze kurz sein? in Berlinische Monatsschrift 12 (1788), 99-112, Ndr. in: *Svarez:* Vorträge über Recht und Staat, hrsg. v. *H. Conrad* u. *G. Kleinheyer*, 1960, 627-633. – Über den Einfluß der Gesetzgebung in die Aufklärung (1789), Druck in: *Svarez:* Vorträge (s.o.), 634-638. – Über den Zweck des Staates (1791), Druck in: *Svarez:* Vorträge (s.o.), 639-644. – Vorlesungen rechtswissenschaftlichen Inhalts, gehalten Sr. Königlichen Hoheit dem Kronprinzen Friedrich Wilhelm von Preußen im Jahre 1791 und 1792, Druck in: *Svarez:* Vorträge über Recht und Staat (s.o) 3-624. – (mit *C. Goßler*:) Unterricht über die Gesetze für die Einwohner der Preußischen Staaten, 1793. Bibliographie bei *Wolf:* Rechtsdenker, 462 f.

Literatur: G. Birtsch: Zum konstitutionellen Charakter des preussischen Allgemeinen Landrechts von 1794, in: Festschr. f. Theodor Schieder, 1968, 97-115. – *G. Birtsch / D. Willoweit* (Hrsg.): 200 Jahre Preußisches Allgemeines Landrecht (Tagungsband = Beiheft zu FBPG), 1996. – *E. Bussi:* Stato e amministrazione nel pensiero di Carl Gottlieb Svarez precettore di Federico Guglielmo III di Prussia, Milano 1966. – *H. Conrad:* Staatsgedanke und Staatspraxis des aufgeklärten Absolutismus, 1971. – *H. Conrad:* Die geistigen Grundlagen des Allgemeinen Landrechts für die preußischen Staaten von 1794, 1958. – *F. Ebel* (Hrsg.): Gemeinwohl – Freiheit – Vernunft – Rechtsstaat. 200 Jahre Allg. Landrecht für die Preuß. Staaten, 1995. – *H. Hattenhauer:* Einführung zur Textausgabe des ALR, [2]1994, 1-29. – *Ders.:* Das ALR im Widerstreit der Politik, in: Kodifikation gestern und heute, hrsg. v. D. Merten u. W. Schreckenberger, 1995, 27-57. – *E. Hellmuth:* Aufklärung und Pressefreiheit, in: ZhF 9, 1982, 315 ff., insbes. 330-337. – *U.J. Heuer:* Allgemeines Landrecht und Klassenkampf, 1960. – *G. Kleinheyer:* Staat und Bürger im Recht. Die Vorträge des Carl Gottlieb Svarez vor dem preußischen Kronprinzen (1791/92), 1959. – *Ders.:* Das Allgemeine Landrecht für die Preußischen Staaten vom 1. Juni 1794. An der Wende des Spätabsolutismus zum liberalen Rechtsstaat (= Jur. Studiengesellschaft Karlsruhe, 216), 1995. – *R. Koselleck:* Preußen zwischen Reform und Revolution. Allgemeines Landrecht, Verwaltung und soziale Bewegung von 1791 bis 1848, 1967. – *R. Koselleck:* Staat und Gesellschaft in Preußen 1815-1848, in: Staat u. Gesellschaft im deutschen Vormärz 1815-1848, hrsg. v. *W. Conze*, 1962, 79 ff. – *P. Krause:* Carl Gottlieb Svarez (1746-1798). Bürgerliche Staatsbedienung im aufgeklärten Absolutismus, in: Die Verwaltung, 19 (1986), 277-304. – *P. Preu:* Polizeibegriff und Staatszwecklehre, 1983, 274-315. – *E. Reibstein:* Allgemeines Staatsrecht und Völkerrecht bei C.G. Svarez, in: Zeitschr. f. ausl. öffentliches Recht u. Völkerrecht, 22 (1962), 509 ff. – *A. Schwennikke:* Die Entstehung der Einleitung des Preuß. Allg. Landrechts von 1794, 1993. – *A. Stölzel:* Carl Gottlieb Svarez, 1885. – *H. Thieme:* Allgemeines Landrecht in: HRG I (1971), 99-108. – *H. Thieme:* Carl Gottlieb Svarez in Schlesien, Berlin und anderswo, in: Juristen-Jahrbuch 6 (1965/66), 1-24. – *H. Thieme:* Carl Gottlieb Svarez aus Schweidnitz (1746-1798). Der „grösste preussische Gesetzgeber", in: Leistung und Schicksal, hrsg. von *E.G. Schulz*, 1967, 157-163. – *F. Werner:* Die Kronprinzenvorträge des Geheimen Obertribunalrats Carl Gottlieb Svarez, in: Verwaltungsarchiv 53 (1962), 1 ff. – *Wolf:* Rechtsdenker, 424-466. – ADB 37 (1894), 247-256 *(Wippermann).* – HRG V, 97-100 *(H. Thieme).* – Jur., 598-600 *(I.K. Ahl).* – StL 5 ([7]1989), 403-405 *(G. Kleinheyer).* Bibliographie bei *Wolf:* Rechtsdenker, 463-466.

K.

Ulrich Tengler

(um 1447-1511)

Geb. um 1447 in Rottenacker bei Ehingen (Donau), besucht die städtische Schule in Ehingen und geht dann als bettelnder Scholar auf Wanderschaft. Mit 22 Jahren wird er als Chorschüler in die Blaubeurener Stiftsschule aufgenommen, bald darauf heiratet er zum ersten Mal (er war dreimal verheiratet und hatte 24 Kinder). 1479 bis 1483 ist er „oberer Ratsschreiber" in Nördlingen, ab 1485 Kastner (Rentmeister) in Heidenheim a.d. Brenz. Später wird er Landvogt in Graisbach bei Donauwörth, dann in Höchstädt (Donau). 1509 gibt er den „Layenspiegel" heraus; im Frühjahr 1511 ist er in Höchstädt gestorben. Unter seinen Söhnen ragt *Christoph T.* heraus, der Professor in Ingolstadt war.

Zum Verständnis des Laienspiegels ist ein kurzer Blick in die Situation der Rechtspflege des 15. und 16. Jahrhunderts notwendig. Die Schöffengerichte, die noch einen Großteil der Spruchkörper darstellten, sahen sich vor das Problem gestellt, römisch-kanonisches Recht anwenden zu müssen, das ihnen fremd war. Aber auch die zahlreichen akademisch un- oder halbgebildeten Berufsjuristen (im Gegensatz zur dünnen Schicht der vornehmen, gelehrten „doctores"), die sich als Schreiber, Advokaten usw. in Verwaltung und Rechtspflege betätigten, waren nicht in der Lage, aus dem gelehrten römisch-kanonischen Schrifttum und den Quellen selbst zu schöpfen. Ihre Hilfsmittel waren praktische Anleitungsbücher, die heute sogenannte populäre Rechtsliteratur.

Einen zusammenfassenden Abschluß dieser Gattung stellt *T.s* Laienspiegel dar. Das gilt insofern, als nicht dieser populären Richtung, sondern dem gebildeten Juristenstande, vertreten durch Gelehrte wie → *Ulrich Zasius*, die Zukunft gehörte.

„Tengler war nicht Doctor iuris, aber ein Mann von gelehrten Kenntnissen und ausgedehnter praktischer Erfahrung" *(Stintzing).* → *Sebastian Brant* vergleicht in der Vorrede zum Laienspiegel *T.s* Leistung mit den zeitgenössischen Entdeckungsreisen. Diese uns übertrieben scheinende Äußerung zeigt aber, mit welcher Freude der Laienspiegel damals aufgenommen wurde. *T.* hat darin die Entscheidungen und Gutachten verarbeitet, die er im Laufe seiner Tätigkeit hatte einholen müssen. Noch wichtiger aber ist die Aufnahme einer Reihe der damals bekannten Schriften teils im Wortlaut, teils dem Inhalt nach. Außerdem veröffentlichte er wichtige Reichsgesetze. Es finden sich: Die Goldene Bulle, die Arnsberger Reformation v. 1437, die Reformation Friedrichs III. v. 1442, der Wormser Landfrieden v. 1495, die Landfriedenserklärung v. Augsburg (1500).

Wie die anderen Schriften war auch der Laienspiegel gedacht als Hilfsbuch für Praxis und Studium. Eine umfassende Rechtsdarstellung strebte *T.* nicht an. Der Leser wird darauf hingewiesen, er solle in Zweifelsfällen „Unterricht bei den gelehrten Juristen suchen". Auch → *Seb. Brant* sagt schon in der Vorrede:

„Was du nit weißt, das solt du fragen;
Lass dir das ein geleerten sagen,
Oder der mer recht hab erfarn."

Der ältesten Ausgabe von 1509 folgt 1511 die erweiterte zweite Auflage: „Der neu Layenspiegel". Die zweite ist die letzte von *T.* selbst besorgte Auflage, daher die wichtigste. In dieser Form hat der Laienspiegel die Praxis der unteren Gerichte über ein halbes Jahrhundert lang beherrscht.

Eingeteilt ist das Werk in drei Bücher. Es handelt sich dabei nicht um eine systematische Gliederung. Vielmehr geht *T.* nach praktischen Gesichtspunkten vor, wie es damals üblich war. Er wird dabei das Vorbild des berühmten „Speculum iudiciale" von Guilelmus *Durantis* (2. Hälfte des 13. Jh.s) vor Augen gehabt haben und scheint im ersten Teil besonders von der Anordnung der „Magdeburger Fragen" (einer privaten Sammlung Magdeburger Oberhofsprüche) beeinflußt worden zu sein. Dieser erste Teil handelt von „Personen", erörtert aber nur vereinzelte Gegenstände des privaten Personenrechts, wie z.B. die Vormundschaft; daneben finden sich Ausführungen über Gerichtspersonen und Personen des Stadtregiments, aber auch ganz unzugehörige Themen wie die Lehre von den Erbschaften, der Verjährung und viele andere. Das zweite Buch beschäftigt sich mit den Klagen, es zeigt nur zum Teil Übereinstimmungen mit dem älteren „Klagspiegel“ (→ *Brant*) der sich wohl deshalb auch neben dem Laienspiegel behaupten konnte. Im dritten Buch, das von „peinlichen Sachen“ handelt, leistet *T.* durch Auszüge aus dem berüchtigten „malleus maleficarum“ (Hexenhammer) den Hexenverfolgungen Vorschub, nimmt aber andererseits auch die Ansätze zu einer „modernen“ Strafgesetzgebung, wie sie damals seit zwei Jahren in Gestalt der Bambergischen Halsgerichtsordnung (→ *Schwarzenberg*) vorlagen, auf.

Eine Reihe von Raubdrucken schon ab 1510 zeigt die Beliebtheit des Werkes bei den Rechtsanwendern und damit natürlich auch bei den Buchdruckern. Diese Beliebtheit erklärt sich daraus, daß *T.* sich nach der Praxis und ihren Bedürfnissen gerichtet hat.

Hauptwerke: Layen Spiegel, Von rechtmäßigen ordnungen in Burgerlichen und peinlichen regimenten, Augsburg 1509, ^{2}1511 (Der Neu Layenspiegel von rechtmäßigen ordnungen … usw.) Augsburg.

Literatur: H. Coing: Römisches Recht in Deutschland, in: IRMAE V 6 (1964), 207 f. – *Conrad:* DRG II, 350. – *E. Kleinschmidt:* Das „Epitaphium Ulrici Tengler“, ein unbekannter Nachruf auf den Verfasser des „Laienspiegels“ von 1511, in: Daphnis 6 (1977), 41-64. – *B. Koehler:* Laienspiegel, in: HRG II (1978), 1357-1361. – *G.W. Panzer:* Annalen der älteren deutschen Litteratur, Bd. 1 (1788), 307, 322. – *Wolfgang Schmitz:* Einleitung zu ders. (Hrsg.): Der Teufelsprozeß vor dem Weltgericht, nach Ulrich Tenglers „Neuer Layenspiegel“ von 1511, 1980. – *C.F.J. Schorch:* Ueber Ulrich Tengler's Layenspiegel, 1796. – *Stintzing-Landsberg:* GDtRW I, 85-87. – *R. v. Stintzing:* Geschichte der populären Literatur des römisch-kanonischen Rechts in Deutschland am Ende des 15. und Anfang des 16. Jahrhunderts, 1867 (Ndr. 1959), 411-447. – *O. Stobbe:* Geschichte der deutschen Rechtsquellen II (1864), 170-173. – ADB 37 (1894), 568-570 *(v. Eisenhart).* – HRG V, 145 f. *(A. Erler).* P.

Anton Friedrich Justus Thibaut

(1772-1840)

Geb. am 4.1.1772 in Hameln. 1792 Beginn des Studiums der Rechtswissenschaft in Göttingen, 1793 Fortsetzung in Königsberg, wo *T. Kant* hört, 1794 in Kiel. 1796 Promotion („De genuina juris personarum et rerum indole, veroque huius divisionis pretio“) und Habilitation in Kiel. Dort 1798 auch außerordentlicher, ab 1801 ordentlicher Professor für Römisches Recht. Ab 1802 Professur in Jena, Bekanntschaft mit *Goethe, Schiller, J.H. Voß.* 1805 Annahme eines Rufes nach Heidelberg. 1814

Veröffentlichung der Schrift „Über die Notwendigkeit eines allgemeinen bürgerlichen Rechts für Deutschland", die → *Savignys* für die historische Rechtsschule programmatische Erwiderung „Vom Beruf unserer Zeit für Gesetzgebung und Rechtswissenschaft" hervorrief. *T.* wirkte bis zu seinem Tode in Heidelberg, vielfach ausgezeichnet (1826 Ernennung zum Geheimrat, 1830 Verleihung des Kommandeurkreuzes des Zähringer Löwenordens). Er ist am 28.3.1840 gestorben. *T.* ist nicht nur als Jurist, sondern auch als Musiker hervorgetreten („Die Jurisprudenz ist mein Geschäft, mein Musiksaal ist mein Tempel"): Er gründete einen weit über Heidelberg hinaus berühmten „Singverein", der besonders die alte Kirchenmusik pflegte, und verfaßte ein Buch „Über Reinheit der Tonkunst" (1825), das bis 1893 siebenmal aufgelegt wurde.

T.s juristischer Nachruhm beruht vor allem auf seiner Schrift von 1814 „Über die Notwendigkeit eines allgemeinen bürgerlichen Rechts für Deutschland", in der er („recht aus der vollen Wärme meines Herzens") die für eine Kodifikation des gesamten bürgerlichen Rechts – worunter er auch das Straf- und Prozeßrecht versteht – sprechenden Gründe zusammenstellt. Er lenkte damit erstmals das allgemeine Interesse auf den an sich nicht neuen Gedanken einer allgemeinen deutschen (nicht nur einzelstaatlichen) Kodifikation; die Wirkung der Schrift erklärt sich nicht nur aus ihrer leichten Lesbarkeit und ihrem sprachlichen Schwung, sondern auch aus dem durch die Befreiungskriege gestärkten nationalen Bewußtsein ihrer Leserschaft. *T.* erhofft sich von einer Kodifikation nicht nur eine Erleichterung der praktischen Rechtsanwendung, sondern auch Vorteile für die Rechtswissenschaft und die Juristenausbildung. Der gegenwärtige Rechtszustand sei wegen der Zersplitterung und Widersprüchlichkeit der Partikularrechte verworren; das gemeine Recht mit seinen römisch-rechtlichen Grundlagen könne diesem Zustand nicht abhelfen, da das römische Recht – dessen Bedeutung als Kulturschöpfung *T.* an sich voll anerkennt – aus der Gegenwart heraus doch immer nur unvollkommen verstanden werden könne und man zudem nicht einmal über gesicherte Texte seiner Quellen verfüge. Den möglichen – hier als Argument zugunsten bloßer Einzelstaatsgesetzgebung verstandenen – Einwand, das Recht müsse sich „nach dem besonderen Geist des Volks" richten, meint *T.* durch die Überlegung entkräften zu können, daß viele Teile des Zivilrechts ohnehin „nur eine Art reiner juristischer Mathematik" und unabhängig von Zeit, Ort und Umständen seien; den Hinweis auf die Notwendigkeit, am Hergebrachten festzuhalten, sieht er als bloßen Ausdruck von „Rechtsfaulheit" an. – Die praktische Verwirklichung von *T.s* Vorschlägen scheiterte an den politischen Verhältnissen; aber auch daran, daß sich in der Rechtslehre die kodifikationsfeindliche historische Rechtsschule durchsetzte, der → *Savigny* in seiner schon genannten Gegenschrift die theoretische Grundlegung gab.

Die dogmatischen und rechtstheoretischen Arbeiten *T.s* treten gegenüber der Schrift von 1814 etwas in den Hintergrund. Sein Hauptwerk, das „System des Pandekten-Rechts", war jedoch einige Zeit das maßgebende Werk über diese Materie, in der Praxis wurde es noch lange nach der Jahrhundertmitte fast gleichberechtigt neben → *Savignys* Arbeiten benutzt. Es ist – in der Nachfolge → *Hugos* – eines der ersten Pandektenlehrbücher, das sich von der „Legalordnung" des corpus iuris löst und den Stoff in einer eigenen Systematik darstellt. Allerdings hat *T.* diese Systematik in späteren Auflagen häufig umgestoßen, sie hatte für ihn keinen Erkenntniswert, sondern diente nur der übersichtlicheren Darstellung. Vorbildlich für die späteren Pandektenlehrbücher des 19. Jahrhunderts wurde daher auch nicht die *T.*sche Systematik, sondern die von *Georg Arnold Heise* in seinem „Grundriß eines Systems des gemeinen Zivilrechts" vorgeschlagene.

T. hat jedoch durch seine Einzelschriften zum Zivilrecht die spätere Entwicklung in manchem beeinflußt. So setzt er sich in der Irrtumslehre für die Unbeachtlichkeit des Motivirrtums ein, allerdings noch nicht, wie später → *Savigny*, auf der Grundlage einer Theorie der Willenserklärung. Weiterhin bekämpft er mit durchschlagendem Erfolg die alte, durch die Auflösung des Feudalsystems obsolet gewordene Lehre vom geteilten Eigentum. In die Zukunft weist auch sein Eintreten für einen Besitzschutz des Mieters und Pächters. *Ernst Landsberg* hat den Dogmatiker *T.* sogar mit → *Jhering* verglichen.

Als Rechtstheoretiker nimmt *T.* noch ein Nebeneinander, und nicht (wie später die historische Schule) eine Einheit von vernünftigem und positivem Recht an. Das Naturrecht soll Lücken des positiven Rechts füllen und ein methodisches Hilfsmittel bei der Anwendung des positiven, geschichtlichen Rechts sein („Ohne Philosophie gibt es keine vollendete Geschichte; ohne Geschichte keine sichere Anwendung der Philosophie"). *T.* erkennt aber durchaus, daß die Geltung des positiven Rechts keiner naturrechtlichen Rechtfertigung bedarf und steht der voreiligen Postulierung naturrechtlicher Sätze, wie sie etwa in der → *Wolff*-Schule üblich war, skeptisch gegenüber. In seiner „Theorie der logischen Auslegung des römischen Rechts" setzt er sich für eine strenge, wenn auch nicht buchstäbliche Anwendung des positiven Rechts ein. Insofern ist der junge *T.* sogar als „Positivist" bezeichnet worden, während der alte *T.* verschiedentlich dazu neigt, unbilliges positives Recht mittels christlicher Moralvorstellungen zu korrigieren.

Hauptwerke: Juristische Enzyklopädie und Methodologie, 1797. – Versuche über einzelne Theile der Theorie des Rechts, 2 Bde., 1798 und 1801, ^{2}1817, Ndr. 1970. – Theorie der logischen Auslegung des Römischen Rechts, 1799, ^{2}1806, Ndr. 1966. – Über Besitz und Verjährung, 1802. – System des Pandekten-Rechts, 2 Bde., 1803, ^{8}1834. – Über die Notwendigkeit eines allgemeinen bürgerlichen Rechts für Deutschland, 1814, Ndr. in: J. Stern (Hrsg.): Thibaut und Savigny, 1914 (^{2}1959, ^{3}1973). – Civilistische Abhandlungen, 1814 (dort auch, als 19. Abhl., „Über die Notwendigkeit …").

Literatur: H.-P. Benöhr: Politik und Rechtstheorie: Die Kontroverse Thibaut-Savigny vor 160 Jahren, in: JuS 1974, 681-684. – *H. Dorn:* Die Rechtslehre von Anton Friedrich Justus Thibaut, Diss. Tübingen, 1958. – *L. Geldsetzer:* Einleitung zu: *A.F.J. Thibaut:* Theorie der logischen Auslegung … (s.o.), 1966. – *H. Hattenhauer:* Einführung zu: Thibaut und Savigny. Ihre programmatischen Schriften (hrsg. v. *H. Hattenhauer*), 1973. – *Ders.:* Anton Friedrich Justus Thibaut und die Reinheit der Jurisprudenz, in: Heidelb. Jahrbücher 34 (1990), 20-35. – *H. Kiefner:* A.F.J. Thibaut, in: ZRG (RA) 77 (1960), 304-344. – *H. Kiefner:* Geschichte und Philosophie bei A.F.J. Thibaut, Diss. München, 1959. – *A. Kitzler:* Die Auslegungslehre des Anton Friedrich Justus Thibaut, 1986. – *W. Mincke:* Thibaut vs. Savigny, in: Jur. Arbeitsblätter 1985, 150-154. – *R. Ogorek:* Richterkönig oder Subsumtionsautomat? Zur Justiztheorie im 19. Jh., 1986, 126-144. – *R. Polley:* Thibaut, in: Schlesw.-Holst. Biograph. Lexikon 5 (1979), 269-273. – *R. Polley:* Anton Friedrich Justus Thibaut (AD 1772-1840) in seinen Selbstzeugnissen und Briefen, 3 Tle., 1982. – *J. Rückert:* Heidelberg um 1804 oder: die erfolgreiche Modernisierung der Jurisprudenz durch Thibaut, Savigny, Heise, Martin, Zachariä u.a., in: *F. Strack* (Hrsg.): Heidelberg im säkularen Umbruch, 1987, 83-116. – *Stintzing-Landsberg:* GDtRW III 2, 69-88. – *H.-U. Stühler:* Die Diskussion um die Erneuerung der Rechtswissenschaft von 1780-1815, 1978, 177-196. – *D. Tripp:* Der Einfluß des naturwissenschaftlichen, philosophischen und historischen Positivismus auf die deutsche Rechtslehre im 19. Jh., 1983, 168-201 (dazu *J. Schröder*, ZRG [GA] 103 [1986], 408-410). – *Wieacker:* PRG, 390 f. – *W. Wiegand:* Zur Begründung der Bodenmobilisierung in der Rechtswissenschaft: der abstrakte Eigentumsbegriff, in: Wissenschaft und Kodifikation des Privatrechts im 19. Jh., hrsg. v. *H. Coing* u. *W. Wilhelm*, 3 (1976), 118-155. – *E. Wohlhaupter:* A.F.J. Thibaut und Robert Schumann, in: Dichterjuristen I, 1953, 120-166. – ADB 37 (1894), 737-744 *(E. Landsberg)*. – HRG V, 175-178 *(O. Behrends)*. – Jur., 610-612 *(J. Rückert)*. Weitere Angaben bei → *Savigny*. S.

Christian Thomasius

(1655-1728)

Der „Vater der deutschen Aufklärung" ist am 1.1.1655 in Leipzig (als Sohn des *Jacob T.*, Philosophieprofessor und Lehrer von *Leibniz*) geboren. 1672 Magister der Philosophie, durch Lektüre von Schriften → *Pufendorfs* und → *Grotius'* Anregung zu juristischen Studien, ab 1675 in Frankfurt/Oder besonders bei → *Stryk*, unter dessen Anleitung er 1679 zum Doktor beider Rechte promoviert wird. Dann Bildungsreise nach Holland, Rückkehr nach Leipzig, Heirat und Anwaltstätigkeit (besonders in Strafsachen bis 1686), die ihn jedoch nicht befriedigt, weshalb er ab 1682 auch als Privatdozent Vorlesungen über → *Pufendorfs* Naturrechtslehre an der Universität hält. 1685 Veröffentlichung der aufsehenerregenden Schrift „De crimine bigamiae", in der er, noch über → *Pufendorf* hinausgehend, die Bigamie für naturrechtlich erlaubt erklärt. 1687 Ankündigung einer deutschen Vorlesung (ein, wie *T.* berichtet, „erschreckliches und solange damals die Universität gestanden hatte, noch nie erhörtes crimen"), die von der Philosophischen Fakultät auch wegen des Themas, *Balthasar Gracians* „Regeln der Lebensklugheit", abgelehnt, von *T.* aber trotzdem gehalten wird.

1688 schafft sich *T.* ein eigenes Instrument zur schnellen Verbreitung seiner Ideen, die in deutscher Sprache erscheinenden „Monatsgespräche", eine Zeitschrift, mit der er zum Begründer des deutschen Journalismus wird. *T.s* ohnehin unsichere Stellung in Leipzig, beruhend auf der

→ *Pufendorf*-Aversion führender Leipziger Gelehrter (*Alberti*, vor ihm besonders → *Carpzov*), verschlechtert sich noch, als er offen gegen die herrschende religiöse Orthodoxie Stellung nimmt, insbesondere gegen die Lehre von der gottgewollten Obrigkeit (Streit mit dem dänischen Hofprediger *Masius*, 1689 kurfürstliche Zensuranordnung über *T.*), und in einer politisch aktuellen Frage (Vermählung von Fürsten unterschiedlicher – protestantischer – Konfession) gegen die offizielle sächsische Politik entscheidet. Ein Gutachten gegen die Theologische Fakultät zur Verteidigung des Pietisten *August Hermann Francke* hatte weiteren Anlaß zu Beschwerden gegeben. Am 10. März 1690 ergeht ein Lehr-, Disputations- und Veröffentlichungsverbot des Kurfürsten gegen *T.*, der am 18. März Leipzig verläßt und sich nach Berlin wendet.

Dort beauftragt ihn Kurfürst Friedrich III. mit der Abhaltung juristischer Vorlesungen in Halle. In Halle führt *T.* – zunächst einziger Rechtslehrer – seinen Gedanken eines dreijährigen juristischen Kursus (anstelle des bisher üblichen fünfjährigen Studiums) durch. 1692 auch Berufung → *Stryks* nach Halle, 1694 Gründung der Universität auf Grund kaiserlichen Privilegs von 1693, → *Stryk* wird erster Direktor. Starke pietistische Einflüsse auf *T.* durch *Francke* (seit 1692 in Halle), 1699 kommt es jedoch zum Bruch zwischen beiden Männern.

Nach der Konversion des sächsischen Kurfürsten zum Katholizismus bemühte sich Leipzig wieder um *T.*, der zu dieser Zeit (1705 Erscheinen der „Fundamenta Iuris Naturae et Gentium") auf der Höhe seines Ruhms stand. *T.* lehnte den Ruf jedoch ab, wurde 1709 geheimer Justizrat und 1710 (nach → *Stryks* Tod) Direktor der Universität Halle auf unbegrenzte Zeit. Ein Versuch seiner Gegner, ihn wegen seiner Schrift „De concubinatu" (in der *T.* die scharfe Unterscheidung zwischen Ehe und Konkubinat für übertrieben erklärt) zu belangen, blieb im wesentlichen erfolglos, obwohl er zu einer Zitation *T.s* vor den Reichshofrat führte (1714). In demselben Jahr wurde *T.* auch mit Gesetzgebungsaufgaben betraut, ohne daß es zu greifbaren Ergebnissen kam; *T.* meinte (1717), daß „so wenig als ein contracter, von der Gicht geplagter Mensch durch Zwang und Schläge kann curiert werden, so wenig auch die etliche saecula eingewurzelte üble Administration der Justiz durch Pönalgesetze oder Prozeßordnungen nach denen Regeln politischer Klugheit gehoben werden könne". Überhaupt ließ *T.s* Energie und Kampfesfreude in seinem letzten Jahrzehnt nach, wie sich auch in seiner – z.T. aber wohl in wissenschaftlicher Gegnerschaft begründeten – vorsichtigen Zurückhaltung bei der

Vertreibung → *Christian Wolffs* aus Halle zeigte. Am 23.9.1728 ist *T.* in Halle gestorben.

T. hat auf fast allen Rechtsgebieten fruchtbar und reformerisch gewirkt. Seine Schriften zum *Zivilrecht* zeigen durchgängig die Tendenz, das römische Recht zurückzudrängen, sei es zugunsten des Naturrechts, sei es zugunsten des deutschen Rechts. Im Streit mit dem Wittenberger Rechtsgelehrten *Lüdeke* zählt *T.* eine Fülle von Einzelfällen auf, die beweisen, daß kaum ein Zwanzigstel der Pandekten in der Praxis der deutschen Gerichte Anwendung findet. Die Sätze des römischen Rechts aber, die tatsächlich noch praktische Bedeutung haben, erklärt er im wesentlichen als naturrechtlich geboten. Die Wiederholung des Dreijahreskurses 1701-1703 hebt die Bedeutung des einheimischen deutschen Rechts hervor durch eine geschlossene Vorlesung über deutsches Privatrecht, die erste überhaupt an einer deutschen Universität. Im Gegensatz zu → *Stryk* verlangt *T.* den Nachweis der gewohnheitsrechtlichen Rezeption jeder einzelnen anzuwendenden römischen Rechtsregel. Allerdings hat *T.* die Geltung des römischen Rechts nie gänzlich bestritten und dessen richtige Auslegung durch seine Studien (die z.B. noch bei den Redaktoren des französischen code civil große Bewunderung hervorgerufen haben) zu fördern gesucht.

Große Bedeutung haben auch die *kirchenrechtlichen Schriften* des ersten Hallenser Jahrzehnts. *T.* erweist sich hier als führender Vertreter des Territorialsystems. Grundlage ist der Satz, daß gottesdienstliche Zeremonien weder naturrechtlich geboten seien, noch nach christlicher Anschauung wesentliche Bedeutung hätten. Diese „christliche" Anschauung ist die pietistische. Aus der Souveränität des Landesherrn ergibt sich seine Zuständigkeit für jede Art äußerer Regelung, sogar was Kirchenmusik und Kleidung der Kirchendiener angeht. Das „Recht evangelischer Fürsten in theologischen Streitigkeiten" (1696) beschränkt sich auf die zur Erhaltung des Friedens erforderlichen Maßnahmen. Andersgläubige Christen sind zu dulden, solange sie den Frieden nicht stören. Mit solcher Toleranz geht er, wohl unter dem Einfluß Lockes, weit über die Lehren → *Pufendorfs* hinaus. Die Grundgedanken der Herrschersouveränität, der Toleranz und des Schutzes des Individuums vor ungerechtfertigtem Machtanspruch finden in seinen Schriften zur Ketzerei (1697) verstärkte Ausprägung. Aller Zwang ist Ausfluß der Herrschersouveränität, die Kirche hat nur ein Lehramt ohne Zwangsgewalt. Das ist die Vernichtung aller kirchlichen Machtansprüche, die er als Papismus bei

Lutheranern und Reformierten bekämpft. Ketzerei ist ein bloßer Irrtum, nicht strafbarer Fehler des Willens. Auch die Äußerung ketzerischer Gedanken kann nicht strafbar sein, da man äußern darf, was man glaubt, am geeigneten Ort, in geeigneter Form. Jeder kann sich von dem Ketzer wegen seiner abweichenden Meinung distanzieren, nicht aber die staatliche Strafgewalt zu Hilfe rufen, da Glaube tatsächlich unerzwingbar ist. In Konsequenz aus diesem Satz schafft *T.* dem Individuum in Glaubens- und Gewissensdingen gesicherten Freiraum, da der Staat trotz aller Zwangsgewalt in äußeren Dingen die Gewissensfreiheit nicht beeinträchtigen kann, die Kirche aber zur verstärkten Durchsetzung ihrer Lehre gegen die individuelle Gewissensfreiheit keine Machtmittel mehr einsetzen darf. Der Gewissensbetätigung bleibt zwar nur Raum, solange der aus der Souveränität abgeleitete Machtanspruch des Staates nicht entgegensteht. Der ist aber im wesentlichen im Interesse der Erhaltung des inneren Friedens konkretisiert, nicht in der Durchsetzung kirchlicher Glaubenslehren.

Am aufsehenerregendsten und von größtem praktischen Einfluß waren *T.s strafrechtliche Arbeiten.* Zur gründlichen Beschäftigung mit dem Delikt der Hexerei wurde er durch den Widerspruch seiner Spruchkollegen, besonders → *Stryks*, 1694 angeregt, den er auf ein Gutachten zu Lasten einer Angeklagten erfuhr. Im Vorwort zu einer Ausgabe des Mystikers *Poiret* meldete er im gleichen Jahr noch erste Zweifel am Deliktscharakter der Hexerei an. 1701 erschien die Schrift „De crimine magiae". Während → *Stryk* nur die Beweisbarkeit des Delikts leugnete, verneinte *T.* seine Möglichkeit. Wesensmerkmal der Hexerei sei Pakt und fleischliche Verbindung mit dem Teufel. Da aber der Teufel wie Gott ein geistiges Wesen sei, sei eine fleischliche Verbindung unmöglich. Ein Delikt, das nicht begangen werden kann, kann auch nicht bestraft werden, alle Hexenprozesse sind einzustellen. Beißender Spott und Verhöhnung des Aberglaubens seiner Gegner sicherten seinem Werk weitere Verbreitung (dt. Auflagen 1702, 1704) und Beachtung, als sie Vorläufer wie *Weyer* und *Spee* erfahren hatten. Außerdem verurteilte er die Folter als unchristlich (1705) und wies später (1711) eine enge Verbindung zum Inquisitionsprozeß nach, den er vor allem als Werkzeug des Papstes zur Erhaltung seiner Herrschaft ansah. Eine endgültige Abschaffung der Folter hielt er aber noch nicht für möglich. Als direkte Folgen dieser Arbeiten sind anzusehen das königliche Edikt von 1714, nach dem jedes auf Folterung erkennende Urteil und jedes Todesurteil in Hexenprozessen dem König persönlich zur Überprüfung vorzulegen war, und die Abschaffung der Todesstrafe für unschädliche Zauberei durch das Verbesserte preußische Landrecht von 1721 (3. Teil, 6. Buch, 5, 4, § 1).

Der geistige Mittelpunkt im Werk von *T.* ist jedoch sein *Naturrecht* (vor allem: „Fundamenta Juris Naturae et gentium" von 1705) mit dem – für die Geschichte der philosopischen Ethik entscheidenden – Schritt zur Trennung des Rechts von Moral und Anstand durch das Merkmal der Erzwingbarkeit. Dazu löst sich *T.* weitgehend von → *Pufendorf* und greift auf → *Grotius'* Unterscheidung zwischen vollkommenen und unvollkommenen Rechten zurück. Das hat für die Naturrechtsauffassung weitreichende Folgen: Alles Recht ist positiv vom jeweiligen Herrscher gesetzt und erzwingbar. Das Naturrecht ist nur noch mit Vernunft aus Erfahrung geschlossene Ethik, unerzwingbar, bindet nur das Gewissen. Darin liegt die Vorbereitung der *Kant*ischen Lehre vom Recht. Zugleich wird aber durch die Ausgliederung des Naturrechts aus dem Recht die Entwicklung einer eigenständigen Rechtsphilosophie erforderlich, für die *T.* in seinen Kursen Ansätze bietet. – Auch die Gebote der Bibel sind keine Rechtsvorschriften, sondern bloße Gebote der Religion, die nur das Gewissen binden. Damit scheidet die lex divina positiva aus dem Recht aus, die Trennung von Theologie und Recht (schon von *Grotius* erstrebt) ist theoretisch vollzogen als Konsequenz seiner kirchenrechtlichen Arbeiten. Dementsprechend bejaht *T.* gegen die herrschende Meinung, die mit Bibelzitaten „Blut um Blut" zum Grundsatz nahm, das Recht des Landesherrn, in Tötungsfällen den zum Tode Verurteilten zu begnadigen (1707).

Das Völkerrecht, für → *Grotius* und → *Pufendorf* noch wesentliches Thema und Verkörperung des Naturrechts, verliert bei *T.* alle Bedeutung, da es nicht erzwingbar, kein Recht ist. –

Ziel aller moralischen und rechtlichen Vorschriften ist für *T.* (zweifellos eine der streitfreudigsten Gelehrtengestalten der deutschen Geschichte), Frieden zu schaffen. Bildung und Erziehung, Aufklärung ist der Weg dazu. Seit Beginn seiner wissenschaftlichen Laufbahn ist *T.* um Studienreform bemüht, wobei die wesentlichste Neuerung der Gebrauch der deutschen Sprache in der Wissenschaft ist. → *Chr. Wolff* führt diese Ansätze mit der Entwicklung einer deutschen philosophischen Terminologie auf einen Höhepunkt. Verbreitung wissenschaftlicher Erkenntnisse über den Bereich der Universität hinaus ist *T.* mit einer Vielzahl von Zeitschriften in lateinischer und deutscher Sprache gelungen. Gerade hier zeigt sich deutlicher: Die Verteidigung der ungerecht Verfolgten stellt ein Leitmotiv seines Lebens dar, im Eintreten für → *Pufendorf* und *Francke* in Leipzig, für unberechtigt der Ketzerei und des Atheismus Bezichtigte in der „Historie der Weisheit und Torheit" (1693) und den folgenden Zeitschriften, im Kampf gegen den Hexenwahn. Um so auffälliger ist daher seine neutrale Zurückhaltung bei der Vertreibung von → *Christian Wolff* aus Halle. – Praktische Verwendbarkeit des Lehrstoffes ist Grundforderung seiner Studienreform. Damit richtet er sich in der Philosophie gegen die aristotelisch-scholastische Überbetonung formaler Logik, spricht dem Syllogismus allen Erkenntniswert ab (anders → *Wolff*); in der Rechtslehre erklärt sich daher sein Kampf gegen das römische Recht; Gedächtnisübungen in Schule und Universität stellen nur eine überflüssige Belastung dar, Fremdsprachenlernen hat nur Bildungswert, wenn es zum Kennenlernen fremder Verhältnisse betrieben wird. Grundthema seines Lebens und Werks ist der Kampf gegen Vorurteile, die auf unbegründeter Autorität oder Übereilung beruhen. Im Kampf gegen den aristotelisch-scholastischen Regelzwang, die theologische Orthodoxie, den Papismus aller religiösen Richtungen, die „Ketzermacher" und den Hexenwahn hat er diese individualistische Grundhaltung durchgesetzt. Nur zwei Autoritäten bleiben unangetastet: die der reinen christlichen Lehre (Gott) und die des Herrschers. Mit dem Gebrauch der deutschen Sprache und seinen Zeitschriften hat *T.* die Wissenschaft aus der Isolierung der Gelehrtenrepublik befreit, unter seinem Einfluß ist Halle die modernste Universität des Reiches geworden, ihm ist die Errichtung des ersten Lehrstuhls für Nationalökonomie in Deutschland 1727 dort mit zu verdanken. Neben *Leibniz* hat er als einziger deutscher Gelehrter die Anerkennung Friedrichs des Großen gefunden.

Mehr noch als seine Schriften hat seine mündliche Lehre unmittelbaren Einfluß gehabt. Seine bedeutendsten Schüler sind *G. Beyer, Heineccius, N.H. Gundling*, → *J.H. Böhmer*. Unter dem Eindruck von → *Chr. Wolff* in Halle geriet sein Name zunächst in Vergessenheit, wie auch seine Ethik (die er selbst für seine wesentlichste und notwendigste Schöpfung hielt) und sein Kampf gegen das römische Recht sich nicht durchsetzen konnten. Seine wissenschaftliche Bedeutung dürfte gerade in der Anregung, in Denkanstößen liegen, die er in seinen eigenen Arbeiten meist nicht hinreichend systematisch verfolgt hat. Eine umfassende Gesamtdarstellung seines Werkes (ca. 300 Schriften) fehlt bis jetzt, obwohl die Literatur über ihn wohl bald tausend Schriften zählt.

Hauptwerke: (ohne die philosophisch-moralischen Schriften): De crimine bigamiae, 1685. – Institutiones iurisprudentiae divinae, 1688, [7]1730 (Ndr. 1963, 1994). – Primum programma Halense de instituendis lectionibus publicis et privatis philosophicis et juridicis, 1690. – De Naevis Jurisprudentiae Romanae ex Historia Juris ab eiectis Regibus ad publicatas Leges XII tabularum deductis, 1691. – An haeresis sit crimen 1697. – De crimine magiae, 1701 (dt. 1702, 1704). – De Tortura ex foris Christianorum proscribenda, 1705. – Fundamenta Juris Naturae et gentium ex sensu communi deducta, in quibus ubique secernuntur principia Honesti, Justi ac Decori cum adjuncta emendatione, ad ista Fundamenta, Institutionum Jurisprudentiae divinae, 1705 (weit. Ausg. 1708, 1713, 1718, Ndr. 1963, 1979), dt. *(J.G. Zeidler)* 1709. – Cautelae circa Praecognita Jurisprudentiae in usum auditorii Thomasiani, 1710 (dt. 1713, [2]1729). – Cautelae circa Praecognita Jurisprudentiae Ecclesiasticae in usum auditorii Thomasiani, 1712 ([2]1723, dt. 1713, [2]1729). – De concubinatu, 1713. – Notae ad singulos Institutionum et Pandectarum titulos varias Juris Romani antiquitates imprimis usum eorum hodiernum in foris Germaniae ostendentes, 1713. – Ernsthafte, aber doch muntere und vernünftige Thomasische Gedanken und Erinnerungen über allerhand auserlesene Juristische Händel, 4 Tle. 1720/21 (Forts. 1723-25: Vernünftige und christliche … Gedanken …, 3 Tle.). – Dissertationes Academicae …, 4 Bde., 1773-1780. – Ausgewählte Werke, hrsg. v. *W. Schneiders*, 1993 ff. Bibliographie: *R. Lieberwirth:* Christian Thomasius. Sein wissenschaftliches Lebenswerk. Eine Bibliographie, 1955, und (weniger umfangreich) bei *Wolf:* Rechtsdenker, 417-420.

Literatur: E. Beaucamp: Die Lex Anastasiana(:)von Thomasius zum BGB, Diss. jur. Köln, 1994. – *E. Bloch:* Christian Thomasius. Ein deutscher Gelehrter ohne Misere, 1953, Ndr. 1967. – *S. Buchholz:* Recht, Religion und Ehe. Orientierungswandel und gelehrte Kontroversen im Übergang vom 17. zum 18. Jh., 1988. – *Ders.:* Eherecht bei Christian Thomasius, in: Rechtsgesch. in den beiden dt. Staaten, hrsg. v. H. Mohnhaupt, 1991, 402-425. – *M.A. Cattaneo:* Delitto e pena nel pensiero di Christian Thomasius, 1976 (dazu *K. Luig* in: Studia Leibnitiana XII/2, 1980, 243-252). – *Conrad:* DRG II, 377, 379 f., 437 f. – *W. Ebner:* Christian Thomasius und die Abschaffung der Folter, in : Ius Commune 4 (1972), 73-80. – *M. Fleischmann:* Christian Thomasius. Leben und Lebenswerk, 1931. – *N. Hammerstein:* Jus und Historie, 1972, 43-147. – *M. Hammes:* Christian Thomasius: Kurtze Lehr-Sätze von dem Laster der Zauberey, in: JuS 1978, 584-588. – *H. Hattenhauer:* Christian Thomasius, in *M. Greschat* (Hrsg.): Gestalten der Kirchengeschichte, Bd. 8 (Die Aufklärung), 1983, 171-186. – *H. Herrmann:* Das Verhältnis von Recht und pietistischer Theologie bei Christian Thomasius, Diss. jur. Kiel, 1971 (dazu *H. Rüping* in: ZRG (KA) 59 (1973), 507-509). – *R. Hoke:* Die Staatslehre des jungen Thomasius. Seine Erstlingsschrift aus dem Jahre 1672, in: Festschr. f. Heinrich Demelius, 1973, 111-123. – *R. Lieberwirth:* Die staatstheoretischen und verfassungsrechtlichen Anschauungen von Christian Thomasius und Christian Wolff, in: Festschr. f. G.K. Schmelzeisen, 1980, 217-226. – *H. Luden:* Christian Thomasius nach seinen Schicksalen und Schriften dargestellt, 1805. – *K. Luig:* Christian Thomasius, in: Staatsdenker im 17. und 18. Jahrhundert, hrsg. v. *M. Stolleis*, [2]1987, 227-256. – *Ders.:* Der gerechte Preis in der Rechtstheorie und Rechtspraxis von Christian Thomasius (1655-1728), in: Diritto e potere nella storia europea, Firenze 1982, 775-803. – *Ders.:* Wissensch. u. Kodifik. des Privatrechts im Zeitalter d. Aufklärung in der Sicht von Christian Thomasius, in: Festschr. f. H. Coing, hrsg. v. N. Horn, 1982, 177-201. – *W. Röd:* Geometrischer Geist und Naturrecht, 1970. – *H. Rüping:* Die Naturrechtslehre des Christian Thomasius und ihre Fortbildung in der Thomasius-Schule, 1968. – *H. Rüping:* Thomasius und seine Schüler im brandenburgischen Staat, in: Humanismus und Naturrecht in Berlin-Brandenburg-Preussen, hrsg. v. *H. Thieme*, 1979, 76-89. – *Schmidt:* Einführung, 212-215. – *W. Schneiders:* Naturrecht und Liebesethik, 1971. – *Ders.:* Aufklärung und Vorurteilskritik, 1983, 92 ff. – *Ders.* (Hrsg.): Christian Thomasius (1655-1728), 1989. – *G. Schubart-Fikentscher:* Christian Thomasius. Seine Bedeutung als Hochschullehrer am Beginn der deutschen Aufklärung, 1977. – *G. Schubart-Fikentscher:* Unbekannter Thomasius, 1954. – *G. Schwerhoff:* Aufgeklärter Traditionalismus: Christian Thomasius zu Hexenprozeß und Folter, in: ZRG (GA) 104 (1987), 247-260. – *C. Soliva:* Autor legis vel Deus est vel homo, in: FS z. 65. Geb. von M. Pedrazzini, hrsg. v. E. Brem u.a., 1990, 59-71. – *Stintzing-Landsberg:* GDtRW III, 1, 71-111. – *Stolleis:* Gesch., I, 284-288. – *E. Stromberg:* Christian Thomasius (1655-1728), in: JZ 1975, 56-59. – *H. Tubies:* Prudentia legislatoria bei Christian Thomasius, Diss. jur. München, 1975. – *H. Welzel:* Naturrecht und materiale Gerechtigkeit, [4]1962, 164-167. – *Wieacker:* PRG, 315-318. – *W. Wiebking:* Recht, Reich und Kirche in der Lehre des Christian Thomasius, Diss. jur. Tübingen, 1973. – *Wolf:* Rechtsdenker, 371-423. – ADB 38 (1894), 93-102 *(E. Landsberg)*. – HRG V, 186-195 *(K. Luig)*. – Jur., 613 f. *(K. Luig)*. – StL 5 ([7]1989), 464 f. *(J. Schröder)*. Bibliographie bei *R. Lieberwirth:* Christian Thomasius (s.o.), 157 ff. und *Wolf:* Rechtsdenker, 420-423 (ältere Lit.). H.

Joseph Unger

(1828-1913)

Geb. am 2.7.1828 in Wien, Studium der Philosophie und der Rechtswissenschaft in Wien, 6.4.1850 in absentia Erwerb der philosophischen Doktorwürde der Universität Königsberg auf Grund einer Abhandlung über „Die Ehe in ihrer welthistorischen Entwicklung". Kurze Zeit im Dienst der Hofbibliothek, ab 1851 Amanuensis der Wiener Universitätsbibliothek. Von 1852 an Förderung durch den österreichischen Unterrichtsminister Graf *Thun-Hohenstein*; Übertritt zum Katholizismus und Promotion zum Doktor der Rechte (4.11.1852) in Wien. 9.6.1853 Habilitation in Wien, ab 2.8.1853 außerordentlicher Professor der Rechte in Prag. 1856 außerordentlicher, 1857 ordentlicher Professor in Wien. 1869 Mitglied des Herrenhauses des Reichstags; 1871 (25.11.) Ernennung zum Minister ohne Portefeuille und Chef der Preßleitung unter Fürst *Adolph Auersperg*. Während der Ministerzeit (bis 1879) Errichtung des österreichischen Verwaltungsgerichtshofes (1875). Ab 1881 (bis zu seinem Lebensende) Präsident des Reichsgerichts, das die Funktionen eines obersten Verfassungsgerichts wahrnahm. Ab 1881 auch für einige Jahre Wiederaufnahme der Vorlesungstätigkeit in Wien. *U.* ist am 2.5.1913 in Wien gestorben.

U. ist neben den Schöpfern des ABGB (→ *Martini*, → *Zeiller*) der einflußreichste österreichische Zivilrechtler des 19. Jahrhunderts; er gilt als Erneuerer der österreichischen Rechtswissenschaft im Sinne der historischen Rechtsschule und Überwinder der „exegetischen Schule“.

Die „exegetische Schule“ hatte sich darauf beschränkt, das Allgemeine Bürgerliche Gesetzbuch Österreichs (1812 in Kraft getreten) Paragraph für Paragraph aus sich selbst heraus zu erläutern, ohne zu einem Zivilrechtssystem vorzustoßen; dadurch war der österreichischen zunehmend der Zusammenhang mit der deutschen Rechtswissenschaft verlorengegangen. *U.s* Absicht, „den reichen Strom deutscher Wissenschaft auf die brachliegenden Fluren der österreichischen Jurisprudenz zu leiten“, deckte sich mit den Bestrebungen *Thun-Hohensteins*, die in der neuen Studienordnung von 1855 ihren Ausdruck fanden: Einführung eines überwiegend rechtshistorisch ausgerichteten ersten Studienabschnittes und Zurückdrängung des Naturrechts, dessen „hohle Frasen“ *(Thun)* eher revolutionäre Neigungen in der studentischen Jugend hervorzurufen schienen (auch *U.* hatte sich an der Bewegung von 1848 beteiligt).

Vor allem in den drei Bänden seines „System des österreichischen allgemeinen Privatrechts“ hat *U.* diese Wiedereingliederung der österreichischen in die deutsche Jurisprudenz vollzogen. In der Vorrede legt er seine Methode dar: Da jedes Gesetz – auch das ABGB – „in den meisten Punkten nichts anderes als das niedergeschriebene zur Zeit der Abfassung desselben geltende Recht ist“, kann es nicht aus sich selbst heraus gedeutet werden, vielmehr muß auf den ganzen Rechtsstoff seiner Entstehungszeit – der sich für das ABGB aus deutsch-, römisch- und „natur“-rechtlichen Elementen zusammensetzt – rekurriert werden. Daraus leitet *U.* seine erste Forderung nach intensiver Bearbeitung der

Dogmengeschichte ab. Seine zweite Forderung ist, das ABGB an den inzwischen erzielten Fortschritten der deutschen gemeinrechtlichen Wissenschaft zu messen und „zu prüfen, inwieweit die gesetzlich fixierten Sätze auf theoretische Anerkennung noch Anspruch machen können".

In der Sache hatten diese Postulate den Aufbau eines österreichischen Zivilrechtssystems ganz im Sinne des deutschen Pandektensystems zur Folge. Die das bisherige Recht völlig umgestaltende Wirkung dieses „Rezeptionsvorganges" *(Ogris)* zeigt sich etwa an der Totalübernahme der Lehren von der juristischen Person und vom Kollisionsrecht: das ABGB enthielt hier gar keine oder nur ganz fragmentarische Regelungen. Die Wiedereingliederung hatte aber auch negative Seiten: Wie in der jüngeren historischen Rechtsschule Deutschlands wird auch bei *U.* das historische Element zugunsten des systematischen und das deutsche zugunsten des (klassischen) römischen Rechts vernachlässigt. Dies führt gerade bei der Auslegung des ABGB, das viel deutschrechtliches Gedankengut enthält, zu interpretatorischen Gewaltsamkeiten, die oft auch praktisch nicht befriedigen. So wird die in § 357 vorgesehene, nach deutschen Rechtsgrundsätzen mögliche Aufteilung des Eigentums nach Befugnissen in die dingliche Belastung des Volleigentums umgedeutet oder das – den Prinzipien des ABGB nicht widersprechende – Stockwerkseigentum wegen des Satzes „superficies solo cedit" für undenkbar erklärt.

Die späteren Arbeiten *U.s* – überwiegend in → *Jherings* Jahrbüchern für Dogmatik erschienen – zeigen eine zunehmend freiere Haltung gegenüber den Lehren des römischen Rechts und berücksichtigen zunehmend auch die praktischen Bedürfnisse des Rechtsverkehrs. Berühmt sind die Aufsätze über „Verträge zugunsten Dritter" und „Handeln auf eigene Gefahr". *U.* setzte sich für eine Anerkennung der Verträge zugunsten Dritter ein, die das römische Recht verwarf („alteri stipulari nemo potest"); das BGB hat diesen Vorschlag aufgenommen. An dem Aufsatz über „Handeln auf eigene Gefahr" beeindruckt heute vor allem die souveräne Stoffbeherrschung, mit der die Fälle der Haftung für schuldloses Handeln nebeneinandergestellt werden, wenn auch das von *U.* gefundene Erklärungsprinzip (Handeln im eigenen Interesse ist Handeln auf eigene Gefahr) von der modernen Zivilrechtsdogmatik nicht mehr akzeptiert wird und einer differenzierenden Deutung (Rechtsscheinhaftung, Gefährdungshaftung, Aufopferung usw.) gewichen ist. Die Sicherheit, mit der *U.* in fast all seinen Gedanken zur Gestaltung des Haftungsrechts die zukünftige Rechtsentwicklung vorwegnimmt, zeigt aber, daß er auch für das deutsche Recht zu den bedeutendsten Dogmatikern seiner Epoche gezählt werden muß.

Hauptwerke: Über die wissenschaftliche Behandlung des österreichischen gemeinen Privatrechts, 1853. – Der Entwurf eines bürgerlichen Gesetzbuchs für das Königreich Sachsen mit besonderer Rücksicht auf das österreichische allgemeine bürgerliche Gesetzbuch, 1853. – Über den Entwicklungsgang der österreichischen Civiljurisprudenz seit der Einführung des ABGB, in: Schletters Jahrbücher der deutschen Rechtswissenschaft und Gesetzgebung I (1855), 353 ff. – System des österreichischen allgemeinen Privatrechts, Bd. I: 1856, Bd. II: 1857/59 ([5]1892), Bd. VI (Das österreichische Erbrecht, systematisch dargestellt) 1864 ([4]1894). – Die rechtliche Natur der Inhaberpapiere, 1857, Ndr. 1970. – Der revidirte Entwurf eines bürgerlichen Gesetzbuchs für das Königreich Sachsen, 1861, Ndr. 1968. – Die Verträge zugunsten Dritter, in: JhJb. 10 (1871), 1 ff. (1871 auch selbständig erschienen). – Handeln auf eigene Gefahr, in: JhJb. 30 (1891), 363 ff. (1891 auch selbständig erschienen, [2]1893, [3]1904).

Literatur: W. Brauneder, in ders.: JiÖ, 177-183, 364-366. – *S. Frankfurter:* Josef Unger – Das Elternhaus – die Jugendjahre 1828-1857, 1917. – *H. Lentze:* Joseph Unger – Leben und Werk, in: Festschr. zum 70. Geburtstag von F. Arnold („Im Dienste des Rechtes in Kirche und Staat“, hrsg. von *W. Plöchl* und *I. Gampl*), 1963, 219-232. – *W. Ogris:* Der Entwicklungsgang der österreichischen Privatrechtswissenschaft im 19. Jahrhundert, 1968 (= Schriftenreihe der juristischen Gesellschaft e.V. Berlin, Heft 32). – *W. Ogris:* Die historische Schule der österreichischen Zivilistik, in: Festschr. H. Lentze, 1969, 449-496. – *G. Segré:* Sull'opera scientifica di Giuseppe Unger, in: Scritti giuridici I (1930), 129ff (Erstdruck: Rivista di diritto civile, 1914, 585 ff.). – *Sinzheimer:* JK, 83-95. – *Stintzing-Landsberg:* GDtRW III 2, 917-924. – *E. Strohal:* Joseph Unger, 1914. – *M. Wlassak:* Josef Unger. Ein Nachruf, verfaßt für den Almanach der Kaiserlichen Akademie der Wissenschaften, 1913. – Jur., 628 f. *(B. Dölemeyer).* S.

Francisco de Vitoria

(1480/1492-1546)

Geb. ca. 1492 (nach anderer Ansicht zwischen 1480 und 1486) im kastilischen Burgos (nach anderer Ansicht in Vitoria), als einer von drei Söhnen von *Pedro de Vitoria* und *Catalina de Compludo*. Er tritt in den Dominikanerorden im Kloster von San Pablo, Burgos, ein. Ca. 1508 geht er nach Paris, wo er zuerst Kunst und Philosophie studiert und mit Humanismus sowie Nominalismus in Berührung kommt. 1509 wird er zum Priester geweiht. Um 1512/13 beginnt er Theologie zu studieren und wird dabei wesentlich von seinem flämischen Mitbruder und Lehrer

Peter Crockaert beeinflußt, der in Paris die „Summa Theologica" des *Thomas von Aquin* als Lehrbuch einführte. Deren zweiten Teil gibt *V.* zusammen mit *Crockaert* heraus. 1520/21 ediert *V.* die „Sermones dominicales" seines Landsmannes *Pedro de Covarrubias* und die „Summa aurea" des *St. Antonius von Florenz.* 1522/23 erlangt *V.* den theologischen Doktortitel der Universität Paris. Zur gleichen Zeit schreibt er eine Einleitung zu einer neuen Ausgabe des „Repetitorium morale" des französischen Scholastikers *Pierre Bersuire* (ca. 1290-1362). Nach seiner Rückkehr nach Spanien 1523 lehrt er zunächst Theologie in Valladolid am Colegio de San Gregorio. Im Jahre 1526 erringt er die „Cátedra de Prima", den bedeutendsten theologischen Lehrstuhl der Universität Salamanca. Im Rahmen der Inquisition beschäftigt sich *V.* 1527 mit den Schriften des *Erasmus von Rotterdam.* 1545 wird *V.* von Karl V. als Delegierter für das Konzil von Trient nominiert, kann dieser Aufforderung wegen seines schlechten Gesundheitszustandes aber nicht nachkommen. *V.* stirbt am 12.8.1546 in Salamanca.

V. gilt als Begründer der *Schule von Salamanca* und ist einer der hervorragendsten Vertreter der spanischen Spätscholastik. Seine Lehre knüpft an die Traditionen der griechischen Philosophie, der christlichen Theologie, des römischen und kanonischen Rechts an. Er selbst hat seine Werke nicht veröffentlichen lassen; die heute vorliegenden Texte gehen auf Mitschriften seiner Schüler in lateinischer Sprache zurück. Seine wohl wichtigsten Gedanken sind in Sondervorlesungen zu aktuellen Fragen („Relectiones") entwickelt, von denen dreizehn erhalten sind. Sie wurden 1557 erstmals durch den französischen Verleger *S. Boyer* in Lyon veröffentlicht. Eine zusammenhängende Ausgabe der Kommentare zur „Secunda secundae" der „Summa theologica" des *Thomas von Aquin*, die sein Denken stark beeinflußt hat, sowie zu deren Traktat „De lege" erschien erst zwischen 1932 und 1952. Der übrige Teil des Kommentars ist – soweit erhalten – nur in Handschriften vorhanden.

V.s „Relectiones" befassen sich fast ausschließlich mit Moraltheologie. In diesem Rahmen nimmt die Lehre von Recht und Gerechtigkeit einen wichtigen Platz ein. Die wichtigsten Relectiones zu juristischen Themen sind die Relectio „De potestate civili", die Relectio „De Indis" und die Relectio „De jure belli". In seiner Relectio „De potestate civili" entwickelt *V.* eine Theorie der Staatsgewalt. In der Relectio „De Indis" und in der Relectio „De jure belli" problematisiert er die Eroberung und Kolonisierung Amerikas durch die Spanier. In seinem Kommentar zum Traktat „De justitia" der „Summa theologica" des *Thomas von Aquin* behandelt *V.* juristische Fragen in Bezug auf das Eigentum und die Wirtschaft. Aber auch in seinen übrigen Werken tauchen immer wieder juristische Gedanken auf.

In seiner Naturrechtslehre legt *V.* dar, daß jeglicher Ursprung und Ziel des Rechts sich in Gott befindet, und daß deshalb der Verpflichtungsgrund des jus naturale in seiner göttlichen Setzung liegt. Im Gegensatz zur überkommenen Lehre, die die sittlichen Normen in der Offenbarung gründen läßt, ist *V.* der Meinung, daß die Grundforderungen der menschlichen Sittlichkeit vermittels der bloßen Vernunft erkannt werden können. Bemerkenswert in seiner Rechtslehre ist auch, daß *V.* außer dem objektiven Recht bereits ein Recht im subjektiven Sinne kennt: „Jus" bedeutet für ihn auch die Erlaubnis beziehungsweise die Ermächtigung, sich bestimmter Dinge zu bedienen. Daß *V.* deswegen als Erfinder der Lehre vom subjektiven Recht angesehen werden kann, erscheint aber nicht gesichert.

Angesichts der veränderten weltgeschichtlichen Lage zu Beginn des 16. Jahrhunderts (Entdeckungen in Übersee, Erschütterung der geistigen Einheit der römischen Kirche durch die Reformation) entwickelt *V.* seine Staatslehre und eine Vision der Einheit der Völkergemeinschaft: In seiner Staatslehre geht *V.* von der „societas perfecta" aus, einer Gemeinschaft, in der alle Mittel vorhanden sind, um das gemeinsame Ziel zu erreichen. Staatszweck ist für ihn das zeitliche Wohl der Staatsbürger. Träger der Staatsgewalt ist die Gemeinschaft der Staatsbürger, die diese Gewalt auf einen Herrscher übertragen können. Letztendlich aber ist Gott der Urheber des Staates. *V.* führt die potestas regia auf Naturrecht zurück, denn aus der menschlichen Natur selbst folgert er die Notwendigkeit von staatlicher Ordnung. Da der Herrscher die Souveränität aber nur von Gott über die Gemeinschaft übertragen bekommen hat, definiert *V.* Grenzen der Souveränität des Herrschers, nämlich nach innen die Bindung an das bonum commune der respublica, nach außen an das bonum der (Völker-)gemeinschaft.

Aus dieser Sicht kommt *V.* zu seiner Theorie vom jus gentium auf der Grundlage der aristotelisch-augustinisch-thomasischen Naturrechtslehre. Ansatzpunkt ist dabei die Erkenntnis, daß die Staaten und die internationale Gemeinschaft nicht auf dem Glauben, sondern auf der sozialen Natur des Menschen beruhen, wobei alle Menschen und Völker als gleich anzusehen sind. Somit gebe es eine die ganze Menschheit umspannende Rechts-/Staatengemeinschaft („... totus orbis ... qui aliquo modo est una respublica, ..."). Die Verbindlichkeit der Völkerrechtssätze leitet *V.* aus dem Naturrecht ab: aus der sittlichen Norm des gerechten Zusammenlebens der Völker. Soweit sie sich aber nicht unmittelbar aus dem Naturrecht ergäben, reiche der Konsens des größeren Teils der Völkergemeinschaft aus. In diesen Fällen setze das Volk selbst positives Recht. Ob *V.* für dieses Recht erstmalig bewußt den Ausdruck „ius inter gentes" gebraucht hat, ist streitig. Fest steht aber, daß er mit seiner Orbis-Idee wesentlich zur Entwicklung des modernen Völkerrechts beigetragen hat. Allerdings unterscheidet *V.* das ius gentium noch nicht so klar vom Naturrecht wie nach ihm → *Suárez*.

Bemerkenswert an *V.'s* Lehre ist besonders, daß er auch diejenigen, die den christlichen Glauben nicht bekennen, für rechtsfähige Glieder der Menschengemeinschaft hält, da alle Menschen wegen ihrer Gottesebenbildlichkeit vernunftfähig sind. Deshalb sieht sich *V.* dazu veranlaßt, in seiner Relectio „De Indis" scharfe Kritik an der spanischen Eroberungspolitik zu üben. Denn das gewaltsame Vorgehen, die Ausbeutung und die Unterdrückung gegenüber den Indianern sei nicht rechtmäßig. Hervorzuheben ist aber auch, daß *V.* schon zu der damaligen Zeit die Staatengemeinschaft als eine natürliche Verkehrs- und Handelsgemeinschaft ansieht, weshalb kein Ausländer grundlos vom Handelsverkehr ausgeschlossen, noch ihm das Betreten eines Staates ohne besonderen Grund verboten werden dürfe. Freizügigkeit und Handelsfreiheit seien Ausdruck universaler communicatio und societas. Damit rechtfertigt er im Prinzip doch die Kolonisierung Amerikas durch die Spanier. Wenn *V.* allerdings Meere, Häfen und Flüsse usw. allen gemeinsam zuordnet, denkt er noch nicht an den modernen Begriff der Souveränität.

Zum Kriegsrecht postuliert *V.*, daß nur der Krieg erlaubt sei, der einen gerechten Grund habe, der der Verteidigung des Gemeinwohls diene. Dabei könne es aber vorkommen, daß der Krieg von beiden Seiten ein gerechter sei, nämlich, wenn einer der Kriegführenden sich im Irrtum über den gerechten Grund befände.

Ob *V.* mit alledem als Schöpfer der modernen Lehre vom Völkerrecht angesehen werden kann, ist zweifelhaft, denn es findet sich bei ihm noch keine dogmatisch zusammenhängende Theorie. Sein Verdienst ist es aber, neben einigen anderen spanischen Spätscholastikern wesentliche Denkanstöße für die Entwicklung einer modernen Völkerrechtslehre gegeben zu haben. So gehen vor allen Dingen die Ideen von → *Hugo Grotius* auf das Gedankengut der mittelalterlichen Scholastik und der spanischen Spätscholastik zurück; besonders mit seiner Relectio „De iure belli" scheint *V.* großen Einfluß auf → *Grotius* ausgeübt zu haben.

In seiner Eigentumslehre gebraucht *V.* den Begriff „dominium" als Inbegriff aller dinglichen und obligatorischen Rechte, anstatt ihn wie zu seiner Zeit üblich mit „Herrschaft" zu gleichzusetzen. *V.* hält das Privateigentum im Gegensatz zu *Thomas von Aquin* für eine Institution des positiven menschlichen Rechts: Die Gesamtheit habe mangels einer göttlichen Teilungsanordnung einen Teilungsvertrag geschlossen. Eigentum können ihm zufolge alle vernunftbegabten Lebewesen haben, also auch – anders als nach der herrschenden Lehre seiner Zeit – die Indianer. Im Gegensatz zu seinen anderen Lehren blieben aber *V.s* privatrechtliche Gedanken ohne größeren Einfluß.

Hauptwerke: De indis recenter inventis et de iure belli Hispanorum in Barbaros (1539), lat. nebst dt. Übers., hrsg. v. *W. Schätzel*, Tübingen 1952. – Las relecciones del estado de los indios y del derecho de la guerra, traducción por *T. Urdánoz* con una introducción de *A. Gómez Robledo*, 1974. – Leçon sur le pouvoir politique. Introduction, traduction et notes par *M. Barbier*, 1980. – Relectio de iure belli o paz dinámica. Escuela Española de la paz. Primera generación (1526-1560). Por *L. Pereña* u.a., 1981. – Über die staatliche Gewalt (De potestate civili), eingeleitet und übersetzt von *R. Schnepf*, 1992. – Auswahl in dt. Übers.: Die Grundsätze des Staats- und Völkerrechts bei Francisco de Vitoria. Dt. Übers. v. *C.J. Keller-Senn*, hrsg. v. *A. Truyol Serra*, 1947. Comentarios a la Secunda secundae de Santo Tomás, hrsg. v. *Vicente Beltrán de Herediá*, 6 Bde, 1932-52. – Gesamtausgaben der Relecciones: Relecciones teológicas, hrsg. von *Luis G. Alonso Getino*, 3 Bde., 1933-1935. – Relecciones teológicas; Edición critica del texto latino, version española, introducción general e introducciones con el estudio de su doctrina teológico-jurídica por el P. Teófilo Urdánoz, 1960. – Relecciones teológicas, 3 Bde., traducción de Jaime Torrubiano Ripoll, 1917. Bibliographien: *V. Beltrán de Heredia*, Cronología de las Lecturas y de las Relecciones del maestro V. In: Ciencia Tomista (C. Tom.) 36 (1927), 329-73. – *R.C. González*, Fr. de V. Estudio bibliográf. 1946. Auszug in: C. Tom. 72 (1947), 192-198.

Literatur: L.G. Alonso Getino: El Maestro Fray Francisco de Vitoria. Su vida, su doctrina e influencia, 1930. – *C. Barcía Trelles:* Francisco de Vitoria, fundador del derecho internacional moderno, 1928. – *V. d. Carro:* La „comunitas orbis" y las rutas del derecho internacional según Francisco de Vitoria, 1962. – *V. Beltran de Heredia:* Ideas del Maestro Fray Francisco de Vitoria anteriores a las Relecciones „De Indis" acerca de la colonización de América según documentos inéditos, in: Anuario de la Asociación Francisco de Vitoria (AAFV) 2, 1929/30, 23-68. – *D. Deckers:* Gerechtigkeit und Recht. Eine historisch-kritische Untersuchung der Gerechtigkeitslehre des Francisco de Vitoria, 1991. – *W. Grewe:* Epochen der Völkerrechtsgeschichte, ^{2}1988. – *P. Hadrossek:* Leben und Werk des Franciscus de Victoria, in: Die Klassiker des Völkerrechts, Bd. 2, hrsg. v. *W. Schätzel*, 1952, 11-26. – *B. Hamilton:* Political thought in sixteenth-century spain, 1963. – *H. Hattenhauer:* Europäische Rechtsgeschichte, ^{2}1994, 351-355. – *C.L. Hernández:* Ley, evangelio y derecho canonico en Francisco de Vitoria, 1981. – *R. Hernández:* Derechos Humanos en Francisco de Vitoria, 1984. – *Ders.:* Personalidad de Francisco de Vitoria, in: C. Tom. 114, S. 37-69. – *J. Höffner:* Kolonialismus und Evangelium, 1969, 303 ff. – *H.-G. Justenhoven:* Francisco de Vitoria zu Krieg und Frieden, 1991 (mit ausführlichen Literaturhinweisen). – *H. Kipp:* Moderne Probleme des Kriegsrechts in der Spätscholastik. Eine rechtsphilos. Studie über die Vorauss. des Rechts zum Kriege bei Vitoria und Suárez (Görres-Gesellschaft. Veröff. der Sektion für Rechts- u. Staatswiss., Heft 68), 1935. – *A. de La Pradelle:* Maitres et doctrines du droit des gens, 1950, 33-48. – *A. Mangas Martín* (Hrsg.): La escuela de Salamanca y el derecho internacional en América. Del pasado al futuro. 1993 (*A. Truyol y Sierra*, 17-25; *C. de Arenal Moyúa*, 27-48; *J.A. Carrillo Salcedo*, 49-54; *F. Orrego Vicuña*, 139-153; *V. Marotta Rangel*, 205-214). – *U. Matz*: Vitoria, in: Klassiker des politischen Denkens, hrsg. v. *H. Maier* u.a., Bd. 1, München 1979, 274-292. – *T. Maunz:* Francisco de Vitoria und die Völkerrechtslehre unserer Zeit, in: Hist. Jahrb. 70 (1951), 131-141. – *A. Molina Meliá:* Iglesia y Estado en el Siglo de Oro Español, 1977. – *A. Nußbaum:* Geschichte des Völkerrechts, 1960, 87-93. – *G. Otte:* Das Privatrecht bei Francisco de Vitoria, 1964. – *A. Pagden / J. Lawrence:* Einleitung zu: Francisco de Vitoria, Political Writings, 1991. – *J.-L. Rodriguez-Molinero:* La Doctrina Colonial de Francisco de Vitoria o del Derecho de la Paz y de la Guerra, 1993. – *C. Ruiz del Castillo:* Las relaciones entre los derechos del hombre y el derecho internacional según las inspiraciones de Francisco de Vitoria, in: AAFV 9, 1948/49, 39-68. – *J. Soder:* Die Idee der Völkergemeinschaft. Francisco de Vitoria und die philosophischen Grundlagen des Völkerrechts, 1955. – *A. Truyol Serra u.a.*: Actualité de la pensée juridique de Francisco de Vitoria, 1988. – *A. Verdross*, Abendländische Rechtsphilosophie, 1958, 85-92. – *P. Walter:* Recht und Gemeinschaft bei Francisco de Vitoria (1483-1546), Diss. phil. Bonn (Mschr.), 1951. – *L.B. Walters:* Five just-war theories, 1971. – *K.-H. Ziegler:* Völkerrechtsgeschichte, 1994, 163 f. – Jur., 639 f. (*K. Seelmann*). – StL 7 (1989), 764 f. *(H.-F. Köck)*. Weiteres zu Vitoria und seinen Zeitgenossen findet sich in: *Anuario de la Asociación Francisco de Vitoria*, ab 1928. – Weitere Literaturangaben in: *W. Totok*, Hdb. der Geschichte der Philosophie, Bd. III: Renaissance, 1980, 531-537.

A. Körner

Johannes Voet

(1647-1713)

Am 3.10.1647 in Utrecht als Sohn des Rechtsprofessors *Paulus Voet* geboren. Nach Besuch der Lateinschule Studium in Utrecht und Frankreich, wo er wahrscheinlich den Doktortitel erwirbt. 1670 wird *V.* Professor in Herborn, 1674 wechselt er unter der Bedingung, die ersten zwei Jahre umsonst Vorlesungen zu halten, nach Utrecht. 1680 Professor in Leiden für römisches Recht, 1687 anläßlich eines Rufes nach Utrecht Ausweitung seines Lehrauftrages auf heutiges Recht; damals auch rector magnificus. *V.* stirbt am 9.9.1713 in Utrecht.

V. gehört zu den angesehensten Vertretern des „Usus modernus" in den Niederlanden. Ob man ihn zur eleganten niederländischen Schule (→ *Bynkershoek*) zählen kann, ist umstritten, richtigerweise aber wohl zu verneinen: Gegenstand seiner Arbeit war zwar neben dem aktuellen Recht auch das römische, jedoch nur, soweit es für seine Zeit Bedeutung hatte. Gelegentlich in seinen Werken zu findende Versuche, das klassische römische Recht zu rekonstruieren, sind mehr spekulativ und bedienen sich nicht der humanistischen Methoden der eleganten Schule. So ist *V.* etwa in seinen Hypothesen zu der lex Aquilia weit von den später entdeckten Gaiusinstitutionen entfernt.

V.s Ruhm gründet sich vor allem auf seinen Pandektenkommentar, der etwa hundert Jahre lang zu den Standardwerken des gemeinen Rechts in Europa gehörte (in Deutschland sind allerdings von *V.s* Werken weit weniger Ausgaben gedruckt worden als z.B. von → *U. Huber* oder → *Noodt*). Der erste Teil des Werkes erschien 1698, der zweite 1704. Der Kommentar folgt der Obereinteilung der Pandekten nach Büchern und Titeln, legt aber – wie es schon seit dem 16. Jh. mehr und mehr üblich geworden war – innerhalb der Titel nicht mehr die römischrechtliche

„Legalordnung" zu Grunde. Die Erläuterungen zu den einzelnen Titeln beginnen jeweils mit einer Aufzählung der wichtigsten behandelten Fragen. Gerade in diesem Werk kombiniert *V.* römisches mit dem zu seiner Zeit aktuellen Recht, seine Darlegungen verbindet er mit Fällen aus der Gerichtspraxis. *V.s* Kommentar hat noch heute in Südafrika Bedeutung für das dort geltende römisch-holländische Recht (→ *Grotius*). – Von den übrigen Gesamtdarstellungen *V.s* zu den römischen Rechtsbüchern sind noch sein „Compendium juris juxta seriem Pandectarum" (1682) und seine „Elementa juris secundum ordinem Institutionum Justiniani" (1700) erwähnenswert. Beide Werke waren ursprünglich von *V.* für seine Studenten geschrieben; die „Elementa" wurden auch ins Niederländische übersetzt und zusammen mit Arbeiten von *Vinnius* gedruckt.

Weitere Bedeutung hat *V.* für das internationale Privatrecht. Allerdings entwickelt er hier keine eigenen Ideen, sondern führt nur das von seinem Vater *Paulus Voet* erstmals angesprochene Prinzip der „comitas" (→ *U. Huber*) näher aus. Er verwendet den bekannten Vergleich des Staats mit einem Bürger, der seinen Mitmenschen nicht entgegenkommen muß, dann aber auch nicht auf deren Entgegenkommen rechnen kann und deshalb nicht besser lebt, als wenn er Zugeständnisse machen würde. Daneben hat er der Statuteneinteilung seines Vaters in statuta personalia, realia und mixta durch seine eigene Autorität Geltung verschafft. Letztlich bleibt *V.* auf dem Gebiet des internationalen Privatrechts aber nur der Vollzieher seines Vaters.

Wie man *V.s* Rang im Vergleich zu den „eleganten" niederländischen Juristen seiner Zeit (→ *Bynkershoek*, → *U. Huber*, → *Noodt*) einzuschätzen hat, ist umstritten. Sicherlich unterscheidet sich *V.* von diesen Gelehrten dadurch, daß er nicht nach den gleichen Methoden wie sie gearbeitet hat und daß seine Veröffentlichungen für die Praxis seiner Zeit besonders hilfreich gewesen sind. Doch rechtfertigt dies wohl nicht, ihm den Vorrang vor seinen Zeitgenossen einzuräumen.

Hauptwerke: De jure militari liber singularis, 1670 (1705). – De erciscunda familia liber singularis, 1672 (1700). – De advocatis, 1674. – De judicibus, 1680. – Compendium juris juxta seriem Pandectarum ..., 1682 (1688, 1707, zahlr. weit. Auflagen). – Oratio de docentium et discentium officio, 1687. – De jungenda Romani cum hodierni juris scientia, 1688. – Commentarius ad Pandectas. In quo, praeter Romani juris principia ac contoversiae illustriores, jus etiam hodiernum et praecipue fori quaestiones excutiuntur, 1. Tl. 1698, 2. Tl. 1704 (1707, zahlr. weit. Auflagen). – Lijkrede op Antonius Matthaeus III, 1710. – Elementa juris secundum ordinem Institutionum

Justiniani ..., 1700 (1712). – Over voogdijen, 1774. Bibliographie: *M. Ahsmann / R. Feenstra:* Bibliographie van hoogleraren in rechten aan de Leidse universiteit tot 1811, 1984, und *René Dekkers:* Bibliotheca Belgica Juridica, 1951, 181.

Literatur: J.A. Ankum: De Geschiedenis der „Actio Pauliana", 1962. – *G.C.J.J. van den Bergh:* Geschichtsbewußtsein im 17. Jahrhundert. Die Verdunkelungen der rechtshistorischen Leistungen der Eleganten Schule durch die Historische Schule, in: D. Simon (Hrsg.): Akten des 26. Deutschen Rechtshistorikertages, Frankfurt a.M. 22.-26. September 1986, 1987, 527 ff. – *G.C.J.J. van den Bergh:* Die Holländische Schule und die Historische Schule: Weiteres zur Geschichte eines Mißverständnisses, in: R. Feenstra / C. Coppens (Hrsg.): Die rechtswissenschaftlichen Beziehungen zwischen Deutschland und den Niederlanden in historischer Sicht, 1991, 59 ff. – *R. Feenstra:* Dictata van Johannes Voet en Gerlach Scheltinga op de Inleidinge van Hugo de Groot, in: TRG 56 (1988), 93-133. – *R. Feenstra / R. Zimmermann:* Das römisch-holländische Recht, 1992, 39 ff. – *R. Feenstra / C.J.D. Waal:* Seventeenth-century Leyden law professors and their influence on the development of the civil law. A study of Bronchorst, Vinnius and Voet, 1975. – *M. Gutzwiller:* Geschichte des Internationalprivatrechts von den Anfängen bis zu den großen Privatrechtskodifikationen, 1977, 140 ff. – *C.J.H. Jansen:* Natuurrecht of Romeins Recht, 1987. – *J.F. Jugler:* Beyträge zur juristischen Biographie 2 (1775), 348 ff. – *R.D. Kollewijn:* Geschiedenis der Nederlandsche Rechtswetenschap, 1937, 109 ff. – *A.A. Lee:* A guide to Voet, 1933. – *T.J. Veen / P.C. Kop*: Zestig Juristen, 1987, 130 ff. m.w.N. (*P.C. Kop*).– *A..J. van der Aa:* Biographisch Woordenboek der Nederlanden Bd. 19 (1874), 303 f. – Jur., 641 *(M. Ahsmann).*

T. Moosheimer

Bernhard Windscheid

(1817-1892)

Geb. am 26.6.1817 in Düsseldorf. Dort 1834 Abitur. Studium der Rechtswissenschaft in Berlin, wo *W.* vor allem → *Savigny* hört, und Bonn. 1837 zweite juristische Staatsprüfung, 1838 Promotion in Bonn (22.12.) „De valida mulierum intercessione". 1840 Habilitation in Bonn, dort 1847 Ernennung zum außerordentlichen Professor, 1847 Berufung nach Basel als ordentlicher Professor des Römischen Rechts. Ab 1852 Professur in Greifswald. Ab 1856 Freundschaft mit → *Jhering*, die sich allerdings mit der zunehmenden Divergenz ihrer wissenschaftlichen Ansichten etwas abkühlt. 1857 wird *W.* nach München berufen, 1871 als Nachfolger *Vangerows*, eines der erfolgreichsten Rechtslehrer des 19. Jahrhunderts, nach Heidelberg. Ab 1874 Professur *W.s* in Leipzig, Mitglied der Kommission für die Ausarbeitung des Entwurfs eines Bürgerlichen Gesetzbuchs für das Deutsche Reich. Wegen der Kommissionsarbeit unterbrach

W. von 1880 bis 1883 seine Leipziger Lehrtätigkeit. 1883 schied er aus der Kommission aus, um sich ganz seinen Aufgaben in Leipzig widmen zu können, aus demselben Grund lehnte er auch mehrere Berufungen nach Berlin ab. Er ist am 26.10.1892 in Leipzig gestorben.

Das deutsche BGB von 1896, und zumal dessen in seiner Grundhaltung auch für die endgültige Fassung maßgebender erster Entwurf, ist häufig als ein in Gesetzesparagraphen gebrachtes *Windscheid*sches Pandektenlehrbuch bezeichnet worden. Dieser Einfluß *W.s* erklärt sich weniger aus

seiner Kommissionstätigkeit – die allerdings wohl sehr wirkungsvoll war – als aus der beherrschenden Stellung seines Lehrbuchs, das die für Wissenschaft und Praxis in der zweiten Hälfte des 19. Jahrhunderts maßgebliche Zusammenfassung der Lehren des gemeinen römischen Rechts enthielt. *W.* hat den sieben Auflagen dieses Lehrbuchs dreißig Lebensjahre fast ausschließlich gewidmet. Seine Bemühungen, die gesamte neu erscheinende Literatur zu erfassen und kritisch zu verarbeiten, ließen das Lehrbuch schließlich als die „zentrale Sammelstelle" *(Landsberg)* der Pandektenwissenschaft erscheinen. Damit ist aber seine große Bedeutung noch nicht erklärt. Entscheidend war wohl, daß *W.* den Bedürfnissen der Praxis weit entgegenkam, indem er – obwohl sich selbst noch zur historischen Rechtsschule zählend – auf die geschichtliche Behandlung der römischen Quellen ganz verzichtete und nur nach der für die Gegenwart praktikablen Einordnung suchte, wobei seine „Neigung zu mittleren Lösungen" *(Wieacker)* sich als besonders vorteilhaft erwies. Mit diesem Pragmatismus – den er selbst als das Bestreben bezeichnete, „das römische Recht, dessen wir nicht entraten wollen und nicht entraten können, in ein Recht umzugießen, welches nicht mehr ein fremdes Recht ist, sondern unser Recht, das römische Recht auf seinem eigenen Boden zu überwinden" – setzte er sich in Widerspruch zu konservativen Romanisten (*Muther* warf ihm sogar „moderne Afterphilosophie" vor und vermutete Einflüsse des – Greifswalder – „College(n) → *Beseler*"). *W.s* bekannteste dogmatische Erfindungen zeigen denn auch das Bestreben, die römischen Quellen dem Verständnis und den Bedürfnissen der Gegenwart entsprechend zu interpretieren: Das gilt einmal für die Deutung der „actiones" – im römischen Recht Klageform, also ein prozessuales Institut – als „Ansprüche", also materielle Rechte, die der Verwirklichung eines hinter ihnen stehenden umfassenderen Rechts dienen (z.B. der Anspruch des Eigentümers gegen den Besitzer auf Herausgabe der Sache als Verwirklichung des Eigentumsrechts). Der Anspruchsbegriff ist im Anschluß an *W.* zu einem der Zentralbegriffe der gegenwärtigen Zivilrechtsdogmatik geworden und hat sich auch im Straf- (Lehre vom Strafanspruch) und Prozeßrecht (Lehre vom Rechtsschutzanspruch) ausgewirkt. Eine praktisch noch wichtigere Dogmenentwicklung hat *W.s* Lehre von der „Voraussetzung" vorweggenommen. *W.* verstand darunter eine nach außen erkennbare Beschränkung des Geschäftswillens auf Folgen, die sich bei Vorhandensein eines bestimmten Umstands ergeben. Beim Fehlen dieses Umstands sollte der Erklärende nicht zur Leistung verpflichtet sein, auch wenn die „Voraussetzung" nicht ausdrücklich zur Bedingung des Geschäfts gemacht worden war. Diese Lehre wurde zunächst mit der Begründung bekämpft, daß sich die „Voraussetzung" nicht vom – anerkanntermaßen für die Wirksamkeit der Erklärung unbeachtlichen – „Motiv" abgrenzen lasse. Man nahm sie aber dankbar wieder auf, als nach dem Ersten Weltkrieg viele Verträge wegen des durch die Inflation bewirkten Mißverhältnisses von Leistung und Gegenleistung einer Korrektur bedurften: Diese wurde nun dogmatisch mit dem – zunächst ganz im Sinne der „Voraussetzung" individualpsychologisch verstandenen – Begriff der „Geschäftsgrundlage" bewältigt.

Trotz dieser relativen Modernität blieb *W.s* Pandektenrecht doch ein im wesentlichen rückgewandtes Zivilrechtssystem, das den Anforderungen des späten 19. Jahrhunderts nicht gerecht werden konnte. Der Grund ist, daß auch noch für *W.* das römische Recht den Idealfall einer Zivilrechtsordnung darstellt: Das römische Recht ist nichts „als der Ausdruck allgemein menschlicher Auffassungen allgemein menschlicher Verhältnisse ... daher unmittelbar verwertbar, wo civilisierte Menschen zusammenleben". Zwar sieht *W.* die Rezeption nicht wie → *Savigny* und → *Puchta* als Ergebnis der Volksüberzeugung, nähert sich insofern sogar eher → *Beselers* Auffassung vom volksfeindlichen Juristenrecht. Im Gegensatz zu → *Beseler* nimmt er aber die Rezeption als geschichtliche Tatsache hin und sieht in ihr auch einen beträchtlichen Gewinn für die deutsche Rechtskultur. Die Aufgabe der Rechtswissenschaft wird nur in einer gewissen Modernisierung des römischen Rechts erblickt.

Methodologisch führt *W.* im wesentlichen → *Puchtas* Begriffsjurisprudenz fort, und auch sonst steht er in der Tradition des Idealismus der frühen historischen Schule: einerseits in der Ablehnung eines für alle Orte und Zeiten gültigen „Natur"-rechts, andererseits in der Vorstellung, daß es die Aufgabe des Zivilrechts sei, dem Individuum einen Freiheitsraum für sittliches Handeln zu eröffnen, weshalb das als „Willensmacht" verstandene subjektive Recht der oberste Begriff des Systems bleibt. Typisch für die Pandektistik des späten 19. Jahrhunderts ist *W.s* Einstellung zur Rechtsanwendung und zur Rechtspolitik: Die richterliche Entscheidung ist ein reiner Denkvorgang, bei dem „Takt" und Rechtsgefühl nichts zu suchen haben. Wenn sich das Ergebnis des Denkens vom Gefühl unterscheidet und auch bei Überprüfung des Denkvorgangs „trotz alledem das juristische Denken von seinem Resultat nicht ablassen will, dann soll der Richter entscheiden, wie er gedacht hat, nicht wie er fühlt". Rechtspolitik ist nicht Sache der Juristen; daher kann auch die Gesetzgebung in Gebieten, bei deren Regelung ethische, volkswirtschaftliche und politische Erwägungen angestellt werden müssen – *W.* nennt Eherecht, Gewerberecht, Sozialversicherungsrecht, Scheckrecht (!) – nicht in die Hände der Juristen gelegt werden. Diese „edle Schuld des unzeitigen Verzichts auf die Verantwortung und die Tat" *(Wieacker)* liegt freilich nicht nur bei *W.*, sondern bei der gesamten Pandektenwissenschaft seiner Epoche; und ob man überhaupt von einer „Schuld" sprechen kann, hängt von Grundvorstellungen über die Aufgabe der Rechtswissenschaft ab, die vielleicht einer wissenschaftlichen Diskussion gar nicht zugänglich sind.

Hauptwerke: Zur Lehre des Code Napoleon von der Ungültigkeit der Rechtsgeschäfte, 1847, Ndr. 1969. – Die Lehre des römischen Rechts von der Voraussetzung, 1850. – Die Wirkung der erfüllten Bedingung, 1851. – Recht und Rechtswissenschaft, 1854. – Die actio des römischen Civilrechts vom Standtpunkte des heutigen Rechts, 1856. – Die actio. Abwehr gegen Dr. Theodor Muther (Ndr. der beiden letzten Schriften nebst der Rezension *Muthers:* 1969). – Lehrbuch des Pandektenrechts (3 Bde., Bd. I 1862, Bd. II 1865/66, Bd. III 1870), [7]1891; die weiteren Auflagen bearbeitet von *Th. Kipp:* [9]1906, Ndr. 1963. Bibliographie bei *Wolf:* Rechtsdenker, 619 f.

Literatur: U. Falk: Ein Gelehrter wie Windscheid, 1989. – *Ders.:* Das letzte Wort der deutschen Rechtswissenschaft. Zur Rechtslehre Bernhard Windscheids, in H. Mohnhaupt (Hrsg.): Rechtsgesch. in den beiden dt. Staaten, 1991, 188-210. – *K.-H. Fezer:* Wider eine neopositivistische Begrifflichkeit. Zur Wiederbelebung von Windscheids Begriffsjurisprudenz als liberalem Rechtsstaatsdenken im Neopositivismus, in: JuS

1993, 103-106. – *R. Jahnel* in: *Werner Schubert:* Materialien zur Entstehungsgeschichte des BGB. Einführung, Biographien, Materialien, 1978, 86 f. – *H.H. Jakobs:* Wissenschaft und Gesetzgebung im bürgerlichen Recht nach der Rechtsquellenlehre des 19.Jh.s, 1983, 101 ff. – *B. Klemann:* Bernhard Windscheid und die Pandektistik, in: Staat und Recht 1990, 827-832. – *Ders.:* Sieben kleine Beiträge für eine Windscheid-Biographie, in H. Mohnhaupt (s.o.), 211-229. – *Larenz:* ML, 27-31. – *H. Lesener:* Bernhard Windscheids Tagebuch aus den Jahren 1837 bis 1843, in: ZRG (RA) 83 (1966), 382-396. – *P. Oertmann:* Windscheids Lebensgang und Windscheid als Jurist, Einl. zu: Bernhard Windscheids gesammelte Reden und Abhandlungen, hrsg. von Oertmann, 1904. – *G. Planck:* Windscheid als Mitarbeiter am Bürgerlichen Gesetzbuche, in: Festnummer der Deutschen Juristen-Zeitung zum 500jährigen Jubiläum der Universität Leipzig (= DJZ 1909, 841 ff., hier: 951-954). – *J. Rückert:* Bernhard Windscheid und seine Jurisprudenz „als solche" im liberalen Rechtsstaat (1817-1892), in: JuS 1992, 902-908. – *Max Rümelin:* Bernhard Windscheid und sein Einfluß auf Privatrecht und Privatrechtswissenschaft, 1907. – *Richard Schmidt:* Bernhard Windscheid, in: Festnummer ... (s. bei Planck), DJZ 1909, 948-951. – *W. Schubert:* Windscheid und das Bereicherungsrecht des 1. Entwurfs des BGB, in: ZRG (RA) 92 (1975), 186-233. – *W. Schubert:* Windscheids Briefe an Planck und seine für Planck bestimmten Stellungnahmen zum Schuldrechtssystem und zum Besitzrecht der 1. BGB-Kommission, in: ZRG (RA) 95 (1978), 283-326. – *W. Simshäuser:* Zur Entwicklung des Verhältnisses von materiellem Recht und Prozeßrecht seit Savigny, 1965, 71-85. – *Stintzing-Landsberg:* GDtRW III 2, 854-865. – *Wesenberg:* PRG, 151 f. – *F. Wieacker:* Bernhard Windscheid, in: Gründer und Bewahrer, 1959, 181-196. – *Wieacker:* PRG, 446 f. – Wolf: Rechtsdenker, 591-621. – ADB 43 (1898), 423-425 *(E. Landsberg)*. – Jur., 654 f. *(U. Falk)*. Bibliographie bei *Wolf:* Rechtsdenker, 620 f.

S.

Christian Wolff

(1679-1754)

Geb. am 24.1.1679 in Breslau, gestorben am 9.4.1754 in Halle. Der Sohn eines Gerbers hat als erster in einem geschlossenen System alle Wissensgebiete nach einheitlicher Methode zusammenhängend und gründlich zu bearbeiten unternommen und eine eigene philosophische Schule begründet. Mit einer deutschen Terminologie hat *W.* die Weiterentwicklung der deutschen Philosophie entscheidend gefördert. Seine Naturrechtslehre stellt den Abschluß der Entwicklung in Deutschland dar.

Selbständige Euklidstudien während der Schulzeit lehren ihn die unbedingte Zuverlässigkeit und Unumstößlichkeit mathematischer Beweise. Schon vor Geburt zum lutherischen Predigeramt bestimmt und darauf hin erzogen, stellt sich ihm aus zahlreichen Diskussionen mit Breslauer Jesuitenschülern, bei denen jede Seite ihre theologischen Beweismittel für schlüssig erklärte, die Frage nach der Anwendbarkeit der mathematischen Methode auf die Theologie mit dem Ziel allgemein anzuerkennender, weil zwingend gefolgerter theologischer Sätze. Diese Frage, auf alle anderen Wissenschaften ausgedehnt, wird später zum beherrschenden Grundthema seines Werkes. Bestätigt findet er sich dabei durch die Lektüre von Schriften *Descartes'* und vor allem nach 1699 beim Studium in Jena von *Tschirnhaus'* „Medicina mentis", wo die mathematische Beweisführung auf philosophische Fragen angewandt wird. Obwohl zum Theologiestudium immatrikuliert, hört er in Jena fast nur mathematische und philosophische Vorlesungen, da ihm die Theologie nach eigenem Urteil nichts Neues mehr bringen konnte. Zugleich erhält er hier Zugang zu den naturrechtlichen Vorstellungen von *Grotius* und → *Pufendorf.*

Seine Habilitationsschrift (1703) macht *Leibniz* auf *W.* aufmerksam. Daraus erwächst bis zum Tode von *Leibniz* (1716) ein besonders für *W.* sehr anregender Schriftwechsel. Besonders nachhaltige Wirkung üben *Leibniz'* „Meditationes de Cognitione, Veritate et Ideis" (1684) aus: Hier findet sich schon der für *W.s* spätere Ontologie grundlegende Gedanke der Gleichsetzung des real Möglichen mit dem logisch Widerspruchslosen. Zugleich kommt *W.* unter *Leibniz'* Einfluß zu einer Neubewertung des Syllogismus als Erkenntnismittel: Während er noch 1704 *Tschirnhaus* in der Meinung folgte, daß der Syllogismus kein Mittel zur Erkenntnis sein könne, weist ihn *Leibniz* auf die enge Verwandtschaft von Syllogismus und mathematischer Beweisführung hin. In seinen philosophischen und naturrechtlichen Schriften wird später der Syllogismus methodische Grundform seiner Beweise.

In Leipzig hält *W.* (seit 1703) als Privatdozent Vorlesungen in Mathematik und Philosophie, zuletzt auch Theologie. 1706 hält er seine letzte

Predigt, die, wie auch seine Vorlesungen immer wieder wegen ihrer Klarheit und begrifflichen Schärfe, große Scharen von Hörern anzog.

Beim Einfall schwedischer Truppen in Sachsen im Nordischen Krieg, der weitere Arbeit in Leipzig unmöglich macht, folgt er einem Ruf nach Gießen, wird jedoch bei einer Verzögerung der Anstellungsformalitäten unterwegs in Halle durch → *Stryk* unter dem Einfluß von *Leibniz* an die dortige Universität abgeworben. Am 2.11.1706 erhält er seine Bestallung zum Professor für Mathematik.

Die Zeit in Halle bis 1723 ist die für sein Werk fruchtbarste Periode seines Lebens. Nach der methodischen folgt nun die inhaltliche Grundlegung seines ganzen philosophischen Systems (alle Ansätze schon bis 1719). Bis 1723 erscheinen 71 Publikationen, davon 63 mit mathematischer und naturwissenschaftlicher Thematik und nur 8 philosophische Schriften, von denen wiederum 4 nur akademische Programme darstellen. Neben Vorlesungen über Mathematik, bürgerliche und Kriegsbaukunst und Experimentalphysik hält er seit 1709 auch philosophische Vorlesungen, als deren unmittelbare Erzeugnisse auch seine deutschen philosophischen Schriften anzusehen sind. Bekannt ist er jedoch in erster Linie als Mathematiker.

Zum bedeutenden Lehrerfolg kommen eine Vielzahl von Berufungen, die er alle ablehnt, und weitere Ehrungen hinzu: Er wird Hofrat, Mitglied der Königlich Britischen Sozietät und der Berliner Akademie der Wissenschaften; Peter der Große und dessen Nachfolgerin Katharina I. (1725-27) versuchen vergeblich, ihn als Vizepräsidenten an die Petersburger Akademie zu ziehen, deren Ehrenmitglied er dann wird. 1720/21 ist er Prorektor in Halle.

Die Vielzahl der Ehren mehrt die Neider unter den Kollegen, um so mehr, als diese von *W.*-Schülern in ihren Vorlesungen um klare Definitionen und eindeutige Aussagen angegangen werden, wobei die in *W.*scher Denkart Geschulten sich durchweg in der Argumentation überlegen erweisen. Bei der Prorektoratsübergabe 1721 finden seine Gegner in der Theologischen Fakultät einen Angriffspunkt in seiner „Oratio de Sinarum Philosophia practica". *W.* stellt hier (zugleich dem seinerzeitigen Interesse für Chinesisches folgend, vgl. *Leibniz'* „Novissima Sinica" 1699) die weitgehende Übereinstimmung seiner praktischen Philosophie mit der des *Kung-fu-tse* fest. Diese Übereinstimmung belegt für *W.* die Unabhängigkeit der Ethik von der Religion. Seine theologischen Gegner schließen daraus die Behauptung der Überflüssigkeit der christlichen Offenbarung, verdächtigen ihn der Atheisterei und des Spinozismus. Zahlreiche weitere Angriffe und Intrigen folgen, bleiben jedoch wirkungslos, da der zuständige Minister für kirchliche Angelegenheiten *W.* stützt. Dann aber führt der Einfluß pietistischer Kreise 1723 zu einem unmittelbaren Eingreifen Friedrich Wilhelms I. In der Auffassung, der aus *W.s* Lehren zu folgernde Determinismus würde auch das Desertieren von Soldaten rechtfertigen, verfügt der König eigenhändig die Absetzung *W.s* aus allen Ämtern und unverzügliche Landesverweisung, seine Schriften werden als atheistisch verboten.

Ein Angebot aus Wien zur Gründung einer Akademie sowie die Tatsache, daß *W.s* Schriften die katholische Zensur unbeanstandet passieren, benutzen seine Gegner zu Gerüchten von *W.s* Konversion, um seine Anstellung in protestantischen Ländern zu verhindern. Gegen den Protest der gesamten Universität ernennt der Landgraf von Hessen-Kassel *W.* in Marburg zum Professor für Mathematik und Philosophie. Die Vertreibung aus Preußen macht *W.* zum Märtyrer des fürstlichen Despotismus, jetzt erst erfahren seine philosophischen Schriften weitere Verbreitung. Um über Deutschland hinaus auch ein europäisches Publikum ansprechen zu können, verfaßt er nun seine Werke meist in Latein.

In Preußen schlägt die Entwicklung schon bald zu seinen Gunsten um. Anhänger *W.s* hatten in der Umgebung des Königs Einfluß gewonnen. *W.* war eine Berühmtheit, und berühmte Professoren pflegten durch große Hörerzahlen dem merkantilistischen Staat neben Zuwachs an Glanz und Ansehen auch Devisen zu bringen. 1736 verwirft eine königliche Kommission unter Leitung von → *Cocceji* die Vorwürfe des Determinismus und der Atheisterei als gegenstandslos. 1739 läßt sich der König Teile der „Theologia naturalis" übersetzen, um ein eigenes Urteil zu gewinnen. *W.* lehnt jedoch alle Rückkehrangebote des Soldatenkönigs ab. Erst dem Ruf Friedrichs II. folgt *W.* 1740, kehrt im Triumphzug nach Halle zurück als Professor für Natur- und Völkerrecht und Mathematik. Er wird Geheimer Rat und Vizekanzler (1743 Kanzler) der Universität mit dem damals exzeptionellen Gehalt von 2000 Talern; 1745 erhebt der Reichsvikar Max III. Josef von Bayern den weltberühmten Philosophen in den Reichsfreiherrenstand.

Wider Erwarten scheitert *W.* als Hochschullehrer, eine königliche Kommission findet 1748 bei ihm nur wenige Hörer. Insofern dürfte *W.* ein Opfer seiner eigenen Philosophie und Methode geworden sein: Der

Wunsch, Vervollkommnung seines Werkes durch Vollständigkeit und Gründlichkeit zu erreichen, zeigt sich eindringlich an den 8 Bänden des „Ius Naturae“ aus dieser Zeit, die gegenüber den philosophischen Arbeiten der ersten Hallenser Zeit keine neuen Gedanken bringen, sondern nur eine bis in die äußersten Einzelheiten verfeinerte Vervollständigung des bereits auf deutsch Gelehrten in Latein. Gleichförmigkeit im methodischen Vorgehen und abstrakte Begrifflichkeit tragen weiter dazu bei, das Werk schwer lesbar zu machen. Da *W.* selbst den Hörerschwund mit der Unfähigkeit der Studenten zu gründlicher Arbeit erklärt, ist zu schließen, daß die Mängel des schriftlichen Werks Parallelen und Entsprechungen im Lehrvortrag hatten. – Die ursprüngliche Wertschätzung Friedrichs II. für *W.*, dem gegenüber er sich 1740 für die Widmung des ersten Bandes des „Ius Naturae“ noch mit einem *Wolff*zitat sehr schmeichelhaft bedankt und die Philosophen Lehrer der Fürsten genannt hatte, weicht im Dank für die Widmung des sechsten Bandes 1746 scharfer Kritik an Umfang und Weitschweifigkeit. In seiner Verachtung der deutschen Gelehrten machte der König auch bei *W.* keine Ausnahme. –

W.s Bedeutung für das Recht liegt in seiner Naturrechtslehre, vor allem in seinen staatstheoretischen Schriften, deren Grundlage die „Politik“ bildet. Diese ist aber nur Konsequenz seiner „Metaphysik“ und seiner „Ethik“.

Das Gesamtsystem beruht auf der mathematisch-demonstrativen Methode. Als formale Prinzipien wirken dabei der Satz des Widerspruchs, der Satz des zureichenden Grundes und der Identitätssatz. Hinzu treten als materielle Prinzipien, die *W.* logisch gefunden zu haben behauptet, die Vollkommenheit (definiert als „Zusammenstimmung des Mannigfaltigen“), die Notwendigkeit und die Zweckmäßigkeit. Der Syllogismus als Schlußform verbindet die einzelnen Sätze als Grund und Folge. Vorzüge der Methode sind Klarheit und Folgerichtigkeit im Aufbau, die fortwährende Unterbrechung des materiellen Zusammenhangs zur Begründung neuhinzutretender Prämissen macht das Verfahren jedoch schwerfällig.

Übereinstimmend mit *Thomas v. Aquin*, *Leibniz* und bestätigt durch *Kung-fu-tse*, sieht *W.* den Menschen verpflichtet, dem Naturgesetz zu folgen, sich zu vervollkommnen. Naturgesetz ist das durch Vernunft Gefundene, logisch Widerspruchslose. Der Zustand der Übereinstimmung mit dem Naturgesetz ist Vollkommenheit, die Glückseligkeit bewirkt. Das Naturgesetz selbst führt den Menschen also zur Glückseligkeit.

Das Naturrecht ist die Lehre von den guten und bösen Handlungen. Gut ist, was die eigene Vervollkommnung und die anderer fördert, böse, was Vervollkommnung hindert. Die daraus notwendig folgende Vermengung von Recht und Moral bedeutet einen Rückschritt gegenüber → *Thomasius*. Aus Prinzipien gewonnen, die nicht der Religion entstammen, ist das Naturrecht von der Religion unabhängig, es soll zur irdischen Glückseligkeit führen, während die Religion Erlösung verheißt.

Im „status naturalis originarius" sind alle Menschen gleich, gleichermaßen dem Naturgesetz unterworfen, gleich frei, keiner herrscht über den anderen. Das Naturgesetz verpflichtet zur Vervollkommnung und gibt zugleich in angeborenen Menschenrechten die Mittel dazu: Als Menschenrechte ergeben sich so Gleichheit, Freiheit zur Vervollkommnung, das Recht auf Sicherheit und zur Verteidigung gegenüber Angriffen. Ursprünglich herrscht Gütergemeinschaft, sie läßt sich aber wegen der Verschiedenheit und Unvollkommenheit der Menschen nicht aufrechterhalten. Der Naturzustand wird durch Einführung des Privateigentums aufgehoben, dessen Übertragung Verträge nötig macht. Im „status adventitius" treten so zu den angeborenen Pflichten und Rechten erworbene hinzu.

In individualistischer Isolierung ist Vervollkommnung unmöglich. Vertraglich werden Gesellschaften begründet: Ehe, väterliche Gesellschaft, Herrschaft, Haus. Vertragszweck der Ehe ist Zeugung und Erziehung von Kindern, kinderlose Ehen sind ohne Schwierigkeiten zu scheiden. Die grundsätzliche Vertragsfreiheit rechtfertigt auch eine vertraglich begründete Sklaverei, da Glückseligkeit als letztes Ziel jedes Vertragsschlusses auch dem Sklaven erfahrbar ist. Beim Zusammenschluß haben sich die Individuen nach Maßgabe des Vertragszwecks ihrer Freiheit und damit auch ihrer angeborenen Rechte begeben.

Streben nach Vervollkommnung und Sicherheitsbedürfnis läßt die Häuser sich im Staat zusammenschließen. In Anlehnung an → *Pufendorf* unterscheidet *W.* dabei drei Akte: Gesellschaftsvertrag (er bestimmt den Vertragszweck), decretum (Festlegung der Regierungsform) und Unterwerfungsvertrag (das Gehorsamsversprechen der Untertanen). Den „gerechten" Regierungsformen: Monarchie, Aristokratie, Politie setzt er wie *Aristoteles* und *Thomas v. Aquin* die schlechten: Tyrannis, Oligarchie und Demokratie (die er ursprünglich als Pöbelherrschaft abqualifiziert hatte, im „Ius Naturae" aber statt „Politie" setzt) entgegen, daneben kennt er auch gemischte Staatsformen. In der Frage, welche Form die beste sei, kommt er zu keiner eindeutigen Antwort; immerhin hat er wohl nirgends ausdrücklich der Monarchie den Vorzug gegeben.

Zweck des Staates ist Beförderung des allgemeinen Wohls und der Sicherheit, der Obrigkeit obliegt die Sorge für das leibliche, geistige und sittliche Wohl der Bürger. Außer Gesetzgebung, Exekutive, Richtergewalt und den üblichen Aufgaben öffentlicher Gewalt, die *W.* bis in Einzelheiten deduziert, hat sie Arbeitswilligen Arbeitsplätze zu schaffen, Unwillige zur Arbeit anzuhalten (Arbeit als Prozeß der Vervollkommnung!), zugunsten der wirtschaftlich Schwächeren Preise zu regulieren (hier und öfter zeigt sich eine Anlehnung an merkantilistische Vorstellungen), die Bürger zum Gottesdienstbesuch anzuhalten. Für diesen Wohlfahrtsstaat mit großem Verwaltungsapparat hat die Religion über den Eid staatserhaltende Funktion. Atheismus gefährdet die Religion und damit die öffentliche Sicherheit. Philosophie, die Staat, Religion oder Sitten gefährdet, ist zu verbieten.

Einzige Schranke des fürstlichen Willens sind die im Gesellschaftsvertrag niedergelegten Fundamentalgesetze, deren Verletzung im äußersten Falle die Untertanen zu aktivem Widerstand berechtigt. Daß *W.* daneben Herrscher und Untertan gleichermaßen demselben moralischen Gebot (Vervollkommnung!) verpflichtet, bedeutet für das Individuum gegenüber der Staatsallmacht keinen Schutz vor unberechtigten Eingriffen, da *W.* die Definition des für Wohlfahrt und Sicherheit Erforderlichen dem Herrscher überläßt. Für *W.* stellt sich aber das Problem solchen Eingriffs nicht, weil er einen Idealstaat zeichnet, der nach den Gesetzen der Vernunft regiert wird; ein unberechtigter Eingriff wäre vernunftwidrig. Der Wirklichkeit des unberechtigt handelnden Fürsten gegenüber hilft er sich damit, daß ein schlechter Staat immer noch besser sei als der Naturzustand, der Staat beruhe auf freiwilligem Zusammenschluß, sein sittlicher Zweck sei anders nicht erreichbar. Auch die Staatswirklichkeit der Stände, → *Pufendorfs* Idee der Staatsräson und der Gedanke konkurrierender Interessen sind für ihn bedeutungslos, sein Idealstaat ist nur Konkretisierung von Vernunftregeln. In der extremen Bevormundung des Individuums ähnelt dieser Wohlfahrtsstaat der Staatspraxis des Soldatenkönigs, während sein Bild vom idealen Herrscher Züge Friedrichs d. Gr. trägt.

Mit dem Erfordernis des Gesellschaftsvertrages geht *W.* von der Volkssouveränität aus. Die Übertragung der Souveränität kann vollständig (absolute Monarchie) oder teilweise erfolgen. Durch Vorbehalt können die Vertragspartner insbesondere die Kirchenhoheit auf einen anderen als den Landesherrn (z.B. den Papst) übertragen; mit dieser Konstruktion schafft *W.* seinen Lehren auch in katholischen Ländern Eingang.

Die Einzelstaaten haben Pflichten und Rechte wie Individuen im Naturzustand. Die allumfassende Pflicht zur Vervollkommnung aber führt die Staaten zu einer überstaatlichen Gesellschaft, der civitas maxima, zusammen. Diese Fiktion beantwortet die Fragen von → *Pufendorf* und → *Thomasius* nach dem Gesetzgeber des Völkerrechts (sie darf nicht, wie es geschehen ist, mit dem Gedanken eines noch zu errichtenden Völkerbundes verwechselt werden). *W.* kommt so zu zwei Arten des Völkerrechts: dem „ius necessarium" des Naturzustands und dem von der civitas maxima ausgehenden „ius voluntarium", das ihm u.a. bei der naturrechtlich nur schwer zu rechtfertigenden Lehre vom gerechten Krieg gute Dienste leistet. Völkergewohnheits- und -vertragsrecht spielen in seinem System hingegen keine Rolle; auch hier erweist sich seine Verachtung der bloßen Tatsachenkenntnis des Historikers vom Standpunkt des die Gründe der Dinge erforschenden „Weltweisen" als Mangel. Bedeutenden Einfluß auf die Entwicklung des Völkerrechts hat *W.* wohl nicht gehabt, wenn er auch zeitweise aufgrund des Ansehens seines Schülers *Emmerich de Vattel* einigen Ruhm genoß.

Für das Strafrecht hat *W.* in der „Politik" einige Grundsätze dargelegt, die später von seinem Schüler *Engelhard* systematisch ausgeführt wurden. Strafzweck ist Abschreckung. Die Pflicht zur Vervollkommnung gibt das Recht, den Verletzer zu bestrafen. Die Höhe der Strafe bemißt sich nicht nach der Schwere der Tat, sondern nach dem jeweiligen Repressionsbedürfnis, u.U. ist damit für jedes Delikt auch die grausamste Strafe gerecht. Die Folter, von Friedrich d. Gr. schon bald nach Thronbesteigung für Preußen abgeschafft, will *W.* bei besonders schwerwiegenden Verbrechen zulassen, wenn dringender Tatverdacht besteht. Das Talionsprinzip will Leid mit Leid vergelten, widerspricht damit der Pflicht zur Vervollkommnung und ist abzulehnen.

Die Anwendbarkeit der mathematisch-demonstrativen Methode auf das Zivilrecht hat er 1730 („De iurisprudentia civili in formam demonstrativam redigenda") untersucht, in einigen Vorlesungen auch gezeigt. Aus dieser Erfahrung stammt seine Empfehlung, die „Legalordnung" des Corpus Iuris Justinians und eine Reihe der dort vorkommenden, nach seiner Ansicht fehlerhaften Definitionen aufzugeben. Abweichungen des positiven („bürgerlichen") Rechts vom Naturrecht rechtfertigt er aus politischen und historischen Gründen, wenn sie den Grundsätzen der natürlichen Billigkeit entsprechen.

Sein begrifflich-konstruktives Denken macht ihn zum geistigen Vater der Begriffsjurisprudenz (→ *Puchta*). Deren spätere Ablösung durch die Interessenjurisprudenz und die Kritik der älteren historischen Rechtsschule (→ *Savigny*) am Naturrecht sind als Gegenbewegungen zu der von *W.* stammenden Einseitigkeit zu sehen, die das Recht als begriffliche Konstruktion, nicht als gesellschaftliche Wirklichkeit faßt. Im Sozialbild des preußischen ALR ist *W.s* Pflichtenlehre deutlich wirksam geworden. Über → *Martini* hat er das Reformwerk Josephs II. in Österreich beeinflußt. *Daniel Nettelbladt* hat eine Übertragung *W.*scher Methodik und Systematik auf das gesamte Recht unternommen. Für die Literaturwissenschaft ist sein Schüler und Biograph *Gottsched* von Bedeutung.

Hauptwerke: Vernünfftige Gedancken von den Kräften des menschlichen Verstandes und ihrem richtigen Gebrauch in Erkenntnis der Wahrheit (Deutsche Logik), 1713, Ndr., hrsg. u. eingel. v. *H.W. Arndt*, 1965. – Vernünfftige Gedancken von Gott, der Welt und der Seele des Menschen, auch allen Dingen überhaupt (Deutsche Metaphysik), 1720. – Vernünfftige Gedancken von der Menschen Tun und Lassen zur Beförderung ihrer Glückseligkeit (Deutsche Ethik), 1720. – Vernünfftige Gedancken von dem gesellschaftlichen Leben der Menschen und insonderheit dem gemeinen Wesen zur Beförderung der Glückseligkeit des menschlichen Geschlechts (Deutsche Politik), 1721, Ndr. 1971. – Jus naturae, 8 Bde., 1740-1748, Ndr. 1968 ff. – Jus gentium, 1749, Ndr. 1972. – Institutiones juris naturae et gentium, 1750, Ndr. 1969. – Gesammelte Werke, hrsg. v. *J. Ecole* u.a., 1962 ff. Bibliographie bei *J.G. Gottsched:* Historische Lobschrift des weiland hoch- und wohlgeborenen Herrn Christians des H.R. R. Freyherrn von Wolf, 1755.

Literatur: H.-M. Bachmann: Die naturrechtliche Staatslehre Christian Wolffs, 1977. – *H.-J. Birkner:* Christian Wolff, in: *M. Greschat* (Hrsg.): Gestalten der Kirchengeschichte, Bd. 8 (Die Aufklärung), 1983, 187-198. – *A. Bissinger:* Die Struktur der Gotteserkenntnis. Studien zur Philosophie Christian Wolffs, 1970. – *M. Campo:* Christian Wolff e il razionalismo precritico, 2 Bde., 1939. – *Conrad:* DRG II, 377. – *H. Droysen:* Friedrich Wilhelm I., Friedrich der Große und der Philosoph Wolff, in: Forschungen zur brandenb.-preuß. Geschichte, 23 (1910), 1 ff. – *A. Ebihara:* Justis Staatslehre und Wolffs Naturrechtslehre, in: ZRG (GA) 102 (1985), 239-246. – *R. Frank:* Die Wolffsche Strafrechtsphilosophie und ihr Verhältnis zur kriminalpolitischen Aufklärung im 18. Jahrhundert, 1887. – *W. Frauendienst:* Christian Wolff als Staatsdenker, 1927. – *O. v. Gierke:* Johannes Althusius und die Entwicklung der naturrechtlichen Staatstheorien, 1880, [6]1968. – *G. Gmach:* Staat und Kirche bei Christian Wolff, Diss. jur. München, 1975. – *J.C. Gottsched:* Historische Lobschrift … (s.o.). – *E. Hellmuth:* Naturrechtsphilosophie und bürokratischer Werthorizont, 1985, 27 ff. – *R. Hoffmann:* Die staatsphilosophischen Anschauungen Christian Wolffs mit besonderer Berücksichtigung seiner naturrechtlichen Theorien, 1916. – *P. Landau:*

Karl Christian Krause und Christian Wolff, in L. Philipps / R. Wittmann (Hrsg.): Rechtsentstehung und Rechtskultur. H. Scholler z. 60. Geb., 1991, 127-136. – *R. Lieberwirth:* Die staatstheoretischen und verfassungsrechtlichen Anschauungen … (s. bei *Thomasius*). – *C. Link:* Die Staatstheorie Christian Wolffs, in: *W. Schneiders* (Hrsg.): Christian Wolff 1679-1754. Interpretationen zu seiner Philosophie und deren Wirkung, 1983, 171 ff. – *K. Luig:* Die Pflichtenlehre des Privatrechts in der Naturrechtsphilosophie Christian Wolffs, in: Libertas … Symposion aus Anlaß des 80. Geb. v. F. Wieacker, 1991, 209-261. – *G. Namslau:* Rechtfertigung des Staates bei Christian Wolff, 1932. – *W. Röd:* Geometrischer Geist und Naturrecht, 1970. – *H. Schärtl:* Die Zurechnungslehre Christian Wolffs, Diss. jur. München 1970. – *W. Schneiders* (Hrsg.): Christian Wolff (s. bei *Link*). – *Jan Schröder:* Wissenschaftstheorie und Lehre der „praktischen Jurisprudenz" auf dt. Universitäten an der Wende zum 19. Jh., 1979, 83 ff., 132 ff., 169 ff. – *Stintzing-Landsberg:* GDtRW III 1, 198-206. – *H. Stupp:* Mos geometricus oder Prudentia als Denkform der Jurisprudenz. Eine Untersuchung anhand der methodologischen Lehren des Christian Wolff und des Thomas von Aquin, Diss. jur. Köln, 1970. – *E. Stipperger:* Freiheit und Institution bei Christian Wolff (1679-1754). Zum Grundrechtsdenken in der deutschen Hochaufklärung, 1984. – *M. Thomann:* Die Bedeutung der Rechtsphilosophie Christian Wolffs in der juristischen und politischen Praxis des 18. Jh.s, in: Humanismus und Naturrecht in Berlin-Brandenburg-Preußen, hrsg. v. *H. Thieme*, 1979, 121-133. – *M. Thomann:* Christian Wolff, in: Staatsdenker im 17. und 18. Jh., hrsg. v. *M. Stolleis*, ^{2}1987, 257-283. – *M. Thomann:* Influence du philosophe allemand Christian Wolff (1679-1754) sur l'Encyclopédie et la pensée politique et juridique de XVIIIe siècle français, in: Archives de philosophie du droit 13 (1968), 233-248. – *Wieacker:* PRG, 318-320. – *B. Winiger:* Das rationale Pflichtenrecht Christian Wolffs, 1992. – *S.E. Wunner:* Christian Wolff und die Epoche des Naturrechts, 1968. – ADB 44 (1898), 12-28 *(W. Schrader).* – Jur., 656-658 *(T. Repgen).* H.

Ulrich Zasius

(1461-1535)

Z. (deutsch: Zäsi, Zasi) ist 1461 in Konstanz geboren. 1481 Studienbeginn in Tübingen; nach 1483 Notar und Schreiber am geistlichen Gericht in Konstanz, anschließend dort Vorstand der bischöflichen Kanzlei; nach einer Anstellung bei der Gemeinde Baden im Aargau 1494 Stadtschreiber in Freiburg i. Br., hier Fortsetzung des Studiums vor allem im römischen Recht bei *P. de Cittadini*; 1496 Rücktritt vom Stadtschreiberamt, *Z.* übernimmt die Leitung der Lateinschule; 1499 erneute Immatrikulation bei der Freiburger Juristenfakultät, wo er 1501 zum doctor legum promoviert wird; 1502 Gerichtsschreiber in Freiburg; 1503 Rechtskonsulent der Universität; 1506, nachdem er bereits seit seiner Promotion Rhetorik, Poesie und die Institutionen gelehrt hatte, wird ihm die Lectura ordinaria Legum erteilt; 1508 Ernennung zum Consiliarius imperialis durch Maximilian I.; 1520 Vollendung der römisch-rechtlichen Reformation des Freiburger Stadtrechts unter *Z.s* maßgeblicher Beteiligung; 24.11.1535 in Freiburg gestorben.

Die neuzeitliche Jurisprudenz ist aus dem Kampf der juristischen Humanisten gegen Scholastik und Autoritätenkult des Mittelalters hervorgegangen: An die Stelle der Glosse (→ *Accursius*) und der Kommentarliteratur (→ *Bartolus*, → *Baldus*), die im Spätmittelalter quellengleiche Verehrung genossen, trat der Rückgriff auf die Quelle, das justinianische Corpus Juris Civilis selbst. Einer der ersten und einflußreichsten Repräsentaten dieser Richtung in Deutschland ist *Z.*, den seine Zeitgenossen sogar neben → *Andreas Alciatus* und *Guillaume Budé* (Budaeus), die Erneuerer der europäischen Rechtswissenschaft aus humanistisch-philologischem Geist, stellten. Zu diesem Ruhm mögen *Z.s* großer Lehrerfolg und seine freundschaftlichen Beziehungen zu den Häuptern des europäischen Humanismus, besonders zu dem allerdings sehr wesensverschiedenen *Erasmus* beigetragen haben. Wie dieser stand *Z.* auch der Reformation zwiespältig gegenüber: So sympathisch ihm *Luthers* Kampf gegen die Scholastik und gegen kirchliche Mißbräuche anfänglich sein mußten, so sehr widerstrebte ihm doch dessen Kritik am Papsttum und am kanonischen Recht, die für ihn unantastbare Autoritäten blieben. Für die katholische Kirche genügte allerdings *Z.s* zeitweise Neigung zum Luthertum, um seine Schriften (erstmals 1558/59) zu verbieten, und trotz – auf das Betreiben der Söhne des *Z.* zurückzuführender – Streichung des Verbots im Index von 1564 finden sich auch später noch Indizierungen einzelner Schriften des *Z.*

Z.s, von ihm meistens erst in höherem Alter publizierte, Schriften bemühen sich um eine unvoreingenommene und hinter die Glossatoren und Kommentatoren auf den Text der römischen Rechtsquellen zurückgreifende Interpretation. Dabei geht es ihm, anders als seinen gelehrten Zeitgenossen → *Alciat* und *Budaeus,* weniger um philologische Exaktheit als um praktische Brauchbarkeit der Ergebnisse, die ihm durch Ermittlung des wahren Sinns der Quellen gewährleistet erscheint: „Wenn die Juristen nicht immer so blindlings den Autoritäten der Glosse und des Bartolus angehangen hätten, so würde der Sinn des Rechts jetzt klarer und reiner vorliegen und die Mehrzahl jener widerwärtigen, mit Irrtümern vollgestopften Kommentare würde verschwinden. Echte und wahre Interpreten sind nur diejenigen, welche sich vor allem bemühen, die Quellen selbst zu verstehen, von der Glosse und den Kommentaren aber nicht mehr vortragen, als wahr und brauchbar ist, so daß das Verständnis nicht durch den Wirbelwind der gelehrten Meinungen verworren wird." Auf dieser Grundlage hat Z. vielfach ein besseres Verständnis des Zivilrechts gefördert: So bekämpft er die Lehre der Kommentatoren, daß es fünf Grade der culpa (Fahrlässigkeit) gebe, und reduziert sie auf zwei (grobe und leichte), so findet er durch Analyse der Begriffe „genus" und „quantitas" den neuen Begriff der „vertretbaren Sache" (res fungibilis), der sich durchgesetzt hat (vgl. § 91 BGB). Rechtsdogmatische Aktualität hat *Z.s* Stellungnahme zu einer bereicherungsrechtlichen Antinomie in den Pandekten (die zu einem in ganz Europa beachteten Streit mit dem französischen Professor *Petrus Stella* führte): Z. meint, daß jemand, der sich irrtümlich (z.B. als nur scheinbarer Erbe einer Nachlaßschuld) für den Schuldner einer Leistung gehalten hat, das Geleistete vom Empfänger (und nicht vom wahren Schuldner, also z.B. dem wirklichen Erben) zurückfordern kann. Diese Lehre ist jahrhundertelang herrschend gewesen; der deutsche Bundesgerichtshof weicht allerdings – wohl ohne sich des Bruchs mit der Tradition bewußt zu sein – seit 1961 (BGHZ 36, 30 ff.) von ihr ab.

Als bedeutendste Leistung *Z.s* gilt die Freiburger Stadtrechtsreformation von 1520, „das vorzüglichste Stadtrecht jener Zeit" (Wieacker). *Z.s* maßgeblicher Einfluß auf die endgültige Gestalt dieses Rezeptionsgesetzes darf jetzt als erwiesen gelten (Knoche): er war als Stadtsyndikus seit 1502 mit der Revision des älteren Freiburger Stadtrechts befaßt, und noch die Schlußredaktion im Jahr 1519 lag in seiner Hand. Die „Nüwe Stattrechten und Statuten der loblichen Stadt Fryburg im Pryßgow gelegen" (am 1.1.1520 in Kraft getreten) verbinden wie die vorausgehenden Stadtrechtsreformationen (u.a. Nürnberg 1479, Worms 1498, Frankfurt 1509) überliefertes deutsches Rechtsgut mit dem rezipierten römisch-kanonischen Recht; sie umfassen neben einer Regelung des Zivilprozesses auch Strafrecht und Stadtverfassungs- und -verwaltungsrecht, vor allem aber Zivilrecht. Hier hat Z. keineswegs einseitig romanisiert, sondern mit viel Geschick vor allem im Familien- und Erbrecht älteres heimisches Rechtsgut bewahrt. Auch im Sachenrecht werden römischrechtliche Grundsätze zum Teil zurückgedrängt, etwa bei der Grundstücksübereignung und beim Pfandrecht, wo Z. das für den Mobiliar- und Grundkredit sehr schädliche römischrechtliche Prinzip des reinen Vertragspfands (ohne öffentliche Kundbarmachung) nicht übernimmt. Daneben gelingen Z. ganz eigenständige Schöpfungen, wie etwa das berühmte Pflichtteilsrecht mit – im Gegensatz zu der römischen und modernen Regelung – variablen Pflichtteilsquoten. Gesetzestechnisch ist das Freiburger Stadtrecht wegen seiner Klarheit und Prägnanz den meisten Gesetzeswerken seiner Zeit überlegen; es hat auch zahlreiche südwestdeutsche und schweizerische Land- und Stadtrechte beeinflußt.

Außer durch seine Schriften und seine Gesetzgebungsarbeit hat Z. vor allem durch seine umfangreiche Gutachter- und Lehrtätigkeit gewirkt. Er war schon ein berühmter Rechtsgutachter und Lehrer, als seine ersten Schriften erschienen, und noch von dem über Siebzigjährigen sagt → *Fichard*: „Alles lebte, was er sprach, und ich habe in Deutschland und Italien keinen Professor gehört, der ihn an Lebendigkeit der Rede übertroffen hätte“. Von Z. ist eine ganze Generation deutscher Juristen erstmals im humanistischen Geist erzogen worden; zu ihr gehören einige der bedeutendsten Rechtsgelehrten des 16. Jahrhunderts (→ *Amerbach*, → *Fichard*, → *Sichardt* und *Mynsinger von Frundeck*).

Hauptwerke: Quaestiones de parvulis Iudaeorum baptizandis a communi doctorum assertione dissidentes, 1508. – Lucubrationes, aliquot sane quam elegantes, nec minus eruditae, videlicet: In legem secundam ff. de origine iuris; In legem frater a fratre ff. de condictione indebiti; In § Cato ff. de verborum obligationibus; Scholia etc., 1518. – Intellectus singulares et novi in nonnulla loca iuris civilis, 1526. – Opera omnia, 6 Bde. und Index (1551), hrsg. v. *J. Mynsinger v. Frundeck* und *J.U. Zasius*, 1550 (Ndr. 1964-66), [2]1590. Bibliographie bei *R. v. Stintzing:* Ulrich Zasius (s.u.), 347-353 und *Wolf:* Rechtsdenker, 98 f.

Literatur: *K.S. Bader:* Zasius als Notar, in: Schau-ins-Land 79 (1961), 13 ff. – *Gisela Becker:* Deutsche Juristen und ihre Schriften auf den römischen Indices des 16. Jahrhunderts, 1970, 88-115. – *H. Dilcher:* Ulrich Zasius. 1461-1961, in: ZRG (GA) 78 (1961), 514-516. – *G. Fleischer:* Ulrich Zasius und Petrus Stella. Ein europäischer Streit über eine bereicherungsrechtliche Frage, Diss. jur. Freiburg i. Br., 1966. – *M. Herberger:* Dogmatik. Zur Gesch. von Begriff und Methode in Medizin und Jurisprudenz, 1981, 219-226. – *G. Kisch:* Zasius und Reuchlin, 1961. – *G. Kisch:* Ulrich

Zasius' „temperata" Aequitas, in: Erasmus und die Jurisprudenz seiner Zeit, 1960, 317-343. – *H. Knoche:* Ulrich Zasius und das Freiburger Stadtrecht von 1520, 1957. – *S. Rowan:* Ulrich Zasius, A jurist in the German renaissance 1461-1535, 1987. – *Richard Schmidt:* Zasius und seine Stellung in der Rechtswissenschaft, 1904. – *K.-P. Schroeder:* Ulrich Zasius (1461-1535) – Ein deutscher Rechtsgelehrter im Zeitalter des Humanismus, in: JuS 1995, 97-102. – *R. v. Stintzing:* Ulrich Zasius, 1857, Ndr. 1961. – *Stintzing-Landsberg:* GDtRW I, 155-172. – *H. Thieme:* Zasius und Freiburg, in: Aus d. Gesch. d. Rechts- und Staatswiss. zu Freiburg i. Br., 1957, 9-22. – *H. Thieme:* Accursius und Zasius, in: Atti del Convegno internazionale di studi Accursiani, 1968, 1107-1115. – *Wieacker:* PRG, 155 f., 194 f. – *A. Wijffels:* Großer Rat von Mecheln und Hof von Holland. Zasiuszitate in den Prozeßakten von 1538-1571 in: Ius Commune 12 (1984), 39-56. – *H. Winterberg:* Die Schüler von Ulrich Zasius (= Veröff. d. Komm. f. geschichtliche Landeskunde in Bad.-Württ., 18) 1961. – *Wolf:* Rechtsdenker, 59-98. – *Erik Wolf:* Ulrich Zasius – Standbild oder Vorbild? in: Rechtsphilosophische Studien, 1972, 160-182. – ADB 44 (1898), 706-715 *(v. Eisenhart)*. – Jur., 667 f. *(J. Otto)*. Bibliographie. bei *Wolf:* Rechtsdenker, 99-101. P./S.

Franz von Zeiller

(1751-1828)

Geb. am 14.1.1751 in Graz, gestorben am 23.8.1828 in Hietzing bei Wien. Philosophische Studien in Graz schließt er mit Doktorat ab, danach Rechtsstudium in Wien bei → *Martini*, der ihm bald die Erziehung seines Sohnes anvertraut und 1774 die Ernennung *Z.s* zu seinem Supplenten erwirkt. 1778 Dr. iur. und außerordentlicher Professor, 1782 als Nachfolger → *Martinis* ordentlicher Professor für Naturrecht und Institutionen des römischen Rechts. Später liest er außerdem noch Straf- und Strafprozeßrecht. 1792 bis 1797 wird ihm der Rechtsunterricht mehrerer jüngerer Brüder Franz' II. anvertraut. 1795 Wirklicher Appellationsrat, 1797 Beisitzer der Hofkommission in Justizgesetzsachen. Die legislatorischen Aufgaben dieser Kommission bestimmen seine weitere Arbeit. Der erste Teil des „Gesetzbuchs über Verbrechen und schwere Polizeiübertretungen" (1803) ist das Ergebnis seiner Bearbeitung des Westgalizischen Strafgesetzbuchs (→ *Sonnenfels*). Sein „natürliches Privatrecht" (1802) nimmt wesentlichen Einfluß auf die Vorarbeiten zum ABGB, deren Hauptlast er seit 1801 als ständiger Referent trägt. Für diese Tätigkeit wird er 1802 vom Richteramt bei der obersten Justizstelle und sonstigen Aufgaben entbunden; seine Lehrverpflichtungen erfüllt er jedoch uneingeschränkt bis ans Lebensende. 1803 Vizedirektor des juridisch-politischen Studiums, Direktor der Juristischen Fakultät und Rektor der Universität Wien (Wiederwahl 1807). Als Beisitzer der Studienhofkommission (seit 1799) arbeitet er 1808 einen Studienplan aus, der 1810 eingeführt wird und bis zur Studienreform v. 1855 (→ *Unger*) den Rechtsunterricht in Österreich bestimmt. Als Konsequenz der großen Kodifikationen und josephinistischer Tendenzen werden darin die historischen zugunsten der systematischen Fächer weitgehend verdrängt, römisches Recht und Kirchenrecht werden auf ein Minimum reduziert, Vorrang hat die staatsdienlich-praktische Ausbildung am geltenden Recht. Rechtsgeschichte hat nur noch Wert, soweit sie dieses erklären kann.

1806-1809 erscheinen *Z.s* „Jährliche Beiträge", in denen die neueste Gesetzgebung (vor allem Strafrecht) in Anwendung und historischer Bedingtheit erläutert wird. 1811 wird das ABGB verabschiedet, zu dem *Z.* 1811-1813 (nicht als Erläuterung, sondern zur Begründung der getroffenen Regelungen) einen Kommentar herausgibt. Für seine Verdienste wird ihm 1813 die steirische Landsmannschaft verliehen (aufgrund der Studienordnung von 1810 war die juristische Fakultät des Grazer Lyzeums stark erweitert und dadurch die spätere Wiederherstellung der Universität – 1827 – vorbereitet worden). 1816 wird *Z.* von seinen Amtspflichten bei der obersten Justizstelle befreit, bleibt aber mit Gesetzgebungsarbeiten beschäftigt: 1823 und 1825 legt er Teile eines Neuentwurfs zum Strafgesetzbuch von 1803 vor. Ein Zeichen für seinen frühen Ruhm ist u.a. die Tatsache, daß schon 1805 sein Bildnis in der Wiener Universität aufgestellt wird.

Größte Bedeutung haben seine Leistungen als Gesetzgeber. Das ABGB gilt, allerdings in einer gegenüber der Fassung von 1811 stark veränderten Form, noch heute. Es ist als praktische Verwirklichung von *Z.s* „Natürlichem Privatrecht" und seiner „Grundsätze der Gesetzgebung" anzusehen. Materiell baut es auf → *Martinis* Westgalizischem Gesetzbuch auf, das jedoch ganz im Sinne *Kant*ischer Philosophie umgestaltet wird. Ausgangspunkt ist der aus *Kants* Menschenwürde-Postulat folgende Begriff der Persönlichkeit, deren notwendige Bedingung das Urrecht der Freiheit ist, aus dem alle übrigen Rechte sich ableiten. Oberstes Rechtsprinzip ist, die Freiheit des einzelnen so einzuschränken, daß die Freiheit der anderen daneben bestehen kann. Die vernunftrechtliche Ausrichtung des ABGB (bei der Z. aber zum Teil auch auf vorkantisches Naturrecht – → *Wolff*, → *Martini* – zurückgreift) zeigt sich u.a. formal darin, daß das Gesetz für die Ausfüllung von Lücken auf das Naturrecht als subsidiäre Rechtsquelle verweist (§ 7, anders das ALR), und materiell darin, daß es jedem Menschen „angeborne, schon durch die Vernunft einleuchtende Rechte“ nämlich (Rechts-)Persönlichkeit, zuspricht und damit erstmals das Prinzip der allgemeinen Rechtsfähigkeit aufstellt (§§ 16, 18). Allerdings beschränkt sich diese Rechtsgleichheit auf das Privatrecht und steht unter dem Vorbehalt gesetzlicher Einschränkung, sie wird jedoch – anders als z.B. im code civil – auch Ausländern gewährt. Konsequenter als *Kant* scheidet Z. Personen von Sachen, wenn er die dinglich-persönlichen Rechte der Ehegatten aneinander oder an ihren Kindern verneint in Betonung der Menschenwürde. Anders als Kant sieht er die Ehe nicht als bloße Fortpflanzungsgemeinschaft, sondern berücksichtigt auch die sittlichen Elemente des Eheschlusses. Die von → *Martini* eingehend behandelten Vermutungsverträge erfahren durch Z. eine Neugestaltung im Bestreben, Fiktionen zu vermeiden. Gegen → *Martini* und → *Sonnenfels* setzt Z. durch, daß dem ABGB keine verfassungsrechtlichen Sätze vorangestellt werden, da diese in höherem Grade politischen Wandlungen ausgesetzt sind als Privatrechtsnormen. Ihre Aufnahme in ein Zivilgesetzbuch läuft daher der Forderung nach Gleichartigkeit der in einem Gesetz geregelten Verhältnisse zuwider. Kürze und Klarheit zeichnen *Z.s* Gesetz stilistisch aus. – Im Strafrecht bringt er (vor allem im Entwurf 1823) Gedanken → *Feuerbachs* zur Geltung. Als Strafzweck läßt er allein Generalprävention durch psychologischen Zwang gelten, Besserung und Abschreckung lehnt er wegen des „unnatürlichen Zukunftsbezugs“ ab. Die Strafgesetzgebung ordnet er dem Staatszweck, dem Individuum größtmögliche Freiheit zu gewähren, unter und folgt dabei *Kant* konsequent in der schon von → *Thomasius* erhobenen Forderung der Trennung von Recht und Moral und Abgrenzung beider gegenüber den Erfordernissen der Staatsräson. So ist er um genaue Deliktsbegriffe und enge Begrenzung der Strafrahmen bemüht, im Strafprozeß betont er Öffentlichkeit und Zweckmäßigkeit.

Hauptwerke: Praelectiones academicae in Heineccii elementa juris civilis secundum ordinem Institutionum adnexis praecipuis juris Austriaci differentiis, 1781. – Das natürliche Privat-Recht, 1802, ²1808, ³1819. – Vorbereitung zur neuesten Österreichischen Gesetzkunde im Straf- und Civil-Justitz-Fache (Ursprünglich: Jährlicher Beytrag zur Gesetzkunde und Rechtswissenschaft in den Österreichischen Erbstaaten, 4 Bde., 1806-1809), 1810, ²1811. – Commentar über das allgemeine bürgerliche Gesetzbuch für die gesammten Deutschen Erbländer der österreichischen Monarchie, 4 Bde., 1811-1813. Bibliographie bei *J. Kudler* (s.u.) 454-456.

Literatur: H. Conrad: Individuum und Gemeinschaft in der Privatrechtsordnung des 18. und des beginnenden 19. Jahrhunderts, 1956. – *D. Grimm:* Das Verhältnis von politischer und privater Freiheit bei Zeiller, in: Forschungsband Franz von Zeiller, hrsg. v. *W. Selb* und *H. Hofmeister*, 1980, 94-106. – *H. Hofmeister:* Bürger und Staatsgewalt bei Franz v. Zeiller, in: Diritto e potere nella storia Europea, 1982, 1007-1029. – *F. Korkisch:* Die Entstehung des österreichischen ABGB, in: RabelsZ 18 (1953), 291 ff. – *J. Kudler:* Nekrolog auf Franz von Zeiller, in: Zeitschrift f. österr. Rechtsgelehrsamkeit und polit. Gesetzeskunde, 3 (1828), 443-456. – *B. Kupisch:* Franz v. Zeiller und die „Eingriffskondiktion" des § 1041 ABGB, in: Forschungsband (s.o.), 134-152. – *K. Luig:* Franz v. Zeiller und die Irrtumsregelung des ABGB, in: Forschungsband (s.o.), 153-166. – *M.F. v. Maasburg:* Geschichte der obersten Justizstelle in Wien (1749-1848) 1879, ²1891. – *G. Oberkofler:* Franz Anton Felix von Zeiller, in: *Brauneder*, JiÖ, 97-102, 374 f. – *L. Pauli:* Die Bedeutung Zeillers für die Kodifikation des Strafrechtes unter besonderer Berücksichtigung der polnischen Strafrechtsgeschichte, in: Forschungsband (s.o.), 180-191. – *L. Pfaff:* Rede auf Franz v. Zeiller, 1891. – *Rössler-Franz:* BWDG III, 3301. – *Stintzing-Landsberg:* GDtRW III 1, 524-528. – *E. Swoboda:* Das ABGB im Licht der Lehren Kants, 1926. – *E. Swoboda:* Franz von Zeiller, 1931. – *W. Wagner:* Das Staatsrecht des Heiligen Römischen Reiches Deutscher Nation, 1968, Einführung bes. 7-21. – *Erik Wolf:* Quellenbuch zur Geschichte der deutschen Rechtswissenschaft, 1949, 273-276, dort (276) auch kurze Bibliographie. – *C. v. Wurzbach:* Biographisches Lexikon des Kaiserthums Österreich, 59. Teil, 283-287. Weitere, hier nicht im einzelnen aufgeführte Arbeiten über Z. in: Forschungsband (s.o.). – Jur., 668-670 *(G. Kohl).* H.

Anhang

ABEGG, JULIUS FRIEDRICH HEINRICH (1796-1868), Professor in Königsberg und Breslau. Unter dem Einfluß Hegels stehender Strafrechtler, der eine den Vergeltungsgedanken betonende „Gerechtigkeitstheorie" des Strafrechts entwickelte (Hauptwerk: Lehrbuch der Strafrechts-Wissenschaft, 1836). Er verfaßte auch grundlegende Schriften zur Geschichte des brandenburg-preußischen Straf- und Prozeßrechts. *Lit.:* NDB 1 (1953), 6 f. *(R. Maurach)*; *Stintzing-Landsberg:* GDtRW III 2, 669-672.

ACHENWALL, GOTTFRIED (1719-1772), Professor der Staatswissenschaften in Göttingen, gilt wegen seiner Werke zur empirischen Staatswissenschaft als „Vater der Statistik". Wichtiger sind vielleicht noch A.s Leistungen als Rechtsphilosoph. Seine Naturrechtslehrbücher lagen den Vorlesungen Kants zu Grunde und haben dessen Ethik und Rechtslehre beeinflußt („Elementa Iuris Naturae" 1750, gemeinsam mit J.S. Pütter, neu hrsg. u. übers. v. *J. Schröder*: „Anfangsgründe des Naturrechts", 1995; ab ^{3}1755/56 von A. allein bearbeitet und dann aufgeteilt in „Prolegomena Iuris Naturalis", 1758, ^{5}1781, und „Jus Naturae", ^{4}1758/59, ^{8}1781). *Lit.: H.H. Solf:* G.A. – Sein Leben und sein Werk, Diss. Göttingen 1938; *J. Hruschka:* Das deontologische Sechseck bei G.A. im Jahre 1767, 1986; *ders.:* Strafe und Strafrecht bei A., in: JZ 1987, 161-169; *ders.:* Die Konkurrenz von Goldener Regel und Prinzip der Verallgemeinerung in der juristischen Diskussion des 17./18. Jh.s, in: JZ 1987, 941-952; *J. Schröder*, a.a.O. (Nachwort).

ALBRECHT, WILHELM EDUARD (1800-1876), Schüler → Eichhorns, Professor in Göttingen, dort 1837 als einer der „Göttinger Sieben" entlassen, ab 1840 Professor für deutsches Recht in Leipzig. Sein Buch über „Die Gewere als Grundlage des älteren deutschen Sachenrechts" (1828) ist eine der bedeutendsten germanistischen Monographien aus der Zeit der historischen Rechtsschule, ein Gegenstück zu → Savignys „Recht des Besitzes". *Lit.: Stintzing-Landsberg:* GDtRW III 2, 318-327; NDB 1 (1953), 185 f. *(H. Schönebaum)*; *A. Borsdorff:* W.E.A., Lehrer und Verfechter des Rechts. Leben und Werk, 1993.

ALSBERG, MAX (1877-1933), Rechtsanwalt in Berlin (an der dortigen Universität 1931 Honorarprofessor), der „erste Strafverteidiger Deutschlands" (Sarstedt) zur Zeit der Weimarer Republik. Autor zahlreicher aus seiner praktischen Arbeit erwachsener Schriften – vor allem „Der Beweisantrag im Strafprozeß", 1930 – und zweier Theaterstücke. Sept. 1933 nahm er sich in der Schweiz das Leben. *Lit.:* NDB 1 (1953), 205 *(G. Spendel)*; *W. Sarstedt:* M.A., ein deutscher Strafverteidiger, in: Anwaltsbl. 1978, 7-14; *C. Riess:* Der Mann in der schwarzen Robe. Das Leben des Strafverteidigers M.A., 1965; *G. Jungfer:* M.A. Verteidigung als ethische Mission, in: Kritische Justiz (Hrsg): Streitbare Juristen, 1988, 141-152; *T. Krach:* M.A. Der Kritizismus des Verteidigers als schöpferisches Prinzip der Wahrheitsfindung, in: DJJH, 655-665.

AMERBACH, BASILIUS (1533-1591), Sohn von → Bonifacius Amerbach, Professor in Basel und Stadtsyndikus. *Lit.:* NDB I (1953), 246 f. *(A. Hartmann)*.

Amira, Karl v. (1848-1930), Professor in Freiburg i.Br. und München, bedeutender Erforscher der nordgermanischen Rechtsgeschichte („Nordgermanisches Obligationenrecht", 2 Bde., 1882/95; „Die germanischen Todesstrafen", 1922), Begründer der Rechtsarchäologie („Rechtsarchäologie", I, aus d. Nachl. hrsg. v. C. Frhr. v. Schwerin, 1943). *Lit.: P. Puntschart:* K. v. A. und sein Werk, 1932; NDB 1 (1953), 249 *(H. Liermann)*; *H.E. Feine:* Vier Münchner Germanisten, in ders.: Reich und Kirche, 1966, 231-250; HRG I (1971), 146-148 *(G. Schubart-Fikentscher)*; *H. Thieme*, JZ 1975, 725-727.

Anschütz, Gerhard (1867-1948), Professor in Tübingen, Heidelberg, Berlin und wieder Heidelberg, im Frühjahr 1933 auf eigenen Wunsch emeritiert. Einflußreicher Vertreter des liberal und demokratisch orientierten staatsrechtlichen Positivismus im frühen 20. Jh. Mit seinen Erläuterungswerken zur preußischen („Die Verfassungsurkunde für den preußischen Staat", 1. Bd., 1912) und Weimarer Verfassung („Die Verfassung des deutschen Reiches", 1921, [14]1933, Ndr. 1965) schuf er den Literaturtyp des modernen wissenschaftlichen Verfassungskommentars. Selbstbiographie: G.A.: Aus meinem Leben, hrsg. u. eingel. v. *W. Pauly*, 1993. *Lit.: E. Forsthoff:* G.A., in: Der Staat 6 (1967), 139-150; NDB 1 (1953), 307 *(H. Nawiasky)*; *E.-W. Böckenförde:* G.A. (1867-1948), in: W. Doerr u.a. (Hrsg.): Semper apertus. 600 Jahre Ruprecht-Karls-Univ. Heidelberg 1386-1986, III, 1985, 167-185.

Anton(ius), Gottfried (1571-1618), Professor der Institutionen und Pandekten in Marburg, später Kanzler, erster Rektor und Primarprofessor (der Rechte) in Gießen. Verfaßte „Disputationes feudales XV", ferner staats- u. zivilrechtl. Schriften. Lehrer → Reinkingks. *Lit:* ADB 1 (1875), 496 f. *(Steffenhagen)*; *Stolleis:* Gesch., I, 159 f.

Apel, Johann (1486-1536), humanistischer Jurist. Professor in Wittenberg (mit Unterstützung Luthers), 1530 Kanzler Herzog Albrechts in Königsberg, ab 1534 Rechtskonsulent in Nürnberg. Wichtigste Schriften: Methodica dialectices ratio ad jurisprudentiam adcommodata, 1535, und: Isagoge per dialogum in quatuor libros Institutionum, 1540. A. machte erstmals die Unterscheidung zwischen ius in re und ius ad rem zur Grundlage eines Rechtssystems. *Lit.: T. Muther:* Doctor Johann Apell, 1861; NDB 1 (1953), 322 f. *(Herm. Lange)*; weitere Lit. s. *Conrad:* DRG II, 353.

Arnisäus, Henning (ca. 1575-1636), Professor der Medizin und Philosophie in Frankfurt/Oder und Helmstedt, 1620 Leibarzt und politischer Berater König Christians IV. von Dänemark. Als einer der Begründer der Lehre von der „Politik" in Deutschland („Doctrina politica in genuinam methodum, quae est Aristotelis, reducta", 1606) versuchte er die Staatslehre im Anschluß an die Politik des Aristoteles auf eine empirisch-praktische Grundlage zu stellen und wurde damit zum Gegner der naturrechtlichen Staatstheorien und der Lehren des → Althusius von der Volkssouveränität und vom Widerstandsrecht. *Lit.: H. Dreitzel:* Protestantischer Aristotelismus und absoluter Staat. Die „Politica" des Henning Arnisäus, 1970.

Arnold, Wilhelm (1826-1883), Professor für deutsches Recht in Basel und Marburg, 1881-83 auch Reichstagsabgeordneter. Entdeckte die Bedeutung der Ortsnamen als

Hilfsmittel siedlungsgeschichtlicher Forschung („Ansiedlungen und Wanderungen deutscher Stämme, zumeist nach hessischen Ortsnamen", 1875) und entwickelte eine eigenständige Lehre über das Verhältnis von Recht, Wirtschaft und Gesellschaft („Cultur und Rechtsleben", 1865), die allerdings der positivistischen und begrifflichen Strömung seiner Zeit entgegenlief. *Lit.: K. Kroeschell:* Ein vergessener Germanist des 19. Jahrhunderts, in: Festschr. f. H. Krause, 1975, 253-275.

BACHOFEN, JOHANN JAKOB (1815-1887), Rechtshistoriker und Altertumsforscher. 1841-1844 Professor für Römisches Recht in Basel, widmete sich später, von seinem großen Vermögen lebend, ganz seinen Sammlungen und Forschungen. Von den romantischen Tendenzen der historischen Rechtsschule beeinflußter Kulturhistoriker und Geschichtsphilosoph; entdeckte die Bedeutung des Mutterrechts in den antiken Rechtskulturen („Das Mutterrecht", 1861). Einer der Anreger der vergleichenden Rechtswissenschaft. *Lit.: B. Müllenbach*; Johann Jakob Bachofen als Rechtshistoriker, ZRG (GA) 105 (1988), 17-96; NDB 1 (1953), 502 f. *(Erik Wolf)*; HRG I (1971), 278 *(A. Erler)*.

BACHOVIUS, REINER B. AB ECHT (1575-1634), Professor der Jurisprudenz und Rektor in Heidelberg, konvertierte in den Kriegsjahren zum Katholizismus, um seine Professur zu erhalten. Zahlreiche Schriften zum (römisch-gemeinen) Zivilrecht, am erfolgreichsten war ein Institutionenkommentar: In Institutionum Iuris Divi Iustiniani libros commentarii theorici et practici, 1628, zahlr. weit. Auflagen). *Lit.:* ADB 1 (1875), 756 *(R. v. Stintzing)*; *K. Keller:* Urkunden zur Gesch. d. Familie Bachoven von Echt, 1907.

BÄHR, OTTO (1817-1895), Richter in Kassel, später am Oberappellationsgericht Berlin, zuletzt (1879) Reichsgerichtsrat. Mit seiner Schrift „Der Rechtsstaat" (1864) nahm er auf die Entstehung der Verwaltungsgerichtsbarkeit Einfluß; die Monographie über „Die Anerkennung als Verpflichtungsgrund" (1854, ^{3}1894) schuf den, später im BGB anerkannten, Begriff des selbständig („abstrakt") verpflichtenden Schuldvertrages. 1892 legte er einen Gegenentwurf eines bürgerlichen Gesetzbuches vor. *Lit.: Stintzing-Landsberg:* GDtRW III 2, 639-647; *B. Binder:* O.B. (1817-1895). Richter von universellem Geist, Mittler zwischen Dogmatik und Praxis, 1983. → Gneist.

BAR, CARL LUDWIG v. (1836-1913), Straf- und Völkerrechtler. Professor in Rostock, Breslau und Göttingen, 1890 bis 1893 Reichstagsabgeordneter (deutsch-freisinnige Partei). Nahm durch seine Tätigkeit als Gutachter und Mitglied des internationalen Schiedshofs im Haag beträchtlichen Einfluß auf die Entwicklung des Völkerrechts. Sein Handbuch des deutschen Strafrechts (1882) bietet die erste zusammenfassende deutsche Strafrechtsgeschichte. *Lit.:* NDB 1 (1953), 579 f. *(D. Lang-Hinrichsen)*; *M. Maiwald:* C.L. v. B. (1836-1913) als Lehrer des Strafrechts, in F. Loos (Hrsg.): Rechtswissenschaft in Göttingen, 1987, 270-288.

BECCARIA, CESARE (1738-1794), italienischer Jurist und Wirtschaftswissenschaftler; er erhielt 1768 in Mailand eine Professur für politische Ökonomie; ab 1771 bekleidete er ein einflußreiches Amt in der Verwaltung. B. gehörte zum Kreis der lombardischen Reformer um die Brüder Pietro und Alessandro Verri. Er war Mitbegründer und

Mitautor der aus diesem Kreis hervorgegangen Zeitschrift „Il Caffè". 1764 erschien anonym sein juristisches Hauptwerk „Dei delitti e delle pene" („Über Verbrechen und Strafen"), worin B. die Lehre von der vertragsmäßigen Begründung des Staates auf das Gebiet des Strafrechts überträgt. Im Ergebnis kommt er so zu einer Kritik des noch mittelalterlich geprägten Straf- und Strafprozeßrechts seiner Zeit und zur Ablehnung der Todessstrafe. Das Werk übte in der Folge großen Einfluß auf Rechtswissenschaft und Gesetzgebung aus. *Lit.: K. Esselborn:* Beccarias Leben und Werke, in: *C. Beccaria:* Über Verbrechen und Strafen, 1905, 1-58; *G. Deimling* (Hrsg.): C.B. Die Anfänge moderner Strafrechtspflege in Europa, 1989; *E. Weis:* C.B. Mailänder Aufklärer u. Anreger der Strafrechtsref. in Eur., 1992; DBI VII (1967), 458-469 *(F. Venturi)*, mit umfangreichen Literaturangaben; Enciclopedia Italiana VI (1930), 463 f. *(U. Spirito)*; Novissimo Digesto Italiano II (1957), 290 f. *(E. Altavilla)*. (A.K.)

Becker, Enno (1869-1940), Richter, zuletzt Senatspräsident am Reichsfinanzhof. Mitbegründer der modernen Steuerrechtswissenschaft und Schöpfer der Reichsabgabenordnung von 1919, der ersten deutschen Kodifikation des allgemeinen Steuerrechts. Wichtigste Schriften: Die Reichsabgabenordnung (Kommentar), 1922, [7]1930; Die Grundlagen der Einkommensteuer, 1940. *Lit.: W. Grund:* Im Gedenken an E.B., den Schöpfer der Reichsabgabenordnung, in: Deutsche Steuer-Ztg. 1969 (A), 145 f.; *G. Thoma:* 50 Jahre Reichsabgabenordnung. E.B. und sein Werk, in: Der Steuerberater 1969, 125 f.; *A. Pausch* in: Deutsche Steuer-Ztg. 1980, 412f; *L. Mirre / O. Veiel:* Dr. h.c. E.B. †, in: Steuer u. Wirtsch. 1940, 97-100; *J. Klos:* E.B. und die Entstehung der Reichsabgabenordnung, in: Steuer und Studium 1987, 2-6; *M.R. Theisen* (Hrsg.): Gedenkschr. z. 50. Todestag v. Dr. h.c. E.B., 1990.

Bekker, Ernst Immanuel (1827-1916), Sohn des berühmten Altphilologen Immanuel B., Professor in Halle, Greifswald und (ab 1874) Heidelberg auf dem Lehrstuhl → Thibauts. B. war einer der großen Vertreter der späten Pandektistik („System des heutigen Pandektenrechts", 1886/89, enthält nur einen Teil der allgemeinen Lehren); rechtstheoretisch neigt er, anders als → Windscheid und → Jhering, zum Gesetzespositivismus. *Lit.: M. Kriechbaum:* Dogmatik und Rechtsgeschichte bei E.I.B., 1984.

Beling, Ernst (1866-1932), Professor für Strafrecht, Strafprozeßrecht und Rechtsphilosophie in Breslau, Gießen, Tübingen und München. Schüler → Bindings, dessen „klassische", auf den Vergeltungsgedanken ausgerichtete Straftheorie er fortführte. Als wichtigste Erkenntnis des bedeutenden Strafrechtsdogmatikers B. gilt seine Heraushebung des „Tatbestandes" als einer gegenüber der Rechtswidrigkeit eigenständigen Stufe im Verbrechensaufbau („Die Lehre vom Verbrechen", 1906, Ndr. 1964; „Die Lehre vom Tatbestand", 1930). *Lit.: H. Plate:* E.B. als Strafrechtsdogmatiker, 1966; *ders.:* Ernst von Beling, in: Lebensbilder z. Gesch. der Tübinger Juristenfak., 1977, 121-133; *W. Schild:* Die Aktualität E.B.s, in: Jur. Blätter 1975, 281-300.

Bergbohm, Karl Magnus (1849-1927), Dozent in Dorpat, Professor in Marburg und Bonn. Völkerrechtler und Rechtsphilosoph, als solcher bekannt geworden durch seinen konsequenten Gesetzespositivismus und seinen Kampf gegen das Naturrecht („Jurisprudenz und Rechtsphilosophie. Kritische Abhandlungen", 1. Bd. – alles –, 1892).

Lit.: NDB 2 (1955), 77 *(D. Lang-Hinrichsen)*; *R. Kass:* K.B.s Kritik der Naturrechtslehre des ausgehenden 19. Jh.s, Diss. jur. Kiel, 1973; *J. Llambias de Azevedo:* Betrachtungen über B.s Kritik an der Naturrechtslehre, in: ARSP 51 (1965), Beih. 41, 163-199 u. ARSP 55 (1969), 87-107.

BERGER, JOHANN HEINRICH v. (1657-1732), Professor in Wittenberg, 1713 Reichshofrat, bedeutender sächsischer Jurist der Usus-modernus-Zeit (→ Stryk). Sein sehr erfolgreiches Hauptwerk „Oeconomia Juris" (1712, [8]1801) ist eine an die justinianischen Rechtsquellen anknüpfende umfassende Darstellung des damals geltenden Rechts (außer Staatsrecht). *Lit.:* NDB 2 (1955), 80 f. *(E. Döhring).*

BERNER, ALBERT FRIEDRICH (1818-1907), Professor in Berlin 1861-1899. Durch sein Lehrbuch des deutschen Strafrechts (1857), das bis 1898 in achtzehn Auflagen erschien, wohl der einflußreichste hegelianische Strafrechtler. *Lit.: Stintzing-Landsberg:* GDtRW III 2, 680-687; *I. Engisch:* Das strafrechtl. Lebenswerk A.F.B.s, Diss. jur. Heidelberg, 1952.

BETHMANN-HOLLWEG, MORITZ AUGUST v. (1795-1877), Professor für römisches Recht in Berlin und Bonn, dort 1842 Universitätskurator, Mitglied des Kreises um Friedrich Wilhelm IV. u. der ersten, später der zweiten preuß. Kammer 1849-1855 (gemäßigt konservativ), 1858-1862 preuß. Kultusminister. Als Rechtsgelehrter übertrug er in seinem grundlegenden Alterswerk „Der Civilproceß des Gemeinen Rechts in geschichtlicher Entwicklung" (6 Bde., 1864-1874, Ndr. 1959) die historische Methode seines Lehrers → Savigny auf das römische und mittelalterliche Zivilprozeßrecht; eine Darstellung des späten römischen Zivilprozesses war vorausgegangen („Die Gerichtsverfassung und der Prozeß des sinkenden römischen Reiches" = Handbuch des Civilprocesses I, 1, 1834). *Lit.: Stintzing-Landsberg:* GDtRW III 2, 295-298, 471-475; NDB 2 (1955), 187 f. *(F. Fischer)*; *H. Liermann / H.-J. Schoeps* (Hrsg.): Materialien z. preuß. Eherechtsreform im Vormärz, 1961, 503 ff.; *G. Kleinheyer:* M.A. v. B.s Entwurf eines preußischen Unterrichtsgesetzes von 1861/62, in D. Schwab u.a. (Hrsg.): Staat, Kirche, Wissensch. in einer pluralist. Ges. FS z. 65. Geb. v. P. Mikat, 1989, 301-326.

BEYER, GEORG (1665-1714), Professor in Wittenberg, Schüler von → Thomasius, nach dessen Vorbild er als einer der ersten selbständige Vorlesungen über deutsches Recht hielt. Seine Kollegienhefte wurden von M.H. Griebner und C.G. Hoffmann („Delineatio iuris Germanici", 1718, 1723) herausgegeben. *Lit.: Stintzing-Landsberg:* GDtRW III 1, 137 f.

BIRKMEYER, KARL v. (1847-1920), Professor für Strafrecht in Rostock und München. Neben → Binding Hauptverfechter der „klassischen" Vergeltungsstrafe gegen die „soziologische" Schule → Liszts („Was läßt v. Liszt vom Strafrecht übrig?", 1907). *Lit.:* NDB 2 (1955), 258 *(D. Lang-Hinrichsen).*

BÖHMER, GEORG LUDWIG (1715-1797), Professor in Göttingen, Sohn → Justus Henning B.s, vertrat anders als dieser in seinen kirchenrechtlichen Schriften das Kollegialprinzip. B. verfaßte auch zivil- und lehnsrechtliche Werke. 23 Jahre lang war er Vorsitzender („Ordinarius") des Spruchkollegiums der Göttinger Juristenfakultät (damals wohl die bedeutendste in Deutschland). B. selbst meinte, er „verdanke all sein Bestes dem Spruchcollegio". *Lit.: Stintzing-Landsberg:* GDtRW III 1, 307 f.

Böhmer, Johann Samuel Friedrich (1704-1772), Sohn von → Justus Henning B., Professor in Halle und Frankfurt/O. Einer der bedeutendsten Theoretiker der gemeinrechtlichen Strafrechtswissenschaft („Elementa jurisprudentiae criminalis", 1732; „Meditationes in Const. Crim. Carolinam", 1770), nach → Carpzov vielleicht der einflußreichste überhaupt. Aufklärerischen Tendenzen, das Strafrecht zu humanisieren, stand B. zum Teil kritisch gegenüber, insofern ist er ein „Binding des 18. Jahrhunderts" (Eb. Schmidt). *Lit.: G. Boldt:* J.S.F. v. Böhmer und die gemeinrechtliche Strafrechtswissenschaft, 1936; *M. Hornung-Grove:* Beweisregeln im Inquisitionsprozeß Johann Brunnemanns, Johann Paul Kress' und J.S.F. B.s, Diss. jur. Göttingen, 1974.

Bornemann, Ferdinand Wilhelm Ludwig (1798-1864), preußischer Jurist, 1831 Kammergerichtsrat, 1844 Direktor im Justizministerium, wo er zahlreiche Konflikte mit → Savigny hatte, März 1848 Justizminister, Juli 1848 zweiter Präsident des preußischen Obertribunals. Seine „Systematische Darstellung des Preußischen Civilrechts" (1834-1839), 6 Bde., ^{2}1842 bis 1845) ist die erste bedeutende Bearbeitung des preußischen Privatrechts im 19. Jh. *Lit.: P. Landau:* F.W.L.B. und die Tradition des preuß. Rechts, in: Quad. Fior. 23 (1994), 57-80; *Döhring:* GDtRPfl 379.

Brater, Karl (1819-1869), Rechtsstudium in Erlangen, Mitglied der Gesetzgebungskommission des Bayer. Justizministeriums, nach 1848 polit. Publizist, Mitbegründer der liberalen bayer. Fortschrittspartei. Gab zusammen mit → Bluntschli das „Deutsche Staatswörterbuch" heraus, zu dem er einige größere Artikel beisteuerte (Bürokratie, Gemeinde, Zentralisation). *Lit.:* NDB 2 (1955), 538 *(T. Schieder)*; *Stolleis:* Gesch., II, 285 f.

Brauer, Johann Nikolaus Friedrich (1754-1813), badischer Staatsmann, 1792 wirkl. Geh. Rat, 1811 Staatsrat und vortragender Kabinettsrat für das Innen- und Justizministerium. B. ist – nach frühen staatsrechtlichen Schriften – durch gesetzgeberische Arbeiten hervorgetreten, vor allem durch das Badische Landrecht von 1809, eine deutsche Übersetzung des code civil mit Zusätzen, welche die besonderen badischen Verhältnisse berücksichtigen. Diese Zivilrechtskodifikation war in Baden von 1810-1900 in Kraft; B. hat sie auch kommentiert („Erläuterungen über den Code Napoleon und die Großherzoglich Badische bürgerliche Gesetzgebung", 6 Bde., 1809-1812). *Lit.: Conrad:* DRG II, 399 f.; NDB 2 (1955), 542 f. *(W. Andreas)* m.w.N.; *E. Strobel:* J.N.F.B. Organisator badischer Rechtsprechung und Verwaltung, in: Bad. Heimat 1969, 150-155; *B.R. Kroener:* J.N.F.B., in: PdV, 61-64.

Brenkmann, Henrik (1681-1736), Rechtsstudium in Leiden, dort Schüler von → Noodt. Anwalt von 1705 bis 1709 in Den Haag, dann Studienreise nach Italien wegen des Codex Florentinus. Nach der Rückkehr 1713 nur noch, vor allem philologische, Forschung zur Vorbereitung einer neuen Digestenausgabe, die er allerdings nicht fertiggestellt hat. B. war der Ansicht, daß alle vorhandenen Handschriften des Corpus juris civilis auf die Florentina zurückgingen. B.s Aufzeichnungen gelangten über → Bynkershoek, Gebauer und Spangenberg an die Niedersächsische Staats- und Universitätsbibliothek Göttingen. B. starb 1736, vermutlich durch Selbstmord. *Lit.: B.H. Stolte jr.:* Henrik Brenkmann. Jurist and Classicist, 1981; *T.J. Veen* und *P.C. Kop:* Zestig Juristen, 1987, 150 ff. *(B.H. Stolte jr.).* (M.)

Brinz, Alois v. (1820-1887), Prof. für römisches Recht in Erlangen, Prag, Tübingen und München. Origineller und neben → Windscheid und → Jhering wohl angesehenster Dogmatiker des römisch-gemeinen Zivilrechts in der zweiten Hälfte des 19. Jh.s („Lehrbuch der Pandekten", 2 Bde., 1857-1871, ²1873-1894, 4 Bde., davon 3, Abt. 2, 2. Lieferung, und 4 besorgt von P. Lotmar). Von B. stammt u.a. die Deutung der juristischen Person als „Zweckvermögen". *Lit.: J. Rascher:* Die Rechtslehre des A. v. B., 1975; *G. Oberkofler:* Die Vertreter des Röm. Rechts ... an der Karls-Univ. in Prag, 1991, 26-28.

Brunnemann, Johann (1608-1672), Professor in Frankfurt/O., zunächst für Philosophie (Logik), dann für Rechtswissenschaft, 1653 auch Ordinarius der Juristenfakultät. Verfaßte zivil- und kirchenrechtliche (Anhänger des Territorialsystems), vor allem aber auch strafprozessuale Schriften („Tractatus iuridicus de inquisitionis processu", 1648, dt. von Joh. Samuel Stryk, 1697: „Anleitung zu vorsichtiger Anstellung des Inquisitionsprozesses"), die die Praxis stark beeinflußten. *Lit.: Stintzing-Landsberg:* GDtRW II, 101-112; → J.S.F. Böhmer.

Brunner, Heinrich (1840-1915), Professor in Lemberg, Prag, Straßburg und Berlin (Nachfolger von Homeyer). In seinem Hauptwerk „Deutsche Rechtsgeschichte" (2 Bde., 1887/92, 1906/1928) lieferte er eine Darstellung der germanischen und fränkischen Rechtsgeschichte, die lange Zeit als vorbildlich galt, in der Gegenwart aber wegen ihrer allzu scharfen Begrifflichkeit und Vernachlässigung der kultur- und sozialgeschichtlichen Bezüge des Rechts auf Kritik stößt. *Lit.:* HRG I (1971), 523-525 *(G. Schubart-Fikentscher)*; *K.S. Bader:* Um eine Berufung H.B.s nach Zürich, in: ZRG (GA) 95 (1978), 186-201.

Brunner, Otto (1898-1982), Professor der Geschichte in Wien und Hamburg. In seinem bahnbrechenden Hauptwerk „Land und Herrschaft", 1939 (⁵1965), behandelte er Grundfragen der mittelalterlichen Verfassungsgeschichte in einer neuen, quellennahen „historischen" Terminologie und begründete damit eine Abkehr von der traditionellen „juristischen" Verfassungsgeschichte. B. war auch einer der Hauptanreger der Sozialgeschichte in Deutschland, die er nicht als bestimmtes historisches Fach, sondern als Art der Betrachtung geschichtlicher Phänomene verstand (Sammlung kleinerer Schriften in „Neue Wege der Sozialgeschichte", 1956). *Lit.:* Schriftenverzeichnis (1923-1966) 1966; *H. Mitteis*, in: ZRG (GA) 64 (1944), 410-418 (zu „Land und Herrschaft"); *P. Blickle*, in: HZ 236 (1983), 779-781; *M. Weltin:* Der Begriff des Landes bei O.B. u. seine Rezeption durch die verfassungsgesch. Forsch., in: ZRG (GA) 107 (1990), 339-376.

Budaeus, Guilelmus (Guillaume Budé) (1467-1540), aus wohlhabender Familie, Privatgelehrter in Paris, Sekretär des Königs Louis XII, Bibliothekar von Francois I, Anreger und Mitbegründer des Collège de France. B. war neben → Alciatus und → Zasius der bedeutendste Vertreter der frühen humanistischen Jurisprudenz und „der anerkannte Führer der französischen Humanisten" (Kisch). Seine für die Rechtswissenschaft wichtigsten Werke sind eine Monographie über das römische Münzwesen („De asse et partibus eius libri V", 1514, zahlr. weit. Ausg.) und seine „Annotationes" zu den Digesten, deren beide Teile er im Abstand von fast zwei Jahrzehnten veröffentlichte (1508, 1527, zahlr. weit. Ausg.). „Opera omnia" (4 Bde. und ein Bd. „Forensia") erschienen 1557. *Lit.: L. Delaruelle:* Guillaume Budé, 1907 (Ndr. 1970); *ders.:* Répertoire analytique et chronologique de la correspondance de G.B., 1907; *J. Bohatec:* Budé und Calvin, 1950; *G. Kisch:* Erasmus u.d. Jurispr. seiner Zeit, 1960, 177 ff.; *D.R. Kelley:* Foundations of modern historical scholarship, 1970, 53 ff.; *H.E. Troje*, in Coing: Hdb. II 1, 633, 673, 689 f.; *ders.:* Graeca leguntur, 1971, 300 ff.

Bulgarus (gest. 1166), Bologneser Rechtslehrer, der bedeutendste der „Quattuor doctores"; berühmt sind seine Kontroversen mit Martinus Gosia, gegen den er die strengrechtliche Richtung an der Bologneser Rechtsschule durchsetzte. 1151-1159 mehrfach als Richter bezeugt. 1158 Teilnahme am Reichstag von Roncaglia, wo neben 28 iudices die Quattuor doctores von Kaiser Friedrich I. mit der Feststellung der Regalien betraut wurden. 1162 Vertreter der Grafen v. Barcelona im Lehnsprozeß mit den Herren v. Baux um die Provence. Neben Glossen zum Corpus iuris civilis verfaßte B. eine Einführung in das Prozeßrecht und ein Commentum zum Digestentitel 50,17 („De diversis regulis iuris antiqui"). Die Casus codicis seines Schülers Wilhelmus de Cabriano sind wahrscheinlich Aufzeichnungen aus B.s Codexvorlesung. Ebenfalls von Wilhelmus stammt möglicherweise die Ausarbeitung des „Stemma Bulgaricum" (Disputationen B.s). Weitere Schüler B.s waren Rogerius, Albericus de Porta Ravennate und Johannes Bassianus. *Lit.:* DBI XV, 47-53; LexMA II, 931; *Savigny:* GRRM, IV, 75-123; *J. Fried:* Die Entstehung des Juristenstandes im 12. Jh., 1974; *Coing*: Hdb. I, 129-260. (F.D.)

Caemmerer, Ernst v. (1908-1985), Professor für Bürgerliches, Handels- und Wirtschaftsrecht, Rechtsvergleichung und Internationales Privatrecht in Freiburg i.Br. C. leistete bedeutende, rechtsvergleichend orientierte, Beiträge insbesondere zum Kauf-, Bereicherungs- und Deliktsrecht („Gesammelte Schriften", hrsg. v. H.G. Leser, 3 Bde., 1968-1978). *Lit.: K. Kreuzer*, Nachruf auf E. v. C., in: Zeitschr. f. vergl. Rechtswiss. 1986, 237-241; Akad. Gedenkfeier f. E. v. C., in: Freiburger Universitätsbl. 1987, 43-63; *H.G. Leser*, in: JZ 1985, 735 f.; *W. Müller-Freienfels*, in: RabelsZ 50 (1986), 339-342.

Cantiuncula, Claudius (Claude Chansonette) (um 1490-1549), geb. in Metz, Professor in Basel, später im Dienst König Ferdinands I., ab 1542 Kanzler der Regierung für Vorderösterreich und Elsaß. C. gehörte zum Humanistenkreis um Erasmus und → Zasius. Bedeutendste Schriften: „Topica legalia", 1520, eine Darstellung der juristischen Argumentationskunst, und: „De ratione studii legalis paraenesis", 1522, das Programm eines humanistisch orientierten Rechtsstudiums. *Lit.: G. Kisch:* Claudius Cantiuncula, 1970; HRG I (1971), 580-582 *(H. Winterberg)*.

Capitant, Henri (1865-1937), Professor an den Universitäten von Grenoble und Paris (ab 1908), mehrfacher Ehrendoktor (Warschau, Liège, Bukarest etc.), Mitglied der Académie des sciences morales et politiques, der Société d'études legislatives sowie Ratsmitglied der Banque de France. Er verfaßte Lehrbücher: „Introduction à l'étude du droit civil français" (1891); „Cours de législation industrielle" (Mitautor P. Cuche); „Cours élémentaire de droit civil français" (1914-1916), die Urteilssammlung „Les grands arrèts de la jurisprudence civile" und zahlreiche Urteilsanmerkungen in in- und ausländischen Zeitschriften. C. sah die Rechtsprechung als besonders wichtige Rechtsquelle an. Ihm und seinem Werk wird großer Einfluß, insbesondere auf die zeitgenössische Gesetzgebung, zugeschrieben. Zusammen mit Duguit, → Gény, Hauriou und Planiol gilt C. als einer der Wegbereiter des modernen französischen Privatrechts. *Lit.: G. Pichat:* Notice sur la vie et les trav. de H.C. (J.F.)

Carmer, Johann Heinrich Casimir v. (1721-1801), preuß. Großkanzler. In seine Ministerzeit fallen die große Reform des Zivilprozesses („Corpus Iuris Fridericianum", 1781, revidiert 1793: „Allgemeine Gerichtsordnung") und des gesamten materiellen Rechts (Allgemeines Landrecht, 1794 in Kraft getreten). Einige Teile des ursprünglichen Landrechtsentwurfs stammen von C. selbst; als eigentlicher Schöpfer des ALR ist freilich C.s engster Mitarbeiter → Svarez anzusehen. *Lit.:* HRG I (1971), 590-592 *(H. Winterberg).*

Carré de Malberg, Raymond (1861-1935), Professor für Öffentliches Recht in Caen, Nancy und Straßburg. Beschäftigte sich mit grundlegenden Fragen von Recht, Staat und Politik. In seinem Werk „Contribution à la théorie générale de l'État" (1920-1922) entwickelt er einen pragmatischen und positivistischen Ansatz. Der Staat ist für ihn die Verkörperung der bestehenden Rechtsordnung und wird nur durch seine eigenen Strukturen eingeschränkt, wobei die Hierarchie der gesetzgebenden Organe und somit die Normenhierarchie letzlich dem Parlament die absolute Oberhoheit geben. Unter dem Eindruck des in Europa aufkommenden Faschismus wendet sich C. in seiner Analyse der Verfassung von 1875 „La loi, expression de la volonté générale" (1932) jedoch hiervon ab. Er fordert u.a. die Möglichkeit der Gesetzesinitiative durch das Volk, Direktwahl des Regierungschefs und ein Schiedsverfahren bei Streitigkeiten zwischen Parlament und Regierung. *Lit.: G. Bacot:* C. et l'origine de la distinction entre souveraineté du peuple et souveraineté nationale, 1985; *P. Raynaud:* Droit naturel et souveraineté nationale dans la pensée juridique française. Remarques sur la théorie de l'Etat chez C., in: Commentaire 1983, 384-393; *P. Avril:* Une revanche du droit constitutionnel?, in: Pouvoirs; La Ve République – 30 ans, 1989, 5-13. (J.F.)

Clapmarius, Arnold (Klapmeier) (1574-1604), Professor für Geschichte und Politik in Altdorf. Sein bekanntestes Werk: „De arcanis rerum publicarum libri sex", 1605 aus dem Nachlaß herausgegeben (bis 1673 dreizehn Auflagen), enthält Anweisungen zum praktisch-politischen Handeln und regte eine umfangreiche Staats-Arkana-Literatur im 17. Jahrhundert an. *Lit.: H. Hegels:* A.C. und die Publizistik über die arcana imperii im 17. Jh., Diss. Bonn, 1918; NDB 3 (1957), 260 *(G. Oestreich)*; *Stolleis:* Gesch., I, 98 ff.

Coke, Sir Edward (1552-1634), Jurist und Politiker, bekannt geworden als Verteidiger des Common Law und der richterlichen Unabhängigkeit gegen die „royal prerogative“, die Einflußnahme der Krone auf Recht und Rechtsprechung. Die Stellungnahme für den Vorrang des Common Law und gegen die Interessen des Königs James I. beendete 1616 C.s steile juristische Karriere, in der C. in eines der höchsten Richterämter aufgestiegen war. Politischer Gegenspieler in diesem Konflikt war C.s langjähriger Rivale Sir Francis Bacon, der die Entfernung C.s aus seinem Amt vorantrieb. Neben C.s politischem Einsatz für das Common Law waren es seine Schriften, die einen starken und nachhaltigen Einfluß auf die Entwicklung des englischen Rechts und seiner Institutionen ausübten. Ab 1600 veröffentlichte C. unter der Bezeichnung „The Reports“ 11 Bände mit kommentierten Gerichtsentscheidungen, in denen er die Prinzipien des englischen Rechts systematisch ordnete. Nach der Entlassung aus seinem juristischen Amt war es für C. politisch nicht mehr möglich, die „Reports“ herauszugeben, zwei weitere Bände folgten erst ab 1658, vieles blieb bis heute unveröffentlicht. Das zweite Hauptwerk C.s stellen die vier Bände „Institutes of the Laws of England“ dar, von denen C. 1628 nur den ersten veröffentlichte; die übrigen Bände wurden aus politischen Motiven zurückgehalten und konnten erst ab 1640 vollständig erscheinen. Der erste Band wurde berühmt unter dem Titel „Coke on Littleton“ und enthält eine Kommentierung des ca. 1465 bis 1475 entstandenen und sehr bedeutenden Werks Littletons. *Lit.:* Biographical Dictionary of the Common Law, hrsg. v. A.W.B. Simpson, 1984; *J. Beauté:* Un grand juriste anglais: Sir E.C., 1975; *S.D. White:* Sir E.C. and "The Grievances of the Commonwealth" 1621-1628, 1979. (N.D.)

Cramer, Johann Ulrich v. (1706-1772), Professor in Marburg, 1742-1745 Reichshofrat, danach Privatmann in Marburg, 1752 Assessor am Reichskammergericht. Schüler → Wolffs, dessen mathematische Methode er als einer der ersten auf die Jurisprudenz anwandte. Zahlreiche Schriften vor allem zur Praxis der beiden höchsten Reichsgerichte, darunter „Wetzlarische Nebenstunden“, 1755-1773, 128 Teile in 32 Bden., die letzte bedeutende und umfassendste Sammlung reichskammergerichtlicher Entscheidungen. *Lit.:* NDB 3 (1957), 391 *(E. Döhring)*; *K.S. Bader:* J.U. v. C. u.d. „Transparenz“ der reichskammergerichtl. Rspr., in: JZ 1972, 515.

D'Aguesseau, Henri-François (1668-1751), 1691 Generalanwalt beim Parlament in Paris, 1700 Generalstaatsanwalt, 1717 nach dem Tod Ludwigs XIV und des Kanzlers Voisin Kanzler und Siegelbewahrer. Da er für den Gallicanismus, religiöse Freiheiten und Toleranz eintrat und die ruinösen Finanzspekulationen des Schotten Law ablehnte, wurde er 1718 vom Regenten ins Exil nach Fresnes geschickt, 1720 zurückgeholt, aber 1722 erneut amtsenthoben. 1727 wurde er schließlich wieder nach Paris beordert, erhielt aber erst 1737 wieder das Siegel. D., der von den Werken → Domats beeinflußt und mit → Pothier befreundet war, schwebte die Idee eines einheitlichen französischen Rechts vor. Obwohl er die Schwierigkeit erkannte, das droit écrit mit den Coutumes zusammenzuführen, unternahm er in Ausübung seines Amtes einen umfassenden Legislationsplan und erließ Ordonnancen über Schenkungen (1731), Testamente (1735) und Substitutionen (1747), die lange Zeit in Kraft blieben und auch im Code Civil berücksichtigt werden. Daneben zeugen seine Plädoyers und sonstigen Reden von hoher Sprachkunst. Gesamtwerke in 16 Bden., hrsg. von M. Pardessus, 1819-20.

Darin: Instructions pour les magistrats; Instructions pour l'éducation de son fils; Essai sur le droit public (dt. in 8 Bden. von G.M. von Weber, 1767). *Lit.: A.A. Boullée:* Histoire de la vie et des ouvrages du chancelier d'A., 1835; *C. Butler:* Life of D'A., 1830; *Feller:* in Biogr. universelle, 1851 in: ABF Blatt 7, 47-58; *G. Frêche:* Les idées politiques du chancelier d'A., 1966; *ders.:* Un chancelier gallican: D'A., 1969; *H. Regnault:* Les ordonnances civiles du chancelier d'A., 1929; *Le Comte de Segur* in: Galérie Francaise, in: ABF Blatt 7, 8-29; *F. Monnier:* Le Chancelier d'A., 1860; *J.E.E. Roy:* Le Chancelier d'A., 1862; *I. Storez:* La philosophie du chancelier d'A., in: Revue historique 266 (1981), 381. (N.)

Darjes, Joachim Georg (1714-1791), Schüler Christian → Wolffs, Professor der Moralphilosophie und Politik in Jena, später in Frankfurt/O. Schrieb naturrechtliche „Institutiones jurisprudentiae universalis", 1740, und „Institutiones jurisprudentiae privatae Romano-Germanicae", 1749. In diesem Werk versucht D. eine mehr historische Behandlung des Zivilrechtsstoffes, bleibt aber doch weitgehend der demonstrativen Methode → Wolffs verhaftet. *Lit.: Stintzing-Landsberg:* GDtRW III 1, 284 f.; *M. Pennitz:* Die Rolle von J.G.D. in den preuß. Kodifikationsbestrebungen der 2. Hälfte des 18. Jh.s, in G. Klingenberg u.a. (Hrsg.): Vestigia Iuris Romani. FS f. G. Wesener z. 60. Geb., 1992, 331-350.

Dernburg, Heinrich (1829-1907), Professor in Zürich, Halle und Berlin. Als sein Meisterwerk gilt das „Lehrbuch des preußischen Privatrechts" (3 Bde., 1871-1880), das sich vor den meisten anderen Privatrechtslehrbüchern der Zeit (→ Windscheid) durch Berücksichtigung der Rechtstatsachen und Verkehrsbedürfnisse auszeichnet. In ähnlicher Manier sind D.s „Pandekten" (3 Bde., 1884-1887) geschrieben. *Lit.: Sinzheimer:* JK 73-82; NDB 3 (1957), 608 f. *(G. Wesenberg)*; *W. Süß:* H.D. Ein Spätpandektist im Kaiserreich, 1991; *K. Luig:* H.D. Ein „Fürst" der Spätpandektistik u. des preuß. Privatrechts, in: DJJH, 231-247.

Drews, Bill (1870-1938), preußischer Verwaltungsbeamter, 1917/18 Innenminister. 1919 war er preuß. Staatskommissar für die Verwaltungsreform, scheiterte jedoch mit seinen weitreichenden Plänen, im Sinne des Frhrn. v. → Stein den preußischen Staat durch Dezentralisierung und Dekonzentration der Verwaltung zu einem „Selbstverwaltungsstaat" umzuschaffen. 1921-1937 Präsident des Oberverwaltungsgerichts, 1922 auch Honorarprofessor in Berlin. Durch sein aus der Lehrtätigkeit erwachsenes Lehrbuch „Preußisches Polizeirecht" (Allg. Teil 1927, [5]1936, Bes. Teil 1933) und seine Richtertätigkeit übte er maßgeblichen Einfluß auf die Fassung des Preußischen Polizeiverwaltungsgesetzes von 1931 aus. *Lit.: C.H. Ule:* B.D., in: MDV, 261-283; *ders.* in D. Wilke (Hrsg.): Festschr. z. 125jährigen Bestehen der Jur. Ges. zu Berlin, 1984, 803-819; *G.-C. v. Unruh:* Wilhelm (B.) Arnold D., in: PdV, 323-327.

Duguit, Léon (1859 -1928), Professor in Caen und Bordeaux (ab 1886). Seine z.T. in mehrere Sprachen übersetzten Hauptwerke beschäftigen sich vor allem mit staatsrechtlichen und rechtstheoretischen Problemen: „L'État, le droit objectif et la loi positive" (1901), „Manuel de droit constitutionnel" (1907), „Traité de droit constitutionnel" (5 Bände, 1911-1925), „Les Transformations générales du droit privé" (1912), „Les

Transformations générales du droit public" (1913), „Le Pragmatisme juridique" (1924), „Les Doctrines juridiques objectivistes" (1927). Der Rechtssoziologe D. war beeinflußt durch Spencer und Durkheim und ein radikaler Kritiker der bestehenden Rechtsordnung; sein Toulouser Freund, Kollege und wissenschaftlicher Rivale Hauriou bezeichnete ihn als „Anarchiste de la chaire". Jurisprudenz ist Tatsachenwissenschaft, der Staat soll sich – ausgehend von der Annahme der Existenz einer objektiven, d.h. vom menschlichen Willen unabhängigen Rechtsordnung, sich ergebend aus einer solidarité sociale – dem Recht unterordnen. Diese Trennung von Recht und Staat, den D. funktional bestehen lassen will, soll das Problem der Herrschaft von Menschen über Menschen lösen. *Lit.: D. Grimm:* Solidarität als Rechtsprinzip – die Rechts- und Staatslehre L.D.s in ihrer Zeit, Diss. jur. Frankfurt a.M. 1973; *W. Logue:* From Philosophy to Sociology. The evolution of french Liberalism, 1870-1914, 1983; *J. Cammaille*: La sociologie du droit en France. Les ambiguités d'une spécialisation, in: Sociologia del Diritto, 1989, 19-41; *C. Didry:* De l'État aux groupes professionnels. Les itinéraires croisés de L.D. et E. Durkheim au tournant du siècle (1880-1900), in: Genèses, 1990, 5-27; *R. Bonnard:* L.D., ses oeuvres, sa doctrine, Paris 1929; *Ch. Eisenmann:* Deux théoriciens du droit: D. et Hauriou, in: Revue philosophique 1930, 225 ff. (J.F.)

Dupin, André-Marie-Jean-Jacques (1783-1865), gen. Dupin aîné. Erst Anwalt (1801), dann, nach Scheitern einer wissenschaftlichen Laufbahn, allmähliche Berühmtheit als Verteidiger in zahlreichen wichtigen politischen Prozessen und als Berater des späteren frz. Königs Louis-Philippe I. D. hatte großen Einfluß auf die zeitgenössische Gesetzgebung. Er war Präsident des Abgeordnetenhauses und nach der Revolution 1848 Vorsitzender der gesetzgebenden Versammlung. Seit 1830, mit Unterbrechung von 1852-1857, Tätigkeit als Generalstaatsanwalt (procureur général à la Cour de Cassation). Mitglied der Académie française, der Académie des sciences morales et politiques und schließlich des Senats. Ein produktiver Autor, der neben zahlreichen veröffentlichten Plädoyers und Reden etwa 100 Publikationen vorlegte: Abhandlungen zu aktuellen politischen Themen (z.B.: „Des apanages en generale et ... de l'apanage d'Orléans en particulier", 1827; „Consultations pour le comte de Montlosier, contre l'illegalité des jésuites", 1829), Gesetzessammlungen und -kommentare (z.B.: „Lois sur l'organisation judiciaire", 2 Bände, 1819; „Lois civiles servant de supplément au Code civil", 2 Bände, 1819; „Lois commerciales, servant de supplément au Code de commerce", 1820; „Lois de procédure", 1821; „Lois criminelles", 1821; „Lois forestières", 1822), Lehrbücher (z.B.: „Traité des successions", 1804; „Précis historique du droit romain", 1809; „Précis historique du droit français", 1826; „Manuel de droit public ecclésiastique français", 1844) und schließlich seine Memoiren („Mémoires", 4 Bände, 1855-1861). *Lit.: R. Allou / Ch. Chenu:* Les grands avocats du siècle, 1894; *Ortolan:* Notice biographique sur M.D., 1840. (J.F.)

Emminger, Erich (1880-1951), Rechtsanwalt, Staatsanwalt und Amtsrichter in Nürnberg, ab 1920 Reichstagsabgeordneter (bayer. Volkspartei), 1923/24 Reichsjustizminister im Kabinett Marx. Durch die sog. „Emminger-Verordnungen" (22.12.23, 4.1. u. 13.2.24) wurden die Schwurgerichte (wenn auch nicht dem Namen nach) in Schöffengerichte umgewandelt (Laienbeisitzer entscheiden gleichermaßen über Rechts- und

Tatfrage). Als Minister wie Abgeordneter setzte sich E. für eine möglichst weitgehende Aufwertung zum Ausgleich der Inflationsschäden ein. Nach dem Krieg wirkte E. am OLG in München, zuletzt als Senatspräsident. *Lit.:* NDB 4 (1959), 484 f. *(R. Pohle).*

ENGELHARD, REGNER (1717-1777), Schüler → Wolffs, war in der hessen-kasselschen Militärverwaltung tätig, zuletzt (ab 1755) Kriegsrat. E. verfaßte außer einer „Erdbeschreibung der hessischen Lande Kasselischen Antheils“ (1778) und naturrechtlichen Schriften über verschiedene Rechtsmaterien (öffentliches, Lehn-, Militärrecht) auch einen „Versuch eines allgemeinen peinlichen Rechtes ...“ (1756), in dem er, eine Lücke bei → Wolff ausfüllend, dessen Methode auf das Strafrecht anwendete. *Lit.: Stintzing-Landsberg:* GDtRW III 1, 282 f.

ENNECCERUS, LUDWIG (1843-1928), Professor für röm. Recht in Göttingen und Marburg, 1887-1890 und 1893-1898 Mitglied des Reichstags, dort u.a. Referent für die ersten zwei Bücher des zweiten BGB-Entwurfs. Besonders bekannt geworden ist E. durch das von ihm begründete „Lehrbuch des Bürgerlichen Rechts“, dessen ersten Band (1900, dann in 2 Abteilungen; 1. Abt.: Einleitung. Allg. Teil, 1928, 2. Abt.: Recht der Schuldverhältn., 1927) er fast drei Jahrzehnte lang selbst bearbeitet hat. *Lit.:* NDB 4 (1959), 536 f. *(S. Heyer).*

ESMEIN, JEAN-PAUL HIPPOLYTE EMMANUEL, gen. ADHÉMAR (1848-1913). Professor in Douai und Paris (ab 1879), später zugleich Professor an der École libre des sciences et politiques. Mitglied der Académie des sciences morales et politiques und des Conseil supérieur de l’Instruction publique. Die weit gefächerten Interessengebiete E.’s (Verfassungsrecht, Kirchenrecht, Wirtschaftsrecht und Rechtsgeschichte) spiegeln sich in der großen Zahl der Publikationen wider, von denen insbesondere die rechtsgeschichtlichen bis heute große Beachtung finden („Histoire de la procédure criminelle en France“, 1881; „Cours élémentaire d’histoire du droit français“, 1892; „Précis élémentaire de l’histoire du droit français“, 1908). (J.F.)

ESTOR, JOHANN GEORG (1699-1773), Professor in Gießen, Jena und Marburg, dort zuletzt Kanzler der Universität. Gehört zu den Juristen, die sich – angeregt u.a. durch → Thomasius’ Hinwendung zum deutschen Recht – stärker mit den deutschen Rechtsaltertümern beschäftigten. Sein nüchterner Sinn bei dieser Arbeit wird gelobt, er wollte, wie er selbst sagte, nicht aus „Hirn-Hypotheses ein ius chimaericum“ aufbauen. Als die bedeutendste seiner sehr zahlreichen Schriften gelten die „Anfangsgründe des gemeinen und Reichs-Prozesses“, 1744. *Lit.:* ADB 6 (1877), 390-392 *(T. Muther).*

FABER, ANTONIUS (Antoine Favre, auch: Fabre) (1557-1624), 1579 Doktor der Rechte und Anwalt beim Senat von Chambéry (Savoyen), 1581 Oberrichter von Bresse, 1584 Mitglied des Senats von Savoyen, 1596 Präsident des Conseil du Genevois in Annecy für den Herzog von Nemours, 1610 Präsident des Senats von Chambery und 1617 Bestellung zum Gouverneur von Savoyen. Zahlreiche politische und diplomatische Missionen für den Herzog von Savoyen. F. gehört zu den großen humanistischen Rechtswissenschaftlern (→ Cujas, → Donellus, → Gothofredus) und hat vor allem eine Fülle von Schriften über das römische Recht verfaßt („Conjecturae juris civilis“,

1581-1602; „De erroribus pragmaticorum et interpretum juris“, 1598-1615; „Rationalia in Pandectas“, 1604-26; „Jurisprudentiae papinianeae scientia“, 1607). Er untersuchte als einer der ersten, z.T. erfolgreich, die Interpolationen im corpus iuris civilis, zielte aber immer auf die praktische Anwendbarkeit des römischen Rechts ab. Wegen seiner schnellen Arbeitsweise und seinen oft subtilen und ungewöhnlichen Ansichten wird ihm gelegentlich mangelnde Präzision vorgeworfen; im „Codex Fabrianus“ (1606) mit kommentierten Entscheidungen des Senats von Chambéry gelingt es ihm aber, das aktuelle Recht in der römischen Tradition und Ordnung zu gestalten. *Lit.: A. Calliès:* Framéry et la famille du président F., in: Revue savoisienne 79 (1938), 49-72; *L. Chevailler:* Le président F. et la jurisprudence du Sénat de Savoie de 1585-1605, in: Revue d'histoire du droit 20 (1952), 263-289, 456-478; *ders.:* Remarques sur A.F., in: Revue de Savoie (1957), 4-15; *F. Mugnier:* Histoire et correspondance du premier président F., 1903. (N.)

Falck, Nikolaus (1784-1850), Professor in Kiel, ab 1836 auch Beisitzer am dortigen Oberappellationsgericht, mehrmals Präsident der schlesw.-holst. Ständeversammlung. F. stand der historischen Rechtsschule nahe, kann aber weder der älteren (→ Eichhorn) noch der jüngeren (→ Beseler) Germanistengeneration ganz zugerechnet werden. Sein „Handbuch des schleswig-holsteinischen Privatrechts“ (5 Bde., 1825-1848, unvollendet) gehörte zu den bedeutendsten Bearbeitungen eines Landesprivatrechts im 19. Jh. Viel gelesen war auch seine „Juristische Enzyklopädie“, 1821 (1851 bearb. v. R. Jhering). *Lit.: Döhring:* GDtRPfl. 391f; *Stintzing-Landsberg:* GDtRW III 2, 499 f.; *K. Volk:* Die juristische Enzyklopädie des N.F., 1970.

Fichard, Raymund Pius (1540-1584), Sohn Johann → F.s, gemeinsam mit seinem Vater ab 1566 Frankfurter Syndikus. Gab vor allem die Werke seines Vaters heraus. *Lit.: Stintzing-Landsberg:* GDtRW I, 599-601.

Ficker, Julius (1826-1902), Professor für Geschichte, später für deutsche Reichs- und Rechtsgeschichte in Innsbruck. F.s Forschungen zur mittelalterlichen deutschen Verfassungsgeschichte und zur Reichs- und Rechtsgeschichte Italiens (4 Bde., 1868-1874) sind vor allem durch die Verwendung von umfangreichem Urkundenmaterial grundlegend geworden. *Lit.:* NDB 5 (1961), 133 *(O. Brunner)*; HRG I (1971), 1229 f. *(G. Dilcher)*.

Fitting, Hermann (1831-1918), Professor in Basel und Halle. F. war einer der Hauptverfechter der Theorie, daß es von der Zeit Justinians bis zum Auftreten der Bologneser Juristen eine kontinuierliche Rechtswissenschaft gegeben habe („Juristische Schriften des früheren Mittelalters“, 1876, Ndr. 1965). Daneben ist er als Verfasser eines beliebten „Lehrbuch des Zivilprozesses“ (1878, 1908) hervorgetreten. *Lit.:* NDB 5 (1961), 218 *(A. Schmücking)*.

Frey, Johann Gottfried (1762-1831), Stadtrat und Polizeiinspektor, dann Polizeidirektor von Königsberg, ab 1809 Regierungsdirektor der ostpreuß. Regierung. Gab entscheidende Anregungen für die preußische Städteordnung von 1808 (Motto seiner Denkschrift: „Zutrauen veredelt den Menschen, ewige Vormundschaft hemmt sein

Reifen"). *Lit.: Th. Winkler:* J.G.F. und die Entstehung d. preuß. Selbstverwaltung, 1936; NDB 5 (1961), 416 *(S. A. Kaehler).*

FRIEDBERG, EMIL (1837-1910), Kirchenrechtler, Professor in Halle, Freiburg i. Br. und Leipzig. F.s bedeutendste Leistung ist seine Ausgabe des Corpus Iuris Canonici (1879-1881), mit der er die noch heute maßgebliche Edition schuf. In seinen Schriften betonte F. den Vorrang des Staates vor der Kirche und unterstützte damit die deutsch-preußische Kulturkampfpolitik. *Lit.:* Biogr. Jahrb. 16 (1914), 313-317 *(E. Sehling)*; NDB 5 (1961), 443 f. *(A. Erler)*; HRG I (1971), 1274 *(H.-J. Becker)*; *C. Link:* E.F. Kirchenrechtler der historischen Rechtsschule, „Staatskanonist" und Mitstreiter im „Kulturkampf", In: DJJH, 283-300.

FRIEDBERG, HEINRICH (1813-1895), 1876 Staatssekretär des neuerrichteten Reichsjustizamts, 1879 preuß. Justizminister. F. wurde bereits seit 1845 als Hilfsarbeiter im preuß. Justizministerium mit Gesetzgebungsarbeiten betraut und war dabei maßgeblich an der Konzipierung der Staatsanwaltschaft als „Gesetzeswächter" und der Einführung des öffentlichen und mündlichen Strafprozesses in Preußen beteiligt. F. ist nach seiner Pensionierung (1889) auch mit mehreren rechtshistorischen Schriften hervorgetreten. *Lit.: H. Hattenhauer:* Vom Reichsjustizamt z. Bundesmin. d. Justiz (in der gleichbetitelten Festschrift, 1977), 9-117 (bes. 35 f.); NDB 5 (1961), 444 f. *(E. Döhring).*

FÜRST UND KUPFERBERG, CARL JOSEPH MAXIMILIAN FRHR. V. (1717-1790), preuß. Großkanzler 1770-1779. F., der die von → Cocceji eingeleitete Justizreform zu Ende bringen sollte, scheiterte vor allem daran, daß es ihm nicht gelang, umfassende Vorschläge zur Prozeßbeschleunigung vorzulegen. Nach seinem Eintreten für die wegen des Müller-Arnold-Prozesses gemaßregelten Kammergerichtsräte fiel er bei Friedrich II. endgültig in Ungnade. *Lit.:* NDB 5 (1961), 693 f. *(L. Knabe).*

GAILL, ANDREAS (1526-1587), Assessor am Reichskammergericht, 1569 Reichshofrat, zuletzt Kanzler des Erzstifts Köln. Durch seine „Practicae observationes ..." (1578), eine aus Entscheidungen geschöpfte Darstellung der beim Reichskammergericht praktizierten Grundsätze des Verfahrens- und materiellen Rechts, wurde er neben J. Mynsinger v. Frundeck zum Begründer der Kammergerichts(Kameral)-Jurisprudenz. Der Erfolg des Werkes war außergewöhnlich, es ist noch 1771 neu aufgelegt worden. *Lit.: K. v. Kempis:* A.G., 1988; HRG I (1971), 1371-1373 *(W. Sellert).*

GANS, EDUARD (1797-1839), entstammt einer jüdischen Familie, ließ sich taufen und wurde 1828 in Berlin ordentlicher Professor, Gegner → Savignys (der sich nach G.s Aufnahme in die Fakultät aus dieser zurückzog), Schüler Hegels, dessen Rechtsphilosophie er mit eigenen Zusätzen herausgab. Durch sein Hauptwerk „Das Erbrecht in weltgeschichtlicher Entwicklung" (4 Bde., 1824-1835) gehört G. zu den Begründern der vergleichenden Rechtswissenschaft. *Lit.: H.G. Reissner:* E.G., 1965; HRG I (1971), 1383 f. *(H. Lentze)*; *M. Riedel:* Einleitung zu E.G.: Naturrecht und Universalrechtsgeschichte, 1981; *J. Braun:* Schwan und Gans, in: JZ 1979, 769-775; *ders.:* Der Besitzrechtsstreit zwischen F.C. von Savigny und E.G., in: Quad. Fior. 9 (1980),

457-506; *ders.:* Die Lehre von der Opposition bei Hegel und G., in: Rechtstheorie 15 (1984), 343-383; *ders.:* E.G. und die Wiss. von der Gesetzgebung, in: ZNR 1982, 156-173; *ders.:* E.G. Ein homo politicus zwischen Hegel und Savigny, in: DJJH, 45-57.

GAREIS, KARL (1844-1923), Professor in Bern, Gießen (dort auch Universitätskanzler), Königsberg und München. Bedeutender Handelsrechtler („Das deutsche Handelsrecht", 1880, 1909) und neben Josef Kohler bahnbrechend auf dem Gebiet der Immaterialgüter- und Persönlichkeitsrechte, auch Verfasser einer beliebten „Enzyklopädie und Methodologie der Rechtswissenschaft" (1887, [5]1920, bearb. v. L. Wenger). *Lit.: D. Schwab:* Geschichtliches Recht und moderne Zeiten. Einige Gedanken zu Leben und Werk von K.G., in: Festschr. f. H. Hübner, 1984, 215-237.

GERBER, KARL FRIEDRICH WILHELM (1823-1891), Professor in Erlangen, Tübingen (dort wurde er 1855 Kanzler) und Leipzig, ab 1871 sächs. Kultusminister. Schüler → Puchtas, dessen begrifflich-systematische Methode er auf das deutsche Privatrecht (System des deutschen Privatrechts, 2 Abteilungen 1848/49, [17]1898) und auf das Staatsrecht („Grundzüge eines Systems des deutschen Staatsrechts", 1865, [3]1880) übertrug. Er ist damit der unmittelbare Vorläufer von → Laband. *Lit.: W. Wilhelm:* Zur juristischen Methodenlehre im 19. Jh., 1958, S. 88 ff.; HRG I (1971), 1530-1532 *(B. Koehler)*; *P. v. Oertzen:* Die soziale Funktion des staatsrechtlichen Positivismus, 1974, 163 ff., *M.G. Losano:* Der Briefwechsel zwischen Jhering und G. Studien über Jhering und G., 2 Bde., 1984; *ders.:* Der Begriff „System" bei G., in: Objektivierung des Rechtsdenkens. Gedächtnisschr. f. Ilmar Tammelo, 1984, 647-665.

GLASER, JULIUS (1831-1885), Professor des Strafrechts in Wien, 1871 österr. Justizminister (bis 1879), dann Generalprokurator am Kassationshof. In seiner Ministerzeit entstand die österreichische Strafprozeßordnung (23. Mai 1873), die ganz G.s Werk ist und am konsequentesten von allen kontinentalen Strafprozeßgesetzen das Anklageprinzip durchführt. Als G.s bestes juristisches Buch gilt seine unvollendete Darstellung des deutschen Strafprozesses (2 Bde. 1883/85). *Lit.: Stintzing-Landsberg:* GDtRW III 2, 954-962 (u. Notenbd. 399-401); *Sinzheimer:* JK, 159-179; *W. Schild:* J.G. in: *Brauneder*, JiÖ, 184-189, 318 f.

GLOBIG, HANS ERNST V. (1755-1826), Assessor am Appellationsgericht in Dresden und am Reichskammergericht, dann sächs. Gesandter beim Reichstag in Regensburg, sächs. Geheimrat und Direktor der Gesetzeskommission in Dresden. G. ist vor allem bekannt durch die mit seinem Freund J.G. Huster verfaßte „Abhandlung von der Criminal-Gesetzgebung" (1783, Ndr. 1969), mit der er ein von der Berner ökonomischen Gesellschaft veranstaltetes Preisausschreiben gewann. Auch aus einem weiteren, von Friedrich d. Großen gestifteten, Wettbewerb zur Vorbereitung der preußischen Strafrechtsgesetzgebung ging G. als Sieger hervor. G.s Arbeiten sind bedeutsam durch ihr Bemühen, die alte, strenge Beweistheorie zu überwinden; praktische gesetzgeberische Leistungen hat G. nicht aufzuweisen. *Lit.:* NDB 6 (1964), 456 f. *(R. Lieberwirth)*; *Stephan Schmidt:* Die Abhandl. von der Criminal-Gesetzgebung von H.E. v. G. u. Johann Georg Huster, 1990.

GODELMANN, JOHANN GEORG v. (1559-1611), außerord. Professor in Rostock (las über Röm., Lehn- u. Strafrecht), ab 1592 Hofrat des sächs. Kurfürsten und dessen Gesandter am Kaiserhof. Ein früher Kämpfer gegen den Hexenwahn, den er in seinem berühmten Buch „De magis, veneficis et lamiis, recte cognoscendis et puniendis" (1584) angriff. *Lit.:* NDB 6 (1964), 497 f. *(F. Merzbacher).*

GÖNNER, NIKOLAUS THADDÄUS (1764-1827), Professor in Bamberg, Ingolstadt und Landshut (Staatsrecht, dort auch Prokanzler und Rektor). Mitglied der bayer. Gesetzkommission, später im bayer. Justizministerium tätig (ab 1820 ordentl. Staatsrat). Von seinen zahlreichen Schriften haben wohl die prozeßrechtlichen („Handbuch des deutschen gemeinen Prozesses", 4 Bde., 1801-1803) die meiste Anerkennung gefunden (weiterhin zivil-, straf- und staatsrechtliche Arbeiten). Unrühmlich bekannt ist G. durch seine z.T. nur aus persönlichem Ehrgeiz geführten Fehden mit → Savigny und → Feuerbach. *Lit.:* NDB 6 (1964), 518 f. *(L. Schaffner)*; *F. Bomsdorf:* Prozeßmaximen und Rechtswirklichkeit, 1971; *K.W. Nörr:* Das bernische Zivilprozeßgesetzbuch 1821 unter dem Einfluß des „Entwurfs eines Gesetzbuchs über das gerichtliche Verfahren" von G., in: Festschr. f. F. Elsener, 1977, 207-213; HRG I (1971), 1752-1755 *(H. Holzhauer).*

GÖSCHEN, JOHANN FRIEDRICH LUDWIG (1778-1837), Schüler → Savignys, Professor für Röm. Recht in Berlin und Göttingen. G. gab die von Niebuhr in Verona wiederentdeckten „Institutionen" des Gaius heraus (1820/21, ^{2}1824); die Qualität seiner Edition fand auch bei späteren Herausgebern (Krüger und Studemund, 1884) uneingeschränktes Lob. *Lit.: Stintzing-Landsberg:* GDtRW III 2, 287-289, Notenbd. 117 f.

GOLDSCHMIDT, JAMES (1874-1940), Professor in Berlin. Sein Buch „Der Prozeß als Rechtslage" (1925) versucht, an die Stelle der bisherigen Prozeßrechtslehre eine „dynamische" Betrachtungsweise zu setzen. Von G. stammt u.a. der Begriff der „Sachurteilsvoraussetzung". G. ist auch Hauptverfasser eines Strafprozeßordnungs-Entwurfs (1920), dessen Zielsetzungen – konsequente Durchführung des Anklageprinzips, Stärkung der Verteidigung – Reformen späterer Jahrzehnte vorwegnahmen. *Lit.: Schmidt:* Einf., 393, 417; *R. Bruns:* J.G. Ein Gedenkblatt, in: ZZP 1975, 121-125; *W. Sellert:* J. Paul G. Ein bedeutender Straf- und Zivilprozeßrechtler, in: DJJH, 595-613.

GOLDSCHMIDT, LEVIN (1829-1897), Professor in Heidelberg und Berlin (erster Ordinarius für Handelsrecht), 1870 bis 1875 auch Mitglied des Reichsoberhandelsgerichts. Levin G. kann als Begründer der modernen Handelsrechtswissenschaft angesehen werden, der er erstmals durch die Bearbeitung der Quellen des mittelalterlichen Rechts der Handelsstädte eine umfassende historische Fundierung gab. Hauptwerke: Handbuch des Handelsrechts, 2 Bde., 1864/68 (1. Abt.: ^{2}1875, ^{3}1891 u.d.T.: Universalgeschichte des Handelsrechts). *Lit.:* NDB 6 (1964), 617 f. *(R. Dietz)*; *P. Raisch:* Geschichtl. Voraussetzungen, dogm. Grundl. u. Sinnwandl. d. Handelsrechts, 1965, 56 ff.; HRG I (1971), 1748-1751 *(H. Kronstein)*; *K. Schmidt:* L.G. Der Begründer der modernen Handelsrechtswissenschaft, in: DJJH, 215-230.

GOTHOFREDUS, JACOBUS (Jacques Godefroy) (1587-1652), Sohn von Denis → G., blieb in der Geburtsstadt Genf und führte die Arbeiten → Cujas' und Molinaeus' wie sein

Vater fort, übertraf diesen aber an Gelehrsamkeit. 1616 Anwalt beim Parlament, 1619 Professur an der Genfer Universität, 1637 Syndicus (höchster Magistrat) der Republik Genf, ein Amt, zu dem er dreimal wiederbestellt wurde. Neben seiner Regierungstätigkeit hielt er weiterhin Vorlesungen, er war auch vielfach Verhandlungsdelegierter im europäischen Ausland. Sein Ruf gründet sich vor allem auf die Herausgabe des Codex Theodosianus. In dieser Arbeit, der er sich 30 Jahre widmete und die erst posthum (6 Bde., 1665) veröffentlicht wurde, verbesserte er die Erstausgabe von → Cujas grundlegend. Daneben verfaßte er theologische Schriften und Abhandlungen über alle Rechtsgebiete („Fragmenta XII tabulorum“, 1616; „Opuscula varia historica, juridica, politica“, 1644). *Lit.: D.-C. Godefroy-Ménilglaise:* Les savants G., 1873; *E. Haag*, in : La France protestante, in: ABF Blatt 561, 396-411; *J.F. Jugler:* Beiträge zur juristischen Biographie, VI, 265-94, 1780; *B. Schmidlin / A. Dufour* (Hrsg.): Jacques Godefroy (1587-1652), 1991. (H.N.)

GRADENWITZ, OTTO (1860-1935), Professor in Berlin, Königsberg, Straßburg und Heidelberg, romanistischer Philologe und Rechtshistoriker, u.a. wegweisend in der Interpolationenforschung, auch bedeutender Papyrologe und Lexikograph. G. hat außerdem anregende Beiträge zum Zivilrecht verfaßt; als Hauptfigur einer Fülle grotesker Anekdoten ist er auch manchem Nichtjuristen bekannt. *Lit.: W. Leiser:* G., in: Bad. Biogr. N.F. I (1982), 142-144; *J. Herrmann:* O.G., in: Semper apertus. 600 Jahre Ruprecht-Karls-Univ. Heidelberg 1386-1986, III, 1985, 136-147.

GUNDLING, NICOLAUS HIERONYMUS (1671-1729), Schüler von → Thomasius, Professor der Rhetorik, später auch des Naturrechts in Halle. Hauptvertreter der Halleschen staatsrechtlich-historischen Schule (neben J.P. v. Ludewig). Seine historischen Schriften zeichnen sich aus durch Bemühen um eine realistische Darlegung der verfassungsgeschichtlichen Entwicklung in Deutschland („Abriß einer rechten Reichshistorie“, 1708), seine philosophischen Werke („Jurisprudentia naturalis“, 1715) stehen unter dem Einfluß von → Thomasius und haben zur Verbreitung von dessen Gedanken beigetragen. *Lit.: N. Hammerstein:* Jus und Historie, 1972, 205-265; NDB 7 (1966), 318 f. *(R. Lieberwirth)*; *Stolleis:* Gesch., I, 303 f.

HÄNEL, ALBERT (1833-1918), Professor in Königsberg und Kiel, 1867-1893 und 1903-1908 Reichstagsabgeordneter (Fortschrittspartei). H. hat die schlesw.-holst. Städteordnung von 1869 entworfen; in seinen staatsrechtlichen Schriften („Studien zum deutschen Staatsrechte“, 3 Bde., 1873-1888) leistete er einen wesentlichen Beitrag zur Klärung des Bundesstaatsbegriffs, dem damaligen Kernproblem der deutschen Staatsrechtsdogmatik. *Lit.: S. Graf Vitzthum:* Linksliberale Politik und materiale Staatsrechtslehre. Albert Hänel 1833-1918, 1971; *M. Friedrich:* Zwischen Positivismus und materiellem Verfassungsdenken, A.H., 1971; *Stolleis:* Gesch., II, 355 ff.

HÄNEL, GUSTAV (1792-1878), Professor für Röm. Recht in Leipzig. Seine Hauptwerke sind Editionen spätrömischer Quellen, mit denen er „dem Neubau der historischen Schule die mühsamsten und bescheidensten Dienste“ leistete (Landsberg). *Lit.: Stintzing-Landsberg:* GDtRW III 2, 481 f. Notenbd. 212 f.

Haller, Karl Ludwig v. (1768-1854), schweizer. Staatsmann und Publizist, bekämpfte die revolutionären Staatstheorien der Aufklärung, besonders Rousseau. Er gab der „Restauration" den Namen (Hauptwerk: „Restauration der Staatswissenschaft ...", 6 Bde., 1816-1834). In Deutschland wirkte H. u.a. stark auf den Berliner Kreis um den späteren König Friedrich Wilhelm IV. *Lit.:* NDB 7 (1966), 549 f. *(E. Bonjour)*; *Stolleis:* Gesch., II, 144 f.

Haloander, Gregor (1501-1531), Privatgelehrter, studierte in Leipzig die Artes und Rechtswissenschaft; schuf aufgrund seiner, durch Stipendien der Städte Zwickau und Nürnberg geförderten Studien in Italien die erste moderne historisch-kritische Ausgabe des Corpus Iuris civilis (1529-31). *Lit.:* NDB 7 (1966), 569 f. *(H. Liermann)*; *G. Kisch:* H.-Studien, in ders.: Gestalten und Probleme aus Humanismus u. Jurispr. 1969, 199-240.

Hardenberg, Karl August v. (1750-1822), preuß. Staatskanzler 1810-1822. Wichtigste innenpolitische Resultate seiner Amtszeit waren die Fortführung der durch → Stein begonnenen Bauernbefreiung, die Judenemanzipation und die Aufhebung der Zünfte. *Lit.: P.G. Thielen:* Karl August v. Hardenberg, 1967; *ders.:* K.A.v.H., in: PdV, 52-56; *B. Vogel:* Allgemeine Gewerbefreiheit. Die Reformpolitik des preuß. Staatskanzlers H., 1983. → Karl Frhr. vom Stein.

Harscher v. Almendingen, Ludwig (1766-1827), Professor der Rechte in Herborn, später nassauischer Oberappellationsgerichtsrat in Hadamar, 1811 Vizedirektor des Wiesbadener Hofgerichts, 1816-1822 Vizepräsident am Hofgericht in Dillenburg. Freund und Anhänger → Feuerbachs, vertrat noch entschiedener als dieser die frühliberalen Forderungen nach Schwurgerichten, öffentlichem Prozeß und Pressefreiheit. *Lit.:* NDB 1 (1953), 204 *(W. Struck)*; *C. Sohm:* L.H. v. A. als Kriminalist, in: ZStrW 80 (1968), 592-638.

Hart, Herbert Lionel Adolphus (1907-1992), bedeutender Rechtstheoretiker und Vertreter der analytischen Jurisprudenz, ab 1926 bis 1930 Studium der Geschichte und Philosophie in Oxford, Erwerb der Berufsqualifikation als Rechtsanwalt, ab 1932 achtjährige Anwaltstätigkeit, ab 1946 Dozent für Philosophie, von 1952 bis 1968 Professor für Rechtstheorie (Jurisprudence) in Oxford. Als H.s Hauptwerk gilt „The Concept of Law", 1961 (dt. Übersetzung 1973). H. plädiert in seiner Theorie für die Trennung von Recht und Moral als Grundlage für eine Strukturtheorie des Rechts und führt eine sprachanalytisch angeleitete Untersuchung verschiedener Arten von verhaltenssteuernden Regeln durch, die ihn zu einer Theorie der Pflicht kommen läßt. Weitere Themen H.s sind die menschliche Freiheit und ihre Beschränkbarkeit sowie Überlegungen zum Strafrecht. („Law, Liberty and Morality", 1963, „The Morality of Criminal Law", 1965, „Punishment and Responsibility", 1967). Ab 1970 ist H. Mitherausgeber der Zeitschrift „Rechtstheorie". Gesammelte rechtstheoretische Aufsätze unter dem Titel „Essays on Bentham", 1982, und „Essays in Jurisprudence and Philosophy", 1983. *Lit.: W. Krawietz:* In Memoriam H.L.A. Hart, in: Rechtstheorie 24 (1993), 393-396. *J.R. de Páramo:* Harts „Concept of Law" nach dreißig Jahren. Ein Interview mit dem Autor, in: Rechtstheorie 22 (1991), 393-414; *N. MacCormick:* H.L.A.H., 1981. (N.D.)

Hasse, Johann Christian (1779-1830), Professor in Jena, Königsberg, Berlin und Bonn. Schüler → Thibauts in Kiel, aber wohl stärker beeinflußt von → Savigny. H.s Buch über „Die Culpa des römischen Rechts", 1815, gehört zu den klassischen zivilrechtsdogmatischen Schriften der historischen Schule. *Lit.: Stintzing-Landsberg:* GDtRW III 2, 289-291, Notenbd. 118 f.; *R. Polley:* H., in: Schlesw.-Holst. Biogr. Lexikon 6 (1982), 121-123.

Hauriou, Maurice (1856-1929), Professor in Toulouse ab 1883, unterrichtete Rechtsgeschichte, Verwaltungsrecht ab 1888 („Précis de droit administratif", 1892, fortgeführt von seinem Sohn André-Laurent H.) und Verfassungsrecht ab 1920. In seinem Werk „Précis de droit constitutionnel", 1923, tritt H. entschieden für die rechtsstaatliche Demokratie ein und weist auf die Grenzen der Befugnis zur Verfassungsänderung hin. Er beschäftigte sich auch mit Sozialwissenschaften („La science sociale traditionelle", 1896) und kommentierte über 36 Jahre die Rechtsprechung des Conseil d'État in der Zeitschrift „Recueil Sirey". H. sah im Gegensatz zu Duguit das Recht als vom Menschen zu bestimmendes regulatives Element im Kontext gesellschaftlicher Gegebenheiten, das Spannungen beseitigen und so einer friedlichen Weiterentwicklung dienen soll. Hiervon geprägt ist seine vielbeachtete „Theorie de l'institution", in der er eine Staatsorganisation mit der Idee eines zu realisierenden Werkes oder Unternehmens vergleicht, die es im gegebenen sozialen Umfeld zu organisieren und zu realisieren gilt. In einer Welt, die leben und handeln will, nehmen für ihn die Verbandsinstitutionen, die Handlung und Kontinuität verkörpern, neben den Einzelpersonen den ersten Rang ein. Die Rechtsnormen sind hierbei nur zweitrangig, da sie zwar Kontinuität verkörpern, jedoch keine Handlung repräsentieren. *Lit.:* Mélanges M.H., 1929; *R. Schnur* (Hrsg.): Die Theorie der Institutionen und zwei andere Aufsätze von H. (mit Einl. und Bibliogr.), 1965; *H. Friedrich:* Die Institutionenlehre M.H.s, Diss. jur. 1963; *A. Broderick:* The French institutionalists: M.H., Georges Renard, Joseph T. Delos, 1970; *C.B. Gray:* Critique of Legal Theory. From Rousseau to Kelsen; M.H. on his Predecessors, in: Rechtstheorie 1983, 410-417; *B. Denni:* Participation politique et démocratie. Définition et facteurs de la participation politique, Diss. soz. Lille 1986; *W. Fikentscher:* M.H. und die institutionelle Rechtslehre, in: FS für L. Raiser zum 70. Geb., 1974, S. 559 ff. (J.F.)

Heineccius, Johann Gottlieb (Heinecke) (1681-1741), Professor in Halle (zunächst für Philosophie, dann auch für Rechtswissenschaft), Franeker (Westfriesland), Frankfurt/O. und wieder (ab 1733) Halle. H. war vielleicht der berühmteste deutsche Jurist des 18. Jahrhunderts, auch in den romanischen Ländern Europas galt er als große Autorität auf dem Gebiet des röm. Rechts; in Italien wurden sogar mehrere Gesamtausgaben seiner Werke veranstaltet. Von seinen Büchern, die sich weniger durch neuartige Methode als durch Kenntnisreichtum und Darstellungsgeschick auszeichnen, waren die erfolgreichsten: „Antiquitatum Romanorum Syntagma" (1719, [20]1841) – eine Zusammenstellung römischer Rechtsaltertümer ohne Rücksicht auf ihren historischen Zusammenhang – und „Elementa iuris civilis secundum ordinem institutionum", (1725, letzte Aufl. 1815) – eine Einführung in das (römisch-gemeine) Zivilrecht. Als bedeutender gelten jedoch die „Elementa iuris Germanici", 2 Bde., 1735/36, die erste geschlossene Darstellung des deutschen Privatrechts. Eine gute

Einführung in die Naturrechtslehre des frühen 18. Jh.s bieten H.s „Elementa iuris naturae et gentium“ (1737, dt. „Grundlagen des Natur- und Völkerrechts“, übers. v. *P. Mortzfeld*, hrsg. v. *C. Bergfeld*, 1994). *Lit.: Stintzing-Landsberg:* GDtRW III 1, 179-198; NDB 8 (1969), 296 f. *(R. Lieberwirth)*; HRG II (1978), 55-57 *(E. Bussi)*; *C. Bergfeld* a.a.O. (Nachwort).

Heise, Georg Arnold (1778-1851), Professor in Heidelberg und Göttingen, ab 1820 Präsident des Lübecker Oberappellationsgerichts, das unter seiner Leitung zu dem wohl angesehensten deutschen Gericht wurde. Die Rechtsprechung des OAG hatte großen Einfluß auf die spätere Handelsrechtsgesetzgebung. Auf H., den man auch zu den erfolgreichsten Zivilrechtslehrern des 19. Jh.s zählen muß, geht die dem BGB zugrundeliegende Aufgliederung des Zivilrechts in 5 „Bücher“ zurück („Grundriß eines Systems des gemeinen Zivilrechts“, 1807). *Lit.:* NDB 8 (1969), 453 f. *(H. Schultze-v.Lasaulx)*.

Heller, Hermann (1891-1933), Privatdozent in Kiel, Direktor des Volksbildungsamtes und Leiter des Volksbildungswerks in Leipzig (bis 1926), 1928-32 ao. Prof. für öffentl. Recht in Berlin, 1932/33 ordentl. Professor in Frankfurt, ging 1933 ins Exil nach Spanien. Vertreter einer antipositivistischen, sozialdemokratischen Staatslehre („Staatslehre“, hrsg. v. G. Niemeyer, 1934, ^{3}1963), deren Rezeption erst nach seinem Tod begonnen hat. 1971 erschienen „Gesammelte Schriften“ in 3 Bden. *Lit.: W. Schluchter:* Entscheidung für den sozialen Rechtsstaat. H.H. u. die staatstheor. Diskussion in d. Weimarer Republ., 1968; NDB 8 (1969), 477-479 *(P. Graf v. Kielmansegg)*; *J. Blau:* H.H. Zu einer sozialdemokr. Staatslehre der Weim. Republik., in: Demokr. u. Recht 1976, 120-142; *Hans-Joach. Koch* (Hrsg.): Seminar: Die jurist. Meth. im Staatsrecht, 1977, 76 ff., 555; *S. Albrecht:* H.H.s Staats- und Demokratieauffassung, 1983; *G. Robbers:* H.H.: Staat und Kultur, 1983; *C. Müller / I. Staff* (Hrsg): Der soziale Rechtsstaat. Gedächtnisschr. f. H.H. 1891-1933, 1984; *dies.* (Hrsg.): Staatslehre in der Weimarer Republik. H.H. zu ehren, 1985; *R. Waser:* Die sozialistische Idee im Denken H.H.s, 1985; StL 2 (1986), 1243 f. *(G. Robbers)*; *I. Staff:* H.H., in B. Diestelkamp / M. Stolleis (Hrsg.): Juristen an der Univ. Frankfurt a.M., 1989, 187-199; *C. Müller:* H.H. Vom liberalen zum sozialen Rechtsstaat, in: DJJH, 767-780; *T. Vesting:* Aporien des rechtswissenschaftl. Formalismus: H.H.s Kritik an der Reinen Rechtslehre, in: ARSP 1991, 348-373; *R. Wolf:* H.H., in: Krit. Justiz 1993, 500-507.

Herrmann, Emil (1812-1885), Professor in Kiel, Göttingen und Heidelberg, ab 1872 Präsident des Preuß. Ev. Oberkirchenrats. Kirchenrechtler (Schüler E.L. Richters), als Kirchenpolitiker hatte er entscheidenden Einfluß auf die Gestaltung der ev.-preuß. Kirchenverfassung (Kirchengemeinde- und Synodalordnung von 1873 und Gesetz über die ev. Kirchenverfassung v. 1876). *Lit.:* NDB 8 (1969), 687 f. *(H. Liermann)*.

Heusler, Andreas (1834-1921), Professor in Basel, 1891 bis 1907 Präsident des Basler Appellationsgerichts. Einer der namhaftesten Deutschrechtler („Germanisten“) des 19. Jh.s. Sein Hauptwerk sind die „Institutionen des deutschen Privatrechts“ (2 Bde., 1885/86). *Lit.:* HRG II, 142-145 *(R. Hoke)*; NDB 9 (1972), 49 *(T. Bühler)*; *A. Staehelin:* A.H. u. die Zivilprozeßordn. des Kantons Basel-Stadt von 1875, in: Festschr. f. F.

Elsener, 1977, 244-251; *B.-R. Kern:* A.H. – ein Schweizer Germanist, in: JuS 1984, 916-920.

HOLDSWORTH, SIR WILLIAM SEARLE (1871-1944), Rechtshistoriker, Professor in Oxford, Autor von „History of English Law", ein Werk, das von 1903 bis zu H.s Tod auf 13 Bände anwuchs, posthum durch drei weitere Bände aus H.s Notizen ergänzt wurde und eine enzyklopädische Abhandlung des gesamten englischen Rechts darstellt. *Lit.:* Biographical Dictionary of the Common Law, hrsg. v. *A.W.B. Simpson*, 1984. (N.D.)

HOLTZENDORFF, FRANZ V. (1829-1889), Professor in München (Staats-, Völker- und Strafrecht). H. ist vor allem als Herausgeber der „Enzyklopädie der Rechtswissenschaft" (1870, [5]1890) und anderer Sammelwerke bekannt. Von seinen eigenen Arbeiten haben mehrere Schriften aus dem Gebiet der Gefängniskunde (H. kann als Begründer dieser Wissenschaft gelten) wohl die größte Bedeutung. *Lit.:* NDB 9 (1972), 556 f. *(C. Meltz).*

HOMEYER, CARL GUSTAV (1795-1874), Professor in Berlin, auch Mitglied des dortigen Obertribunals und des Staatsrats. Schüler → Savignys und → Eichhorns; seine Ausgaben deutscher Rechtsbücher, vor allem des Sachsenspiegel-Landrechts (1827, 1835, 1861), gehören zu den großen juristischen Editionen des Jahrhunderts. *Lit.:* NDB 9 (1972), 589 f. *(G. Schubart-Fikentscher)*; *Stintzing-Landsberg:* GDtRW III 2, 311-315 u. 525-530; *G.A. Löning:* C.G.H., in: Pommersche Lebensb. 4 (1966); HRG II (1978), 229 f. *(A. Erler).*

HOMMEL, FERDINAND AUGUST (1697-1765), Vater → Karl Ferd. Hommels, Rechtslehrer in Leipzig, zuletzt Prof. der Pandekten (1756). Von seinen Schriften – vor allem über Zivil- und Kriminalrecht – war eine „Kurze Anleitung, Gerichtsacta geschickt zu extrahiren, zu referiren, und eine Sentenz darüber abzufassen" (1739, [8]1808) besonders erfolgreich. *Lit.: Stintzing-Landsberg:* GDtRW III 1, Not. 83 f.

HORTEN, JOHANN BERNHARD (1735-1786), Schüler → Martinis, österr. Hofrat, entwarf auf der Grundlage des – nicht in Kraft getretenen – Codex Theresianus ein österr. Zivilgesetzbuch, dessen erster Teil (Personenrecht) 1787 in Kraft trat („Josephinisches Gesetzbuch"). *Lit.: Conrad:* DRG II, 392 f.; *Stintzing-Landsberg:* GDtRW III 1, 521 f. u. III 2, Notenbd., 409 f.

HÜBNER, RUDOLF (1864-1945), Professor in Rostock, Gießen, Halle und Jena, Schüler Heinrich Brunners, als eigentlichen Lehrer sah er jedoch → Beseler an. Verfasser zahlreicher Schriften zur deutschen Rechts- und Rechtswissenschaftsgeschichte, darunter „Grundzüge des deutschen Privatrechts" (1908, [5]1930, Ndr. 1969, engl. Übers. 1918), die in der Tradition der älteren deutschen Privatrechtsdogmatik (Runde, → Eichhorn, → Beseler) stehen. *Lit.:* NDB 9 (1972), 717 f. *(H. Schultze-v. Lasaulx)*; HRG II (1978), 246-248 *(H. Thieme).*

HUFELAND, GOTTLIEB (1760-1817), Professor in Jena, Würzburg und Landshut, 1808 Senatspräsident und Bürgermeister in Danzig, das er jedoch 1812 zum Unwillen seiner

Mitbürger wegen der schwierigen politischen Verhältnisse verließ; dann wieder in Landshut, zuletzt in Halle Professor für römisches Recht. H. hat Bedeutung als früher Anhänger Kants, der seinen „Versuch über den Grundsatz des Naturrechts" (1785, weiterhin: „Lehrsätze des Naturrechts", 1790) günstig beurteilte, und durch seine methodologischen Schriften, vor allem seine scharfsichtige, wenn auch bei den Zeitgenossen auf Unverständnis gestoßene Ablehnung der Versuche, ein gemeines deutsches Privatrecht zu konstruieren („Beiträge zur Berichtigung und Erweiterung der positiven Rechtswissenschaften", 1792-1804). *Lit.: Stintzing-Landsberg:* GDtRW III 1, 512-514.

HUGO DE PORTA RAVENNATE oder Hugo Alberico (gest. 1168?), Bologneser Rechtslehrer, einer der „Quattuor doctores"; verfaßte neben Glossen mehrere Quaestiones disputatae und eine Sammlung von Distinktionen. Fälschlich wurden ihm die „Summulae de pugna" (Abhdl. über den gerichtl. Zweikampf und den Reinigungseid nach lombardischem Recht) und ein Ordo iudicorum zugeschrieben. 1158 Teilnahme am Reichstag von Roncaglia (siehe Bulgarus). Die Familie H.s wurde später zeitweilig als ghibellinisch aus Bologna verbannt und ist noch im 14. Jh. bezeugt. *Lit.:* LexMa V, 174; *Savigny:* GRRM IV, 155-170; *J. Fried:* Die Entstehung des Juristenstandes im 12. Jh., 1974; *L. Fowler-Magerl:* Ordo iudicorum vel ordo iudicarius, 1984, 41 ff.; *Coing:* Hdb. I, 129-160. (F.D.)

HUGO, LUDOLPH (um 1630-1704), hannoverscher Hofrat, Reichstagsgesandter, ab 1677 Geheimrat und Vizekanzler. Einer der ersten Theoretiker des Bundesstaatsbegriffs („De statu regionum Germaniae", 1661, letzte Aufl. 1736). *Lit.: R. Frhr. v. Schönberg:* Das Recht der Reichslehen im 18. Jahrhundert, 1977, 53 ff.; NDB 10 (1974), 27 f. *(G. Schnath).*

HUME, DAVID (1711-1776), schottischer Philosoph. Übte Tätigkeiten als Bibliothekar in Edinburgh und Botschaftssekretär in Paris aus, seine Bewerbung um eine Professur (1744) scheiterte. Vertreter des englischen Empirismus. Er legte seiner Philosophie eine erfahrungswissenschaftliche Methode zugrunde, was letztlich seine Haltung als Skeptiker begründete. *H.* lehnt in seiner Rechtsphilosophie sowohl eine naturrechtliche als auch eine auf gesellschaftsvertragliche Überlegungen gestützte Legitimation der Rechtsordnung ab. Durch seinen Einfluß wurde in England die Vertragstheorie bedeutungslos; auf dem Kontinent fand sein Werk hingegen kaum Beachtung. Nach *H.* beruht die Rechtsordnung, die er als künstliche Tugend betrachtet, auf einem durch die Vergesellschaftung bedingten allgemeinen Bewußtsein eines gemeinsamen Interesses. Dieses allgemeine Bewußtsein bezeichnet er als Konvention. *Lit.: J. Harrison:* H.'s Theory of Justice, 1981; *D.M. Walker:* D.H. in: The Scottish Jurists, 1985, 316-336; *G. Streminger:* D.H. Sein Leben und sein Werk, 1994; StL 5 (^{7}1987), 18 f. *(W.H. Schrader).* (F.M.K.)

ICKSTATT, JOHANN ADAM V. (1702-1776), Professor in Würzburg, Reichsfreiherr (1745), wirkl. geh. Rat, Direktor u. Prof. der Universität Ingolstadt (ab 1746), 1765 außerordentlicher Berater des bayerischen Kurfürsten. Anhänger → Wolffs, dessen Methode er auch für die Jurisprudenz propagierte („Meditationes praeliminares de studio juris ordine atque methodo scientifica instituendo", 1731), reformierte er die Universitäten Würzburg und Ingolstadt im aufklärerischen Sinne und wurde damit zum wichtigsten Wegbereiter der Aufklärung im katholischen Deutschland, vor allem in Franken und Bayern. Der Schwerpunkt seiner wissenschaftlichen Tätigkeit liegt im (Reichs-) Staatsrecht; hier vertritt er entschieden eine kaisertreue Position, setzt sich aber auch für einen absolutistischen Ausbau der Territorialhoheit (gegenüber Landständen und Untertanen) ein. Sammlung der wichtigsten Schriften: Opuscula iuridica varii argumenti, 2 Bde., 1747/59. *Lit.: F. Kreh:* Leben und Werk des Reichsfreiherrn J.A. v. I., 1974; *N. Hammerstein:* Aufklärung und katholisches Reich, 1977, 33 ff.; NDB 10 (1974), 113-115 *(L. Hammermayer).*

Isay, Hermann (1873-1938), Rechtsanwalt beim Kammergericht in Berlin, 1919 auch Privatdozent, 1925 nichtbeamteter außerordentl. Professor an der Technischen Hochschule Berlin. I. verfaßte wirtschaftsrechtliche Arbeiten („Patentgesetz ..." – Kommentar –, 1903, ^{6}1932), vor allem aber eine an die Freirechtsbewegung anschließende Theorie der Rechtsfindung („Rechtsnorm und Entscheidung", 1929), nach der Quelle aller juristischen Entscheidungen nicht die Rechtsnorm, sondern das Rechtsgefühl ist, so daß das Recht „nicht durch die Gesamtheit der Normen, sondern durch die Gesamtheit der Entscheidungen dargestellt" wird. *Lit.: G. Roßmanith:* Rechtsgefühl und Entscheidungsfindung. H.I., 1975.

Jacobus oder Jacobus de Porta Ravennate (gest. 11.10.1178), Bologneser Rechtslehrer, einer der „Quattuor doctores"; verfaßte neben Glossen zum Digestum vetus, Digestum novum, Codex und Authenticum Distinktionen und wahrscheinlich den „Tractatus criminum" sowie eine Summula „Ad legem Juliam maiestatis". Nach alter Bologneser Überlieferung soll er zwei legistische Texte zum Decretum Gratiani (C. 16 qu. 3 dict. Grat. 8; 9) beigesteuert haben. 1158 Teilnahme am Reichstag von Roncaglia (siehe Bulgarus). *Lit.:* LexMa V, 261; *Savigny:* GRRM IV, 141-154; *H. Kantorowicz:* Il „Tractatus criminum" = *ders.*, Rechtshistorische Schriften, 1970, 273-286; *J. Fried:* Die Entstehung des Juristenstandes im 12. Jh., 1974; *P. Weimar,* in: *Coing:* Hdb. I, 129-260. (F.D.)

Jellinek, Walter (1885-1955), Sohn von → Georg J., Professor in Kiel und Heidelberg (bis 1935, wieder ab 1946), Mitglied des württ.-bad. Verwaltungsgerichtshofs und des Staatsgerichtshofs. J.s Hauptwerk ist sein „Verwaltungsrecht" (1928, ^{3}1931, Ndr. 1948, mit Nachtrag 1950), das in Theorie und Praxis gleichermaßen beliebt und einflußreich war. J. ist auch an der Neuordnung der Verwaltungsgerichtsbarkeit im südwestdeutschen Raum beteiligt gewesen. *Lit.: E. Walz* in: AÖR 80 (1955/56), 257-260; Lebensdaten und Bibliographie in: Gedächtnisschrift f. W.J., 1955, 645 ff.; NDB 10 (1974), 394 f. *(H. Klein)*; *J. Ziekow:* Die Einhelligkeit der Rechtsentscheidung. Zu Leben und Werk W.J.s, in: AÖR 1986, 219-230.

Justi, Johann Heinrich Gottlob v. (1720-1771), Professor der Kameralwissenschaften in Wien (theresian. Ritterakademie), später in kurbraunschweigischen Diensten (Bergrat und Oberpolizeikommissär), ab 1766 königl. preuß. Berghauptmann und Oberaufseher der Glas- und Stahlfabriken. Hauptvertreter der deutschen Kameralwissenschaft im 18. Jh. („Die Grundfeste zu der Macht und Glückseligkeit der Staaten oder ausführliche Vorstellung der gesammten Policeiwissenschaft", 2 Bde., 1760/61); verband merkantilistische mit aufklärerisch-naturrechtlichen Grundsätzen. *Lit.: Hans Maier:* Die ältere deutsche Staats- und Verwaltungslehre, 1980, 181 ff.; *G.K. Schmelzeisen:* Die Rechtsfrage in J.H.G. v. J.s Polizeiwissenschaft, in: Festschr. H. Eichler, 1977, 617-644; NDB 10 (1974), 707-709 *(E. Dittrich)*; *A. Ebihara:* J.s Staatslehre und Wolffs Naturrechtslehre, in: ZRG (GA) 102 (1985), 239-246; *Stolleis:* Gesch., I, 376, 379-382; *U. Wilhelm:* Das Staats- und Gesellschaftsverständnis des J.H.G. v. J., in: Der Staat 1991, 415-441; *M. Obert:* Die naturrechtl. „Politische Metaphysik" des J.H.G. v. J., 1992.

KAHL, WILHELM (1849-1932), Professor in Rostock, Erlangen, Bonn und Berlin (Kirchen-, Staats- und Verwaltungsrecht, Straf- und Strafprozeßrecht), Mitglied des Reichstags ab 1920 (Deutsche Volkspartei), ab 1927 Vorsitzender von dessen Strafrechtsausschuß. K. war eine der treibenden Kräfte in den Bemühungen um eine Strafrechtsreform vor und nach dem 1. Weltkrieg, ihm fiel dabei eine Art Vermittlerrolle zwischen moderner (→ Liszt) und „klassischer" (→ Binding) Schule zu. Auch als Kirchenrechtler betonte er die Einheit von Rechtsdogmatik und Rechtspolitik („Lehrsystem des Kirchenrechts und der Kirchenpolitik", 1. Hälfte, 1894). *Lit.: K. Achenbach:* Recht, Staat und Kirche bei Wilhelm Kahl, Diss. jur. Regensburg, 1972; NDB 11 (1977), 21 f. *(K. Achenbach).*

KAMPTZ, KARL ALBERT V. (1769-1849), mecklenburgischer Verwaltungsbeamter, dann Beisitzer am Hofgericht in Güstrow und am Wismarer Obertribunal, 1805 Assessor am Reichskammergericht. Nach dessen Auflösung vorübergehend Pensionär, 1811 Richter am Kammergericht in Berlin, 1812 vortragender Rat im Polizeidepartement des Innenministeriums. Hier wurde er für die Liberalen zur „Symbolfigur der Reaktion in Deutschland" (Baumgart) und trat besonders in Durchführung der Karlsbader Beschlüsse von 1819 durch unnachsichtige Demagogenverfolgung hervor. 1824 wurde er wirkl. geh. Rat und ins Justizministerium versetzt, 1830 kommissarisch, 1832 endgültig preuß. Justizminister. Im Justizministerium hat er fast zwei Jahrzehnte lang (1842 wurde → Savigny sein Nachfolger) umfangreiche Vorarbeiten zur Gesetzesrevision geleistet – u.a. legte er 1839/42 Teile eines Zivilgesetzbuch-Entwurfs vor –, die aber ohne gesetzgeberischen Abschluß blieben. Als juristischer Schriftsteller und Herausgeber war K. unermüdlich tätig, vor allem hat er zahlreiche Arbeiten zum Staatsrecht und zum mecklenburgischen Recht verfaßt. *Lit.:* NDB 11 (1977), 95-97 *(P. Baumgart).*

KAUFMANN, ERICH (1880-1972), Professor in Kiel, Königsberg, Bonn und Berlin, dort 1934 aus politischen Gründen emeritiert. Ab 1939 im Exil in Holland, 1946 wieder Professor in München. Völkerrechtler (u.a. „Das Wesen des Völkerrechts und die Clausula rebus sic stantibus", 1911), Rechtsphilosoph („Kritik der neukantischen Rechtsphilosophie", 1921), Staats-, Verwaltungs- und Kirchenrechtler. 1960 erschienen „Gesammelte Schriften", in 3 Bänden. *Lit.:* NDB 11 (1977), 349 f. *(H. Liermann)*; *E. Castrucci:* Tra organicismo e „Rechtsidee". Il pensiero giuridico di E.K., Milano 1984; *K. Rennert:* Die „geisteswiss. Richtung" in der Staatsrechtslehre der Weimarer Rep., 1987; *M. Friedrich:* E.K., in: Der Staat 26 (1987), 231-249; *ders.:* E.K. Jurist in der Zeit und jenseits der Zeiten, in: DJJH, 693-704; *S. Korioth:* Erschütterungen d. staatsrechtl. Positivismus im ausgehenden Kaiserreich, in: AÖR 1992, 212-238.

KEESS, FRANZ GEORG RITTER V. (1747-1799), ab 1777 Hofrat bei der österreichischen obersten Justizstelle. Einer der maßgebenden Justizbeamten der josephinischen Periode, wirkte vor allem an der Strafgesetzgebung (1787/88) Josephs II. mit. Sein Kommentar über die allgemeine Gerichtsordnung v. 1788 (1789) blieb unvollendet. *Lit.: J.K. Binder/H. Suchomel:* Zur Lebensgeschichte des Hofrates F.G. Edlen v. K., in: Festschr. z. Jahrh.feier d. ABGB, 1911, 355 ff.; *Stintzing-Landsberg:* GDtRW III 1, 521 u. Notenbd. 323 ff.; *G. Kocher:* F.G. Ritter von K., in: *Brauneder*, JiÖ 93-97, 323.

KELLER, FRIEDRICH LUDWIG V. (1799-1860), Professor in Zürich, 1831 Präsident des Obergerichts, beim Volksaufstand 1839 aus Zürich vertrieben, 1843 Professor in Halle, 1847 in Berlin (Nachfolger → Puchtas auf → Savignys früherem Lehrstuhl). „Einer der glänzendsten Geister unserer Wissenschaft" (Landsberg), regte in der Schweiz eine Behandlung des Rechts nach Art der historischen Rechtsschule an (→ Bluntschli). Sein berühmtestes Buch „Der römische Zivilprozeß und die Aktionen in summarischer Darstellung" (1852, ^{6}1883, Ndr. 1966, 1871 franz. u. ital. Übersetzung) ist die grundlegende Darstellung des klassischen röm. Zivilprozesses. *Lit.: A. Beck* in: Schweizer Juristen der letzten hundert Jahre, hrsg. v. *H. Schultheß*, 1945, 107-133; *Stintzing-Landsberg:* GDtRW III 2, 465-471; *A. Bauhofer:* F.L.K. als Obmann des Schiedsgerichts bei der Basler Staatsteilung, in: Zeitschr. f. schweiz. Recht 89 (1970), 1-32; *F. Elsener:* Die Schweizer Rechtsschulen vom 16. bis zum 19. Jh., 1975, 366 ff.; *L. Jelowik:* F.L.K. – seine Berufung nach Halle und Berlin im Spiegel des Briefwechsels berühmter Zeitgenossen, in: Zeitschr. f. schweiz. Recht 1992, 441-457.

KELSEN, HANS (1881-1973), Professor für Staats- und Verwaltungsrecht in Wien, Richter am österr. Verfassungsgerichtshof, 1930 Professor in Köln, nach 1933 Lehrtätigkeit in Genf und Prag, 1940 Lecturer in Cambridge/USA (Harvard Law School), 1942 Professor in Berkeley. Als Konsulent des österr. Staatskanzlers K. Renner Schöpfer der „unpolitischen" österr. Verfassung von 1920. Begründete die „reine Rechtslehre" („Reine Rechtslehre", 1934, 1960, zahlr. Übersetzungen), die Theorie einer von Seinswissenschaften (Soziologie, Psychologie) und „Glaubenssätzen" (Ethik, Religion) gereinigten Rechtswissenschaft, welche die Normen nur wiederum an Normen messen darf. Geltungsgrund aller Normen ist die „Grundnorm", ein nicht weiter begründbares formales Prinzip, aus dem sich die Verbindlichkeit der positiven Rechtsordnungen ergibt. Danach „kann jeder beliebige Inhalt Recht sein"; die reine Rechtslehre ist „geradezu die Theorie des Rechtspositivismus". *Lit.: R.A. Métall:* H.K. Leben und Werk, 1969; *R. Walter:* H.K. – Ein Leben im Dienste der Wiss., 1985; *W. Jöckel:* H.K.s rechtstheoretische Methode, 1930 (Ndr. 1977); *I. Behrend:* Unters. z. Stufenbaulehre Adolf Merkls und H.K.s, 1977; *H. Dreier:* Rechtslehre, Staatssoziologie und Demokratietheorie bei H.K., 1986, ^{2}1990; *R. Tur / W. Twining* (Hrsg.): Essays on Kelsen, 1986; *W. Krawietz* u.a. (Hrsg.): Ideologiekritik und Demokratietheorie bei H.K. (Rechtstheorie, Beiheft 4), 1982; *F. Ermacora* (Hrsg.): Die öst. Bundesverfassung u. H.K., 1982; Die Reine Rechtslehre in wissensch. Diskussion, 1982; *W. Krawietz /*

H. Schelsky (Hrsg.): Rechtssystem und gesellsch. Basis bei H.K. (Rechtstheorie, Beiheft 5), 1984; *S.L. Paulson / R. Walter* (Hrsg.): Untersuchungen zur Reinen Rechtslehre, I/II 1986/88; *O. Weinberger / W. Krawietz* (Hrsg.): Reine Rechtslehre im Spiegel ihrer Fortsetzer u. Kritiker, 1988; *L. Gianformaggio* (Hrsg:) H.K.s legal theory. A diachronic point of view, 1990; *G. Winkler:* Rechtstheorie und Erkenntnislehre, 1990; *R. Walter* (Hrsg.): Schwerpunkte der reinen Rechtslehre, 1992; *W. Preiss:* H.K.s Kritik am Naturrecht, 1993. Weitere Einzelunters. zu K. in der Schriftenreihe des H.K.-Instituts, hrsg. v. S.L. Paulson und R. Walter (1974 ff.). NDB 11 (1977), 479 f. *(R. Walter)*; *R. Walter:* H.K. in: *Brauneder*, JiÖ, 290-296, 323-325; StL 3 (1987), 378-380 *(W. Schild)*; *H. Dreier:* H.K. „Jurist des Jahrhunderts"?, in: DJJH, 705-732

KIERULFF, JOHANN FRIEDRICH (1806-1894), Professor in Kiel und Rostock, 1853-1879 (letzter) Präsident des Oberappellationsgerichts Lübeck (Nachfolger von Wächter). In seinen Werken (vor allem: „Theorie des gemeinen Zivilrechts", 1839) von Hegel beeinflußt. *Lit.: Döhring:* GDtRPfl 409 mit weit. Nachw.; NDB 11 (1977), 595 *(R. Polley)*; *R. Polley:* K., in: Biogr. Lex. f. Schlesw.-Holstein 7 (1985), 110-112.

KIRCHMANN, JULIUS HERMANN v. (1802-1884), Staatsanwalt in Berlin, Vizepräsident des Appellationsgerichts Ratibor, 1867 auf Grund seiner politischen Anschauungen ohne Pension entlassen. 1871-1876 Mitglied des Reichstages (Fortschrittspartei). Außer dem berühmten Vortrag „Die Wertlosigkeit der Jurisprudenz als Wissenschaft" von 1847 schrieb K. mehrere rechtsphilosophische Werke. *Lit.: P.H. Opitz:* J.H. v. K.s rechtstheor. Ansichten, Diss. jur. Marburg, 1955; NDB 11 (1977), 654 f. *(F. Holz)*; Krit. Justiz (Hrsg.): Streitbare Juristen, 1988, 44 ff. *(R. Wiethölter)*; *G. Spendel:* J.H. v. K., in E. Schlüchter u.a. (Hrsg): Recht und Kriminalität. FS f. F.-W. Krause z. 70. Geb., 1990, 3-18; *R.A. Bast* (Hrsg.): J.H. v. K. Jurist, Politiker, Philosoph, 1993.

KLEIN, ERNST FERDINAND (1743-1810), Anwalt in Breslau, ab 1786 Kammergerichtsrat in Berlin, 1791 Professor und Universitätsdirektor in Halle, ab 1800 Obertribunalsrat in Berlin. Wirkte mit an der preußischen Gesetzgebung (→ Svarez), vor allem am strafrechtlichen Teil, der erstmals in der Geschichte der deutschen Strafgesetzgebung ein Nebeneinander von Strafe und Sicherungsmaßregel vorsieht (sog. „zweispuriges System"). Mit seiner entsprechenden, halb polizeistaatlichen (Spezialprävention), halb aufklärerischen (Generalprävention) Straftheorie konnte sich K. allerdings gegen → Feuerbach nicht durchsetzen. Hauptwerk: „Grundsätze des gemeinen deutschen und preußischen peinlichen Rechts", 1796. *Lit.: H. Brünker:* Der Kriminalist E.F.K., Diss. jur. Bonn, 1973; HRG II (1978), 866-869 *(H. Holzhauer)*; NDB 11 (1977), 734 f. *(G. Kleinheyer)*.

KLEIN, FRANZ (1854-1926), Advokat, dann Kanzleidirektor der Universität Wien, dort auch Privatdozent für österreichisches Zivilprozeßrecht (später auch röm. Recht, 1895 Honorarprofessor); ab 1891 im österreichischen Justizministerium, dort 1895 Sektionschef, 1897 wirkl. Geh. Rat; später mehrfach Justizminister unter verschiedenen Regierungsschefs. Schöpfer der österr. Justizgesetze (in Kraft am 1.1.1898), vor allem der bahnbrechenden modernen Zivilprozeßordnung von 1895; nach der Jahrhundertwende von bedeutendem Einfluß auf die zivil- und wirtschaftsrechtliche österr. Gesetzgebung, u.a. die Teilnovellierung des ABGB. *Lit.:* NDB 11 (1977), 738 f. *(H. Schima)*; *P. Böhm:* F.K., in: *Brauneder*, JiÖ, 234-242, 325-328; *H. Hofmeister* (Hrsg.): Forschungsband F.K., 1988; *R. Sprung / A. Schmidt*, in L.C. Morsak u.a. (Hrsg.): FS f. L. Carlen z. 60. Geb., 1989, 21-46.

KOCH, CHRISTIAN FRIEDRICH (1798-1872), preußischer Jurist, 1835 Rat am OLG Breslau, 1841 Direktor des Fürstentumsgerichts in Neisse, zeitweise Hilfsarbeiter am Preußischen Obertribunal. Seine Monographie „Das Recht der Forderungen nach gemeinem und preußischem Recht" (3 Bde., 1836-1843, ^{2}1859) ist eine der wichtigsten Einzeldarstellungen zum preußischen Privatrecht im 19. Jh. *Lit.: Stintzing-Landsberg:* GDtRW III 2, 610-612; NDB 12 (1980), 257-260 *(J. Rückert)*.

KÖSTLIN, CHRISTIAN REINHOLD (1813-1856), Advokat in Stuttgart, 1841 ao. und 1851 o. Professor des Strafrechts in Tübingen, hegelianischer Strafrechtler („Neue Revision der Grundbegriffe des Kriminalrechts", 1845 – an → Feuerbach anknüpfender Titel! –, „System des deutschen Strafrechts", 1855). Veröffentlichte auch, unter dem Pseudonym „C. Reinhold", Novellen (1848/49) und Gedichte (1853). *Lit.: Schmidt:* Einf. 295-297; NDB 12 (1980), 408 f. *(W. Naucke)*.

KOHLER, JOSEF (1849-1919), Professor in Würzburg und Berlin. Ein Schriftsteller von fast unglaublicher Fruchtbarkeit und Vielseitigkeit (die „Josef-Kohler-Bibliographie", 1931, seines Sohnes Arthur umfaßt 2144 Titel aus sämtlichen Rechtsgebieten, außerdem historische, philosophische, ästhetische Schriften, Gedichte, Liedkompositionen u.ä.), galt als der größte deutsche Jurist der wilhelminischen Zeit. K.s Bedeutung liegt vor allem in seinen Arbeiten zu den „Immaterialgüterrechten" (Deutsches Patentrecht, 1878; Urheberrecht an Schriftwerken und Verlagsrecht, 1907; Kunstwerkrecht, 1908) und zum Wettbewerbs- (Der unlautere Wettbewerb, 1914) und Warenzeichenrecht (Das Recht des Markenschutzes, 1884) mit denen er für die moderne Dogmatik dieser Rechtsgebiete den Grund legte. Mindestens in der Zielsetzung verbindlich sind auch heute noch seine Arbeiten zur Universalrechtsgeschichte. *Lit.:* HRG II (1978), 925-927 *(A. Erler)*; NDB 12 (1980), 425 f. *(K. Luig)*; *A. Laufs:* J.K., in: Bad. Biogr. 1 (1982); *G. Spendel:* J.K. Bild eines Universaljuristen, 1983; *W. Gast:* Historischer Optimismus. Die juristische Weltsicht J.K.s, in: Zeitschr. f. vergl. Rechtswiss. 1986, 1-10; *A. Gängel / M. Schaumburg:* J.K.: Rechtsgelehrter und Rechtslehrer an der Berliner Alma mater um die Jh.wende, in: ARSP 1989, 289-212; *B. Großfeld / M. Wilde:* J.K. und das Recht der deutschen Schutzgebiete, in: RabelsZ 1994, 59-75.

KOPETZ, WENZEL GUSTAV V. (1784-1857), Professor der politischen Wissenschaften in Prag. Schüler → Sonnenfels', seine Lehrbücher (Österreichische politische Gesetzkunde, 1807, und: Allgemeine österreichische Gewerb-Gesetzkunde, 2 Bde., 1829) wurden zeitweise dem Studium der politischen Wissenschaften in Österreich zugrunde gelegt. *Lit.: C. v. Wurzbach:* Biogr. Lex. d. Kaiserthums Österr. 12. Teil (1864), 432-435.

KOSCHAKER, PAUL (1879-1951), Professor in Innsbruck, Prag, Frankfurt/Main, Leipzig, Berlin und Tübingen. Rechtshistoriker, begann als erster die systematische Erforschung der Keilschriftrechte, als Romanist wurde er besonders durch sein Buch „Europa und das römische Recht" (1947, [4]1966) bekannt. *Lit.:* NDB 12 (1980), 608 f. *(G. Ries)*; *G. Oberkofler:* Die Vertreter des Röm. Rechts ... an der Karls-Univ. in Prag, 1991, 48-51.

KRAUSE, KARL CHRISTIAN FRIEDRICH (1781-1832), Philosoph, Privatdozent in Berlin und Göttingen, hatte vor allem in Spanien großen Einfluß („Krausismo español"). Für die Rechtswissenschaft ist K. durch seine theistische Naturrechtslehre wichtig („Grundlagen des Naturrechts", 1803, erweitert 1890; „Abriß des Systems der Philosophie des Rechts o. des Naturrechts", 1828; „Das System der Rechtsphilosophie", hrsg. v. K.D.A. Röder, 1874), die in Deutschland von seinen Schülern H. Ahrens und K.D.A. Röder weitergeführt wurde. *Lit.: P. Landau:* K.C.F.K.s Rechtsphilosophie, in K.M. Kodalle (Hrsg.): K.C.F.K., 1985, 80-92; *J.M. Scholz:* La raison juridique à l'oeuvre: Les krausistes espagnoles, in *E.V. Heyen* (Hrsg.): Histor. Soziologie der Rechtswiss., 1986, 37-77; NDB 12 (1980), 704-707 *(F. Holz)*; *P. Landau:* K.C.K. u. Christian Wolff, in L. Philipps u.a. (Hrsg): Rechtsentstehung u. Rechtskultur. H. Scholler z. 60. Geb., 1991, 127-136; *ders.:* Die rechtsphilos. Begründung der Besserungsstrafe, in F. Haft u.a. (Hrsg.): Strafgerechtigkeit. FS f. Arth. Kaufmann z. 70. Geb., 1993, 473-485; *E.M. Ureña:* K.C.F.K. Philosoph, Freimaurer, Weltbürger. Eine Biographie, 1991.

KUNKEL, WOLFGANG (1902-1981), Professor in Leipzig, Freiburg, Göttingen, Bonn, Heidelberg und München. K. gehörte zu den führenden Vertretern der juristischen Romanistik seiner Zeit, von ihm stammen u.a. bahnbrechende Untersuchungen zu „Herkunft und soziale Stellung der römischen Juristen" (1952, 1967) und zur römischen Verfassungs- und Strafrechtsgeschichte („Kleine Schriften", hrsg. von H. Niederländer, 1974, „Unters. z. Entwicklungsgesch. d. röm. Kriminalverfahrens in vorsullanischer Zeit", 1962). K. hat auch Gesamtdarstellungen des römischen Privatrechts und der römischen Rechtsgeschichte verfaßt (P. Jörs / W.K.: „Römisches Privatrecht", 1949, Ndr. 1978; Römische Rechtsgeschichte, 1978). *Lit.: H. Coing:* In memoriam W.K., in: ZRG (RA) 98 (1981), III-XVI; *D. Nörr / D. Simon* (Hrsg.): Gedächtnisschrift für W.K., 1984 (darin Beitr. v. D. Nörr, 9-24, 293-316, u. Schriftenverz. von T. Mrsich, 611-627).

LANDSBERG, ERNST (1860-1927), Professor in Bonn (Römisches Recht und Strafrecht), 1899 persönlicher Ordinarius, 1922 ordentlicher Professor. L. wurde 1890 von der Bayerischen Akademie der Wissenschaften mit der Fortführung der „Geschichte der deutschen Rechtswissenschaft" seines Lehrers R. v. Stintzing betraut, aus dessen Nachlaß er schon die 2. Abteilung (1884) herausgegeben hatte. Die das 18. und 19. Jahrhundert umfassenden 2 Halbbände der 3. Abteilung (1898 u. 1910, Ndr. 1957) gehören zu den großen rechtshistorischen Leistungen des 19./20. Jahrhunderts, sie gehen über das Stintzingsche Werk hinaus durch ihre Materialfülle und betonte Hinwendung zu einer stärker problemorientierten Wissenschaftsgeschichte. Allerdings hat L. dieses Programm nur teilweise durchhalten können, auch ist vielleicht seine einseitige Perspektive (die der späten historischen Schule) aus heutiger Sicht korrekturbedürftig. *Lit.: F. Schulz:* Ernst Landsberg †, in: ZRG (RA) 48 (1928), VII-XXII (mit Bibliographie), Gedächtnisschrift für E.L., Anna Landsberg geb. Silverberg, Paul

Ludwig Landsberg, 1953; *O. Wenig* (Hrsg.); Verz. der Professoren u. Dozenten der Rhein. Friedr.-Wilhelms-Univ. zu Bonn 1818-1968, 1968, 169 f.; NDB 13 (1982), 511 f. *(G. Dilcher).*

Lask, Emil (1875-1915), Professor der Philosophie in Heidelberg, übertrug die „neukantianische“ Wertlehre (Rickert) auf die Rechtsphilosophie („Rechtsphilosophie“, in: Festschr. f. Kuno Fischer, 1905, wieder in: Gesammelte Schriften I, 1923, 275 ff.). L.s Relativismus hatte großen Einfluß auf → Radbruch. *Lit.: Larenz:* ML 94 f.; *K. Hobe:* E.L.s Rechtsphilosophie, in: ARSP 59 (1973), 221-235; NDB 13 (1982), 648 f. *(F. Holz).*

Lasker, Eduard (1829-1884), Politiker, lange Zeit auch Syndikus einer Berliner Bank. Mitglied des preuß. Abgeordnetenhauses (ab 1865) und des (norddeutschen) Reichstags ab 1867, zunächst als Abgeordneter der Fortschrittspartei, dann als Mitglied und Mitgründer der national-liberalen Partei, 1880 Sezessionist. Brachte zusammen mit J. v. Miquel im Reichstag den (1873 erfolgreichen) Antrag ein, dem Reich die Gesetzgebungskompetenz für das gesamte Zivilrecht zu geben, wodurch der Weg zum BGB für das deutsche Reich frei wurde. Liberaler Anhänger des Rechtsstaatsgedankens, von großem Einfluß auf die Reichsjustizgesetze, vor allem auf das Gerichtsverfassungsgesetz von 1877. *Lit.: A. Laufs:* E.L. und der Rechtsstaat, in: Der Staat 13 (1974), 367-382; *ders.:* E.L. Ein Leben für den Rechtsstaat, 1984; *ders.:* E.L. Ein Leben für den Rechtsstaat, in: DJJH, 249-281; *J.F. Harris:* A study in the theory and practice of German liberalism. E.L., 1984; NDB 13 (1982), 656 f. *(K.E. Pollmann).*

Lassalle, Ferdinand (1825-1864), Publizist und Politiker, gab den Anstoß zur Gründung des „Allgemeinen Dt. Arbeitervereins“ (1863), der ersten sozialdemokratischen Partei in Deutschland. L.s Buch „Das System der erworbenen Rechte“ (2 Bde., 1861) enthält u.a. auch heute noch beachtliche Beobachtungen zur Geschichte des römischen Erbrechts. *Lit.: J.P. Meincke:* F.L.s Theorie des römischen Erbrechts, in: TRG 46 (1978), 33-44; Krit. Justiz (Hrsg.): Streitbare Juristen, 1988, 69-80 *(S. Na'aman)*; *W.R. Beyer:* F.L.s juristische Ader, in: NJW 1990, 1959-1963; *T. Ramm:* F.L. Der sozialistische, nationale Revolutionär, in: DJJH, 495-506; *E. Krippendorff* in F.L.: Über Verfassungswesen, 1993; HRG II (1978), 1622-1627 *(H. Holzhauer)*; NDB 13 (1982), 661-669 *(I. Fetscher).*

Laurent, François (1810-1887), geb. in Luxemburg, gestorben in Gent, wo er 46 Jahre Professor war. Politiker und engagierter Vertreter des antiklerikalen Liberalismus („Histoire du droit des gens et des relations internationales“, 18 Bde., 1850-1870, später umbenannt in „Etudes sur l'histoire de l'humanité“, eine umfassende Geschichte des Streites zwischen Staat und Kirche, die indiziert wurde). L. gilt als Hauptvertreter der „Exegetischen Schule“, die im 19. Jahrhundert das Rechtsdenken in Frankreich und Belgien beherrschte, und zu der u.a. Duranton, Troplong, Demolombe und die Straßburger Professoren Aubry und Rau gerechnet werden. Die Exegeten strebten eine wörtliche Auslegung der napoleonischen Codes an und ließen das Recht mit dem Gesetz zusammenfallen, das vom Gesetzgeber und nicht von Professoren oder Richtern gemacht werden sollte. Anderen Rechtsquellen wurde nur eine höchst sekundäre Bedeutung zugemessen, allgemeine Rechtsbegriffe und Naturrecht wurden völlig abgelehnt. L.s Hauptwerke sind zum einen „Principes de droit civil" (32 Bde., 1869-1879), ein Kommentar zum Code Napoléon, den er für Studenten in „Cours élémentaire de droit civil" (4 Bde., 1878) zusammenfaßte, und zum anderen „Le droit civil international" (8 Bde., 1880-1881), ein ausführliches Werk zum Internationalen Privatrecht. *Lit.: G. Baert:* F.L., in: Nationaal Biografisch Woordenboek, Bd. 5, 1972; *J. Bonnecase:* L'Ecole de l'Exégèse en Droit Civil, 1924; *B. Bouckaert:* De exegetische school, 1981; Liber Memorialis F.L., 1989; *M.J. Lameere:* L., 1888; *R. De Ridder:* F.L., in: Liber Memorialis Université de Gand, Bd. I, 1913, 324 ff.; *R. Warlomont:* F.L. juriste, homme d'action et publiciste, 1948. (A.S.)

LAUTERBACH, WOLFGANG ADAM (1618-1678), Professor in Tübingen, 1677 württ. geh. Regierungsrat und Konsistorialdirektor. Einer der beliebtesten Lehrer des römischen (gemeinen) Rechts im 17. Jh., seine Kollegienhefte wurden von seinen Schülern herausgegeben (Compendium iuris, hrsg. v. J.J. Schütz, 1679, und Collegium theoretico-practicum ad quinquaginta Pandectarum libros, hrsg. v. U.T. Lauterbach, 3 Bde., 1690-1711) und erlangten große Verbreitung. *Lit.: Stintzing-Landsberg:* GDtRW II, 139-146; NDB 13 (1982), 736-738 *(K. Luig)*.

LEIBNIZ, GOTTFRIED WILHELM (1646-1716), Doktor der Rechte in Altdorf, wo er eine jur. Professur ausschlug, 1676 hannoverscher Hofrat und Bibliothekar, 1700 Präsident der Berliner Akademie der Wissenschaften, 1713 Reichshofrat, welches Amt er aber nie ausgeübt hat. Erfinder der Integral- und Differentialrechnung, des Unterbewußten und der Monadenlehre; als Jurist entschiedener Vorkämpfer der Kodifikationsidee, aber auch der geschichtlichen Rechtsauffassung. L.s wohl bedeutendstes jur. Werk ist die „Nova methodus discendae docendaeque iurisprudentiae" (1667, Ndr. 1974). *Lit.* über L. als Jurist: *W. Reimann:* Mensch u. Recht i.d. Philos. des G.W.L., Diss. jur. Würzburg, 1967; *H.-P. Schneider:* Justitia universalis. Quellenstud. z. Gesch. des „christlichen Naturrechts" bei G.W.L., 1967; *F. Sturm:* Das röm. Recht i.d. Sicht von G.W.L., 1968; *H. Schiedermair:* Das Phänomen der Macht u. die Idee des Rechts bei G.W.L., 1970; *Erik Wolf:* L. als Rechtsphilosoph, in ders.: Rechtsphilos. Studien, 1972, 246-269; *K. Luig:* Die Rolle des deutschen Rechts in L.s Kodifikationsplänen, in: Ius Commune V (1975), 56-70; *G. Otte:* L. und die jur. Methode, in: ZNR 1983, 1-21; *K. Luig:* L. als Dogmatiker des Privatrechts, in: Röm. Recht i.d. europ. Tradition, 1985, 213-256 (dort auch ein Beitrag von *M. Diesselhorst* zu L.); *ders.:* Die Privatrechtsordnung im Rechtssystem von L., in G. Birtsch (Hrsg.): Grund- und Freiheitsrechte von der ständ. z. spätbürgerl. Gesellschaft, 1987, 347-374; *H.-P. Schneider:* G.W.L., in M. Stolleis (Hrsg.): Staatsdenker im 17. u. 18. Jh., 1987, 197-226; *H. Ben-Menahem:* Leibniz on hard cases, in: ARSP 1993, 198-215; *E. Windisch:* Immaterielle Leistungen bei L., in U. Loewenheim u.a. (Hrsg.): FS f. F. Traub z. 65. Geb., 1994, 483-515; HRG II (1978), 1791-1800 *(G. Küchenhoff)*; NDB 14 (1985), 121-131 *(H. Schepers)*. L.-Bibliographie: Die Lit. über L. bis 1980, begr. v. *K. Müller*; hrsg. v. *A. Heinekamp*, 1984.

LENEL, OTTO (1849-1935), Professor in Kiel, Marburg, Straßburg und Freiburg i. Br. Romanistischer Rechtshistoriker, der „in seiner Zeit in der ganzen Welt als der erste Gelehrte seines Faches galt" (Pringsheim). Seine wichtigsten und grundlegenden Leistungen sind die Rekonstruktion des prätorischen Edikts („Das edictum perpetuum“, 1883, [3]1927, Ndr. 1956, franz. 1901/3) und der in den justinianischen Digesten kompilierten Klassikerfragmente („Palingenesia iuris civilis“, 1889, Ndr. 1960). Im Zivilrecht ist L. durch bedeutende Arbeiten u.a. zur Rechtsgeschäftslehre hervorgetreten. 1990 erschienen „Gesammelte Schriften“ (5 Bde.). *Lit.: L. Wenger:* O.L. †, in: ZRG (RA) 55 (1935), VII-XI; *M. Wlassak:* Erinnerungen an O.L., in: Almanach der kaiserl. Akademie der Wissenschaften 85 (1935), Wien 1936, 1-40 (mit Bibliographie); *Sinzheimer:* JK, 121-138; *F. Pringsheim:* Römisches Recht in Freiburg nach 1900, in: Aus der Gesch. d. Rechts- u. Staatswissenschaften zu Freiburg i. Br., hrsg. v. H.J. Wolff, 1957, 115-130, *E. Bund:* O.L., in: J. Vincke (Hrsg.): Freib. Prof. d. 19. u. 20. Jh.s, 1957; *O. Behrends* Einl. zu O.L.: Ges. Schriften I (s.o.); NDB 14 (1985), 204 f. *(E. Bund).*

LEONHARDT, GERHARD ADOLF WILHELM (1815-1880), 1848 Referent im hannoverschen Justizministerium, 1865 hannoverscher, 1867 (bis 1879) preußischer Justizminister. L. war die treibende Kraft bei der Schaffung der Reichsjustizgesetze von 1877; vor allem hat er (beginnend mit der ganz von ihm stammenden hannoverschen „Bürgerlichen Prozeßordnung“ von 1850) bestimmenden Einfluß auf die deutsche Zivilprozeßgesetzgebung der zweiten Jahrhunderthälfte und die Reichs-Zivilprozeßordnung gehabt, wenn er auch insofern zu einigen wesentlichen Kompromissen gezwungen wurde. „Kaum irgendwo hat in neuerer Zeit eine Einzelpersönlichkeit umfassenden Gesetzesarbeiten so den Stempel ihres Geistes aufzuprägen vermocht wie L.“ (Döhring). *Lit.: Döhring:* GDtRPfl, 416; *G.J. Dahlmanns:* Einleitung, zu ders. (Hrsg.): Neudrucke zivilproz. Kodifik. u. Entwürfe, I, 1971, 32 ff. und II, 1971, 11 ff.; *P. Landau:* Die Reichsjustizgesetze von 1879 u. die dt. Rechtseinheit, in: Vom Reichsjustizamt z. Bundesmin. d. Justiz, 1977, 161-211: *Werner Schubert:* Die deutsche Gerichtsverfassung (1869-1877) – Entstehung u. Quellen –, 1981; *W. Schubert:* Ein jur. Staatsexamen vor 150 Jahren. Zugl. ein Beitr. z. Biogr. d. preuß. Justizministers A.L., in: Jura 1984, 446-448; NDB 14 (1985), 253 f. *(W. Schubert).*

LEVY, ERNST (1881-1968), Professor in Frankfurt, Freiburg i. Br. und Heidelberg, 1935 amtsenthoben, 1936 emigriert, dann Professor an der University of Washington in Seattle, nach der Emeritierung Rückkehr nach Europa (Basel). L. hat in bahnbrechenden Arbeiten („West Roman Vulgar Law“, 1951; „Weströmisches Vulgarrecht. Das Obligationenrecht“, 1956) die Eigenständigkeit des weströmischen „Vulgar“-Rechts gegenüber dem bis dahin von der romanistischen Forschung einseitig bevorzugten klassischen und oströmisch-justinianischen Recht herausgestellt und dadurch zugleich ein Bindeglied zwischen antik/mittelalterlicher romanistischer und germanistischer Forschung geschaffen. *Lit.: W. Kunkel:* E.L. zum Gedächtnis, in: ZRG (RA) 86 (1969), XIII-XXXII; *H. Nehlsen:* Sklavenrecht zwischen Antike und Mittelalter, 1972, 44 ff.; *K. Misera / R. Backhaus:* E.L. und das Vulgarrecht, in: Semper apertus. 600 Jahre Ruprecht-Karls-Univ. Heidelberg 1386-1986, hrsg. v. W. Doerr u.a., III, 1985, 186-214; *D. Simon:* E.L., in B. Diestelkamp / M. Stolleis: Juristen an der Univ. Frankfurt a.M., 1989, 94-101; HRG II (1978), 1877-1879 *(A. Erler)*; NDB 14 (1985), 403 f. *(D.V. Simon).*

LEYSER, AUGUSTIN (1683-1752), Professor in Helmstedt und Wittenberg, wo er auch Direktor des Konsistoriums u. erster Beisitzer an Hofgericht und Schöppenstuhl war.

Einer der angesehensten Juristen der späten Usus-modernus- und frühen Aufklärungszeit. Vielfach (aber wohl zu Unrecht) ist L. wegen seiner angeblichen Neigung, das geschriebene römisch-gemeine Recht zugunsten deutsch- und naturrechtlicher Grundsätze zurückzudrängen, als der erste Freirechtler bezeichnet worden. Hauptwerk: „Meditationes ad Pandectas", 11 Bde., 1717-1748 (Sammlung von Dissertationen). *Lit.: K. Luig:* Richterkönigtum u. Kadijurispr. im Zeitalter von Naturrecht u. Usus modernus: A.L., in: Das Profil des Jur. i.d. europ. Tradition (Symposion F. Wieacker), 1980, 295-333; NDB 14 (1985), 437-439 *(K. Luig).*

LILIENTHAL, KARL v. (1853-1927), Professor des Straf- und Strafprozeßrechts in Zürich, Marburg (Nachfolger → Liszts) und Heidelberg. Neben → Liszt einer der wirksamsten Vertreter der „modernen" Schule bei den Strafrechtsreformbemühungen vor und nach dem 1. Weltkrieg. 1881-1927 Mitherausgeber der ZStrW. *Lit.: G. Radbruch* in: ZStrW 48 (1928) vor 1 und in: JW 56 (1927), 3033 f. Selbstdarstellung L.s in: Die Rechtswiss. d. Gegenw. in Selbstdarst., III (1928); *W. Küper:* K. v. L., in ders. (Hrsg.): Heidelberger Strafrechtslehrer im 19. und 20. Jh., 1986, 145-194; *S. Lang:* Das strafrechtliche Lebenswerk K. v. L.s, Diss. jur Heidelberg, 1986; NDB 14 (1985), 558 f. *(M. Frommel).*

LOTMAR, PHILIPP (1850-1922), Professor in Bern, Romanist, vollendete das Pandektenrechtslehrbuch von Alois Brinz. Durch sein Werk über den Arbeitsvertrag („Der Arbeitsvertrag nach dem Privatrecht des deutschen Reichs", 2 Bde., 1902/08) einer der „Väter" der modernen Arbeitsrechtswissenschaft. 1992 erschienen „Schriften zu Arbeitsrecht, Zivilrecht und Rechtsphilosophie", hrsg. u. eingel. v. *J. Rückert. Lit.: Sinzheimer:* JK, 257-278, s.a. die Angaben bei *Sinzheimer*; *J. Rückert:* P.L. Röm. Recht, Rechtsphilos. und Arbeitsrecht im Geiste von Freiheit und Sozialismus, in: DJJH, 331-353; NDB 15 (1987), 241 f. *(J. Rückert).*

LUDEWIG, JOHANN PETER v. (1668-1743), 1695 Professor der Philosophie in Halle, 1705 Übergang in die jur. Fakultät, 1722 Universitätskanzler, 1741 Kanzler der Magdeburgischen Regierung. Neben seinem Gegner Gundling Hauptvertreter der Halleschen staatsrechtl.-hist. Schule, Begründer der Wissenschaft von der deutschen Reichshistorie („Entwurf der Reichshistorie" 1707). Verteidigte in seinen Schriften einseitig die preußische Politik. Hauptwerk: „Vollständige Erläuterung der Goldenen Bulle ...", 1716/19. *Lit.: Stintzing-Landsberg:* GDtRW III 1, 117-122; *N. Hammerstein:* Jus und Historie, 1972, 169-204; *Stolleis:* Gesch., I, 302 f.; HRG III (1984), 85-87 *(W. Sellert)*; NDB 15 (1987), 293-295 *(B. Roeck).*

LUDOVICI, JAKOB FRIEDRICH (1671-1723), Professor in Halle, später Professor und Univers.-Vizekanzler in Gießen. Schüler → Stryks und → Thomasius', schrieb vor allem eine sehr erfolgreiche „Einleitung zum Zivilprozeß" (1707, ^{12}1750 – erstes Werk dieser Art in deutscher Sprache). *Lit.: Stintzing-Landsberg:* GDtRW III 1, 135 f.

MARTENS, GEORG FRIEDRICH v. (1756-1821), Professor in Göttingen, ab 1816 hannoverscher Gesandter beim Bundestag in Frankfurt. Wurde durch seine an → Moser anknüpfenden, aber über diesen hinausgehenden völkerrechtlichen Werke eine internationale Berühmtheit (Précis du droit des gens moderne de l'Europe, 1789, dt. 1796). *Lit.: W. Habenicht:* G.F. v. M. Eine biogr. u. völkerrechtl. Studie, 1934; HRG III (1984), 359-361 *(L. Sedatis)*; *F. Loos* (Hrsg.): Rechtswiss. in Göttingen, 1987, 56-63, 123-145 (Beitr. v. *G. Zieger* u. *D. Rauschning*); NDB 16 (1990), 269-271 *(M. Friedrich)*.

MARTINUS GOSIA (gest. zwischen 1158 und 1166), Bologneser Rechtslehrer, adeliger Abkunft, der zweite der „Quattuor doctores". Im Gegensatz zu Bulgarus und seiner Schule stehen M. und seine Anhänger („Gosiani") für eine den Gedanken der Billigkeit (aequitas) betonende Jurisprudenz. M.s Auffassungen schlugen sich mehrfach in der zeitgenössischen Gesetzgebung nieder, so in der Authentica „Sacramenta puberum" Kaiser Friedrichs I., in einem Bologneser Statut und in einigen päpstlichen Dekretalen. 1158 Teilnahme am Reichstag von Roncaglia (siehe Bulgarus). M.s Glossen zu den Digesten, dem Codex und den Institutionen erlangten auch außerhalb Bolognas großen Einfluß. Direkte Schüler M.s sind nicht bekannt. Sein Urenkel Guilelmus wurde 1274 als ghibellinischer Parteigänger aus Bologna vertrieben. *Lit.:* LexMa VI, 351; *Savigny:* GRRM IV, 124-140, 481-493; *G. Dolezalek:* Der Glossenapparat des M.G. zum Digestum novum, in: ZRG (RA) 84 (1967), 254-349; *J. Fried:* Die Entstehung des Juristenstandes im 12. Jh., 1974; *Coing:* Hdb. I, 129-260. (F.D.)

MAURER, GEORG LUDWIG V. (1790-1872), Professor für dt. Privatrecht und dt. Rechtsgeschichte in München, bayer. Staatsrat 1832-1834, Regent für den zum König von Griechenland ernannten bayer. Prinzen Otto, 1847 bayer. Staatsminister (bis Ende des Jahres). Stand der historischen Rechtsschule nahe, seine „Geschichte des altgermanischen und namentlich altbayerischen öffentlich-mündlichen Verfahrens" (1824) versuchte, die von den Liberalen angestrebte Gestaltung des Prozesses (Öffentlichkeit, Mündlichkeit, Laienbeteiligung) als im altgermanischen Recht verwurzelt nachzuweisen. M.s Hauptwerk ist eine unvollendete Geschichte der Marken-, Hof-, Dorf- und Städteverfassung in Deutschland (12 Bde., 1854-1871). *Lit.: E.W. Böckenförde:* Die deutsche verf. geschichtl. Forschg. im 19. Jh., 1961, 134-147; *K. Dickopf:* G.L. v. M., 1960; HRG III (1984), 391 f. *(W. Leiser)*; NDB 16 (1990), 435-437 *(K. Dickopf)*.

MAURER, KONRAD V. (1823-1902), Professor für deutsches Recht in München (las ab 1868 nur noch über nordisches Recht), 1892 Geheimratstitel u. persönlicher Adel. Neben → Jacob Grimm und W.E. Wilda der Begründer der nordischen Rechtsgeschichte, grundlegende Arbeiten vor allem zur isländischen („Zur Entstehung des isländischen Staates und seiner Verfassung", 1852) und norwegischen („Die Bekehrung des norwegischen Stammes zum Christentum", 1855/56, Ndr. 1965) Verfassungsgeschichte. *Lit.: Stintzing-Landsberg:* GDtRW III 2, 902-908; HRG III (1984), 392-397 *(H.H. Munske)*; NDB 16 (1990), 437 f. *(K. Dickopf)*.

MEISTER, CHRISTIAN FRIEDRICH GEORG (1718-1782), Professor in Göttingen. M.s „Principia iuris criminalis Germaniae communis" (1755) gehören neben den Werken J.S.F. Böhmers zu den bedeutenden Strafrechtslehrbüchern des 18. Jh.s. M.s Sohn Georg Jacob Friedrich (1755-1832), gleichfalls Strafrechtslehrer in Göttingen, verfaßte 1789

([7]1828) ein Buch mit dem gleichen Titel. *Lit.: Stintzing-Landsberg:* GDtRW III 1, 304-307 u. 422 f.; *F. Schaffstein:* Anfänge der Strafrechtswiss. in Göttingen, in: F. Loos (Hrsg.): Rechtswiss. in Göttingen, 1987, 11-31.

Menger, Anton (1841-1906), Professor für Zivilprozeßrecht in Wien. Schrieb eine sehr bekannt gewordene Kritik am deutschen BGB-Entwurf aus sozialistischer Sicht („Das bürgerliche Recht und die besitzlosen Volksklassen", 1890, 1908). *Lit.: K.-H. Kästner:* A.M. (1841-1906). Leben u. Werk, 1974; *Eckart Müller:* A.M.s Rechts- und Gesellschaftssystem, 1975; *G. Schöpfer:* A.M.s Staatslehre, 1973; *D. Willrodt-v. Westernhagen:* Recht u. soziale Frage. Die Sozial- und Rechtsphil. A.M.s, 1975; *H. Hörner:* A.M. Recht und Sozialismus, 1978; HRG III (1984), 476-478 *(P. Caroni)*; *P. Caroni:* A.M., in: *Brauneder*, JiÖ, 212-216, 337 f.; NDB 17 (1994), 71 f. *(E. Müller).*

Merkel, Adolf (1836-1896), Professor in Prag, Wien und Straßburg. In seinem „Lehrbuch des deutschen Strafrechts" (1889) versucht er, zwischen Vergeltungs- und Präventionstheorie zu vermitteln („Vereinigungstheorie"), und entwickelt erstmals einen „normativen" Schuldbegriff. Als positivistischer Rechtstheoretiker gelangte er zu einer „allgemeinen Rechtslehre" (als Ersatz der herkömmlichen Rechtsphilosophie). *Lit.: Schmidt:* Einf. 310-313; *M. Colsmann:* Die Strafe in A.M.s strafrechtl. Dogmatik, Diss. jur. Heidelberg, 1956; *K. Barth:* Die Rechtslehre A.M.s, Diss. jur. Tübingen, 1956; *G. Dornseifer:* Rechtstheorie und Strafrechtsdogmatik A.M.s, 1979; *M. Frommel:* A.M., in: *Brauneder*, JiÖ, 193-199, 338 f.; NDB 17 (1994), 148 f. *(M. Frommel).*

Mevius, David (1609-1670), Professor in Greifswald, Stadtsyndikus in Stralsund, ab 1653 Vizepräsident des Obertribunals (für die im westf. Frieden als Reichslehen an Schweden gelangten norddeutschen Gebietsteile) in Wismar. M. ist auch als Gesetzgeber (Gerichtsordnungen für das Wismarer Obertribunal und das pommersche Hofgericht, Entwurf eines mecklenburgischen Landrechts) und als Autor hervorgetreten, hier vor allem durch die Veröffentlichung der Urteile seines Gerichts mit von ihm verfaßten Entscheidungsgründen („Jurisdictio summi tribunalis regii quod est Vismariae", 9 Teile, 1664 ff., zahlr. weit. Aufl.) und durch seinen „Commentarius in Jus Lubecense" (4 Teile, 1642/43, zahlr. weit. Ausgaben). M.s Arbeiten zeichnen sich durch eine für seine Zeit ungewöhnliche Fähigkeit zu systematischem Rechtsdenken aus und haben dem Wismarer Gericht und dem lübischen Recht großes Ansehen verschafft; → Beseler hielt M. für einen der genialsten deutschen Juristen überhaupt. *Lit.:* HRG III (1984), 533-535 *(B. Koehler / W. Sellert)*; *G. Landwehr:* Rechtspraxis u. Rechtswiss. im Lübischen Recht vom 16. bis z. 19. Jh., in: Zeitschr. d. Vereins für Lübeck. Gesch. u. Altertumsk. 60 (1980), 21 ff. (35 ff.); NDB 17 (1994), 281-283 *(W. Buchholz).*

Michaelis, Johann David (1717-1791), Orientalist, Theologe, Professor in Göttingen (in der Philos. Fakultät). Sein Werk über „Das Mosaische Recht" (6 Bücher, 1770-1775) legte dessen Unverbindlichkeit als geltendes Recht dar und leistete dadurch der strafrechtlichen Aufklärung eine wertvolle Hilfe. *Lit.: F. Schaffstein:* J.D.M. als Kriminalpolitiker, 1988; NDB 17 (1994), 427-429 *(C. Bultmann).*

MIQUEL, JOHANNES v. (1828-1901), Rechtsanwalt, Oberbürgermeister von Osnabrück (zweimal) und Frankfurt, 1867 bis 1876 Mitglied des (norddeutschen) Reichstags (nationalliberal), wo er Vorsitzender der für die Beratung der Reichsjustizgesetze eingesetzten Kommission war und zusammen mit E. Lasker die Erweiterung der Gesetzgebungskompetenz des Reichs für das gesamte Zivilrecht initiierte. 1890-1901 war M. preußischer Finanzminister und schuf durch die („Miquelsche") Finanzreform von 1891 ein modernes Steuersystem, in dessen Mittelpunkt die (progressive) Einkommensteuer steht. *Lit.: H. Herzfeld:* J. v. M., 2 Bde., 1938; *A. Pausch:* J. v. M., 1964; *S. Heinke:* J. v. M., in: MDV, 167-180; HRG III (1984), 594-597 *(D. Rebentisch)*; *B. Großfeld:* Die Einkommensteuer, 1981, 44 ff.; *G. Schulz:* J. v. M., in: PdV, 209-214; HRG III (1984), 594-597 *(D. Rebentisch)*; NDB 17 (1994), 553 f. *(R. Aldenhoff)*.

MITTEIS, HEINRICH (1889-1952), Professor in Köln, Heidelberg, München, Wien, 1938 aus politischen Gründen in das unbedeutende Rostock versetzt, nach 1945 Professor in Berlin, München (dort auch Präsident der Bayerischen Akademie der Wissenschaften) und Zürich. Angesehener germanistischer Rechtshistoriker der ersten Hälfte des 20. Jh.s, wichtig vor allem durch seine Arbeiten zur vergleichenden mittelalterlichen Verfassungsgeschichte („Lehnrecht und Staatsgewalt", 1933, Ndr. 1958; „Der Staat des hohen Mittelalters", 1940, [10]1979). Schriftenverzeichnis in H.M.: Die Rechtsidee i.d. Gesch., 1957, 724-731. *Lit.: K.S. Bader:* Heinrich Mitteis †, in: ZRG (GA) 70 (1953), IX-XXXII; HRG III (1984), 614-617 *(A. Erler)*; *G. Landwehr:* H.M., in: Juristen im Porträt, 1988, 572-583; *P. Landau* u.a. (Hrsg.): H.M. nach hundert Jahren, 1991; *G. Brun:* Leben u. Werk des Rechtshistorikers H.M. unter bes. Berücks. seines Verhältn. z. NS., 1991; HRG III (1984), 614-617 *(A. Erler)*; NDB 17 (1994), 577-579 *(N. Grass)*.

MITTEIS, LUDWIG (1859-1921), Professor in Prag, Wien und Leipzig. Romanistischer Rechtshistoriker, Begründer der juristischen Papyruskunde („Grundzüge und Chrestomathie der Papyruskunde", Bd. 2., 1912) und damit Anreger der griechischen („Reichsrecht u. Volksrecht i.d. östl. Provinzen des röm. Kaiserreichs", 1891) und ägyptischen Rechtsgeschichtsforschung und der vergleichenden antiken Rechtsgeschichte überhaupt. Aus M.s Schule sind u.a. Koschaker, J. Partsch, Rabel und Wenger hervorgegangen. *Lit.: J. Partsch:* L.M. 1859-1921, in: ZRG (RA) 43 (1922), V-XXXI; *M. Wlassak:* L.M. Ein Nachruf, in: Almanach der Ak. d. Wiss. in Wien 1922 (Wien 1923) 1-35; *E. Rabel:* In der Schule von L.M., in ders.: Gesammelte Aufsätze, III, 1967, 376-380; *G. Oberkofler:* Die Vertreter des Röm. Rechts … an der Karls-Univ. in Prag, 1991, 37-41; NDB 17 (1994), 576 f. *(W. Selb)*.

MODIUS, FRANZ (1556-1597), Jurist und Philologe, Niederländer, lebte später in Köln. Von seinen Werken werden die „Lectiones novantiquae" hervorgehoben. *Lit.:* ADB 22 (1885), 46 *(Eyssenhardt)*.

MOLINAEUS, CAROLUS (Charles Dumoulin) (1500-1566), 1522 Anwalt beim Parlament in Paris, wo er aber wegen eines Sprachfehlers kaum plädierte und sich auf Konsultationen beschränkte. Geriet mit seiner Haltung in Religionsfragen (zunächst Beziehungen zu den Calvinisten, dann Lutheraner) zwischen alle Fronten und mußte 1551 Paris verlassen; seine Schriften wurden indiziert und erschienen im Ausland unter Pseudonym. Professor der Rechte unter anderem in Straßburg, Tübingen (1553/54), Dôle und Besançon, wegen seiner religiösen Überzeugung aber einige Male des Landes verwiesen und nach seiner Rückkehr 1557 in Frankreich auch vom Parlament verhaftet. Nach Aufenthalten während der Religionskriege in Paris, Orléans und Lyon widmete er sich zuletzt der Theologie und verfaßte einen Katechismus, der ihm die Verfolgung durch die Calvinisten einbrachte; vor seinem Tod 1566 kehrte er angeblich zur katholischen Kirche zurück. M. nahm eine vermittelnde Stellung zwischen dem mos gallicus und dem mos italicus ein und strebte ein einheitliches französisches Recht an, für das er durch seinen berühmten Kommentar über die Coutume von Paris („Commentarii in consuetudines Parisienses", 1539) eine wichtige Vorarbeit leistete. Seine Gesamtwerke („Oeuvres complèts", hrsg. v. *Pinson*) erschienen 1681 in 5 Bden. *Lit.: H. Aubépin:* De l'influence de D. sur la législation française (= Sonderdr. aus: Revue critique de la législation française IV), 1861; *J. Brodeau:* La vie de Charles du Moulin, 1654; *J. Carbonnier:* D. à Tubingue, 1936; *R. Filhol:* D., in: Dictionnaire de droit canonique, V, 1953, 41-67; *F. Gamillscheg:* Der Einfluß D.s auf die Entwicklung des Kollisionsrechts, 1955; *G. Meyer:* C.D., ein führender französischer Rechtsgelehrter, 1956; *J.P. Nicéron:* Mémoires pour servir à l'histoire des hommes illustres, 1729-45, in: ABF Blatt 352, 163-214; *J.-L. Thireau:* C.D., 1980. (N.)

MOSER, FRIEDRICH KARL v. (1723-1798), Reichshofrat, 1772-1780 hessen-darmstädtischer Minister. Sein bekanntestes Buch „Der Herr und der Diener, geschildert mit patriotischer Freyheit" (1759) bekämpft aufklärerisch Fürstendespotismus und beamtische Duckmäuserei. Noch deutlicher treten diese Tendenzen in M.s letztem Buch „Politische Wahrheiten" (2 Bde., 1796) hervor. M.s weitverbreitete Schriften hatten großen Einfluß auf seine Zeitgenossen (u.a. auch auf Herder und Goethe). *Lit.: Stintzing-Landsberg:* GDtRW III 1, 423-428; ADB 22 (1885), 764-783 *(Heidenheimer)*; *N. Hammerstein:* Das politische Denken F.C. v. M.s, in: HZ 212 (1971), 316 ff.; *K. Eckstein:* F.C. v. M., Diss. jur. Gießen, 1973; *E. Sturm:* Absolutismuskritik in der Tradition der Fürstenspiegel?, in: H.-O. Mühleisen u.a. (Hrsg.): Pol. Tugendlehre und Regierungskunst, 1990, 229-254.

MÜLLER-ERZBACH, RUDOLF (1874-1959), Professor in Königsberg, Göttingen und München, Zivil- und Handelsrechtler („Deutsches Handelsrecht", ³1928), schuf eine der Interessenjurisprudenz nahestehende „kausale Rechtslehre": eine angewandte Rechtssoziologie, nach der Interesse, Vertrauen, Macht u. Verantwortungsbewußtsein Faktoren der Rechtsbildung sind („Das private Recht der Mitgliedschaft als Prüfstein eines kausalen Rechtsdenkens", 1948; „Die Rechtswissenschaft im Umbau", 1950); einflußreich in den romanischen Ländern. *Lit.: K. Knauthe:* Kausales Rechtsdenken u. Rechtssoziologie. Eine Würdigung der Lehre von M., 1968; *D. Gogos*: R.M. †, in: JZ 1959, 677 f.

MURNER, THOMAS (1475 – um 1537), als Satiriker einer der bekanntesten Schriftsteller seiner Zeit. Als Jurist vor allem Übersetzer der Justinianischen Institutionen („Instituten, ein wahrer Ursprung und fundament des Keyserlichen rechtens ...", 1519). *Lit.: A. Erler:* Thomas Murner als Jurist, 1956; HRG III (1984), 793-795 *(A. Erler)*.

Muther, Theodor (1826-1878), Professor in Rostock und Jena (dort auch Oberappellationsgerichtsrat). Außer durch seinen Streit mit → Windscheid um den Anspruchsbegriff („Zur Lehre von der römischen actio, dem heutigen Klagerecht, der Litiskontestation und der Singularsukzession in Obligationen", 1857) durch zahlreiche Arbeiten zur spätmittelalterlichen Rechtswissenschaftsgeschichte hervorgetreten. *Lit.: Stintzing-Landsberg:* GDtRW III 2, 770-772.

Mynsinger v. Frundeck, Joachim (1514-1588), Schüler des → Zasius und Professor in Freiburg, 1548 Assessor am Reichskammergericht, ab 1556 Kanzler der Herzöge von Braunschweig (bis 1573), schuf in diesem Amt eine Reihe wichtiger Landesgesetze, ihm ist auch die Umwandlung des Helmstedter Gymnasiums in eine Universität zu verdanken (1576), deren erster Vizekanzler er wurde. Von seinen Werken sind ein Institutionenkommentar (1545, dann u.d.T.: „Apotelesma sive corpus perfectum scholiorum ad IV libros Institutionum juris civilis", 1555, zahlr. weitere Aufl.), vor allem aber seine Sammlung und Bearbeitung von Entscheidungen des Reichskammergerichts („Singularium observationum judicii imperialis camerae [uti vocant] centuriae quatuor", 1563, zahlr. weit. u. vermehrte Aufl.), bekannt geworden. Mit dieser ersten Publikation kammergerichtlicher Entscheidungen, die ihm den Vorwurf eintrug, gegen seine Pflicht zur Verschwiegenheit verstoßen und damit seinen Richtereid gebrochen zu haben, wurde M. zum Begründer der „Kammergerichtsjurisprudenz" (s. auch Gaill). *Lit.:* HRG III (1984), 810-812 *(B. Koehler / W. Sellert)*; *S. Schumann:* J.M. v. F. Herzoglicher Kanzler in Wolfenbüttel, Rechtsgelehrter, Humanist, 1983.

Nawiasky, Hans (1880-1961), Professor in München, 1933 entlassen, dann Professor an der Handelshochschule St. Gallen, nach dem Krieg auch wieder in München und maßgebliche Mitarbeit an der bayerischen Verfassung von 1946. N.s Hauptwerk ist eine fünfbändige „Allgemeine Staatslehre" (1945-1958). *Lit.: W. Geiger:* Hans Nawiasky †, in: JZ 1962, 324 f.

Nettelbladt, Daniel (1719-1791), Professor in Halle, Schüler → Wolffs, nach dessen Vorbild er sämtliche Zweige des Rechts in seinen Vorlesungen und Schriften behandelte. Größere Bedeutung mißt man vor allem seinen „Initia historiae literariae iuridicae universalis" (1764) bei, der bis dahin gründlichsten Bearbeitung der jur. Wissenschaftsgeschichte. *Lit.: Stintzing-Landsberg:* GDtRW III 1, 288-299; *K.W. Nörr:* Naturrecht u. Zivilproz., 1976, 18 ff.; *Jan Schröder:* Wissenschaftstheorie u. Lehre d. „prakt. Jurispr.", 1979, 46 ff., 54 ff. u. öfter.; *P. Cappellini:* Systema Iuris, I, Milano 1984, 568 ff.; *A.J. Lehmann:* N. und Dabelow als die eigentl. Begründer eines allg. Teils, in: FS f. Dr. Gerhart Maier z. 65. Geb., 1994; HRG III (1984), 951 f. *(D. Willoweit).*

Nieberding, Arnold (1838-1912), Beamter im Reichskanzleramt, dann im Reichsamt des Innern (1889 Direktor), 1893-1909 Staatssekretär des Reichsjustizamts. Seine Hauptverdienste liegen in der wirkungsvollen parlamentarischen Vertretung und Durchsetzung des BGB-Entwurfs und in den Anstößen, die er nach 1900 der Straf- und Strafprozeßrechtsreform gegeben hat. *Lit.: H. Hattenhauer:* Vom Reichsjustizamt zum Bundesministerium der Justiz, in der gleichbetitelten Festschr., 1977, 9 ff. (39-41); *R.*

Jahnel, in: *Werner Schubert:* Materialien z. Entstehungsgesch. d. BGB – Einführung, Biogr., Materialien –, 1978, 113 f.

NORDLING, ERNST VIKTOR (1832-1898), Professor in Uppsala für römisches Recht, juristische Enzyklopädie und Rechtsgeschichte (1867 erster Inhaber des entsprechenden Lehrstuhls), dann auch für Zivilrecht; hatte als Mitglied von Gesetzgebungskommissionen Einfluß auf die Reform des schwedischen Familienrechts. N. war beeinflußt von der historischen Rechtsschule (→ Savigny, → Schlyter), distanzierte sich aber von deren angeblicher Überbetonung der geschichtlichen Seite des Rechts und entwickelte auf dieser Grundlage die Vorstellung einer wissenschaftlichen, systematischen Jurisprudenz („Om Romerska Rätten, Juridiska Encyklopedins och Rättshistoriens betydelse för rätts-studiet", in: Naumanns tidskrift 4 [1867], 699-712). Weitere wichtige Schriften: „Om res fungibiles och dermed sammanhängande ämnen", 1867; „Om lösöreköpsförordnungen 1845", 1877. *Lit.: J.E. Almquist:* Kort översikt över den svenska juridiska litteraturhistorien, 28 f.; *M. Sandström:* Die Herrschaft der Rechtswissenschaft, 1989, 236 ff.; *dies.:* „Res fungibiles" und die produktive Rechtswissenschaft, in: Quad. Fior. 21 (1992), 261 ff.; *E. Trygger:* Nekrolog auf N., in: Tidskrift för Rettsvidenskab 1898, 353 f.; Svenskt Biografiskt Lexikon 27 (1991), 405-410 *(S. Jägerskiöld).*

NUSSBAUM, ARTHUR (1877-1964), Professor in Berlin, 1934 Gastprofessor in New York (Columbia-Universität), dort 1939 Research Professor of Public Law. Schrieb über Zivil-, Handels- und Wirtschaftsrecht, Internationales Privatrecht, Prozeßrecht, Rechtsvergleichung und Völkerrecht. Mitbegründer der privatrechtlichen Rechtstatsachenforschung (Sammelband „Die Rechtstatsachenforschung", hrsg. v. M. Rehbinder, 1968). *Lit.: M. Rehbinder:* Einleitung (9-17) zu „Die Rechtstatsachenforschung".

OERTMANN, PAUL (1865-1938), außerordentlicher Professor in Berlin, ordentl. Professor in Erlangen und Göttingen, 1934 emeritiert. Zivil- und Prozeßrechtler, bekannt durch seine gedankenreichen Kommentare (Bürgerliches Gesetzbuch: Allgemeiner Teil, ^{2}1908, ^{3}1927; Recht der Schuldverhältnisse, 1899, ^{5}1929) und die Begründung der Lehre von der „Geschäftsgrundlage" („Die Geschäftsgrundlage. Ein neuer Rechtsbegriff", 1921). Im Streit zwischen Begriffs- und Interessenjurisprudenz versuchte O. ohne voreilige Preisgabe der methodischen Positionen des 19. Jh.s zu vermitteln („Interesse und Begriff in der Rechtswissenschaft", 1931). *Lit.: H. Niedermeyer:* P.O. †, in: ZHR 106 (1939), 1-8; *ders.:* In memoriam (P.O.), in: ZRG (RA) 59 (1939), 729-732; *U. Diederichsen:* P.O., in: F. Loos (Hrsg.): Rechtswissenschaft in Göttingen, 1987, 385-412.

PAPE, HEINRICH EDUARD (1816-1888), preußischer Richter, 1859 im preuß. Justizministerium, zugleich Mitglied der Kommission zur Ausarbeitung eines Allgemeinen Deutschen Handelsgesetzbuches, 1870 Präsident des neuerrichteten Bundes- (später: Reichs-)oberhandelsgerichts; die erwartete Ernennung zum Präsidenten des 1879 an die Stelle des ROHG tretenden Reichsgerichts blieb aus. P. spielte eine wichtige Rolle bei der Vereinheitlichung des deutschen Handelsrechts im 19. Jh., vor allem aber als Präsident der ersten BGB-Kommission (1874-1888): er soll hier – trotz → Windscheid und Roth – „der überragende Mann“ gewesen sein, „mit seinem alles umfassenden Scharfsinn und seiner staunenswerten Fülle legislativer Ideen“ (Planck). *Lit.: H.-G. Mertens:* H.E.P., in: Westfälische Lebensbilder XI, 1976, 151-173; *R. Jahnel*, in: *Werner Schubert:* Materialien z. Entstehungsgesch. d. BGB – Einf., Biogr., Mat. –, 1978, 79 f.

PARTSCH, JOSEF (1882-1925), Professor in Genf, Göttingen, Freiburg i. Br., Bonn und Berlin. Schüler von L. Mitteis, schrieb als noch nicht Siebenundzwanzigjähriger die erste große Monographie über ein Institut des antiken griechischen Rechts („Griechisches Bürgschaftsrecht“, Tl. 1, 1909); zahlreiche weitere Arbeiten zur antiken Rechtsgeschichte. Im 1. Weltkrieg baute P. auch eine Gefangenenfürsorge-Organisation auf, nach Kriegsende war er außerdem als Rechtsberater und Vertreter der deutschen Regierung vor den durch den Versailler Vertrag geschaffenen Schiedsgerichten tätig. *Lit.: O. Lenel:* J.P. †, in: ZRG (RA) 45 (1925), V-XX; *F. Pringsheim:* Gesammelte Abhl., 1, 1961, 26 ff., 29 ff.; *W. Ebel:* Catalogus Professorum Gottingensium, 1962, 53 m.w.N.; HRG III (1984), 1525-1527 *(A. Erler).*

PAURMEISTER VON KOCHSTEDT, TOBIAS (1555-1616), Kanzler des Herzogs von Braunschweig-Wolfenbüttel, Verfasser eines der ersten Staatsrechtslehrbücher, das nicht römischrechtliche Grundsätze wiedergibt, sondern die tatsächlichen Rechtsverhältnisse in Deutschland darstellt („De jurisdictione imperii Romani libri duo“, 1608, ²1616). *Lit.:* ADB 2 (1875), 181 f. *(Friedländer)* u. Nachtrag in 25 (1887), 795; *F.H. Schubert:* Die dt. Reichstage i.d. Staatslehre der frühen Neuzeit, 1966, 495 ff.; *Stolleis:* Gesch., I, 148, 162.

PETRE(J)US, HEINRICH (1546-1615), Freund → Fichards, Gymnasialdirektor in Frankfurt und Göttingen, 1590 Dr. iur. in Marburg. Gab die Konsilien → Fichards heraus, schrieb auch über historische und andere Gegenstände. *Lit.:* ADB 25 (1887), 519 f. *(P. Zimmermann).*

PFAFF, CHRISTOPH MATTHÄUS (1686-1760), Professor der Theologie und (mit 34 Jahren) Kanzler an der Universität Tübingen, dort 1755 (offenbar wegen anstößiger Lebensführung) ausgeschieden und nach Mißlingen eines Wechsels nach Göttingen 1756 Professor, Generalsuperintendent und Universitätskanzler in Gießen. Einer der bedeutendsten protestantischen Theologen des 18. Jahrhunderts, Hauptvertreter der „Kollegialtheorie“, nach welcher der Landesherr die Kirchengewalt nur im Auftrag der Kirche ausübt, die als eine autonome Gesellschaft (Kollegium) der Gläubigen betrachtet wird („De originibus juris ecclesiastici“, 1719); demgemäß ist die Kirchenhoheit der protestantischen Landesherren nicht, wie nach der „territorialistischen“ Lehre, Ausfluß der inhaltlich unbeschränkten landesherrlichen Hoheitsrechte. *Lit.:* ADB 25 (1887), 587-590 *(Wagenmann)*; *K. Schlaich:* Kollegialtheorie. Kirche, Recht und Staat in der Aufklärung, 1969.

PFEFFINGER, JOHANN FRIEDRICH (1667-1730), Professor (zunächst für Mathematik) und Inspektor der Lüneburger Ritterakademie. Sein Hauptwerk „Vitriarius illustratus“ (1691) ist ein Kommentar über Vitriarius’ Lehrbuch des öffentlichen Rechts, ein an sich unbedeutendes Werk, das nur durch P.s Bearbeitung noch einige Jahrzehnte lebendig blieb. *Lit.:* ADB 25 (1887), 630 f. *(P. Zimmermann)*; HRG III (1984), 1723 f. *(M. Stolleis).*

PILOTY, ROBERT (1863-1926), Professor in Würzburg, verfaßte Schriften zum deutschen und bayerischen Staats- und Verwaltungsrecht. *Lit.: O. Liebmann* in: DJZ 1926, 948 f.

PINGITZER, VIRGIL (1541-1619), Professor in Jena und Helmstedt, ab 1587 wieder in Jena, dort auch Beisitzer des Hofgerichts und Präsident des Konsistoriums. Einer der bedeutenderen Vertreter der sächsischen Praxis, gab u.a. Rechtsfälle aus seiner richterlichen Tätigkeit heraus („Illustrium Quaestionum Saxonicarum decades sex", 1607). *Lit.:* ADB 26 (1888), 150-152 *(Eisenhart).*

PLANCK, GOTTLIEB (1824-1910), hannoverscher Praktiker, wegen seiner Betätigung als liberaler Politiker mehrfach strafversetzt, 1859 auf unbestimmte Zeit beurlaubt, erst 1863 wieder Richter, zuletzt Appellationsgerichtsrat in Celle (1879 im Ruhestand). Mitglied des preuß. Abgeordnetenhauses seit 1867, des Reichstags 1870-73, trotz vollständiger Erblindung (1873) Redaktor des Familienrechts in der ersten BGB-Kommission, in der zweiten Kommission 1890 Generalreferent und damit unter den vielen Vätern des BGB einer der einflußreichsten. 1889 auch Honorarprofessor in Göttingen, wo er Vorlesungen über das neue bürgerliche Recht gehalten hat. Als juristischer Autor ist P. durch seinen Kommentar zum BGB („Bürgerliches Gesetzbuch nebst Einführungsgesetz", 6 Bde., 1897-1902, 1913-1930, 1933/38 – nur Sachenrecht –) bekannt, in dem er selbst den Allgemeinen Teil und das allgemeine Schuldrecht bearbeitet hat. *Lit.: F. Frensdorff:* G.P., deutscher Jurist u. Politiker, 1914; *R. Jahnel*, in: *Werner Schubert:* Mat. z. Entstehungsgesch. d. BGB – Einf., Biogr., Mat. –, 1978, 80-83 m.w.N.; *M. Coester:* G.P., in: F. Loos (Hrsg.): Rechtswiss. in Göttingen, 1987, 299-315; *W. Ordemann:* G.P., in: FS f. F.-J. Brieske, 1986, 209-227; *J. Berkemann:* G.P. Richterl. Prüfungsrecht u. Staatsstreich, in: Staatswiss.u. Staatspraxis, 1994, 393-412; HRG III (1984), 1763-1767 *(W. Schubert)*;

PÖHLS, MENO (1798-1849), Advokat in Hamburg (und als solcher nicht sehr erfolgreich), schriftstellerisch hervorgetreten vor allem durch ein umfassendes Handbuch des Handelsrechts („Darstellung des gemeinen Deutschen und des Hamburgischen Handelsrechts für Juristen und Kaufleute", 4 Bde., 1828-1834), der vor Thöl und L. Goldschmidt wohl beachtlichsten Bearbeitung der Materie im 19. Jh. *Lit.:* ADB 26 (1888), 374 f. *(Beneke)*; *G. Köbler:* Die Wissenschaft d. gemeinen dt. Handelsrechts, in: Wissensch. u. Kodifik. des Privatrechts im 19. Jh., hrsg. v. H. Coing u. W. Wilhelm, I, 1974, 277-296.

POLLOCK, SIR FREDERICK (1845-1937), Jurist, Autor einflußreicher rechts-theoretischer Abhandlungen, Professor in Oxford, Freund von → Maitland und Mitautor von dessen „History of English Law before the Time of Edward I" (1898). Mit den Abhandlungen „Principles of Contract at Law and in Equity" (1876) und „The Law of Torts" (1887) verfaßte P. zwei Bücher, die bald zu Klassikern wurden und nachhaltigen Einfluß auf Theorie und Praxis des Common Law sowohl in England als auch in den Vereinigten Staaten ausübten. P. stand über 60 Jahre in Briefkontakt mit Supreme Court Justice Oliver Wendell Holmes, 1885 gründete er die Zeitschrift „Law Quarterly Review“ und war ab 1895 Herausgeber der „Law Reports“. Weitere Werke P.s sind „The Land Laws“ (1883), „Introduction to the History of the Science of Politics“ (1890), „First Book of Jurisprudence“ (1896), „The Genius of the Common Law“ (1912). *Lit.:* Dictionary of National Biography 1931-1940; The Pollock-Holmes letters, hrsg. v. M. DeWolfe Howe, 1942. (N.D.)

POPITZ, JOHANNES (1884-1945), herausragender Finanzpolitiker der Weimarer Zeit. Er begann seine Ministeriallaufbahn 1918 als Regierungsrat im preuß. Innenministerium und war dann im Reichsfinanzministerium tätig, wo er 1921 Ministerialdirektor und 1925 Staatssekretär wurde; 1932/33 war er Reichsminister ohne Geschäftsbereich im Kabinett Schleicher, dann bis 1944 preußischer Finanzminister. Als Mitglied der Widerstandsbewegung (er sollte Finanz- oder Kultusminister einer Umsturzregierung werden) wurde er 1944 verhaftet und 1945 in Plötzensee hingerichtet. P.’s wichtigste Leistungen sind die Neuordnung des Steuerwesens und der Finanzverfassung (hierzu grundlegende Schriften, u.a. „Der künftige Finanzausgleich zwischen Reich, Ländern und Gemeinden“, 1932) 1923-1925, die im Prinzip bis heute Bestand hat. P. ist einer der Schöpfer der Umsatzsteuer und hat das Umsatzsteuergesetz auch erläutert („Kommentar zum Umsatzsteuergesetz“, 1928/30). *Lit.: H. Herzfeld:* J.P., in: Festschr. f. H. Hartung 1958, 345-365; *H. Dieckmann:* J.P. Entwicklung und Wirksamkeit i.d. Zeit der Weim. Republik, 1961; *K.M. Hettlage:* J.P., in: MDV, 329-347; *H. Kuss*, in: Archiv f. Kommunalwiss. 1965, 47-86; *G. Schulz:* J.P., in: *R. Lill / H. Oberreuter* (Hrsg.): 20. Juli. Portraits des Widerstandes, 1984, 237-251; Amt und Verantwortung. Ausstellung zur Erinnerung an J.P., 1984; *E.-W. Böckenförde:* J.P., der Staatsbegriff als allgemeingültiger Begriff, in: Der Staat 23 (1984), 227-232; *G. Schulz:* Über J.P., in: Der Staat 24 (1985), 485-511; *J. Bödeker:* J.P.: Auf der Suche nach einer neuen Wirtschaftsordnung, in: Der Staat 24 (1985), 513-525; *A. Pausch:* J.P., in: Steuer u. Studium 1990, 43-48; *G. Schulz:* J.P., in: PdV, 406-409.

RABEL, ERNST (1874-1955), Professor in Leipzig, Basel, Kiel, Göttingen, München und Berlin, 1937 nach USA emigriert, wo er u.a. an den Law Schools von Ann Arbor und Harvard tätig war. Romanistischer Rechtshistoriker („Grundzüge des römischen Privatrechts“, 1915, ^{2}1955), Zivilrechtler und Rechtsvergleicher, erster Direktor des Kaiser-Wilhelm- (heute: Max-Planck-)Instituts für ausländisches und internationales Privatrecht (1926). Mit „Das Recht des Warenkaufs“ (2 Bde., 1936 [Ndr. 1957], 1958) schuf R. das Vorbild der modernen, historisch und vergleichend angelegten juristischen Monographie, mit „The conflict of Laws. A comparative Study“ (4 Bde., 1945-1958, ^{2}1958 ff.) das Standardwerk des Kollisionsrechts. R. begründete auch die „Zeitschrift für ausländisches und int. Privatrecht“ (1927, „RabelsZ“) und hat besondere Verdienste um die Privatrechtsvereinheitlichung (1927 Mitglied des röm. Instituts für Vereinheitlichung des Privatrechts) namentlich im Kaufrecht. Schriftenverzeichnis in: E.R., Ges. Aufsätze, hrsg. v. H.G. Leser (3 Bde., 1965-67), III, 1967, 731-755. *Lit.: G. Husserl:* E.R. – Versuch einer Würdigung, in: JZ 1956, 385-392, 430-434; *H.G. Leser:* Einleitung zu E.R.: Ges. Aufsätze, I, 1965, XI-XXXIX m.w.N.; *ders.:* Ein Beitrag E.R.s z. Privatrechtstheorie, in: Festschr. f. E. v. Caemmerer, 1978, 891-906; *ders.:* E.R. –

Begründer der modernen Rechtsvergleichung, in: JuS 1987, 852-855; *F. Gamillscheg:* E.R., in F. Loos (Hrsg.): Rechtswiss. in Göttingen, 1987, 456-470; *G. Kegel:* E.R. – Werk und Person, in: RabelsZ 1990, 1-23; *ders.:* E.R. Vorkämpfer des Weltkaufrechts, in: DJJH, 571-593; M. Lutter (Hrsg.): Der Einfluß dt. Emigranten ..., 1993, 107-126 *(D.S. Clark)*, 277-279 *(G. Kegel)*.

REITEMEIER, JOHANN FRIEDRICH (1755-1839), Professor in Frankfurt (Oder) und Kiel, ließ sich wegen Streitereien mit seinen Kollegen, die zu mehreren Beleidigungsprozessen gegen ihn führten, vorzeitig (1811) entlassen. R. schrieb 1785 eine „Enzyklopädie und Geschichte der Rechte in Deutschland", in der erstmalig die Rechtsentwicklung in den Zusammenhang der politischen und Geistesgeschichte einbezogen ist; damit befolgte R. die „historische" Methode noch vor deren Formulierung durch → Hugo und die historische Rechtsschule (→ Savigny). Ernst Landsberg hielt R. für den (trotz → Hugo) begabtesten Vorläufer → Savignys überhaupt. *Lit.:* ADB 28 (1889), 154-159 *(E. Landsberg)*; *H.-U. Stühler:* Die Diskussion um die Erneuerung d. Rechtswiss. von 1780-1815, 1978, 119-127; *A. Buschmann:* Enzyklopädie und Recht. J.F.R.s „Encyclopädie und Geschichte der Rechte in Deutschland", in G. Köbler (Hrsg): Wege europ. Rechtsgesch. Festschr. f. K. Kroeschell, 1987, 29-51.

REYSCHER, AUGUST LUDWIG (1802-1880), Professor in Tübingen, 1851 aus politischen Gründen als Kreisrat nach Ulm versetzt und auf eigenen Wunsch entlassen. Einer der eifrigsten Kämpfer für das „deutsche" Recht, regte er die Gründung der „Zeitschrift für deutsches Recht und deutsche Rechtswissenschaft" an, die er auch (1839-1861) mit herausgab, und den ersten Germanistentag 1846 in Frankfurt. Sein Hauptwerk „Das gesamte württembergische Privatrecht" (3 Bde., 1837-1848) wurde durch das Werk Wächters überholt, wertvoll sind auch die von ihm veranstalteten Sammlungen württemb. Gesetze. *Lit.: J. Rückert:* A.L.R.s Leben und Rechtstheorie, 1974; HRG IV (1990), 965-970 *(J. Rückert)*.

RICHTER, EMIL (ÄMILIUS) LUDWIG (1808-1864), Professor in Marburg und Berlin, wo er auch Mitglied des ev. Oberkirchenrats, dann vortragender Geh. Rat im Kultusministerium war. Schrieb in „geschichtlicher" Behandlungsweise das (bis zum Werk → Hinschius') maßgebende Kirchenrechtslehrbuch des 19. Jh.s („Lehrbuch des katholischen und evangelischen Kirchenrechts, mit besonderer Rücksicht auf deutsche Zustände", 1841/42). *Lit.: Stintzing-Landsberg:* GDtRW III 2, 570-576.

RIEGGER, PAUL JOSEF (1705-1775), Professor in Innsbruck und Wien, vertrat unter dem Einfluß von → Chr. Wolffs Naturrechtslehren die grundsätzliche Trennung von Staat und Kirche („Institutiones iurisprudentiae ecclesiasticae", 4 Teile, 1765/67, 1770-1773) und lieferte dadurch die theoretische Grundlage für die staatskirchenrechtlichen Reformen des Josephinismus. *Lit.: E. Seifert:* P.J.R., 1973; *R. Palme:* P.J.R., in: *Brauneder*, JiÖ, 67-70, 346 f.; HRG IV (1990), 1065 f. *(C. Schott)*.

RÖDER, KARL DAVID AUGUST (1806-1879), außerordentlicher Professor in Heidelberg, wenige Monate vor seinem Tode Honorarprofessor ebd. R.s Schriften behandeln naturrechtliche Fragen und Probleme des Strafvollzugs („Zur Rechtsbegründung der

Besserungsstrafe", 1846; „Die Verbesserung des Gefängniswesens mittels der Einzelhaft", 1856, u.a.), besonders auf dem letzten Gebiet hat er anregend gewirkt. *Lit.: J. Schwieters:* K.D.A.R. Ein biogr. Beitrag z. Geschichte d. Strafvollz. im 19. Jh., Diss. jur. Köln, 1964; *K. Lithner:* Pioneers in criminology: K.R. – a forgotten prison reformer, in: Journal of criminal law, criminology and police science, 1968, 219-226; *P. Landau:* Die rechtsphilos. Begründung der Besserungsstrafe – Karl Christian Friedrich Krause und K.D.A.R., in F. Haft u.a. (Hrsg.): Strafgererechtigkeit. FS f. Arth. Kaufmann z. 70. Geb., 1993, 473-485.

Rössig, Karl Gottlob (1752-1806), Schwiegersohn und Schüler → Hommels, Professor des Natur- und Völkerrechts in Leipzig und Beisitzer des Konsistoriums. Verbreitete → Hommels Schriften und Ideen, besonders im „Lehrbuch der Polizei-Wissenschaft" (1786) die Unterscheidung von „Polizei" (dient der öff. Wohlfahrt) und Justiz (dient dem Interesse des einzelnen). *Lit.: Stintzing-Landsberg:* GDtRW III 1, 393.

Romano, Santi (1875-1947), erst Privatdozent für Verwaltungsrecht in Palermo (1898), dann in Camerino (1899). 1902 Ordinarius für Verfassungsrecht in Modena, 1908 in Pisa und 1924 in Mailand. R. unterrichtete auch Kirchenrecht, Kolonialrecht, Völkerrecht und Politische Wissenschaft. Ab 1928 in Rom erst Inhaber des Lehrstuhles für Verwaltungsrecht, dann (1931-1944) des Lehrstuhles für Verfassungsrecht. R. hatte zudem zahlreiche öffentliche Ämter inne, u.a. war er Präsident des Consiglio di Stato und somit des obersten Verwaltungsgerichtes (1928-1944). Vielbeachtet wurde sein für das institutionelle Rechtsdenken in der europäischen Rechtswissenschaft (Hauriou, Schmitt, → Stahl) bedeutendes Werk „L'ordinamento giuridico", 1918 (dt. Übersetzung mit biogr. und bibliogr. Notizen: R. Schnur [Hrsg.]: „Die Rechtsordnung", 1975). Daneben zahlreiche andere bedeutsame Werke, insbesondere „Corso di diritto coloniale", 1918; „Corso di diritto internazionale", 1926; „Corso di diritto amministrativo", 1930; „Principî di diritto costituzionale generale", 1945; „Frammenti di un dizionario giuridico", 1947. *Lit.: M. Fuchs:* Die Allgemeine Rechtstheorie S.R.s, 1979; *N. Bobbio:* Teoria ed ideologia nella dottrina di S.R., in: Amministrare, 1975, 447-466; *S. Casese:* Ipotesi sulla formazione de L'ordinamento giuridico di S.R., in: Quad. Fior. 1972, 243-283; *A. Volpicelli:* S.R., in: Nuovi studi di diritto, economia e politica, 1929, 9-25 und 353-367; *A. Tarantino:* Brevi riflessioni sui precedenti dottrinali dell'instituzionalismo di S.R., in: Rivista internaz. di filosofia del diritto, 1977, 682-704; *ders.:* La teoria della necessità nell'ordinamento giuridico, 1976; *ders.:* Un convegno sul pensiero di S.R., in: Rivista internazionale di filosofia del diritto, 1976, 116-119. (J.F.)

Roth, Paul v. (1820-1892), Professor in Marburg, Rostock, Kiel und München (Nachfolger → Bluntschlis), 1874-1889 Mitglied der ersten BGB-Kommission. Privatrechtler und germanistischer Rechtshistoriker. Seine grundlegende „Geschichte des Beneficialwesens" (1850) wurde von den Zeitgenossen wegen ihrer scharfen juristischen Begrifflichkeit gelobt, betont jedoch – gegenüber der Verschmelzung von Rechtsgeschichte und Dogmatik in der historischen Schule – die wissenschaftliche Eigenständigkeit der Rechtsgeschichte. Später folgten große Darstellungen des kurhessischen (mit V. v. Meibom) und bayerischen Privatrechts („Bayerisches Civilrecht“, 3 Bde. 1871-75) sowie ein unvollendet gebliebenes „System des deutschen Privatrechts“ (3 Bde., 1880-1886). *Lit.: S. Gagnér:* Zielsetzungen und Werkgestaltung in P.R.s Wissenschaft, in: Festschr. f. H. Krause, 1975, 276-450; *R. Jahnel* in: *Werner Schubert:* Materialien z. Entstehungsgesch. d. BGB – Einf., Biogr., Materialien –, 1978, 83 f.; HRG IV (1990), 1160-1166 *(S. Gagnér).*

RUBINO, JOSEF (1799-1864), Professor der Geschichte in Marburg. Mit seinen „Untersuchungen über römische Verfassung und Geschichte“ (1839) einer der bedeutenderen Vorläufer → Mommsens. *Lit.:* ADB 55 (1910) 591-595 *(B. Niese).*

RÜMELIN, MAX (1861-1931), Professor in Tübingen, seit 1908 Kanzler der Universität. Zusammen mit → Heck und Heinrich Stoll Begründer der „Tübinger Schule“ der Interessenjurisprudenz; seine zahlreichen Kanzlerreden (insg. 19) spiegeln die Entwicklung dieser Schule wider. *Lit.:* → Heck; *F. Elsener:* Die Anfänge d. schweiz. Zivilgesetzb. nach d. Briefwechsel zw. E. Huber und M.R., in: Festschr. K.S. Bader, 1965, 101 ff.; *A. Hegler:* Zum Gedächtnis von M. v. R., Rede, 1931; *F. Elsener:* M. v. R., in: Lebensb. z. Gesch. d. Tübinger Juristenfak., hrsg. v. F. Elsener, 1977, 83-99.

RUMPF, MAX, Richter, später Professor in Mannheim (Handelshochschule). Einer der Mitbegründer der Freirechtsbewegung („Gesetz und Richter“ 1906). *Lit.: K. Riebschläger:* Die Freirechtsbewegung, 1968, 44-46.

RUNDE, JUSTUS FRIEDRICH (1741-1807), Professor in Kassel (Carolinum) und Göttingen. Entwickelte die „Grundsätze des gemeinen deutschen Privatrechts“ (1791) aus der „Natur der Sache“. Sein Sohn Christian Ludwig R. (1773-1849), oldenburgischer Verwaltungsbeamter, ab 1829 Oberappellationsgerichtspräsident, führte das Lehrbuch des Vaters fort ([8]1829) und schrieb selbst ein bedeutendes „Deutsches eheliches Güterrecht“, 1841. *Lit.: Stintzing-Landsberg:* GDtRW III 1, 451-453 u. III 2, 321; *W. Neusüß:* Gesunde Vernunft und Natur der Sache, 1970, 93-101; *W. Hamann:* Christian Ludwig R., in: 175 Jahre OLG OLdenburg (Festschr.), 1989, 43-68; HRG IV (1990), 1208-1210 *(W. Sellert)*; ferner → Pütter.

SCHILTER, JOHANN (1632-1705), in sächsischen Diensten, zuletzt Hof- und Konsistorialrat in Jena, 1686 städtischer Konsiliarius in Straßburg, dort später auch Professor. Sein jur. Hauptwerk („Exercitationes ad 50 libros pandectarum“, 1675-1683) stellt einen Beginn der deutschprivatrechtlichen Wissenschaft dar, da S. bei den jeweiligen – in der Pandektenfolge abgehandelten – Materien erstmalig (wenn auch z.T. grob fehlerhaft) auch die ursprünglichen Regelungen des germanischen Rechts darlegt. S. ist auch als Philologe hervorgetreten: seine Sammlung altdeutscher Sprachdenkmäler mit Glossar (Thesaurus Antiquitatum Teutonicarum, aus dem Nachlaß hrsg. 1728) war die vor Jacob → Grimm bedeutendste Leistung auf diesem Gebiet. *Lit.:* HRG IV (1990), 1405-1409 *(R. Schulze).*

SCHMITT, CARL (1888-1985) Professor in Greifswald, Bonn, an der Handelshochschule Berlin, 1933 in Köln, dann in Berlin, preußischer Staatsrat und Leiter der Reichsfachgruppe Hochschullehrer im Bund nationalsozialistischer deutscher Juristen (Herausgeber der DJZ), 1945 amtsenthoben. Einer der produktivsten und umstrittensten

Rechts- und Staatstheoretiker in der ersten Hälfte des 20. Jhs. S. begann mit scharfsichtiger Kritik der herrschenden juristischen Methodenlehre („Gesetz und Urteil", 1912, [2]1969) und des Parlamentarismus („Die geistesgeschichtliche Lage des heutigen Parlamentarismus", 1923) und gelangte in den zwanziger und dreißiger Jahren zu einer antipositivistischen Staats- und Rechtslehre, nach der die Institutionen (zu denen auch die jeweilige politische Ordnung des Staatswesens, also auch der „Führerstaat", gerechnet wird) Vorrang vor den geschriebenen Rechtsnormen haben („Über die drei Arten des rechtswissenschaftlichen Denkens", 1934: „konkretes Ordnungs- und Gestaltungsdenken"). Eine von vielen berühmt gewordenen Begriffsprägungen gelang S. mit seiner „Freund-Feind-Theorie" des Politischen („Der Begriff des Politischen" – 1927 –, 1933, Ndr. 1963). Hauptwerk: „Verfassungslehre", 1928, [5]1970; Bibliographien: *P. Tommissen:* C.-S.-Bibliographie, in: Festschr. f. C.S. z. 70. Geb., 1959, 273-330. *Lit.: Hasso Hofmann:* Legitimität gegen Legalität. Der Weg d. polit. Philosophie C.S.s, 1964, [2]1992; *G. Schwab:* The challenge of the exception. An introduction to the political ideas of C.S. between 1921 and 1936, Berlin 1970; *H. Rumpf:* C.S. und Thomas Hobbes, 1972; *K.-M. Kodalle:* Politik als Macht und Mythos. C.S.s „Politische Theologie", 1973; *P. Tommissen:* Over en inzake C.S., 1975; *I. Maus:* Bürgerliche Rechtstheorie und Faschismus. Zur sozialen Funktion und aktuellen Wirkung der Theorie C.S.s, 1976; *M. Stolleis:* C.S., in: Staat und Recht, hrsg. v. M.J. Sattler, 1972, 123-146; *V. Neumann:* Der Staat im Bürgerkrieg, 1980; *J.W. Bendersky:* C.S. Theorist for the Reich, 1983 (dazu *H. Hofmann*, ZNR 1985, 64-68); *J.M. Beneyto:* Polit. Theologie als polit. Theorie, 1983; *J. Taubes* (Hrsg.): Religionstheorie u. polit. Theologie, Bd. 1: Der Fürst dieser Welt. C.S. und die Folgen, 1983; *G. Maschke:* C.S. in Europa. Bemerk. z. ital., span. u. franz. Nekrologdiskussion, in: Der Staat 26 (1986), 575-599; *ders.* in: Der Staat 1994, 286-306; *H. Quaritsch* (Hrsg.): Complexio oppositorum. Über C.S., 1988; *ders.:* Positionen u. Begriffe C.S.s, 1989, [3]1995; *Heinr. Meier:* Die Lehre C.S.s, 1994; *H.-G. Flickinger* (Hrsg.): Die Autonomie des Politischen: C.S.s Kampf um einen beschädigten Begriff, 1990; *B. Rüthers:* C.S. im Dritten Reich. Wissensch. als Zeitgeist-Verstärkung?, [2]1990; *E. Castrucci:* Introduzione alla filosofia del diritto pubblico di C.S., 1991; *R. Mehring:* C.S. zur Einführung, 1992; *D. van Laak:* Gespräche in der Sicherheit des Schweigens, 1993; *P. Noack:* C.S. Eine Biogr., 1993; *G. Meuter:* Der Katechon. Zu C.S.s fundamentalistischer Kritik der Zeit, 1994; *P. Tommissen* (Hrsg.): Schmittiana, bisher 4 Bde., 1988-1994; HRG IV (1990), 1457-1460 *(M. Stolleis).*

SCHÖN, HEINRICH THEODOR v. (1773-1856), preuß. Staatsmann, u.a. Mitglied der Immediatkommission, die 1807 nach dem Rücktritt Hardenbergs bis zur Berufung Karl vom → Steins die oberste preußische Behörde war, Leiter des Departements für Handel und Gewerbe im Ministerium des Innern (unter Alexander Graf Dohna, 1808/09) und 1816 bis 1842 Oberpräsident der Provinz Preußen. Von der liberalen Wirtschaftstheorie Adam Smiths stark beeinflußt, deren Niederschlag sich auch in dem von Schön vorbereiteten → Steinschen Oktoberedikt findet. Maßgeblich von Schön beeinflußt ist das sog. „politische Testament" → Steins. *Lit.:* ADB 32 (1891), 781-792 *(W. Maurenbrecher)*; *W. Hubatsch:* Stein und die ostpreußischen Liberalen (= Osteuropa und der dt. Osten, Reihe 1, 4), 1958; *H. Rothfels:* T. v. S., Friedrich Wilhelm IV. und die Revol. von 1848, 1937; *A. v. Brünneck:* T.v. S, in: PdV, 98-102.

Schürpf, Hieronymus (1481-1554), Professor in Wittenberg, auch kurfürstlicher Rat und Beisitzer des sächs. Oberhofgerichts, ab 1546 Professor in Frankfurt (Oder). Einer der gesuchtesten Gutachter seiner Zeit, seine Konsilien sind in drei „Centurien" (Hundertschaften) gesammelt (1545/51/53); sonst hat er nichts veröffentlicht. Enger Freund Luthers, den er auf dem Wormser Reichstag beriet. *Lit.: W. Schaich-Klose:* Dr. H.S. Leben u. Werk des Wittenb. Reformjuristen, Diss. jur. Tübingen, 1967.

Schulte, Johann Friedrich v. (1827-1914), Professor in Prag und Bonn, bis 1870 auch einflußreicher Berater der katholischen Kirche in Deutschland, dann Organisator und Leiter der altkatholischen Bewegung. Kirchenrechtler und Rechtshistoriker, verfaßte erfolgreiche Hand- und Lehrbücher des kath. und ev. Kirchenrechts und der deutschen Rechtsgeschichte, vor allem die noch heute unentbehrliche „Geschichte der Quellen und Literatur des kanonischen Rechts von Gratian bis auf die Gegenwart", 3 Bde., 1875-1880 (Ndr. 1956), „eine wahre Schatzkammer an Vollständigkeit und Übersichtlichkeit" (Landsberg). *Lit.: Stintzing-Landsberg:* GDtRW III 2, 579 f.; *O. Wenig* (Hrsg.): Verz. der Professoren u. Dozenten der Rhein. Friedr.-Wilh.-Univ. zu Bonn 1818-1968, 1968, 283 m.w.N.

Schultingh, Antonius (1659-1734), Professor in Harderwijk (1691), Franeker (1695) und Leiden (1713). Neben → Noodt Vertreter der antiquarischen Richtung der eleganten niederländischen Schule. *Lit.: A.J. van der Aa:* Biographisch Woordenboek der Nederlanden Bd. 17 (1874), 537 ff; *T.J. Veen* und *P.C. Kop:* Zestig Juristen, 1987. (M.)

Schulz, Fritz (1879-1957), Professor für römisches und bürgerliches Recht in Innsbruck, Kiel, Göttingen, Bonn und Berlin, 1933 entlassen, ab 1939 in Oxford tätig, 1951 auch Honorarprofessor in Bonn. Bedeutende Schriften zum Zivilrecht („System der Rechte auf den Eingriffserwerb", in: AcP 105, 1909, eine vieldiskutierte Theorie des Bereicherungsrechts) und zum römischen Recht, vor allem: „History of Roman Legal Science", 1946, die erste Geschichte der römischen Rechtswissenschaft (dt. 1961), ferner „Prinzipien des römischen Rechts" (1934, engl. u. ital. Übersetzung) und „Classical Roman Law" (1951, Ndr. 1992, hrsg. v. *W. Ernst*). S. hat die heute vielfach anerkannte Hypothese aufgestellt, die klassischen Juristenschriften seien nicht nur durch die justinianischen Digesten-Kompilatoren verändert, sondern schon um die Wende vom 3. zum 4. Jh. überarbeitet worden. Schriftenverzeichnis in: Festschr. f. F.S., I, 1951, vor Inhaltsverz. *Lit.: W. Flume:* Gedenkrede auf F.S., 1959; *ders.:* F.S. †, in: ZRG (RA) 75 (1958), 496-507; *F. Pringsheim:* Gesammelte Abhl., I, 1961, 43-48; *M. Bretone:* Postulati e aporie nella „History" di S., in: Festschr. f. F. Wieacker z. 70. Geb., 1978, 37-49.

Schweder, Gabriel (1648-1735), Professor des Staats- und Lehnrechts in Tübingen. Hauptwerk: Introductio in ius publicum Imperii … novissimum (1681, [10]1733), eines der meistbenutzten Kompendien seiner Zeit. *Lit.: Stintzing-Landsberg:* GDtRW III 1, 41 f.

Seckel, Emil (1864-1924), Professor in Berlin. Kanonistischer und romanistischer Rechtshistoriker, besonders bekannt durch seine Bearbeitung des „Handlexikons zu den Quellen des römischen Rechts" von H.G. Heumann und A. Thon (1907, [10]1958), zu seiner Zeit wohl bester Kenner des mittelalterlichen Rechts. Im Zivilrecht hat S. in „eine(r) der glänzendsten Studien, die unsere Zivilrechtsdogmatik aufzuweisen hat" (Dölle) den Begriff „Gestaltungsrechte" geprägt und untersucht („Die Gestaltungsrechte des Bürgerlichen Rechts", in: Festg. f. R. Koch, 1903, 205-253). *Lit.: E. Genzmer:* E.S., in: ZRG (RA) 46 (1926), 216-263; *H. Dölle:* Jur. Entdeckungen, 1958, 10-12; HRG IV (1990), 1588 f. *(G. Dolezalek).*

SELDEN, JOHN (1584-1654), Jurist, Historiker und Orientalist, Autor des „Mare Clausum" (1636), einer gegen → Grotius' Theorie von der Freiheit der Meere gerichteten Schrift, und anderer Werke zum englischen Recht. Er gab 1647 erstmalig das altenglische Gesetzbuch „Fleta" heraus, das ca. 1290 von einem unbekanntem Autor in Lateinisch verfaßt wurde. S. gilt als die Zentralfigur historischer Forschung im England des 17. Jahrhunderts. *Lit.: D.S. Berkowitz:* John Selden's Formative Years, 1988. (N.D.)

SENCKENBERG, HEINRICH CHRISTIAN v. (1704-1768), Professor in Göttingen und Gießen, 1745-1768 Reichshofrat. Angesehener Praktiker und germanistischer Antiquitätenforscher des 18. Jh.s. Von seinen zahlreichen Quellenausgaben sind das „Corpus juris Germanici" (2 Bde., 1760-1766) und die noch heute unentbehrliche „Neue und vollständigere Sammlung der Reichs-Abschiede ..." (4 Tle., 1747) hervorzuheben, typische Erzeugnisse dieser (nach Landsberg) „im Sammeln so starken, im Sichten so schwachen germanistischen Epoche". *Lit.: Stintzing-Landsberg:* GDtRW III 1, 245-249; ADB 34 (1892), 1 f. *(R. Jung)*; HRG IV (1990), 1628-1630 *(M. Stolleis).*

SEYDEL, MAX v. (1846-1901), Professor in München, sein Hauptwerk ist ein mehrbändiges „Bayerisches Staatsrecht" (8 Bücher, 1884-1893, 1896 in 3 Bden. u. Register), in dem auch Verwaltungs- und Staatskirchenrecht behandelt sind. S. wurde bekannt durch seine Arbeit zum Bundesstaatsbegriff (ZStW 1872, 185 ff.), in der er zu zeigen versucht, daß das Reich – entgegen der damals herrschenden Meinung (Waitz) – mangels Teilbarkeit der Souveränität nur ein Staatenbund sein könne. Dies hat ihn dem Vorwurf partikularistischer Interessenvertretung ausgesetzt, den er entschieden zurückwies. „Die Bezeichnung seiner Lehre als einer bayerischen durch Männer der Wissenschaft versetzte ihn in heftige Erregung" (Rehm). *Lit.: H. Rehm:* M. v. S. Ein Lebensbild, in: Arch. d. öff. Rechts 16 (1901), 359-402; *H. Nawiasky:* M. v. S., 1953; *H. Kalkbrenner:* M. v. S. und die Aktualität seiner deutschen Bundes-Theorie, in: Festschr. f. v. d. Heydte, II, 1977, 871-938; *Stolleis:* Gesch., II, bes. 287-289, 435 f.

SIMON, JOHANN GEORG (1636-1696), Professor in Halle (1694). Anhänger des Grotius, dessen Schriften er auch zu didaktischen Zwecken bearbeitete; schrieb über verschiedene Rechtsmaterien in naturrechtlicher Methode. *Lit.:* ADB 34 (1892), 376 f. *(Eisenhart).*

SIMONS, WALTER (1861-1937), wurde nach Richterlaufbahn (bis 1907 Oberlandesgerichtsrat in Kiel) Beamter im Reichsjustizamt und 1911 im Auswärtigen Amt (vorübergehend 1918 in der Reichskanzlei). 1919 Generalkommissar der dt. Delegation in

Versailles, nahm er aus Protest gegen den Friedensvertrag seine Entlassung. 1920/21 war er Außenminister im Kabinett Fehrenbach, 1922-1929 Präsident des Reichsgerichts, März/April 1925 auch interimistischer Reichspräsident. Nach seinem Ausscheiden aus dem Staatsdienst setzte er sich vor allem für den Ausbau des Völkerrechts (seit 1927 Honorarprofessor in Leipzig für Völkerrecht) und die ökumenische Bewegung ein. *Lit.: H. Gründer:* W.S. als Staatsmann, Jurist und Kirchenpolitiker, 1975.

SIMSON, EDUARD V. (1810-1899), Professor der Rechte in Königsberg, 1848/49 Mitglied (rechtes Zentrum) der Frankfurter Nationalversammlung und später auch deren Präsident, als solcher führte er die erfolglose Deputation, die den preußischen König Friedrich Wilhelm IV. zur Annahme der Kaiserwahl bewegen sollte. 1850 Präsident des Erfurter Parlaments (Volkshaus), seit Ende 1858 Mitglied des preuß. Abgeordnetenhauses (Präsident 1859-61); den Königsberger Lehrstuhl gab er 1861 zugunsten der Stelle eines Vizepräsidenten des Appellationsgerichts Frankfurt a.O. auf. Seit 1867 war er Mitglied des (norddeutschen) Reichstags und Reichstagspräsident (bis 1874) und leitete dann Ende 1870 auch die Reichstagsdelegation, die Wilhelm I. die Kaiserwürde anbot. Nachdem S. 1869 Präsident des Frankfurter Gerichts geworden war, einigten sich Wilhelm I. und Bismarck auf ihn, sozusagen die Verkörperung der deutschen Einheitsbewegung, als ersten Präsidenten des Reichsgerichts; dieses Amt hat S. von 1879 bis Anfang 1891 (damals achtzigjährig) bekleidet, nachdem er 1888 in den erblichen Adelsstand erhoben worden war. S. war einer der großen politischen Repräsentanten des gebildeten konservativ bis nationalliberalen Bürgertums des 19. Jh.s, „seine Bedeutung liegt in der lebendigen Wirkung seiner klassischen Persönlichkeit" (Sinzheimer), als juristischer Schriftsteller ist er nicht hervorgetreten. *Lit.: Sinzheimer:* JK, 279-291; ADB 54 (1908), 348-364 *(H. v. Petersdorff)*; *Ernst Wolff:* E. v. S., 1929; *F. Hirsch:* E. v. S. Das Problem der deutsch-jüdischen Symbiose im Schatten Goethes u. Bismarcks, in: Geschichte in Wiss.u. Unterr. 16 (1965), 261-277; *G. Meinhardt:* E. v. S. Der Parlamentspräs. Preußens u. die Reichseinigung, 1981; *J.E. Dow:* A Prussian Liberal. The Life of E. v. S., London 1982; *H. Kirchner* (Hrsg.): E. v. S. Ein großer Parlamentarier und Richter, 1985; *G. Pfeiffer:* Biogr. Skizzen zu E. v. S., in: Festschr. f. H. Kirchner, 1985, 289-314; *ders.:* Der lange Weg des Richters E. v. S. zum Präs. des Reichsgerichts, in: DRiZ 1985, 417-423; *ders.:* E. v. S., in: DJJH, 101-115.

SINZHEIMER, HUGO (1875-1945), Rechtsanwalt in Frankfurt a.M. (ab 1919 Honorarprofessor), Professor in Amsterdam und Leiden. Anhänger der soziologischen Jurisprudenz (→ Ehrlich), schuf in seinen Arbeiten die Grundlagen des modernen Tarifvertragsrechts („Der korporative Arbeitsnormenvertrag", 2 Bde., 1907/08; „Ein Arbeitstarifgesetz", 1916). Später rechtssoziologische Arbeiten („Theorie der Gesetzgebung", 1948). *Lit.: E. Fränkel:* H.S., in: JZ 1958, 457-461; *K.L. Albrecht:* H.S. i.d. Weimarer Nationalversammlung, Diss. jur. Frankfurt a.M., 1970; *H.G. Isele:* Philipp Lotmars und H.S.s Bedeutung für d. moderne Tarifvertragsrecht, in: Studi in memoria di L. Barassi. 1965, 247 ff.; *O. Kahn-Freund:* H.S., in *H.S.:* Arbeitsrecht und Rechtssoziologie, I, 1976, 1-31, dort II, 1976, 323-341 auch Bibliographie; H.S.-Gedächtnisveranstaltung zum 100. Geb., 1977; *F. Mestitz:* Zur Gesch. des Tarifvertragsrechts. Zwei Briefe von Ph. Lotmar an H.S., in: ZNR 1987, 36-50; *ders.:* H.S. u. das Arbeitsrecht, in: ZNR 1993, 35-53; Krit. Justiz (Hrsg.): Streitbare Juristen, 1988, 282-294 *(R. Erd)*; *H.-P. Benöhr:* H.S., in B. Diestelkamp / M. Stolleis (Hrsg.): Juristen a.d. Univ. Frankfurt a.M., 1989, 67-83; *ders.:* H.S., in: DJJH, 615-630.

SMEND, RUDOLF (1882-1975), Professor in Greifswald, Tübingen, Bonn, Berlin und – um einer befürchteten Zwangsversetzung zuvorzukommen – ab 1935 Göttingen. Als noch nicht Dreißigjähriger schrieb S. sein grundlegendes Buch zur Geschichte des Reichskammergerichts („Das Reichskammergericht. Tl. 1: Geschichte und Verfassung“, 1911, Ndr. 1965). Als Staatsrechtler ist er vor allem durch seine Integrationslehre bekannt geworden („Verfassung und Verfassungsrecht“, 1928): nach ihr ist die Verfassung – anders als in der positivistischen Staatslehre – kein bloßes, den Individuen vor- und übergeordnetes Organisationsstatut, sondern ein lebendiger Integrationsprozeß, der Staat somit „eine Lebensform seiner Angehörigen, die er an seinem Leben beteiligt“ (z.B. durch Grundrechte und Wahlrecht). Nach 1945 widmete sich S. vor allem (staats-)kirchenrechtlichen Fragen, 1951 begründete er die ZevKR. Schriftenverzeichnis in: „Staatsrechtl. Abhl. und andere Aufsätze“, ^{3}1994, 636-644 *Lit.: U. Scheuner:* R.S. Leben u. Werk, in: Festschr. f. R.S. z. 70. Geb., 1952, 433-443; *P. Badura:* Staat, Recht und Verfassung in der Integrationslehre. Zum Tode von R.S., in: Der Staat 16 (1977), 305-325; *K.-H. Kästner:* R.S., in: Lebensbilder z. Gesch. der Tübinger Juristenfak., 1977, 135-152; *J. Poeschel:* Anthropol. Vorauss. der Staatslehre R.S.s, 1978; *K. Hesse:* In memoriam R.S., in ders.: Ausgew. Schriften, 1984, 573-582; *M. Friedrich:* R.S., in: AöR 1987, 1-26; *K. Rennert:* Die „geisteswissenschaftliche Richtung“ in der Staatsrechtslehre der Weimarer Rep., 1987; *A. Frhr. v. Campenhausen:* R.S., in F. Loos (Hrsg.): Rechtswiss. in Göttingen, 1987, 510-527; *S. Korioth:* Integration und Bundesstaat. Ein Beitr. z. Staats- u. Verfassungslehre R.S.s, 1990; HRG IV (1990), 1685-1687 *(A. Erler).*

SPANGENBERG, GEORG AUGUST (1738-1806), Professor in Göttingen, Schüler → Pütters. S. vollendete (1776) die Pandektenausgabe G.C. Gebauers, die dieser wiederum auf Grund jahrelanger Vorarbeiten des Niederländers H. Brenkmann hergestellt hatte (Gebauer hatte die Brenkmannschen Papiere, die dieser seinem Landsmann C. van Bynkershoek vermacht hatte, aus dessen Nachlaß für 1050 Gulden (!) erworben). Brenkmanns Editionsarbeit beruht, im Gegensatz etwa zu der jetzt maßgebenden Ausgabe → Mommsens, ganz auf der Florentina. S. gab auch weitere Teile des Corpus iuris (Codex, Novellen: 1797) heraus; sonst hat er wenig veröffentlicht. *Lit.: Stintzing-Landsberg:* GDtRW III 1, 477.

SPEE, FRIEDRICH v. (1591-1635), Dichter, war als Lehrer und Geistlicher tätig. Ließ 1631 anonym die „Cautio criminalis“ erscheinen, eine aufsehenerregende, aber zunächst nicht erfolgreiche, Kritik an den Hexenprozessen. *Lit.: Schmidt:* Einf., 210; dt. Ausg. der „Cautio criminalis“ 1939 (hrsg. v. *J.F. Ritter*, mit Einl.); *H. Zwetsloot*: F.S. u. die Hexenprozesse, 1954; *H.P. Geilen:* Die Auswirk. d. Cautio criminalis v. F. v. S. auf den Hexenprozeß in Dtld., Diss. jur. Bonn, 1963; *H. Waider:* Die Bedeutung der Entst. der Cautio criminalis des F.S. von Langenfeld für die Strafrechtsentwickl. in Deutschland, in: ZStrW 83 (1971), 701-728; *ders.* in: JuS 1970, 377-380; *ders.* in: FS d. Rechtswiss. Fak. z. 600-Jahr-Feier d. Univ. zu Köln, 1988, 531-556; *Gerh. Schmidt:* F. v. S. in memoriam, in: DRiZ 1981, 226-229; *H. Holz-*

hauer: Die Bedeutung von F.S.s Kampf gegen die Hexenprozesse für die Strafrechtsentwicklung, in: F.S. im Licht der Wissenschaften, 1984: *W. Sellert:* F.S. von Langenfeld – ein Streiter wider Hexenprozeß und Folter, in: NJW 1986, 1222-1229; *K.-J. Miesen:* F.S. Pater, Dichter, Hexen-Anwalt, 1987; F.S.-Gedächtnis. Dokumentation anläßl. d. 350. Todesjahres (bearb. v. *V. Probst*), 1988; HRG IV (1990), 1745-1748 *(W. Sellert).*

STAMPE, ERNST (1856-1941), Professor in Greifswald, einer der Mitträger der Freirechtsbewegung (Aufsatzreihe in DJZ 1905, insb. „Gesetz und Richtermacht", 1017 ff.). Setzte sich in den zwanziger Jahren nachdrücklich für die Aufwertung ein. *Lit.: K. Riebschläger:* Die Freirechtsbewegung, 1968, 37-39; ferner → Fuchs.

STAUB, HERMANN (1856-1904), der Entdecker der „positiven Vertragsverletzung", einer im BGB nicht geregelten Art der Leistungsstörung („Die positiven Vertragsverletzungen" – 1902 –, separat 1904, Ndr. mit R. v. → Jherings „Culpa in contrahendo" 1969, Nachwort v. *Eike Schmidt*) war Anwalt in Berlin, wo er „zu einem der bedeutendsten und einflußreichsten Advokaten Deutschlands" (Teichmann) wurde. Seine Hauptwerke sind Kommentare zum Handelsgesetzbuch (1891-93, zahlr. weitere Aufl. bis zur Gegenwart) und zur Wechselordnung (1895, zahlr. weit. Aufl.). *Lit.: Döhring:* GDtRPfl, 447 m.w.N.; *H. Bilger:* Zur S.schen Lehre vom Scheinkaufmann, 1934; *H. Heinrichs:* H.S., in: DJJH, 385-402.

STINTZING, RODERICH V. (1825-1883), Professor in Basel, Erlangen und Bonn. Der Historiograph der deutschen Rechtswissenschaft („Geschichte der deutschen Rechtswissenschaft", Abt. 1 u. 2 [hrsg. v. E. Landsberg] 1880/84; fortgef. von E. Landsberg) hat außerdem eine Reihe wissenschaftsgeschichtlicher Einzeluntersuchungen verfaßt (u.a. „Geschichte der populären Literatur des römisch-kanonischen Rechts in Deutschland", 1867). Sein Hauptwerk ist nach wie vor unübertroffen – bedauerlicherweise, weil es in seiner allzu starken Fixierung auf Bio- und Bibliographisches viele Fragen offenläßt. *Lit.:* ADB 36 (1893), 249-254 *(E. Landsberg)*; *B. Müllenbach:* Zum 100. Todestag von R. v. S., in: ZRG (GA) 101 (1984), 312-316; HRG IV (1990), 1994-1997 *(R. Schulze).*

STRUV(E), BURKHARD GOTTHELF (1671-1738), Sohn von Georg Adam S., Professor in Jena (zunächst für Geschichte, später auch für Rechtswiss.). Außer historischen und bibliographischen Arbeiten (Bibliotheca iuris selecta, 1703) verfaßte er ein Staatsrechtskompendium (Syntagma iuris publici imperii Romano-Germanici, 1711, später: Corpus iuris publici Imperii nostri R.G.). *Lit.: Stintzing-Landsberg:* GDtRW III 1, 130-134; *Stolleis:* Gesch., I, 308.

STRUV(E), GEORG ADAM (1619-1692), Professor in Jena, später Hofrat und Kammerdirektor in Weimar, 1680 Präsident der vormundschaftlichen Regierung (für den minderjähr. Erbprinzen v. Sachsen-Weimar) und des Konsistoriums. S. war zweimal verheiratet und hatte 25 Kinder. Er ist Verfasser eines der erfolgreichsten Zivilrechtslehrbücher (Iurisprudentia Romano-Germanico-forensis ..., 1670, 1739, letzte Aufl. 1771), des sog. „kleinen Struv", der bis zu den Zeiten → Hugos fast allen einführenden Vorlesungen zugrunde gelegt wurde und für viele Advokaten überhaupt das einzige

Buch gewesen sein soll, das sie benutzten. S.s sachliches Verdienst wird vor allem in seiner Klärung der Rechtsquellenfragen gesehen. *Lit.: Stintzing-Landsberg:* GDtRW II, 146-164; HRG V, 52-58 *(K. Luig).*

STRYK, JOHANN SAMUEL (1668-1715), Professor in Halle, Sohn → Samuel S.s, dessen Werke er z.T. herausgab. Er selbst schrieb u.a. über Kirchen- und Eherecht. *Lit.: Stintzing-Landsberg:* GDtRW III 1, 141; *S. Buchholz:* Recht, Religion und Ehe, 1988.

STUBBS, WILLIAM (1825-1901), Historiker, Professor und später Bischof in Oxford, verfaßte mit seinem dreibändigen Hauptwerk „The Constitutional History of England in its Origin and Development" (1873-78) als erster eine systematische Abhandlung über die englische Verfassungsgeschichte des Mittelalters. *Lit.:* The New Encyclopaedia Britannica, 11 ([15]1985). (N.D.)

STÜBEL, CHRISTOPH CARL (1764-1828), Professor in Wittenberg nach Auflösung der Universität (1815) in Leipzig, jedoch gleichzeitig – ab 1819 ausschließlich – mit der Ausarbeitung eines sächsischen Strafgesetzbuches befaßt (Entwurf 1824/26 veröffentlicht). Stellte erstmalig ein Strafrechtssystem auf die Grundlage der reinen (Spezial-) Präventionstheorie („System des allgemeinen peinlichen Rechts", 2 Bde., 1795). *Lit.: Schmidt:* Einf., 226 f.; *R. Ahrendts:* C.C.S.s Straftheorie und ihre Wandlung, 1937.

STUTZ, ULRICH (1868-1938), Professor in Freiburg, Bonn und Berlin. Einer der Begründer der modernen Kanonistik; hat – u.a. durch Gründung einer „kanonistischen Abteilung" der Zeitschr. der Savigny-Stiftung für Rechtsgeschichte – bewußt schulenbildend gewirkt. Als seine bedeutendste Entdeckung gilt die Lehre vom „Eigenkirchenrecht" als einer besonderen, durch germanische Rechtsanschauungen (Haus, Hof, Grundeigentum) geprägten Struktur des Kirchenrechts im germanischen Mittelalter („Die Eigenkirche", Antrittsrede, 1895; „Geschichte des kirchlichen Benefizialwesens" Bd. I 1 [einziger], 1895; „Kirchenrecht", 1904). *Lit.: K.S. Bader:* In memoriam Ulrich Stutz (= Alma Mater, Beitr. z. Gesch. d. Univ. Bonn, Heft 29), 1969; *A. Bauhofer / T. Bühler / B. Schmid:* Schweizer Beitr. z. Ged. v. U.S., 1970, jeweils mit weit. Nachw.; *V. Stadler-Labhart:* Der 5. Mai 1928. Geburtstagliche Umschau im Nachlaß U.S., in C. Schott/C. Soliva (Hrsg.): Nit anders denn liebs und guets, 1986, 173-179; *P. Landau:* U.S. und der Codex Iuris Canonici von 1917, in: ZRG (KA) 105 (1988), 1-16; *L. Carlen:* Briefe französ. Rechtshistoriker an U.S., a.a.O., 17-26; *N. Grass:* U.S. u. die österr. Kirchenrechtswiss., a.a.O., 27-43; HRG V, 66-68 *(A. Erler).*

THÖL, HEINRICH (1807-1884), Professor in Rostock und Göttingen. Sein „Handelsrecht" (3 Bde., 1841/47, 1880) ist die erste Darstellung des Handelsrechts auf der Grundlage romanistischer Begrifflichkeit. T. hatte großen Einfluß auf die späteren Kodifikationen des Handelsrechts. *Lit.: F. Gercke:* H. Thöl, 1931; HRG V, 179-182 *(B.-R. Kern).*

THOMA, RICHARD (1874-1957), Professor in Hamburg (Kolonialinstitut), Tübingen, Heidelberg und Bonn, neben Kelsen und Anschütz wichtigster Vertreter des staatsrechtlichen Positivismus in der Zeit der Weimarer Republik, beeinflußt von Max Weber und dem Neukantianismus. Gemeinsam mit Anschütz gab er 1930-1932 das „Handbuch des deutschen Staatsrechts" heraus (2 Bde.), zu dem er selbst wesentliche Beiträge geleistet hat. *Lit.: H.-D. Rath:* Positivismus und Demokratie. R.T. 1874-1957, 1981 (dazu *E. Friesenhahn*, ZNR 1984, 74-79); *ders.:* Verfassungsbegriff und polit. Prozeß, in: Jahrb. d. öff. Rechts N.F. 33 (1984), 131-149; *W. März:* Der Richtungs- u. Methodenstreit i.d. Staatsrechtslehre, in K.W. Nörr u.a. (Hrsg.): Geisteswiss. zwischen Kaiserreich u. Republ., 1994, 75 ff. (97 ff.).

TRIEPEL, HEINRICH (1868-1946), Professor in Tübingen, Kiel und Berlin. T. begründete in „Völkerrecht und Landesrecht" (1899) die „dualistische Theorie" der Artverschiedenheit und einander ausschließenden Gegensätzlichkeit von Völker- und Landesrecht. Von seinen staatsrechtlichen Schriften ist „Die Reichsaufsicht" (1917) hervorzuheben, „das beste Buch über das Staats- und Verwaltungsrecht des kaiserlichen Reichs überhaupt" (Smend). T. übertrug die „Interessenjurisprudenz" (→ Heck) auf das Staatsrecht; die von ihm repräsentierte konservative Richtung der Weimarer Staatsrechtslehre hatte erheblichen Einfluß auf den Ausbau des Grundrechtsschutzes und der Verfassungsgerichtsbarkeit. *Lit.: R. Smend:* H.T. in: Die mod. Demokratie und ihr Recht (Festschr. f. G. Leibholz) II, 1966, 107-120; *U. Scheuner:* StL 7 (1962), 1044 f.; *A. Hollerbach:* Zu Leben und Werk H.T.s, in: AÖR 91 (1966), 417-441 und 551-557 (Bibliographie); *U. Gassner:* H.T. Leben und Werk, 1995.

TUHR, ANDREAS V. (1864-1925), aus Rußland stammend, Professor u.a. in Basel, Straßburg und Zürich, bedeutender Systematiker in der Tradition der positivistischen Zivilrechtswissenschaft des 19. Jh.s. Sein Hauptwerk „Der Allgemeine Teil des Deutschen Bürgerlichen Rechts" (2 Bde. in 3, 1910-1918, Ndr. 1957), ist als „ein schwerlich übertreffbarer Höhepunkt" (Schwarz) unter den Darstellungen dieser Materie bezeichnet worden. In Zürich schrieb T. ein grundlegendes Lehrbuch zum „Allgemeinen Teil des Schweizerischen Obligationenrechts" (2 Bde., 1924/25). *Lit.: A.B. Schwarz:* A. v. T., 1938.

UFFENBACH, ZACHARIAS CONRAD V. (1683-1734), aus Frankfurter Patrizierfamilie, Bibliophile, besaß eine der größten Buchsammlungen seiner Zeit (zur Aufstellung benötigte er acht Räume). Wurde wichtig für die germanistische Altertumsforschung, deren Vertretern er seine umfangreichen Sammlungen zur Verfügung stellte. *Lit.:* ADB 39 (1895), 135-137 *(R. Jung).*

VANGEROW, KARL ADOLF V. (1808-1870), Professor in Marburg und Heidelberg. Seine Heidelberger Pandektenvorlesungen waren in ganz Deutschland berühmt, sie fanden jeweils im Wintersemester Mitte Oktober bis Mitte März täglich drei bis vier Stunden statt und wurden von mehreren Hundert Studenten von Anfang bis Ende gehört. Das entsprechende Lehrbuch (Lehrbuch der Pandekten, 3 Bde., ^{7}1863-1869) behandelt, um die praktische Anwendbarkeit unbekümmert, den ganzen Stoff des corpus iuris. *Lit.:* bei *Döhring:* GDtRPfl 453.

VASQUEZ DE MENCHACA, FERNANDO (1512-1569), einer der bedeutenderen Vertreter der spanischen Spätscholastik (→ Vitoria, → Suárez), studiert seit ca. 1538 in Valladolid, 1541-1544 in Salamanca; 1544 dort „baccalaureus" im römischen Recht, 1549 „licenciado". 1551 erringt V. den Institutionen-Lehrstuhl der Universität von Salamanca und ist 1552 einer der vier höchsten Richter des Königreichs in Sevilla. Von 1553-1565 hat er ein Amt in der obersten Finanzbehörde in Valladolid inne, 1561 beruft ihn Philipp II. in den Kreis jener Theologen und Juristen, die den König zur letzten Sitzungsperiode des Konzils von Trient begleiten sollen. Ab 1565 zum Erzdiakon von Bierzo eingesetzt, seine zwei letzten Lebensjahre verbringt V. in Sevilla als weltliches Mitglied des Domkapitels. V. hat sich vor allen Dingen mit dem Natur- und Völkerrecht befaßt. Über Umfang und Datierung seines gesamten Werkes besteht keine völlige Klarheit. Als gesichert kann gelten, daß er die folgenden drei Werke hinterläßt: De successionum creatione, progressu, effectuque et resolutione (1559); Controversiarum usu frequentium (1563); Controversiarum Illustrium aliarumque usu frequentium (1564). *Lit.: C. Barcia Trelles*: F.V., in: Recueil des cours 1939 I. Tome 67 de la Collection, 1939, 433 ff.; *J. Jimenez y Teixidó*: F.V. M., in: Revista general de legislacion y jurisprudencia, 14 (1859), 79 ff.; *P.G. de Medina y Sobrado*: El aporte de F.V. de M. a la „Escuela española de derecho internacional", in: Informacion Juridica 113 (1952), 909 ff.; *E. Reibstein*: Die Anfänge des neueren Natur- und Völkerrechts. Studien zu den Controversiae Illustres des Fernandus Vasquius, 1949; *ders.*: Völkerrecht, Bd. I., 1958; *K. Seelmann:* Die Lehre des F.V. de M. vom dominium, 1979. (A.K.K.)

VASQUEZ, GABRIEL (1549-1604), Schüler am Jesuitenkolleg in Belmonte, studiert von 1565-1569 scholastische Philosophie an der Universität von Alcalá. 1569-1571 Noviziat und anschließender Eintritt in den Jesuitenorden. 1575 Lehrer der Theologie, zunächst in Ocaña, später von 1577-1579 in Madrid, 1580 wieder an der Universität in Alcalá. 1585 übernimmt er von → Francisco Suárez den Lehrstuhl für Theologie am Collegium Romanum in Rom, 1591 Rückkehr nach Alcalá, wo inzwischen → Suárez seinen Lehrstuhl besetzt hatte. 1594 erscheint V.s erstes Werk in Alcalá: „De cultu adorationis". In dieser Zeit kommt es zu umfangreichen Lehrstreitigkeiten zwischen V. und → Suárez, durch dessen neuartige Denkrichtung V. in Vergessenheit geraten ist. Deshalb endete auch der Versuch, die gesammelten Werke V.s zu edieren, nach dem Erscheinen des ersten Bandes: Opera omnia, ed. nova M. Chossat S.J., I, Quaestiones 1-17, Paris 1905. Die Kommentare und die Disputationes zur Summa Theologica des Thomas von Aquin bilden das Hauptwerk des V.; seine gedruckten Werke umfassen zehn Bände. *Lit.: E. Elorduy*, La predestinación en Suárez: Controversias con V., Salas y Lesio, in: Archivo Teológico Granadino, 10, 1947, 5-151. – *J. Fellermeier*: Begriff und Verpflichtung des positiven Gesetzes bei G.V., in: Scholastik, 15 (1940), 560-574. – *Ders.:* Das Obligationsprinzip bei G.V., 1938. – *J.M. Galparsoro Zurutuza*, Die vernunftbegabte Natur, Norm des Sittlichen und Grund der Sollensanforderung, systematische Untersuchung der Naturrechtslehre G.V.s, Diss. Bonn, 1972 (mit chronologischem Werkverzeichnis). – *H. von Garssen*: Die Naturrechtslehre des G.V., Diss. Göttingen 1951. – *L. Maldonado Arenas*: El comentario de G.V. al la „Quaestio I" de la Summa ..., 1964. – *E. Reibstein*: Völkerrecht, I, 1957, 289-311. – *R. Specht*: Zur Kontroverse von Suárez und V. über den Grund der Verbindlichkeit des Naturgesetzes, in: ARSP 45 (1959), 235-255. (A.K.K.)

VINNIUS, ARNOLDUS (1588-1657), gibt in Leiden Vorlesungen ab 1618, dort o. Professor ab 1636. Bedeutendster niederländischer Jurist der Generation vor → U. Huber,

→ Noodt oder → Voet. Hat einen als Lehr- und Praktikerbuch angelegten Institutionenkommentar verfaßt „In quatuor libros Institutionum imperialium Commentarius academicus et forensis" (1642), der neben dem gemeinen Recht auch spezifisch holländisches Recht behandelt und naturrechtlich beeinflußt ist; dieses Werk hat sehr weite Verbreitung gefunden. *Lit.: R. Feenstra* und *C.J.D. Waal:* Seventeenth-Century Leyden Law Professors and their Influence on the Development of the Civil Law, 1975; *R. Feenstra:* Het Tractatus de pactis van Vinnius ..., in: TRG 56 (1988), 199-208; *R. Feenstra* und *R. Zimmermann:* Das römisch-holländische Recht, 1992, 42 f. (M.)

VINOGRADOFF, SIR PAUL GAVRILOVITSCH (1854-1925), Rechtsgelehrter und Mittelalter-Historiker, studierte bei → Theodor Mommsen und Heinrich Brunner in Berlin, Professor in Moskau und später in Oxford, war zu seinen Lebzeiten anerkannte Autorität in Fragen des Rechts und der Institutionen der feudalen Gesellschaft des mittelalterlichen England. Hauptwerk: „Villeinage in England" (1892), „The Growth of the Manor" (1905), „English Society in the Eleventh Century" (1908), „Collected Papers" (1928). *Lit.:* Dictionary of National Biography 1922-1930. (N.D.)

WACH, ADOLF (1843-1926), Professor in Leipzig. Schöpfer der Lehre vom Rechtsschutzanspruch (Handbuch des deutschen Zivilprozeßrechts, Bd. 1, 1885) – prozessuales Gegenstück zu → Windscheids materiellrechtl. Anspruchsbegriff –, die nach kurzer Blüte ziemlich allgemein abgelehnt wurde, heute aber wieder (u.a. im Hinblick auf Art. 19 IV Grundgesetz) Interesse findet. Als Strafrechtler ist W. u.a. durch seine Arbeiten für die „Vergl. Darstellung des dt. u. ausl. Strafrechts", die er auch mit angeregt und herausgegeben hat, hervorgetreten. *Lit.:* bei *Döhring:* GDtRPfl 455; *G. Kisch:* Ausgew. Schriften, III, 1980, 485-498; *E. Picker:* Die Drittwiderspruchsklage in ihrer geschichtl. Entw., 1981, 489 ff., 500 ff.; *O. Vossius:* Zu den dogmengeschichtlichen Grundlagen der Rechtsschutzlehre, 1985; *G. Schmidt*; Zur Erinnerung an den großen Prozeßrechtler A.W., in: ZZP 1987, 3-10.

WÄCHTER, KARL GEORG V. (1797-1880), Professor und Universitätskanzler in Tübingen, Präsident der Abgeordnetenkammer in Stuttgart (1839-1848), 1851 Präsident des Lübecker Oberappellationsgerichts (Nachfolger Heises), 1852 Professor in Leipzig. Bedeutend als Straf- („Lehrbuch des römisch-teutschen Strafrechts", 2 Bde., 1825/26) und Zivilrechtler („Handbuch des im Königreiche Württemberg geltenden Privatrechts", 2 Bde., 1839-1851 – die wohl beste Darstellung eines Landesprivatrechts im 19. Jh.). W.s ungeheures Ansehen unter seinen Zeitgenossen – noch E. Landsberg hält ihn für „einen der größten deutschen Juristen aller Zeiten" – ist durch seine Schriften allein nicht zu erklären. *Lit.: Schmidt:* Einf., 284 f.; *Hugo Meyer:* K.G. v. W., 1898., weitere Lit. bei *Döhring:* GDtRPfl 455; *F. Elsener:* Der Jurist C.G. v. W., in: Beitr. z. Gesch. d. Univ. Tübingen, 1977, 471-496; *ders.:* C.G. v. W. u. die Bemühungen Württembergs um eine Vereinheitl. des Privat- u. Prozeßrechts i.d. Zeit des Dt. Bundes, in: Festschr. H. Baltl, 1978, 193-209.

WAITZ, GEORG (1813-1886), Professor in Kiel, Göttingen und Berlin. Historiker, Ranke-Schüler, für die Rechtswiss. wichtig durch seine „Deutsche Verfassungsgeschichte" (8 Bde., 1844-1878) und die Schrift über „Das Wesen des Bundesstaates"

(1853), die lange Zeit für die Dogmatik dieses Begriffs maßgebend blieb. *Lit.: E.-W. Böckenförde:* Die dt. verf. geschichtl. Forschg. im 19. Jh. 1961, 99-134; *Stolleis:* Gesch., II, 273, 365 f.

WEBER, MAX (1864-1920), Jurist, Nationalökonom, Soziologe, wohl der einflußreichste „bürgerliche" Gesellschaftstheoretiker überhaupt. Habilitierte sich 1892 in Berlin für römisches Recht und Handelsrecht (Schüler L. Goldschmidts und → Mommsens), 1894 Professor für Nationalökonomie in Freiburg, ab 1897 in Heidelberg. Nach körperlich-geistigem Zusammenbruch jahrelang fast ganz untätig, übernahm er erst 1918 wieder eine Lehrtätigkeit in München. Seine Rechtssoziologie (hrsg. v. J. Winckelmann, 1967), ein selbständiges Kapitel des Hauptwerks „Wirtschaft und Gesellschaft" (1922, [5]1972), beschreibt vor allem den Wandel der *Formen* des Rechts und ihre gesellschaftliche Bedingtheit; im Gegensatz zu der stärker auf die materiellen Rechtsinhalte gerichteten Betrachtungsweise → Ehrlichs, des anderen Begründers der Rechtssoziologie. *Lit.: M. Rehbinder:* M.W.s Rechtssoziologie. Eine Bestandsaufnahme, in: M.W. zum Gedächtnis, hrsg. v. *R. König* u. *J. Winckelmann*, 1963, 470-488; *F. Loos:* Zur Rechts- und Wertlehre M.W.s, 1970; *R. Bendix:* M.W. Das Werk, 1964; *K. Loewenstein:* M.W.s staatspolitische Auffassungen in der Sicht unserer Zeit, 1965; *K. Engisch:* M.W. als Rechtsphilosoph und als Rechtssoziologe, in: M.W. Gedächtnisschr. d. Ludw.-Max.-Univ. München, 1966, 67-88; *V. Peschka:* „Idealtypen" der Rechtssoziol. von M.W., in: Acta jur. Academiae Scientiarum Hungaricae, 1973, 263-283; *J. Freund:* Le rationalisation de droit selon M.W., in: Archives de philosophie du droit, 1978, 69-92; *R. Prewo:* M.W.s Wissenschaftsprogramm, 1979; *W. Brugger:* M.W. und die Menschenrechte als Ethos der Moderne, in: Menschenrechte und Demokratie, 1981, 223-240; *S. Breuer / H. Treiber* (Hrsg.): Entstehung und Strukturwandel des Staates, 1982 (bes. 75-153); *dies.* (Hrsg.): Zur Rechtssoziologie M.W.s, 1984; *M. Rehbinder / K.-P. Tieck* (Hrsg.): M.W. als Rechtssoziologe, 1987; East and West, 1987 (= ARSP, Beiheft 30, darin Beitr. von *M. Yasaki* u. *Y. Nawata*); *D. Milovanovic:* Weberian and Marxian analysis of law, 1989; *G.L. Ulmer:* Polit. Mehrwert. Eine Studie über M.W. u. Carl Schmitt, 1991; *S. Breuer:* Bürokratie u. Charisma. Zur polit. Soziologie M.W.s, 1994; *A. Anter:* M.W.s Theorie des mod. Staates, 1995. Bibliographien: *D. Käsler:* M.-W.-Bibliogr., in: KZfSS 1975, 703-730; *C. Seyfarth / Gert Schmidt:* M.W. Bibliographie. Eine Dokum. der Sekundärlit., 1977; HRG V, 1170-1179 *(K.H.L. Welker).*

WEIS (WEISS), PHILIPP FRIEDRICH (1766-1808), Professor in Marburg, Lehrer → Savignys. Arbeitete über die mittelalterliche (romanistische) Rechtswissenschaft; einer der letzten „eleganten" Juristen des 18. Jh.s. *Lit.:* ADB 41 (1896), 581 f. *(E. Landsberg).*

WELCKER, KARL THEODOR (1790-1869), Professor in Kiel, Heidelberg und Bonn (dort in die Demagogenuntersuchungen hineingezogen), Freiburg, wo er 1832 von seinem Lehramt suspendiert wurde (bis 1840). Mit → Rotteck ab 1831 Führer der liberalen Opposition in der badischen Kammer, 1848 Mitglied der Nationalversammlung. Rechtsphilosophische und strafrechtliche Werke, gab auch zusammen mit → Rotteck das „Staatslexikon" heraus. *Lit.: H. Müller-Dietz:* Das Leben des Rechtslehrers und Politikers K.T.W., 1968; *B. Gall:* Die individuelle Anerkenntnistheorie von K.T.W.,

Diss. jur. Bonn, 1972; *R. Schöttle:* Polit. Freiheit für die deutsche Nation. C.T.W.s polit. Theorie, 1985; *W.D. Dippel:* Wissenschaftsverständnis, Rechtsphilos.u. Vertragslehre im vormärzl. Konstitutionalismus bei Rotteck u. W., 1990; *Stolleis:* Gesch., II, 177 f.; HRG V, 1252-1258 *(K.H.L. Welker).*

WENGER, LEOPOLD (1874-1953), Professor in Graz, Wien, Heidelberg, München und wieder Wien (1926-1935 dreimaliger Wechsel zwischen München und Wien), nach der nationalsozialistischen Machtergreifung in Österreich 1938 vorzeitig von seinem Wiener Lehramt emeritiert. Schüler von L. Mitteis und führender juristischer Papyrusforscher seiner Zeit (u.a. „Byzantinische Papyri" – mit A. Heisenberg –, 1914), machte durch die Gründung des „Seminars für Papyrusforschung" (1909, heute Leopold-Wenger-Institut für Rechtsgeschichte) München zum Zentrum der deutschen Papyrologie. Anreger und Verfechter einer zusammenschauenden „Antiken Rechtsgeschichte" („Römische und antike Rechtsgeschichte" 1905, u.a.); bedeutende Arbeiten zum römischen Recht, vor allem zur Quellen- und Prozeßrechtsgeschichte. Hauptwerk: „Die Quellen des römischen Rechts", 1953. *Lit.: G. Wesener:* Römisches Recht und Naturrecht (= Gesch. der Rechtswiss. Fak. d. Univ. Graz, Tl. 1), 1978, 79-85 m.w.N.

WESENBECK, MATTHAEUS (1531-1586), geboren in Antwerpen, verläßt als Protestant aus Glaubensgründen die Niederlande. Professor in Jena (1556/57) und Wittenberg (1569). Einflußreich durch sein Hauptwerk, die „Paratitla" zu den Digesten (1565), das methodisch neue Wege geht, indem es innerhalb der einzelnen Digestentitel die „Legalordnung" des corpus iuris civilis verläßt. Das Werk wurde später in „Commentarius in Pandectas juris civilis" (1582) umbenannt, oft neu herausgegeben und auch durch andere Juristen mit Anmerkungen versehen. Daneben hat W. eine umfangreiche Konsiliensammlung hinterlassen. *Lit.: K.-P. Nanz:* Die Entstehung des allgemeinen Vertragsbegriffs im 16. bis 18. Jahrhundert, 1985, 85 ff; *Stintzing-Landsberg:* GDtRW I, 351-366. (M.)

WEYER, JOHANN (1515-1588), Arzt, schrieb ein berühmtes Buch „De praestigiis daemonum", das dem Hexenwahn entgegentritt (1562, 1583). *Lit.: U.F. Schneider:* Das Werk De praestigiis daemonum von Weyer und seine Auswirkungen auf die Bekämpfung des Hexenwahns, Diss. jur. Bonn, 1951; ADB 42 (1897), 266-270 *(C. Binz)*; *C. Binz:* Doctor J.W., 1896, Ndr. 1969.

WIEACKER, FRANZ (1908-1994), Professor für römisches und bürgerliches Recht in Leipzig, Freiburg i. Br. und Göttingen. W. war der wohl vielseitigste und bekannteste Repräsentant seiner Wissenschaft in der 2. Hälfte des 20. Jh. Mit den „Textstufen klassischer Juristen" (1960) und anderen Arbeiten führte er die von Fritz Schulz begründete Forschung nach Eingriffen in die Texte klassischer römischer Juristen vor der justinianischen Kompilation fort; mit der unvollendet gebliebenen „Römischen Rechtsgeschichte" (1. Abschn., 1988) schrieb er ein Standardwerk der modernen romanistischen Wissenschaft. Seine „Privatrechtsgeschichte der Neuzeit" (1952, ^{2}1967) ist die erste und einstweilen unübertroffene Gesamtdarstellung dieses Fachs. W. ist auch immer wieder als produktiver und anregender Zivilrechtsdogmatiker hervorgetreten („Bodenrecht", 1938; „Kleine jur. Schriften", 1988). *Lit.: D. Simon*, in:

Rechtshist. Journal 13 (1994), 1-31; *O. Behrends*, in: ZRG (RA) 112 (1995); *J.G. Wolf:* Die Gedenkrede, in: In memoriam F.W. Akad. Gedenkfeier am 19. Nov. 1994 in Göttingen, 1995, 17-42; *J. Rückert* u.a., in: Quad. Fior. 24 (1995), 531 ff.; *P. Grossi,* in: Rivista di diritto civile 41 (1995), 487 ff.

WILDA, WILHELM EDUARD (1800-1856), Professor in Breslau und Kiel (Nachfolger Falcks). W.s Hauptwerk ist „Das Strafrecht der Germanen" (1842, behandelt nur die Frühzeit, nicht Mittelalter und Neuzeit), die erste umfassende, den gesamten „germanischen" (→ Grimm) Quellenbestand einschließende Bearbeitung dieses Gebiets. *Lit.: Sinzheimer:* JK, 111-125; *G. Kisch:* Ausgew. Schriften, III, 1980, 499-512.

WOLF, ERIK (1902-1977), Professor in Rostock, Kiel und Freiburg. Bedeutender Strafrechtler (u.a. „Strafrechtliche Schuldlehre", 1928), Kirchenrechtler („Ordnung der Kirche", 1961) und ev. Kirchenpolitiker, Rechtsphilosoph und Rechtshistoriker (u.a. „Griechisches Rechtsdenken", Bd. I-IV, 1950-1970). Zu einem Klassiker der Geschichte der Rechtswissenschaft wurden die „Großen Rechtsdenker der deutschen Geistesgeschichte" (1939, [4]1963). 1972-1982 erschienen „Ausgewählte Schriften" (3 Bde.). *Lit.: J. Alwast:* Dialektik und Rechtstheologie, 1984; *A. Hollerbach:* Zu Leben und Werk E.W.s, in E.W.: Stud. z. Gesch. des Rechtsdenkens (= Ausgew. Schr., III), hrsg. v. A. Hollerbach, 1982, 235-271.

WOLFF, MARTIN (1872-1953), außerordentl. Professor in Berlin, ordentl. Professor in Marburg, Bonn und ab 1921 Berlin, 1934 entlassen, ab 1938 Research Scholar in Oxford (Ehrendoktor 1952). Sein bekanntestes Werk ist die durch scharfe Begrifflichkeit und Systematik herausragende Darstellung des Sachenrechts in dem von ihm mit Enneccerus und Kipp herausgegebenen „Lehrbuch des Bürgerlichen Rechts" („Das Sachenrecht", 1910, [9]1932); ähnliche Vorzüge hat seine Bearbeitung des Familienrechts in derselben Lehrbuchreihe („Das Familienrecht" – gemeinsam mit T. Kipp –, 1912, [7]1931). Im englischen Exil schrieb W. „Private International Law" (1945, [2]1950), eine Darstellung des englischen Kollisionsrechts. Als Dozent genoß W. ein kaum noch zu überbietendes Ansehen, er gilt als einer der besten Rechtslehrer des 19. u. 20. Jh.s. *Lit.: L. Raiser:* M.W. 26.9.1872-20.7.1953, in: AcP 172 (1972), 489-497 m.w.N.; *D. Medicus:* M.W. Ein Meister an Klarheit, in: DJJH, 543-553.

ZACHARIAE, HEINRICH ALBERT (1806-1875), Professor in Göttingen, 1867 Mitglied des Reichstags, wo er mit Wächter einen Verfassungs-Gegenentwurf vorlegte. Schrieb zunächst strafrechtliche, dann staatsrechtliche („Deutsches Staats- und Bundesrecht", 3 Bde., 1841/42-1845) und strafprozessuale („Handbuch des deutschen Strafprozesses", 2 Bde., 1861/68) Werke. *Lit.: Schmidt:* Einf., 291-294; *H. Brodauf:* Das strafprozessuale Lebenswerk H.A.Z.s, Diss. jur Göttingen, 1945/48; *D. Bandemer:* H.A.Z. Rechtsdenken zwischen Restauration und Reformation, 1985; *C. Starck:* H.A.Z., in F. Loos (Hrsg.): Rechtswiss. in Göttingen, 1987, 209-228.

ZACHARIAE, KARL SALOMO Z. V. LINGENTHAL (1769-1843), Professor in Wittenberg und Heidelberg. Von großem Einfluß im gesamten Geltungsbereich des Code civil – auch in Frankreich selbst – war sein „Handbuch des französischen Zivilrechts" (2 Bde.,

1808, [4]1837, [8]1894, hrsg. v. K. Crome; zahlr. franz. und ital. Übersetzungen). Sein eigentliches Hauptwerk, die „Vierzig Bücher vom Staate" (5 Bde., 1820-1832), wird weniger hoch eingeschätzt. *Lit.: Stintzing-Landsberg:* GDtRW III 2, 100-110.

Zitelmann, Ernst (1852-1923), Professor in Göttingen, Rostock, Halle und Bonn, vielseitiger und produktiver Zivilrechtler, Rechtsvergleicher und Rechtshistoriker. Im Zivilrecht begründete Z. mit „Irrtum und Rechtsgeschäft" (1879) eine lange Zeit herrschende psychologisierende Irrtumslehre, nach der u.a. der Eigenschaftsirrtum nur ein unbeachtlicher Motivirrtum ist; 1889/90 legte er einen (zum Teil erfolgreichen) Gegenentwurf zum Rechtsgeschäfts-Abschnitt des ersten BGB-Entwurfs vor, später schrieb er ein Lehrbuch des Allgemeinen Teils. Als Rechtstheoretiker ist er durch eine der ersten Abhandlungen über „Lücken im Recht" (1903) und eine psychologische Geltungstheorie des Rechts hervorgetreten, dem Rechtshistoriker Z. ist die erste Edition des 1884 entdeckten Rechts der kretischen Stadt Gortyn („Das Recht von Gortyn" – mit F. Bücheler –, 1885, Ndr. 1960) zu verdanken. In seinem Hauptwerk „Internationales Privatrecht" (2 Bde. in 4, 1897-1912) entwickelt Z. eine Theorie des Kollisionsrechts, nach welcher dessen Grundlage das Völkerrecht sein soll, das den Geltungsbereich der einzelnen Privatrechtsordnungen lückenlos gegeneinander abgrenze; Z. hat sich mit dieser Lehre gegenüber der empirisch-kasuistischen Behandlung des internationalen Privatrechts nicht durchgesetzt. Im 2. Bd. des Werks prägt Z. den Begriff „Anwartschaftsrecht". *Lit.: H. Dölle:* E.Z., in: ZStW 105 (1949) 510-521; *E. Betti:* Necrologio (auf E.Z.), in: Bullettino dell'Istituto di Diritto Romano 1925, 349-365; *W. Ebel:* Catalogus Professorum Gottingensium, 1962, 59; *O. Wenig:* Verz. der Prof. u. Doz. der Rhein. Friedrich-Wilh.-Univ. zu Bonn, 1968, 348, beide m.w.N.

Zobel, Christoph (1499-1560), Professor in Leipzig, übersetzte den Sachsenspiegel in den Meißner Dialekt und ins Lateinische, um den Wünschen der sächsischen Praxis nach einem verständlichen Recht entgegenzukommen. Das Werk erschien, mit Z.s Glossen und Zusätzen, 1535/37. *Lit.:* ADB 45 (1900), 382 f. *(Eisenhart).*

Verzeichnis der Mitarbeiter der 1. bis 4. Auflage

Nina Dearth, cand. iur., Tübingen (N.D.)
Dr. iur. Franz Dorn, Bonn (F.D.)
Dr. iur. Ulrike Dorn, Bonn
Erwin Forster, Richter, Regensburg (F.)
Jörg Fried, Rechtsreferendar, Tübingen (J.F.)
Dr. iur. Hagen Hof, Hannover (H.)
Prof. Dr. iur. Gerd Kleinheyer, Bonn (K.)
Anne Katrin Körner, Rechtsassessorin, Tübingen (A.K.K.)
Axel Krauß, Rechtsreferendar, Tübingen (A.K.)
Frank Martin Krauss, Richter, Balingen (F.M.K.)
Roland Ludwig, Rechtsassessor, Tübingen
Steffen Luik, Rechtsreferendar, Tübingen
Thomas Moosheimer, Rechtsassessor, Tübingen (M.)
Hartmut Nitschke, Rechtsreferendar, Tübingen (N.)
Bernhard Pahlmann, Rechtsanwalt, Rottweil (P.)
Dr. iur. Tibor Scholtz, Neubrandenburg
Prof. Dr. iur. Jan Schröder, Tübingen (S.)
Dr. iur. Adinda Sinnaeve, LL.M., Gent (A.S.)
Katrin Stapelfeldt, Rechtsassessorin, Heilbronn

Personenregister

Hauptfundstellen sind kursiv gedruckt.

Namen- und Sachregister

Bedeutsamere Fundstellen sind kursiv gedruckt.